◎ 高等学校公共管理专业精品教材

公共管理学

胡税根◎主编

中国社会科学出版社

图书在版编目（CIP）数据

公共管理学／胡税根主编．—北京：中国社会科学出版社，2014.9（2020.11重印）
（公共管理精品教材）
ISBN 978 - 7 - 5161 - 4401 - 5

Ⅰ.①公… Ⅱ.①胡… Ⅲ.①公共管理—高等学校—教材 Ⅳ.①D035

中国版本图书馆 CIP 数据核字（2014）第 133984 号

出 版 人	赵剑英
责任编辑	王　茵
责任校对	任晓晓
责任印制	王　超

出　　版	中国社会科学出版社
社　　址	北京鼓楼西大街甲 158 号
邮　　编	100720
网　　址	http://www.csspw.cn
发 行 部	010 - 84083685
门 市 部	010 - 84029450
经　　销	新华书店及其他书店
印刷装订	北京君升印刷有限公司
版　　次	2014 年 9 月第 1 版
印　　次	2020 年 11 月第 5 次印刷
开　　本	787×1092　1/16
印　　张	34.5
插　　页	2
字　　数	600 千字
定　　价	58.00 元

凡购买中国社会科学出版社图书，如有质量问题请与本社营销中心联系调换
电话：010 - 84083683
版权所有　侵权必究

高等学校公共管理专业精品教材编委会

主　　编：胡税根　浙江大学
副主编：周志忍　北京大学
　　　　蓝志勇　中国人民大学
　　　　倪　星　中山大学
编　　委：周志忍　北京大学
　　　　燕继荣　北京大学
　　　　赵成根　北京大学
　　　　邓国胜　清华大学
　　　　杨永恒　清华大学
　　　　蓝志勇　中国人民大学
　　　　孙柏瑛　中国人民大学
　　　　唐亚林　复旦大学
　　　　朱春奎　复旦大学
　　　　顾建光　上海交通大学
　　　　朱正威　西安交通大学
　　　　吴建南　西安交通大学
　　　　林闽钢　南京大学
　　　　孔繁斌　南京大学
　　　　朱新力　浙江大学

胡税根　浙江大学
傅荣校　浙江大学
徐　林　浙江大学
谭　荣　浙江大学
米加宁　哈尔滨工业大学
杨　龙　南开大学
孙　涛　南开大学
倪　星　中山大学
岳经纶　中山大学
何艳玲　中山大学
丁　煌　武汉大学
张贤明　吉林大学
黄新华　厦门大学
姜晓萍　四川大学
张　毅　华中科技大学
王佃利　山东大学
沙勇忠　兰州大学
金太军　苏州大学
张长立　中国矿业大学
王锐兰　东华大学
周亚越　浙江工业大学

本书编委会

主　编：胡税根
副主编：赵成根　　孙柏瑛

前　言

在公共管理与公共治理的理论与实践中，政府毋庸置疑地承担着经济社会发展的重要责任，并成为善治的主要环节。由于经济社会环境和政治活动的复杂性，关于公共管理的理论和实践也处于不断发展变迁之中。从传统公共行政到新公共管理再到公共治理理论和实践，公共管理经历了理念、范式和方法技术等方面的发展和变化。

世界各国尤其是发达国家公共管理的发展始终伴随着对政府与市场、政府与社会以及公共部门职能和管理模式等问题的争论。从亚当·斯密的"守夜人"政府到罗斯福新政以来的"行政国家"现象，福利社会的建构促使政府承担了更多的社会责任。以韦伯的官僚制为典型的传统公共行政模式强调对投入和过程效率的重视，但其日益僵化的人事和组织管理系统引致了政府部门的管理危机和公民的信任危机。新自由主义经济学说的兴起，引发了世界范围内公共部门管理改革理论和实践的根本性转变。进入20世纪80年代后，政府分权化改革和授权革命以及政府社会合作治理的发展推动了学界对政府职能的再思考。因此，很多学者将公共管理学视为顺应全球化和后工业时代社会治理的要求，在公共行政学的基础上应运而生的新学科。新公共管理或被称为是公共管理的"新范式"，或被认为是对传统公共行政模式的重新审视，民主、回应、透明、责任、公平等政治和伦理价值在公共管理理论和实践层面得以更大程度地体现。澳大利亚学者Owen E. Hughes将这一转变过程称为公共部门现代化。如何迎合21世纪市场环境、现代科技和公民需求变化的公共部门革新是新时期公共管理、公共治理研究和实践的关键问题。如今，作为对政府职能再思考和民主公平价值回应的公共管理和公共治理，其核心理念是主张推进社区主义，发展非政府组织，加强政府与公民社会各种力量的合作关系，建立理想的政府、市场和社会多中心治理结构。作为一种崭新的公共治理模式，公共管理试图打破传统公共行政的局限，重新界定政治与行政的关系，融合管理学、经济学、政策科学、政治学和法学等多学科知识，倡导新公共服务，提高公共治理绩效和对公民需求的回应性。公共管理新范式的兴起引领了世界各国政府机构的变革。由此，融合多学科基础理论的公共管理理论不仅需要揭示公共管理产生的根本原因、运动特征和方式以及发展规律，也期望发展新的技术和理论以推动各国公共部门管理活动向更纵深、更精细、更全面的方向发展，从而满足公共治理现代化的现实需要。

中华文明具有悠久的公共领域管理思想和制度建设实践经验，虽然其思想传承、理论研究和管理实践曾一度停滞，但改革开放以来，公共管理再度得到重视，相关理论研究和实践发展亦取得了显著成就。随着我国经济社会迅速发展，与之相应的人群之间、城乡之间和区域之间贫富分化和发展不平衡问题却没有得到及时有效解决，各种深层次的矛盾日益突出，引发了当前复杂的社会问题和冲突。如何推动国家治理能力现代化，提升政府治理能力，建设法治型政府和服务型政府，已成为以政府为首要责任主体的公共部门化解社会矛盾和冲突亟须解决的问题，也将成为未来中国经济和社会发展的关键。中共十八届三中全会明确提出，科学的宏观调控，有效的政府治理，是发挥社会主义市场经济体制优势的内在要求。因此，必须切实转变政府职能，深化行政体制改革，创新行政管理方式，增强政府公信力和执行力，建设法治政府和服务型政府。当前，对中国公共管理的发展而言，既充满了各种挑战，包括如何全面正确履行政府职能、如何优化政府组织结构、如何提升科学管理水平、如何提高公共服务供给能力以及如何满足公众需求等；同时也面临着很多机遇，如全球公共管理创新与变革的发展趋势、信息化技术创造的条件以及公共管理理论的新发展等。无论是思考公共管理理论在中国应用的可能性还是推动中国公共管理改革的实践需要，中国当前迫切需要构建结合自身实践的公共管理理论体系，总结中国公共管理的实践经验，并探索中国未来公共管理和公共治理发展的新模式。

正是基于上述考虑，来自北京大学、清华大学、中国人民大学、复旦大学、上海交通大学、南京大学、浙江大学、中山大学、西安交通大学、哈尔滨工业大学、武汉大学、南开大学、吉林大学、华中科技大学、厦门大学、四川大学、山东大学、兰州大学、中国矿业大学、东华大学、苏州大学和浙江工业大学等高校在公共管理教学科研领域成果卓著的一些知名教授，基于共同的学术兴趣、教育理念以及对学科建设的共同追求，在中国社会科学出版社的支持下决定以学术共同体原则而非行政原则组织出版一套公共管理精品教材系列。此套教材的各位主编结合自身在公共管理和社会治理领域的学术研究与实践探索，通力合作，致力于为公共管理类专业的学生和公共部门的实践者提供公共管理的知识体系和实践操作指南。

公共管理是关于以政府为核心的公共部门依法处理公共事务、提供公共产品与公共服务的管理活动。公共管理学是一门研究公共部门的公共管理活动和公共服务过程及其规律的科学，也是关于促进以政府为核心的公共组织更有效地提供公共物品和公共服务，以增进和公平分配社会公共利益的知识体系。《公共管理学》是公共管理精品教材系列的主要成果之一，是各位作者集体合作与智慧的结晶。作者主要由公共管理领域从事教学科研的知名教授和青年才俊组成。本书由我负责总体思路和写作大纲的编撰，并进行统稿。各章的写作分工和作者如下：浙江大学公共管理学院胡税根（第一章导论），浙江大学公共管理学院徐林（第二章公共管理理论的演进），东华大学人文学院公共管理系王锐兰（第三章公共管理环境），中山大学政治与公共事务管理学院倪星（第四章公共组织），中国矿业大学文法学院行政管理研究所张长立（第五章公共部门职能与公共服务），浙江大学公共管理学院谭荣（第六章公共部门领导），复旦大学国际关系与公共事务学院朱春奎、吴辰（第七章公共政策），哈尔滨工业大学管理学院米加宁（第八章公共部门战略管理），清华大学公共管理学院杨永恒、浙江大学公共管理学院胡税根（第九章公共部门绩效管理），中国人民大学公共管理学院孙柏瑛（第十章公共部门人力资源管理），北京大学政府管理学院赵成根（第十一章公共危机管理），兰州大学管理学院沙勇忠（第十二章公共信息资源管理），厦门大学公共事务学院黄新华（第十三章公共财政管理），浙江工业大学政治与公共管理学院周亚越（第十四章公共管理伦理与责任），中国计量学院公共事务系翁列恩（第十五章公共管理改革与发展）。对以上各位教授的辛勤劳动和卓越贡献表示诚挚的谢意。此外，在本书的撰写过程中，浙江大学公共管理学院研究生王振、钱勇晨、巩家兴、李幼芸、陈雪梅、娄鹏、王孝竹、任欢和叶夏菁等在写作、审阅、校对和参考文献的梳理等方面付出了心血，在此表示谢意！

本书的出版自始至终得到中国社会科学出版社社长赵剑英和编辑部主任王

茵博士的支持和关心，在此表示由衷的感谢！还有，本书在写作过程中参考了国内外学者的大量相关研究成果，对此亦表示由衷的感谢！另外，由于作者的水平有限，书中的缺点和错误之处难免存在，敬请各位专家和读者批评指正。

胡税根
2014 年 7 月于浙江大学紫金港校区蒙民伟楼

目　　录

第一章　导论 …………………………………………………………（1）
　　第一节　公共管理概述 …………………………………………（1）
　　　　一　公共管理的含义与特性 …………………………………（1）
　　　　二　公共管理的相关概念 ……………………………………（6）
　　　　三　公共管理的产生与发展 …………………………………（9）
　　第二节　公共管理学 ……………………………………………（13）
　　　　一　公共管理学的概念界定 …………………………………（13）
　　　　二　公共管理学的研究对象和研究内容 ……………………（17）
　　　　三　公共管理学的研究途径和方法 …………………………（23）

第二章　公共管理理论的演进 ………………………………………（29）
　　第一节　传统的公共行政范式 …………………………………（29）
　　　　一　公共行政范式的诞生 ……………………………………（29）
　　　　二　传统公共行政范式的理论基础 …………………………（31）
　　　　三　传统公共行政范式的方法来源 …………………………（34）
　　　　四　传统公共行政范式存在的主要问题 ……………………（38）
　　第二节　传统公共行政范式的演进 ……………………………（39）
　　　　一　演进中的公共行政管理学 ………………………………（39）
　　　　二　公共管理学演进过程中的方法来源 ……………………（41）
　　　　三　新公共行政 ………………………………………………（43）
　　第三节　新公共管理范式 ………………………………………（43）
　　　　一　新公共管理的内涵 ………………………………………（44）

二　新公共管理范式的理论基础 …………………………………… (44)
　　三　新公共管理范式的方法来源 …………………………………… (48)
　　四　英美的新公共管理实践 ………………………………………… (49)
　　五　总结 ……………………………………………………………… (51)
第四节　公共治理理论范式 …………………………………………… (53)
　　一　公共治理理论的政策主张 ……………………………………… (54)
　　二　公共治理的理论基础 …………………………………………… (54)
　　三　对治理理论的批评 ……………………………………………… (55)

第三章　公共管理环境 ………………………………………………… (57)
第一节　公共管理环境的研究缘起与行政生态学的发展 …………… (57)
第二节　公共管理环境的含义与构成 ………………………………… (61)
　　一　研究公共管理环境的意义 ……………………………………… (61)
　　二　公共管理环境的分类 …………………………………………… (61)
　　三　公共管理环境的特点 …………………………………………… (63)
　　四　公共管理环境的要素 …………………………………………… (65)
第三节　公共管理与公共管理环境的关系 …………………………… (68)
　　一　公共管理与环境的相互关系 …………………………………… (68)
　　二　公共管理与环境要素的相互影响关系 ………………………… (69)
第四节　我国公共管理面临的挑战及应对策略 ……………………… (78)
　　一　我国公共管理面临的国际挑战及应对策略 …………………… (78)
　　二　我国公共管理面临的国内挑战及应对策略 …………………… (84)

第四章　公共组织 ……………………………………………………… (89)
第一节　公共组织的性质与结构 ……………………………………… (89)
　　一　公共组织的内涵 ………………………………………………… (89)
　　二　公共组织的结构 ………………………………………………… (94)
　　三　公共组织的类型 ………………………………………………… (99)
第二节　非营利组织 …………………………………………………… (104)
　　一　非营利组织的特征与分类 ……………………………………… (104)
　　二　非营利组织是公共管理主体的必要组成部分 ………………… (109)

三　当代中国公共管理中的非营利组织 …………………………（111）
　第三节　事业单位 ……………………………………………………（116）
　　　一　事业单位的含义与特征 …………………………………（116）
　　　二　事业单位改革 ……………………………………………（119）
　第四节　公共组织的变革 ……………………………………………（124）
　　　一　科层制组织与反思 ………………………………………（124）
　　　二　公共组织的变革 …………………………………………（130）

第五章　公共部门职能与公共服务 ……………………………………（136）
　第一节　公共部门职能的含义与特征 ………………………………（136）
　　　一　公共部门职能的含义 ……………………………………（136）
　　　二　公共部门职能的特征 ……………………………………（139）
　　　三　公共部门职能的转变 ……………………………………（142）
　第二节　公共服务的含义与特征 ……………………………………（145）
　　　一　公共服务的含义 …………………………………………（145）
　　　二　公共服务的特征 …………………………………………（148）
　　　三　公共部门提供公共服务职能的必要性 …………………（151）
　第三节　公共服务的基本内容 ………………………………………（153）
　　　一　公共服务内容的构成 ……………………………………（153）
　　　二　公共服务的新模式 ………………………………………（157）
　　　三　我国公共服务的发展 ……………………………………（159）

第六章　公共部门领导 …………………………………………………（163）
　第一节　公共组织领导概述 …………………………………………（163）
　　　一　理解公共组织领导 ………………………………………（163）
　　　二　透视公共组织领导者 ……………………………………（166）
　第二节　公共组织的领导理论 ………………………………………（169）
　　　一　传统的领导理论 …………………………………………（169）
　　　二　新兴的领导理论 …………………………………………（174）
　第三节　公共组织领导体制 …………………………………………（175）
　　　一　公共组织领导体制的含义和内容 ………………………（175）

二　公共组织领导体制的基本类型 …………………………… (176)
　　三　我国的公共组织领导体制变革 …………………………… (179)
　第四节　公共组织的领导方法 ………………………………………… (182)
　　一　领导方法概述 ……………………………………………… (182)
　　二　领导激励 …………………………………………………… (184)
　　三　领导沟通 …………………………………………………… (189)
　　四　领导协调 …………………………………………………… (193)

第七章　公共政策 ………………………………………………………… (196)
　第一节　公共政策概述 ………………………………………………… (196)
　　一　公共政策的含义 …………………………………………… (196)
　　二　公共政策的特征 …………………………………………… (199)
　　三　公共政策的类型 …………………………………………… (200)
　第二节　政策制定 ……………………………………………………… (206)
　　一　问题确认 …………………………………………………… (206)
　　二　议程设置 …………………………………………………… (211)
　　三　政策规划 …………………………………………………… (221)
　　四　政策合法化 ………………………………………………… (225)
　第三节　政策执行 ……………………………………………………… (228)
　　一　政策执行的含义 …………………………………………… (228)
　　二　政策执行的特点 …………………………………………… (229)
　　三　政策执行的影响因素 ……………………………………… (230)
　　四　政策执行的过程 …………………………………………… (231)
　第四节　政策评估 ……………………………………………………… (233)
　　一　政策评估的含义 …………………………………………… (233)
　　二　政策评估的类型 …………………………………………… (234)
　　三　政策评估的标准 …………………………………………… (237)
　　四　政策评估的程序 …………………………………………… (239)

第八章　公共部门战略管理 ……………………………………………… (242)
　第一节　公共部门战略管理概述 ……………………………………… (242)

一　公共部门战略管理的兴起及原因 ………………………… (242)
　　二　公共部门战略管理的概念 …………………………………… (244)
　　三　公共部门战略管理的特殊性 ………………………………… (246)
　　四　公共部门战略管理的过程 …………………………………… (248)
 第二节　公共部门战略规划 ………………………………………… (251)
　　一　公共部门战略规划概述 ……………………………………… (251)
　　二　公共部门战略规划的环境分析 ……………………………… (252)
　　三　公共部门战略选择 …………………………………………… (255)
　　四　公共部门战略规划的方法 …………………………………… (257)
 第三节　公共部门战略实施 ………………………………………… (259)
　　一　公共部门战略实施的内容 …………………………………… (260)
　　二　公共部门战略实施的手段 …………………………………… (263)
　　三　推进我国公共部门战略的有效实施 ………………………… (265)
 第四节　公共部门战略评估 ………………………………………… (269)
　　一　公共部门战略评估的基本标准 ……………………………… (269)
　　二　公共部门战略评估的方法 …………………………………… (271)
　　三　公共部门战略评估的改进 …………………………………… (277)

第九章　公共部门绩效管理 …………………………………………… (282)
 第一节　公共部门绩效管理的含义与功能 ………………………… (282)
　　一　公共部门绩效管理的背景 …………………………………… (282)
　　二　公共部门绩效管理的含义 …………………………………… (283)
　　三　公共部门绩效管理的价值 …………………………………… (285)
 第二节　公共部门绩效指标的设计 ………………………………… (287)
　　一　绩效指标的含义及构成要素 ………………………………… (287)
　　二　公共部门绩效指标的特点 …………………………………… (288)
　　三　公共部门绩效指标体系设计的原则 ………………………… (290)
 第三节　公共部门绩效评估 ………………………………………… (292)
　　一　公共部门绩效评估的内涵 …………………………………… (292)
　　二　公共部门绩效评估的功能 …………………………………… (294)
　　三　公共部门绩效评估的方法 …………………………………… (295)

第四节　公众参与的政府绩效评估 …………………………… (301)

第十章　公共部门人力资源管理 ……………………………………… (311)
第一节　公共部门人力资源管理概述 ………………………………… (311)
一　公共部门人力资源管理的概念 ……………………………… (311)
二　公共部门人力资源管理的功能 ……………………………… (313)
三　公共部门人力资源管理的目标 ……………………………… (316)
第二节　公共部门人力资源管理的理念演进 ………………………… (317)
一　以主体性质评价为中心的人事管理 ………………………… (317)
二　以组织事务性质为中心的人事管理 ………………………… (319)
三　以组织战略发展为中心的人事管理 ………………………… (321)
第三节　公共部门人力资源管理的主要内容 ………………………… (326)
一　人力资源规划 ………………………………………………… (326)
二　工作分析与职位评价 ………………………………………… (328)
三　招募甄选、考试录用与公开选拔 …………………………… (331)
四　绩效管理与考核 ……………………………………………… (333)
五　薪酬设计 ……………………………………………………… (335)

第十一章　公共危机管理 ………………………………………………… (340)
第一节　公共危机管理基本理论 ……………………………………… (340)
一　公共危机释义 ………………………………………………… (340)
二　公共危机管理基本要义 ……………………………………… (342)
三　公共危机管理核心原则 ……………………………………… (344)
第二节　公共危机管理体制 …………………………………………… (346)
一　公共危机管理体制界定 ……………………………………… (346)
二　国外公共危机管理体制 ……………………………………… (348)
三　我国公共危机管理体制 ……………………………………… (352)
第三节　公共危机管理主体过程 ……………………………………… (354)
一　预防与应急准备 ……………………………………………… (354)
二　监测与预警 …………………………………………………… (357)
三　应急处置与救援 ……………………………………………… (359)

四　事后恢复与重建 …………………………………………… (362)
　第四节　公共危机管理关键议题 ……………………………………… (363)
　　　一　信息发布、媒体沟通与网络舆情引导 …………………… (364)
　　　二　资源配给 …………………………………………………… (365)
　　　三　协作与参与 ………………………………………………… (365)
　　　四　公民教育 …………………………………………………… (366)
　　　五　公共危机管理法制化 ……………………………………… (367)
　　　六　从属性危机防范 …………………………………………… (368)

第十二章　公共信息资源管理 …………………………………………… (370)
　第一节　公共信息资源管理概述 ……………………………………… (370)
　　　一　公共信息资源 ……………………………………………… (370)
　　　二　公共信息资源管理 ………………………………………… (373)
　　　三　公共信息资源管理的理论基础 …………………………… (374)
　第二节　公共信息资源管理过程 ……………………………………… (376)
　　　一　公共信息资源规划 ………………………………………… (376)
　　　二　公共信息资源组织 ………………………………………… (380)
　　　三　公共信息资源利用 ………………………………………… (386)
　第三节　公共信息资源管理模式 ……………………………………… (388)
　　　一　公共信息资源的技术管理 ………………………………… (389)
　　　二　公共信息资源的经济管理 ………………………………… (392)
　　　三　公共信息资源的人文管理 ………………………………… (397)
　第四节　公共信息资源管理类型 ……………………………………… (401)
　　　一　政府信息资源管理 ………………………………………… (401)
　　　二　图书馆公共信息资源管理 ………………………………… (405)
　　　三　智慧城市信息资源管理 …………………………………… (407)

第十三章　公共财政管理 ………………………………………………… (411)
　第一节　公共支出管理 ………………………………………………… (411)
　　　一　公共支出分类 ……………………………………………… (411)
　　　二　公共支出增长与控制 ……………………………………… (413)

三　公共支出的成本与收益分析 ……………………………… (417)
　第二节　公共收入管理 ……………………………………………… (420)
　　　一　税收管理 …………………………………………………… (420)
　　　二　公债管理 …………………………………………………… (423)
　　　三　收费管理 …………………………………………………… (429)
　第三节　公共预算管理 ……………………………………………… (434)
　　　一　公共预算的类型 …………………………………………… (435)
　　　二　公共预算的编制、执行和决算 …………………………… (436)
　　　三　公共预算管理改革 ………………………………………… (440)

第十四章　公共管理伦理与责任 ……………………………………… (443)
　第一节　公共管理的伦理 …………………………………………… (443)
　　　一　公共管理伦理的内涵 ……………………………………… (443)
　　　二　公共管理伦理的特征 ……………………………………… (447)
　　　三　公共管理伦理的功能 ……………………………………… (449)
　　　四　公共管理伦理的基本理念 ………………………………… (451)
　　　五　我国公共管理伦理的失范及重构 ………………………… (454)
　第二节　公共管理的责任 …………………………………………… (458)
　　　一　公共管理责任的内涵 ……………………………………… (458)
　　　二　公共管理责任的分类 ……………………………………… (463)
　　　三　我国公共管理责任中的问责 ……………………………… (468)
　　　四　行政问责制是实现我国公共管理责任的路径 …………… (471)

第十五章　公共管理改革与发展 ……………………………………… (480)
　第一节　公共管理改革概述 ………………………………………… (480)
　　　一　公共管理改革的概念界定 ………………………………… (481)
　　　二　公共管理改革的功能 ……………………………………… (482)
　　　三　公共管理改革的主要特点 ………………………………… (485)
　第二节　公共管理改革的主要内容 ………………………………… (489)
　　　一　政府职能的合理定位 ……………………………………… (490)
　　　二　行政机构和人员的精简 …………………………………… (491)

三　公共部门的体制创新 …………………………………………（492）

　　四　公共管理的制度创新 …………………………………………（494）

　　五　政府管理的电子化创新 ………………………………………（495）

第三节　公共管理改革的发展趋势 ………………………………………（496）

　　一　公共管理的民主化 ……………………………………………（496）

　　二　公共管理的社会化 ……………………………………………（497）

　　三　公共管理的人本化 ……………………………………………（498）

　　四　公共部门的民营化 ……………………………………………（499）

　　五　公共管理的企业化 ……………………………………………（500）

　　六　公共服务的市场化 ……………………………………………（501）

　　七　公共管理的信息化 ……………………………………………（502）

各章主要参考文献 …………………………………………………………（505）

第 一 章

导　论

20世纪70年代以来，顺应全球化和后工业时代社会治理的要求，在公共行政学的基础上公共管理应运而生。在众多学者和各国政府改革实践活动的推动下，公共管理作为一种"新型的社会治理方式"以公共行政为基础，逐渐打破公共行政学局限，重新认识政治与行政关系，融合了管理学、经济学、政策科学、政治学等学科知识，倡导企业型政府，摆脱官僚制模式等，从而逐渐形成了公共管理学这一新兴学科。公共管理学是研究公共部门和公共管理过程及其规律的科学，它是以政府为核心的公共管理部门依法处理公共事务、公共产品与服务的管理活动，也是关于促进以政府为核心的公共组织更有效地提供公共物品和公共服务，以增进和公平分配社会公共利益的知识体系。本章第一节从公共管理的产生背景入手，详细阐述了公共管理的内涵、特征及其形成发展的历程，并对公共管理与私人管理、公共行政、公共事业管理等相关概念进行了辨析。第二节从公共管理学科入手，详细阐述了公共管理学的概念、研究途径及其研究方法。通过本章的学习力图使读者掌握公共管理的基础知识，对公共管理及公共管理学有概括化的认识，为以后的学习奠定基础。

第一节　公共管理概述

一　公共管理的含义与特性

（一）公共管理的含义

随着后工业社会的发展和全球化浪潮的出现，社会环境与政府管理呈现出高度的复杂性和不确定性，公共管理作为一种"新型的社会治理方式"顺应了时代发展的潮流，从20世纪70年代起，越来越多的学者开始进行公共管理方面的研究，推动了公共管理理论的发展。

作为一个新兴领域，公共管理研究从一开始就表现出了多元性，这种多元化的研究也给公共管理的概念注入了多重的内涵，为了对公共管理的内涵有更深入的了解，有必要对其概念内涵进行综述和分析。在西方，由于在研究基点上的差异，存在着基于B途径和P途径的公共管理内涵描述。1980年，肯尼迪政府学院院长阿利森（Graham T. Allison）认为："当前公共管理探讨中所流行的基本范畴——战略、人事管理、财务管理、控制——大多源自一种企业背景，主管们在其中管理着各种等级体制。"这是一种基于B途径对公共管理内涵的解释。由于P途径尚未得到充分发展，在20世纪80年代初期，对于公共管理的认识主要是由B途径主导着。然而，在实际中，公共管理与私人管理存在明显的区别，并且这种区别比它们之间的共性更加重要，因此，B途径下的公共管理概念是不完整的。许多学者从公共政策的角度出发，基于P途径提出了公共管理的概念。1984年摩尔将公共管理的概念在公共行政的传统责任中加上了目标设定与政治管理的责任，增加了某些根本性的行政职能，如设定目标、通过监督维持可靠性、掌管权威与资源，以及在一个给定政治环境中定位某一组织，并将它们视为公共管理者工作的核心要素。[①] 20世纪80年代是一个急剧变化的时代，公共管理的内涵也顺应时代的变化而不断调整，非营利性组织开始引起人们的重视，并被许多学者引入公共管理的内容中。

通过对公共管理内涵的梳理可以看出，公共管理的内涵和外延是随着时代的发展而不断变化的，众多国内外学者从自己的理解出发，对公共管理的内涵做出了独到的解释。

国外学者胡德认为公共管理是国家的艺术——也可以松散地定义为如何设计和管理公共服务的问题，以及政府行政部门的细微工作。[②] 布莱顿·米尔沃德认为公共管理与社会科学理论有着而且应该有着或紧密或松散的联系。它研

[①] 张康之、张乾友：《考察公共管理概念的多重内涵》，《天府新论》2012年第5期。

[②] Christopher Hood, The Art of The State: Culture, Rhetoric, and Public Management, Oxford University Press, 1998, "Preface", p. 3.

究的是基于实践经验的方法和管理技术。① 詹姆斯·佩里认为"公共管理理论应该提供关于公共管理者在各种变化的形势条件下如何做出行为的有用的、实用的普遍性原理"。"有用的和实用的"这个词是表示公共管理理论必须有实用价值和以问题为导向。② 欧文·休斯认为，公共管理包括的含义是强调管理技术而不是政策；强调绩效评估和效率；把公共官僚组织分解为自主性的执行机构；引入市场机制和实行合同承包，鼓励竞争；降低成本；重视产出、目标、短期合同、金钱刺激和自我管理的管理方式。③

我国学者王乐夫认为所谓公共管理，就是为了维护、实现和公平地分配公共利益，国家行政机关、立法机关、司法机关和其他社会公共组织对社会公共事务依法进行管理的活动。④ 张康之认为公共管理的概念具有三层含义：其一，公共管理是公共部门中的管理；其二，公共管理是服务于公共事务的管理；其三，公共管理是具有公共性质的机构或组织对社会的管理。⑤ 陈庆云等认为公共管理是由政府、非政府公共组织和民众所组成的管理体系，共同管理社会公共事务的活动。⑥ 陈振明认为公共管理（学）是一个研究公共管理活动或公共管理实践的学科，是一门综合地运用各种科学知识和方法来研究公共管理组织和公共管理过程及其规律性的学科，它的目标是促使公共组织尤其是政府组织更有效地提供公共物品。或者说，公共管理学是一门研究公共组织如何有效地提供公共物品的学问。⑦ 倪星等认为公共管理是关于以政府为核心的公共部门处理公共事务、提供公共产品和服务的活动，其研究对象存在于公共生

---

① Donald F. Kettl, H. Brinton Milward, *The State of Public Management*, Baltimore and London: The Johns Hopkins University Press, 1996, pp. 307 – 310.

② James L. Perry, "Public Management Theory: What is it? What should it be?". Barry Bozeman, Public Management: The State of the Art, San Francisco: Jossey2Bass Publishers, 1993, p. 16.

③ Owen E. Hughes, *Public Management and Administration (Second Edition)*, St. Martin's Press, Inc., 1998, p. 2.

④ 王乐夫：《试论公共管理的内涵演变与公共管理学的纵向学科体系》，《管理世界》2005年第6期。

⑤ 张康之：《公共管理学》，中国人民大学出版社2010年版。

⑥ 陈庆云、鄞益奋、曾军荣、刘小康：《公共管理理论研究：概念、视角与模式》，《中国行政管理》2005年第3期。

⑦ 陈振明：《公共管理学：转轨时期我国政府管理的理论与实践》，中国人民大学出版社1999年版，第37页。

活领域之中。①

综上所述，从字面来看，公共管理是由公共和管理组成，公共一词体现出公共性特征，管理一词反映出其属于管理学的一个分支。因此，所谓公共管理是指国家机关、第三部门和公民共同参与，为有效地保障公共产品和服务的供给、维护和实现公共利益、依法管理社会公共事务的活动。

(二) 公共管理的特性

公共管理作为一种新的研究范式，其发展过程中顺应了社会发展的需要，融合了政治学、行政学、管理学和经济学等多学科的知识，其本身具有鲜明的特征，具体表现在：

第一，公共管理主体的多元化。公共行政理论产生100多年来，一直视政府为唯一合法的公共事务管理者，在传统公共行政效率取向下，政府变得越来越墨守成规。传统的官僚制也不再是十分有效的组织模式，受到来自公共部门和私人部门的两方面批判。20世纪70—80年代以来，随着新公共管理运动的兴起，公共管理逐渐成为主流的公共部门管理范式。公共管理理论认为，政府是公共事务的主要管理者和责任者，但不是唯一的。现代社会众多的非政府组织与私营部门，甚至跨国组织或国际性组织，都可以成为良好的公共服务组织者和提供者。公共管理与政府管理之间的关系，是一般和特殊、共性与个性的关系。因此，公共管理变公共行政的单一管理主体为多元管理主体，从而调动了各类公共事务管理者的积极性与责任感，使管理的效果更加明显。

第二，公共管理基础的社会化。从西方国家新公共管理运动的内容看，它主张推进社区主义，发展非政府、非营利性的社会组织，加强政府与公民社会各种力量的合作关系，建立理想的政府、市场、社区三足鼎立的公民社会。公共管理是一种管理主体多元化的治理模式，它不把政府以外的所有事务作为自己的工作对象，而是主张与社会力量形成互动的和谐关系，因而公共管理作为一种良好治理的范式，必然建立在公民社会日渐成熟的基础之上，并且有助于公民社会的迅速成长。我国传统意义上的公共行政即政府管理的基础是大政府、小社会，政府在不恰当的角色与功能定位下操纵着公共事务管理的大权，

---

① 倪星、付景涛：《公共管理学》，东北财经大学出版社2011年版，第5页。

也承担了为此付出的沉重负担。强政府、硬行政手段、全方位管理、缺乏责任及效率是传统公共行政管理模式的基本特征。随着经济社会的发展转型，这一模式的许多弊端日渐明显，因而成为国内改革的重要对象之一，改革的方向就是建立公共管理模式。公共管理改变了传统公共行政模式下的政府与社会的关系，对政府与社会的关系重新进行定位。政府专注于公共政策的制定与监督，公共服务则尽可能发挥社会组织的作用，逐步增强非政府部门在社会发展中的独特作用，实现公共管理社会化。我国公民社会在改革开放后特别是90年代以来发展较快，大量非政府、非营利性组织涌现并在社会发展中发挥越来越重要作用。民间组织发展壮大后，它们在管理中的作用也日渐重要。它们或是独自承担社会的某些职能，或是与政府合作，共同行使某些职能。有民间组织独立行使或与政府共同行使的社会管理过程，便不再是统治，而是治理。公民社会发展的这一趋势与公共管理的兴起产生互动关系，一方面，公共管理强调公共事务管理上的分权，主张社会事务更多地由非政府组织或第三部门来管理或提供，这将促进公民社会的进一步发展；另一方面，社会力量的兴起，使公共管理不断强化其社会化基础，从而实现其良好治理的根本目的。

第三，管理结果的责任性。传统公共行政的单一主体使政府的责任感下降，甚至不负责任，公共管理则不同，通过对不同管理主体进行事务上的划分，明确各自的职责，并且制定明确的绩效标准和测量方法。胡德认为，公共管理者不仅仅遵循指示，而且关注达成结果及为达成结果而承担的责任。公共管理者的要点之一是在委以责任之前，先对行为责任进行明确的划分。公共管理能够对其结果负责，不仅源于职责的明确划分，也来源于对公共价值观的认同。公共管理不仅要对管理结果的效率性与经济性负责，更要对管理结果的公正、公平与民主等公共性的价值标准承担责任。尽管公共管理脱胎于传统公共行政，也从私人部门管理中汲取养分，但并未由此改变公共部门的主体性特征。相反，公共管理主体在维持公共性的基础上，通过学习私营管理的经验来解决公共问题，实现公共利益。公共管理对于公共性价值的重视及为此而承担的责任，首先需要公共管理者意识到这种价值与责任的重要性，其次是能够把这种任务有效地赋予各个管理主体，发挥社会性基础力量，从而使管理主体对管理结果的责任承担更有现实性。从本质上讲，公共管理是运用公共权力实现公共利益的社会活动，这决定了它同时必然是责任取向的过程。这种责任既可以表现为整个社会发展所肩负的义务，也可以是对自身行为的一种约束；既是对社会正面发展的积极响应，也是对其负面偏差的一种纠正；如果说传统公共行政强调对其行为负责，那么公共管理更应该做到真正对社会负起责任。这就要求公共管理者具有道德意识和社会责任感。

第四，公共管理行为的互动性。公共管理主体的多元化及基础的社会化，决定了它的管理活动不再是自上而下的权威命令式管理，而是多元互动式的民主管理。传统公共行政管理建立在官僚理论基础上，十分强调管理过程中权力运行的单向性，即政府按照层级制原则自上而下地发布命令，执行机构不折不扣地完成任务。这种单向的权力运行机制在实践中存在许多不足，例如缺乏管理对象的积极参与和支持，对外界环境的变化不敏感，对政府管理行为缺少监督及管理者不能很好地承担管理结果的责任等。公共管理主要是通过合作、协商、伙伴关系、确立认同和共同的目标等方式实施对公共事务的管理，这一管理过程的互动表现在三个方面：一是管理权限的多向度，通过对几类管理主体的责任及任务明确规定，使之分别拥有管理权利（力），实现调动最大多数社会力量共同治理的目标；二是管理方式的民主性，对管理者不仅有权威命令，还有协商与合作，对环境的应变能力要进一步加强；三是管理取向的多样化，不管是政府或政策取向（P途径）还是市场或私营部门管理取向（B途径），在实践中都被证明是有缺陷的，这就需要综合运用两者的优势，克服其不足，真正实现政治国家与公民社会的合作、政府与非政府的合作、公共机构与私人机构的合作、强制与自愿的合作。[①]

二 公共管理的相关概念

（一）公共管理与私人管理的关系

公共管理与私人管理是两个相对的概念，从管理学的角度来看，它们之间的界限很难确定，以至于管理学家沙雷如此评价它：私人管理与公共管理在所有其他不重要的方面上是相似的。他的这句话成为名言被广泛引用。事实上，两者确实有许多相同的地方，例如都强调管理的原则和一般过程，两者也都注重管理效果的评估，以追求利益的最大化。

---

① 王乐夫：《从"公"与"共"的异同看公共管理的基本特征及其实现形式》，《内蒙古财经学院学报（综合版）》2006年第6期。

当然，公共管理与私人管理却又有着巨大的差别，公共管理以及公共管理机构的行为已经越来越呈现出其特定的范围和特殊的规律，它本身与一般经济管理和商业管理存在着差别。所谓私人管理，也就是通常意义上的商业管理（我国一般称它为工商管理），它是与公共管理相对的，两者在本质上大不相同。公共管理追求的是公共利益如何合理地处置，而私人管理却是以营利为主要目的。同时，两者存在的环境因素也相去甚远。一方面，公共管理的整个过程都受到宪法和法律的规定和制约，一般以条文形式加以确定，而私人管理，法律在其活动中仅为一种外部制约因素，私人管理须合法，但这并非其管理的根本动力，它的根本动力是追求高额利润；另一方面，公共管理跟政治气候关系密切，而私人管理主要在经济领域中进行，不直接受政治控制。另外，从物质基础、管理人员的产生方式、管理效果评估等方面来看，二者也存在较大差别：公共管理的物质资源是公共的，公共管理人员不能随意被支配，是由选举或任命而产生，其管理绩效的评估指标一般有公众舆论好坏、公共产品的数量及其消耗程度、公共项目的实施与效果等，其绩效评估偏重于社会效益；而私人管理中各种物质资源属于企业本身，其他人无权干涉，其管理人员一般是聘用的，管理效果评估以销售额、净收益率、生产规模的扩大程度、市场占有率的提高等来衡量，其绩效评估强调经济效益。①

（二）公共管理与公共行政的关系

虽然管理活动比行政活动产生得早，但公共管理却比公共行政产生得晚。对于公共管理与公共行政概念的解释，存在一定的模糊性，在理论界也存在着不同的解读。公共管理作为新的背景下对公共行政的延续和发展，其代表着一种新的理论旨趣与实践价值取向，与公共行政存在着许多不同之处。第一，公共管理的目标是取得结果、改进技能和增强责任。"管理"一词意味着从注重程序转向重视结果。公务员把自己看作是管理者而不是行政者，他们的职能是进行组织而不是服从命令。传统的公共行政无法反映出公务员所承担的广泛的管理及政策制定的角色。它是一种消极的控制形式。第二，公共管理更多地涉及组织外部环境的处理和更广泛的组织目标。公共管理强调缩小政府的角色

---

① 李之洋：《公共管理研究中的几对基本概念》，《行政论坛》2002年第5期。

和范围，以保护私营组织的角色和范围，政府已很少作为公共产品及公共服务的直接提供者，而更多地成为实际从事公共服务代理人的监督者，多元组织构成的网络系统代替了单一的政府。第三，公共管理强调官僚政府转变为企业政府，公共服务建立在需求与供给相分离并且供给方存在竞争的基础上，以市场机制取代政府机制，广泛使用交易契约与代理契约。①

（三）公共管理与公共事业管理的关系

公共管理是一个整合了广泛思想、理论、技术、管理方法并超越了公共行政的新范式，而公共事业管理则是具体地涉及公共管理的某些领域，或者说是作为公共管理的一个子领域而存在的，二者的管理主体都是以政府为核心的多元主体，都是为了实现公共利益，都采用了现代化的管理方法与技术，都是动员社会力量对公共事务的管理过程。② 虽然两者存在着共同点，但是二者仍有显著差别，主要体现在以下几点。

首先，两者的范围不同。公共管理的范围很广，它既包括政府自身的行政事务管理，也包括社会公共事务（包括公共服务）的管理，还包括对市场和企业的宏观管理。目前，人们所关注的社会工作实际上也属于公共管理的范畴，但却不属于公共事业管理。值得一提的是，社会公共事务管理不同于社会事业管理，而公共事务管理则包括解决公共问题以满足公众需求的所有事情。例如，社会保障、教育、公共卫生等。公共事业管理特指那些不以营利为目的，没有生产收入，由国家、企业或私人团体开支其经费的社会工作，例如道路、排水、路灯、供水、公交和工程动迁等市政公用设施项目的建设与维护管理等工作。由此可见，公共事务包括了公共事业中的事务。公共管理的范围要比公共事业管理大，具体包括科技管理、教育管理、卫生管理、社区管理、环境管理、文化市场管理、社会保障、人口管理等，且专业性比较强。公共事业管理组织在这些领域的作用是企业和政府无法替代的。

其次，管理的主体与客体不同。广义的公共管理就是公共治理，而公共治

---

① 李晓梅：《公共行政与公共管理：思想史连续性中的概念分析》，《辽宁行政学院学报》2010年第2期。

② 李水金、王琼：《公共事业管理的概念内涵及其与行政管理、公共管理的关系辨析》，《湖北师范学院学报（哲学社会科学版）》2009年第6期。

理的主体是包括政府、企业、社会组织等在内的整个社会的所有力量，其客体是公共事务。狭义的公共管理的主体主要是政府，其客体既包括公共事务，也包括全体社会公众和提供公共产品与公共服务的行业和部门。广义语境下的公共管理以服务为主、管理为辅，具有一定的民主性。狭义语境下的公共管理以管理为主、服务为辅，具有一定的强制性。在我国，公共事业管理的主体主要是政府部门的事业单位，还包括一些社会公共组织，这些部门没有行政权力，承担着公共事业管理的职能，但它们不是政府的构成部门。其客体是公共事务和社会公众，这些部门主要提供公共服务，强制性较弱。

再次，管理的职责不同。由于公共事业不一定由公权部门来完成，它可以被委托外包给私权部门如企业来承担，而公共管理只能由公权部门来承担。因此，公共管理的责任主体是政府，政府的公共管理职责是对社会公共事务（包括公共事业部门）进行宏观上的管理活动，具体的社会公共事务则不属于它的职责范围。例如，政府制定环境卫生条例，但却不具体从事环境卫生工作。在此，政府只是"掌舵"，而非"划桨"。如果公共管理者失职，就要承担行政责任。而公共事业管理组织具体从事社会公用事业，它对相关政府部门和社会公众负责，如果公共事业管理者失职，承担的是民事责任。

三　公共管理的产生与发展

公共管理的相关实践的研究历史很早就已开始，然而作为独立的学科发展，其历史并不长。对公共管理发展阶段的认识，许多学者都提出了自己独到的见解，陈振明将公共管理分为了传统公共行政、新公共行政和公共管理三个阶段[1]；欧文·休斯将公共管理分为了公共行政时期和公共管理时期两个阶段[2]；唐兴霖将公共管理分成了形成时期（19世纪末—20世纪30年代）、发展时期（20世纪40—60年代）和繁荣时期（20世纪70年代至今）[3]。在对众多学者的研究的基础上，本书将公共管理分为公共行政、公共管理和公共治理三大理论发展时期。

---

[1] 陈振明：《公共管理学》，中国人民大学出版社2006年版。
[2] ［澳］欧文·E. 休斯：《公共管理导论》，张成福译，中国人民大学出版社2007年第3版。
[3] 唐兴霖：《公共行政学：历史与思想》，中山大学出版社2000年版。

（一）公共行政时期（1887年—20世纪70年代末）

公共行政时期可谓传统的公共管理时期，历时近90年之久。总体上看，它是建立在政治与行政二分论和韦伯的官僚制理论这两大基本框架之下。

1. 传统的公共行政（1887—1960）

这一时期总体上处于西方国家从传统资本主义向现代资本主义转型阶段，行政或管理在整个国家或社会管理当中的地位日渐上升。首先，就政治与行政的关系来看，这一时期前后是有变化的。在前期（1887—1940），随着政党分肥制问题暴露得越来越明显，也伴随着英美等国文官制度改革的进行，以威尔逊和古德诺为代表的学者主张将政治与行政分开。古德诺提出，政治就是国家意志的表达，会涉及政党的活动；行政就是国家意志的执行，应该是中立的；两者应该分开，当然两者也需要协调。① 在政治行政二分论的基础上，公共行政学才得以从政治学中独立出来，其后公共行政学的许多发展都是建立在这一基本理论基础上。到了后期，即20世纪40年代以后，受罗斯福新政与二战的影响，加上行政权的扩张及行政国家的出现，原本只负责国家意志执行的政府行政机构却拥有了越来越多的部门立法和国家政策的制定权以及对议会立法的影响权。人们几乎很难再把价值中立的原则运用于政府管理，政治行政二分法开始受到方方面面的攻击。同时，这一时期，随着西蒙和拉斯韦尔等人对决策科学的大力倡导，政治与行政的关系便开始渐渐向政策与管理的关系方向演变。他们认为政策与管理通常是密切相关的。其次，在管理组织体制及运作方式方面，这一时期诞生了韦伯的官僚制理论。1922年，马克斯·韦伯在《社会与经济组织理论》一书中提出了官僚制组织理论。该理论首先把组织权力划分成传统权力、超人权力和法定权力三种，并把官僚制看成是一种组织形态；官僚制分传统官僚制与理性官僚制两种，前者主要依靠的是前两种权力，后者主要依靠的是法定权力；该理论特别强调法制条件下的层级制组织结构模式，重视机关内部的规范化管理；官员职位强调职业化、专业培训和新式忠诚，官员的个人职位是由传统的等级制加以保证，由上级任命，终身任职，实行定额薪金，等等。

---

① [美]弗兰克·J. 古德诺：《政治与行政》，王元、杨百朋译，华夏出版社1987年版。

2. 新公共行政（1960—1980）

这一时期的公共行政学在20世纪40—50年代深入批判传统公共行政学的基础上发展而来，其具有了一些新的特点：首先，在政治与行政的关系方面，60年代以后，伴随着西方发达国家激烈的社会运动和美国人对越战的强烈不满，行政活动中的价值倾向受到了越来越多的关注。1968年，美国锡拉丘兹大学的密诺布鲁克（Minnowbrook）会议提出，公共行政学应将道德价值观念引入行政过程分析，行政活动要更多地关注社会公平、代表性、回应性、责任性和参与等方面的价值问题。70年代以后因受尼克松"水门事件"[①] 的影响，人们对政府的信任度急剧下降，社会呼唤公共部门重视职业伦理建设。其次，韦伯的官僚制理论也开始受到人们越来越多的批评。如它过分强调等级制，会与民主制有冲突；法制过于严格，官员行政会缺乏创新精神；太过重视行政过程的效率问题，就可能会忽视行政产出的绩效。正因为如此，从20世纪60年代开始，韦伯官僚制组织理论在企业管理中逐渐失宠。随着公共政策学科的兴起和公共选择流派的影响日益增强，人们也开始反思官僚制对于公共行政的意义问题。再次，从具体的理论与方法的运用看，这一阶段的公共行政开始越来越多地受到了经济学和管理学等多学科理论与方法的影响。经济学方面主要是公共选择理论；管理学方面主要是系统管理思想和权变管理学说。最后，这一时期公共政策研究得到空前的发展，甚至大有形成独立学科的趋势。其间的典型代表人物与著作主要是德罗尔的公共政策三部曲《公共政策制定检讨》（1968）、《政策科学构想》（1971）和《政策科学的进展》（1971），以及林德布洛姆的《政策制定过程》（1968）。

（二）公共管理时期（1980年至今）

公共管理时期的主要特点是，逐渐打破公共行政学的局限，重新认识政治与行政的关系；更多地接受经济学等多学科的综合影响；逐渐摆脱官僚制模式，倡导企业型政府；更重视管理主义导向等。具体表现在以下几个方面：第一，政治与行政可分。80年代以后，英国、美国、新西兰等西方国家先后进行了大规模的政府改革，放权分权、政府服务外包、政府组织内的企业化改

[①] "水门事件"指美国共和党政府在1972年总统竞选运动中的非法活动暴露后的政治丑闻。

革。这一实践自然为管理主义大行其道提供了很大的便利条件。到了90年代以后，新公共管理有明显的去政治化倾向。例如1993年戈尔领导写出的政府绩效评估（NPR）报告，就明显地依据了传统的政治行政二分论。第二，深受工商管理取向和公共政策取向的强烈影响。70年代末期开始，由于受公共政策学院背景和工商管理学院背景的影响，公共管理理论范式逐步形成。美国学者博兹曼（Bozeman）曾经概括分析过两种背景取向的异同。它们的共同点在于：关心超出机构内部管理以外的部门间的关系问题；依旧重视政治在管理中的作用；关心管理有效性的提高；因受公共管理案例教学的影响而偏爱实证研究。它们的区别在于：受公共政策学院背景影响的公共管理研究，能认识到政策分析对于公共管理的重要性，其研究会更多地基于实践者的经验，注意一些重要的实际教训并能以一种通俗易懂的方式来表达，注意推动高层公共管理者或政治官员与公共管理学者之间的对话和沟通；受工商管理学院背景影响的公共管理研究，会更多地倾向于研究和理论，重视适应能力和从广泛的学科中找出适当的具体方法、技术和理论，重视在对公共管理与私域管理进行实证比较的基础上，实现两者的有机结合，更倾向于战略管理，关注公共管理过程问题，会更多地集中于职业公共管理者，而非政治性官员等。第三，新公共管理崭露头角。到了80年代末特别是90年代初，公共管理研究发展到一个新的阶段，出现了所谓的新公共管理（New Public Management，NPM）。对于这一理论，人们存在很大争议。其核心理念是：把私人部门的管理手段和市场激励结构引入公共部门和公共服务之中；其目标不只是在公共行政内部作技术上的专业化努力，也不只是对公共部门进行改革，而主要是让公共部门转换机制并改变以往政府与社会之间的关系，最终取代传统的官僚制模式。①

（三）公共治理时期（20世纪90年代至今）

公共治理理论，是伴随着西方福利国家出现的管理危机和市场与等级制的调节机制危机以及公民社会的不断发育和众多社会组织集团的迅速成长而出现的一种新型的公共管理理论。1995年，全球治理委员会在《我们的全球伙伴关

---

① 薛澜、彭宗超、张强：《公共管理与中国发展——公共管理学科发展的回顾与前瞻》，《管理世界》2002年第2期。

系》研究报告中提出公共"治理"的概念，按照该定义，公共治理是各种公共的或私人的个人和机构管理其共同事务的诸多方式的总和。公共治理作为公共管理发展的新方向得到了越来越多学者的认可，但是对其也存在许多批评，批评者认为治理理论强调社会中心，忽视了政府在治理中的作用，认为各个国家的不同历史传统导致治理的适用性会受到很大限制，但是公共治理仍然为我们研究公共管理提供了一个崭新的视角，推动着公共管理的发展和进步。

第二节 公共管理学

一 公共管理学的概念界定

无论是在英文还是在中文中，"Administration"（行政）和"Management"（管理）这两个词都是近义词，而且含义丰富。人们经常将这两个词互换地加以使用，例如"Business Administration"被译成"商业管理"，赫伯特·西蒙的"*Administrative Behavior*"这一名著的中译本叫作《管理行为》。"Public Administration"有时也被译成"公共管理"，然而近义词不等于同义词，详细的语义分析可以显示出其中的差别，而且在实践中，"Manager"（管理者或经理）与"Administrator"（行政官员或行政人员）所扮演的角色也明显不同。

在英语中"Public Administration"和"Public Management"既表示一种活动、一种职业，也表示一个学科或研究领域；在汉语中，表示学科往往加上一个"学"字，因此，比较容易区别一种活动或职业与学科。在西方特别是美国的文献中，对作为一个学科的"Public Management"（公共管理学）主要有如下几种不同的理解。[①]

一是将"公共管理（学）"等同于"公共行政（学）"，这种用法常见于日常公共部门管理活动中，也来自于坚持传统的公共行政范式或途径的学者们。这些学者反对将"公共管理"一词看作是新术语的说法，认为公共行政学早就使用"公共管理"一词，其含义与"公共行政"并无二致。例如，早

---

① 陈振明：《什么是公共管理（学）——相关概念辨析》，《中国行政管理》2011年第2期。

在1940年，马克斯（F. M. Marx）就出版了一本名为《新民主中的公共管理》的著作；30年代，国际城市协会所出版的杂志就叫作《公共管理》。① 当然，一些公共行政学派的学者现在力图将当代公共部门管理的理论与实践的新变化纳入公共行政学的框架中。例如，罗森布罗姆（D. H. Rosenbloom）在《公共行政学》中认为，公共行政是管理的、政治的和法律的理论的应用和为全社会或社会的一部分履行规制和服务职能而执行立法的和司法的政府法令的过程。② 这是一种相当广泛的定义，涵盖了所有的公共部门及其管理活动，这就与（新）公共管理学派所理解的"公共管理"没有实质上的不同，基于这种理解建立起来的"公共行政学"与（新）公共管理学也不会有根本的区别。

二是把公共管理（学）当作公共行政（学）的一个分支学科，是关于公共行政的项目设计、组织结构化、政策和管理计划，经由预算系统的资源配置、财政管理、人力资源管理、项目评估和审计的应用方法论方面的总的看法。这以奥特（J. S. Ott）、海德（A. C. Hyde）和谢夫里兹（J. M. Shafritz）所主编的《公共管理精华读物》（1991）作为代表。他们在该书的序言中明确指出："公共管理是更广泛的公共行政领域的一个主要部分……；公共管理的焦点是作为一种职业的公共行政和作为这种职业实践者的公共管理者……；公共管理集中关注那些可以用来将思想和政策转变为行动的管理工具、技术、知识和技巧。这些工具的能力包括职位分类、招募和选择程序、影响管理、预算分析和规划、监督技巧、长期或战略计划、项目和组织评估、反馈和控制机制（特别是通过信息管理系统的反馈和控制机制）、合同管理、项目管理和组织重构等等。"③

三是将公共管理看作一种不同于传统的公共行政和政策分析的一种新途径、新范式或新的学科框架。80年代初期，就有学者将公共管理看作一个新的学科框架。例如，加森（G. D. Garson）和奥弗曼（E. S. Overman）于1985年所写的《美国的公共管理研究》一书基于对美国公共管理研究开展广泛的

---

① Laurence E. Lynn, *Public Management as Art*, *Science and Profession*, New Jersey: Vhatham House Publishers, Inc., 1996, p. 38.

② David Rosenbloom, *Public Administration: Understanding Management*, Politics and Law in the Public Sector. The McGraw-Hill Companies, Inc., 1998, p. 6.

③ J. Steven Ott, Albert C. Hyde and Jay M. Shafritz (eds), *Public Management: the Essential Reading*, Chicago: Lyceum books/Nelson Hall, 1991, p. IX.

调查分析，提及"公共管理的声望与日俱增"，他们认为原因也许是这个词比公共行政更充满活力和内涵。[1] 波齐曼（Barry Bozeman）和斯特拉斯曼（Jeffrey D. Strassman）在《公共管理战略》（1990）中提到："本书所用的概念是'公共管理'而不是'公共行政'……这里使用'公共管理'一词有两个理由：第一，本书关心战略问题，涉及公共组织的外部环境和它们更广泛的使命和目标。'公共管理'一词似乎也正是按照这种方式进化的，这使得它所关心的东西比内部行政要多得多。……第二，公共管理不必只是在政府机构的背景上出现，而'公共行政'一词总是或最终在整体上与政府官僚机构相联系。'公共管理'这一新术语可能更具弹性。"[2] 在另一处地方，他们又说："当代公共管理是某种不同于传统的公共行政的东西。……我们并不简单地反对传统的公共行政。我俩都仍对公共行政感兴趣，我们教公共行政的各种课程，我们也曾经是公共行政学者。但公共管理则不同，不同的主要方面是：如果它要成功地运转的话，那么它就必须要有战略的轮子。与公共行政相比，公共管理更广泛、更综合和更少受功能专门化的限制。在很大程度上可以说，公共管理是对组织外部环境的管理，公共行政则存在于组织的脉络当中。"[3]

经过七八十年代公共政策学院和商学院（特别是政策分析中政策执行研究和商业管理中对战略研究的重视）的孕育，进入90年代，公共管理逐渐成长为一种既有别于传统的公共行政，也有别于政策分析的新研究途径或范式，其标志则是1991年9月在全美最早、最著名的公共行政学院——雪城大学（Syracuse Vniversity）麦克斯韦学院召开的第一次全美公共管理研讨会。到了90年代，"公共管理作为一个新学科的术语已获广泛的接受"（L. E. Lynn 语）。澳大利亚学者休斯（Owen E. Hughes）在《公共管理与行政》一书中也称："自从80年代中期以来，西方各国政府由于对技术变迁、全球化和国际竞争作出反应而发生了重大变化。近几年，人们可以看到比20世纪任何一个时候都要广泛的政府改革。人们普遍认为，这意味着从传统的公共行政学这一

---

[1] G. David Garson and E. Samuel Overman, *Public Management Resarch in the Unite States*, New York: Praeger, 1983, p. 275.

[2] Barry Bozeman and Jeffrey D. Straussman, *Public Management Strategies*, San Francisco: Jossey Bass, 1990, p. 4.

[3] Ibid., p. 214.

在20世纪大部分时光处于支配地位的范式向'管理主义'或'(新)公共管理'的转变,政府脉络中的官僚体制理论正在被经济理论和市场供给理论所取代。"① 他明确指出,"管理主义"或"(新)公共管理"是一种国际性思潮,在许多国家都发生这种转变,他说他所理解的"公共管理"就是一种与传统的公共行政学和政策分析范式相区别的新范式或新途径。

公共管理学作为一种实践活动,是以政府为核心的公共管理部门依法处理公共事务、公共产品与服务的管理活动,公共管理学作为一个学科,主要研究公共管理实践活动以及规律。我们认为,公共管理学是一门运用包括管理学、政治学、经济学在内的多学科的理论以及方法,研究公共部门和公共管理过程及其规律的科学,是关于促进以政府为核心的公共组织更有效地提供公共物品和公共服务,以增进公平和有效分配社会公共利益的知识体系。

公共管理作为一门学科或研究途径,显示了如下特点[②]:①公共管理是一个整合性的概念,是介于企业管理与公共行政之间的"第三条道路"。公共管理在"什么"与"为何"层面上是沿袭公共行政或公共政策,而在"如何"层面上沿袭企业管理。②公共管理是将私部门的管理手段运用于公共部门,但并未改变公共部门的主体性。公共管理并不否定公共部门的特性,主张在维持"公共"性格的基础上,运用私部门的管理手段或管理精神以解决公共问题,满足民众需求。两者的关系是互补而非替代。③公共管理重视与外部环境的关系,强调以最高管理者的战略设计、政策设计为焦点。任何公共事务必须解决两大问题,内部的技术问题、外部的整合问题。当代公共管理非常重视外部整合问题。④公共管理不完全等于"政府管理",而意味着一种新治理。公共管理中的管理者不一定完全是政府,私部门、非营利部门、非政府组织等都是重要组成部分。它强调的是治理,即由众多行动者组成一个关系网和众多行动者之间的合作伙伴关系。⑤公共管理强调价值调和与责任。公共管理强调价值调和,不仅重视经济、效率、效能,同时也重视公平、正义和民主。公共管理在主张弹性、自主管理、授予权能的同时,强调责任的重要性,并认为只有发展客观、有效的绩效测量标准,政府的责

---

① Owen E. Hughes, *Public Management and Administration*, New York: St. Martin Press, Inc., 1998, p. 214.

② 张成福、党秀云:《公共管理学》,中国人民大学出版社2010年版,第36页。

任才能落实。⑥公共管理关注和重视政府改革与再造。公共管理,公共管理的兴起与发展,与20世纪70—80年代以来政府改革与再造紧密相连。政府部门的改革、变革、再造、创新一直是公共管理研究的主体。这反映了公共管理理论与实务之间相结合的特征。另外,我们也可以看到,政府改革若持久不停,公共管理的概念、外延与内涵也不断地充实,公共管理理论也是不断发展的。⑦公共管理是一个科际整合的研究领域。社会事务和社会问题多种多样,政府及其公共事务也是复杂万千,因此公共问题的解决,有赖于多学科的共同努力,才能找到路途与答案。基本上,公共管理是一个科际整合的研究领域,它从政治学、经济学、社会学、心理学、管理学借用了许多理论与方法。现阶段公共管理的最大挑战之一便是一方面要建构理论,另一方面要兼顾实际。

二 公共管理学的研究对象和研究内容

(一) 公共管理学的研究对象

按照唯物辩证法的观点,任何一个学科都是以客观世界的某一类事物、现象或过程作为自己的研究对象。主要探讨这类事物或现象及过程的本质联系或规律性,从而形成学科的概念、范畴、定理、原理和方法的理论体系。公共管理是一种客观的社会活动过程,它构成公共管理学的研究对象。公共管理学要研究作为公共事务管理主体的公共组织,特别是政府组织的结构、功能及其与环境的关系;研究公共管理活动的过程及其环节(如组织、领导、决策、执行、沟通、协调、监督、评估等);研究如何应用人类所创造的各种科学成果、知识、方法来解决社会管理、公共服务问题,以促进政府及其他公共组织更有效地提供公共物品。①

公共管理研究的对象是公共组织尤其是政府组织对社会公共事务和自身进行有效管理的规律,这里主体是公共部门组织;目标是促使公共组织尤其是政府组织更有效地提供公共物品,可以说公共管理学是一门研究公共部门组织如何有效地管理社会,更好地提供公共服务的一门学问。

---

① 林修果:《公共管理学》,吉林大学出版社2006年版,第5页。

对上述公共管理学研究对象界定与国内外学者关于公共行政学研究对象界定既有区别，也有联系。对于公共管理学的研究对象，不同的学者有着不同的观点：波瑞（Perry，L.）和克莱姆（Kraemer，K.L.）认为公共管理是一种新的途径，它是传统公共行政的规范取向以及一般管理之工具取向的结合体。公共管理的重点是将公共行政作为一种职业，并将公共管理者视为职业的实践者，而非政客或政治家。[1] 卡尔森（Garson，G.D.）和欧尔曼（Overman，E.S.）认为："公共管理是对行政的一般方面整合的研究……它将人力、财政、物资、信息和政治资源的管理与管理学的计划、组织、控制职能相融合。"卡尔森和克莱姆还说明了公共管理与公共行政的六点不同：①它包括一般管理的计划、组织、控制职能，以替代讨论社会价值以及官僚与民主的冲突；②对经济和效率标准认同的工具取向以替代公平、回应或政治特色；③以对中层管理者的实用关注来取代政治或政策精英的观点；④倾向于视管理为类同管理，或者至少使公共和私营部门的管理差异极小化，而不是夸大它们的差异；⑤像关注组织内部运作那样的理性态度，关注组织的外部环境，而不是过分关注法律、制度和政治过程；⑥与传统科学管理有着强有力的思辨联系，或与社会学紧密关联。[2] 奥托（Otto，J.S.）、海蒂（Hude，A.C.）和沙夫里茨（Shafntz）认为公共管理是公共行政或公共事务广大领域的一部分，其可谓综合了公共行政的方案设计与组织构建、政策与管理规划、经由预算制度进行资源分配、财务管理、人力资源管理以及各种方法与艺术。公共管理将公共行政视为一门职业，将公共管理者视为职业的实践者。公共管理关注那些能够将理念、政策转化为行动规则的管理工具、技术、知识和技巧。[3] 波兹曼（Bozeman）与史陶斯曼认为："公共管理就是对政治权威的管理。如果不考虑组织的性质，大部分管理工作和任务是具有共通性的。但公共管理的主要领域是在政治系统下，一旦政治权威进入管理戏局，管理的游戏规则就会改变。"在波兹曼与史陶斯曼看来，其书中运用公共管理一词有两个原因：一是他们的书讨论

---

[1] Perry, J. L. and Kraemer, K. L., *Public Management: Public and Private Perspective*, California: Mayfield, 1983.

[2] Garson, G. D. and Overman, E. S., *Public Managemwnt Research in the United States*, Newnork: Praeger Publishers, 1983.

[3] Otto, J. S., Hyde, A. C. and Shafritz, J. M., *Public Management: The Essential Readings*, Chicago: Nelson-Hall, 1991.

战略问题，公共管理一词含有这个意思，远比内部行政具有更广的含义；二是公共行政一词几乎与政府官僚组织相关联，而公共管理一词更具弹性。① 休斯认为与管理相比，行政的范围更狭小、功能更有限，因此，从公共行政到公共管理的变化意味着理论和功能的变化。""公共行政是服务公众的活动，公务员执行从其他方面产出的政策。它关注程序，将政策转化为行动以及机关管理。管理包括着行政，但同时意味着以最大化的效率实现组织目标以及对结果的责任。……公共行政的焦点在于过程、程序以及顺序性，而公共管理包括的更多；公共管理者不仅仅遵循指示，而且关注达成结果以及为达成结果而承担的责任"。② 夏书章认为："行政管理学是研究国家行政管理的科学，是研究在行使国家权力对社会事务进行管理的活动中有效地组织和协调各种管理要素的科学。行政学的宗旨在于提高行政管理的效能和效率。"③ 张国庆认为："公共行政学就是关于公共行政制度或行政体制及其运行机制的合法性、合理性、有效性及其发展性的比较系统的思想、理论、逻辑、知识和方法的体系。"④

从不同学者的观点可以看出，由于每个人分析、认识的角度和出发点不同，对公共管理就有不同的理解，这也反映了公共管理作为一个研究领域仍然缺乏共识。我们不能明确地界定公共管理的性质这一事实并不意味着公共管理的不存在，事实上全世界都在关注公共管理的改进问题。公共管理代表着知识界和实务界对实现一种良好政府治理的努力、希望和探索，即期望建立一个有能力的、负责任的、有效率的，更能体现和实现民主社会基本价值的，不同于传统官僚导向的政府组织、政策及运作模式的新政府治理。

在公共管理学研究过程中，必须注意与相关几门学科的区别⑤。

公共管理学不同于行政管理学。行政管理学主要研究行政机构和行政人员的管理调度问题，包括行政制度、行政立法、行政体系的模式、行政运行机制、行政人员的激励等，行政管理学侧重于讨论行政系统本身的有效控制和有序运行。公共管理学主要是研究有序化后的社会公共组织如何通过开展有效活

---

① Bozeman, B. and Straussman, D. J., *Public Management Strategies: Guidelines for Managerial Effectiveness*, San Francisco: Jossey-Bass Publishers, 1990.
② [澳] 欧文·E. 休斯：《公共管理导论》，中国人民大学出版社 2007 年第 3 版，第 201 页。
③ 夏书章：《行政管理学》，山西人民出版社 1985 年版，第 8 页。
④ 张国庆：《公共行政学》，北京大学出版社 2011 年版，第 6 页。
⑤ 方正松：《公共管理学》，中国财政经济出版社 2003 年版，第 21 页。

动去管理社会公共事务，并在实施管理过程中如何发挥其功能，而有关社会公共组织自身的行政制度和组织协调并不作为公共管理学研究的重点。

公共管理学不同于公共政策学。公共政策学主要研究政府制定政策的行为，研究政策行为中相互关系的发生及其运行机制，即公共政策学侧重于研究公共政策本身的提出、制定和实施过程。公共管理学偏重于研究社会公共组织发挥其功能的行为，虽然也涉及公共政策问题，但主要不是研究公共政策的制定过程，而是研究如何通过公共政策实现公共管理的目标。公共管理学与公共政策学的不同，实际上反映了公共管理与公共政策之间的差别，概括而言，公共管理是具体管理行为，而公共政策是政府制定的行为准则；公共管理的主体是社会公共组织以及社会其他组织，其中的政府是指狭义的行政性政府，而公共政策制定主体的政府是指广义的政府，包括立法机关、司法机关和行政机关在内的所有的国家机构。

公共管理学不同于公共经济学。公共经济学主要研究公共经济部门存在的合理性和公共经济部门的活动对整个社会经济产生的影响，虽然公共经济部门的具体范围难以确定，但可以肯定的是公共经济部门就是指政府各类与经济决策、经济管理以及经营活动相关的所有部门。因此，公共经济学就是以系统的方式描述这类政府经济活动的主要后果及其社会目标的关系。公共管理学所研究的社会公共事务，其范围远大于公共经济学所研究的政府经济活动，同时，公共管理主体的范围也大于公共经济学研究中界定的政府经济部门。

（二）公共管理学的研究内容

公共管理学研究的是公共部门及其管理过程，因此，与公共部门和管理过程有关的内容都属于公共管理学研究的范畴。首先，从管理组织来看，管理环境的改进、管理职能尤其是公共服务职能的确立、公共部门组织的设立、公共部门人员的合理安排是必不可少的内容。公共部门组织体制和组织结构的设计和再设计构成了公共管理学研究中组织理论的主要内容。从管理过程来看，过程表现为活动的动态层面，它通常由管理活动的功能构成，这些功能包括计划、组织、指挥、沟通、监督、决策、激励、预算、报告等，这些功能构成了公共管理学的技术性层面的研究对象。根据公共管理学的这两大层面的研究内容，公共管理学具体研究包括以下内容，这也是本书结构的内在逻辑所在。

第一章，导论。它涉及对公共管理以及公共管理学一些基本概念和体系的阐述，包括公共管理的定义、公共管理与私人管理的区别、公共管理与公共行政的关系；公共管理学的定义、公共管理学的价值取向、公共管理学与其他学科的关系；公共管理在市场经济体制下定位、公共管理学的研究方法等内容。

第二章，公共管理理论的演进。涉及公共管理学的理论，包括古典时期公共管理学的理论发展、公共管理学研究的批评与变革时期以及公共管理学研究的调整与整合时期。同时，还分析了未来我国公共管理领域面临的问题以及进一步的发展。

第三章，公共管理环境。公共管理环境是指影响公共管理系统生存与发展的一切要素的总和，它包括外部环境和内部环境。涉及公共管理系统与外部环境之间的互依性，经济与政治环境对公共管理系统的影响，文化、民族和宗教环境对公共管理系统的影响以及自然环境和国际社会环境对公共管理系统的影响。公共管理的外部环境对公共管理系统有着重大的影响，但是公共管理系统并不是消极被动地适应环境，也可以能动地改善与影响外部环境。

第四章，公共组织。公共组织是公共管理活动的载体，它主要涉及公共组织的特征、类型、结构和体制以及行政组织的改革过程。

第五章，公共部门职能与公共服务。公共管理的职能由两大体系构成，程序性职能与任务性职能从两个侧面反映了公共管理的行为方向和基本任务；公共管理的职能演变则反映了公共管理的变革过程；政府职能与市场功能的协调从市场失灵和政府失灵的角度分析了公共管理的必要性和行为边界；在公民本位的现代社会，公共部门的公共服务职能体现了公共部门公共管理活动的最终目的。

第六章，公共部门领导。领导就是领导者在组织环境中系统地影响组织成员的行为，以达到组织目标的过程。领导理论一般包括领导特质理论、领导情景理论、领导权变理论等；公共管理者是受国家与公民的委托，行使公权力，负责运用资源达成政府施政目标的人。公共管理者有其特殊的角色承担，也必须掌握一定的技能；未来的公共管理者应该是一个有效的公共管理者，是一个面向未来、具有前瞻力的公共管理者。

第七章，公共政策。公共决策是公共组织在管理国家政务和社会公共事务过程中所做出的决定，它是公共管理的首要环节；公共政策是公共决策的产品，也是公共管理的基本手段。公共政策包括政策的制定和政策分析；公共决策包括决策的系统运行及其优化。

第八章，公共部门战略管理。战略管理可以视为管理者有意识地选择政策、发展能力、解释环境，以集中组织的努力，达成目标之行为。涉及战略管理的过程、战略规划的战略管理、SWOT 分析与战略规划、当前公共部门战略管理的效果与限制以及未来如何改进公共部门的战略管理。

第九章，公共部门绩效管理。绩效管理从某种程度上来讲，是公共管理者的主要责任，从 20 世纪 70—80 年代迄今为止的各国政府改造，亦莫不把绩效作为追求的首要目标，绩效管理已经成为政府改革的首要策略。公共部门的绩效管理涉及以下重点问题：绩效管理的性质和作用；公共部门的绩效指标；公共部门的绩效指标设计；当前公共部门绩效管理面临的主要问题以及如何改进公共部门的绩效管理。

第十章，公共部门人力资源管理。公共部门人力资源管理是指以国家行政组织为主要分析对象，研究管理机关依据法律规定对其所属的人力资源进行规划、录用、任用、使用、工资、保障等管理活动和过程的总和。公共部门人力资源管理包括宏观公共部门人力资源管理和微观公共部门人力资源管理。它涉及对公共部门人力资源的性质分析、管理任务分析、公共部门人力资源管理与提高政府生产力、国家公务员管理、开发与配置整体性人力资源。

第十一章，公共危机管理。所谓公共危机管理，也称政府危机管理，是指政府针对公共危机事件的管理，是解决政府对外交往和对内管理中处于危险和困难境地的问题。即政府在公共危机事件产生、发展过程中，为减少、消除危机的负面影响，根据危机管理计划和程序而对危机直接采取的对策及管理活动。公共危机管理涉及危机管理的模式、当前公共危机管理的战略以及在公共危机不同的阶段所应该采取的不同的危机管理对策。

第十二章，公共信息资源管理。公共信息资源管理是指在行政系统内，按一定的要求，通过对公共信息诸要素（内容、载体、手段、工作者等）及其运作过程的组织，使之达到为公共管理服务的目的。公共信息资源管理涉及对信息工作人员的管理、对信息载体的管理、对信息技术的管理、对数据的管理等。

第十三章，公共财政管理。公共部门需要财政资源以达成使命来实现组织目标，东西方的公共管理改革都把预算与财务管理改革作为重点之一，这反映了公共预算与财务管理在公共管理中的战略地位。公共财政管理涉及公共预算的制度、政府会计、政府财务报告、政府审计的形式、程序以及政府的采购管理等内容。

第十四章，公共管理伦理与责任。公共管理责任是一个复合的责任体系，它包括行政、法律和道德三重含义，及责任性（Responsibility）、回应性（Answerability）和义务性补偿（Liability）三个层次，具有历史累积性、现实复合性和结构总体性三方面特征。公共管理伦理是公共管理的基本理念、基本原则、道德规范和公共伦理精神的集中体现，它从属于公共管理职业道德的范畴，是新型公共管理关系和行为的生成与保障。

第十五章，公共管理变革与发展。公共管理是在不断发展中得以完善的，涉及公共管理改革的概念界定、功能与主要特点、当前公共管理改革的主要内容以及未来公共管理改革的发展趋势。

三 公共管理学的研究途径和方法

（一）公共管理学的研究途径

公共管理学的研究是在公共行政学研究的基础上不断发展而来的。作为公共行政学研究的杰出代表，罗森布鲁姆和克拉夫丘克在《公共行政学：管理、政治和法律的途径》这本书中从多元的研究途径角度，为人们提供了一种全面理解公共行政的基本知识框架，他们认为一直存在三种主要的公共行政研究途径，即管理、政治和法律的途径，同时试图把三种研究途径整合起来，解释每一种途径在当前公共行政活动中是如何表现出来的。这三种途径分别主张不同的价值体系，提供了不同的实现其价值体系的组织安排，每一种途径在如何认识和理解人的方式上持不同的看法。

1. 管理途径

公共行政学研究的管理途径可以分为公共行政研究的传统管理途径和公共行政研究的新公共管理途径。罗森布鲁姆认为，公共行政研究的传统管理途径可以追溯到19世纪美国的文官制度改革者，他们将这种途径作为组织公共服务的方式。传统管理途径的思维和逻辑主要建立在政治与行政二分法基础之上。作为这场改革的坚定支持者，行政学的创始人威尔逊就极力主张行政问题是管理问题，他明确指出："行政学研究的目标，在于首先要弄清楚政府能够适当而且成功地承担的是什么任务，其次要弄清楚政府怎样才能以尽可能高的效率和尽可能少的金钱或人力上的消耗来完成这些专门的任务。"[1] 即公共行政的意义在于追求效能、效率以及经济的最大化。公共行政研究的新公共管理途径。公共行政的新公共管理途径是从20世纪90年代初期开始在以美国为代表的西方世界受到重视的。罗森布鲁姆分别从组织结构、对个人的观点、认知途径、预算、决策、管制行政等方面对新公共管理途径的表现形式进行了具体的分析[2]。

公共管理作为一个相对独立之研究领域兴起于20世纪70—80年代。在其发展过程中，因为众位学者研究取向上的差异而显示不同的风貌与内涵。依公共管理学家波兹曼的观点，尽管研究公共管理的途径及理念有差异，但就概念的演进而言，他将公共管理的研究途径大致分为两种，即公共政策途径（Public Policy Approach，简称P途径）以及企业管理途径（Business Approach，简称B途径）。

2. 政治途径

许多西方学者很早也从政治的角度来研究公共行政。只是由于现代民主政治的出现，公共行政更加突出其政治特性，在此，公共行政又成了一个政治理论问题。政治途径源于行政学者的实证观察，许多政府改革的目的就在于争取行政内部的代表性、回应性与责任性的最大化，以充分地体现出宪法的民主价值，因而，政治的价值同样地主宰着公共行政。公共行政之所以区别于其他管理活动，就在于其政治特性。

在组织结构方面，罗森布鲁姆认为基于代表性、政治回应性与责任性等价值，公共行政研究的政治途径有着与管理途径不同的观点，政治途径强调公共行政中的政治多元主义；在对个人的观点方面，罗森布鲁姆认为政治途径的公共行政倾向于将个人聚合成为一个广泛的社会、经济和政治团体，在处理人的问题时，公共行政研究的政治途径不是采取非人格化的处理方式，或是将人视为可以改变或控制的个案，或是将人视为顾客，而是相反，认为由于每一个人

---

[1] ［美］戴维·H. 罗森布鲁姆、罗伯特·S. 克拉夫丘克：《公共行政学：管理、政治和法律的途径》，中国人民大学出版社2011年版，第5页。

[2] 同上书，第25—40页。

均属于特定的团体,所以个人的问题也就等同于团体的问题,而团体的利益也就等同于个人的利益。个体一旦聚合成为团体,个体便被视为公共政策的目标群体或者利害相关者;在预算方面,罗森布鲁姆认为,公共行政研究的政治途径把预算不是视为事务性的运作或静态的文件,而是视为一个政治问题。预算案的编制是以现行的预算规模或既有的预算规模为基础,再就下一年度的收支需求进行有限度的调整和改变;在决策方面,罗森布鲁姆认为,公共行政研究的政治途径支持渐进决策的理念,其假设前提是政府决策过程中存在政治多元主义、有限理性问题,而且,行政人员可用的时间与资源也常常受到高度的限制;在管制行政方面,罗森布鲁姆认为在过去管制机构的任命普遍存在着这样一种现象,即任命那些政治上唯命是从的人,这些人的主要意图是寻求重新任命的机会,避免树敌;在行政责任与行政伦理方面,罗森布鲁姆认为公共行政研究的政治途径尽管在基本观点上与传统管理途径有所不同,但是却与新公共管理途径具有某种一致性,即它们都强调应当在公共行政机关之外另行建立确保行政责任的机制[1]。

3. 法律途径

在罗森布鲁姆看来,法律途径的公共行政强调的是法治,它包含着以下几个核心的价值:首先是"程序性正当法律程序。罗森布鲁姆认为这项价值难以用具体的名词加以界定,因为人们一直认为此项价值不能用任何单一的要求或标准加以界定。不过,它意味着基本的公平性,被视为保护个人免予遭受政府恶意的、无端的、错误的或反复无常的违宪剥夺生命、财产与自由权利的必要程序"[2];其次是个人应享有的实质权利和法律的平等保护权。在罗森布鲁姆看来,一般而言,美国联邦最高法院在历次的司法审判中均将公民所具有的此种权利视为积极的善和美国政治体系的必要特征。总的来说,当政府职能的行使的确需要限制个人权利时,法院也容忍政府对这些权利的限制,然而,基本的前提是在此环境中对政府不利,这样,法律便对政府官员剥夺公民实质性宪法权利的行为施加了很大的限制;最后一个价值是公平。罗森布鲁姆认为,从公共行政的角度来看,平等现在主要体现在授权法官对于那些其宪法或者法

---

[1] [美]戴维·H. 罗森布鲁姆、罗伯特·S. 克拉夫丘克:《公共行政学:管理、政治和法律的途径》,中国人民大学出版社2011年版,第111—173页。

[2] 同上书,第194页。

律的权利遭受行政官员的侵害的人进行救济。此外，法律途径的公共行政还崇尚正直诚实的价值，它反对绕过宪法程序而走捷径。

4. 经济学途径

公共管理学研究在继承了公共行政学研究的管理途径、政治途径和法律途径基础上，进一步引入了经济学研究的新途径。经济学研究的新途径主要有公共选择理论的研究途径和新制度经济学的研究途径。

公共选择理论的研究途径。公共选择理论作为现代西方经济学中的一个分支，它也把公共行政学的研究对象政府主体及其活动规律纳入自己的分析框架之中。它运用现代经济学的逻辑和方法，如经济人的假定、效用最大化、交换及供求分析等要素，分析现实生活中与民众相关的政治个体的行为特征，以及由此引出的政府及各种政治团体的行为特征。研究的范围和重点已不在经济学领域，而是延伸和扩展到政府公共政策的制定和执行当中。公共选择理论又被称为"政治经济学"、"行政经济学"、"官僚经济学"。公共选择理论作为公共行政学的一个研究途径，主要体现在以下几个方面[①]：首先是政治市场供求双方的交易过程；其次是集体选择行为和选择规则；最后是政府失败问题。

新制度经济学的研究途径。新制度经济学发端于科斯的重要贡献，经过20世纪60年代以来近30年的演变和发展，现已成为西方经济学的一个颇有影响的理论分支。它是以制度作为其研究对象的经济理论，它完全沿用和承袭了新古典经济学的核心假定、方法和工具，如理性人假定、稳定偏好和均衡解最大化分析。新制度经济学将产权制度、交易费用、经济组织视为亟待解释的关键性变量，并侧重研究效率的性质和结果如何与这些变量相联系。自从20世纪70年代以来，新制度经济学派的思想，对现代政治学及当代公共管理领域中的问题解释产生了重大的影响。新制度经济学作为公共管理研究的一种途径，主要体现在委托代理理论和交易成本理论等理论思想的发展。

（二）公共管理学的研究方法

公共管理学是一门交叉性的综合性学科，在研究方法上的突出特点是充分借鉴相关学科的研究方法来探讨公共管理问题；它既保留了公共行政学的一些

[①] 孙学玉：《公共选择理论与当代公共行政》，《行政学与行政管理》1997年第11期。

行之有效的研究方法，又注意随时吸收当代科学发展的新成果。因此，公共管理学的研究方法是比较多样的，至于具体使用什么方法，应根据研究的具体问题的性质而定，主要包括定性研究方法和定量研究方法。定性研究方法是对公共管理现象性质的分析，该方法主要是运用归纳的思维方法，对客观的公共管理现象进行抽象概括，判别公共管理现象的客观属性和客观联系。定量研究方法是对公共管理现象中可以量化的部分进行测量和分析，以检验研究者关于该现象的某些理论假设的研究方法。定量研究方法有一套完备的操作技术，包括抽样法、资料收集法、数理统计法等。在具体的研究中，一般是将二者结合起来使用，以利于得出有价值的研究成果。

这里介绍几种公共管理学的基本研究方法：

第一，系统分析法。系统分析法是将系统工程的理论和方法运用于公共管理问题的研究之中，把管理组织和管理过程的各个层次、各个部分和各个环节作为一个互相关联的系统的整体，进行全面的考察和分析，以确定最优化的目标和实施方案。系统分析方法注重系统的整体协调、系统的环境适应性以及系统功能的最优化，要求人们从多层次、多角度考虑问题，从社会整体的协调性上来完成管理过程。

第二，比较分析法。比较分析法是把具有不同特征或相似特征的公共管理问题放在一起进行比较，用以鉴别异同、查找原因，加深对公共管理过程的全面认识。比较分析法可具体分为纵向比较法和横向比较法。纵向比较法是从历史演变的角度、对同一问题的不同变化和特点进行比较，找出这种变化的原因和实质。横向比较法是从区域现状的角度，对同一问题在不同区域中的表现进行比较，发现造成差异的原因，择优汰劣、取长补短。在现阶段的公共管理学研究中，比较常用的是"模式"比较、即将各个国家和地区的政治、经济和公共管理模式进行比较，从中寻找具有共性、规律性的认识。

第三，历史研究法。逻辑与历史的统一是社会科学理论建构的基本原则，也是一个重要的学习和研究方法。自从国家产生以来，政府管理领域一直处于不断地演变之中。同样，公共管理学自创立以来也产生了各种各样的理论观点以及流派，一直处于动态的发展之中。公共管理学的学习，既要从中外政府管理的历史实践中总结经验，吸取教训，又要从公共管理思想与流派的历史演变中探寻规律、把握趋势，从而加深对公共管理学基本理论的理解，提升理论思维的能力。

第四，案例分析法。案例分析法是提供一种真实的或假设的公共管理场景，然后要求研究者去思考问题和寻求答案。其中真实的场景来自于公共管理实践中成功的经验和失败的教训。案例分析法具有较强的真实感，从中可以得到现实的启发，给研究者和学习者留下深刻印象。案例分析既是当代管理科学的一种重要研究方法，又是一种重要的教学形式。

第五，数量分析法。数量分析法就是在广泛收集有关公共管理现象的大量数据的基础上，用现代数学方法和定量分析技术，采用电子计算机等高科技手段把公共管理现象间的关系数量化，以对管理活动规律加以认识和总结的一种研究方法。采用数量分析法必须以准确的数据资料为基础，同时要求将定量分析和定性研究配合应用。

第六，抽样分析法。抽样分析法是按照随机或非随机的原则，从全部公共管理机构或管理对象中抽取一部分单位进行调查分析，以总结对公共管理机构或公共管理对象的规律性认识的一种研究方法。在公共管理学研究中，抽样分析比较适合于管理手段的科学性研究。运用抽样分析法必须根据分析目的，科学地选取样本，以保障分析结果的真实性和共性。

当然，公共管理学的研究方法还有很多，如模拟分析法、利益分析法、心理分析法等。在学习的过程中，要根据不同的理论内容，灵活地、创造性地运用这些研究方法。

思考题

1. 如何理解公共管理学的学科特点？
2. 如何理解公共管理与公共行政、公共事业管理的关系？
3. 简述公共管理的三大理论发展时期。
4. 公共管理学的研究对象有哪些？
5. 公共管理学的理论体系包括哪些内容？
6. 公共管理学有哪些研究途径与研究方法？

第二章

公共管理理论的演进

公共行政管理有着悠久的历史,自从有了公共事务,就产生了各种各样的公共事务管理思想。如古巴比伦王国早在公元前 2250 年,就由国王汉穆拉比颁布了由 282 条法律组成的法典来管理国家,中国也早在公元前 1000 年就发展形成了一个分等级层次的官僚机构体制。然而,早期的这些公共管理思想虽然很丰富,但是缺乏系统性,还远没有能够成为学科化的专门理论。而专门的公共管理理论是在 19 世纪末 20 世纪初,"在威尔逊、古德诺等的政治—行政二分法和韦伯的官僚制理论基础上,并经过泰勒的科学管理理论和法约尔的一般管理理论等工商企业管理理论的推波助澜,最终通过怀特的系统化理论框架而逐渐创立起来的"。[①]

第一节 传统的公共行政范式

一 公共行政范式的诞生

19 世纪末以前,行政系统中存在着典型的"个人性质",即以效忠国王或大臣等某个特定个人为基础,这些做法常常导致谋求个人利益或者滥用职权,贪污盛行。如在早期殖民地的悉尼,海关官员个人可以得到征收的全部关税的 5%[②]。

美国由于其独特的社会历史环境,从建国之始便建立起比较典型的资本主

[①] 丁煌:《西方公共行政管理理论精要》,中国人民大学出版社 2005 年版,第 7 页。
[②] [澳] 欧文·E. 休斯:《公共管理导论》,中国人民大学出版社 2007 年第 3 版,第 21 页。

义民主制度。美国民主政治中逐步出现了两党制和"政党分赃制"。1800 年是美国的一个大选年。这次大选进行得十分激烈，最后民主共和党人托马斯·杰斐逊（Thomas Jefferson）经众议院投票，以一票多数当选美国第三任总统。而即将卸任的总统、联邦党人亚当斯（John Adams）为削弱对方势力，在下台前把许多本党人士紧急塞进了政府和法院。当时任命这些官员仓促而草率，在历史上留下了"星夜受命人"的典故。1801 年年初，杰斐逊上台后，也毫不含糊地以其人之道还治其人之身。他立即按"政治上可接受性"的标准撤换了大批联邦党官员，代之以新执政党的人士。由此开启"政党分赃制"先河，使之在相当长时期内成为美国政治录用的基本方式，其他西方国家历史也曾有类似的情况。

19 世纪的大部分时期里，美国盛行着"政党分赃制"，即战利品属于胜利者。所谓"政党分赃制"（又称为"政党分肥制"），就是竞争获胜的政党，将重要的行政职位分配给本党或者为本党竞选成功出力的人或者集团。其目的首先是对本党骨干贡献的赏赐；其次是通过让本党主要领导成员占据主要的行政职位，以达到控制整个行政体系和国家机关的目的；再次有利于加强本党在执政期间各方面实力，巩固政党的合法统治地位。

"政党分赃制"一直沿袭了 80 多年，并且引发了美国十分严重的腐败现象。美国的政党政治以及"政党分赃制"造成的腐败逐步威胁到了美国整个政治制度，威胁到了整个国家，到了不得不改革的地步。1880 年的大选中，也就是在"政党分赃制"实行了 80 年后，参加总统竞选的候选人詹姆斯·加菲尔德（James Abram Garfield）立志废止"政党分赃制"。加菲尔德的名言是："政党分赃制"下的政客就像拦路抢劫的强盗，只不过政客掏出的不是手枪而是求职书。加菲尔德如愿以偿地当上总统还没几天，还没来得及废除臭名昭著的"政党分赃制"，便被一个怀恨在心的求职未遂者开枪刺杀。当时美国舆论认为是"政党分赃制"谋杀了总统。

由于"政党分赃制"存在着严重的弊端，它使政府官员和其他公务人员更迭过快，处于极不稳定的状态，不利于其行政能力的积累，从而大大降低了政府行政效率，也不利于保证政策的稳定性和连续性。更为严重的是，在两党制"轮流坐庄"的政治格局下，执政党一上台便尽力利用手中掌握的权力攫取资源，政治录用蜕变为直接的权钱交易，各级官员更是中饱私囊、腐败猖獗。

为了改变这一状况，19 世纪中叶，西方国家先后开始了行政改革，其中最有代表性的是1854年英国的诺思科特—特里维廉报告和1883年美国的文官法。

《诺思科特—特里维廉报告》（*Northcote-Trevelyam Report*）提出：公共服务应该由较低等级的年轻人来执行；通过适当的考试制度进行选拔；对中央各部的公职人员进行重组，以分别从事脑力劳动和机械工作；以功绩制为基础的内部晋升方法填补较高层次的职位。

《文官法》（又称《彭德尔顿法案》，*The Pendleton Act*）提出：按职务分类，为所有申请公职者举行竞争性考试；根据考试成绩录用公务员；录用公务员要有试用期；联邦政府公务员的来源比例合理（在华盛顿的任命按照某些州和其他某些重要地区的人口比例分配）。

《诺思科特—特里维廉报告》和《文官法》标志着以功绩制为基础的任命制度的开始和庇护制的逐渐衰弱。

二 传统公共行政范式的理论基础

19世纪末，资本主义经济高速发展，社会公共事务日益增多，政府职能不断扩大、日益庞杂。在美国，《文官法》虽然改革了文官制度，实现了"人事"方面的改进，但是政府机关的组织机构和工作方法方面的问题却没有明显改观，它们成为下一步亟须改进的对象。

1. 威尔逊和古德诺的公共行政管理理论

1887年，威尔逊[1]发表了那篇被誉为公共行政学开山之作的《行政学研究》一文，明确提出了建立一门独立的公共行政管理科学的必要性。威尔逊认为行政学研究的问题首先问题是政府能够适当而且成功地承担什么职能（即政府应该做什么）；其次是研究用什么方式进行管理，提高行政效率。作为一门科学，行政学的研究不能局限于"纯粹技术细节的那种单调内容之上"[2]，而应对行政管理的各个方面展开理论研究，形成"行政管理比较高深的理论……公共行政学的目的就在于把行政方法从经验型实践的混乱和浪费中

---

[1] 伍德罗·威尔逊（Thomas Woodrow Wilson，1856—1924），曾任美国普林斯顿大学教授和校长，后任新泽西州州长和美国第28任总统。

[2] ［美］威尔逊：《行政学研究》，《国外政治学》1987年第6期。

拯救出来，并使它们深深根植于稳定的原理之上"①。

威尔逊最大的贡献就在于提出了政治—行政二分法，并据此将公共行政管理作为一门独立的学科从政治学中分离出来。威尔逊认为，"政治是在'重大而且带有普遍性的事项'方面的活动，而在另一方面，'行政管理'则是'国家在个别和细微事项方面的活动。因此，政治是政治家的特殊活动范围，而行政管理则是技术性职员的事情'"②。

古德诺③于 1900 年出版了《政治与行政》一书，进一步发展了"政治与行政二分"理论。古德诺认为：政府体制中的政治机构必须对行政机构进行适度控制；政治官员（行政首脑）应该有任期，而普通公务员则终身雇佣；政治官员对公务员的政治控制是通过特定制度来实施的，而不是通过直接干预。政治与行政的协调的两条必由之路是：政治对行政的适度控制和行政权的必要集中（特别是中央权力和地方权力的关系）。古德诺通过对政治—行政二分的阐释提出了二者之间"协调"的必要性，"分权原则的极端形式不能作为任何具体政治组织的基础。因为这一原则要求存在分立的政府机构，每一机构只限于行使一种被分开的政府职能。然而，实际政治的需要却要求国家意志的表达和执行之间协调一致。"④

威尔逊和古德诺在政治—行政二分的基础上提出了建立公共行政管理学的必要性，并大致框定了公共行政管理学研究的独立领域。

2. 韦伯的"官僚制"理论

韦伯⑤认为权力的三种类型，即神秘化的组织、传统的组织和合理化—合法化的组织。

神秘化的组织是指，行使权威的方式是基于领导者个人的人格，他以对个人的崇拜、迷信为基础，典型的"神秘化的组织"是以宗教或政治形式出现的小规模的革命运动。神秘化组织在具有超凡魅力的领袖死后，将失去神秘化

---

① ［美］威尔逊：《行政学研究》，《国外政治学》1987 年第 6 期。
② 同上。
③ 古德诺（Frank J. Goodnow, 1859—1939），曾任美国政治学会的第一任会长以及约翰·霍普金斯大学校长。
④ ［美］古德诺：《政治与行政》，华夏出版社 1987 年版，第 14 页。
⑤ 韦伯（Max Weber, 1864—1920），德国社会学家，对社会学、经济学、政治学和管理理论的发展做出了非常重要的贡献。

形式，而变成其他两种类型的组织——"传统的组织"（假如领袖的继承问题是通过遗传的方式来解决）或者"合理化—合法化组织"（假如领袖的继承问题是根据已有的法则来决定）。

传统的组织行使命令和权威的基础是先例和惯例。在这种组织中，习惯成为仲裁者，组织的领袖由继承得来的地位而拥有权威。就新领袖的权威而言，起作用的就不再是该领袖的人格，而是其所担当的角色，该领袖的权威是以对传统文化的信仰与尊重为基础的。

合理化—合法化组织是韦伯意义上的官僚行政体制，行使权威的基础是组织内部的各种规则，人们对权威的服从是由于有了依法建立的等级体系，组织对领导者权威的服从实质上是对组织规则的服从。这种类型的组织是以官僚组织的形式出现的，韦伯将其看作是现代社会中占主导地位的权威制度。这一权威制度被称为合理化的制度是因为它被专门用来作为实现某些既定目标的手段；这一权威制度被称为合法化的制度则是因为在此类组织中有着一系列的规则和程序①。

在韦伯看来，官僚集权组织体现了理想的行政管理体系，其包括以下要素：

实现劳动分工，工作＝简单、例行、明确的任务，明确规定每一个成员的权力和责任，并且把这些权力和责任作为正式职责并使之合法化。

权力等级，各种公职或职位按权力等级组织起来，形成一个指挥链或者等级原则。

正规选拔，根据通过正式考试或者训练和教育而获得的技术资格来挑选组织中的所有成员。

规范制度，以正式的组织规则保证组织活动的连续性和规范性，所有的公职人员都是任命的，而不是选出的。

非人格化，规则与控制排斥个性、个人偏好，公私之间有着明确的界限，公共事务中不掺杂个人情感和偏好。

职业化，管理者非所有者，公务员也是一种职业，他们领取固定的薪金并在组织中通过等级结构升迁。

韦伯认为官僚制具有严密性、合理性、稳定性和普适性等优点，但也压抑

---

① 详细的分析参见丁煌《西方公共行政管理理论精要》，中国人民大学出版社2005年版，第32—35页。

了人的积极性和创造性，公务员成为例行公事的官僚体系的附属品。韦伯的官僚行政理论从本质上说和威尔逊、古德诺的政治—行政二分法是一致的，追求公共行政管理的客观性和科学性，"将职业化、专业技能和功绩制的价值观等理性标准引入公共行政管理过程"①。韦伯的官僚制理论对官僚制组织的功能、结构和管理方法进行了详细的分析，从组织体制的角度为公共行政管理学的创立提供了理论框架。

三 传统公共行政范式的方法来源

传统的公共行政范式的研究方法主要来源于传统的组织管理理论，主要包括泰勒的科学管理思想、法约尔的一般管理思想和怀特的系统化公共行政管理理论。

1. 泰勒的科学管理思想

科学管理思想形成于19世纪末和20世纪初的美国，其代表人物有泰勒、吉尔布雷斯夫妇、甘特等，泰勒②于1911年出版了《科学管理原理》一书，标志着科学管理思想的诞生。

泰勒处于美国工业从企业家、管理者拥有的企业向大规模、综合性公司转型的过程中，生产效率低、磨洋工等现象普遍存在，企业对管理效率提出了新的要求，泰勒的科学管理思想应运而生，它包括四个基本原则③：

建立一种严格的科学。

科学地挑选工人。

工人的科学教育与培训。

管理部门和工人之间进行亲密无间的友好合作。

在这样的原则下，泰勒提出管理工作就是要设计好工作，要有适当的激励办法建立职能工长制度以监督车间的生产，经理则只需关心"例外的问题"。

泰勒之后出现了一批传播科学管理运动的学者，如卡尔·巴斯、亨利·甘

---

① 详细的分析参见丁煌《西方公共行政管理理论精要》，中国人民大学出版社2005年版，第40页。

② 泰勒（Frederick W. Taylor, 1856—1915），科学管理思想的创始人，被誉为"科学管理之父"，曾任美国机械工程师协会主席。

③ 转引自[美]丹尼尔·雷恩《管理思想的演进》，中国社会科学出版社2000年版，第168页。

特、吉尔布雷斯夫妇、哈林顿·埃默森以及莫里斯·库克等,他们都是传播效率主义的先锋。

2. 法约尔的一般管理思想

法国管理家亨利·法约尔①通过对管理过程的研究第一个创立了有关行政管理的理论,1916 年出版了《工业管理与一般管理》一书,概括了管理工作的本质及管理的原则。

法约尔认为管理工作有五项职能,即计划、组织、指挥、协调、控制,并提出了管理的十四条原则:

分工,劳动分工对于提高工作效率是非常必要的。

权力,即下达命令的权利和强使别人服从的职权,权力和责任有着必然联系,行使权力就要承担责任。

纪律,"纪律松弛是领导不力的必然结果",纪律是以公司及其雇员之间的服从和尊重为基础的,纪律是一种规范。

统一指挥,一个下属只能接受一个上级的命令,"双重指挥对权力、纪律和稳定都是一种威胁"。

统一领导,"目的相同的一组活动只能有一位负责人,一个计划",统一领导来源于一个良好的组织结构,是"统一行动、协调力量和集中精力所不可缺少的"。

个人利益服从整体利益,组织的整体目标具有至高无上的地位,个人必须消除"无知、野心、自私、懒惰、软弱和人类所有的情欲"。

报酬,付酬的方式取决于多种因素,但是其目标都是为了激发人们的工作热情。

集权,在组织中集权总是程度不同地存在着,"任何增加下级作用的重要性的行动都是分权,任何减少这种作用的行动都是集权"。

等级链,即"从最高的权力机构到最低一级的部门的负责人的等级",是权力等级的顺序和传递信息的途径。只有当所有各方都同意而且上级人员随时都了解情况的时候可以横跨权力线进行交往联系,即实行"跳板"原则。

秩序,每一个物件都放在相应的位置上,每一个人员都安排在相应的职位

---

① 亨利·法约尔(Henri Fayol,1841—1925),法国管理学家,长期在企业从事管理工作,而且毕生致力于管理理论的研究。

上，保证一切工作都能按部就班地进行。

公平，是处理组织和其所属成员之间关系的一条准则。

人员保持稳定，制定有秩序的人员计划和来源，以便安排人员和更换人力资源。

主动性，要求个人在一切工作中都要充满热情和发挥干劲，发挥下属人员的首创精神对于领导者是非常重要的。

团队精神，团结可以使组织产生巨大的力量，在塑造团结精神时，管理者应当尽可能地使用口头交流的形式。

法约尔的十四条原则并不是一成不变、僵化的概念，在管理中应该灵活运用这些原则，不能理解为死板的教条。

3. 怀特的系统化公共行政管理理论

怀特[①]于1926年出版了《行政学概论》一书，被公认为第一本大学公共行政管理教科书，怀特的思想都集中体现在这本书中，其主要思想如下。

行政环境思想。怀特认为经济环境与政治环境、社会环境以及科学技术环境等都会对公共行政管理产生深远的影响。如美国的行政制度是从英国的行政制度演化而来的，早期英国一直奉行放任自由的管理思想，认为政府只要充当好守夜人就足够了。但是随着经济社会的发展，客观上要求扩大政府的行政活动范围，政府逐步承担起干预经济、加强宏观管理的新职能，环境的改变要求政府的行政管理方式与之相适应。科技的发展也会对政府行政管理提出新的挑战，决策、规划、设计等环节都不同程度地受到技术的影响，不仅改变着政府的行政方式，也促使政府部门的分化和政府行政工作的专业化。

行政组织思想。怀特认为行政组织体制是行政组织的核心问题，并结合行政组织体制的状况将行政组织体制的类型及特征作了归纳：一是自治型的行政组织体制与官僚型行政管理体制，这种体制下行政官员均是民选，任期有限制，行政官员向民众负责；二是中央集权型的行政组织体制与地方分权型的行政组织体制，中央集权型体制下，国家和地方的重大政务均由中央决定，而地方分权型体制下，地方政府对地方的行政事务有决定权，中央一般不干预；三是独立制型行政组织体制与权力汇一型行政组织体制，独立型行政体制下，各

---

① 怀特（Leonard D. White, 1891—1958），美国早期杰出的公共行政管理学家，尤其擅长公共人事管理。

种服务机关相互不联系，直接上附于总部或立法机关，权力汇一型行政组织体制下各个部门相互联系，由行政首长领导，并直接属于上级部门管理，上级部门汇至行政总枢或立法机关。

行政责权分配。行政系统中，适当的权力必须与确定的责任同时存在，权力行使必须要有监督，以防止滥用权力造成混乱，而且行政监督幅度不超过7个为宜。

行政协调思想。怀特提出精简机构、设置协调机关，通过精密的协调来获得良好的协调效果，在协调过程中行政首长的裁定是最后裁定，但是遇到首长裁定不合理时可上诉。

人事管理思想。怀特认为"人事管理两大支柱，一是人才选拔，一是职位分类，二者缺一不可"，人才选拔要保证强调科学性和公正性，必须设置独立的考试机构，要有人事方面的专家参与，选拔过程中笔试与口试相结合；职位分类中要求工资由完成的工作来决定，实行同工同酬，按照现代标准改进工资政策，做到公平报酬。

职务晋升问题。晋升制度应建立在考核和功绩的基础上、制订缜密的晋升计划。公务员的晋升应该有四个依据：具有合适的工作资格、具有相应的工作业绩、考试成绩符合晋升条件、领导综合判断后自由选择。

行政伦理思想。行政伦理是行政人员在行政过程中的行为规范的总和，端正官纪要从直接和间接两个方面，直接方面包括物质和精神奖励、倡导合作精神、激发想象力和忠诚感；间接方面包括利用外界的环境影响、提供合适的工作条件与鼓励社交活动等。

行政法规思想。政府制定规章必须依据法律，可适当给予行政机关在规定范围内一定的委托立法权，以激励行政官员的负责精神和创造能力。

行政监督思想。通过行政监督有效防止行政过程中滥用权力、违法乱纪等情形，使行政执法与法律保持一致，保护国家和公民的利益。此外，怀特还阐述了立法监督和司法监督的思想。

总之，怀特的《行政学概论》将公共行政管理学的研究重点转向了行政管理内部，转向技术性细节，满足了公共管理学作为一门独立学科的要求，丰富了行政管理学研究的内容。

四　传统公共行政范式存在的主要问题

传统的公共行政范式对于公共行政范式的建立与发展做出了卓越的贡献，这已被公共行政管理的实践所证实，但是它仍然存在着很大的局限性，主要表现如下。

（1）政治的逆向控制问题。现代政府规模庞大，涉及大量的知识、经验和工作技能，这就决定着行政官员比政治官员拥有更多的优势。一方面，行政官员任期长，比政治官员拥有更多的专业知识和经验；另一方面，行政官员往往比政治官员拥有更多的信息，特别是伴随着较长任期的积累性的信息。这就使得在通常情况下，行政官员会控制政治官员，而不是相反。

（2）实践中行政与政治在现实中很难分离。行政官员是重要的行政行动者，在执行过程中，他们可以通过多种方式影响决策过程①，甚至还可以通过向立法机构推荐意见而影响政策。

（3）政治控制的消极性。政治官员通常不是致力于为提高效率而提供有效的激励，而是着力于怎样避免犯错误，使政治控制陷于消极应对的状态，从而影响政治控制的权威性。

（4）科层制本身的问题。科层制中，基层公务员往往会通过对知识的保密获得权力，从而在实际上控制政治和政策过程。

科层制还会因为漫长的等级链而导致信息上传和命令下达的低效，进而影响决策效率和执行效率。

科层制往往会导致彼得现象。1960 年由美国管理学家劳伦斯·J. 彼得（Laurence J. Peter）首次提出这一概念，它是指"在一个等级制度中，每个职工趋向于上升到他所不能胜任的地位"，因此，"层级组织的工作任务多半是由尚未达到胜任阶层的员工完成的"，在这种情况下，"对个人来说，失去了继续晋升的机会，对组织来说，则会引起效率滑坡"。

科层制会限制自由，科层组织按照固定程序大批量生产"标准化"公共产品和服务，忽视了需求的个性化和差异化。

---

① 行政官员特别是那些在政府上层的行政官员可以通过有选择性地提供决策信息而影响政治官员的决策。

第二节 传统公共行政范式的演进

威尔逊、古德诺在政治—行政二分法的基础上提出了建立公共行政管理学的必要性，并大致框定了公共行政管理学研究的独立领域，韦伯的官僚行政体制为公共行政管理提供了组织体制，泰勒的科学管理理论和法约尔的一般管理理论为公共行政管理提供了管理方法，而怀特使公共行政管理的研究进一步深入公共行政管理的内部和细节。然而，他们只完成了公共行政管理学科建设的第一步，在其后相对漫长的演进过程中，公共行政管理学理论体系逐步走向成熟。

一　演进中的公共行政管理学

1. 古利克的一体化公共行政管理思想

古利克①将对政府作用的研究、行政功能的探讨置于一种整体的系统背景之下，善于理论结合实际。古利克反对政治—行政二分，认为行政必然涉及政治和政策过程，需要对政治、政策和行政进行很微妙的调节和适应，古利克虽然拒绝政治—行政二分法，但是他渴望将科学方法应用于公共行政问题。

2. 厄威克的系统化公共行政管理原则

厄威克②的主要贡献是把传统的管理理论系统化，在《行政的要素》（1944）中，厄威克将法约尔、穆尼和泰勒的主张加以归纳，并综合成一个基本的结构。至此，科学管理和古典组织理论得以结合，并形成了古典管理理论。

厄威克在对早期的公共行政管理学家的思想做了大量的系统化工作的基础上，提出了普遍实用的公共行政管理原则。即：

---

① 古利克（Luther H. Gulick，1892—1993），美国公共行政管理理论家和实践家，曾在白宫和联合国秘书处等机构任职。

② 厄威克（L. Urwick，1891—1983），英国著名的公共行政学家，长期从事管理咨询和研究工作。

目标原则，所有的组织都必须建立和表现出一个明确的目标。

人员和组织结构相适应原则，即"为组织机构配备合适人员"。

单头领导原则，即"一人管理原则"，一个组织应该由一个领导担任管理职责，权力集中、责任明确、指挥统一。

专业参谋和一般参谋并存原则。厄威克创造性地提出了参谋职责，其中专业参谋即专家，主要作为行政领导者的咨询人员，不应拥有行政指挥的实权，而一般参谋的职责较广，他们参与拟定和传达命令、追踪下级工作的进展情况，但只是作为上级的代表来进行指挥，指挥内容也仅限于上级决定的范围之内。

授权与权责相符原则。"缺乏恰当授权的勇气和如何进行授权的知识，是组织失败的最常见原因之一"，但有权必有责，权责必须相符。

明确性原则。每种职位和工作规范都应有明确规定，各种职责都应该有明确清晰的界限。

控制幅度原则。行政领导的直属下属应该有一定的限度，宜小不宜大，不超过5—6人。

3. 行为主义管理思想

（1）福莱特[①]最早系统而深入地从人的角度，运用心理学的研究方法对行政管理问题进行了探讨，创立了动态行政管理理论。福莱特提出了群体原则，指出群体具有一种"额外的价值"，"协调是管理的核心"。福莱特为传统的公共行政管理理论向行为主义公共行政管理理论的转变架起了桥梁。

（2）巴纳德[②]提出了系统行政组织理论，将组织视为系统，包括三种基本要素，即协作的意愿、共同的目标和信息交流，"正式组织是人们自觉的、有意的、有目的的一种协作"。巴纳德的贡献还在于他对非正式组织的研究，他将非正式组织界定为"一种没有固定形态、密度经常变化的集合体"。如果处理得当，非正式组织能够为正式组织承担三项积极功能，即可以从事正式组织所不便沟通的信息、通过对协作意愿的培养维持组织内部的团结以及避免正式控制过多，维护个人品德和自尊，从而使组织更加稳固和

---

① 福莱特（Mary Parker Follett, 1868—1933），美国著名的女政治哲学家和管理学家。

② 巴纳德（Chester I. Barnard, 1886—1961），是博学的经理人员，曾经担任宾夕法尼亚贝尔电话公司的总经理和新泽西州贝尔电话公司的总经理，还担任过洛克菲勒基金会董事长。

高效。

（3）西蒙的行为主义公共行政管理理论。西蒙[①]的贡献在于他对所谓"正统"研究方法的批判以及行为主义公共行政管理理论的提出。在 1947 年出版的《行政行为—行政组织决策过程的研究》一书中，西蒙广泛引用心理学、社会学等其他学科的研究成果，开拓了公共行政学研究的新视野。

西蒙提出了行政决策理论，认为行政决策是公共行政学研究的核心内容，执行本身仍然是决策活动，一个组织决定一项政策，执行这项政策的人员又要作更细致的政策决定。西蒙主张用"行政人"来取代"经济人"，"行政人"的基础便是"有限理性"，"行政人"是"心理人"和"经济人"两者的结合。

西蒙认为，决策依据组织活动类型和采用技术的不同分为程序化决策和非程序化决策。程序化决策针对组织中重复出现的例行化活动，运用标准操作程序以及包括运筹学在内的现代技术；非程序化决策针对非例行活动，运用判断、直觉和创造力，还可以编制探索式计算机程序。

二　公共管理学演进过程中的方法来源

1. 霍桑实验与梅奥（Mayo）的研究

1924 年，在美国西方电气公司下属的霍桑工厂进行了一系列对管理理论产生深远影响的实验[②]。1928 年，哈佛大学教授梅奥介入，实验一直持续到 1932 年，广泛运用了实验法和访谈法等手段，取得了对古典管理理论几乎是颠覆性的成果。

霍桑实验证明人的行为与情绪密切相关，群体对个人行为有巨大影响，群体工作标准决定个人的产出，群体标准与情绪、安全感密切相关，金钱虽然重要，但不是工作效率的唯一的解释因素。

[①] 西蒙（Herbert, A. Simon, 1916—2001），美国著名的学者，研究领域非常广泛，涉及公共行政管理、经济学、政治学、心理学、逻辑学以及人工智能等领域，是唯一以非经济学家身份获得诺贝尔经济学奖的学者。

[②] 丹尼尔认为：在管理学历史上，没有任何一项研究像美国西方电气公司在霍桑工厂里所进行的那样如此引人注目，并被人们提出过这么多种不同的解释，以及受到了同样众多的赞扬和彻底的批评。参见［美］丹尼尔·雷恩《管理思想的演进》，中国社会科学出版社 2000 年版，第 308 页。

2. 马斯洛的需求层次理论

按照马斯洛①的需求层次理论，人的基本需要被划分为五个层次：①生理的需要。这是人类最基本、最原始的需要，是最强烈、最不可避免的最低层次需要；②安全的需要。当生理需要得到满足后，就会产生安全方面的需要；③感情和归属的需要。人渴望有所归属，否则就会导致精神上的不健康；④尊重的需要。人渴望自信心和成就，渴望名誉和声望；⑤自我实现的需要。人希望实现自己的理想和抱负。

3. 麦格雷戈的 X 理论和 Y 理论

传统公共行政理论认为工人属于 X 理论，并假定他们不喜欢工作，必须加以强迫、控制、指挥并以惩罚相威胁，宁愿接受指挥，希望逃避责任，较少有野心。麦格雷戈②否定了这一点，他认为应该用 Y 理论来看待工人，他们喜欢工作、对于自己所参与制定的目标能够实现自我指挥和控制、更看重自我实现的需要得到满足、在恰当的条件下不但能够接受责任，而且会追求责任、许多人都具有解决组织问题的相当高度的想象力和创造力，而在现代工业生活的条件下，一般人的智慧潜能只是得到部分地发挥。

4. 赫茨伯格的激励—保健理论

赫茨伯格③提出了激励与保健因素理论，即"双因素理论"。保健因素包括监督、人际关系、物质工作条件、工资、管理措施、福利以及工作安全，当这些因素没有得到满足时，人们就会产生对工作的不满意，但是，当人们认为这些因素很好时，它只是消除了不满意，并不会导致积极的态度；激励因素包括成就、成绩得到承认、挑战性工作、增加工作责任、成长和发展的机会，如果这些因素具备了，就能对人们产生更大的激励。

同样的因素对某些人可能构成激励因素，而对另一些人可能构成保健因素。

5. 管理方格理论

布雷克和穆顿④在 1964 年出版的《管理方格》一书中提出了管理方格理

---

① 马斯洛（Abraham H. Maslow, 1908—1970），美国当代著名的心理学家。
② 麦格雷戈（Douglas Murray McGregor, 1906—1964），美国当代著名的行为科学家和管理学家。
③ 赫茨伯格（Frederick Herzberg, 1923—），美国当代著名的心理学家、管理理论家、行为科学家。
④ 布雷克（Robert Blake, 1918—2004），美国应用心理学家，穆顿（Jane Mouton, 1930—1987），美国心理学家。

论，他们认为管理有两个方格走向，即管理者对生产力的关注和管理者对人的关注，二者可以进行不同程度的结合。他们认为既注重生产力又注重人的组合是最好的组合，强调对人的关心，对人性的关注，主张通过加强参与、公开、提倡公正和批评等领导手段，提高个人和组织的成效。

三 新公共行政

新公共行政始于1968年在雪城大学米诺布鲁克会议中心召开的一次学术会议，一批年轻的学者走到一起讨论他们对公共行政领域共同感兴趣的问题和学术研究方法，并探讨他们的方法与该领域成名学者的方法有何不同，会议论文被编辑成《走向新公共行政》一书。其中最著名的当数沃尔多1971年出版的《动荡时期的公共行政管理学》。

新公共行政反对政治与行政二分，认为行政人员也可以制定政策，"公共行政并非仅仅是执行公共政策的手段，它也是公众如何理解世界，尤其是政治世界以及如何理解他们自己在这个世界中的地位的决定性因素"。公共决策不能仅限于官僚行政体制内，还应该引导公众的关注与参与，帮助他们建立社会的价值观。如弗雷德里克森所言："新公共行政运动既不反对实证主义，也不反对科学，其兴趣在于运用科学的、分析的技术去了解各种政策的影响，以及探索满足公众需要的新方法。"[1]

总之，新公共行政强调公众对公共政策制定与执行的参与，强调公平。

第三节 新公共管理范式

新公共管理运动代表了公共部门活动方式的一次革命性变革，它强调公务员的工作是管理的而非行政的。新公共管理运动一般是指从20世纪70年代末80年代初首先由英国撒切尔内阁和美国里根政府开始的对公共部门组织和管理的彻底改革。

---

[1] 转引自陶学荣《公共行政方法学导论》，清华大学出版社2005年版，第24页。

一　新公共管理的内涵

在欧文·休斯看来，管理与行政的内涵有所不同，就其实质而言，行政指听从命令，管理则指实现结果。因此，公共管理含有处理某些事务的意思[①]。新公共管理则至少包括以下特点：第一，强调结果的实现和管理者的个人责任；第二，战略、组织、人事等管理更具有灵活性；第三，明确规定组织和人事目标，根据绩效指标对工作任务的完成情况进行测量；第四，不刻意强调管理者的无党派或中立性；第五，政府职能要接受市场检验，如以合同方式包出工程等，政府介入并不一定总是指政府要通过官僚制手段行事；第六，呈现出通过民营化和市场检验、签订合同等其他方式减少政府职能的趋势。

二　新公共管理范式的理论基础

新政治经济学和新制度经济学的新发展给公共管理理论的发展提供了新的理论工具。

1. 公共选择理论

公共选择理论（public choice）发轫于20世纪50年代，是一门介于经济学和政治学之间的新的交叉学科，其代表人物是詹姆士·布坎南、戈登·塔洛克，其中布坎南于1986年获得诺贝尔经济学奖。

传统的政治理论一般采用集体主义的分析方法，将集体作为基本的分析单位；而公共选择学派将个人作为分析的基础，认为集体选择是个人通过集体实现自己最大目的的个人行动选择。公共选择理论在"经济人"的基本假定下，运用现代经济学的逻辑和方法，分析非市场的集体决策过程。用布坎南的话说："公共选择是政治上的观点，它由经济学家的工具和方法大量应用于集体或市场决策而产生。"[②] 公共选择的主题与政治科学的主题是相同的，涉及选民理论、投票者行为、官僚机构、政党政治等领域。

（1）理性选民理论。在公共选择学派看来，选民扮演着政治市场上的

---

① ［澳］欧文·E.休斯：《公共管理导论》，中国人民大学出版社2007年第3版，第63页。
② ［美］布坎南：《自由、市场和国家》，北京经济学院出版社1988年版，第18页。

"经济人"角色，关心个人利益，是理性的，这就决定着其在行动时必然进行成本—收益分析。但由于信息的不完全性、个人选择的不确定性等原因，很多时候选民表现出"理性而无知"的政治冷漠心态。选民是否参与投票是基于个人理性的成本—收益计算的结果，当收益大于成本，就会选择投票，否则弃权。现实中，选民投票率往往因在投票中获得伦理上的满足感、实现党派偏好的满足感、在政治制度中的能力和作用得到承认的满足感等原因而提高。

（2）官僚理论。公共选择学派认为官僚和普通人一样，也是个人利益最大化者。官僚的个人利益包括薪金、职务晋升、社会声望、控制权力、社会影响力、轻松的工作负担以及美好的工作环境等，官僚目标的实现取决于预算规模，而预算规模又取决于政府权力的大小。因此，出于对部门利益的追求，政府官僚必然千方百计地追求本部门的预算最大化以及对权力的控制。比较有代表性的官僚经济理论模型有：

尼斯坎南垄断官僚经济理论（Niskanen Model）。这一理论模型关注的中心是效率问题，重在分析官僚机构对资源配置效率的影响，比较官僚组织与其他市场经济组织的相对效率。该理论认为官员拥有自己的目标函数，"社会行为的本质就是个人有目的的行为"[1]，与市场组织不同的是官员的目标函数是最大预算，机构预算是高层官员关注的核心焦点，"官僚的效用与机构规模积极而持续地相关"[2]。官僚机构运行于一个双边垄断的外在环境之中，国会作为民选机构，代表了全体公民对公共物品的需求，是公共物品的唯一买家；官僚机构执行立法的过程就是实际生产公共物品的过程，是公共物品的唯一卖家[3]。由于信息不对称，双边权力是不对等的，官僚机构占据优势。官僚部门对预算最大化的追求，必然导致公共物品产出过剩，其运行既缺乏内部生产效率，也缺乏配置效率。

X—无效率。X效率最初用于分析企业内部的效率情况，这一概念由美国经济学家哈维—莱宾斯坦（Harvey Leeibenstein）于1960年提出的，原意是"代表来源不明的非配置的（低）效率"，因未能找到合适的名词来概括这种非市场配置的低效率而被称为"X效率"[4]。官僚机构由于目标的抽象和难以度量、目标

---

[1] Niskanen, *Bureaucracy and Representative Government*, Chicago: Aldine, Atherton, 1971, p. 20.
[2] 同上书，第8页。
[3] 许云霄：《公共选择理论》，北京大学出版社2006年版，第151页。
[4] 弗朗茨：《X效率：理论、证据和应用》，上海译文出版社1993年版，第2页。

的冲突、公共产出的难以定义与度量以及信息传递的损耗等原因,不可能实现既定目标,从而产生 X—无效率。许云霄将 X—无效率概括为四种类型:多余的行政成本、多余的行政产出、行政产出的短缺和生产性努力的低水平。①

(3) 政党政治。在当代政治生活中,政党和政治起着越来越重要的作用。一般认为,政治家可以分成四类。第一类是纯粹的政治家,如唐斯(Anthony Downs)所言,他们只是为了赢得选取而制定政策,不是为了制定政策而赢得选举②。第二类政治家是具有理想的,他们追求自己的政治理念,为了制定政策,提供他们认为适宜的公共产品而参与选举。第三类政治家追求名利、地位和金钱。更多的政治家介于三者之间,属于第四类,他们既力争当选,又积极地提供公共产品,提升公众利益;既追求个人私利,也同情弱势群体。

激烈的政治竞争促使政治家不断调整自己的行为以反映公众的利益诉求,然而竞争的不完全性使得政治家为了从少数强有力的集团手中获得选票而牺牲大多数一般选民的利益。

公共选择学派进一步分析了两党制和多党制格局下的政党政治。两党制下,当选民的偏好是单峰的,两党的政策很可能趋同,无论哪个政党执政,都不会引起较大的动荡;而当选民的偏好是双峰的,为了争取选票,两党的政策立场必然存在明显分歧,此时党派的更迭也会引起政策不稳定。在选民偏好多峰的情况下,容易产生多党制。多党制下,政党为了竞选成功,常常结成党派联盟,并组成联合政府。然而,党派利益的分歧会导致多党联合政府的不稳定性。所以,两党制的稳定性一般要高于多党制。

2. 委托—代理理论

詹森和麦克林(Michael C. Jensen & William H. Meckling)曾给委托—代理关系下过这样一个定义③:委托—代理关系是指这样的一种显明和隐含的契约,根据该契约,一个或多个行为主体指定、雇用另一些行为主体为其服务,与此同时授予后者一定的决策能力,并根据其提供服务的数量和质量支付相应的报酬。授权者就是委托人,被授权者就是代理人。由于所有者不是自己亲自

---

① 许云霄:《公共选择理论》,北京大学出版社 2006 年版,第 159—160 页。
② 切斯特菲尔德称政治家无爱也无恨,支配他们的永远是利益。
③ Jenson, M. and W. Meckling, "Theory of the Firm: Managerial Behavior, Agency Costs and Ownership Structure", *Journal of Financial Economics*, Vol. 3, 1976, pp. 305 – 360.

管理，而是雇用代理人进行经营管理，必然会存在"代理成本"，代理成本存在于管理人员不是企业完全所有者的情况。

具体而言，代理成本包括：①委托人发生的监察费用；②代理人发生的约束费用；③剩余损失。代理成本的产生主要原因有：①代理人也是一个具有独立人格的"经济人"，他的目标是最大限度地满足自己的欲望而不会是无条件地为他人服务；所以，无论是公有企业还是私有企业，经理和所有者间的目标函数通常并不完全相同，因此存在着利益上的冲突，天然产生了激励不相容问题。[1] 管理者具有替代利润最大化（股东的利益）去得到其他企图（管理者的利益）的动机和权力。②委托人和代理人之间存在着严重的信息不对称性。这种信息不对称性来源于委托人对代理人的行为（努力程度的大小和机会主义行为的有无）和条件禀赋（例如能力、风险大小以及对风险的态度等）的观察不可能性。

在部分所有的情况下，管理者承担全部成本的努力仅仅获得小部分剩余收益，他的工作热情就不高；然而，当他消费额外收益时，只需承担一小部分成本。正如亚当·斯密在《国富论》中所描述的："这种（股份）公司的董事们，所管理的是他人的钱而不是自己的钱，不能期望他们像私人合伙的合伙人对自己的钱那样，兢兢业业地去管理。……因此，在这种公司的业务管理中，一定常常出现或多或少的疏忽和浪费。"一般而言，企业股份所有制越是分散，管理者越有可能用其他目标来替代财富最大化的目标。

在詹森和麦克林看来，组织的每一层次上都会出现代理成本。因为，正的监督成本的存在，将导致公司的管理者拥有对某些资源的控制权，在一定的约束条件下，他可以配置这些资源来满足他自己的偏好。然而，在一定程度上，为了完成他的任务（就像工作有分工的副职那样），他必须要保持与别人的合作，别人为了他自己的目的，也能占有一些这样的资源，由此，又会导致监督成本。

3. 交易费用理论

1937年，著名经济学家罗纳德·科斯（Ronald H. Cosas）在《企业的性质》一文中首次提出交易费用理论，科斯认为交易费用决定了企业的存在，企业采取不同的组织方式最终目的也是为了节约交易费用。

所谓"交易费用"，就是指在一定的社会关系中，人们自愿交往、彼此合

---

[1] 闫伟：《国有企业经理道德风险程度的决定因素》，《经济研究》1999年第2期。

作达成交易所支付的成本,又称为"交易成本"。威廉姆森(Oliver E. Williamson)将交易成本分成:①搜寻成本,即搜集商品信息与交易对象信息的成本;②信息成本,即取得交易对象信息与和交易对象进行信息交换所需的成本;③议价成本,即针对契约、价格、品质讨价还价的成本;④决策成本,即进行相关决策与签订契约所需的内部成本;⑤监督交易进行的成本,即监督交易对象是否依照契约内容进行交易的成本,例如追踪产品、监督、验货等;⑥违约成本,即违约时所需付出的事后成本等。

威廉姆森进一步指出交易费用来自于人性因素与交易环境因素交互影响下所产生的市场失灵,具体包括有限理性(Bounded Rationality)、投机主义(Opportunism)、不确定性与复杂性(Uncertainty and Complexity)、专用性投资(Small Numbers)、信息不对称(Information Asymmetric)等。交易本身的三项特征影响着交易费用的高低,这三项特性是:①交易商品或资产的专属性(Asset Specificity)。因为交易所投资的资产本身不具市场流通性,或者契约一旦终止,投资于资产上的成本难以回收或转换使用用途,称之为资产的专属性;②交易不确定性(Uncertainty)。指交易过程中各种风险的发生概率。由于人类有限理性的限制使得面对未来的情况时,人们无法完全事先预测,加之交易过程买卖双方常发生交易信息不对称的情形,交易双方因此透过契约来保障自身的利益。因此,交易不确定性的升高会伴随着监督成本、议价成本的提升,使交易成本增加;③交易的频率(Frequency of Transaction)交易的频率越高,相对的管理成本与议价成本也就越高,交易频率的升高使得企业会将该交易的经济活动内部化以节省企业的交易成本。

经济学是研究稀缺资源配置的,交易费用理论表明交易活动是稀缺的,市场的不确定性导致交易是有代价的,从而也就有如何配置资源的问题。产权经济学理论认为一定的制度必须提高经济效率,否则,新的制度将取代旧的制度。制度变迁的原因之一就是相对节约交易费用,即降低制度成本,提高制度收益。所以,产权理论认为制度变迁就是一种收益更高的制度对另一种收益较低的制度的替代过程。

三 新公共管理范式的方法来源

二战以后,一系列管理思想和管理理论相继出现,管理学的发展进入管理理论的"丛林时代",系统管理学派、管理科学学派以及权变学派理论的发展为新公共管理提供了丰富的理论支撑。

系统管理学派认为组织中的各个部门相互依赖,组织是一个开放的系统,与环境相互作用。

管理科学学派兴起于第二次世界大战对军事问题的数学和统计分析,运筹学、数学建模和统计建模等技术方法被广泛运用于管理工作中,其特点是运用成本—效益分析与资源配置,力求减少管理中的个人艺术成分,依靠一套决策程序和数学建模来寻求最优答案。

权变理论将研究重点转向环境,根据内外环境探求最适合的方案、模式和方法。改革该学派认为组织的管理应根据其所处的内外部环境的变化而变化,世界上没有一成不变的、普遍适用的"最佳的"管理理论与方法。

四 英美的新公共管理实践

英国的新公共管理运动起始于撒切尔夫人1979年开始的政府行政改革,大致分为四个阶段:

1. 引进私人部门管理技术阶段(1979—1982)

该阶段的改革是典型的财政和经济驱动型改革,改革的对象是政府内部管理模式和方法。改革开始于1979年5月撒切尔内阁设立并实施的雷纳调查和评估项目,其评估工作范围广泛涉及政府政策、行政活动和行政效果,通过更严格的成本核算实现费用节约,至1982年12月,评估小组共进行了223次评估,精简了12000个职位,节约费用1.8亿英镑/年。[①]

2. 公共服务私有化阶段(1983—1987)

该阶段始于1983年。截至1987年,政府通过出售公有资产收回5万亿英镑,平衡了其任期内后四年的财政预算。从80年代初到90年代初的10年间,有60%的国有工业部门、60多万工作职位进入私人部门。公共雇员的人数从占职工总数的30%减少至24%。

3. 公共服务代理化阶段(1988—1996)

该阶段的标志是1988年的报告《改善政府管理:下一步行动》,核心思

---

① 梁鑫魏:《基于服务型政府视角下的政府绩效评估研究》,硕士学位论文,南昌大学,2008年。

想是政府职能代理化。根据报告，英国政府公共服务的新架构由两部分组成，一部分是负责政策制定的核心政府部门，另一部分是负责政策实施的代理机构，即掌舵与划桨分开。

4. 公共与私人部门伙伴关系阶段（1997年至今）

其信条的核心是"利益相关者"概念，主张在政府代理机构、私人部门和第三部门之间通过建立伙伴关系来提供公共服务。

据OECD 1999—2000年分析数据显示，英国政府支出变化（以占GDP的比重表示）比上年下降了3%。实行新公共管理，政府雇员的薪资（以占GDP的比重表示）下降了34.2%。在2003年英国政府MORI民意测验中，公众对政府所提供的服务质量满意度达到55%，对政府工作人员责任认可度为53%，其中，公众对医院满意度高达70%。此外，通过信息网络化的政府采购建设，截至2006年2月，有540个客户通过"政府采购卡"付费，每月节省800万—900万英镑。[①]

美国的新公共管理运动开始于1980年，在时间上和英国差不多，大致分为两个阶段：

1. 里根政府的意识形态重塑（1981—1988）

里根政府宣扬的文化价值观是市场至上、个人自由以及政府最小化、社会最大化。1982年2月，成立了格利斯委员会，其基本理念是："公共部门和私人部门本质上是一样的，它们应该按照同样的经济参数和管理原则进行判断和评价，政府就应该像一个大型美国公司那样进行组织和管理。"布什政府期间（1989—1992）进一步全面推行了政府质量管理。

2. 克林顿政府的行政系统重塑（1993—2000）

1993年，克林顿政府执政伊始便开始了大规模的行政改革——"重塑政府运动"（Reinventing Government Movement），其目标是创造一个少花钱多办事的政府。改革的理念是坚持顾客导向、结果控制、简化程序和一削到底原则；改革的基本内容是精简政府机构、裁减政府雇员、放松管制、引入竞争机制以及推行绩效管理。

克林顿政府的行政系统重塑运动主要体现在"国家绩效评估"项目中，该项目由副总统戈尔及250名来自政府各部门的有经验的雇员组成，从1993

---

① 卓越：《英国新公共管理运动的理论与实践》，《管理科学》2007年第4期。

年3月开始，其使命就是通过对联邦政府各项政策、行政运作以及包括人事和财政等在内的各项管理活动的全面评估，来重塑行政系统文化，以便达到使政府"工作得更好、成本更低"的目标。

改革的纲领性文献是戈尔所领导的国家绩效评估委员会（NPR：National Performance Review）的报告《从过程到结果：创造一个少花钱多办事的政府》。戈尔在报告中提出了四条原则：①减少繁琐、拖拉的办事程序，从人人为遵守规定而负责的体制转向人人为取得成果而负责的体制；②把顾客放在首位；③授予下属取得成果的权力；④一削到底，产生一个花费少、成效好的政府。

"国家绩效评估"项目贯穿于克林顿政府的8年任期中，大致分为三个实施阶段：

（1）集中于克林顿的第一个总统任期的前两年，一方面侧重于重塑美国联邦政府行政文化，另一方面则聚焦于政府应该如何做而不是政府应该做什么。

（2）从1994年美国国会中期选举到克林顿的第一个总统任期结束，主要致力于政府应该做什么和不应该做什么，实行公共部门私有化改革、将联邦政府的责任移交给州和地方政府等，收缩政府活动范围。

（3）主要集中于克林顿的第二个总统任期，其核心目标是建立以绩效为基础的行政组织，通过充分授权和团队式管理来整体性提高联邦政府的工作绩效。

五　总结

关于新公共管理运动的基本特征，众多学者和机构进行了总结[①]，其中比较有代表性的是OECD的观点：①提高包括绩效工资制在内的人力资本管理水平；②员工参与决策制定过程；③放松管制，推进绩效目标管理；④运用信息技术；⑤顾客服务；⑥使用者付费；⑦合同外包形式；⑧撤销垄断性的管制规定。

---

① 我国学者周至忍将西方行政改革的基本内容概括为三个方面：第一，社会、市场管理与政府职能的优化（包括非国有化、自由化、压缩式管理等）；第二，社会力量的利用和公共服务社会化（包括政府业务合同出租，打破政府垄断，建立政府部门与私营企业的伙伴关系，公共服务社会化）；第三，政府内部的管理改革（包括建立与完善信息系统，分权与权力下放，部门内部的组织结构改革，公共人事制度改革，提高服务质量以及改善公共机构形象，公共行政传统规范与工商企业管理方法的融合等内容）。

胡德（Christopher C. Hood）观察到更多的内部变化，他认为"新公共管理"包括七个要点：①公共政策领域的专业化管理，即让管理者管理；②绩效的明确标准和测量；③格外重视产出控制；④公共部门内由聚合趋向分散；⑤公共部门向更具竞争性的方向发展；⑥对私营部门管理方式的重视；⑦强调资源利用要具有更大的强制性和节约性。

美国学者奥斯本与盖布勒在1992年发表《改革政府——企业精神如何改革着公营部门》一书，产生了重大影响。美国前总统克林顿指出："美国每一位当选官员应该阅读本书。我们要使政府在九十年代充满新的活力，就应该对政府进行改革。该书给我们提供了改革的蓝图。"《改革政府》提出的10项原则：

（1）起催化作用的政府，掌舵而不是划桨。政府应该把掌舵与划桨区分开来，并致力于掌舵，而不是直接提供服务，即划桨。

（2）社区拥有的政府，授权而不是服务。由于社区更了解自己的问题，更善于解决问题，也更具有灵活性和创造性，且成本更低，因此，官僚机构应该更多地向社区让渡权力。

（3）竞争性政府，把竞争机制注入服务中去。"问题不在于公营对私营，而在于竞争和垄断"，竞争有利于解决政府机构陷入瘫痪的官僚主义死结问题，因此，要为政府内部的服务工作创造竞争机制。

（4）有使命感的政府，转变规则导向的组织。规章和繁文缛节使得时间和精力的浪费成为组织结构的固有部分，而赋予组织工作的使命感，有利于激发组织的革新精神和效率。

（5）讲究效果的政府，按效果而不是按投入拨款。改变过去按投入拨款的方式，注重组织的业绩测量，按业绩付酬，按业绩管理，按业绩做预算，以推动管理绩效的提升。

（6）受顾客驱使的政府，满足顾客的需要，不是官僚政治的需要。"质量只能由顾客来决定"，因此要靠拢顾客，把顾客放在驾驶员座位上，由顾客控制资源并选择目的地和路线。

（7）有事业心的政府，有收益而不浪费。有事业心的政府把其补助公之于众，依仗公众的压力来废除补助，然后想办法从服务中赚钱，以收费来筹款，以花钱来省钱，为回报而投资。

（8）有预见的政府，预防而不是治疗。不应专注于提供与问题作斗争的服务，而应该更多地致力于预防。更关注于战略规划和长期预算，并预料未来（即用预见来治理）。

（9）分权的政府，从等级制到参与和协作。分权使组织更有灵活性、更有效率、更有创新精神和更强的责任感，应该通过参与管理，分散公共机构的权力，简化结构等级，建立协作的组织。

（10）以市场为导向的政府，通过市场力量进行变革。改变单纯依赖于权威命令的管理方式，在政府内部和外部重组市场，制定市场规则。由于市场会失灵，所以需要社区的热情和关切，平衡市场与社区的关系是脱离行政性官僚机构后的企业化政府的必然选择。

总之，新公共管理范式重新界定了政府与市场的关系，提倡公共服务市场化、民营化，政府已经不再是公共服务的垄断者。

第四节 公共治理理论范式

公共治理理论，是伴随着西方福利国家出现的管理危机和市场与等级制的调节机制发生的危机以及公民社会的不断发育和众多社会组织集团的迅速成长而出现的一种新型的公共管理理论。1995年，全球治理委员会在《我们的全球伙伴关系》研究报告中提出公共"治理"的概念，按照该定义，公共治理是各种公共的或私人的个人和机构管理其共同事务的诸多方式的总和。

治理理论的代表人物罗茨（Robert Rhodes）归纳了治理的各种形态，包括作为最小国家的治理、作为公司治理的治理、作为新公共管理的治理、作为"善治"的治理、作为社会—控制系统的治理和作为自组织网络的治理。[①] 弗雷德里克森认为治理在公共行政领域至少体现以下几个特征：① "跨管辖权的治理"，包括垂直和水平的跨组织、跨职权的合作；② "第三方治理"，就是通过契约或者政府购买等形式把国家的部门职能转移到行政与立法部门以外的第三者；③ "公共非政府治理"，即各类非政府组织参与公共政策的制定与

---

① Rhodes, R., "The New Governance: Governing without Government?" *Political Studies*, Vol. 44, No. 4, 1996, 44, pp. 652–667.

执行。①

一 公共治理理论的政策主张

王诗宗概括了治理理论的政策主张，在治理中，国家和公民双方的角色都要发生改变，国家能力将主要体现在整合、动员、把握进程和管制等方面。公民成为积极的参与者，第三部门成为公民参与的组织载体。② 具体的政策主张包括：

（1）去中心化，国家和中央政府在公共行政中的核心地位被动摇，向地方分权、向社会分权甚至将权力让渡于跨国家的组织成为一种趋势。

（2）多中心，政府之外的治理主体参与到公共事务中，政府与其他组织共治、社会自治成为一种常态。

（3）反对夸大纯粹的市场的作用，具体而言，治理理论反对新自由主义对市场调节作用的过分崇信，尽管治理实践经常需借助于市场机制。

（4）多种水平的治理与多种工具使用的并存，治理可以在跨国家、国家、地方等多种水平上进行，在实践中可以通过规则、市场签订合约、回应利益的联合、发展忠诚和信任的纽带等不同的工具，并借助于市场、等级和网络的结构使用这些工具。

二 公共治理的理论基础

目前，学术界对治理理论基础的论述略显不足，远少于对治理本身的论述，斯托克（Gerry Stoker）概括了治理理论的三个主要理论支柱③：

（1）网络管理理论，包括网络的经营管理和网络的建构。"从治理视角提出的一个观点是，治理就是许多主体和组织混合而成的网络的运作"，治理的

---

① Frederickson, H. G., "Whatever Happened to Public Administration? Governance, Governance Everywhere", in Evan Ferlie, Lawrence E. Lynn & Christopher Pollitt (eds.), *The Oxford Handbook of Public Management*, New York: Oxford university Press, 2005.

② 王诗宗：《治理理论及其在中国适用性》，浙江大学出版社2009年版，第44页。

③ [美] 杰瑞·斯托克：《地方治理研究：范式、理论和启示》，《浙江大学学报（人文社会科学版）》2007年第2期。

关键任务就是有效地管理网络。

（2）授权理论。恰当的授权会导致期望的结果，有效治理的关键在于建立恰当的授权机制。

（3）社会解释理论。该理论认为人们解释世界的差异是其研究起点，所有的社会生活都是可沟通的，治理就是具有开放、发展、反思特征的"沟通关系"。由于任何公共政策都会导致利益关系的调整，政策文本在表达政策制定的背景和情境时具有不充分性，执行者必须从自己和组织的角度理解政策的含义，因此理性的沟通就非常重要。

三 对治理理论的批评

1. 没有政府的治理

罗西瑙（James N. Rosenau）在《没有政府的治理》和《21世纪的治理》中认为治理指的是一种由共同的目标支持的活动，这些管理活动的主体未必是政府，也无须依靠国家的强制力量来实现，"没有政府的治理是可能的"。

批评者认为治理理论强调社会中心，忽视了政府在治理中的作用，"排除了政府的治理是一种天方夜谭"[1]。

2. 各个国家的不同历史传统导致治理的适用性会受到很大限制

如皮埃尔（Jean-Pierre Gaudin）和皮得斯（B. Guy Peters）的分析，微妙的传统差异和公共行政格局的差异很大程度上决定公共管理改革走向，英国是传统的自由资本主义国家，比较充分地接受了新公共管理和治理的思想，而德国、法国等中央集权的国家对新公共管理和治理思想的接受就有所保留。

3. 作为"元治理者"的国家

皮埃尔的研究证明了政府在治理中的重要性，而沙尔普（Fritz W. Scharpt）的研究则说明治理不是对等级机构的简单摧毁，而恰恰是镶嵌在等级结构中的，可以说等级结构是治理发展的基本载体。

治理理论强调在公共事务的管理主体方面，不仅包括公共机构和行为者，还包括非公共机构和行为者；在行为方式方面，不仅包括权力或权威，还包括

---

[1] Peters, B. G., "Governance and Comparative Politics", in Pierre, J. (eds.), *Debating Governance*, New York: Oxford university Press, 2000.

参与、协商、谈判。而"元治理"重新强调国家（政府）在治理中的作用，国家或地方水平上的政治权威介入了自治组织、网络和治理体的组织过程。国家提供了治理所需的基本规则，充当政策共同体中对话的主要组织者，并协调它们的行动。因此，政府没有在治理实践中退出，只是变换了角色。治理需要"元治理者"，治理也不一定是纯粹的网络治理，而更可能是网络与等级制甚至市场的结合。

思考题
1. 公共管理理论的演进经历了哪些阶段？
2. 传统的公共行政范式有何特点？
3. 哪些学者与理论对传统公共行政范式的演进产生了重要影响？
4. 如何理解新公共管理范式对传统公共行政范式的变革？
5. 英美在新公共管理方面有哪些重要的实践？
6. 如何理解公共治理理论范式的影响？

第 三 章

公共管理环境

公共管理系统与既定的社会环境共生互动，随着外部环境的变化而不断发展。"由于社会变得越来越复杂，动态性越来越大，组织就需要对环境力量给予更多的关注"①。公共管理环境是公共管理活动得以开展、进行的前提和基础，它会对公共管理的主体、内容、技术、方法等产生或大或小、或利或弊的影响。全面、系统地研究公共管理环境及其与公共管理之间的互动关系，对于完善公共管理的技术和手段、提升公共管理主体的管理能力、优化公共管理环境，有着重要意义。

第一节 公共管理环境的研究缘起与行政生态学的发展

公共管理环境的研究直接来源于生态学，建设一个环境友好的公共管理系统和组织结构是公共管理理论和实践工作者们的努力目标和方向。生态学是研究各种生物之间以及与环境之间相互关系的一门科学。20 世纪 50 年代开始，人口剧增、环境污染、食物短缺、能源紧张和资源破坏等环境危机的频繁爆发，唤起人们对生态环境问题的普遍关注和高度重视。行政生态学正是在这种背景下兴起和发展的。

20 世纪 60 年代，西方行政学界以生态学的方法研究行政现象、行政行为

---

① ［美］弗莱蒙特·E. 卡斯特、詹姆斯·E. 罗森茨韦克：《组织与管理：系统方法与权变方法》，中国社会科学出版社 2000 年第 4 版，第 158 页。

与行政环境之间相互关系。行政生态学要求对行政系统作整体观察与精密分析，从整体上把握行政过程与行政运行规律。行政环境是行政生态学的重要理论范畴。行政生态学的研究特点是：跳出公共管理自身的圈子研究管理活动，从整个社会环境系统和自然环境系统的大视角出发，从封闭式研究转向开放性研究，系统地研究公共管理活动，突出公共管理与其外界环境的关系，强调权变管理[1]，使公共管理学研究的视野更广、角度更高。

最早将行政问题与生态环境联系起来研究的是美国哈佛大学的约翰·高斯（John. W. Gaus）教授。他于1936年发表了《美国社会与公共行政》和《公共行政的境界》，将公共管理活动与社会环境各要素结合起来。1945年后，他在塞拉马大学作了一系列讲演，详尽阐述了如何运用生态学方法研究行政管理，以便更好地解决行政管理存在的诸多问题。1947年他发表了《政府生态学》一书，提出政府组织与行政行为必须考虑生态环境。高斯认为，公共行政生态学包括对人、地区或财产、人所处的自然和社会技术、思想等方面的研究。要了解一个国家的公共行政，不应该仅仅局限于行政系统本身，而应跳出行政系统，从社会大系统来考察行政，亦即考察一国的行政与该国社会环境之间的关系。但在当时，高斯的理论并未引起理论界的重视，而真正使行政生态学成为一门系统的行政学分支学科并在行政学研究领域产生重要影响的，则是运用生态学的理论与方法研究发展中国家的行政问题并设计了行政系统三大模式的美国著名行政学家、比较行政学和行政生态学创始人弗雷德·W.里格斯（Fred W. Riggs）。

1961年，里格斯著述的《行政生态学》一书的出版，标志着行政生态学开始成为一门系统的行政学分支学科。里格斯认为，当我们研究一个国家的行政制度和行政行为时，不能只从行政本身作孤立的描述和比较，而必须把行政现象、行政行为与社会背景、文化背景、意识形态背景等联系起来。他认为[2]，人类历史上存在着三种基本社会形态即传统的农业社会、过渡社会和现代工业化社会。他把现代美国、英国、苏联等称为工业化的、生产力高度发展的、社会流动的并且具有有效的政府和行政系统的现代工业化社会；把传统泰国、古代中国等称为传统的农业社会；而把现代泰国、菲律宾、19世纪前的

---

[1] 翟守航、翟明清：《行政管理学》，黄河水利出版社2005年版，第41页。
[2] 丁煌：《西方公共行政管理理论精要》，中国人民大学出版社2005年版，第223—225页。

英国和法国等称为处于现代工业化社会与传统农业社会两极之间的过渡社会。里格斯通过对泰国和菲律宾等国行政行为的研究提出了著名的行政管理三大模式，并用"结构功能分析法"和物理学光谱分析上的光折射概念对三种行政模式及其相互关系作了形象说明。

农业社会的行政形式（Administrative Model in Agrarian），亦称融合型行政模式（Fused Model）。其特点是社会结构混沌未分，没有明确、细致的社会分工。行政行为与立法、司法、战争、经济等社会行为混杂在一起，更谈不上有专业化的行政机构，因而行政效率极为低下。融合型（Fused Model）行政模式的特征是：①经济基础是农业生产力，土地的分配和管理是政府重要事务。②官僚的职位重于行政政策，政治与经济不分，权力来源于君主，实行世卿世禄的行政制度，行政官吏在政治和经济上自成特殊的阶级。行政风范带有浓重的亲族主义色彩；流行世卿世禄的行政制度；政治与行政合一，行政官吏在政治和经济上自成特殊的阶级。③政府与民众较少沟通。④行政活动以地域或土地为基础，土地的分配和管理是政府的重要事务，行政的主要问题是维持行政的统一和一致。

过渡时期的行政模式（Transitional Administrative Model），亦称棱柱型行政模式（Prismatic Model）。其特点是：既保持着传统农业社会的一些特征，又具有现代工业社会的一些因素，社会行政的功能呈半分化状态，新旧混杂，机构重叠，整个行政机构重视形式而轻视实效。它是农业社会向工业社会过渡时期的一种行政生态。棱柱型行政模式的特征是：①传统结构与现代结构重叠出现，同时具有农业社会和工业社会行政形态的一些特征。②政府的制度、法规实际不能起到约束和规范作用，传统社会的行政特性仍具有很大影响力。③传统结构与现代结构重叠存在，同时呈现异质的行政制度和行政行为。

工业社会的行政形式（Administrative Model in Industry），亦称衍射型行政模式（Diffracted Model）。其特点是：分工细致，政府职能明确，各司其职，互不混杂，社会和行政高度专业化，讲求行政效率与科学性。衍射型行政模式的特征是：①经济基础属于美国式的自由经济或苏联式的管制经济。社会经济行为依靠市场和价值规律加以调节，力图用最少的投入取得最大的产出。②主权在民，民众的思想和行为对政府的行政决策有较大影响。③行政风范体现平等主义、成就导向和对事不对人的原则，沟通渠道比较发达，政府与民众关系密切。④社会高度专业化，行政主要是谋求专业化基础上的统一和协调。

通过对各国行政生态要素以及这些要素的影响进行研究，里格斯认为，影响一个国家公共行政的生态要素主要有：经济要素、社会要素、沟通网、符号系统和政治构架。经济要素是影响一个国家行政的第一因素，一个国家的行政模式基本上是由该国的经济结构所决定并塑造的。社会要素主要是指各种社会组织，一类是以血缘关系为纽带结成的自然团体，如家庭、家族；另一类是以利益关系为纽带结成的人为团体，如教会、政党、工会、商会等，统称为"社团"。沟通网包括社会的文化水平、使用语言状况、社会舆论力量，及通信和交通状况等使整个社会互相"沟通"的手段，它对该国的公共行政也产生重要影响。符号系统则包括政治神话、政治法则、政治典章在内的一整套政治符号。政治与行政应是相对分离的，政治是决定政策的过程，行政是执行政策的过程，政治与行政实际上存在着一种"功能依存关系"，这种依存关系决定了政治结构也是影响行政生态的一个重要因素。

但里格斯的行政生态学理论存在其局限性：里格斯的行政理论模型源于西方国家，主要是起源于美国，因而里格斯的行政理论坐标是西方；里格斯的生态环境分析缺乏完整性；里格斯自由、随便地创造了新的术语来解释他的思想，给许多已经使用着的术语提出了不同意见。尽管如此，里格斯的论著确立了行政生态学的基本思想和研究框架，开创了行政管理学甚至是公共管理学研究的新方法、新途径、新领域。里格斯关于行政环境的类型分析对于公共管理环境的研究具有重要的理论价值和借鉴意义。

而今，行政生态学的研究发展主要呈现出以下特征[①]：研究领域从单一的政治领域扩展到社会、公共管理等多个领域；研究导向由纯粹的理论性分析转变为工具性运用，研究重点从仅仅论及行政生态要素到重视对要素之间关系的研究；研究理论、方法从定性研究转向综合运用心理学、社会学、经济学、传播学等多种方法，呈现出跨学科、多元融合的趋势。

---

① 张毕波：《近年来国内行政生态学研究综述》，载《中国特色社会主义行政管理体制研讨会暨中国行政管理学会第20届年会论文集》，2010年，第1382—1391页。

第二节 公共管理环境的含义与构成

一 研究公共管理环境的意义

环境是相对于某一主体来说的，是指围绕着某一主体并对该主体产生直接或间接影响的所有外界条件的总和。公共管理环境也是相对于公共管理系统而言的。公共管理环境是指处于特定的公共管理系统边界之外，能够对该系统的存在、运行与发展产生直接或间接影响的各种要素的总和。这些要素有物质的、精神的；有有形的、无形的；有自然界的、社会界的。总之，凡是作用于公共管理系统、并为公共管理系统反作用所影响的条件和因素，都属于公共管理环境的范畴。

研究和分析公共管理环境，对于公共管理部门正确认识和适应客观环境，提高公共管理水平，实现公共管理目标，具有十分重要的意义。首先，公共管理环境是公共管理学研究的逻辑起点。只有通过对公共管理环境问题的研究，深入探讨公共管理环境的发生、演变规律，充分认识公共管理环境系统对公共组织的影响，及公共组织对公共环境的能动作用，才能更加深入了解和指导公共管理活动。其次，公共管理环境是环境系统的重要组成部分。对公共管理组织所处环境进行研究，有利于科学认识、利用和更好地适应客观环境，进而创造良好环境，促进公共管理系统与环境系统保持动态平衡。再次，公共管理环境决定公共管理过程，但公共管理过程又影响公共管理环境。这就要求公共管理人员必须认真研究公共管理环境、管理对象的特点、条件和要求以及运动、变化和发展的规律。

二 公共管理环境的分类

公共管理环境是复杂多变的，依据不同的标准，可以对公共管理环境进行不同的分类。

(1) 按照结构内容来划分，可将公共管理环境分为自然环境和社会环境（或称人文环境）。自然环境是指那些直接、间接影响人类生活、生产的一切自然因素的总和。社会环境是在自然环境基础上，通过人类生产和劳动创造的物质生产体系，积累的物质文化等所形成的环境体系，它包括政治环境、经济环境、文化环境、人口环境、民族环境、舆论环境等。这是目前我国学术界比较常见的分类方法。

（2）按照规模、层次和影响范围来划分，可以将公共管理环境分为宏观、中观和微观环境。宏观的公共管理环境是公共管理环境的基本组成部分，对公共管理系统影响范围最广、程度最深、层次最高，并以直接或间接方式制约着公共管理的活动和方向，从广义角度看还包括国际和国内公共管理环境。中观公共管理环境主要是指公共管理系统的组织结构和运行情况等。微观公共管理环境则是指一个具体的公共管理组织所处的工作环境。

（3）按照国家管理区域来划分，可以将公共管理环境分为国内环境和国际环境。国内环境是指一国国内对公共管理产生直接或间接影响的自然、政治、经济、文化等诸多因素的总和。国际环境则指在全球范围内产生的对一国公共管理产生影响的国际自然和社会环境等所有外部要素的总和。

（4）按照影响效果来划分，可以将公共管理环境分为有利的公共管理环境和不利的公共管理环境。有利的公共管理环境对公共管理活动产生正面的积极效应，不利的公共管理环境则会阻碍公共管理主体正常、有效地开展公共管理活动。

（5）按照作用对象范围的角度来划分，可以将公共管理环境分为一般环境与具体环境。美国学者赫尔认为："行政环境可以分为一般环境和特定环境两种。那些对所有的行政组织均发生影响力的是一般环境，包括文化、工艺技术、教育、政治、法制、自然资源、人口、社会、经济等九个方面；而只对特定行政组织发生直接影响的是特定环境，包括顾客、供应者、竞争者社会与政治、技术五个方面。"[①] 一般环境影响所有社会组织，具体环境直接影响个别组织。但一般环境与具体环境间不存在清晰的分界，一般环境因素总是在不断地渗透到具体环境中。我们认为，一个完整的公共管理环境至少包括以下子系统环境：政治环境、经济环境、文化环境、科技环境、人力环境、教育环境、法制环境、资源环境、社会环境。每一子系统又包括若干下层系统环境，国际环境因素分别渗透于这些子系统环境及其下层系统中。

---

① 夏书章：《哈佛行政管理全集》上卷，红旗出版社1998年版，第286—287页。

三 公共管理环境的特点

(一) 广泛性

公共管理环境的广泛性，既指公共管理环境自身构成要素的内容与分布特征，又指公共管理环境的作用范围，还指公共管理环境对公共管理的作用途径与方式等。从构成要素来看，地理环境、自然资源、政治制度、经济状况、民族状况、文化教育、国际关系等都属于公共管理环境的范畴。这些因素都对公共管理活动产生或大或小的影响，并经过系统整合而构成了公共管理系统的外部环境。

(二) 差异性

诸多环境要素在表现形式上或为潜在，或为显在；影响程度上或多或少，或轻或重；在对公共管理主体的作用方式上或直接或间接，或一般或特殊，或渐进或突发。公共管理环境的差异性有三层含义：其一，构成公共管理环境的各要素或条件之间都不尽相同，它们对于公共管理主体、活动的影响和作用也存在多元差别，有些因素的影响作用是基础性的，如经济制度、经济体制，而另外一些要素则只起到间接作用，如社会文化，一般是先对公共管理主体的思想状况、道德水平、思维模式等产生影响，进而影响到他们的决策行为。其二，即便是相同的要素，对不同的公共管理组织、事务而言，所起作用也千差万别。其三，对于某个特定的公共管理组织来说，同样的要素在不同的阶段、时期，所起的作用也会发生变化。其四，不同地区、民族乃至国家之间，其公共管理环境也各不相同，不同公共管理主体受其环境的影响也各有差异。

(三) 复杂性与不确定性

伴随着公共管理活动范围的扩大以及管理方式的多样化，公共管理环境呈现出复杂性和多样性的特征。从语义角度分析，复杂性是指事物在自身发展变化过程中，由于各种主客观原因而出现的一种具有"多个有意义、不确定、非周期的可区分状态"[①]。复杂性源于不确定性，呈现出"非可测、非可控、随机性和模糊性"等特征。

公共管理环境的复杂性主要体现在：一是构成公共管理环境要素的复杂性。过去，稳定是一般状态，变化是附加性地、不经常发生。而今，公共管理的组织变革通常是积聚的、持续的。二是公共管理环境要素构成了一个整体，公共管理主体、活动所受到的影响是全部要素综合作用的结果，而不是被某一个或几个要素所掣肘。三是很多公共环境要素本身就是公共管理活动的对象（客体），它们既作为环境因素来影响公共管理活动，又作为其管理内容构成公共管理系统的一部分。四是政治系统产生影响和作用情况的复杂性，即自然的、相对稳定的环境要素对政治系统的影响较小，人文的、演化迅速的环境要素对政治系统的影响较大。

不确定性是世界的基本性质，确定性只是不确定性世界在时空上的特例。不确定性作为一个中性范畴，不带有"好"与"坏"的价值判断。不确定性是指由于人们认知能力有限，缺乏关于认知对象的必要信息，未能掌握认识对象的发展规律，不能或者不能精确对认知对象的未来做出预测和定量分析时，用来描述事物本身及其影响的随机性、动态性和模糊性的人为界定。公共管理的环境构成，环境所产生的影响和作用以及公共管理系统对于环境的反应都是动态变化、发展并表现出无限多样性的，并且这种变化难以用概率表示、缺乏因果关系、无法预知结果，是不确定、预测不准的。由于人类特定发展阶段认识世界的能力有限或理性有限，不可能准确预见其可能的变化。

（四）动态性与相对稳定性

从公共管理系统与环境之间的关系来看，公共管理活动包括常态管理与非常态管理（主要是指危机管理和冲突管理）。公共管理学界更多地关注常态管理，而非常态管理因其本身的不可复制性、不可预测性等特征导致难以被纳入学科研究视野。常态管理可以视为在社会正常的相对平稳的运行态势下，公共管理主体所进行的一切处理公共事务的活动，也就是我们通常意义上所理解的公共管理。就常态管理而言，公共管理环境也不是一成不变的，而是处在动态

[①] 张本祥：《复杂性的概念界定及复杂性的基本问题》，《系统辩证学学报》2002年第4期。

的变化、发展过程中。公共管理环境的动态变化性要求公共管理主体以全面、发展的眼光看待问题，运用发展变化的思想观念去应对外部环境的变化，审时度势，适时调整公共管理的内容、技术和方法。但同时，在一定时期内，公共管理环境系统及其组成要素是相对稳定的，这就为我们对公共管理环境进行必要的分析和研究，从而实现公共管理活动的科学化提供了可能性。公共管理活动的开展必须符合公共管理环境的变化和要求。

四 公共管理环境的要素

纵观中外公共管理理论与实践，不难看出，公共管理环境因素广泛、内容复杂多变。择其要者，公共管理的环境要素主要包括自然环境、科技环境、法律环境、经济环境、政治环境、人口环境、文化环境等。

（一）自然环境

自然环境是指围绕在人们周围的各种自然因素的总和，如气候、地理、自然资源（如水、土壤、矿物）等状况。这些是人类赖以生存的前提和基础，也是公共管理系统存在和发展的必要条件。公元前5世纪，古希腊地理学家希波克拉底认为，地理环境会决定人的性格特征和社会现象，"人的身体和性格大部分都随自然环境的不同而有所不同"[1]，18世纪，孟德斯鸠在《论法的精神》中提出："气候的影响是一切影响中最强有力的影响。"[2]"不同气候需要产生了不同的生活方式；不同的生活方式产生了不同种类的法律"[3]。孟德斯鸠提出了系统的地理环境学说，论述了自然地理环境对法律和社会政治制度的决定作用。虽然自然地理环境学说带有很大的局限性和片面性，但自然环境在人类社会发展过程中发挥的作用则不容小觑。

现代全球环境已经发生诸多变化：各类废气的排放已经导致大气成分发生显著变化；过度开发、污染和环境退化以及外来物种的引进，使得生态系统发生显著变化，导致某些生物种类的灭绝；温室气体的排放导致全球变暖；沙漠

---

[1] ［英］阿诺德·汤因比：《历史研究》上册，上海人民出版社1959年版，第69页。
[2] ［法］孟德斯鸠：《论法的精神》上册，商务印书馆1961年版，第311页。
[3] 同上书，第235页。

化和水资源短缺的情况也将加剧;分配能力平均水平的边际改变,也将增加灾难性事件发生的可能性。正如恩格斯指出:"不要过分陶醉于我们对自然界的胜利。对于每一次这样的胜利,自然界都报复了我们。每一次胜利,在第一步都确实取得我们预想的结果,但是在第二步和第三步却有了完全不同的出乎预料的影响,常常把第一个结果又取消了。"① 因此,只有科学、理性地对待自然环境,才能实现经济、社会的全面、可持续发展。

(二) 社会环境 (人文环境)

社会环境由诸多子因素 (要素) 构成,具体如下:

1. 科技环境

这主要指国家或地区在科学、工程技术、医药卫生、交通、通信信息处理、安全、制造等诸多领域所达到的技术水平。科技环境的发展变化,创造、削弱或消除了政府部门的某些职能、某些部门 (如科技部、环保局)、某些岗位,影响了公共管理部门的运作方式。可以说,没有一个良好的科技环境,公共管理的现代化、集约化就无法实现。

2. 法律环境

这主要指国家针对公共管理系统所颁布的宪法、法律法规、方针政策,法律环境对公共管理活动起着规范和保障作用。法律环境对公共秩序的获得,公共管理活动的正常化、可持续发展、公共管理人员的法律责任和权力行使等,都具有至关重要的决定权。公共管理活动和行为都必须做到有法可依、有法必依、执法必严、违法必究。杜绝公共管理中曾长期存在的以人代法、以权代法、以言代法现象,是公共管理步入法治化轨道的应有之义。

3. 经济环境

这主要指对公共管理产生重要影响的各种经济要素的总和,包括经济结构、经济制度、经济体制、经济布局等。经济环境是公共管理系统赖以生存和发展的最深层次的环境,它对公共管理的影响具有根本性和基础性特征。银行利率、通货膨胀、证券市场指数以及商业周期的变化等状况,直接影响着公共管理系统的功能行使、改革调整。如果不顾经济要素的变化,一味地按照既定

---

① 中共中央马克思恩格斯列宁斯大林著作编译局:《马克思恩格斯全集》第 20 卷,人民出版社 1985 年第 2 版,第 519 页。

的计划从事公共管理活动，就会出现低效或无效运作结果。

4. 政治环境

这主要指一个国家政治的稳定性，具体体现在该国的政治制度、政党制度、政治气候、公民参与等。一个国家的政治稳定对公共管理来说是最基本的条件。如果社会经常发生政治动荡，政治制度、法律法规和方针政策就会变化不定，公共管理的各项活动就难以正常、有序开展。我国经过近60年的发展，作为根本政治制度的人民代表大会制度和共产党领导的多党合作与政治协商制度、民族区域自治制度等基本政治制度已经日益巩固，这为我国公共管理系统提供了可靠的政治保障。

5. 人口环境

人口环境是公共管理环境的重要组成部分。人口特点如年龄、性别、总量、种族、民族、宗教信仰等，人口分布的行业状况、质量状况、受教育程度、老龄化程度等，都会影响到公共管理部门的职能、政策制定与执行情况。针对人口总量高峰、就业人口高峰、老龄人口高峰等一系列问题，公共管理必须着力于不断提高人口的文化教育素质，合理妥善地进行工资、福利、社会保障、就业、退休以及培训教育等各项管理活动。

6. 文化环境

这主要是指一个国家或民族的历史习俗、思维方式、意识形态、行为规范、价值观念和舆论环境等。文化环境是一定区域内的社会成员在社会化过程中长期积淀而形成的一种较为稳定的文化形态。公共管理的各项活动必须适应社会价值观和风俗习惯的变化，避免公共管理陷入困境。

(三) 国际环境要素

公共管理的国际环境是指一个国家与世界其他国家、地区在政治、经济、文化、自然等事务上相互作用、相互联系、相互制约和相互促进的关系，包括重大的国际形势、国际事务、国家关系、对外政策、国际分工、国际组织与国际法等。

审视国际自然环境，人类文明与自然的冲突日益加剧，污染和破坏情况令人担忧，治理环境的任务相当艰巨。综观国际科技环境，以数字制造技术、互联网技术和再生性能源技术的重大突破和融合创新为代表的科技革命，导致了新兴技术和产业的更替、生产方式、制造模式、生产组织方式等的变革，促使人们进入生态和谐、绿色低碳、可持续发展的社会。而国际经济环境总的趋势表现为，国际分工和国际交换正朝着高度和深度发展；经济全球化和区域经济一体化迅猛发展；国际经济竞争加剧。但仍存在着国际经济秩序的不合理、国际经济波动等消极因素。国际政治环境的主题则是，维护世界和平，反对霸权主义，多极格局初露端倪；全球性的两种社会政治制度对立转为多样性的政治制度并存发展；国际竞争由单纯的军事领域竞争转向以经济、科教为主的综合国力的竞争。主要消极因素在于，大国霸权主义和强权政治；西方国家的"和平演变"图谋；恐怖主义与宗教极端主义。正确认识和了解国际环境要素的特点，密切关注其变化，也是公共管理得以顺利进行的一个重要方面。

第三节　公共管理与公共管理环境的关系

公共管理环境对公共管理活动有着重要的影响，它是公共管理活动的根本依据和出发点。公共环境与公共管理之间相互作用、相互制约、相辅相成的关系，就是两者之间基本的辩证关系。这种关系以环境为主体则表现为环境制约公共管理，起到促进或者阻碍作用；若以公共管理为主体则反映为公共管理对环境的改造，以保持两者之间的动态平衡。

一　公共管理与环境的相互关系

（一）公共管理环境制约、影响公共管理活动

公共管理环境对整个活动具有很强的制约性。公共管理环境是公共管理系统存在和发展的前提，它会对公共管理的原则、目标、内容、方法等诸多方面发挥作用。公共管理环境对公共管理的影响既可能是积极有利的，也可能是消极阻碍的。良性环境为公共管理活动提供有利的条件，恶性环境则会对公共管理起阻碍作用。例如在常态环境和危机状态下，公共管理主体所采取的管理方式和方法存在着很大的差别。因此，在既定的公共管理环境条件下，公共部门职能必须科学研判公共管理环境的性质，主动与周边环境保持一致，顺应环境的变化，做到顺势而为，同向运作。

（二）公共管理对公共管理环境具有能动的反作用

公共管理对环境能够发挥能动性。虽然环境对公共管理有影响，甚至有时会起决定作用，但是，这并不意味着公共管理就是消极的、被动的。实际上，公共管理在适应环境的同时，又积极地利用和改造环境。公共管理存在和发展的全部价值就在于它在适应环境的基础上，积极地促进其所赖以建立的经济基础和国家政权的巩固发展，在于它对环境能动的改造。公共管理主体可以依据对现实环境的科学分析，制定出符合各种环境要素要求、与环境要素相适应的公共管理原则、目标和方法，预测外部环境在未来可能的发展变化走向，综合运用各方面的力量改造外部环境中的不利因素，同时将有利因素的作用发挥到最大。

（三）公共管理与公共管理环境在动态平衡中共同发展

公共管理与公共管理环境处在不断的互动过程中，外部环境不断向公共管理系统输入新的资源和信息，公共管理系统从这些资源、信息中筛选出本系统所需的信息和资源，经过管理活动加以吸收、改造，并输出公共政策、法律制度等公共管理的产出。外部环境再对公共管理系统输出的这些内容发挥作用、产生影响，从而形成新的公共管理环境。公共管理与公共管理环境之间的相互影响和相互作用，主要是围绕着需要提出和需求满足的循环往复的过程而展开的。公共管理与公共管理环境共同构成了社会的一个子系统，并处于动态的平衡之中。

二 公共管理与环境要素的相互影响关系

公共管理环境的构成要素众多而复杂，包括自然、社会和国际等要素，因此，各种要素与公共管理系统之间的内在关系，需要加以具体分析。

（一）自然环境与公共管理系统的关系

自然环境管理和政策是公共管理研究的重要领域。自然地理环境不仅对民族的形成和政府的塑造有重要影响，也能为政府提供物质资源，对政府确立公共管理目标和进行行政决策有很大的影响，有时甚至有决定性的影响。同时，公共管理也能够改造、利用或破坏自然环境。自然环境对公共管理的影响和作用主要体现为以下几个方面：

（1）自然资源的丰裕程度会影响一国综合国力的强弱，并对公共管理系统的功能和方向产生影响。自然资源包括森林资源、矿产资源、土地资源、气候资源、海洋资源，等等。自然资源的丰裕程度是影响一国综合国力的重要因素。各种自然资源的分布范围和储量都不尽相同，即便是同一地区，其自然资源的结构也存在着很大的差异，这对公共政策的功能和方向产生影响。如英国是一个岛国，有着优良的港湾条件和海洋所形成的天然屏障，因此，政府一直把发展海军力量作为自己的目标，制定了进攻型的国防战略；在政府国防部系统内，海军部门始终居于主导地位。而瑞士位于欧洲内陆，地处德、法两个强国的夹缝，地理环境缺乏天然屏障，政府一直以陆军力量作为国防主体，制定了中立性的防御型国防战略。在其军事部门中，陆军占绝对支配地位。

（2）地理环境会影响一个地区的经济发展水平，并对公共管理政策的制定产生作用。一般来说，沿海地区由于独特的地理位置、便利的交通条件和优惠的开放政策，经济发展水平要明显高于内陆地区。我国各地地理环境千差万别，在制定公共政策时，必须要考虑当时当地具体的地理环境，制定符合当地实际状况的公共政策。

（3）自然环境构成公共管理的重要内容，突发性自然事件会对公共管理及其主体的能力提出更高的要求。由于各国自然资源的结构不同，其经济发展方向、生产部门的结构与布局皆会有所不同，进而影响到公共管理的部门结构与功能体系。公共管理活动的主要内容包括对自然资源的开发、保护和利用，公共管理的一项重要任务或目标就是坚持科学发展观，实现经济社会、人类与自然的和谐发展。突发性自然灾害危机事件要求公共管理主体不仅要具备一定的常态管理能力，而且还应具备相应的危机管理能力。

（二）社会环境与公共管理系统的关系

1. 科技环境与公共管理系统的关系

对于科技环境的定义及划分，学术界还没有统一的结论。科技环境是一个庞大复杂的环境系统，其涵盖范围广、涉及面宽，既是抽象的，又是具体的；

既可以是一个国家、地区的科技环境系统，也可以具体到一个企业、部门、科室的科技活动环境。陈士俊等[1]将科技环境从性质上分为"硬"环境（包括经济水平、科技投入、人才资源状况）与"软"环境（包括科技政策、科技体制、科技立法）。阎军印等[2]从科技要素角度将科技环境划分为科技信息、科技资源、科技人员与产学研结合。陶慧[3]从科技环境的宏微观角度，将其划分为某一地理区域总体科技水平的大环境和特指公司为推动自身发展而刻意营造的小环境。

科技环境的发展呈现出全球化趋势：科技成果在全球范围流动；科技竞争日趋激烈，发达国家利用科技创新、控制国际资源流向、控制技术市场等途径来提升国家竞争力。现代科学技术已经成为生产力的新增长点，成为推动现代生产力发展的主导性和决定性要素。科学技术与产业一体化发展是当今科技发展的一个重要特征。每一现代科学理论及其相关技术领域的突破性应用，都会带动一批新兴科技产业的发展，都会改造既定的科技环境，并且波及社会的政治、文化、军事、教育、道德、精神等各种环境。公共管理部门必须同步更新、协同创新，才能顺应科技环境的变化要求。

当代科技环境的飞速变化赋予公共管理新的使命和职责——改革科技体制与制度环境，鼓励原始创新，提升我国科技整体创新能力，实现"中国梦"。科技环境对科技型人才充分发挥才能、产生聚集效应有着至关重要的影响，提高自主创新能力以及培养大师级将才、帅才成为新的政策目标。而科技部门自身的建设也在不断加强，通过加强各级科技工作人员的能力建设，以完善科技服务、科技监管、环境评价工作。

2. 法律环境与公共管理系统的关系

公共管理的法律环境是指影响公共管理活动的法律规范、法律制度、法律设施等要素的综合。法律环境对公共管理的影响主要体现在以下几个方面：

法律法规赋予并保障着公共管理主体的地位与权力合法性。现代社会中公共管理的目标、基本内容、机构设置、职权行使等都由宪法和法律明文规定，

---

[1] 陈士俊、柳洲、王梅：《科学技术及其发展环境的问题理论思考》，《科学学与科学技术管理》2005年第1期。

[2] 阎军印、刘连娣：《科技成果转化中环境功能有效性的分析与评价》，《商业研究》2004年第1期。

[3] 陶慧：《科技环境与跨国公司全球技术开发战略》，《科技管理研究》2001年第1期。

宪法法律是公共管理组织的权力合法性的来源。公共管理活动中要求公共管理主体必须要依据法定职权或有关授权，方能实施，且把公权力严格限制在法律规定范围内，不得越权和滥用权力。《中华人民共和国宪法》规定，全国人民代表大会是我国最高权力机关，国务院是最高权力机关的执行机关，是最高国家行政机关。国务院各部委、直属机构以及在地方设置的对国家生活、社会事务实行管理的公共机构，都必须接受全国人民代表大会以及相应一级地方人民代表大会的领导和监督。

科学、完善的法律体系可以为公共管理系统的运行创造有利的条件。科学是指法律法规能否适应现实社会的需求、能否实现和维护公民的根本利益和基本权利、能否适应不断变化的外部环境。完善是指法律体系的完备程度。科学、完善的法律体系可以为公共管理提供所需的权力来源、执行过程中的根本原则与依据，及切实可行的相关措施。宪法是我国的根本大法，也是其他法律法规的根本依据。宪法和法律通过设定一系列程序和相应的强制性惩罚措施，集中体现了国家意志，从而约束和规范社会行为，为公共管理系统营造了良好的法律环境。

法律环境会对公共管理的内容和效率产生影响。健全法律法规体系、维护社会秩序和稳定是公共管理活动的重要目标。法律环境良好，则各项公共管理活动都有法可依、有理可依、社会生活安定，人民安居乐业。反之，法律法规体系不健全，很多公共管理活动或事项都找不到明确的法律依据，将会导致社会秩序混乱，暴力冲突事件频发，人们普遍生活在恐惧和不安之中的不良后果。此时，公共管理部门如果单纯囿于提供公共物品和服务的主要目标，就会导致大量资源的浪费，导致公共管理系统的低效运行。

3. 经济环境与公共管理系统的关系

经济环境是公共管理系统的重要物质基础，任何公共管理活动的实施都离不开财力、物力的支持。经济基础决定上层建筑，经济制度、经济结构、具体的经济体制以及经济发展水平构成了公共管理的经济环境。

经济制度直接影响公共管理的根本性质。在不同的生产资料所有制下，公共管理的性质、特征以及具体制度方面都存在着各种差别。我国现阶段实行的是以公有制经济为主体、多种所有制经济并存的基本经济制度，公共管理的根本目的是为最广大人民谋福利。

经济结构左右着公共管理的中心及其转移态势。经济结构指国民经济的组成和构造，有多重含义。一定的社会经济和技术条件，要求与它相适应的一定的经济结构。就是根据国民经济发展的需要，对国民经济中各个领域、各个部门、各个地区和各种经济成分之间的对比关系和结合状况进行调整，借以改善各物质生产部门之间的有机联系和比例关系，利用技术进步的主导作用，促使国民经济结构合理化，推动整个国发经济向前发展。根据我国国民经济发展状况，公共管理应当充分考虑世界科技加快发展和国际经济结构重组的趋势，着眼于全面提高国民经济整体素质和效益，增强综合国力，提升国际竞争力。

经济体制会影响公共管理系统的内容和方式。不同的经济体制下，公共管理主体会采取不同的管理方式。计划经济体制下，政府对政治、经济、社会等进行全方位干预和管理，管理了太多不该管、管不好的事务，这既加重了政府的财政负担，又极大地削弱了社会的自治能力。市场经济体制下，政府对社会、生活的有限干预，放松了经济规制和社会规制，公共管理从微观管理转变为宏观调控。公共管理的方式也不再以行政干预为主，而是综合运用各种经济手段、法律手段与行政手段，更多地发挥市场的自我调节作用和社会的自治能力，强调公共管理的"服务"功能，为经济、社会的发展创造良好的环境。

经济发展水平影响公共管理的范围、能力和效率。公共管理活动总是在一定的物质基础上进行的，缺乏物质资源的支撑，公共管理活动就不可能有效开展。同时，物质条件完备与否直接关系到公共管理的范围、公共管理主体的能力以及公共管理系统运行的效率。也即，经济发展水平的高低会对公共管理的范围、能力和效率等产生直接、重要的影响。科学、高效的公共管理必须以较高的经济发展水平和坚实的财力基础为支撑。我们很难想象，一个经济发展水平滞后的国家如何能够实现公共管理系统的高效运转。另外，公共管理的基本目标之一就是为经济发展创造良好的内外部环境。

4. 政治环境与公共管理系统的关系

政治环境是指影响、制约公共管理的政治制度、政党制度、国家结构形式、政治生活民主化程度等。拥有"公权力"的政府及其他公共部门，无法脱离政治环境。政治环境尤其是政权性质、政党制度和立法制度对公共部门的地位和作用、组织结构、管理范围、管理方式的作用最为直接。[1]

政治制度直接影响公共管理的目标和性质。政治制度是关于国家权力的性

---

[1] 苏宝忠、张正河主编：《公共管理学》，北京大学出版社2004年版，第33页。

质及其组织、分配、运作等方面的规范法度，包括国体和政体两个方面。国体体现了一国的阶级性质，它会对公共管理的性质产生直接影响。政治体制则是关于国家管理形式、机构设置、实际措施等的具体制度，是政治制度在政治生活过程中的具体化。

政党制度会影响公共管理系统的稳定程度和具体形式。政党制度是一个国家的统治阶级通过其政党有组织地单独或联合掌握国家政权，以对社会实行统治的一种政治制度，其实质是一个国家的政党干预国家政权所采取的方式，即居于垄断地位的政党掌握国家政权的方式。[①] 不同的政党制度对公共管理所起的作用是不同的。如为了确保公共管理系统的连续性与稳定性，西方国家普遍实行政务官和事务官的公务员相分离的制度，国家公务员（即事务官）必须严格奉行"政治中立"的原则。政党制度还使部分公共组织能够以强有力的集体行动参与公共政策。

国家结构形式一般分为单一制和复合制两种。国家结构形式决定了中央政府和地方政府之间的权限划分、各类公共组织的活动范围。

政治生活的民主化程度会影响公共管理系统科学、高效的运行。公共管理的主体是以政府为主导的公共组织和一些以实现公共利益为宗旨的非政府组织。现代公共管理不再是单纯追求效率和产出，而是更加强调社会公平与公正。这就要求公共管理主体必须将公共利益和公共需求纳入决策体系并贯穿于公共管理活动的始终。缺乏对公众利益和社会需求全面、综合考虑的公共管理系统是不科学的，而且会浪费大量的人力、物力和财力资源。政治生活的民主化程度包括公众民主意识水平的高低、参政议政的渠道畅通与否、利益诉求机制的完善程度等因素，这些要素的完善可以为公民积极参与公共生活、向公共管理系统输入相关的信息和需求，帮助公共管理主体更好地了解服务对象的诉求与心声，进而促使公共管理主体调整管理内容、改进管理模式与方法、提高服务效能、满足公众需求。

政治形势的稳定程度会影响公共管理的方式。不同的政治形势下，公共管理主体需采取不同的管理方式和方法来应对外部政治环境的挑战。在政治动荡、政权面临严峻挑战的形势下，公共管理主体往往会采取强制、硬性的

---

① 张海英、沈艳：《中国特色的政党制度与国家政权关系的思考》，《辽宁省社会主义学院学报》2012年第4期。

措施，甚至动用武装力量来维持政权的稳定。而在政治形势较为稳定的情况下，公共管理主体更趋向于采取柔性、人本化的管理方式来实现公共管理的目标。

5. 人口环境与公共管理系统的关系

人口是由数量、素质、结构、分布、出生、死亡、迁移等自变量要素及家庭、婚姻、就业等社会经济要素构成的复杂集合体。目前，包括港、澳、台在内的我国总人口数量达到 13.7 亿；人口过快增长得到有效控制，步入低生育水平国家行列；人口红利的释放，对我国经济持续较快增长的贡献率达 1/4 以上；人口素质大幅度提高，每 10 万人中具有大学文化程度者达到 8930 人；出生人口性别比虽然有所下降但依然偏高；人口流动高峰、人口就业高峰、人口老龄化高峰相继到来。我国未来人口发展趋势表现为：人口总量继续惯性增长，未来人口总量将不会突破 15 亿；15—59 岁劳动年龄人口比例占总人口比例达到最高点后转为缓慢下行，劳动力将逐步转变为有限剩余；人口负担系数总体上仍处于劳动力资源丰沛、人口负担系数较低的有利时期；城镇人口将首次超过农村人口；人口流动迁移呈现新特点，"80 后"新生代农民工成为流动人口主体；未来家庭规模构成变化显著。[①]

从国家比较利益角度看，人口规模、人口素质和人口结构深刻影响着国家的国际政治实力与地位，人口构成变化对世界政治走向有重大影响；人口老龄化将使劳动力供给、公共社会保护体系乃至经济增长等承受巨大压力，人口老龄化的挑战大于机遇；发展中国家"人才外流"现象尤其是向发达国家的知识型移民，不断考验官员们的领导智慧；非法移民和难民问题考验国际人道主义。从我国人口演变态势看，人口问题是制约我国可持续发展的第一位因素，限制了教育、卫生、社会保障等公共管理事业的发展，制约了城镇化的发展速度。因此，需要强化顶层设计，促进经济发展与人口、资源、环境相协调，增强经济和社会的可持续发展能力，构建人口总量适应区域资源承载力、人口素质适应经济社会转型需求、人口结构适应社会可持续发展、人口分布适应产业布局和公共服务有效配置的格局，在开放中优化人口结构，在科学调控人口规模和结构中强化发展动力。

[①] 杨平：《浅析我国人口发展现状及趋势》，《科技创业月刊》2012 年第 8 期。

6. 文化环境与公共管理系统的关系

文化环境是指公共管理系统所处的社会结构、风俗习惯、宗教信仰和价值观念、行为规范、生活方式、文化传统等因素，它影响和制约着公共管理过程、管理行为、主客体的思想观念和管理目标等。文化环境对公共管理的影响具有持久性和广泛性，具体表现在以下几个方面：

文化环境会影响社会整体的思想观念和道德水平，进而对整个公共管理系统发挥作用。社会中的每个成员都处在特定的社会文化环境之中，整个社会文化水平的高低会直接影响到每个公民的思想观念和道德水准，这些公民中既包括公共管理组织的成员，也包括公共管理的对象。社会公众尤其是公共管理系统的成员在公共管理的实施过程中必须严格遵守特定的行为规范和行为准则，他们对这些规范和准则的认同度和遵守程度会直接影响到公共管理系统的运行效率和水平。

文化环境会影响公共管理组织的成员对所处环境的认知方式和认知水平。社会成员的认知方式和思想观念等本身就是特定社会文化背景下的产物，他们对周围环境的认知和分析必然会打上一定的文化烙印。我国五千多年来积淀下来的"和"文化，强调人与人之间、人与自然之间要和谐相处。这为公共管理组织内部成员之间以及其与外部管理对象之间建立良好、和睦的关系培育了坚实的文化底蕴。但与此同时，我国两千多年的封建文化中的如"官本位"、"家天下"的封建糟粕和特权思想，至今仍影响着社会系统的许多组织和成员，这对公共管理系统的有效运行会产生阻碍作用。

文化环境会影响到公共管理的组织文化和价值取向。社会文化环境会通过对公共管理组织内部成员的思想观念、道德意识产生潜移默化的作用，进而影响到整个组织的文化。各种非政府组织、社会团体都参与其中对公共事务进行管理等，都会受到一定文化环境的影响。公共管理的目标或内容很大程度上取决于特定的社会主流的意识形态和价值观念。

文化环境影响和制约公共管理方式与方法的选择。公共管理的方式和方法在很大程度上必须依赖于一定的文化环境的支持。我们在选择、调整和改进公共管理的方式与方法的过程中，要充分利用、掌握"本土资源"；引进国外先进的管理方式和方法时，应进行本土化变革，以适合当地文化环境。

(三) 国际环境与公共管理系统的关系

国际环境可以通过作用于国内环境，而影响到一国的公共管理。当今国际环境要素呈现出经济全球化、政治多极化、文化多元化、治理全球化等特点。

经济全球化是指世界各国、各地区通过密切的经济交往和协调，在经济上已经形成了相互联系、相互依存、相互竞争、相互制约的格局。任何一个国家的经济发展都不可能完全脱离世界经济格局而特立独行。世界范围内的资本、劳动力和技术等要素的自由流动，为各国经济发展和国际贸易提供了丰富的资源和广阔的市场，这会对一国国内的经济管理职能、公共经济政策的制定以及对外政策如关税贸易政策等产生影响。我国先后与俄国、美国、加拿大建立了各种形式的战略合作伙伴关系，利用国际和平环境谋求本国政治、经济、文化等全方位发展。

政治多极化是指在世界政治舞台上，各种政治理念、政治制度或政治模式都有其一席之地并将长期保持下去。多极化的国际政治关系会对处于国际体系中的国际关系行为体（包括民族国家和非政府组织）的外交政策、外交机构的设置和职能内容、外交关系走向、国内重大决策和公共政策等产生影响。这就要求我国公共管理系统坚持自身的政治优势，让多极化的国际政治关系服务于我国的政治文明建设。

文化多元化是指在世界文化舞台上，各民族文化都竞相发展。全球化加速了发展中国家之间、发达国家之间，以及发展中国家与发达国家之间的文化交流，不同国家的历史、文化之间互相碰撞，这其中有冲突、对立成分，会有需要磨合的领域，但世界各国之间文化关系总体上趋于融合。我国公共管理系统要以中华民族的文化精华为关键支撑点，博采一切外来文化之所长，使公共管理文化更加丰富多彩。

治理全球化是指各个国家顺应世界多极化趋势，共同商讨并治理各种全球性问题，共同管理全球政治事务。随着全球化进程的日益深入，各国的国家主权事实上已经受到不同程度的削弱，而人类所面临的经济、政治、生态等问题则越来越具有全球性，需要国际社会的共同努力。目前国际社会总体格局稳定，但是局部地区冲突不断，恐怖势力似有抬头趋势，反恐维和问题需要世界各国的通力合作。同时，经济的迅猛发展，给自然环境造成了严重破坏，为世界各国的环境治理带来了一系列的难题。诸如环境污染、生态破坏、资源短缺、反恐问题、传染病的防控和跨国犯罪、全球变暖等问题，单靠一国或某几国的力量已不可能解决，需要发达国家和发展中国家共同合作，共同治理，并由发达国家发挥主导责任。治理全球化需要发展起一套管理国内和国际公共事务的新规制和新机制；强调管理就是合作；认为政府不是合法权力的唯一源泉，公民社会也同样是合法权力的来源；它把治理看作是当代民主的一种新的实现形式等，所有这些都为推动政治学和国际政治学的理论发展起到了非常重要的作用。

第四节 我国公共管理面临的挑战及应对策略

一 我国公共管理面临的国际挑战及应对策略

我国公共管理正处于以全球化、信息化、知识化为特征的后工业时代环境。社会经济生活的运转节奏不断加快，人的作用和自主性日益提高，各种新的社会问题层出不穷，需要公共管理部门顺应、回应这种客观环境的变化态势。

（一）全球化的挑战及应对策略

全球化被普遍地描述为"相互依赖关系的持续深化"、"远距离行动的快速化"、"时间与空间的压缩"、"信息传递与沟通限制的解构化"等。[1] 里斯本小组认为全球化是现代生活的一个典型特征，"全球化涉及的是组成当今世界体系的众多国家和社会之间各种联系的多样性。它描述的是这样一个过程，即在这个世界部分地区所发生的事件，所做的决策和行动，可以对于遥远的世界其他地区的个人和团体产生具有巨大意义的后果"[2]。这种描述是关于全球化的比较具有代表性的观点。

一般来说，全球化包括政治全球化、经济全球化，它会对全球的政治、经

---

[1] 叶常林、金太军：《公共管理学概论》，北京大学出版社2005年版，第23页。
[2] ［埃］萨米尔·阿明：《全球化时代的资本主义》，张世鹏、殷叙彝编译，中央编译出版社1998年版，第4—5页。

济、文化、社会产生广泛而深远的影响,全球化除了包括经济的全球化,还包括"全球文化整合化,全球政治协同化,全球生态共生化,全球人类认同化"[①]。由于全球化最初表现在经济事务上,全球化通常被称为"经济全球化"。全球化并不单纯指资本主义生产关系在全球范围内的扩张,同时也是人类社会生产力发展的必然结果和客观要求,是商品和生产跨越国界发展的结果。也就是说,随着世界上非资本主义国家和民族融入全球化的程度不断提升,全球化的资本主义色彩必然出现消退。随着生产力的不断发展,世界经济重心不断发生着转移,全球化的基本图景逐渐呈现出"单极向多极,单向向双向"的新变化,迫使西方"单极主导、单向扩张"转向"多极共存、双向互动"的新格局。全球化将逐渐由经济基础上移到上层建筑。上层建筑的全球化反过来进一步推动经济全球化的发展。

全球化带来了双重影响。英国学者齐格蒙特·鲍曼所说:"对某些人而言,'全球化'是幸福的源泉;对另一些人来说,'全球化'是悲惨的祸根。全球化发展的拥护者们认为,主张全球化就是尊重市场规律,顺应了历史潮流,随着全球化的进一步发展,各国之间的依存度进一步加强,市场技术共享,资源优化组合,发达国家和发展中国家可以实现优势互补。反对者们则认为全球化扩大了贫富差距,强化了霸权。当前全球化并不是以完全公平合理的国际经济秩序为基础的,全球化是一把双刃剑,在促进国与国之间的沟通融合方面做出了贡献,但也不同程度地削弱了国家的政治、经济、文化主权,增加了各国经济发展的脆弱性,广大发展中国家在利用机遇和经受挑战的过程中具有更大的不确定性和风险性,它们对发达国家的依附性在不断增加。"[②] 总之,如吉登斯曾断言,全球化已经"以一种非常深刻的方式重构我们的生活方式"。

全球化使得各种全球性问题日益凸显。所谓全球性问题,是指当代国际社会面临的超越国家和地区的界限,关系到整个人类生存与发展的严峻问题,诸如:这些全球性问题会对世界上任何一个国家的安全和发展造成影响,而且单靠一个国家的力量是无法得到有效解决的,必须借助全球范围内的国际合作。近年来,我国多次参加有关全球气候、环境方面的国际会议,积极谋求全球范

---

① 王忠武:《试论全球化的基本内涵及其表现》,《东方论坛》2001年第1期。
② 许久文:《对全球化问题的理性思考》,《三湘都市报》2003年9月22日。

围内的通力合作。在传染病防治方面，我国依然是国际合作中重要的受援国，接受了广泛的社会援助。为此，必须进一步加强我国国内的传染病防控能力，不断提升传染病防治水平，以便在全球传染病防控中承担更多的责任，发挥更大的作用。

全球化进程的不断加快对传统的公共管理产生冲击和挑战，我国公共管理需要具备相应的应对之策。

（1）全球化会对政府的公共管理主体地位提出挑战，全球治理、社会治理政策亟待推而广之。在计划经济体制下，政府包揽国家所有的事务，是我国公共管理唯一、合法的主体。伴随着经济全球化持续、深入的影响，政府开始将越来越多的管理社会事务的权力交还给社会，让市场充分发挥其资源配置的功能。许多公共事务都需要政府、非政府组织和社会公民的共同合作才能完成。

（2）全球化会影响公共管理的政策制定和实行，需要借鉴国际组织尤其是环保组织、绿色和平组织、咨询组织等多方面力量，提高政策制定的科学性和决策力、执行力。全球化既会对国内政治、经济、文化、社会等公共事务的管理产生影响，也会直接影响到公共管理主体对国际事务的处理。作为联合国常任理事国、亚太经合组织和世界贸易组织成员国之一，我国在行使国家权力时，必须严格遵守国际法、国际公约的有关规定和准则，对国内公民和整个国际社会负责，做一个负责任的大国。

（3）全球化会影响公共管理的观念、方法和手段，需要进一步改变管理理念、提升服务质量。传统的公共管理主要依靠行政命令等强制性手段，其弊端包括管得过死、过严，不利于市场和社会的发展等。在全球化背景下，以政府为主的公共管理部门将公共管理由"管理"转向"服务"。公共管理部门与社会公众之间的关系转变为公共服务提供者与顾客之间的服务关系。公共管理的目标应由单纯追求效率转变为在追求公共管理系统运行效率的同时，更加注重公共责任和社会公平，更加注重公共服务的质量，不断提高社会公众的满意度。

（二）信息化的挑战及应对策略

20世纪90年代以来，信息技术不断创新，信息产业持续发展，信息网络广泛普及，信息化成为全球经济社会发展的显著特征，并逐步向一场全方位的社会变革演进。进入21世纪，信息化对经济社会发展的影响更加深刻。广泛应用、高度渗透的信息技术正孕育着新的重大突破；信息资源日益成为重要生产要素、无形资产和社会财富；信息网络更加普及并日趋融合；信息化与经济全球化相互交织，推动着全球产业分工深化和经济结构调整，重塑着全球经济竞争格局。从最一般意义上来讲，信息化呈现出知识化、数字化、网络化、智能化和虚拟化等特征。

信息化是信息革命的产物，也是知识与技术进步积累的结果。信息化是推动经济社会变革的重要力量，正在改变着人们的生产方式和生活方式。大力推进信息化，是我国现代化建设的战略举措，需要我国公共管理快速响应、及时应对。

（1）信息化需要提升公共管理组织及其成员的管理能力和水平。处在现代信息社会中的公共管理组织及其成员，在日常管理中都会直接或间接受到信息技术的影响。公共管理人员借助于信息技术，可以打破时间和空间上的限制，及时接触、掌握、跟进管理过程中所需的各种信息，并利用相关的技术、软件等对这些信息进行科学、系统的分析，从而更好、更快地完成管理工作。信息技术的发展，帮助公共管理系统内部的成员之间、内部成员与外部对象之间能够进行持续、及时的沟通和交流，有利于公共管理人员更好地了解组织内外部的信息，为科学决策奠定了广泛而深刻的技术基础，提升了处理公共事务的能力和效率。

（2）利用信息技术的发明和应用，建立信息化的公共管理方法。在公共管理过程中，信息化管理方法的应用和推广必须建立在一定的信息技术的基础之上。没有信息技术的支持，就不可能有现代化的公共管理方法。随着信息技术的不断发明和改进，我国公共管理信息化技术和手段也在不断得到优化。我国公共管理领域都实行了信息化的管理方法，例如人民银行网上支付系统、海关总署报关单和外汇联网的外汇核销系统、工商局信息网提供企业数据库、国税总局增值税发票稽核系统和电子报税等。许多公共管理组织顺应新形势要求，利用网络技术尤其是"云计算"来建立起门户网站和信息管理系统，利用计算机和网络环境的独特优势来更好地为公共管理服务。

（3）利用信息技术促进公共管理组织结构的扁平化与网络化。传统的公共管理组织形式是科层制的组织模式，虽然科层制能够明确组织内部分工、保证组织成员的专业化水平并对组织成员进行严格控制和管理，但却严重束缚了组织成员的个性发展，对外界环境的适应能力较差。互联网具有匿名性、即时性、互动性、便捷性、广泛性等特征，为实现公共管理结构的扁平化提供了一系列便利条件，有利于减少组织管理层次，扩大管理幅度，使组织结构从金字塔形向扁平化发展，并且体现出有机性、灵活性和适应性[①]。

（4）信息化为社会民众参与公共管理活动提供了新渠道。信息化使政府机关的"网络问政"成为现实。社会公民可以通过互联网参与国家和社会公共事务的管理，对公共管理组织进行监督，表达自己的利益诉求和心声，追求真正的民主与平等。网民还可以利用博客、微博等新兴网络媒介，参与公共事务的管理，主动参政、议政。

（三）知识化的挑战及应对策略

知识化作为一个被广泛接受并运用的时代名词，体现出了当今社会的基本特征，同时也反映出知识已经跃升到了一个前所未有的高度，全方位、深层次地渗透到了人们的日常生活，影响了一个国家和民族的走向。

所谓知识化是指知识作为一种生产要素和资源，被人们吸收创新，转化利用，从而提高个人素质，改变生产生活方式，促进生产力发展的历史过程。理解这一概念，需要把握以下几点：知识化实际上是包含了知识内化和知识外化的一个完整的统一过程；知识化的时代，应该是立体性的知识化，体现在政治、经济、文化等各个领域，其中尤以经济领域的知识化即"经济知识化和知识经济化"的影响最为显著和深远；概要地说，"科学技术的信息化，组织制度的市场化以及精神文化的多元化"[②]，是推动知识化成为全球新趋势、大趋势的主要动因。

知识化是知识经济的基础，知识经济是知识化的重要载体和必然结果。世界经合组织（OECD）在1998年"以知识为基础的经济"报告中首次使用"以知识为基础的经济"（简称知识经济）。它指出，知识经济是建立在知识和信息的生产、分配和使用之上的经济。报告同时把人类迄今创造的所有知识分成了四大形态：即事实知识、原理知识、技能知识和人力知识。知识经济具有

---

① 张良：《公共管理学》，华东理工大学出版社2001年版，第253页。
② 朱厚泽：《全球化和知识化两大潮流冲击下的中国小企业》，《哈尔滨工业大学学报（社会科学版）》2000年第9期。

以下特征：①地位作用的基础性。知识经济的最本质特征是把知识作为一种无形资源和物化资本，以一种最重要的生产要素形式纳入经济系统中去，用来解释经济系统及其结构的变化。以知识为基础的产业在产业结构中占主体地位，知识在经济增长中起主导作用。①②边际报酬的递增性。随着技术进步和人力资本对经济发展的重要性日益提高，高科技产业一旦在技术或产品的研究、开发有突破性的创新，带动消费需求、刺激企业加大科研开发投入，这表明高新技术投入具有边际报酬递增效应。②③增长方式的可持续性。知识经济时代，经济增长的主要动力是高科技产业，以知识、信息为依托的现代经济结构结合传统产业结构的调整和融合正在形成。而知识和人力都是既可积淀继承又可以开发创新的可再生资源，这就使得以智力、信息资源的开发为依托，以知识为核心的知识经济作为一种经济增长模式，具有了可持续发展的驱动力。

知识经济需要知识管理。国内对知识经济的讨论始于 1998 年，国外知识管理概念和思想也于同年引入我国。学术界对知识管理的概念从不同的角度予以论述，但达成共识的是：知识管理的对象是组织的知识资源。

公共部门知识管理不仅包括硬件环境，还包括软件环境。具体而言包括：①建立具有扁平化、弹性化、虚拟化、网络化和柔性化特点的知识型公共部门组织结构。如变正金字塔为倒金字塔组织结构；设立知识主管，加强人员培训，营造学习型组织；建立知识联盟和内部知识库，对知识的生产、组织、转换、获取、传播等进行系统整合；以知识为基础实施流程再造，提供知识服务。②构建公共部门知识管理系统。公共部门知识管理的实质就是对知识价值链进行管理，使公共部门的知识在运动中不断增值。知识链通常包括知识的识别、知识的获取、知识的分类、知识的储存、知识的传递、知识的共享、知识的创新以及知识产生价值的评价等环节③，政府知识管理实施的主要内容紧紧围绕这条知识链展开，从而也构成了知识管理系统结构，即知识获取子系统、知识编码与存储子系统、知识传播与共享子系统、知识利用子系统。③营造知识管理的环境。营造服务于公众的公共管理文化氛围，培育共享性、创新性、

---

① 成思危：《知识经济的特征》，《党建与研究》2002 年第 7 期。
② 申玉铭：《经济全球化、知识化对全球可持续发展的影响》，《经济地理》1999 年第 6 期。
③ 杨淑琼、沈治宏：《政府知识管理探微》，《现代情报》2006 年第 7 期。

学习性、服务性等文化特性，不断增强其公共精神和服务意识，建立起学习型的人力资源管理文化，培育公共管理人员贡献知识以及与人共享的自觉行为，与组织内外人员形成知识网络团队。

二 我国公共管理面临的国内挑战及应对策略

（一）自然环境承载力不断下降的挑战及应对策略

我国自然环境十分复杂，自然灾害频发且具有多样性，环境污染和生态破坏问题日益严重，总体的自然环境不容乐观。就自然灾害来看，主要有两种：一种是由不可抗力的因素导致的，如地震、火山喷发。这类自然灾害无法避免，目前只能加强预防和应急措施，将灾害的破坏程度降到最低。另一种则是由于不科学的生产活动、生产方式导致的，且原本可以避免的自然灾害，如洪涝、泥石流等。这类灾害多是由人类在生产过程中过度强调人的主观能动性和对自然的改造能力，忽视了对自然规律的尊重而导致的。另外，我国目前存在的诸如土地沙漠化、水土流失、土壤污染、雾霾等生态破坏等问题都是由经济社会发展过程中不注重环境保护问题而造成的。

公共管理主体在应对突发性自然灾害时的行为表现，从某种程度上体现出公共管理的能力和水平，它会直接影响到社会公众对公共管理主体的认知和评价，进而影响到公共管理主体在社会公众心中的形象。环境污染问题已经成为公共管理部门的重要课题。根据测算，全国有70%的江河水系受到污染，40%基本丧失了使用功能，流经城市的河流95%以上受到严重污染。我国二氧化硫、二氧化碳和碳化物的排放总量均排在世界第一，1/3的国土受到酸雨侵袭。[1]《瞭望周刊》综合世界银行、中国社会科学院和国家环保总局的测算，估计中国每年因环境污染造成的损失约占GDP的10%。[2] 为了应对严峻的环境挑战，我国政府出台很多公共政策加以积极干预。从2002年到2011年共出台39个环境法律和法规，超过新中国成立以来出台的环境法律和法规的总和。在政府管理实践中，新型的环境管理和政策工具更是层出不穷，例如环境信贷政策、环境保险、污染权交易制度、碳税政策、环境信息披露等；区域合作治

---

[1] http://news.qq.com/a/20070319/001150.html.

[2] http://www.chinavalue.net/Finance/Article/2011-12-29/198397.html.

理和协同机制不断创新，政府、非营利组织、企业和公民都参与到环境治理过程。

面对环境污染日趋严重、生态系统日益退化的严峻形势，应做到：①公共管理主体必须牢固树立尊重自然、保护自然的生态理念，把生态文明建设放在突出地位。必须从根本上转变经济发展方式，从粗放型向集约型转变，由主要依靠增加物质资源消耗向主要依靠科技进步转变。不断提高资源利用效率，发挥资源的最大效益，实现经济社会全面、协调和可持续发展。②加强生态文明建设，实现公共管理与自然环境的协调发展。经济发展不能以牺牲环境为代价，不能走"先污染后治理"的老路，而是应该边发展边治理，将经济活动对自然环境的不利影响降到最低。③将科学发展观贯穿于整个公共管理过程的始终，公共管理的目标、方针、政策制定以及具体的实施过程，都必须符合科学发展观的要义，从而真正实现经济、社会的可持续发展，为子孙后代谋福利。

(二) 社会环境复杂性的挑战及应对策略

随着改革开放的不断推进和我国经济总体水平的不断提高，社会阶层分化日益明显，各类社会矛盾和社会问题也日益凸显。针对纷繁复杂的社会问题、社会现象、社会矛盾，需要充分发挥集体智慧、系统协同、综合治理、整体优化。

我国当前社会生产力发展水平总体较低，且地区差距、城乡差距较大。各地发展极不平衡，既有发达的市场经济，又有极其落后的自给自足的自然、半自然经济，且后者比重较大，除个别地区之外，总体上还处于向工业社会过渡阶段，实现工业化仍然是我国现代化进程中艰巨的历史性任务。因此，与工业社会相适应的政府管理模式就是理性官僚制。缩小城乡差距和地区差距，维护社会公平与公正，是我国公共管理的重要内容，是构建社会主义和谐社会的需要，也是全面建设小康社会、促进经济社会协调发展的要求。

我国公共管理相关法律体系尚不健全，在执法过程中还存在一些问题。"孙志刚事件"让整个社会尤其是公共部门对流浪人口收容遣送制度产生质疑，暴露出我国相关法律法规的不健全；环境污染与治理问题、频繁出现的食品安全和卫生问题，也说明我国法律环境亟待重构。美国政治学家亨廷顿指出："制度化程度低下的政府不仅仅是个弱的政府，而且还是一个坏的政府。"① 这样的政府无法承担起维护社会稳定、提供公共物品的职责。因此，①尽快建立健全我国的法律法规体系，填补法律的空白地带，并切实提高法律的现实性和可操作性，并加强对法律实施全过程的监督，保证执法活动的科学性和人性化。②通过加强政策、法律的宣传和教育，普及法律知识和政策常识，增强公民的社会责任感，鼓励公民积极、广泛地参与公共管理，切实维护自身的合法权益和社会的公共利益，保障公共管理决策的民主化，建立起公共管理组织与社会、民众合作、交流的长效机制。③推进现行户籍制度的改革，加快建立城乡统一的户籍体系。④健全社会保障制度，尤其是农村最低生活保障制度，实现新农保全覆盖，推进医疗城乡统筹。⑤加大公共支出用于文化教育和解决三农问题的比重，普及农村、贫困地区的义务教育，提高全体公民尤其是农村人口的整体素质，加快脱贫的步伐。⑥健全城乡就业服务体系，完善就业援助制度，稳步扩大城乡就业。建立健全完善的法律法规和监督机制，才能真正实现整个国家和社会的发展。西方发达国家完善、成熟的法律体系是值得我们去借鉴和学习的。但是，在借鉴的过程中，必须要考虑到国情、具体环境的差异，绝不能照搬西方国家的法律法规，而是要结合我国的实际情况进行创新，建立一整套符合我国国情和公共管理现状的法律体系。

公民整体素质不高，主动参与公共管理活动的积极性较弱。近年来，公民参与公共管理活动的积极性虽然有所提高，但是，民众参与公共管理活动的程度和水平仍然不高，社会成员的参与意识还有待提高。目前的现实情况是，大部分社会成员只意识到自己是公共管理的对象，还没有真正意识到自身在公共管理中所拥有的权力和享有的权利，加上民主参与机制尚不健全，民众参与公共事务管理的意识普遍较为淡薄。因此，公共管理组织和个人要增强全体社会成员的参与意识，调动他们的积极性，提高他们参与公共事务管理的能力和水平。要进一步明确和落实公民参政议政的权利，健全民主参与机制，让民众在国家生活和社会管理中拥有更多的话语权。尽管政治学界公认，民主不是一种最有效率的机制或者制度，效率也不是民主的最核心要素，尽管民主并不能提供所有社会公共问题的解决方法，但是，民主作为一种人类社会发展的历史趋势，从意识形态上来讲，民主化已经取得了主导性胜利，民主制度发生作用的领域只能是越来越广泛。

---

① [美] 塞缪尔·亨廷顿：《变动社会中的政治秩序》，华夏出版社1989年版，第26页。

很多官员滥用权力、贪污腐化、"官本位"思想泛滥以及管理过程中的资源浪费等问题。①要破除"官本位"行政文化,树立民本位的思想,加强制度监督,实现内部监督与外部监督、党内监督与党外监督的统一,让权力在阳光下运行。②充分发挥大众媒体和网络新兴媒介的作用与功能来加强公民的民主意识和提升参政、议政水平,改进旧的、落后的管理模式,提高公共管理系统的运行效率。③建立健全有效的权力制约和监督机制。进一步下放权力,实现管理重心的下移,简化行政审批程序,并加强管理过程中的监督和管理。

(三) 吸收国外公共管理思想精髓,实现公共管理与国际环境的协调发展

当今世界国际环境风云变幻,各国之间的竞争日趋激烈,要想在全球化浪潮中不至于落后,不被淘汰,最根本的还是应该大力发展经济,不断提升自身的综合国力,并坚持与时俱进,开拓创新。这就要求:①公共管理者转变落后、过时的观念,运用全面、联系、发展的眼光来看待本国、本地区、本部门、本组织的公共管理事务,加强与国际社会的交流与合作,学会充分利用国际环境中各种有利的资源,如先进的科学技术、他国在公共管理方面已取得的成果和可供借鉴的经验。在利用国外先进技术和经验的同时,要考虑到当时当地的具体情况,不能盲目照搬、照抄。②我国在与世界其他国家尤其是发达国家交往的过程中,要严格按照国际法、国际公约以及有关国际协议的标准来约束、规范自身的国际行为,在积极争取与他国进行合作与交流的同时,也要防范一些国家借机实施损害我国国家利益和民族尊严的行为。③我国政府不仅要与他国政府之间建立良好的合作关系,而且还应当不断加强与国际组织、非政府组织打交道的能力,加强政府与其他经济活动者之间的合作伙伴关系。① 在解决全球气候变暖、南北问题以及国际恐怖主义等全球性问题上,我国应该以更加积极的姿态参与其中,不断加强与世界各国的交流与合作,努力发挥更大的作用。

---

① 张璋:《20 世纪 80 年代以来的全球行政改革:背景、理论、举措与经验》,《北京行政学院学报》2002 年第 4 期。

思考题

1. 简述里格斯的行政管理三大模式及其相互关系。
2. 如何理解公共管理环境与行政生态学的关系？
3. 如何理解公共管理环境的内涵与特点？
4. 公共管理环境的构成要素有哪些？
5. 如何理解公共管理与公共管理环境的关系？
6. 我国公共管理面临着哪些国内外挑战？如何应对这些挑战？

第四章

公共组织

公共管理是以政府为主的公共组织及其工作人员对社会公共事务进行的管理活动。理解公共管理，必须要对公共管理的主体进行分析。实施公共管理的主体，既包括以组织形式出现的公共组织，又包括以个体角色出现的公共领导者和一般的公共管理者。本章对公共管理主体的阐述，主要是对组织形态的公共管理主体进行阐述。重点问题有：公共组织的性质、特点与基本类型，公共组织的结构与设计，我国事业单位及其管理体制的形成、存在问题及其改革，科层制组织的特征、方法与面临的困境，公共组织变革的目标、内容与趋势等。

第一节 公共组织的性质与结构

一 公共组织的内涵

（一）组织与公共组织

1. 组织的含义

组织是社会的细胞，是人们实现共同目标的工具。具有某种共同目标的人总是以各种不同的方式，聚合到各类不同形式的组织之中，成为其中的一员，大家相互合作，共同行动，通过集体的努力来实现目标，达到单个人所无法达到的目标或无法企及的结果。无数个大大小小、形形色色的组织相互交织、有机排列就构成了人类社会的总体结构。

从社会发展史来看,组织产生于人类的生产斗争和社会斗争之中。最初出现的人类组织是家庭、氏族、部落,以后逐渐产生了阶级,出现了国家,国家将其领域内的每个成员都编入一定的组织。同时,人们为了寻求更好的生活,建立和参加了越来越多的组织。就个人而言,一个人从生到死,在学习、生活、工作的各个阶段,要加入许多组织,同时为很多组织工作,接受很多组织的服务。特别是在进入现代社会之后,几乎已没有任何一个领域、任何一项事业、任何一个人能够处于与组织完全无关的地位。随着组织功能日趋分化,日臻完善,个人的每项追求、每个欲望,几乎都要在各种具有不同功能的组织中寻求实现的途径,或获得某种程度的满足。充分发挥组织功能,发展和完善人类社会的组织体系,已经成为了改善人类生活条件,提高人的尊严和价值的一个重要途径。

从人类社会群体的角度看,所谓组织,就是人们按照一定的目的、任务和形式编制起来的社会集团,是处于一定社会环境中的各种组织要素的有机结合体,是为了实现某种目的而有意识建立起来的人类群体。简单地说,组织是两个以上的人、目标和特定的人际关系这三种要素构成的一种特殊的人群体系。

2. 公共组织的含义

在现代社会中,组织所追求的目标有公共目标与非公共目标之分。据此,人们可以把组织划分为公共组织和非公共组织。这两类组织在基本目标、结构模式、运行方式等方面都有很大的差异,表现出各自不同的特征。

公共组织是指不以营利为目的,以追求公共利益为其价值取向,以协调公共利益关系、提供公共服务、管理公共事务、维护公共秩序为基本职能的组织,它一般拥有公共权力或者经过公共权力的授权,负有公共责任。政府行政组织是最重要的公共组织。公共利益是公共组织发展的逻辑起点和终点,公共性是公共组织的本质。正如美国学者盖伊·彼得斯所说:"对公共利益的关注也许是整个改革运动最重要的组成部分,政府工作人员在改革过程中应该思考的基本问题,所采取的改革方案以及政策过程的结果能否使公众受益。"[1]

非公共组织一般不以公共利益为目标,它们所追求和维护的是组织成员的私人利益。在市场经济条件下,作为市场主体的企业是最典型的非公共组织,

---

[1] [美] B. 盖伊·彼得斯:《政府未来的治理模式》,吴爱明等译,中国人民大学出版社 2001 年版,第 22 页。

以营利为目的的社会中介组织也属于非公共组织。另外，在政治生活中，服务于非公共利益的特定利益集团也属于非公共组织；在社会生活中，基于特定的生活兴趣而形成的组织，一般也属于非公共组织。

公共组织是各类社会组织中一种极为重要的组织形态。公共组织是社会组织中规模最大的组织，其管辖的范围涉及社会生活的各个方面、各种领域、各个团体。生活在现代社会中的每个人都直接或间接地受到各种公共组织的管理，接受公共组织所提供的各类服务。

（二）公共组织的基本要素

与其他社会组织一样，构成公共组织的要素有物质要素和精神要素两大类。

1. 物质要素

（1）人员。在公共组织的物质性要素方面，首先是人。各种不同素质、不同成分的人，按照各种不同的排列组合方式，结成一定的正式关系，才能成为组织。公共组织也是一样，它是由各种不同专业、水平、年龄的人按照组织目标、职能组合起来的。没有具体的人员，也就没有公共组织。所以，公共组织的第一个物质要素就是人员。人员，是公共组织的主体、核心。离开了人的参与，一切组织都不存在，一切组织的活动都无法进行。因此，要建立公共组织，首先要选择一定数量和质量的人员，并对选择的程序和要求有着明确的规定。

（2）经费。公共组织要开展活动离不开经费。从机构设置、人员编制、物资设备的购置，一直到日常的组织工作，社会管理活动都不能没有经费，不能没有一定的资金做保证。离开了经费，公共组织就会陷于瘫痪，组织的各项活动也无法开展。经费是维持公共组织运营与发展所不可缺少的因素。

（3）物资设备。即公共组织开展活动所必须具备的技术设备、工具，所必须耗费的各类材料和能源。这些设备与工具包括办公建筑、住宅、文具、办公机械，以及公文图书、档案，等等。它是公共组织赖以生存和发展的物质基础。

2. 精神要素

（1）目标。公共组织是根据一定目标设立的，其一切活动都是围绕着组织目标进行的。目标是组织赖以产生、发展的基础和原因，是组织存在的灵魂，是组织前进的方向。它从本质上反映了组织的基本功能。组织目标包括任务、目的、指标、数量、质量和时限等内容。组织目标分为总目标、分目标和工作目标三类。总目标是关于组织最根本性问题的原则性规定，是制定分目标和工作目标的依据，分目标和工作目标是组织总目标的分解和具体化。组织目标的分化形成了一个完整、严密的目标体系，具体规定了每个组织单位和每个成员在各个时间、空间内所要取得的最后成果。

（2）责权结构。责权结构指的是组织系统内部各子系统、工作单元，以及各组织成员、各工作职位之间在工作任务、权力和责任方面的一系列从属并列关系。它是为实现组织目标而进行的权责关系的安排。权责结构是形成组织纵向层级和横向部门体系的基础，是组织分工、组织法规与组织纪律的实际体现。组织纵向各层级、横向各部门、各职位的分权与分工是否科学、合理，对于组织功能的有效发挥至关重要。

（3）人际关系。和谐良好的人际关系状况，对于稳定组织的各种内在因素，调动组织成员工作的主动性、积极性，有效地实现组织目标具有不可忽视的作用。

（三）公共组织的特征

公共组织是以实现公共利益为目的，提供公共服务为基本职能的社会组织。就其组织结构、组织要素、组织运行来说，公共组织具有与一般组织共同的特性，但是，公共组织的特殊性，在于其"公共性"，这种公共性集中体现在其组织目标和组织基本功能上，同时也会影响到组织的形成过程、组织的规划和组织的效率等方面。这种公共性的存在，是公共组织与其他组织相区别的标志，也构成公共组织的本质特征。

从社会管理角度来看，公共组织是社会组织中规模最大、管理范围最广的一种组织类型；从国家统治的角度来看，它又是社会公共利益的代表者，是国家意志的直接体现者和施行者。因而，公共组织在具有社会组织的一般特征的同时，也表现出自己独具的各种特征。

1. 以增进公共利益为目标

公共组织建立的目的与动机是为了增进公共利益，因而追求全社会的公平、公正，以及行为的公开就必然成为其一切活动和措施的基本准则。公共组织依据这一基本准则来为全体公众服务，并以服务的质量好坏来评判组织工作并取得公众的拥护和支持。私营组织的目标和动机则在于追求"个体利益"，具体体现为利润，其活动与决策的基本点是市场价格。

2. 公共组织的活动受法律的明确限制并具有权威性

任何一个公共组织的建立、撤销都以宪法和法律为根据，并要依据宪法和法律开展活动。公共组织的任务、责任、权力是由宪法和法律赋予，公共组织成员的职责、权利、义务，行使职权和实施管理的原则、方式、方法、程序等，都必须以法律为基本依据，不得超越宪法和法律所规定的范围。法制既是公共组织活动的依据，又是公共组织活动的手段之一。

同时，公共权力是一种政治统治与社会管理权力，其基本作用就是维护公共利益和公共秩序，并将矛盾和冲突控制在符合社会整体利益的秩序范围之内。公共组织的公共管理活动是以行使公共权力为基础，因而带有强制性，如果不服从就要受到制裁。

3. 公共组织受到高度的公共监督

公共组织通过行使公共权力来管理公共事务、协调和维护公共利益、提供公共服务。因而，公共管理活动关系到社会公众的利益，受到社会公众的高度关注，必须接受来自舆论或公众的批评与监督。这就要求必须完善和发展公共组织的公共责任机制、强化公共监督，包括建立和实行严格的政务信息公开制度、公职人员财产申报制度、政府采购制度和重大工程公开招标制度等。

4. 公共组织的活动具有政治性

公共事务分为政治的、经济的和社会的事务，是关系社会全体公众利益的，也是关系到整个社会大局的事务。因此，公共组织在进行公共事务的管理中，不仅政治方面的事务具有政治性，如国防、公共安全、民族问题等，就是经济和社会方面的事务，由于其全局性的特点，关系到整个社会的安定与发展，其后果也在相当程度上带有政治性。就公共管理本身的活动来说，公共政策等的制定和形成本身就是一个政治过程，管理人员以其专业标准处理公务问题和执行公共政策，其结果也不可避免地带有政治上的影响。就此而论，公共组织本质上是社会公共利益的代表和体现，这种整体性、全局性和通过行使公共权力解决问题的方法，都是政治性的充分体现。

5. 公共组织的目标形式上清楚但实际中模糊，且行为绩效评估比较困难

公共组织以增进社会公共利益作为组织目标，但由于公共利益大多是抽象的，加之人们对公共、公共利益以及多大范围内的或什么样的共同利益可以作

为社会公共利益存在着不同的看法，因而公共组织的这一目标在实际中又是模糊不清的，往往只是公共组织人员提醒自己负有公共责任以及必须为大多数人服务的一种象征符号而已。相应地，公共组织的活动结果是否达到组织的基本目标，公共组织人员是否公正公开、顺应和体恤民意等公共组织绩效，也难以通过准确量化的指标进行评估。

6. 公共组织具有一定的独占性

公共组织的独占性是指公共组织在公共管理中具有一定的垄断性。这一独占性主要表现在：在计划经济的条件下，公共组织可以通过政治权威或公共权力的行使而生产公共物品或服务，不许私人加入竞争，从而形成一种独占公共物品生产或服务的局面。在市场经济条件下，如在崇尚自由经济的国家中，虽然政府可以放松管制，允许并鼓励私人企业进入公共物品生产和服务领域，但一方面，由于公共物品涉及社会公共利益，政府必须在总体上对这一物品的生产进行必要的控制；另一方面，由于公共物品的非排他性和非竞争性，很少有私人企业愿意赔本去生产，加之往往一些公共项目或工程又具有相当的规模，非私人组织所能承担，只能由政府组织来负责。因而，公共组织尤其是政府就成为公共物品唯一的生产者，客观上没有竞争，相当程度上变成这一领域的独占者。如何在公共物品生产和服务领域引入竞争，增加公共物品的数量并提高质量和服务水平，正是当代各国政府在着力探索和解决的问题。

二　公共组织的结构

"结构"一词是生物学上的名词，是指一个生物体对所具有的各种要素的科学的特定安排。公共组织结构则是指公共组织各种要素的一种特定安排，即公共组织各要素的排列组合方式。良好的公共组织结构是完成公共组织目标、提高行政效率的物质基础，具有重要的功能。合理的组织结构能有效地满足公共组织目标的需要；有利于稳定工作人员的情绪，调动工作人员的积极性；能使组织保持良好的沟通关系；是提高微观和宏观行政效率的前提条件。

为了充分发挥公共组织结构的功能，必须建立合理的组织结构。一般而言，合理的组织结构应该做到使组织的设置与职能、任务相平衡，按照工作量来设置单位和人员，使各个组织、职位之间比例协调，分工明确，合作良好。要使组织结构具有适应性、伸缩性和应变性，适应环境，具有弹性。合理的公共组织结构应该是以职能为中心，在数量上保持合理的比例关系，在运行上相互协调适应，呈现出一个有机的、充满活力的网络整体。

公共组织结构有纵向结构和横向结构，纵向结构形成公共组织的层级制，横向结构形成公共组织的职能制。两者各有优缺点，互相制约，互相补充，缺一不可。所以，各个国家的公共组织都将层级制和职能制结合起来，既设有层级的公共组织，又将各个层级的公共组织分设为平行的若干部门，力图使它们互相取长补短，发挥它们的优点，避免它们的缺点。

1. 公共组织的纵向结构

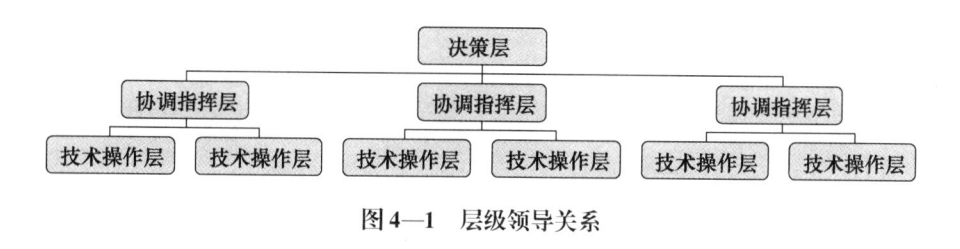

图4—1　层级领导关系

公共组织纵向结构分工的职责分配关系是：最高层次的公共组织为决策层，负责制定本部门行政的总目标、总方针、总政策和总的实施方案，负责本机关人、财、物总的分配及其政策，尽最大努力满足社会对本部门的需要，最优完成本部门的工作目标。因此，最高层次的公共组织，是一个开放的、面向社会的公共组织。

中层公共组织为协调指挥层，负责执行本部门最高公共组织制定的总决策、目标、方针和政策，以此为依据结合本单位具体工作对象的实际情况，制定本单位的具体工作目标、工作方案，并负责组织、协调、指挥等实施工作。因此，中层公共组织为半封闭半开放系统，既要使本层级公共组织与上级公共组织保持一致，又要满足本单位工作对象的具体要求。

基层公共组织为技术操作层，其任务是执行中层公共组织的实施方案，在中层公共组织的协调、指挥下，负责具体的带技术操作性的工作。其组织基本为封闭型，采用什么技术方法执行任务，纯属公共组织内部问题。

公共组织纵向结构形成的公共组织层级制，在公共组织运行中有其优缺点。

其优点是：第一，分层负责，使各级政府在各自管辖地域范围内，能做到事权集中，统一指挥；第二，行动迅速，能及时地根据本地情况做出决策，就地组织实施，并有利于就地监督、控制；第三，能发挥各个层级公共组织的积极性、创造性，根据本地实际情况主动开展工作；第四，各层级行政首长负责全面管理工作，有利于培养全面型的管理人才。

但层级制也有缺点：第一，各层级行政首长管辖事务过多，责重事繁，难于事事精通；第二，容易形成地方的块块分割，不利于各地经济和文化的交流与发展；第三，容易犯地方主义的错误，不利于中央对地方的宏观控制。

2. 公共组织的横向结构

公共组织横向分工的种类，一般常用的有下列四种：按业务性质分工、按管理程序分工、按管理对象分工和按地区分工。

(1) 按业务性质分工。这是指按公共管理的业务性质异同来组成公共组织单位。例如：财政、外交等均为不同的业务，就以此为基础，设置不同的单位。根据业务性质的异同划分部门，是公共组织平行分部化的基本方式。公共组织中绝大多数部门，皆是按业务性质不同而设置的。

按业务性质进行分部化的方式，其优点是：第一，符合分工专业化的原则。每个部门只负责某一项业务工作，有利于工作人员熟悉本专业工作，以提高管理效率；第二，有利于统一管理业务的方针、政策和法规。同一性质的业务由同一单位管理，使公共组织易于统一同一类业务性质的方针、政策和法规，避免政出多门的混乱状态；第三，体现事权一致的原则，便于协调。

但按业务性质进行分部化，也有缺点：业务事权过于集中，容易形成条条分割，利于不同业务性质工作之间的合作、协调；分工过细，易造成部门林立；有些业务性质混淆不清，不易作出明确的划分，易产生组织冲突。

(2) 按管理程序分工。这是指按公共管理工作过程的程序不同来分别设置公共组织部门。公共管理过程有咨询、决策、执行、信息反馈和监督等环节，根据这些程序划分咨询部门、领导决策部门、执行部门、信息部门和监督部门等，每个部门在管理程序过程中各自发挥其作用，使公共管理的功能齐全、管理过程井然有序。如各级政府的首脑机构就是决策部门，各级政府的政策研究室就是各级政府的咨询部门，一般的业务部门就是执行部门，统计局就是信息部门，监察部就是负责监督的部门。

按管理程序进行分部化，其优点是：第一，注重公共管理工作的技术方法，有利于提高管理人员的专业技术知识；第二，由于从事该项工作采用同样的技术设备、工作程序，有利于节省人力、物力、财力；第三，使公共管理中的重要程序有专门机构去完成，有利于提高公共管理的整体效能。

但按管理程序进行分部化，也有其缺点：工作人员易产生重技术、轻政策，重过程、轻目的的倾向；在使用上有一定的局限性，只能对那些有较大独立性的程序才可以设置部门，而多数工作程序则无法独立出来。

(3) 按管理对象分工。这是指按公共组织服务的人群、财物为对象进行的部门设置。这一分工方式最常见的是政府经济行业主管部门的设置。如农业部、铁道部、交通部，均是按不同对象类别实行分部管理。

按管理对象分部化的优点是：第一，根据服务对象分工，可使公共组织统筹考虑，满足其管理对象的需要；第二，群众对公共组织的职责一目了然，易于沟通和监督。

按管理对象分部化的缺点是：随着管理的对象日益增多，势必导致公共组织部门林立，不利于精简节约；容易忽视甚至割裂管理对象之间的相互联系，可能产生综合性的工作无人管理的现象；容易造成本位主义，考虑问题从本部门利益出发，有碍于整体的利益；按服务对象划分部门往往与按业务性质划分部门发生重复、交叉关系，可能出现互相推诿责任、踢皮球的情况，降低了工作效率。

(4) 按地区分工。从同一地区看，各地方公共组织之间的关系属平行的地区横向分工，这是宏观的地区分部化。微观的地区分部化是指中央政府的各个部门在地方设置派出机关。

按地区分部化的优点是：第一，便于各地方的公共组织因地制宜制定决策，以适应各地不同的需要。第二，便于一个地区各项工作的协调、互相配合，为发展地方经济、文化而共同努力。第三，能分担上级组织的工作，使上级组织更好地集中精力抓大政方针。

按地区分部化的缺点是：第一，形成区划的客观因素比较抽象，不易具体掌握。第二，各地区公共组织易产生地方主义观念，妨碍事业的整体发展。

3. 公共组织的主要结构形式

公共组织的结构形式，主要有直线制、职能制、直线职能制和矩阵制四种。[①]

[①] 陈振明、孟华主编：《公共组织理论》，上海人民出版社2006年版，第95—101页。

（1）直线制。直线制组织又称"军队型组织"，它是最常采用的一种组织结构，无论在机关、学校、企业和医院，随处可见。按照垂直系统建立组织形式，各级领导执行统一的指挥和管理职能，不设专门的职能机构。纵向直线是管理层级，横向是辅助职能科室。直线制组织的主要优点是：线条清楚，单一领导，结构简单，关系清晰，上下级权责明确；政令统一，行动迅速，决策快，效率高。其主要缺点是：缺乏专业化的分工管理，行政首长日理万机，往往顾此失彼；由于权力集中，且受专业、个人素质等方面的影响，也难以保证领导、决策、指挥不出现失误；由于信息只沿上下直线传递，对左右协调、沟通不利。因此，直线制组织适用的范围比较有限，它一般只适用于组织规模小、活动内容简单、工作程序少、同级单位较少合作的组织系统。

（2）职能制。职能制组织又称"参谋型组织"，是在行政主管的领导之下，按专业分工设置管理职能部门，各职能部门直接对行政首长负责，并在其业务范围内对下级有指挥、协调、监督的权力的组织形式。与直线制组织相比，职能制组织的优点是：实行了专业分工，解决了主管领导对专业指挥的困难，使其能集中精力处理本组织中较重要的问题，适应了现代行政管理活动复杂化的需要。其缺点是：各职能部门都有指挥权，易造成多头领导出现政出多门或者相互推诿、扯皮的现象，妨碍统一指挥，增加协调的困难，造成管理上的混乱。

（3）直线职能制。直线职能制组织是以直线制为基础，在行政首长领导之下设立相应的职能部门，分别从事专业管理，作为该级领导的参谋。这种组织模式的运行机制由职能专业化程度决定的，是一种集权度较高的组织模式。参谋部门只替领导充当助手，对下级不能发号施令，没有决策权。直线职能制组织结构是一种以直线结构形式为主，以职能结构形式为辅的较为复杂的结构形式。它吸取了直线制和职能制两种结构的优点，既具有直线制组织统一指挥、职责清楚、秩序井然、效率较高、组织稳定的优点，又具有职能制组织专业化分工、适应性强的优点，更有利于组织效率的提高。其主要缺点是：直线的指挥系统与专业化的职能系统之间容易产生矛盾，使组织运转陷入混乱；各职能部门的横向联系较差，容易产生脱节或冲突。

直线职能结构之所以被广泛采用，最主要的原因在于它简单有效。最高指挥者因业务的需要尚可配备参谋人员，或固定的专业知识密集的"智囊团"，成为"直线—职能—参谋"结构。其横竖分工明确：直线方向从最高层至最低层层下达任务，下级服从上级。由于路径短，如果上级作出的决策是正确的，则下级能在短期内做出效益。但倘若上级决策是错误的，则下级无条件地执行，后果则十分严重。

（4）矩阵制。矩阵制组织又称"专案组织"，是由纵向的职能系统和横向的项目系统交叉形成的组织形式，它是由专门从事某项工作的项目组形式发展而来的。所谓项目组，一般是由一群不同背景、不同技能、不同知识、分别选自不同部门的人员组成的。通常人数不多，组成项目组后，大家为某个特定的任务而共同工作。任务一旦完成，项目组的使命就结束了，下一次任务又重新组织项目组。矩阵制组织的主要优点是：可以迅速地对环境的变化作出反应；可以在各个不同的项目之间，共享稀缺且通常非常昂贵的人力资源和实物资源；有利于获得各种有效的信息；有利于发挥专业人员的潜能；有利于加强各职能部门的横向联系，实现各种专业人员优势互补，发挥综合优势。其主要缺点是：由于组织成员同时接受两个方向的指挥，当两个上级意见不一致时，会使工作人员左右为难、无所适从，产生指挥和协调不统一的问题；另一方面，由于组织内部职权关系具有模糊性，为此要求组织的管理者具有高水平的协调、合作和沟通的技能，同时其组织成员也必须具备高水平的人际交往技能。矩阵制主要适用于那些工作内容变动频繁、每项工作的完成需要运用众多技术知识的组织，或者作为一般组织中安排临时性工作任务的补充结构形式。"矩阵型结构最适合于环境变化大且目标反映双重要求（如对产品和职能的双重目标要求）的组织中。"[1]

三 公共组织的类型

公共组织本身是一个复杂的系统，虽然在其本质上都是以增进公共利益作为目标，但由于各自所依靠的资源（权力）、在社会中所处的地位、具体的组织目标以及行为方式并不完全相同，因而公共组织就具有了不同的类型。划分公共组织的类别，目的在于加强对公共组织本质的认识，把握各种不同类型的公共组织活动的特点和规律。对公共组织进行分类，将为实现组织的有效管理

---

[1] [美] 理查德·L. 达夫特：《组织理论与设计》，王凤彬等译，清华大学出版社 2003 年版，第 121 页。

与组织本身的良性运作创造前提,并有利于在不同管理者、研究者之间构建统一的讨论平台。

(一) 公共组织的基本类型

关于公共组织的类型,由于划分的标准和侧重点不同,人们对公共组织的划分和表述都是不相同的。[①] 公共组织是社会公共事务管理的主体,这一管理指向的是多元的利益关系,管理的目标首先是社会全局的公平、公正,因而在总体上,以及在特定的层次和相当的范围内,仅仅以说服、动员等柔性手段是难以达到管理目标的,必须依靠公共权力的支持才能完成管理。以公共组织是否拥有行政权力以及这一权力的大小来进行划分,相对其他标准而言,更能反映出公共组织的本质特征,以及不同类型公共组织的活动特点。按此标准进行划分,公共组织主要可以分为政府组织、非营利组织和准政府组织。

是否具有行政权而对公共组织进行划分,这从一个特定的侧面反映出公共管理的三个基本的层面,在公共管理中,只有政府组织、准政府组织和非营利组织协调发展,才能形成一个完备的公共管理体系,才能最大限度地增进公共利益。现代公共管理是在一定环境中产生的以政府组织为核心的,由政府组织、非营利组织和准政府组织共同构成的公共组织系统。这一公共组织系统在公共管理中的地位与作用的确定,源于政府的基本属性和职能,也与现代市场经济条件下政府与市场的关系、政府与社会的关系以及非政府公共组织的基本特性密切相关。在当代中国,这一公共组织系统正处于改革与发展之中,其目标,就是正确界定政府、非营利组织和准政府组织在公共管理中的地位和作用,深化公共管理方式以及事业单位管理体制改革,大力发展和培育准政府组织、非营利组织,并强化对它们的规范管理,构建结构合理、职能科学、行为规范的公共管理主体系统,促进公共管理发展。

[①] 学术界对对非官方的、非营利的、主要从事于社会公共利益工作的组织,由于划分的角度和侧重点不同,存在着不同的表述和称呼。如有的将所有的社会组织分为政府组织与非政府组织两大类,然后再将非政府组织分为营利与非营利组织(Non-profit Organizations,NPO)两大类;有的按是否营利和是否以增进公共利益为组织目标,将社会组织分为公共组织和私营组织,然后再按是否具有行政权将公共组织分为政府组织和非政府组织(Non-governmental Organizations,NGO)。

1. 政府组织

政府有广义和狭义之分,对政府组织的分类也因此而有所不同。广义的政府是指国家进行阶级统治和社会管理的组织,是国家表达意志、发布命令和处理事务的机构体系。在广义层面,政府组织包括立法机关、司法机关与行政机关。其中,立法机关负责制定法律,行政机关负责执行法律,司法机关负责运用法律审判案件。

狭义的政府则仅仅是指国家的行政机关,即根据宪法和法律组建的、行使行政权力、执行行政职能、推行政务、管理国家公共事务的机构体系。一般而言,公共管理中的政府是指狭义的政府,主要是指行政机关。在实践层面,从各国现行的政治体系来看,这一狭义上的政府就是指总统制国家中的总统及其下属行政单位、议会制国家中对议会负责的内阁及其下属行政机关以及社会主义国家中的中央人民政府(如国务院、部长会议、联邦委员会)及其下属机关。在我国,政府是国家权力机关——人民代表大会的执行机关即国务院系统,其任务是负责贯彻执行人大所通过的法律、政策和决定,并接受国家权力机关的监督。

无论哪一种类型的政府组织,一般都具有以下基本特点:[①] ①政府组织的基本职能是对国家和社会公共事务的管理;②政府组织从事公共管理的手段是行政权力;③政府组织有权支配和运用公共资源;④政府组织提供的产品是公共物品;⑤政府组织行为的价值取向是公共利益。

2. 非营利组织

作为一种组织形式,非营利组织已经存在几个世纪。但是一般认为,现代意义上的非营利组织出现于二战前后,并以1942年英国牛津乐施会(The Oxford Committee for Famine Relief,简称 Oxfam)的创立为标志。[②] 作为一个概念,非营利组织最早见于1945年签署的联合国宪章。对非营利组织概念的界定,可以说纷繁多样,比较常用的界定有:[③]

第一种是给出法律上的界定。例如,美国税法501(c)(3)规定,免税

[①] 参见李文良《我国公共部门与公共人力资源管理制度》,《山东师范大学学报(人文社会科学版)》2006年第6期。

[②] 英国牛津乐施会创立于1942年,其宗旨是人道援助全球饥荒贫穷地区。

[③] 参见王绍光《多元与统一——第三部门国际比较研究》,浙江人民出版社1999年版。

组织（即非营利组织）必须符合三个条件：①该机构的运作目标完全是为了从事慈善性、教育性、宗教性和科学性的事业，或者是为达到该税法明文规定的其他目的；②该机构的净收入不能用于使私人受惠；③该机构所从事的主要活动不是为了影响立法，也不干预公开选举。

第二种是依据组织的资金来源加以界定。例如根据联合国国民经济核算体系的标准，如果一个组织一半以上的收入来自以市场价格销售的收入，就是营利组织；如果一个组织的资金主要依靠政府的资助则是政府部门；如果一个组织一半以上的收入不是来自于以市场价格出售的商品和服务，而是来自其成员缴纳的会费和支持者的捐赠则是非营利组织。

第三种是依据组织的"结构与运作"界定。具有代表性的是美国非营利组织研究专家莱斯特·萨拉蒙（Lester Salamon）提出的"五特征法"，即将具有以下五个特征的组织界定为非营利组织：[1] ①正式组织性（Formal Organization）。必须正式设立并达到一定规模，一般应具有法人资格，而且要有事务所、代表者，组织能够持续运作。②非政府性（Non-Governmental）。在体制方面是从政府中脱离出来的组织，政府官员不能左右其理事会，组织的本质是民间性团体而不是官方机构。③非利润分配性（Non-Profit-Distributing）。非营利组织可以营利，但其所得到的剩余额不在组织成员与理事会之间进行分配，而是继续用于组织的使命，目的是实现社会公益，而不着眼于营利。④自主管理性（Self-Governing）。非营利组织内部实行自主管理，而不是受控于外部组织。⑤志愿性（Voluntary）。组织成员都是自愿地、无偿地参与组织的领导、计划、经营、管理等活动。

从大量文献来看，与非营利组织类似的词汇还有非政府组织（Non-Governmental Organization）、志愿组织（Volunteer Organization）、公民社会组织（Civil Society Organization）、免税组织（Tax-exempt Organization），等等。这些词汇的含义大同小异，一般可根据不同的语境而选择使用。

由于非营利组织在我国公共事务管理、公共产品和公共服务提供中发挥作用的时间还比较短，符合我国实际情况的、非营利组织概念的权威性界定还没

---

[1] Lester Salamon, *Defining the nonprofit sector: a cross-national analysis*, Manchester University Press, 1997. 萨拉蒙在早期研究中，对非营利组织的界定还有"非政治性"（Non-Political）和"非宗教性"（Non-Religious）的限制，但后来他去掉了这两个特征，扩大了非营利组织的范围。

有形成。如果严格按照萨拉蒙对非营利组织的界定，则我国真正意义上的非营利组织将几乎不存在，因为很多社会团体可能都不完全符合非政府性、自主管理性这些特征。因此，国内学者大多更倾向于从推动和促进非营利组织发展的角度出发，不将界定限制得过于严格。有学者就认为，只要是依法注册的正式组织，从事非营利性活动，满足志愿性和公益性要求，具有不同程度的独立性和自治性，就称之为中国的非营利组织；[①] 还有学者认为，只要从事非营利性活动，满足志愿性和公益性要求，具有不同程度的独立性和自治性，就可称之为中国的非营利组织。1998年，国务院将设于民政部的原社会团体管理局改为民间组织管理局，"民间组织"一词从此作为"非营利组织"的中国官方用语被正式使用。

综上所述，非营利组织的含义是：非营利组织是以增进社会公共利益为组织目标，且是非官方的，即组织本身并不具有行政权力的公共组织。与政府组织相比，非营利组织的最大特点是非强制性和服务性。在市场经济条件下，非营利组织数量多，而且承担着极为重要的公共管理任务，占有极为重要的地位。因为在现代公共事务管理中，管理的一个基本要求就是必须按社会的规律来管理社会，因而在管理的基层，管理往往意味着经营和服务。非营利组织由于自身的性质特点，对基层公共事务的管理往往比政府组织更具效率。

3. 准政府组织

在政府组织和非营利组织之间还存在一种难以直接定位的组织类型，即准政府组织。准政府组织是介于政府组织和非营利组织之间的一种过渡型公共组织，即非营利的以增进公共利益为组织目标，但通过授权等行使一定的行政权力或通过所具有的公共权威，其对公共事务的管理具有一定强制性的公共组织。在市场经济条件下，政府管理的基本范畴是社会公共事务，超出这一范围以行政权力直接管理市场，则可能导致社会资源的巨大浪费，即出现"政府失灵"。但在利益多元化的市场乃至利益多元化的公共事务领域的具体领域，仅靠柔性手段也是难以达到管理目标的，因此，必须通过对一些公共组织进行行政权力授权，或通过当事人对契约的遵守或对公共组织权威的服从，以一定的强制性对当事人进行管理。

---

① 康晓光：《NGO 扶贫行为研究》，中国经济出版社 2001 年版。

在我国具体实践中，准政府组织包括工会、妇联、共青团、科协、工商联、青联、侨联、台联等群众团体，①事业单位，村民自治组织和居民自治组织，等等。这些组织在历史上形成了与政府的特殊关系，虽然以其非营利的活动服务于公众，但在人员构成、组织管理和运行、运行方式上都带有政府组织性质，行使着一部分政府职能，行政色彩非常强。而对事业单位来说，由于其政府背景（国家机关举办）或国资背景（利用国有资产举办），其身份与一般的社会团体也明显存在差异，这突出表现在税收、行政费用给付、各种优惠政策等方面。村民自治组织与居民自治组织的"产生背景较特殊，而且是一个数量众多的同质群体，不同于一般意义上的非营利组织"。②

第二节　非营利组织

一　非营利组织的特征与分类

（一）非营利组织的特征

联合国的国民经济核算体系将经济活动划分为五大类：金融机构、非金融机构、政府、非营利组织和家庭。非营利组织与其他四类社会组织的区别在于，非营利组织的大部分收入不是来自于以市场价格出售的商品和服务，而是来自其成员缴纳的会费和支持者的捐赠。如果一个组织的一半以上收入来自以市场价格销售的收入，就是营利部门，而一个组织的资金主要依靠政府的资助则是政府部门。

沙拉蒙（Salamon）和安黑尔（Anheier）在对 12 个国家的非营利组织进行比较研究的基础上，提出凡具有以下六个方面特征的组织都称之为非营利组织：③ 一是正式组织性。必须正式设立并达到一定规模，一般应具有法人资格，而且要有事务所、代表者，组织能够持续运作。二是民间性。在体制方面

---

① 根据《社会团体登记管理条例》规定，工会等 8 个人民团体不必在民政部门登记注册。
② 参见王名、贾西津《中国非营利组织：定义、发展与政策建议》，载协同治理网站（http://www.governance.cn）。
③ Lester M. Salamon & Helmutk Anheier, *Defining the nonprofit Sector*, Manchester University Press.

是从政府中脱离出来的民间组织，政府官员不能左右其理事会，组织的本质是民间性团体而不是官方机构。三是非利润导向性。非营利组织可以赢利，但其所得到的剩余额不在组织成员与理事会之间进行分配，而是继续用于组织的使命，目的是实现社会公益，而不着眼于营利。这一点将非营利组织与民间商业性组织区别开来。四是自主管理性。非营利组织内部实行自主管理，而不是受控于外部组织。五是自愿性。组织成员都是自愿地、无偿地参与组织的领导、计划、经营、管理等活动。六是公共性。不是为某些特定对象与人的利益服务，而是为公共利益服务。

沃尔夫（Wolf）则认为，非营利组织具有五个特征：一是有服务大众的宗旨；二是有不以营利为目的的组织结构；三是有一个不致令任何个人利己营私的管理制度；四是本身具有合法免税地位；五是具有可提供捐赠人减免税的合法地位。凡符合这五个特征的组织一般被认为是非营利组织。

（二）非营利组织的"非分配性约束"

从萨拉蒙的定义可以看出，非营利组织的"非营利性"，主要体现在非营利组织的利润不得进行分配，即不分配给其成员或管理人员；换言之，非营利组织的利润不分配给特定的个体，而是为其章程所定的目的和宗旨而支出。因此，非营利组织虽然名为"非营利"，但并不表示它不进行营利活动。特定的营利活动可能是非营利组织的经常性活动，也是非营利组织资产保值、增值的重要方式。

美国法律经济学家亨利·汉斯曼（Henry Hansmann）将非营利组织的这一特征进一步提炼为非营利组织的"非分配性约束"（non-distribution constraint）。[①] 所谓"非分配性约束"，是指非营利组织不能把获得的净收入（net earnings）分配给对该组织实施控制的个人，包括组织成员、管理人员、理事等；净收入必须保留，完全用于为组织的进一步发展提供资金。

在某种意义上，非营利组织的"非分配性约束"恰恰就是非营利组织区别于营利组织最重要的特征。非营利组织的这一特征使得非营利组织在提供存在信息不对称的商品和服务时，尽管有能力去提高价格或降低产品质量，但因

---

① Henry Hansmann, "The Role of nonprofit enterprise", *Yale Law Journal*, Vol. 89, 1980, pp. 835 – 901.

为所获得的利润不能参与分配，它们仍然不会去损害消费者的利益。非营利组织的"非分配约束"，实际上是在市场上可能出现"契约失灵"情况时，对生产者的机会主义行为的另一种有力的制度约束。

（三）非营利组织的分类

与企业、政府组织相比，非营利组织的分类显得更为复杂，也更为多样。划分非营利组织的类别，目的在于加强对非营利组织本质的认识，把握各种不同类型的非营利组织活动的特点和规律。

1. 国外非营利组织分类

从国外非营利组织分类来看，目前比较普遍采用是亨利·汉斯曼的标准，即按照组织收入的来源方式和管理方式进行分类。从收入来源来看，如果组织收入的大部分来自外界公众的捐赠，则称为"赞助型"组织，如红十字会；如果组织通过销售产品或者服务来筹集大部分资金，则称为"商业型"组织，如医院。从管理的方式来看，如果组织是由自己的顾客来进行管理，就称为"自理型"，如乡村俱乐部；如果组织成立专门的董事会，然后聘请总经理来管理，就称为"企业型"组织。在美国还有更简单的分类方法，即将非营利组织划分为会员制组织和非会员制组织两大类，再将非会员制组织分为服务型组织和资助型组织。

按照非营利组织承担的功能进行分类，[①] 主要分为：①宗教性组织：包括教会、教会的联合组织、协会，福音传道运动。②社会性组织：包括奉献俱乐部、友爱团体。③文化性组织：包括美术馆、博物馆、交响乐团、歌剧团、美术联盟、动物园。④学术性组织：包括私立学校、私立大学、研究机构。⑤保护性组织：包括同行业者联合会、工会。⑥政治性组织：包括政党、政治后援集团。⑦慈善性组织：包括私立福利团体、私立财团、慈善医院、老人院、看护中心。⑧社会运动组织：包括和平运动集团、家族计划推进组织、环境保护组织、人权运动组织、消费者运动组织、女权运动组织，犯罪扑灭运动组织。

---

① 郭国庆教授对非营利组织的分类与此类似，他在其研究中将非营利组织分为社区服务型、助他保健型、助他教育型、自我改造型、沟通传播型、科研学术型、助他社会福利型、社会底层自助型、环境保护型、消费者福利型、国际事务型、职业协会型、休闲娱乐型、资金筹集型等14种。参见郭国庆《国外非营利组织的界定与分类研究》，《市场与人口分析》1999年第6期。

2. 中国非营利组织分类

对我国非营利组织（民间组织）的分类，当然可以沿用国外非营利组织的标准。但是，基于我国国情，我国非营利组织在组织类型上具有一定的特殊性。为了更好地了解这些组织类型，有必要对我国非营利组织进行专门分类。

目前，我国尚没有一个明确的非营利组织（民间组织）的分类标准，而在现有的很多分类标准中，往往存在着不同分类标准的交叉使用。为了避免分类标准的交叉冲突，我们认为对我国非营利组织的分类可以直接参照现有的非营利组织管理法规来进行。根据我国现行的法规和管理体制，非营利组织要在民政部门登记注册后才能成为合法的民间组织，因此，各种形式的非营利组织首先可以分为两个大类：一类是在民政部门登记注册的非营利组织，可以称为已登记非营利组织，另一类是未在民政部门登记或者转登记的非营利组织，可以统称为未登记非营利组织。此外，也有必要对一些尚存在争议的组织给予关注。

（1）已登记非营利组织。我国目前主要存在三个主要的非营利组织行政法规，包括《社会团体登记管理条例》（1998）、《基金会管理条例》（2004）、《民办非企业单位登记管理暂行条例》（1998），因此按照登记的形式，已登记非营利组织可以分为社会团体、基金会与民办非企业。

《社会团体登记管理条例》第2条规定，社会团体"是指中国公民自愿组成，为实现会员共同意愿，按照其章程开展活动的非营利性社会组织"。按照社会团体的性质与任务，社会团体又可以划分为学术性团体、行业性团体、专业性团体与联合性团体四类。学术性社会团体，可分为自然科学类、社会科学类及自然科学与社会科学的交叉科学三种，一般以学会、研究会命名；行业性社会团体，主要是经济性团体，可分为农业类、工业类和商业类等，一般以协会命名；专业性社会团体，一般是非经济类的，主要由专业人员组成或以专业技术、专门资金，为从事某项事业而成立的团体，一般以协会命名；联合性社会团体，主要是人群的联合体或学术性、行业性、专业性团体的联合体，一般以联合会、联谊会、促进会命名。

《基金会管理条例》第2条规定，基金会"是指利用自然人、法人或者其他组织捐赠的财产，以从事公益事业为目的，按照本条例的规定成立的非营利性法人"。第3条规定："基金会分为面向公众募捐的基金会（以下简称公募基金会）和不得面向公众募捐的基金会（以下简称非公募基金会①）。公募基金会按照募捐的地域范围，分为全国性公募基金会和地方性公募基金会。"在分类上，有时候也将基金会统一归属到"社会团体"这一类而不单独列出。

《民办非企业单位登记管理暂行条例》第 2 条规定，民办非企业"是指企业事业单位、社会团体和其他社会力量以及公民个人利用非国有资产举办的，从事非营利性社会服务活动的社会组织"。我国的民办非企业单位主要分布在教育、卫生、文化、科技、体育、劳动、民政、社会中介服务业、法律服务业等行业，比如各类民办学校、文艺团体、福利院、人才交流中心，等等。

（2）未登记非营利组织。未登记非营利组织包括没有或不能在民政部门登记，或者转登记的非营利组织。从我国目前的情况来看，这是一个非常庞杂的体系。其中包括：在政府其他部门或相应的企业或事业单位挂靠的民办单位，如各种培训机构、咨询服务机构、教育机构等；在单位内部活动，不需要登记注册的社会组织。例如单位内部的集邮协会，大学校园的学生社团；在工商行政部门以企业形式转登记的非营利组织；未登记的各种社区群团组织及境外在华非营利组织等。根据目前非营利组织的有关登记条件，② 这些组织中有相当一部分是因为找不到业务主管单位而无法在民政部门注册登记，因此往往会采取多种变通的方式以便生存和活动，包括注册为工商企业等。

虽然将非营利组织分成了已登记与未登记的两大类，但要看到，我国非营利组织的法律地位与其实际属性存在一定程度上的不对等。比如，一些从事非营利活动的组织不得不以企业法人的身份存在，而一些从事营利性活动的组织又可以登记为民办非企业；同时，很多已经登记的社会团体往往缺乏"独立性"和"自治性"，而许多未经注册的组织却在不同程度上合乎一般意义上的

---

① 即私募基金会。

② 《社会团体登记管理条例》第 6 条规定："国务院有关部门和县级以上地方各级人民政府有关部门、国务院或者县级以上地方各级人民政府授权的组织，是有关行业、学科或者业务范围内社会团体的业务主管单位。"《民办非企业单位登记管理暂行条例》第 5 条规定："国务院民政部门和县级以上地方各级人民政府有关部门、国务院或者县级以上地方各级人民政府授权的组织，是有关行业、业务范围内民办非企业单位的业务主管单位（以下简称业务主管单位）。"《基金会管理条例》第 7 条规定："国务院有关部门或者国务院授权的组织，是国务院民政部门登记的基金会、境外基金会代表机构的业务主管单位。省、自治区、直辖市人民政府有关部门或者省、自治区、直辖市人民政府授权的组织，是省、自治区、直辖市人民政府民政部门登记的基金会的业务主管单位。"

非营利组织定义。

二 非营利组织是公共管理主体的必要组成部分

在某一特定领域中的诸多涉及公共利益、公共秩序的事务，构成了公共管理在这一特定领域或层面的公共事务。如果这类公共事务是政府不能做或不常做、企业不愿做、而只能交由社会并最终交由非营利组织去做的，那么从人类历史发展看，非营利组织正是为适应这一类事务管理的需要而产生的。从根本上说，公共管理的本质要求和公共管理不同层次或领域的存在，以及非营利组织所具有的特性，决定了非营利组织是公共管理主体必要的组成部分。这是非营利组织成为公共管理主体的合理性所在。

（一）非营利组织是微观的社会服务和管理职能的主要承担者

公共事务作为涉及公众基本生活质量和公共利益的事务，本身就是产生于社会，这些事务的解决或公众需求的满足，也最终必然通过为公众提高服务，落实到社会，这在现代社会表现得十分突出。而在现实中，面对广大公众丰富多样的需求，不仅诸多的具体服务，如社区服务等应交由非营利组织提供，而且在许多公共领域或对许多社会公共事务，如艺术院团、出版物、影视节目及各类体育活动等，如果根据政策法规与行业标准，交由社会中介组织办理，实现行业自律，管理效果往往要好于政府组织自己去做。因此，在现代社会，公共管理的最终实现离不开非营利组织。非营利组织承担微观的社会服务和管理职能，这既是社会自我管理的本质反映，也是政府进行社会管理的内在需求。

（二）非营利组织能提高公共物品的供给效率

从政府社会管理的角度分析，政府公共管理的一个基本目标，就是提高公共物品的供给效率与质量。在现代社会，由于政府组织往往受到各种制约、政府庞大的科层机构所带来的对新的社会需求和发展机会反应不够灵敏，以及提供公共服务成本过高等问题，导致许多国家不得不进行公共物品的供给向民间转移的公共管理改革。许多过去由政府直接提供的公共物品，改由政府资助的非营利组织提供，即将具体的公共事务管理与公共服务提供的责任交由非营利组织承担。非营利组织在市场基础上的活动及其相互间的竞争，提高了公共物品的供给效率和质量。实践表明，在公共产品供给的操作、实施层面，非营利组织往往比政府部门具有更高的效率和灵活性，非营利组织已成为公共管理主体并发挥了积极作用。

(三) 非营利组织能较好地满足社会多元化的需求

在现代社会，公众的兴趣、价值观念、经济利益等高度多样化，社会也分化为众多的阶级、阶层，以及各种各样的利益集团。这样，一方面是政府社会管理日益丰富、复杂，另一方面政府存在的基本价值，又必须对社会全体成员负责，要求自己的服务应该在所有的地方都一样，行为应该具有相当的普遍性，其结果是即便不断扩张机构，也很难对社会的多元需求做出及时、恰当的反应。政府组织的弱点恰恰就是非营利组织的优势。因为，在公共产品的范畴内，主要分为纯公共物品和准公共物品两大类。一般来说，纯公共物品具有鲜明的公益性、不可分割性、规模性等特点，通常只能由政府提供，如有关的政策制定、大型的公共基础设施等。准公共物品是在市场的基础上，以现代的付费制度为基础的满足特定利益群体要求的产品，社会公众要求多元化主要集中在准公共物品这方面。非营利组织产生与发展本身就是社会需求与利益格局多元化的结果。因此，从整个公共管理的角度分析，非营利组织作为公共管理的主体，有利于社会自己组织起来，生产一定社区内的公众所需要的产品或提供所要求的服务，及时回应社会多元化的需求，从而缓解社会不同群体对政府不同要求的压力，使政府可以专心于决策和提供纯公共物品。政府组织与非营利组织的有机配合，为促进和谐社会的建立提供了可能和保障。

(四) 非营利组织是当代公共管理社会化和市场化的必然要求

在当今世界，随着社会的发展和进步所带来的公共物品的范围扩大，首先在一些发达国家政府公共管理已出现了社会化和市场化模式，在相当程度上减轻了由于社会需求日益丰富和多样化给政府带来的财政压力和管理压力，已越来越得到人们的认可和采纳。

公共管理的社会化和市场化，主要包括以下一些内容：一是明确政府的核心职能就是公共政策和法律的制定,将政府原有的一部分执行性和服务性的职能分离出去。相应地,改变政府直接办理和经营公共服务机构的做法,参照经济领域中"政企分离"的做法,重构政府与下属服务机关的关系,扩大服务机构的经营自主权;二是将公共服务尽可能交由社会组织,以扩大公共服务的总供给量,满足人们的需求;三是将经营性投资和能够开展市场竞争的领域,如煤气、供电、铁路、电信、城市交通等,通过相关法律并建立"使用者付费"制度,交给私营部门经营。总之,公共管理的社会化和市场化,就是发挥社会力量在公共服务和管理中的作用。显然,公共管理社会化和市场化的改革,离开了非营利组织,就无法进行和不可能取得成功的。

除此而外,从整个现代社会的运行来看,非营利组织作为公共管理的重要主体,还具有扩大就业渠道、增强社会保障制度能力和提高公民民主意识、加深社会公民化程度等作用。在现代社会,非营利组织作为公共管理主体,是公共管理本身发展的内在要求,也是社会发展的必然要求。非营利组织在与政府一起致力于公共服务和管理、维护公共秩序、增进公共利益的同时,也与其他社会组织一起,促进了社会本身即公民社会的发育和发展,形成了良好的国家与社会的互动,提高了整个社会的运行质量和水平。

还应当强调的是,非营利组织是当代公共管理主体的必要组成部分;但非营利组织在公共管理中又具有双重性身份。一方面,更主要地充当公共事务操作、实施层面的公共服务的提供者和管理者角色;另一方面,又必须是在政府所制定的有关法律法规的范围内进行活动并受到政府组织的监督,是政府进行公共管理的对象之一。因此,政府组织既要发挥非营利组织提供公共产品和公共服务的作用;同时,政府组织也要通过制定法律法规和公共政策为社会公众和非营利组织提供普遍的行为准则,并依此进行必要的干预、调节和监督。

三 当代中国公共管理中的非营利组织

在当代中国,随着社会主义市场经济体制的建立和完善,随着政府职能转变改革的日益深入,非营利组织获得了很大的发展,在公共管理中发挥了积极作用。但是,从构建科学的当代中国公共管理体制的要求来看,无论是非营利组织的发展,还是政府对非营利组织的培育和管理,都有待进一步的改革。

(一) 我国非营利组织的兴起

非营利组织是现代公民社会的组织载体，是公共管理主体的必要组成部分。就此而论，中国漫长的封建社会中不存在非营利组织；新中国成立后直到改革开放之前，我国在高度集权的政治体制和计划经济体制下，个人隶属于单位，单位隶属于国家，国家通过单位实现对社会的全面控制和管理。因而并不存在一个相对于国家权威的自治社会，不存在真正的非营利组织。

当代中国的非营利组织主要是在社会主义市场经济改革展开后逐步形成和发展起来的。社会主义市场经济的改革从两个方面催生着非营利组织的出现，一方面，公民社会所要求的私有产权、平等自治的契约性关系、法治原则、尊重和保护社会成员的基本权利、自治性质、个人的选择自由等基本特性，也正是市场经济的基本特性，因而公民社会与市场经济是相生相伴的，甚至在一定程度上市场经济也就是公民社会本身。而且，随着社会主义市场经济体制的建立，中国公民的个人权利，如迁徙与就业的权利，消费与福利的权利，思想、交往、隐私等权利、个人财产权利等，也得到了前所未有的发展。这一切，表明市场经济在中国的出现和发展，为非营利组织的成长打下了必要的基础。

另一方面，社会主义市场经济体制的建立与完善、转变政府职能改革的不断发展，也对非营利组织的建立提出了需求，开拓了发展空间。随着社会主义市场经济改革的深入，伴随着"单位人"向"经济人"和"社会人"的转变，以往属于单位管理但实际上应由社会管理的事务也随着政府职能转变开始从单位中逐步剥离，这就大大增加了社会管理的任务。实践表明，传统的以行政方式对社会的全面管理方式已不适合社会发展的要求，政府让出的空间也难以全部转交给营利性企业和公民个人，特别是政府和企业"不愿做、做不好，或不常做"的公共事务。市场缺陷无法全部通过政府来弥补，而政府缺陷同样也不能全部通过市场来解决，在政府和企业之外的属于社会领域的公共事务，就需要社会的自组织来承担。

为此，我国强化了培育和发展非营利组织的公共政策。中共中央、国务院对包括非营利组织在内的整个民间组织发展的需求有高度的认识并作出了回应，十分重视民间组织的发展和管理工作，要求各级党委和政府把民间组织管理工作当作促进经济和社会发展的大事来抓,从而为民间组织的发展提供了又一必需的由政策法律构成的制度保证。

正因为如此,我国非营利组织应运而生,承担起了有关领域中的公共服务和公共管理任务。这些非营利组织主要表现为社会团体和非营利性民办单位,如非营利的学校、医疗机构、福利机构、研究机构,以及基金会、志愿者组织、环保组织等。随着政府职能转变的深入开展,原来政府承担的部分职能逐步向社会转移,以及政府公共管理方式的逐步改变,非营利组织的职能得到了落实和加强,得到了前所未有的发展机遇。

(二) 我国非营利组织发展存在的问题

在相当程度上,我国非营利组织从无到有,并在公共管理中发挥出了越来越重要的作用。但是,当前我国非营利组织总体上发展水平还是很低的,也显得较为弱小,且存在着不容忽视的亟待解决的问题,难以承担起应承担的公共管理职责。这些问题可以大致分为非营利组织自身的和相关政策、法律和管理构成的外在环境两个方面。

1. 非营利组织自身存在的问题

(1) 身份不清。这集中地表现在不少非营利组织具有亦官亦民或以非营利的身份从事营利活动。就前者而言,民间性和自治性是非营利组织的两个基本特点,但由于历史原因,我国缺乏民间自组组织的传统,再加上资金因素的制约,导致非营利组织的建立成为了适应政府精简机构的需要。现阶段我国非营利组织尤其是那些有一定规模和影响力的非营利组织大多从政府部门脱胎而来。这样,这些组织或与政府部门有着亲近的血缘关系,或有直接的隶属关系,从而具有明显的官方色彩,有的甚至成为政府的附属机构,自治化的水平很低,难以真正发挥其作为非营利组织的作用。

非营利性是非营利组织的另一个基本特征。但是,由于我国现有的对非营利单位管理的有关法律还有待完善,如对注册为一个非营利单位,让其在享受非营利单位的有关待遇而致力于社会公共管理活动时,对其活动过程的相关法律规范还不够明确具体。这样,一些以非营利组织登记并享受非营利组织待遇的团体在不知不觉中从事着营利活动,更有一些社团以非营利为名,采取各种手段谋取个人或小集团的不正当利益,损害了社会公平。

(2) 非营利组织缺乏资金、内部组织不健全、行为缺乏代表性和规范性。

现阶段我国的非营利组织普遍经费短缺，开展公益活动所需的经费开支同组织的资金能力之间有很大缺口。在组织内部，相当多的非营利组织的组织结构、管理体制、决策程序、财务制度、监督机制、自律机制等都不健全，人员老化、财务混乱是比较普遍的现象。因此，这些组织较难集中、综合、表达、捍卫所代表群体的利益，得不到成员和一定社区内公众的支持和拥护，组织行为缺乏代表性和规范性。相应地，组织内的成员在参与公共决策的能力上比较薄弱，也不能很好地提供公共服务和进行必需的公共管理。

2. 与非营利组织相关的政策实施和法律等构成的外在环境问题

（1）对非营利组织基本政策的实施存在着培育和监督管理脱节、重登记而忽视过程监督的现象。"培育发展和监督管理并举"是当前我国制定的对包括非营利组织在内的整个民间组织的基本政策，这是十分适合我国现阶段基本国情和社会经济改革的正确的政策。但是，在实施中，则存在着一些不足：一些地方政府在登记上严格管理是十分必要的，但对如何积极地对非营利组织进行培育还着力不多；在非营利组织注册登记后，由于相关的法律不明确不具体，往往只能凭行政手段进行管理，而这种管理又常常只是在年终进行审查，所以对非营利组织的整个活动过程缺乏必要的监督管理手段。

（2）法制薄弱。与非营利组织相关的法律过于简略、薄弱：一是有关非营利组织的法律规章过于简略，而各种相关的行政规定内容又较庞杂，且透明度较低。依法管理社会是现代法治国家的一个基本准则，但目前我国有关非营利组织的法律规章过于简略，实践中是以民政部及其他相关部委的行政规定作为管理的依据，相当程度上是以这些行政规定代替更为基本而透明的法律和行政法规发挥着作用。而且，大多数行政机关的内部文件是上级对下级机关工作的指示。这些规定目前进行制度化的公布渠道还不完善，从而使得行政机关在执法中有太多的随意性。二是有关非营利组织的民事关系调整的法律薄弱。非营利组织内部组织、财产关系等是关系其发展的关键性因素，由于非营利组织是民间组织，这些至为关键的关系是民间的契约无法调整的，因而必须有政府必要的干预，即通过完善的民事实体法加以规定和制约。正因为如此，非营利组织的民事关系历来是各国相关法律中一个极为重要的部分。但目前，我国在这方面是行政管理的规定占据了相关法律的大部分，而少有直接针对非营利组织内部组织、财产关系等的规定。这显然不利于非营利组织形成一个稳定的组织框架并尽量减少内部纠纷，从而达到组织目标。

我国非营利组织发展中存在的上述问题，从整个社会来看，主要有社会监督机制不完善、法制不健全、行为不规范、组织内部经费不充足、人民的结社意识不强等原因。非营利组织自身活动中存在的各种问题，相当程度上又与政府基本政策实施和法律所构成的外部环境有关。因此，必须改革来进一步完善。

（三）我国非营利组织改革发展的基本取向

非营利组织是公共管理主体的必要组成部分，从我国公共管理发展的基本需求以及政府职能转变改革中已出现的大量社会性、群众性、公益性和服务性职能从政府职能中分离出来加以分析，从政府公共管理大量采用市场化和社会化方式上分析，加强对非营利组织的培育和监督管理来促进非营利组织的发展和完善，是一项极为重要的改革任务。

发展和完善非营利组织的目标，是在继续扩大数量的同时，重点加快非营利组织的自治化进程，使之成为比较规范的非营利组织。培育和监督管理好非营利组织应是政府公共管理改革的重要内容。因为，只有通过政府公共管理方式的进一步改革和相关法律法规的健全与完善，才能为非营利组织的发展造就必需的外部条件；非营利组织的充分发展，也将有利于实现政府公共管理的改革目标。

1. 大力培育非营利组织

在大力培育非营利组织方面，主要抓好两项工作：第一，在社会领域推进"政社分开"改革。在全社会逐步树立起"只要是社会能做的事，政府就不要插手"的观念，并在社会生活的各个方面确立起相应的法律制度，政府逐步有序地从社会微观领域中退出，使非营利组织有必需的活动空间和平台，扩大非营利组织的数量，加快非营利组织的自治化进程。第二，重点在资金方面进行必要的资助。资金不足是当前非营利组织发展中存在的一个突出的问题，从中国国情看，短期内社会自身难以解决，因而政府给予必要的资金资助是培育非营利组织的一项重要工作。政府提供一定的资金，有利于非营利组织通过自身的服务取得社会公众的认同、提高和壮大非营利组织的服务能力。实际上，西方国家非营利组织需要资金 30% 以上来自政府，缺乏政府资助，许多非营利组织都难以生存。因此，结合我国的具体情况制定具体的政策为非营利组织提供必要的资助，是培育发展我国非营利组织的一项重要工作。

2. 加强对非营利组织的监督管理

加强对非营利组织的监督管理，重点要抓好两个方面的工作：第一，逐步完善有关非营利组织的尤其是其活动的法律法规。针对不同类型的非营利组织，制定行为规范，包括制定各种非营利组织可以提供的公共产品和公共服务的种类标准、质量标准和行为规范标准。第二，在逐步完善有关法律法规的过程中，通过依法行政和强化法律追惩的制度建设，[①] 强化监督管理、强化各种法律规范的实施和监督，特别是对非营利组织运行的规范化及质量的监督、对政府资金使用的监督。

第三节　事业单位

事业单位是我国计划经济体制下产生的在社会公共事务领域提供公共服务和进行公共事务管理的实际承担者。这种计划经济体制下产生的事业单位实施对社会公共事务的行政化管理，是高度集中的政府管理体制的重要组成部分，具有准政府组织的性质。当前，这种事业单位还是我国公共管理的重要承担者和主体之一。

一　事业单位的含义与特征

作为计划经济体制下政府对社会公共事务管理的承担者，事业单位具有自己特定的含义与特征。

（一）事业单位含义

事业单位是随着我国计划经济体制的建立而出现的、我国特有的对社会公共事务进行管理的实际承担者。与计划经济体制相适应，我国建立了高度集中

[①] 法律追惩，就是通过法律法规对非营利组织的活动给出一个法律禁止的底线，凡是法律禁止的，一定要严格行政执法，如果违反法律和有关规定，政府进行追查惩处；凡是法律不禁止的，非营利组织的任何活动都在允许之列，行政部门不予以干涉。

的、统一的政府管理体制,由政府统一管理人权、物权和财权,政府直接配置社会资源,直接组织和管理经济活动和社会活动。因此,与计划经济体制相适应,将社会事务和活动视为政府的事业,即"没有生产收入"、"所需经费由国库支出"的社会工作,并逐渐形成了高度集中的对社会事务的管理体制——事业单位管理体制。

事业单位是指受国家行政机关领导、没有生产收入、所需经费由国库支出、不实行经济核算、主要提供非物质生产和劳务服务的社会组织。在计划经济体制下,整个社会组织主要被划分为行政单位、事业单位和企业单位三大类型,其中事业单位主要涉及科学、教育、文化、卫生和体育领域。相应地,事业单位管理体制就是政府办事业,即主要由各级政府及其工作部门直接举办,政府管事业,即事业单位的管理和经营活动均由其主管的政府部门直接控制,政府养事业,即经费开支均由国家财政拨付。这种国家所有、国家经营和国家管理的模式,导致了政府和事业单位的一体化,事业单位成为了准政府组织。

(二) 事业单位的基本特征

我国与计划经济体制相适应的事业单位管理体制,具有如下的基本特征:

1. 事业单位活动的非经济性和政治性

我国的事业单位所从事的公共事务是不直接从事物质资料生产,但直接或间接地为上层建筑服务、为改善社会生产和人民物质文化生活条件服务的一种社会活动或工作。这种非经济化的定位,一方面,事业单位的活动都被视为社会活动而不是经济活动,事业单位所从事的科、教、文、卫、体等活动被排斥在经济活动之外,与经济发展相脱离,例如科研单位只管接受国家计划安排出研究成果,而推广应用则是政府的事;教育单位只管按计划招生并将学生培养到毕业,而分配则由国家统一负责等。另一方面,在整个国家经济发展水平还比较落后、群众需求单一的情况下,事业单位的活动更主要的被要求服务于上层建筑,甚至被作为上层建筑的组成部分,具有明显的政治性。

2. 事业由政府主办并主管

在计划经济体制下,由于政府统一管理人权、物权和财权,以行政的方式配置社会资源,加之全民所有制在所有制结构中占绝对优势,这就在制度安排上抑制甚至禁止了私人及社会团体管理这些事务的可能性。这样就形成了国家包办一切公共事务管理的局面，除少数集体所有制的事业单位外，我国的科学研究机构、教育机构、文化机构、卫生医疗机构、体育机构等都由各级政府主办并主管。政府是事业单位的所有者，事业单位是政府主办并主管的公共事务管理的主体。

3. 事业单位经费由公共财政供给

既然事业单位由政府举办并被定位于非经济的没有生产性收入的社会活动，没有自我生存与发展的能力，同时，事业单位从事的公共事务也是政府职能的范畴，因而在计划经济体制下，政府必然通过公共财政对事业单位的经费全面负责。这主要表现在：一是事业单位的人员全部列入编制，由公共财政供养；二是事业单位所需的活动经费由财政负担；三是政府为事业单位制定了统一的事业财务制度，包括事业单位经费预算收支科目、预算级别，开展活动中有关经费的领拨、缴销、运用、管理、监督等，都进行了具体的规定。

4. 整个事业单位系统具有行政性

在计划经济体制下，为了发展各项事业，中央和地方各级政府都按各类不同的事业，设立了相应的事业行政管理部门进行管理。政府是事业单位的所有者，因而事业单位和事业行政管理部门在本质上是同一的。这样，在整个事业单位系统中，政府既是事业单位的主办者或所有者，又是事业行政管理者、事业经营者或运行管理者，一身数任，扩大了政府事业管理职能范围。同时，政府包办并通过事业单位经费的财政供给直接控制事业单位的运行，使政府主管部门在其所管辖的领域内对事业单位处于绝对主导地位，事业单位成了政府部门的附属物，从而形成了事业单位与行政管理部门的一体化。

事业单位与行政管理部门的一体化，导致了政事不分。就政府事业行政管理部门而言，由于一身数任所形成的职能扩大化，往往是将事业单位的"事"作为"政"，直接以包括行政命令、指示、规定、条例、指令性计划等在内的行政手段进行管理，这些管理直接涉及事业单位具体而微观的活动，如事业单位的目标、任务、人员编制、活动经费、岗位设置、人事任免等，均由上级行政主管部门负责。就事业单位而言，由于人员列入编制，以财政支撑并接受行政指令来进行运行，将自己范围内的"事"作为"政"，相当程度上也就成了行政管理部门的一个下级部门，因而事业单位都具有相应的行政级别，其财务制度、人事制度和社会福利制度也完全等同于行政单位，其职能行使也带有较为明显的行政性。所以，整个事业单位管理体制在其职能上表现出行政化，事业单位也就成为了准政府组织。

我国事业单位管理体制的这些基本特点，既不利于社会公共事务的管理，也不利于事业单位本身的发展。事业单位的非经济化定位，使事业单位与经济发展相脱节，从而使其发展科技经济、教育经济、文化经济等不可能，使事业单位失去了自我生存与自我发展的基础，使科学技术成果等不能迅速转化为现实生产力；事业单位全部由财政支撑，一方面使国家财政不堪重负，另一方面使事业单位既没有自主支配经费的使用权，也没有自己独立的经费来源，从而严重压抑了事业单位的积极性；事业单位及其管理体制的行政性，一方面增加了政府的财政负担、降低了事业单位的运行效率，另一方面扩大了政府职能、导致政事不分。

我国所进行的历次行政体制改革，基本没有触及计划经济体制下形成的这种事业单位管理体制，使这种管理体制一直得到沿用；更有甚者，事业单位还成为了接纳机构改革精减人员的场所，成为了实行集中支付财政改革的障碍。因此，必须进行改革事业单位管理体制。

二 事业单位改革

(一) 事业单位改革的必要性

1. 事业单位规模巨大、增长过快，财政负担过重没有得到根本性的缓解

改革开放以来，与经济改革相适应，事业单位及其管理体制虽然也进行了一系列的改革，例如，针对事业单位管理体制高度集权所造成的各种弊端，分别采取了不同形式的"简政"、"搞活"等改革措施，逐步扩大了各类事业单位的人权、事权、物权和财权等；针对事业单位的服务单纯公益化与福利化所带来的弊端，分别采取了"创收"、"让利"、"免税"等改革措施，鼓励和支持各类事业单位挖掘潜力，开展多种经营，缓解事业单位经费严重不足的困难局面，实际上也在一定程度上倡导了事业单位有偿服务的观念；针对事业单位的财政统包所造成的各种弊端，先后采取了一系列新的事业单位资金供给方式，逐步收缩财政资金供给范围，并对一部分事业单位停止财政拨款，从而出现了全额拨款事业单位、差额拨款事业单位和经费自理事业单位等不同形式，还有一些事业单位转为企业化管理等。但是，全额拨款的事业单位占绝大多

数、事业机构和人员的快速增长，使各级财政不堪重负。

2. 社会效益不高

由于事业单位总体上仍然由公共财政供给，且与行政管理部门的隶属关系没有根本上改变。因而，一方面，国家对事业单位统得过多，管得过死，导致事业单位内部机制的不完善、影响活力和效益的情况仍然存在。在国家财力紧张的情况下，事业单位得不到足够的经费，仅有的一点经费也主要为了养人，缺少必要的资金，从而使事业单位在从事本职工作时积极性不高，导致了事业单位服务社会功能不断弱化、萎缩。另一方面，由于在对事业单位"放权"、"搞活"时对事业单位的根本性质缺乏明确的符合当代公共管理发展的定位，因而使不少事业单位热衷于通过各种方式甚至利用手中所执掌的行政权力去"营利"、"创收"，而弱化了公共服务，使社会对它们缺乏认同。

3. 与经济建设结合不紧密

由于没有改变计划经济体制下事业单位的非经济领域定位，使科研单位的成果难以转化为生产力，或者使科研单位难以有必需的经费支持从事虽不是直接但却是经济建设基础性的研究工作，使事业单位长期游离于经济建设之外的情况没有得到根本改善。

这种政事职责不分、管理方式单一、社会化程度不高、布局和结构不合理、管理体制和运行机制不适应市场经济要求的状况，都雄辩地说明推进事业单位管理体制改革已势在必行。

（二）事业单位改革发展的目标取向

与我国社会主义市场经济体制建立、政府职能转变改革相适应，事业单位管理体制改革的目标定位应当是促进事业单位的社会化和事业单位运行的法制化和民主化。

1. 事业单位的社会化

事业单位的社会化有两层基本含义，即社会公共事业社会办和事业单位的资源配置与服务社会化。社会公共事业社会办，强调的是社会公共事业兴办的主体多元化，建立国办、民办和社会办等多种形式，建立事业单位参与公共服务提供的新格局。这必然要调整和规范事业单位与国家关系，对事业单位自身的性质重新定位；按照政事分开的原则，根据事业单位的性质和服务的基本内容，分清政府行政管理部门与事业单位的责、权、利，正确确定和理顺与政府行政管理部门的关系，成为在法律规范下从事社会公共服务和管理的自主活动的主体，而不再是政府的附属机构。

资源配置和服务的社会化。在我国事业单位管理体制中，由于事业单位是政府的附属物，条块分割、部门分割的政府管理体制必然造成了事业单位管理的条块分割、部门分割局面。各个主管通过行政手段配置资源，也只为本部门、本地区、本行业服务，不对其他部门、地区、行业服务，更不对社会服务。因此，事业单位管理体制改革就必须打破资源的行政化分割与部门单位所有制，面向社会进行公共服务。

2. 事业单位运行的法制化和民主化

在原有的事业单位管理体制下，事业单位通过执行行政指令的方式完成国家计划，事业单位的发展主要取决于国家和政府领导人的重视程度，缺乏必要的法律保障和民主监督。事业经费要靠争取；事业机构的设立和撤销变化无常，完全缺乏必要的稳定发展机制。因此，事业单位管理体制改革在改变事业单位对政府行政管理部门的行政隶属关系、成为独立进行公共事务管理与服务主体的同时，就必须加强立法，建立和完善包括科学技术立法、教育法、文化法、卫生法、体育法等方面的法律法规体系。作为进行公共事务管理与服务的社会组织，事业单位不仅需要在其内部进行法律基础上的民主化运行，而且更要向社会公开，接受政府行政管理部门的监督和社会的监督。

（三）事业单位改革的基本原则和分类改革

要实现事业单位社会化以及运行法制化和民主化的目标，就必须以政事分开为基本原则，根据各类事业单位不同的性质，进行分步骤、分类别的改革。

1. 实行政事分开

原有的事业单位管理体制与当代公共管理不相适应的主要症结，是对事业单位从事公共事务的非经济定位，以及政府职能扩大化所形成的政事不分。政事不分的体制是阻碍事业单位成为独立进行公共事务管理与公共服务提供的结点。因此，政事分开应是事业单位改革的基本原则。

从根本上说，政事分开就是要解除政府与各事业单位的隶属关系，政府行政主管部门进行宏观管理，但具体事务则完全由事业单位自主解决，同时，要根据中央有关取消事业单位行政级别的精神和指示，有步骤地取消现行事业单位的行政级别。在这一基础上，重点进行政府和事业单位的职责分开、管理方式及手段分开工作。

第一，实行职责分开。职责分开的主要内容，是指原来在政事一体化的体制下由事业单位承担和行使的政府职能，应交回政府由政府履行；而原来各级政府机构承担和行使的一些技术性、服务性的工作，应交给事业单位去完成。这要特别注意的是，凡是由行政机关建制改为事业单位的，或以往已经建立的列入事业单位范围、使用事业编制但承担了一部分行政职能的事业单位，必须把行政职能交回政府；同时，单位及编制也相应地不再属于事业单位和事业编制。对于那些与政府关系密切，执行某种行政延伸性事务的事业单位，例如政策咨询、统计、信息等事业单位，应通过立法、行政授权等方式来进行处理，这些单位应成为公共管理中的准政府组织。

第二，实行管理方式及手段的分开。主要是政府行政主管部门对事业单位实行简政放权，对事业单位在宏观上按有关法律进行行政监督与管理；而在事业单位的人事、工资、计划、编制、财务、项目、职能等具体事务的运作与安排上，由事业单位自己管理。在事业单位的福利制度、单位名称等方面，事业单位也要与行政机关脱钩或必须严格区别。就事业单位来说，除经过立法、行政授权按需要使用行政手段进行管理外，在进行社会公共事务管理和公共服务提供时则应运用非行政手段。

2. 实行事业单位的分类改革

目前我国的事业单位的社会服务和管理涉及范围非常广泛，既包括纯公共物品和准公共物品，也包括了纯社会性事务和经济事务。相应地，管理这些公共事务、提供这些公共产品和服务的事业单位，也应具有不完全相同的性质和特点。因此，在以政事分开为基本原则进行事业单位改革的同时，必须对不同性质和特点的事业单位采取不同的措施，推行分类改革。按如下三类进行改革：

第一，具有准政府组织性质的事业单位，包括社会科学联合会、社会科学院、基础理论研究所、图书馆、博物馆、直接为政府决策和行政管理提供咨询、技术支持的机构、计划生育协会等一类的事业单位，提供的是纯公共物品。虽然在现代社会可以通过提供有偿的公共服务获取一定的运行经费，但从根本上说，这类事业单位难以推向市场，而它们的存在又是必需的。要使这一类事业单位正常运转并提供良好的公共服务，只能依靠公共财政的支持。因此，这类事业单位的改革，在解除与政府行政管理机关的直接隶属关系的同时，应根据立法，一方面，进行全额拨款，并在经济发展的基础上逐步加大公共财政对其的扶持力度；另一方面，对其行为及内部管理要强化监督。这类事业单位通过立法或行政授权等方式执行和处理某种行政延伸性事务，是公共管理中的准政府组织。

第二，具有一定经济效益的公益性的事业单位，包括养老院、大专院校、中小学校、重要的医疗卫生单位、疗养院、考试管理中心等一类的事业单位，提供的是准公共产品。对这一类事业单位，政府仍需通过差额拨款进行资助，其经济上的收入应实行收支两条线。这类事业单位应并入非营利组织之中，依法实行严格管理，避免其由公益性变为营利性，改变其作为社会公共组织的基本性质和宗旨。

第三，具有生产经营性和能力的事业单位，包括从事应用技术研究科研院所、广播电视台、报纸、刊物和出版社，城市公用事业方面的市政管理、房产管理、园林设计等一类的事业单位，以及规划、勘探等方面的公司、农业方面的种子站、科技服务中心等。这些性质的事业单位实际上与企业的性质相同，其中有的还有较大的市场竞争力。因此，对这些事业单位的改革应促使其企业化，实行企业化运作和自收自支。但是，由于这类事业单位又从不同的角度涉及公共利益、提供的是准公共产品和服务。因此，在其实行企业化运作之后，总体上仍需将其纳入公共管理的范围；对这些单位实行不同于普通企业的管理。对承担城市的水、电、煤气、公交等单位，既要防止其形成垄断，又必须从保证公众基本需求出发进行直接的价格和服务质量的管理与监督。因而，要通过对其获得的最高利润予以规定的方式，没有达到该利润时由政府财政补贴，达到利润之后的盈利由政府支配；加强对这些单位的财物监督和审计，加强行为规范和服务质量的监督。从而确保这些单位不利用管理公共事务、提供公共服务的机会谋取不正当的利益，损害社会公平。

通过在政事分开的基础上事业单位的分类改革，原有的事业单位就将分别转化为社会团体的准政府组织、民办非企业单位的非营利组织，以及涉足于公共事务的企业化运作单位。

第四节　公共组织的变革

一　科层制组织与反思

（一）科层制组织的基本特征

被称为"组织理论之父"的马克斯·韦伯，创建了科层制（或译官僚制）理论。这个理论是他庞大的政治社会思想的一个有机组成部分。韦伯认为，任何组织的存在都是靠权威来维持的，而合法的权威主要有三种：一是基于习俗惯例的传统型权威；二是基于领袖个人超凡魅力的超人型权威；三是基于理性法规的法理型权威。韦伯认为，建立在法理型权威基础上的合法型统治是最理性的统治类型，它扬弃了传统型统治和魅力型统治的非理性，成为既稳定又合理的统治形式。"合法型统治的最纯粹类型，是那种借助官僚体制的行政管理班子进行的统治"。[①] 在这里，科层制组织是按法理原则建立的一种理想化、正规化的组织形态，而不是效率低下与作风不正的官僚主义的同义语。科层制组织的基本特征包括：[②]

1. 专门化

在科层制组织中，作业是根据工作类型和目的进行划分的，具有很清楚的职责范围，它科学地划分了每一工作单元，删除了那些无用的重复工作，并考虑到职能交叉的必要。各个成员将接受组织分配的活动任务，并按分工原则专精于自己岗位职责的工作。

2. 等级制

科层制组织拥有一大批官员，其中对每个人的权威与责任都有明确的规定。官员们"处于固定的职务等级制度之中"、"拥有固定的职务权限"。[③] 这些官员的职位按等级制的原则依次排列，部属必须接受主管的命令与监督，上

[①] ［德］马克斯·韦伯：《经济与社会》（上卷），林荣远译，商务印书馆1997年版，第242—251页。

[②] 魏娜：《官僚制的精神与转型时期我国组织模式的建构》，《中国人民大学学报》2002年第1期。

[③] ［德］马克斯·韦伯：《经济与社会》（上卷），林荣远译，商务印书馆1997年版，第246页。

下级之间的职权关系严格按等级划定。

3. 规则化

科层制组织的运行,包括成员间的活动与关系都受规则限制。"通过协议的或强加的任何法都可能以理性为取向,即目的合乎理性或价值合乎理性为取向(或者两者兼而有之),并制订成章程,同时有权至少要求团体的成员必须尊重它"。① 也就是说,每位成员都了解自己所必须履行的岗位职责及组织运作的规范。因此,科层制组织所采取的手段能最有效地实现既定的目标,领导人一时产生的错误想法或已经不再适用的程序,都不大可能危害组织的发展。

4. 非人格化

在科层制组织中,官员不得滥用其职权,个人的情绪不得影响组织的理性决策;组织成员都按严格的法令和规章对待工作和业务交往,以确保组织目标的实施。这样一来,官员的人身依附关系由于内部关系的程序化而弱化了,因为官员在体制内的流动和升迁不再主要由他的上司的好恶决定,而是由制度所规定的程序化、客观性的量化标准来决定。行政官员"没有憎恨和激情,因此也没有'爱'和'狂热',处于一般概念的压力下;'不因人而异',形式上对'人人'都一样,也就是说,理想的官员根据其职务,管辖着处于相同实际地位中的每一个有关人员。"② 韦伯预言,官僚结构将越来越没有人情味,并将没有人情味视为一种美德。

5. 技术化

官员们"根据专业业务资格任命(不是选举)——在最合理的情况下,通过考试获得的、通过证书确认的专业业务资格"。③ 科层制组织中的成员凭自己的专业所长、技术能力获得工作机会,享受工资报酬。组织按成员的技术资格授予其某个职位,并根据成员的工作成绩与资历条件决定其晋升与加薪与否,从而促进个人为工作尽心尽职,保证组织效率的提高。

6. 公、私分明化

官僚制的设计把官员与其管理的物资和生产资料完全分开,官员和职员自己不实际占有管理物资和生产物资。"行政管理班子同行政管理物质和生产物

---

① [德]马克斯·韦伯:《经济与社会》(上卷),林荣远译,商务印书馆1997年版,第242页。
② 同上书,第250—251页。
③ 同上书,第246页。

质完全分开的原则是适用的……同时存在着职务机关（企业）的财富（以及资本）与私人的财富（家庭预算）完全分开的原则，以及职务运作场所（办公室）与住所完全分开的原则。"①

（二）科层制方法的主要内容

科层制是一种采用严格的规章制度来约束公共组织成员的行为，以高效完成工作任务的管理方法。规制型管理方法是工业革命的产物，它的出现是人类管理思想史上的巨大进步。在此前的传统农业社会，公共组织的管理往往是领导者凭借个人经验进行的，缺乏合理的分工、明确的制度与严格的制约，管理方法的零散杂乱在组织中造成了混乱无序、人心涣散、滥用权力、徇私舞弊、贪污腐败、裙带作风、效率低下等恶果。针对这种种缺陷，科层制管理方法强调对公共组织及其成员实行理性化管理，要求在公共组织内部进行专业分工、层级节制和严格规范，并以此作为提高组织绩效、实现组织目标的基本方式。具体而言，在公共组织的管理中，科层制方法的主要内容是：

1. 组织标准化

为了完成繁重复杂的工作任务，科层制管理在组织中推行标准化方法，以此提高工作绩效。它包括三个方面：第一，分工专业化。这是组织标准化的基础，它要求公共组织内每个职位的工作任务尽可能地简化、单一化，并把组织活动分解为各项比较细致的工序；第二，工作指标化。即对各个职位的工作要求作出说明，规定其完成工作的数量、质量、时间和程序；第三，人员统一化。组织中每个职位上的工作人员必须具有相应的能力，每个职位对任职者的素质和能力都有明确的统一标准，并要经过严格的培训，以使其能按质按量完成职位任务。

2. 工作秩序化

秩序是一切组织存在和发展的基础。科层制管理方法强调在公共组织内部的各要素、环节之间形成有机的联系，使相关组织之间互相协调，密切配合，形成了一个无障碍的工作流。它要求理顺组织内外的各种关系，包括命令服从关系、信息沟通关系、意见反映与反馈关系等。与此同时，它要求彻

---

① ［德］马克斯·韦伯：《经济与社会》（上卷），林荣远译，商务印书馆1997年版，第244—245页。

底清除人的随意性和传统组织的杂乱无章，使公共组织成为一架精密的机器。

3. 管理规范化

科层制管理严格按规章制度行事，坚决抵制人情关系的干扰。它包括：第一，组织成员之间的关系完全以理性准则为指导，坚决排斥一切人为的、情感的、偶然的因素，尤其是排斥不良人际关系的影响；第二，对所有的人都一视同仁，使组织成员具有平等感和公平感。所有的组织成员都必须遵守规则和纪律，不因个人情感的不同而不同；第三，明确规定每一成员的职权范围和协作形式，使各个成员正确行使职权，减少摩擦和冲突；第四，精确计算组织成员的工作成果，以业绩为依据进行奖惩，公正、客观、合理地处理问题。

（三）传统科层制组织的缺陷与困境

科层制管理盛行于工业社会，它追求理性和效率，其目的是排除人的情感因素对组织运行的影响，尽可能地消除偶然性，使公共组织成为一种客观系统。这种管理方法力图在无序中建立秩序，适应了工业社会的需要。

1. 传统科层制组织的缺陷

通过总结与反思，传统科层制组织的缺陷主要表现为：①科层制管理造就了一种刚性的官僚系统，就像一部机器，没有灵活性和主动精神，只有齿轮之间的被动运转。②采用标准化的管理和服务，忽视人的差异性和多样性。③排除了竞争的必要与可能，组织成员照章办事，墨守成规，以致造成得过且过、不负责任的现象。④依靠条块分割的专业化单位来解决不断出现的新老问题，导致机构不断膨胀，职能交叉重叠。

在《组织发展与官僚体系的命运》一文中，美国著名组织理论家沃伦·本尼斯总结了科层制组织的缺点：妨碍个人的成长和个性的成熟；鼓励盲目服从和随大流；忽视非正式组织的存在，不考虑突发事件；陈旧过时的权力和控制系统；缺乏充分的裁决程序；无法有效地解决上下级之间特别是各职能部门之间的矛盾冲突；内部交流沟通（和创新思想）受到压制、阻隔和畸变；由于互不信任和害怕报复而不能充分利用人力资源；无法吸纳新的科学技术成果或人才；扭曲个性结构，使职工变成阴郁、灰暗、屈从于规章制度的所谓

"组织人"。①

科层制曾经意味着组织方式的理性和效率。它给公共组织带来的逻辑规范，与装配流水线给工厂带来的逻辑规范一样，十分稳定、公平和精确。但是，公共组织的科层制，形成了一种典型的官僚体制，它专注于各种规章制度和等级节制的指挥系统，导致中央集权、层次繁多、行动迟缓的弊端。如果环境稳定，任务简单明确，社会需求单一雷同，那么传统的官僚体制还是可以胜任的。然而，在新兴的信息社会，每个人获得的信息量大大超过从前，人的自我价值大幅度提高，人的个性与要求更加多样化和复杂化，事物的变化幅度与速度也大大增加了，科层制管理模式已经不能有效地运转，必须采用新的管理方法。"官僚制的设计主旨之一是保护政府部门和公民免受因价值、时尚、观念等方面突然发生破坏性变化而带来的冲击。我们为此付出的代价则是组织缺乏灵活性。官僚制能在一个已知规则的框架内有效地运转，但它无法应付超越已知规则的快速变化。"②

2. 传统科层制组织面临的困境

自18世纪以来，科层制作为一种占支配地位的组织形态，以其形式合理性和技术化的设计在西方社会取得了极大的成功，但由于其自身存在的缺陷以及现代社会环境的发展和变化，科层制的组织模式也面临着危机，具体表现如下：③

（1）从组织环境来看，政府组织的"内环境"与"外环境"均发生了急剧的、复杂的和不可预料的变化：一是科层制所弘扬的"官僚制精神"，即非人格化、理性化与制度化，妨碍个人的成长和个性成熟，技术的普遍运用对个性的压制产生的非人格化与当代人们所渴求的个性的自由解放及对民主的追求产生了尖锐的矛盾；二是信息技术的高速发展使得经济和社会的节奏加快，陈旧的层级管理和控制系统、照章办事循规蹈矩的传统方式已无法适应越来越普遍的社会动态因素对政府的职能要求。"官僚组织的形状、形式、性质和规则因信息技术的进步而改变，这并不是某位未来学家的预言，而是目前

---

① 孙耀君主编：《西方管理学名著提要》，江西人民出版社1995年版，第273页。
② ［美］菲利普·J. 库珀等：《二十一世纪的公共行政：挑战与改革》，王巧玲译，中国人民大学出版社2006年版，第203页。
③ 陈国强、张洁：《转变中的公共行政范式——从官僚制行政走向后官僚制行政》，《浙江社会科学》2002年第4期。

活生生的现实"①;三是全球化的趋势使国内外的联系日益紧密,相对封闭和科层制组织建构与建立在主体交往、文化多元基础上的新时代格格不入。因此,沃伦·本尼斯认为官僚体制在"内适应"和"外适应"上均出现了当代困境。②

（2）从组织结构上看,在严格的非人格化的金字塔结构中,官员的职位是由上级权力当局任命的,并在公共机关的等级制度系统中实行终身制,而公职人员从政首先是一种谋生手段,有着自身的利益要求,普遍具有经济学预设的"理性经济人"的特征,他在大规模的科层制中会追求自身收益的增加或获得提升的职业机会。既然职业发展靠的是上司的有利推荐,以职业发展为目标的公务人员会取悦他或她的上司。有利的信息将会发送,不利的信息将会受到控制。"信息扭曲将会减少控制,并产生偏离由行动产生的结果的期望。"③也就是说,公职人员为了自身的或既得利益集团的利益会故意隐瞒详细的信息,导致行动偏离组织期望的目标。当然,得益的是官员,受损的是国家、社会和公民。

（3）从组织方式上看,行政控制是传统科层制行政的关键。它涉及财务系统、预算冻结、组织重组、汇报制度以及以无数方法扼制公务员的自由处理权。如此严格、机械的控制观念受到传统科层制的推崇,其最根本的原因在于为了维护金字塔结构的行政体系,只有加强控制,才能保证处于尖端的行政官僚的权威。因此,规则、中央集权、强制性成为传统科层制行政的特征。科层制对个体行为的控制,一方面,扼制了组织成员的创新思想,成员的竞争不以个体的创新与成就为标准,而以其职权的重要程度和服从表现为评价和晋升的条件,使组织内部竞争不公正;另一方面,组织的刻板性导致组织服务功能的减弱,增加用户即顾客、公众的困难。④

总之,"工业时代发展起来的官僚体制,专注于各种规章制度及其层叠的指挥系统,已不能有效运转;它变得机构臃肿、浪费严重、效率低下;它在变

---

① [美]菲利普·J.库珀:《二十一世纪的公共行政:挑战与改革》,王巧玲译,中国人民大学出版社2006年版,第203页。
② 朱国云:《组织理论:历史与流变》,南京大学出版社1997年版,第249—253页。
③ [美]文森特·奥斯特罗姆:《美国公共行政的思想危机》,毛寿龙译,上海三联书店1999年版,第67页。
④ 朱国云:《韦伯官僚组织结构理论的新演变》,《国外社会科学》1995年第10期。

化迅速、信息丰富、知识密集的 90 年代已不能有效运转了"。① 传统科层制组织已经日益不能适应急剧变动的外部环境，其变革势在必行。特别是进入 20 世纪七八十年代以来，以信息为基础的新文明动摇并改变了原有的政治、经济和社会运行方式。世界政治、经济、文化的巨变给传统科层制组织带来了前所未有的挑战，使它与时代发展不适应的方面日渐暴露出来。正如美国学者菲利普·J. 库珀所言："虽然一致性、持续性、预见性、谨慎性、执行重复性工作的高效性、平等性以及理性，都是非常重要的衡量标准，但它们仍不足以帮助我们应对 21 世纪组织所面临的挑战。由于政府的运作环境及政府的管理方式正在发生翻天覆地的变化，因而我们的组织结构、形式、程序和观念也要随之改变。"②

二 公共组织的变革

公共组织是社会大系统中的一个子系统，是一个不断与公共组织环境发生作用的开放系统。③ 公共组织只有不断地与其环境进行能量和信息交换，把投入转化为产出，才能生存发展和实现组织目标；同时，公共组织只有根据环境的变化而不断进行变革、保持与其环境的平衡，才可能维持其生存与发展。因此，正是公共组织环境的变化，促使了公共组织变革。

（一）公共组织变革的目标

公共组织变革不是一个自发的过程，而是一个有组织、有计划和有意识的

---

① [美] 戴维·奥斯本、特德·盖布勒：《改革政府：企业家精神如何改革着公营部门》，上海市政协编译组东方编译所译，上海译文出版社 1996 年版，第 12—13 页。
② [美] 菲利普·J. 库珀：《二十一世纪的公共行政：挑战与改革》，王巧玲译，中国人民大学出版社 2006 年版，第 201 页。
③ 公共组织环境是指所有能够直接或间接对公共组织的存在与发展产生影响作用的各种因素的总和。公共组织环境包括内部环境和外部环境。公共组织内部环境是指来自公共组织内部的组织目标、组织结构、人员、权力系统、规章、政策等对公共组织的存在与发展产生直接或间接影响作用的各种因素的总和。公共组织外部环境是指来自公共组织外部、对公共组织的存在与发展产生直接或间接影响作用的各种因素的总和。公共组织的外部环境分为国内环境与国际环境、社会环境与自然环境。政治环境、经济环境、文化环境、科学技术环境、法制环境、资源环境等外部环境因素对公共组织变革与发展具有重要意义。

变化过程。就组织变革的行为来看，虽然组织变革在现象上总是表现为组织机构的调整，机构调整也的确是组织变革中最大量的工作，但公共组织变革绝不是一个简单的机构调整、人员增减问题，而是一个复杂的系统工程。机构调整只是手段，优化组织整体结构和功能才是目的。与此相应，所有变革都与公共组织的目标密切联系。

沃伦·本尼斯曾提出四个组织有效的标准，此标准同样也可适用于公共组织变革的目标。这四个标准分别是：第一，适应性——解决问题以及对环境需求的变化的灵活反应能力；第二，组织身份的认同感——从组织本身出发，对组织存在的目的、目标以及组织的下一步任务的了解程度；第三，对现实的认识能力——搜寻、精确感知和正确解释环境，尤其是那些关系到组织功能的因素的能力；第四，整合性——使组织中各个部分都服务于组织目标的整合程度。[1] 其中，适应性与对现实的认识能力是衡量公共组织对外部环境的适应力与改造力的标准，而组织身份的认同感与整合性则是衡量公共组织自身稳定性与协调性的标准。

概括起来，公共组织变革的目标包括以下三个方面：

1. 提高公共组织适应环境的能力

公共组织为了生存和发展，要随环境的变化而变化。公共组织对外在环境的适应力就是适应环境的需要。公共组织的静态结构、动态过程都要顺应客观环境的现状及其发展变化规律。公共组织机构的组成方式、职责权限、工作程序、工作方法的设定都要立足于环境系统的要求，组织的各项调整和变革都不能与客观环境的发展规律相违背。公共组织对外在环境的改造力是指在适应外部环境的同时，能动地影响外部环境，推动社会发展。为此，首先必须充分利用外在环境变化带来的机会，把握时机，采取各种相应的措施和方法引导外部环境向着好的方向发展。其次，应充分利用外部环境中的种种客观规律，顺应各方面事物的自然发展过程来实现公共组织的目标。

2. 提高公共组织自身的稳定性、协调性

这个目标包括两个方面的内容：第一，理顺公共组织自身的工作秩序。按照公共组织的整体目标科学地划分各层级、各部门、各单位的职、责、权、利

---

[1] [美] 菲利普·J. 库珀等：《二十一世纪的公共行政：挑战与改革》，王巧玲译，中国人民大学出版社2006年版，第245页。

关系，使这些关系得到合理组合，既有严格明确的分工，又有和谐良好的合作，形成一个科学的、协调有序的系统；第二，理顺组织与个人的关系。把组织成员的个人目标纳入组织的目标体系之中，增强组织成员对组织目标的认同和支持程度，加强组织目标对成员的激励、约束作用，使成员个人目标与组织目标达到一种相互交融、相互促进的效果，使组织成员能通过组织目标的达成得到个人的全面发展，使其在生理、安全、社会、自尊和自我实现这五个层次的需求上均能得到合理的满足。

3. 提高公共组织的工作绩效

在提高适应能力、提高公共组织自身的稳定性和协调性的基础上，促进公共组织及其所属人员的知识、技能和行为方式的完善，提高工作绩效和服务质量，这是当代公共组织变革共同的、根本的目标。在这一变革目标的影响下，构建绩效型、责任型、学习型、服务型组织的变革浪潮正在全世界普遍开展。

（二）公共组织变革的内容

1. 组织结构的变革

公共组织结构是指公共组织各个要素的排列组合方式。组织结构的变革就是要根据组织管理层次与控制幅度，对组织层级之间、部门之间的职权关系进行合理分配，以降低组织分化与整合的复杂程度。同时，引入现代管理方式，例如标杆管理、全面品质管理、绩效评估等管理方法和手段，更高效地发挥公共组织效能。

在横向部门结构上，公共组织的变革主要有以下两个方面：其一，从公共管理的过程来看，正在由重决策、执行部门，轻监督、咨询、信息等部门的倾向，向重咨询、信息、监督部门转变，力求与决策、执行部门相平衡。其二，一个体系完整的公共组织系统是由决策、执行、监督、咨询、信息这五类部门所组成的，它们相互联系、相互配合、相互协调，使组织形成一个有效的闭环管理网络，充分发挥公共组织对社会事务的整体控制功能。加强这些部门的地位和力量，使其职能与社会环境发展的要求相适应，使其与决策、执行部门合理配套，就成为公共组织变革的一项重要工作内容。

在纵向层级上，整个公共组织结构有着从集权式、尖塔型的结构形式向着分权式、扁平型的结构形式发展的趋势。公共组织纵向层级的缩减既有出于政治上的考虑，也有管理上的原因。从政治上考虑，纵向层级过多，组织高层级所辖事务过多，则有可能削弱对下级的控制。从管理上考虑，纵向层级过多会降低管理效率。而且，随着公共组织成员素质的提高，交通、通信条件的日益发达便利，加上组织内部民主化、分权化要求的发展，公共组织的控制幅度也可扩大；与之相适应，纵向层级也可以缩减，促进公共组织扁平化。

2. 公共组织权力关系的变革

随着职能的转变和纵横结构的调整，公共组织的权力分配关系也要相应地发生调整。公共组织权力关系变革，在对一般事务的管理上是从集权型走向分权型，而在对宏观事务的管理上是从分权型走向集权型。

（1）公共组织向社会组织还权。公共组织是从社会中产生，又适应社会、服务于社会的。随着社会的发展变化，公共组织应不断调整自身的角色。"目前的发展趋势非常明朗，过去仅由单一政府部门提供的物品和服务，现已通过承包、特许、颁发许可证、发放凭证或完全放权的方式交由私人企业或非营利组织，或通过组织间签订协议的方式来提供。"[1] 各类社会组织应有自己特定的作用范围、享有必要的特定权力，公共组织不能越俎代庖。只有这样，公共组织才能专注于处理有关社会宏观问题的大事，更好地推动社会全面发展。

（2）横向分权。公共组织中的权力体系逐步由单纯的直线型权力关系向直线权力关系和参谋权力关系并存的状态转变。公共组织变革应给予参谋部门一定程度的、相对独立的决策权、控制权和协调权，各级公共组织应逐步由过去单纯的直线型权力关系转向直线关系与参谋关系相交织的状态，发挥参谋权的积极作用。

（3）在纵向权力分配上，实行集权与分权互相的融合与共存。"政府职能的改变，教育、培训项目的开发，员工计算机水平的提高，信息技术实际运用程度的提高，降低了人的认知局限。因此，如今的政府工作人员知道得更多了，信息渠道更广了，对组织间的相互关系的理解更深了，在信息、工作协调以及决策方面对上级的依赖程度也更低了"[2]，而这些因素的变化对公共组织纵向权力分配提出了新的要求，包括给予组织基层一定的自主权，充分发挥每一层级机构和人员的自主性、积极性、创造性。在宏观调控权力上，各国都有

---

[1] ［美］菲利普·J. 库珀：《二十一世纪的公共行政：挑战与改革》，王巧玲译，中国人民大学出版社2006年版，第204页。

[2] 同上书，第228页。

一种由分权走向集权的趋势。国家的行政权力是一个统一的整体。对于那些关系到全体社会成员整体利益的重大事务，必须保持高度的协调性、一致性，要求公共组织在国家的宏观层次上进行统一的协调和控制，否则就会给整个社会秩序带来混乱。

3. 技术变革

在公共组织运作过程中，普及使用网络化的大容量计算机等现代化设备，通过现代网络技术实行业务流程再造、业务协同和资源共享，根治传统组织形态中强调分工所造成的部门分割和官僚主义。同时，通过网络建立虚拟机构、客户信息系统、规范工作流程和简化管理程序，减去多余、重叠的机构和不必要的中间环节，实现"一站式"的管理与服务。

事实上，"受信息技术发展的影响，已有成千上万个中层管理职位被取消。该做法背后隐含的假设是，中层管理者执行的多数职能可以由经过培训的一线员工利用信息技术来完成，而且高层管理者可以通过网络来实现对一线员工的监督检查"，[1] 而这正体现了公共组织结构扁平化的发展趋势。

4. 产品和服务的变革

基于服务对象的需要，持续尝试发现更好的服务流程和服务方式，为社会提供最低成本、最好品质的产品与服务。或者通过创新公共服务方式，运用公共组织的技能与资源开发新产品与服务，使公共组织更好地满足顾客的需求。

5. 人力资源变革

人力资源是一个公共组织最重要的资源，公共组织根本竞争力在于工作人员的技术与能力。应用在人力资源上的典型变革内容包括：①投资于训练与发展活动，让工作人员获得新的技术与能力；②将工作人员社会化，融入组织文化，使其学习到有助于提升组织绩效的新常规（Routines）；③改革组织的规范与价值，重视融合组织自身文化的多样化员工，激发创新精神；④持续改进对多样化的员工所采行的晋升与奖励系统；⑤对高层管理团队进行变革，改善组织学习与决策制定。

在当代社会信息化、经济全球化和市场化、管理国际化的条件下，公共组织通过变革获得发展与能力，已经成为一股世界性的潮流。但在新的社会背景

---

[1] ［美］菲利普·J. 库珀：《二十一世纪的公共行政：挑战与改革》，王巧玲译，中国人民大学出版社2006年版，第203页。

条件下，公共组织变革越来越表现出以下的发展趋势：一是着眼于知识经济时代组织特征及内部个体作用的变化，积极倡导学习型组织；二是着眼于组织结构的变化，倡导构建无缝隙组织、网络组织和虚拟组织；三是着眼于组织功能的变化，区分"掌舵职能"和"划桨职能"、决策职能和执行职能，强化公共组织的社会服务职能。

思考题

1. 什么是公共组织？公共组织具有哪些特征？
2. 公共组织有哪些结构及其结构形式？
3. 简述公共组织的类型。
4. 什么是非营利组织？它的特征与作用是什么？
5. 如何评价非营利组织在公共管理中的作用与地位？我国的非营利组织与国外相比不同之处是什么？
6. 公共组织经历了哪些变革？它将朝什么方向发展？

第五章

公共部门职能与公共服务

公共部门的职能主要是指以政府为典型的公共部门依据国家授予的公共权力,以社会的公共利益为组织目标,在管理各项社会公共事务,向全体社会成员提供法定服务的过程中所承担的基本职责和所具有的功能作用的统一体。公共部门职能既表现为公共部门依法履行的职责,同时又表现为公共部门在国家和社会生活中的功用和效能,这两个方面的关系是辩证统一的,即公共部门的社会功能是其法定职责的前提和内容,公共部门的法定职责是其社会功能的实现和保障。而无论是从职责层面还是就功能向度来看,公共部门的根本职能都是公共服务。前面一章,我们已经对公共部门的内涵以及其构成体系进行了探讨,本章则主要在厘定公共部门职能与特征的基础上,重点探讨公共部门的根本职能即公共服务,特别是二者之间内在的逻辑契合关系。

第一节 公共部门职能的含义与特征

一 公共部门职能的含义

职能作为职责与功能的统一体,是指特定的组织基于某种规定所承担的基本职责和基于自身特定结构形式所发挥的功能作用的统称。美国著名的组织管理学者菲利普·科特勒(Philip Kotler)将社会组织划分为三大部门:第一部门——工商企业,是非公共部门,西方的一些学者将之称为私人部门,以营利性为主要特点;第二部门——政府,是纯粹的公共部门,具有公共性,是最主要的公共部门;第三部门——非营利组织,是以增进公共利益为组织目标，不具有行政权力的公共部门。按照这样的划分，公共部门应包括政府和非营利组织。另一方面出于管理社会事务及公共服务的需要还存在一种介于政府与非营利组织之间的过渡性公共部门——准政府组织，该类组织也具有非营利性，是以增进公共利益为组织目标，但通过授权等行使一定的行政权力或通过所具有的公共权威管理公共事务，对公共事务的管理具有一定强制性的公共组织。这样在公共管理过程中政府、准政府部门、非营利组织三大实体组织共同组成了公共部门的完整体系。不难看出上述三类组织具有并决定了公共部门的一个显著特征：非营利性，即以追求公共利益为共同目标。这一特征也是公共部门与私人组织之间最显著的区别。那么公共部门是什么？为什么需要公共部门？思考这个问题将最终有利于我们理解公共部门的职能及其特点。

关于公共部门的界定不同的学者往往见仁见智。希克斯（John Richard Hicks）曾经这样定义公共部门：公共部门是一种提供服务和产品的部门，其所提供服务和产品的范围和种类是不由消费者的直接愿望决定的，而是由政府机构决定的，在民主社会，是由公民的代表来决定的。

斯蒂格利茨（Joseph Eugene Stiglitz）通过公共部门与私人部门的概念来定义公共部门，他认为公共部门与私人部门的重要区别在于：一是经营公共部门的负责人所拥有职务的合法性直接或间接从政治选举过程中产生；二是政府被赋予一定的强制力，这种权力是私人机构所没有的，简单讲公共部门与私人部门的核心差异在于其是否拥有合法的强制力，政府是社会唯一可以合法使用暴力的机关。

在我国，学者曾建华认为，公共部门是社会共同设置的，为社会公用服务的机构。广义上公共部门包括政府性公共组织（各级政府部门、各种公营企业、公用事业部门等），也包括非政府性公共组织（各类社会政治组织、民间公共团体等）；狭义上公共部门仅指政府性公用组织，即预算管理下的各种政府部门。[①]

从学者们对公共部门的界定以及对公共部门需要的理解我们不难看到，公共部门的需要主要来源于两个方面：首先在经济方面，公共部门的存在以及运行主要是为了弥补市场机制的不足即市场失灵的种种弊端（如

---

① 曾建华：《现代西方财政学》，厦门大学出版社 2000 年版，第 28 页。

公共产品和公共服务供给的不足、市场经济中的垄断、外部性、经济波动等问题）；其次在价值判断层面，公共部门的存在有利于解决矛盾冲突，实现社会民主、平等和公共利益。这就决定了公共部门是一种具有公共性，以追求公共利益为目标，以提供公共服务为根本职能的组织。对于这一基本概念的理解具有重要意义，它决定了由单一主体——政府向社会提供公共产品的局限研究发展为多元主体——公共部门所承担的基本职能：公共服务。

因此，公共部门职能是指以政府为典型的公共部门依据国家授予的公共权力，以社会的公共利益为组织目标，在管理各项社会公共事务，向全体社会成员提供法定服务的过程中所承担的基本职责和所具有的功能作用的统一体。公共部门职能首先表现为公共部门依法履行的职责，即公共部门应该管什么，管到什么程度和怎么管；同时，公共部门职能又表现为公共部门在国家和社会生活中的功用和效能，即公共部门应该发挥什么样的作用。这两个方面的关系应该是统一的，即公共部门的社会功能是其法定职责的前提和内容，公共部门的法定职责是其社会功能的实现和保障。不能把这两个方面孤立起来，或只强调公共部门的法定职责而无视公共部门对社会应尽的义务，或只强调公共部门的社会功能而随意超越政府职责的法定范围。而要准确理解公共部门职能的概念，需要注意以下几点：

1. 公共部门职能是社会分工发展到一定阶段的必然产物

公共部门职能，是社会生产力，尤其是社会分工发展到一定阶段的必然要求。正如恩格斯所说，国家是社会分工发展到一定阶段，人类社会出现了阶级分化并产生了剧烈的阶级对立和冲突之后而产生的，它是社会矛盾不可调和的产物，其最直接的目的在于构成"一种表面上驾于社会之上的力量，这种力量应当缓和冲突，把冲突保持在'秩序'的范围以内"，从而使"这些对立面，这些经济利益互相冲突的阶级，不致在无谓的斗争中把自己和社会消灭"。[1] 为了实现并维护这种统治秩序，国家，也即政府的首要职能就是政治统治，此外还必须履行一定的社会管理职能。由此可见，公共部门职能是人类社会发展到一定阶段的必然产物，是人类社会维持并不断发展的必然要求。

---

[1] 《马克思恩格斯选集》第 4 卷，人民出版社 1995 年版，第 170 页。

2. 公共部门职能是当代各国社会与市场经济发展的基本要求

当前,世界各国都已明确地意识到了市场才是社会产品与服务的主要生产者与供应者。但是,现实证明,市场经济可以创造高效率的经济增长率,同时也会在利润的驱使下,严重破坏社会正常发展。正如被誉为"现代财政学之父"的马斯格雷夫(Richard Abel Musgrave)所强调的,在某些情况下,"市场机制自身并不足以实现所有的经济职能",离开了公共部门的市场将无法正常运行。[①] 马斯格雷夫及其他一些学者系统论述了公共部门应对市场失灵的经济职能,显然,我们亦可将其作为公共部门及其职能存在的合法及合理性的佐证。现代社会的高风险性,使得世界各个国家都必须发挥公共部门的相应职能,从而谋求经济、社会的共同发展。

3. 公共部门职能的存在,尤其是其存在状况与特定社会的自治能力密切相关

对于公共部门而言,社会自治能力的强弱直接对它们与社会自治之间的关系产生影响。在社会自治能力较弱的社会里,公共部门及其职能相对就会强大一些;相反,则会弱小一些。但在另一方面,在社会自治能力较为强大的国家或社会里,各种形式的非国家性的或者说非正式的公共组织则会蓬勃发展。实际上,在现代国家,社会自治能力的强弱直接影响着公共部门职能社会化的进程以及非正式的公共组织的发育程度。自20世纪70年代末以来,席卷世界各国的新公共管理浪潮,其实正是以各国社会自治能力的日益发达作为改革前提的。相应地,以缩减政府组织规模为基本取向、以公共企业民营化等为主要措施的政府职能社会化正成为改革的一般趋势。

二 公共部门职能的特征

公共部门以实现公共利益为目的,以提供公共服务为基本职能。这决定了公共部门作为一种特殊的组织类型,其职能既具有与其他社会组织的共性,也具有以"公共性"为核心的特殊性。其特殊性归纳起来主要包括以下几个方面:

[①] Richard A Musgrave, Peggy B Musgrave, *Public Finance in Theory and Practice*, Fifth Ed, New York: McGraw-Hill, 1989, pp. 5–6.

(一) 公共部门的职能以公共利益为价值取向

新公共服务理论学家登哈特夫妇（Robert B. Denhardt & Janet V. Denhardt）明确反对效率主义导向的新公共管理，提出"追求公共利益"才是公共行政的根本目标。公共行政的终极目标不应该是效率、利润，政府更节约、更经济不是政府存在的理由，谋求公共利益才是政府存在的合法性基础，要"确保公共利益居于支配地位"①。因此公共部门的存在和运行应该也必须是为了追求和实现公共利益，一切职能的设置都以实现公平、民主、公正以及公民的福祉为主要目标。公共部门职能的运行及其效果评价也以是否有利于实现公共利益为基本行为原则和评价原则。这决定了公共部门职能与追求个人利益的私人部门职能的本质区别，也明确划分了公共部门职能存在的领域与运行方式。

(二) 公共部门的职能具有政治性

公共部门存在于一定的政治环境中，受到相应政治文化的影响。公共部门的职能是为实现公共利益，并且涉及面广，具有全局性的特点，因此其在运行过程以及产生的效果方面都具有相当的政治性。而作为公共部门核心的政府是国家权力机构的重要组成部分，其从事的各种活动往往具有政治目的和政治意义，体现着统治阶级的意志和统治阶级内部各方面的关系，并表现出鲜明的政治性。因此离开政治性谈公共部门的职能势必失去理论基础和现实意义。在西方社会，公共利益的分配、公共政策的制定以及公共部门的设立与运作机制随处可见政治因素的痕迹。在中国，一切权力属于人民，因此公共部门的职能是为人民的利益服务，公共部门以人民的利益作为一切行动的出发点和动力。

(三) 公共部门的职能具有合法性和法律的权威性

合法性包括广义和狭义两个方面，广义上的公共部门职能合法化一般是指公共部门的职能能够被公众认可、接受、遵从，而能够被公众认可、

---

① ［美］珍妮特·登哈特、罗伯特·登哈特：《新公共服务：服务而不是掌舵》，丁煌译，中国人民大学出版社 2004 年版，第 64 页。

接受、遵从的过程就是公共部门职能合法化的过程。一般是指在公共部门职能的设立必须符合公共利益，以维护和实现公共利益为基本原则和行为准绳。并且在公共部门的设立过程中应通过多种途径让公众了解、参与，充分发挥公众在公共服务中的作用。狭义的公共部门职能合法化主要指任何公共部门职能的建立、履行、撤销都必须以宪法和法律的精神、原则、规范和程序为依据，必须接受权力机关、上级主管部门以及社会公众的监督。

公共部门中的政府以及权力机关授权的组织，其职能具有法律权威性并以国家强制力为后盾。政府依法行政、处理社会公共事务时，对于它所制定的政策、法规、法令、命令等，其管辖范围内的各种组织和公民都必须遵守。而国家权力机关授权的公共部门相关职能，也具有法律效力和权威性，各类社会组织和公民也必须严格遵守。

（四）公共部门的职能具有社会性

公共部门的职能来源于社会问题，各种职能的设置与社会问题具有回应性和对应性，这决定了公共部门的职能具有社会性。当今社会正处在快速多变时期，各种新的社会问题层出不穷，表现出复杂、多变、突发等特征。政府在面对这些问题时表现出力不从心的局限性。这就要求公共组织内部的政府、准政府组织、非营利组织能够协调配合，发挥合力共同解决社会问题。随着社会经济的发展，公共组织将在经济、科技、教育、文化、邮政、卫生、交通、通信、环保、社会保障等各个领域遇到前所未有的挑战和难题，发动并依靠社会力量和资源，实现公共组织与社会力量的良性合作是未来充分发挥公共部门职能，有效解决社会问题，完善公共服务的一个有效途径。

（五）公共部门的职能具有服务性

正如美国学者丹尼斯·A. 荣迪内利（Dennis A. Rondinelli）所说："各种调查和民意测验表明，公众希望看到政府改善和提高为民服务的方法和质量，即希望政府能够提供更优质的服务，切实有效地扩展服务的领域和范围；公众也希望政府提高公共服务的能力，以较低的成本提供更多、更优质的服务。"①随着经济社会的发展以及全球化、信息化、科学技术的进步，公民对公共服务提出了更多、更高的要求。越来越多的突发公共危机事件也告诉我们，许多社会问题需要完善的公共服务体系以实现预见性的管理。因此，公共部门的职能必须以公共服务为根本，内部有效协调配合，外部广泛沟通合作，不断增加公共部门职能的服务效率和服务品质，以服务于民，实现公共利益。这不仅是公共部门合法性的主要来源，也是未来公共部门职能的必然发展趋势。

三 公共部门职能的转变

人类社会从传统到现代的演变，是一个不断挑战自我的过程。从茹毛饮血到刀耕火种，从农业社会到工业社会，从工业社会到后工业社会，人类活动的领域和范围得到了极大的拓展。在人们的基本生存问题得到初步解决之后，人类社会的存在形态日趋多姿多彩，社会经济生活的内在运行机制也实现了从传统的简单、单一化的形态向现代的复杂、多元化的形态的转变，这种转变成为促使公共部门管理活动的内容和手段日益多样化的内在动力。而随着公共部门管理活动内容与手段的日益多样化，公共部门的职能也相应发生转型，这其中尤以政府的职能作用最有代表性。从古典经济学派的"守夜人"到凯恩斯主义的"国家干预"再到新自由主义的"放松管制"，政府的职能在社会的发展过程中不断变革。

在市场经济发展初期，为摆脱教会、地主、城镇行会对经济活动的控制，确立新型的市场秩序，打破地方封锁，扩大国内市场，对外扩张，促进外贸，人们一般强调国家的干预作用，这在重商主义经济理论及其政策主张中得到了充分的体现。市场经济体制及秩序在西方各国确立之后，人们对国家作用的认识及所采取的政策发生了变化，自由放任、限制国家干预的观点取代了古典的国家干预论，这集中反映在以魁奈为代表的重农主义学派，以斯密、李嘉图和密尔为代表的古典学派和以马歇尔为代表的新古典学派的经济理论及政策主张中。古典自由主义经济理论的代表人物亚当·斯密（Adam Smith）主张政府

---

① [美] 丹尼斯·A. 荣迪内利：《为人民服务的政府：民主治理中的公共行政角色的转变》，《经济社会体制比较》2008 年第 2 期。

实行不干预政策，给予个人和企业最大限度的自由放任，并认为"管理最少的政府就是最好的政府"，政府的最佳作用只在于这样三大职能：第一，保护社会，使之不受其他独立社会的侵犯；第二，尽可能保护社会上各个人，使之不受社会上任何其他人的侵害或压迫；第三，建立并维持某些公共事业及某些公共设施。① 亚当·斯密等人主张由市场机制（价格）这只"看不见的手"去引导经济活动，政府要尽量少干预，只起"守夜人"作用。这种观点实际上成了当时西方各主要国家的基本政策主张。

随着自由资本主义向垄断资本主义的过渡，资本主义市场经济所固有的一系列弊端开始显现，比如失业、贫富分化、周期性经济危机等问题日趋严重，特别是1929—1933年的经济大危机，这场危机使人们清楚地认识到市场机制本身的局限性，这在客观上促使凯恩斯主义的兴起。凯恩斯主张放弃自由的放任主义，实行政府对经济生活的全面干预，特别是通过财政和货币政策来调控市场经济的运行。在他看来，政府不仅要履行传统的职能，而且要对充分就业、物价稳定、经济增长、国际收支平衡、收入均等化等负责。第二次世界大战后，凯恩斯主义成为西方经济学的主导学派，各主要西方国家普遍采取了干预主义政策。这些干预政策为战后资本主义经济的发展起到了一定作用，保证了战后近30年资本主义经济的持续繁荣。

二战以后，混合经济学家萨缪尔森（Paul A. Samuelson）从市场失灵的概念出发，把政府职能归纳为确立法律框架、改善经济效率、促进收入公平以及支持宏观经济稳定四个方面。②

然而，人们逐步发现，如同市场有缺陷、市场会失灵一样，政府的干预也是有缺陷的，政府同样会失灵；市场解决不好的问题，政府不一定能解决得好，而且政府干预失败的代价更高、更可怕。特别是20世纪70年代以后出现的以低经济增长、通货膨胀、财政赤字、高失业率为特征的"滞胀"现象使人们更清楚地认识到这一点。西方新自由主义或新保守主义经济学思潮正是在这一背景中形成和发展起来的。以现代货币主义学派、公共选择学派、新制度学派、合理预期学派等为代表的新自由主义反对凯恩斯主义的全面干预论，分析政府干预行为的局限性及政府失灵的成因与表现，主张限制或取消政府干

---

① ［英］亚当·斯密：《国富论》，商务印书馆1972年版，第252—253页。
② ［美］萨缪尔森、诺德豪斯：《经济学》，北京经济学院出版社1996年版，第552页。

预，充分发挥市场机制的作用。

新自由经济学派弗里德曼（Milton Friedman）认为，西方国家在干预的实践行动上并不成功，它的实际效果与预期效果之间有着相当大的差距。更为重要的是，政府干预的过程还包含着对公民个人自由的限制。因此，政府的干预是减少而不是增多，它的主要职能在于防御外来敌人的侵略，确保我们的每一个同胞不受其他人的强迫，调节我们的纠纷，以及使我们能一致同意我们应遵循的准则。①

以詹姆士·布坎南（James M. Buchanan）为代表的公共选择学派提出了"政府失效"的概念，并指出政府与政治本身也具有各种各样的缺陷和不足。按照布坎南的理论，政府的职能（集体行动）可以分为三个层次："第一，执行现行法律的那些行动。第二，包括现行法律范围内的集体行动的那些活动。……这一套行动包括提供资金，供给和提供'公众所需的商品和服务'。第三，包括改变法律本身和现行成套法律规定的那些活动。"②

新自由主义成了当代西方经济学的主流，并对西方市场经济国家的政策产生越来越重要的影响。但是，不管怎样，迄今为止西方发达国家实行的市场经济并未完全排除政府干预。在宏观调控方面，各国所实施的调控措施只是干预程度、干预内容和干预方式不同而已。

从以上不同时代和不同研究领域的经典学者对政府职能结构与特性的种种阐释，不难看出，大多数政府职能理论都沿着自由主义和国家干预主义两条线索独立发展并交叉作用。在不同的历史时期，对政府的职能要求有差异，或者说政府的职能重心会向某一方面倾斜。其中，自由主义的政府职能理论大多在国家干预失效时，从个人自由和市场效率出发，强调对政府作用施以必要的限制；而国家干预主义的政府职能理论大多在市场失灵问题凸显和社会自主性缺失时，强调通过政府社会职能和经济职能的发挥来弥补这些缺陷与不足。但是，我们应该注意到，政府职能演进变迁的总趋势是：传统社会的阶级统治职能，逐渐转向现代工业社会的社会管理职能和后工业社会的社会服务职能。把握这样一个总的趋势，无疑对于认识和理解现代以政府为代表的公共部门职能

---

① ［美］米尔顿·弗里德曼等：《自由选择：个人声明》，商务印书馆1974年版，第27页。
② ［美］詹姆斯·M. 布坎南：《自由、市场和国家——80年代的政治经济学》，上海三联书店1989年版，第244页。

有重要价值。

第二节 公共服务的含义与特征

一 公共服务的含义

1. 公共服务的由来

19世纪后半叶，德国社会政策学派代表瓦格纳（Adolf Wagner）初步提出了公共服务的概念。他认为："如果我们考虑财政经济中国家以及其他消费所需的支出经济的话，那就必须筹划国家需要中所支出的工资乃至薪俸，或直接使用于公共服务的，或为获得其他财货而必须预为筹措的财货和货币的部分。在整个国家需要中，这一部分特别叫做财政需要。"[1] 1912年，完整的"公共服务"概念由法国公法学派代表莱昂·迪骥（Léon Duguit）提出，他指出："现代公法制度背后所隐含的原则，可以用这样一个命题来加以概括：即那些事实上掌握着权力的人并不享有行使公共权利的某种主观权利；而恰恰相反，他们负有使用其手中的权力来组织公共服务，并保障和支配公共服务进行的义务。公共服务的概念也就成为了现代公法的基本概念。"迪骥认为："对一项公共服务可以给出如下定义：任何因其与社会团结的实现与促进不可分割、而必须由政府来加以规范和控制的活动，就是一项公共服务，只要它具有除非通过政府干预，否则便不能得到保障的特征。"[2] 从这一定义我们可以看到，在政府的职能和公共权力的运用上，莱昂·迪骥更多强调政府供给公共服务的义务。但由于受时代背景等限制，莱昂·迪骥将政府的管理等同于公共服务使其理论凸显出较大的局限性。

此后，经济学家的研究中心逐渐转向公共物品理论，公共服务的概念在社会科学中逐渐沉寂，公共物品的概念成为理论研究中的主导选择。20世纪五六十年代理论界兴起了政策科学运动，其间由于公共政策本身即是一种特殊的

---

[1] 毛连程：《西方财政思想史》，经济科学出版社2003年版，第123页。
[2] [法]莱昂·迪骥：《公法的变迁——法律与国家》，郑戈译，辽海出版社、春风文艺出版社1999年版，第53、466页。

公共服务，在公共管理过程中政策工具也成为了公共服务的手段和策略，因此公共服务概念被再次关注。20世纪七八十年代，一场声势浩大的"新公共管理"运动在西方展开。"新公共管理"理论主要包括两个理念：管理的自由化和市场化。管理的自由化主要来自一种理念：公共官僚制绩效的低下来自于"坏制度"，要改进公共官僚制的绩效必须"让管理者来管理"，应解除规制并进行分权。管理市场化主要包括两个概念：竞争和私营部门管理的普遍化。市场经济下优胜劣汰的竞争压力促使管理者必须提高绩效。管理市场化试图通过引入竞争和私营部门的先进管理技术促使公共部门摆脱"天生的"低效率。新公共管理的代表作是当时美国总统克林顿推崇的由奥斯本和盖布勒（David Osborne & Ted Gaebler）所著《重塑政府》。该书旨在运用企业家精神对政府进行重塑，并提出企业家政府理论的十条政府体制改革原则：①掌舵而非划桨：掌舵型组织机构需要发现达到目标的最佳途径。划桨型组织机构倾向于不顾任何代价来保住他们的行事之道。②授权而不是服务：妥善授权而不是事必躬亲。③竞争性的政府，把竞争机制注入提供服务中去：竞争是促进革新的永动力，政府恰恰非常缺乏。④有使命感的政府：重任务而减少规章制度的驱动。⑤讲究效率的政府：注重产出而不是投入。⑥受顾客驱使的政府：顾客就是上帝，民众利益为重。⑦有事业心的政府：在规章制度和预算的前提下放手让行政人员实现使命。⑧有预见的政府，预防而不是治疗：制定战略规划来应对即将出现的情况并引导社会向着有利的方向发展。⑨分权的政府，从等级制到参与协作：广泛授权，分权管理。⑩以市场为导向的政府：政府应当为市场的运行制定规则，并让其健康发展。新公共管理理论备受推崇之际也遭到了来自各方面的批评和质疑。福克斯在《作为后现代符号政治的政府再造》中认为新公共管理理论存在内在矛盾；美国学者哈勃尔和格林（Lawrence Hubbell & Richard T. Green）认为企业家政府模式引用法国经济学家萨伊对企业家概念的定义并试图将这一定义简单地推广为任何人、任何公务员或公共组织都可以仿效的行为准则，这是对美国政府及其治理模式的极大偏离，这些偏离将会引起涉及诸如"三权分立"体制中的制度关系、法治、制度稳定与整合、分配效应以及富有活力的政治社群的维持等传统的基本政治问题。[①] 以罗伯特·B.登哈特为代表的学者在对新公共管理理论进行批判和反思后，建立了一种新的

---

① 陈振明：《公共服务导论》，北京大学出版社2011年版，第5页。

理论——新公共服务理论。

新公共服务理论认为公共行政官员在其管理公共组织和执行公共政策时，应该集中于承担为公民服务和向公民放权的职责，他们的工作重点既不应该是为政府这艘船掌舵，也不应该是划桨，而应该是建立一些具有完整整合力和回应力的公共机构。新公共服务理论主要包括以下几个方面的基本观点：服务而非掌舵、公共利益是目标而非副产品、在思想上要具有战略性、为公民服务，而不是为顾客服务、责任并不简单、重视人、公民权和公共服务比企业家精神更重要。

2. 公共服务的界定

在公共服务产生与发展的过程中，不同学者从不同的视角度对公共服务给予了自己的理解和阐释，主要包括"产品说"、"利益说"、"主体说"、"价值说"等不同观点。

（1）产品说。这一观点根据产品的特性来界定公共服务。许多学者从萨缪尔森（Paul Anthony Samuelson）的经典表述出发，认为"公共服务就是提供公共产品"，通过解释"公共产品"所具有的非竞争性和非排他性特征来推演和解释"公共服务"的概念。比如，国家行政学院马庆钰教授认为，公共服务主要指由公法人授权的政府和非政府组织以及有关工商企业在纯粹公共产品、混合型公共产品以及私人产品的生产和提供中所承担的职责。[①] 也有学者通过产品分类理论的演进分析，提出"公共服务"除了提供纯公共产品，还提供其他具有公共性的产品，通过解释产品的混合型特征来解释公共服务的混合性特征。

（2）利益说。新公共行政学派代表弗雷德里克森（H. George Frederickson）认为，凡是促成民主发展、培养公共精神以及维护社会公正和公共利益的官员行动或政府行为都是公共服务，"政府公共服务就是要对宪法、社会公正和公共利益作出必需的回答"。[②] 在中国，有关公共服务的研究兴起后，有学者提出，政府提供公共产品的根据是对公共利益的判断，公共利益才是判定公共服务的内在依据，产品只有与公共利益相关联，才能具有公共服务的属性。

（3）主体说。按照登哈特（Janet V. Denhardt）等人的解释，公共部门日

---

① 马庆钰：《关于"公共服务"的解读》，《中国行政管理》2005年第2期。
② ［美］乔治·弗雷德里克森：《公共行政的精神》，中国人民大学出版社2003年版，第36页。

益重要的角色就是公共服务,即要帮助公民表达并满足他们共同的利益需要,而不是试图通过控制或者"掌舵"。少数持保守主义观点的中国学者指出,在中国目前的社会背景下,由于市场的严重外部性、信息不对称和公民参与的孱弱等因素的影响,只有政府才具备提供公共服务的能力,因此,公共服务就是政府通过公共财政生产公共产品以满足社会需要,运用公共权力维护社会秩序和公共利益的过程。

(4)价值说。也有学者认为公共服务是政府为满足社会公共需要而提供的产品与服务的总称。其基本特点表现在两个方面:第一,公共服务是满足社会公共需要的社会产品。公共服务是政府运用公共资源,根据权利、正义等公共价值,积极回应社会公共需要,为实现社会福利最大化而提供的社会产品和服务;第二,公共服务是公民平等享受的社会产品。公共服务的目标就是平等地解决社会成员的基本生存、生活问题,平等地改善公民的生活状况、提高公民的生活质量、造就精神心理健康且有能力的公民。[①]

以上理解虽然角度不同、着眼点各异,但都体现了公共服务的基本特质:一是满足社会公共需要;二是公民平等享受。

综上所述,我们认为,公共服务是指以政府为代表的公共部门和其他治理主体为满足社会公共需要,整合公共权力和公共资源,通过各种机制和方式提供的产品与服务的总称,它是由以政府机关为主的公共部门生产的、供全社会所有公民共同消费、平等享受的社会产品。

二 公共服务的特征

1. 公共性

公共性是公共服务的首要特征,也是公共服务与其他服务最本质的区别。

首先,从公共服务的目标和对象上看,公共服务以满足公共需求为导向,以公民和其他社会组织为服务对象,为公民和社会组织提供各种公共产品和公共服务,以实现公共利益,具有突出的公共性。

其次,在公共服务的主体和方式构成上,以政府为核心广泛整合了包括准政府组织、非营利组织、私人组织、社区以及公众的力量,广泛运用公共权威

[①] 李军鹏:《公共服务型政府建设指南》,中共党史出版社2006年版,第19页。

和公共资源对社会价值进行权威性分配，调解利益关系，以实现社会公平和正义，体现了运用公共资源和力量解决公共问题、实现公共利益的基本理念。

再次，通过参与公共服务的过程，公民和社会组织有了更多参与公共服务的途径和渠道，使得公共服务与公共需求、公共利益更为密切地对应起来，公共服务通过公民和社会组织的参与更加鲜明地反映了公共需求代表公共利益所折射出的公共性。

最后，公共服务的评价标准上，不以政府本身为社会发展提供公共物品的多少为标准，而是以其是否满足了社会和公众的需求为衡量标准。只有当社会和公众对政府的公共服务感到满意时，公共服务才是有效的。

2. 集体性

公共服务从计划、生产、消费、评价的整个过程来看，每个环节都是通过多个主体综合力量，协调行动完成的。如在计划过程中，有集体诉求、集体讨论、集体决策。在生产过程中，国防、教育、水电供应、社会保障等公共产品和服务是个人无法完成的，只能通过多个主体的协调配合才能得以实现。在消费过程中，公共服务具有非排他性和非竞争性的特点，所以公共服务必然是集体消费的，并且一般情况下边际成本为零。在评价过程中，公共服务的评价即质量的好坏多通过集体反馈得以完成，个人评价不能反映公共服务的整体效果。因此，公共服务必然是集体性的。

3. 多样性

公共服务的内容非常广泛，涉及社会各个层面和各个领域。公共服务在不同领域和层面所表现的形式和职能不同。公共服务根据其内容和形式分为：①基础性公共服务——公民及其组织从事经济和社会活动或者生产、生活、发展和娱乐等活动所需要的基础公共产品供给，如供水、供电、供气、交通与通信基础设施、邮电与气象等。②经济性公共服务——对市场和经济的调控作用，如各种经济政策的宏观调控。③社会性公共服务——对公民的生活、发展为公民提供的安全服务，如军队、警察和消防等的服务。在公共服务的手段上，公共服务的提供可通过多种方式进行，包括公共企业与政府的服务外包、信息规劝、补贴、产权拍卖、税收等。

4. 战略性和民主性

登哈特认为，新公共服务"思考要具有战略性，行动要具有民主性"，这一点十分重要。首先，公共服务对象多样，涉及各种社会组织、社会问题、公民等。其次，公共服务涉及领域广泛，包括经济、科技、教育、文化、邮政、卫生、交通、通信、环保、社会保障等各个领域。再次，此公共服务产生的效果与影响多层次多类型：效果包括直接效果、间接效果、潜在效果、象征性效果等；影响包括宏观、中观、微观等多个层面；此外，公共服务受历史因素的影响和限制，原有的公共管理成果和缺陷必将对现阶段公共服务奠定基础或形成制约，而现阶段公共服务的效果也将对未来的公共服务产生各种影响。因此公共服务计划应该是战略性的，着眼于宏观与未来。

登哈特在《新公共服务》中说："我们应为了增进和鼓励公民参与政策制定和执行过程的各方面和各阶段而管理公共组织。通过这个过程，公民'逐渐把自己视为行政国家的公民……而不是把自己视为行政国家的顾客、当事人和受益人'。公民不只是要求政府满足他们的短期需要，而是自己参与治理。组织则成为'这样一个公共空间，其中，具有不同观点的人们（公民和行政官员）……为了公共利益而一起行动'。正是这种与公民的互动和接触才使公共服务有了目标和意义。"[①] 因此，在整个公共服务中应重视公共服务与公民参与的关系，重视公民参与在公共服务中的重要作用，通过公民参与来实现公民的民主权利。

5. 动态性

公共服务是一个动态性的过程。公共服务的主体、客体、内容、方式都随经济社会的发展以及公共需求的变化而发展变化。

在主体方面，公共服务的主体构成由原有的单一政府向多元服务主体发展。随着社会发展，非营利组织和公民等重要主体加入到了公共服务的行列，开始发挥前所未有的独特作用。

在客体方面，公共服务的对象由原有非均等化，即地区之间、城乡之间、不同群体之间在基础教育、公共医疗、社会保障等基本公共服务方面存在差距，向公共服务的均等化发展。

在内容方面，公共服务随着社会经济发展以及公共需要的不断扩大和提升，其涉及的服务领域也不断发展扩大。

在提供服务的方式上，在社会经济发展、科学技术突飞猛进的时代，公共

---

① ［美］珍妮特·V. 登哈特、罗布特·B. 登哈特：《新公共服务：服务而不是掌舵》，丁煌校译，中国人民大学出版社2010年版，第83—84页。

服务的方式多样化、网络化、自愿化的趋势明显增强。

三　公共部门提供公共服务职能的必要性

阿玛蒂亚·森（Amartya Sen）认为：经济发展问题最终应该归结为人们"是什么"和"做什么"，例如人们是否长寿、健康、能读书写字、相互沟通等，这些直接与他们的"权利"相关联，因此人权对于人类发展是极其重要的。联合国秘书长报告《更大自由：为人人共享发展、安全和人权而奋斗》指出："没有安全，我们就不能享受发展的果实，没有发展，我们也不能感受到安全的存在；而如果不尊重人权，这两者我们都无法拥有。"《2000年人类发展报告》以"人权和人类发展"为主题，论述了"体面的生活水平、足够的营养、医疗以及其他社会和经济进步不仅仅是发展的目标，它们是与人的自由和尊严紧密相连的人权。"从这些论述中人们不难发现，涉及健康、医疗、食品安全、教育、社会保障等多方面的公共服务对于公民而言不仅是一种福利还是基本的人权。因此，公共服务的必要性不言而喻，而公共服务也深刻影响着我们的生产生活。

1. 公共服务对基本需要的重要作用

按照马斯洛的需要层次理论，人类生存和生活必须满足两个基本的需要，即生理和安全的需要，而生理和安全需要只能通过公共部门提供的公共服务得以实现。通过公共服务人们能够获得安全的食品、良好的居住环境、有效的医疗、健全的卫生保健以维持生命体的生理需要。此外，通过公共服务人们能够获得如公共治安、公共危机预防与救助、反贫困、失业保险、养老保险、医疗保险等多方面的生活安全保障，并能通过法律和制度维护自己的权利，实现社会公平。另外，公民可以通过享受教育这项基本而又重要的公共服务，实现自身的能力拓展和综合素质提高，进而对全社会作出重要的贡献。因此公共服务对于公民基本需要的满足是不可或缺的。

2. 公共服务对高层次需要的重要作用

马斯洛的需要层次理论认为，当较低级的需求被满足后，人们就会有更高级的需求：社会交往的需求、尊重的需求、自我实现的需求。而这些需求同样需要而且只能通过公共服务才能实现。通过公共服务人们获得了日常交往的基本物质平台，并按照公共服务中提供的基本行为准则保持着沟通和交往。在交往过程中人们受公共服务提供的各种道德标准和行为准则引导,并能够将公共服务提供的法律规章作为维护自己权利的有效工具。可以说,公共服务为人们实现社会交往提供了物质基础和精神条件。

在自我尊重和自我实现方面,公共服务中的教育可以让公民意识到自我的价值,发展自我能力,实现自我价值。

3. 公共部门存在的基础——公共服务

陈振明教授认为:"'公共利益'应当是由公共服务责任主体产生的,以满足某一共同体需要或社会全体(或多数人)需要的价值表达。……公共利益更多表现为需求中的实用主义,而不是信念上的抽象主义;也就是说,公共利益是价值层面的具体公共服务的结果兑现,以有形的和无形的服务产出为载体。"[①] 的确,在现实生活中往往存在这样一个逻辑过程:公共部门作为主体通过履行公共服务这一根本职能满足公共需求,解决社会问题,实现公共利益。因此,对于公共部门而言,公共服务是其存在的基础,通过公共服务追求和实现公共利益应该成为也必须成为其最根本的职能。

我们还应看到,公共利益的实现不仅仅是公共部门对有形和无形的产品与服务的提供和公民的被动消费,它还应该是一种行动、一个过程甚至是一种权利。登哈特给予了我们明确的解释:"追求公共利益并不意味着政府的决策者将会以某种方式制定出所有公民都会同意的政策。更确切地说,公共利益最好被视为社区对话和参与的一个过程。这个过程既可以使人们了解政策制定的情况,又可以培育公民意识。"[②] 不难看到,登哈特试图告诉我们一个事实:公共利益的实现应该是一种共同、超常的行动,在这个行动中多元的主体发挥着他们各自的作用,他们抛弃了狭隘的个人利益,达成共识,他们的行动是为了追求一个共同的目标——公共利益。因此,作为实现公共利益的公共服务其内涵与外延在全球化的今天,在公民意识觉醒的今天,在公共需求多元化、社会问题复杂化的今天,应该得到全新的解释。参与、协作、共同服务应成为当代公共服务的关键词,公民不是顾客,而是行动者。公共服务可以考虑社会化、市场化、民主化、电子化等多种发展趋向。正如登哈特所说:"如果采用'行

---

① 陈振明:《公共服务导论》,北京大学出版社 2011 年版,第 18 页。
② [美] 珍妮特·V. 登哈特、罗布特·B. 登哈特:《新公共服务:服务而不是掌舵》,丁煌校译,中国人民大学出版社 2010 年版,第 58 页。

政孤独徘徊者'的风格来单独地界定公共利益的话,那就完全忽视了民选官员、公民、法院以及治理过程中许许多多的其他参与者所扮演的积极角色。"①

第三节 公共服务的基本内容

人类社会的发展历史决定了公共服务的发展历史,人们需求的不断扩展决定了公共服务在内容上的发展和扩展。在不同的历史时期,由于受当时时代背景的影响,公共服务有着不同的内容;在不同的国家,由于不同的自然地理状况以及经济、社会、文化、宗教、习俗等因素的影响,公共服务也有着不同的内容。对于公共服务内容的研究,我们应该以人类的需要为基础,结合社会发展的时代特点和政府的能力对公共服务的内容进行界定。

个人需要是公共需要的基本构成基因,没有个人需要,公共需要无从谈起。马斯洛的需求层次理论在分析人类需求的同时,也间接阐述了公共需求的主要内容,进而告诉了我们公共服务应该发挥作用的领域。需要注意的是:公共需要不是多数人的需要在数量上的直接体现,它是社会共同的、整体的、综合的和理性的需要。公共需要同个体需要相比,具有集合性。其无法通过私人事务或家庭来满足,而只能通过公共服务来满足。公共需要具有公益性,其基本价值理念是促进个人的发展。公共需要不是全社会个人需要的简单加总,而是一般社会需要的抽象,是维持社会存在和社会发展正常进行的基础条件。随着经济社会发展而发展的人类需求在不断发展变化,公共需要也在不断发展丰富,而公共服务的内容也随之不断扩展。

一 公共服务内容的构成

1. 美国 19 世纪到 20 世纪公共服务结构的变迁②

公共服务是公共部门的主要职责之一。但是,公共服务产品由谁组织,由

---

① [美]珍妮特·V. 登哈特、罗布特·B. 登哈特:《新公共服务:服务而不是掌舵》,丁煌校译,中国人民大学出版社 2010 年版,第 59 页。

② 卢映川、万鹏飞:《创新公共服务的组织与管理》,人民出版社 2007 年版,第 162 页。

谁生产？如何组织？如何生产？这在不同国家和地区，由于历史、文化、法律和政治制度不同，往往有不同的选择。美国在19世纪到20世纪公共服务结构的变迁样态或许可以带给人们诸多启发。

在19世纪，美国新增公共服务主要是：治安、基础设施、市政工程和教育等领域；而支出比重最大的公共服务就是：基础设施、市政工程、教育等领域；增长型公共服务主要集中在：基础设施、市政工程、教育等领域。

20世纪初至二战后，美国新增公共服务主要是：公共卫生、社会救济、交通运输等领域；而支出比重最大的公共服务就是：教育、高速公路等基础设施等领域；增长型公共服务主要集中在：健康保健、交通运输等领域；收缩型公共服务主要是：公共卫生、高速公路等基础设施。

二战后至20世纪80年代，美国新增公共服务主要是：医疗、环保、科技、能源、住房、社区发展等领域；而支出比重最大的公共服务就是：社会保障与福利、交通运输、医疗卫生等领域；增长型公共服务表现为：公共服务全面增长。

20世纪80年代后，美国新增公共服务主要是：反恐领域；而支出比重最大的公共服务就是：社会保障与福利、医疗、教育等领域；增长型公共服务主要集中在：科技、医疗等领域；收缩型公共服务主要是：公共事业、社区与地区发展等。

从上面对美国19世纪到20世纪公共服务结构变迁的简单梳理中不难看出，美国公共部门职能日益青睐民生工程，特别是自20世纪80年代末以来，随着新公共管理运动的兴起，美国历届政府对公共服务进行了改革，其改革的主要方向是厘清政府、市场、社会在公共服务方面的责任边界，促使公共服务市场化、社会化、多元化，提高公共服务的绩效，满足公民的公共服务需求。

2. 现有公共服务分类的典型框架

公共需求的复杂性和发展性决定了公共服务内容是一个较为宽泛和复杂的概念，不同国家在不同时期，其公共服务的内容不尽相同。陈振明教授认为：现行公共服务分类主要有7种标准，即公共支出领域、政府职能体系、公共服务性质、专业知识领域、公共需要内容、资本和劳动力投入比例以及消费空间范围，由此形成7种典型的公共服务分类框架。[①]

[①] 陈振明：《公共服务导论》，北京大学出版社2011年版，第46—48页。

(1) 公共支出领域。具体包括：维持性公共服务、经济性公共服务、社会性公共服务三大类。

维持性公共服务的主要内容有：国防、外交、公共行政服务等；经济性公共服务的主要内容有：投资经营国有企业与公共事业、投资公共基础设施建设、对企业经营活动进行补贴等；社会性公共服务的主要内容有：教育、社会保障、公共医疗卫生、科技补贴、环境保护等。

(2) 政府职能体系。具体包括：主权服务、社会和文化服务、经济服务三大类。

主权服务的主要内容有：国家管理、司法、警察、国防、国家财政等；社会和文化服务的主要内容有：教育、卫生、社会保障、社会救济和文化活动等；经济服务的主要内容有：供电、供气、铁路运输、邮政和电信等。

(3) 公共服务性质。具体包括：基本公共服务、混合公共服务、政府管理私人部门所产生的管理性公共服务三大类。

基本公共服务的主要内容有：法律法规体系，公民权利保护，保证分配公正和经济稳定增长的财政税收和金融政策，社会保险和社会福利政策，国防，外交，国家安全，环境保护，航天科技，公费中小学教育，公费医疗系统等；混合公共服务的主要内容有：下水道系统，电话电信系统，电视广播系统，邮政服务系统；政府管理私人部门所产生的管理性公共服务的主要内容有：政府要求企业生产的产品符合统一的质量标准、卫生标准、技术标准、安全标准等。

(4) 公共需要内容。具体包括：政权性公共服务、社会性公共服务、经营性公共服务三大类。

政权性公共服务的主要内容有：立法、司法、行政、外交、国防等；社会性公共服务的主要内容有：社会就业、社会保障、教育、卫生医疗、文化体育等；经营性公共服务的主要内容有：邮电、通信、电力、煤气、自来水和交通等。

(5) 专业知识领域。具体包括：公共工程建设、公共交通服务、公共安全服务、人类健康和社会服务、文化和休闲服务、支持服务、公共设施七大类。

公共工程建设的主要内容有：垃圾收集和处理，墓地的维护和管理，供水、排污系统的设置与管理，淤泥的处理，危险材料的处理等；公共交通服务的主要内容有：道路维修，道路与停车场清洁，交通信号设置与维修，停车计数器维修和费用收集，行道树种植，公共交通系统的停车点和维修站的经营，公共交通系统的运营与维持，辅助客运系统的经营与维修，机场的经营等；公共安全服务的主要内容有：警察（包括预防犯罪、巡逻），消防，医疗急救服务，强制交通管制，拖车和存车服务等；人类健康和社会服务的主要内容有：公共卫生检查，动物控制，公务避难所的经营，托儿所的经营，儿童福利计划，老年人计划，医院的经营和管理，公共健康计划，药品和酒精治疗计划，精神病院和救助站的运营等；文化和休闲服务的主要内容有：休闲设施的运营，公园的建设和维护，会议中心和大礼堂的运营，文化和艺术计划的操作，图书馆的运营，博物馆的运营等；支持服务的主要内容有：法律服务，建筑和地面维护，建筑安全，交通工具的维护，薪水登记造册，征税，秘书服务，人员服务，公共关系，公共信息等；公共设施的主要内容有：电力，煤气设施的经营与管理、维护、建设等。

（6）资本和劳动力投入比例。具体包括：劳动密集型公共服务、资本密集型公共服务两大类。

劳动密集型公共服务的主要内容有：劳动量占据总成本80%或者以上的公共服务：教育、警察、消防等；资本密集型公共服务的主要内容有：资本量占据总成本80%或者以上的公共服务。

（7）消费空间范围。具体包括：全国性公共服务、地方性公共服务两大类。

全国性公共服务的主要内容有：国防、外交、中央政府劳务、邮政设施、交通运输设施、环境保护等；地方性公共服务的主要内容有：地方政府劳务、地方环境保护、城市基础设施建设、公园等。

综上观之，我们可以看到，根据不同的层次、性质、知识领域等视角，公共服务可以被划分为多个方面的内容，这些内容有区别的部分也有相互交叉重叠的部分，从中不难发现公共服务的内容是随着地域、经济社会发展状况、文化习俗等多种因素的变化而变化的，在不同时期、不同地域、不同专业角度公共服务的内容会出现部分的增长，也会相应出现部分的删减，这是由公共需要的多样性、发展性以及政府财政资金和能力的局限性决定的。因此，在对公共服务内容的把握上我们应持动态性、发展性的观点来进行分析和总结。

2004年2月，温家宝总理在中央党校省部级主要领导干部研究班结业式的讲话中明确提出，公共服务就是："提供公共产品和服务，包括加强城乡公共设施建设，发展社会就业、社会保障服务和教育、科技、文化、卫生、体育等公共事业，发布信息等，为公众生活和参与经济、政治、文化等活动提供保障和创造条件。"① 这是对我国公共服务的基本概括，明确了公共服务基础服务平台性特征，以及其与管制、监督、宏观调控等政府行为的区别。

二 公共服务的新模式

公共部门的公共服务能力在面对公共服务需求时表现出力不从心，而公共部门有限的资源在满足公共需求方面也是杯水车薪。公共部门常常面临如何提高自身公共服务的能力并且能够实现均等化的公平分配的难题。仔细分析不难发现，公共部门要实现公共服务的质量提升和均等化，究其根源还是必须依靠公共服务能力的提高。因此建立公共部门公共服务的新模式成为当下解决问题的关键，而"合作"也成为公共服务新模式的关键词。

合作的理念来源于西方经济和社会发展的实践。20世纪以来西方社会普遍陷入了福利危机。政府在扮演社会福利的供给者与成为经济增长的主力舵手之间难以抉择。与此同时，严重的财政危机和居高不下的福利水平使西方政府陷入了双重困境。在这样的情况下，人们开始意识到公共服务完全依赖于能力有限的政府是不可取的，应该发挥市场、非营利组织、社区甚至是家庭的作用来弥补政府的能力匮乏，通过这些商业性、志愿性、非正式性、互动性的服务，不但能够弥补政府的不足，而且成本更低、数量更多、质量更好。在风起云涌的新公共管理运动中，人们发现合作使得公共服务更有效、更经济、更灵活也更人性化，在这样的背景下西方联动化、混合化和网络化的部门合作便出现了，其不仅减轻了政府的压力也使全民福祉大为提升。

1. 政府与市场的合作

政府与市场的合作主要是将政府追求公共利益的目标与市场经济效率化的优势融合，从而通过市场实现公共服务。在两者的合作上，政府应该扮演公共服务计划的制订者和监督者，而市场则应该成为公共服务的提供者或者说是计划的执行者。陈振明教授提出了民营化、用者付费、合同外包、特许经营、凭

---

① 温家宝：《提高认识 统一思想 牢固树立和认真落实科学发展观——在省部级主要领导干部"树立和落实科学发展观"专题研究班结业式上的讲话》，《人民日报》2004年3月1日。

单制、分散决策、放松管制、产权交易、内部市场、全面质量管理、目标管理、绩效管理、战略管理、标杆管理和流程再造等 15 种市场化工具，[①] 这些都可以作为政府和市场合作的基本手段和工具。值得注意的是，在政府与市场的合作过程中应强化政府对市场的管理能力，保持政府对市场的严格监管。特别是一些关系国计民生的关键领域，其对社会的影响巨大，如果监管不当将导致灾难性的后果。与此同时还应注意公共服务合作中的腐败现象，防止公共服务偏离公共利益。

2. 政府与非营利组织的合作

非营利组织一般被界定为：以服务大众为宗旨，不以营利为目的，具有志愿性和自治性的正式组织。从非营利组织的性质和功能上看，非营利组织在公共服务中应该发挥重要的作用，因为非营利组织与政府在公共服务的目标上是一致的，它与政府的互补和协调配合能够使公共服务取得更好的效果。一般认为在公共服务中主要发挥作用的活动包括：慈善捐款、施财救困、志愿服务、公益活动、舆论宣传、医疗救助等直接活动和影响公共政策、监督政府、促进积极公民参与、积累有益社会资本的间接活动。随着社会经济的发展，非营利组织与政府的合作已拓展为三个层次：

（1）服务替代——将政府不能较好完成的公共服务交给具有更多服务优势的非营利组织来完成。政府在此过程中扮演引导者和监督者的角色，提供一定资金和政策的支持。

（2）服务合作——在政府和非营利组织单独都不能发挥较好作用的领域，政府与非营利组织进行合作性的服务。双方组织独立，信息共享，协调行动，发挥各自优势，实现优势互补。

（3）服务创新——在政府没有纳入服务范围的领域或能力不及的领域，非营利组织依托自身非正式性、灵活性等特点进行针对性服务。

3. 政府与公民的合作

在传统模式下，公共服务由政府提供，公共服务也大多体现政府的意识。公众只是一个服务的接受者，他们将自己的利益交给政府，试图通过政府将自己的诉求加以实现，但往往事与愿违。欧文·休斯（Owen E. Hughes）认为：

[①] 陈振明：《当代西方政府改革与治理中常用的市场化工具》，《福建行政学院学报》2005 年第 2 期。

"公民与政府的关系可以看成是一种委托—代理关系,公民同意推举某人以其名义进行治理,但是必须满足公民的利益并为公民服务。"[1] 托马斯(John C. Thomas)认为:"如果公共政策执行中缺乏公民参与,那么,这些政府提供的服务就可能是毫无意义的。"[2] 的确,无论是公民社会的基本理论还是新公共行政的基本思想都要求将公民的诉求和智能纳入公共事务的决策和执行过程中。离开公共服务的主体谈公共服务是毫无意义的。公民与政府合作参与公共服务的形式是多样的,一般包括听证会、市民会议、专题讨论会、信访、座谈会、研讨会、问卷调查、媒体、网络问政等多种形式。需要注意的是,在公民与政府合作的过程中,政府应扮演智慧的倾听者和理性的引导者:一方面,广泛了解公众对公共服务的需求、反馈和建议,积极疏通各种渠道让公众参与到公共服务中来,做到重大政情让公众知晓,重大决策让公众参与;另一方面,政府应保持自身的理性,防止出现多数的无知导致的错误决策。当前政府与公民的合作过程中应该秉承的基本原则是:政府理性主导,公民充分参与。应坚持"道器并重,术法相乘"的基本理念,一方面通过各种手段让公民积极参与公共服务,了解公众需求,开发公众力量完善公共服务;另一方面应在公众与政府合作的过程中总结经验,正确引导,建立相关制度规章、战略决策使公众与政府的合作能够走上常态化、法制化道路,真正体现人民主人翁的地位,实现人民的根本利益。

三 我国公共服务的发展

1. 我国公共服务发展的背景

经济社会的巨大发展使得我国公共需求发生深刻变化。当前,我国正处在从初步小康向全面建成小康社会的过渡阶段,这个阶段最突出的特点就是社会成员的公共需求开始发生深刻变化。第一,近些年,由于收入分配差距有不断扩大的趋势,广大社会成员对缩小收入差距、实行社会再分配的基本公共需求

---

[1] [澳] 欧文·E. 休斯:《公共管理导论》,彭和平等译,中国人民大学出版社2007年版,第268页。

[2] [美] 约翰·克莱顿·托马斯:《公共决策中的公民参与》,中国人民大学出版社2010年版,第5页。

比以往任何时期都更为强烈、更为迫切；第二，义务教育、公共医疗已成为当前多数社会成员重要的公共需求，并且比以往任何时候都要突出；第三，在我国经济社会转型时期，就业和社会保障已成为全社会重要的公共需求；第四，公共安全开始成为全社会成员普遍的公共需求；第五，随着利益关系的变化，合理的、正当的利益表达和利益诉求开始成为广大社会成员的公共需求。拓宽利益诉求和表达的正常渠道、建立不同利益群体的利益表达机制以及依法协调利益关系，这三个方面问题的解决对人们合理、正当的利益表达和利益诉求影响颇大。这五个方面的深刻变化，基本反映了当前公民全面发展的客观要求，而公共需求的深刻变化与公共服务的严重不适应，已成为现阶段我国经济社会发展中的突出矛盾和主要问题。公共需求数量的不断增长，公共需求主体不断扩大，必将成为制约经济持续较快增长、建设和谐社会的重要因素之一。因此，满足公共需求，提供最基本而有保障的公共服务，是促进经济持续较快增长、建设和谐社会的重要保障。

2012年7月颁布实施的《国家基本公共服务体系"十二五"规划》把公共服务界定为覆盖全民，贯穿一生，包含不同发展阶段的生存发展需求，提出了基本公共服务关注的八个重点领域即公共教育、就业服务、社会保险、社会服务、医疗卫生、人口计生、住房保障、公共文化，明确了"以人为本，保障基本；政府主导，坚持公益；统筹城乡，强化基层；改革创新，提高效率"四项基本要求。但是，目前我国的基本公共服务供给不足、发展不平衡的矛盾仍然十分突出，建立健全基本公共服务体系仍然面临许多困难和挑战。基本公共服务的规模和质量难以满足人民群众日益增长的需求；农村、贫困地区和针对社会弱势群体的基本公共服务尚未得到充分保障；体制机制有待进一步完善，城乡区域间制度设计未能良好衔接，管理条块分割，资源配置不合理，服务提供主体和提供方式比较单一，基层政府财力与事权不匹配，以及监督问责缺位等问题较为突出。必须深刻认识到，基本公共服务体系不健全，不仅难以保障发展成果惠及全民，不利于社会和谐稳定，而且还会制约经济社会健康、协调、可持续发展。

我国的经济转轨采取的是一种独特的渐进模式，面临的是发展和改革的双重约束，发展与改革如影随形。现在的发展已经进入到以满足公共需求为重点的新阶段，因此，改革也应当及时由以企业为中心的改革向以政府为中心的改革转移，在此基础上重建公共部门，构建高效率和公平的公共服务体系。包括国有企业在内的公共资源不能再继续运用于竞争性产品的供给上，而是要通过结构调整，主要运用于为老百姓提供基本而有保障的公共产品和公共服务上。要按照公共利益和公共服务的要求，推进公共管理的转型和创新。

2. 我国公共服务供给的战略

我国公共需求发生的深刻变化要求公共部门必须采取新措施、新战略，更加有效地提供公共服务。

第一，适应公共需求全面增长和深刻变化的客观现实，实施政府职能公共化战略。在初步建立市场经济体制条件下，应当加快实现以公共服务业为目标的政府职能转变。当前，政府提供的公共服务不能满足社会公共需求的矛盾较为突出，政府提供社会公共产品的能力有限，也同样要求政府的作用集中于核心公共领域，如发展科技和教育、提供社会保障等。

第二，加大对公共服务的投入比重，实施财政支出公共化战略。强化政府的公共服务职能，目的是为了向社会公众提供更多、更好的公共服务，满足社会对公共服务的需求。为此，就必须使公共资源向公共服务倾斜，增加对公共服务的投入比重，并改善投资和消费结构。罗斯托（Walt W. Rostow）认为，一旦经济达到成熟阶段，政府公共支出将从对于基础设施的支出转向不断增加的对于教育、保健和福利的支出。而且，旨在进行再分配的政策性教育、福利、医疗保健支出的增加会大大超过别的项目的公共支出，也会快于GDP的增长速度。在全面建成小康社会的奋斗过程中，随着工业化和城市化进程的加快，人们的收入水平也不断提高，人们对教育、娱乐、文化、保健与福利服务的需求将会随之提高，政府对这些公共产品与半公共产品的供给也将随之增加，从而引起公共支出的增加超过GDP增长的比率。

第三，实施公共服务多元化战略，扩大公共服务提供的主体。一方面，扩大第三部门参与。现代社会，公众的公共服务需求趋于多元化、分散化，各种公益组织、社区组织、行业协会、社会团体、中介机构、慈善团体等第三部门，在提供社会服务方面是可以大有作为的。在某些政府管不好、私人部门不愿管的领域，如志愿者服务、社区服务、慈善事业、非正规教育、咨询培训、老弱病残服务等，第三部门却可以做得成效更好、成本更低。另一方面，完善公私合作。通过合同外包、特许经营、BOT等公私合作形式，使公共服务的生产与提供分开，由私人部门参与生产，政府则负责向社会提供。这种公私合作在公共交通、能源、通信、公共设施建设、教育、卫生等服务领域均可大有作为。

第四，建立以结果为导向的公共服务运行机制。强化公共部门的公共服务职能，不只是一个如何"分好蛋糕"、如何"花钱"的问题，还有一个如何使所花的钱能够真正产生效果的问题。这就需要改进公共服务过程，建立以结果为导向的公共服务运行机制。从我国情况看，当前尤其需要建立健全以下三个机制：一是反映人民意愿的决策机制；二是绩效管理评估机制；三是问责机制。

第五，建立完善的公共服务制度。全面建成小康社会要求实现公共服务的制度化，要求政府提供基于宪法权利之上的、公平的、制度性的、可发展性的公共服务。建立公共服务型政府的关键是强化政府公共服务职能，而强化政府公共服务职能的关键，是建立符合中国国情的公共服务制度，实现公共服务的制度化、公共化、公正化和社会化。公共服务制度实际上是一种社会收入分配的制度安排，是一种对整体社会利益结构的合理调节和对社会利益的公平分配，因而，公共服务的分配原则应该以符合公平正义为原则，在利益配置上符合"最少受惠者的最大利益"原则。建立和完善公共服务制度，主要包括义务教育制度、社会保障与社会福利制度、公共医疗卫生制度、科技补贴制度、公共基础设施建设制度、公共收入与公共支出制度、公共服务参与制度、社会合作制度等。

思考题

1. 公共部门职能是如何产生的？具有哪些特征？
2. 简述公共服务的内涵及其特点。
3. 为什么要提供公共服务？
4. 简述公共服务分类的七种典型框架。
5. 如何看待现阶段公共服务的发展趋势？
6. 如何评价我国公共服务的发展？

第六章

公共部门领导

公共组织领导是公共管理学的重要组成部分，它贯穿于公共管理活动的所有环节过程，对实现公共组织目标具有十分重要的作用。因此，本章的核心问题是解决领导者如何实施有效领导，在内容上将围绕公共组织领导的内涵、领导理论、领导体制和领导方法进行深入展开。

本章的结构安排有四部分：首先介绍公共组织领导的含义、作用、特点等以初步理解公共组织领导，同时从公共组织领导者的权力类型和素质等方面进一步描述公共组织领导者；其次追本溯源，依次简述公共领导理论的变化，把握传统和前沿理论动态；再次阐述公共组织领导体制的内涵、基本类型和我国的领导体制；最后则是具体的公共领导方法，包括领导的激励、沟通和协调。

在本章的学习过程中，初学者应重点理解公共组织领导的内涵，掌握公共组织领导的基本概念知识和相关领导理论。在此基础上，熟悉公共组织的领导体制类型，了解我国的领导体制基本现状和问题。读者在理解公共领导方法时，应注意激励、沟通和协调三者之间的联系和区别，学以致用。

第一节 公共组织领导概述

一 理解公共组织领导

（一）公共组织领导的含义

管理的四项基本职能分别是计划、组织、领导和控制，领导是管理学科的研究重点之一。彼德·德鲁克（Peter F. Drucker）认为，领导就是创设一种情境，使人们心情舒畅地在其中工作[1]，他把领导看作创设一种情境的能力；斯蒂芬·罗宾斯（Stephen D. Robbins）认为，领导就是影响他人实现目标的能力和过程[2]；而巴斯和斯托克蒂尔（Bernard M. Bass & Ralph M. Stogdin）在其《领导手册》的序言中，甚至指出领导的含义至少有12种界定[3]。尽管许多学者都提出了自己对领导含义的理解，但目前还没有形成一个普遍接受的定义。正如格罗弗·斯塔林（Grover Starling）所说：领导之所以如此难以定义，是因为它包含了各种无形的议题（invisible issues）[4]。

一般来讲，领导可以理解为：领导者在一定的情境下，依靠某种影响力，为实现特定的目标而指挥和引导被领导者的行为和过程，它主要包含领导者、被领导者、作用对象和环境四个基本要素。

公共组织领导，限定了领导是发生在公共组织，而不是其他社会组织[5]。公共组织领导是指公共组织领导者在一定的环境下，依靠某种权力，为实现公共组织的目标以及达到对公共社会资源进行合理有效配置的目的，而指挥和引导组织成员及社会公众等被领导者的行为和过程。领导者除了运用公共组织赋予其的权力外，还需要运用激励、沟通和协调等公共领导方法以及创新和战略思维等公共领导能力来推动公共组织目标的实现。

（二）公共组织领导的特点

与私人部门或其他社会组织的领导有所不同，公共组织领导具有以下特点[6]：

1. 领导决策的公正性

尽管公共组织领导者也具有鲜明个性，但在领导决策中，领导者要抛弃个

---

[1] ［美］彼得·德鲁克：《管理思想全集》，中国长安出版社2006年版，第3页。
[2] ［美］斯蒂芬·罗宾斯：《组织行为学》，中国人民大学出版社1997年版，第12页。
[3] 陈振明、孟华：《公共组织理论》，上海人民出版社2006年版，第144页。
[4] ［美］格罗弗·斯塔林：《公共部门管理》，常健等译，中国人民大学出版社2012年第8版，第307页。
[5] Terry L. D.,"Administrative Leadership, Neo-Managerialism, and the Public Management Movement", *Public Administration Review*, Vol. 58, No. 3, 1998, pp. 194–200.
[6] 陈振明、梦华：《公共组织理论》，上海人民出版社2006年版，第164—165页。

性和主观判断，避免在决策中出现自己的个人意志和独裁专断，体现决策的公正和民主。

2. 通过公共组织发挥其领导作用

公共领导者通过公共组织被赋予合法的公共权力，行使公共管理职能，领导下属共同实现公共组织的目标。

3. 社会公共利益的价值取向

与私人部门领导追求的个人利益和组织利润不同，公共组织尽管也在一定程度上关注私利，但更多关注的是整体的和社会的利益。[①] 公共组织领导的社会公共利益价值取向，要求领导者不能将组织和个人的私利放于社会公共利益之前。

4. 领导职权的公共性与服务性

和私人部门领导相比，公共组织领导的职权来自社会公众的授权，这就决定了其职权具有公共的性质。公共领导者运用职权，服务公众，才符合公众的期望和信任。

（三）公共组织领导的作用

公共组织领导的作用主要表现在以下几个方面：

1. 导向

公共组织的领导者要为公共组织的良好发展确定基本方向，高瞻远瞩，把握全局。只有公共领导者正确发挥导向作用，公共组织的运行和决策的实施才不会出现偏离。

2. 指挥

指挥的作用体现在公共领导者指挥下属，实施执行作出的决策，以达到预计的效果，实现组织目标。指挥分为四个环节，分别是制订实施计划、组织动员、检查监督、给予指令与指导。[②]

3. 影响

作为一个公共领导者，其领导风格、个人特质和魅力、道德水平、习惯偏好、专业知识能力等综合素质，会直接或间接影响到下属的行为和态度。一个优秀的公共领导者产生的影响，对组织成员会起到表率榜样的作用，引领组织

---

① 张康之等：《公共管理导论》，经济科学出版社 2003 年版，第 26 页。
② 张志刚：《公共管理学》，大连理工大学出版社 2008 年版，第 168 页。

形成良好的文化氛围。

4. 协调沟通

在当今公共管理的活动中，信息不对称带来的冲突和矛盾各种各样，非常复杂，需要领导者发挥协调沟通作用，消除存在的冲突矛盾。协调是处理公共组织成员之间、公共组织成员与组织之间以及公共组织之间的关系。沟通是协调的前提，本质是一种信息交流过程，使信息在个人或群体之间有效传递。

5. 激励

公共领导者通过激励下属，给予其一定的物质和精神奖励，调动组织成员的工作积极性，从而完成组织的任务。

6. 引领变革

公共领导不同于管理，它面对和处理的是非结构性的问题，极具挑战性，公共领导实际上就是不断迎接挑战的过程。[1] 公共领导面对复杂的未来，不能墨守成规，而应及时发现变革，引领变革，让变革成为公共组织不断发展前进的助推器。公共组织需要不断地去适应变化的环境，领导变革是公共管理中最为关键的课题之一。[2]

二 透视公共组织领导者

公共组织领导者是指从事公共管理的政府部门或非政府公共机构中依法担任领导职务、行使领导权力并负有相应领导责任的个人和集体，其中主要是政府部门的领导者。[3] 认识公共组织领导者的权力类型，有助于领导者正确运用领导权力。培养和提升公共组织领导者的素质，是领导者能否承担起复杂多变的领导任务的关键。

（一）公共组织领导者的权力类型

公共组织领导者的权力是其素质、品质、学识、人格和知识的综合体

---

[1] ［美］加里·尤克尔：《组织领导学》，中国人民大学出版社2004年第5版，第7—8页。

[2] ［美］格罗弗·斯塔林：《公共部门管理》，常健等译，中国人民大学出版社2012年第8版，第332页。

[3] 朱立言、谢明：《公共管理概论》，中国人民大学出版社2007年版，第93页。

现。在公共管理中,权力可以分为两种类型:一是职位权力或职权,二是非职位权力或人格能力。① 职权是来自于组织职位所赋予的权力,不因领导者的特性而异,即这是一种通过正式法律途径,由组织授予某个职位的权力。而人格权力是一种个人的影响力,因领导者的特性而异,更多地取决于领导者自身的能力、知识、魅力、资历和经验等个人特征。任何一个公共组织的领导者,都具有公共组织授予的职位权力和自身的人格权力。

在公共管理中,公共领导者的权力一般来源于公共组织的授予。按照权力理论,美国学者弗伦茨(J. R. French)和雷文(B. Raven)把权力又划分为以下五个类型②,其中前三种属于职位权力,后两种属于人格权力。

1. 奖赏权(Reward Power)

奖赏权是公共领导者能给其下属带来所期望的奖赏的权力。所谓奖赏,即被领导者得到了他们觉得有价值的任何报酬,比如晋升、发展、职权扩大、金钱物质奖励、荣誉和更好的工作环境等。奖赏权的有效性取决于奖赏吸引力的大小,奖赏能否按时兑现,奖赏是否公正客观等因素。

2. 强制权(Coercive Power)

强制权和奖赏权在概念上是相对的,能给下属带来奖励报酬的积极影响属于奖赏权,而领导者源于下属对惩罚的恐惧,给下属带来消极的不良影响,就属于强制权。当被领导者不服从领导、组织内部规则时,公共领导者就会运用强制权来给予组织成员警告、威胁或物质、精神的惩罚,以此规范下属行为。由于常人都会对惩罚性措施产生反抗、愤怒和不合作等反应,有效的领导者应尽量限制强制权的使用。

3. 合法权(Legitimate Power)

合法权来自组织成员对职位权威的接受与认可,即被领导者认为组织具有合法的权力来影响他们的行为,个人自然而然需要承担服从组织领导的义务。公共组织领导者的合法权有效性与公共组织的内部文化认同、组织文化价值、社会结构是否被接受等密切相关。

4. 专家权(Expert Power)

专家权是指任何具有专门知识和技能的领导者在组织中获得的专家权威,

---

① 孙多勇:《公共管理学》,湖南人民出版社2005年版,第214页。
② 张志刚:《公共管理学》,大连理工大学出版社2008年版,第166页。

用以影响下属的权力。在一个注重专业性水平的组织中，专家权对领导者而言非常重要，可能会直接影响到下属服从领导的意愿。随着公共事务涉及的科技含量和复杂水平不断上升，公共组织中专业程度也越来越高，需要更多的公共领导者具有专业技能。

5. 参考权（Referent Power）

这是一种领导者成为下属行为模式、表达意见的参考对象而对下属施加影响的能力。这种权力是建立在组织成员对领导者的忠诚、敬仰、爱戴等个人情感基础之上的。每一个公共领导者所拥有的参考权是因人而异，由其个人特质决定。在公共组织中，越多的下属对领导者的角色形象表示认同和乐于接受，那么该领导者的参考权就越大。

（二）公共领导者的素质

领导者素质，是领导者在一定先天禀赋的基础上、通过后天实践锻炼和学习所形成的、在领导活动中经常发挥作用的本质要素[1]。公共组织领导者担负着为社会提供公共服务的职责，需要具备一定的领导素质。一位优秀的公共组织领导者必须符合以下五种素质[2]：

1. 思想品德素质

公共组织的领导者只有具备高尚的思想品德素质，才会把社会公共利益放在首位，尽力为社会公众谋福利，兢兢业业地为公众服务。思想品德素质主要包括廉洁奉公、实事求是、遵纪守法、公平正直等。

2. 文化知识素质

公共组织领导是一项综合复杂的工作，领导者应具备胜任工作的专业知识，这样才能在面对各种问题时得心应手，可以更好地运用领导的专家权，获得下属的尊重与拥护。文化知识的素质主要包括三个方面，分别是：基本的社会科学和自然科学知识，特别是公共管理、法学与行政领导方面的知识；与本职工作相关的业务知识；比较丰富的生活经验和文化生活常识。

3. 领导能力素质

领导能力是对知识的运用，是衡量公共领导者领导水平的重要标准。就公

---

[1] 吴爱明：《公共管理理论与实践》，山西人民出版社2004年版，第278页。
[2] 王乐夫：《公共管理（MPA）简明教程》，广西师范大学出版社2006年版，第53页。

共领导者而言，最重要的领导能力是组织管理能力，其次是创新改革能力、决策能力、协调能力、认识能力等。

4. 心理性格素质

面对复杂的现实和各种各样的压力、风险，公共领导者要更加出色地完成领导工作，良好的心理性格素质是不可或缺的。一般来讲，这方面的素质包括：积极主动、乐观向上、有胆识、有魄力、沉着稳重、自信果敢、不屈不挠、待人真诚、谦虚，等等。

5. 身体素质

现代公共管理的节奏变快，任务繁重，责任越来越大，公共领导者若没有健康的身体，充沛的精力，简直难以胜任。显然，良好的身体素质是其他领导素质的基础和前提。

第二节 公共组织的领导理论

为解决有效领导的难题，包括管理学和心理学等学科在内的专家学者们对此进行了深入的调查研究，从不同视角建立起多种领导理论。[①] 按照理论盛行演变的时间顺序，一般把领导理论分为 20 世纪 30 年代至 80 年代的传统领导理论和 20 世纪 80 年代至今的新兴领导理论两大流派。其中传统的领导理论主要包括领导特质理论、领导行为理论和领导权变理论，而新兴的领导理论中，具有学术影响力的主要有领导魅力理论、交易型和变革型的领导理论两种。

一 传统的领导理论

（一）领导特质理论

早期的学者主要研究领导者个人的特征对领导有效性的影响，着重找出有效领导者所具有的某些共同的特性和个人性格。这种从个人特质出发识别领导者，并以此来解释他们成为领导者的原因的传统理论，被称作领导特质理论。

---

① Van Wart M., "Public-Sector Leadership Theory: An Assessment", *Public Administration Review*, Vol. 63, No. 2, 2003, pp. 214 – 228.

该理论的核心在于"澄清什么样的身体和人格特征和什么样的能力将成功和不成功的领导者区分开来"①。其主要观点是：领导特质是天生的，不存在后天培养的可能性。

众多学者都在努力寻找成功领导者所具备的某些共同的人格特质。比如，一些学者认为领导者有六项不同于非领导者的特质：进取心、领导意愿、正直与诚实、自信、智慧和与工作相关的知识②；而美国管理学家彼得（Peter）观察到了难以胜任领导者的 12 项品质：对别人麻木不仁，吹毛求疵，举止凶狠狂妄；冷漠、孤僻、骄傲自大；背信弃义等③；吉布（Gibb）认为天才领导者应该具备善于言辞、英俊潇洒、智力过人、有自信心、心理健康、有支配他人倾向、外向而敏捷等七大特征④。

然而，领导者究竟是不是天生的，越来越多的学者开始质疑这一点。正如斯蒂芬·罗宾斯在其《组织行为学》中所述，领导特质理论存在着以下明显的缺陷：一是忽视了下属的需要；二是没有指出各特性之间的相对重要性；三是缺乏对因和果的区分；四是忽视了情境因素。⑤ 而且，相关研究表明，具备某些特质确实能提高领导者成功的可能性，但没有哪一种特质能百分之百保证成为成功的领导者⑥。正是由于特质理论并不能给出很好的解释，人们开始关注到领导者行为本身，从而发展形成了领导行为理论。

（二）领导行为理论

从 20 世纪 40 年代开始，许多管理心理学家在调查研究中发现领导行为或风格与他们的有效领导之间存在着紧密的联系，在此基础上形成了许多不同的领导行为理论。行为理论的核心观点是有效领导与领导行为和风格有关。下面

---

① [美] 雅米尔·吉瑞赛特：《公共组织管理——理论和实践的演进》，上海译文出版社 2003 年版，第 133 页。
② 陈振明、孟华：《公共组织理论》，上海人民出版社 2006 年版，第 149 页。
③ 孙多勇：《公共管理学》，湖南人民出版社 2005 年版，第 200 页。
④ 张康之等：《公共管理导论》，经济科学出版社 2003 年版，第 112 页。
⑤ [美] 斯蒂芬·罗宾斯：《组织行为学》，孙健敏等译，中国人民大学出版社 1997 年版，第 321 页。
⑥ Kirkpatick S. A., Locke E. A., "Leadership: do traits matter?" *Academy of Management Perspectives*, Vol. 5, No. 2, 1991, pp. 48–60.

介绍几种较有影响力的行为理论：

1. 斯托格迪尔和沙特尔（Ralph M. Stogdill & Carroll L. Shartle）等人的领导行为四分图理论

他们从关心人和关心组织两个维度来考察领导行为。其中，关心人是指领导者以人际关系为中心，注重建立和加强与下属间的互动交流，尊重下属的意见和想法，对下属的工作表示支持和鼓励，对下属表示信任、理解和关怀等。而关心组织就是指领导者以工作为中心，明确规定下属的职责，强调各自在组织中的角色和地位，主要抓组织设计、信息沟通渠道、工作目标等。

由于两个维度之间是相互独立的，通过组合，可以形成四种不同领导行为（图6—1）。其中"低关心组织低关心人"的领导行为，效果最差；而"高关心组织高关心人"的领导行为，效果最好。研究表明，越是在两个维度上的值均高的领导者，其领导效果越好。

	关心组织低	关心组织高
关心人高	4 低关心组织 高关心人	3 高关心组织 高关心人
关心人低	1 低关心组织 低关心人	2 高关心组织 低关心人

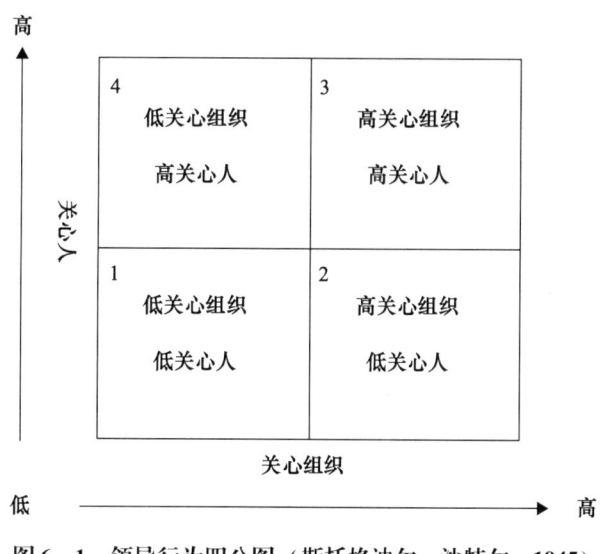

图6—1　领导行为四分图（斯托格迪尔、沙特尔，1945）

2. 勒温（K. Lewin）的三种领导方式理论

勒温根据领导者对权力的使用方式及态度，最初通过对儿童俱乐部的研究，提出了集权式、民主式和放任式三种不同的领导方式。这三种领导方式只是理论上的类型，现实中的领导者往往是这三种方式的混合类型。一般情况下，民主型能够极大地调动组织成员的积极性，团队合作气氛融洽，领导效率最高；专制型实施的是对组织成员的严格管理，领导者专断独行，会使下属的积极性和创新意愿消失，对抗情绪增长，不利于领导决策的执行；而放任型的效率最低，该领导方式具有无政府主义的特点，缺乏团队凝聚力，工作完全由下属自行完成并负责，组织成员的行动比较松散，很难共同实现组织目标。但三种领导方式的效率，还与领导者下属的类型和所处的情境有关。

3. 利克特（R. Likert）的四种管理方式理论

该理论是利克特在他的《新管理模式》一书中提出的，探讨了剥夺式集权领导、仁慈式集权领导、协商式民主领导和参与式民主领导四种管理方式。通过比较研究，利克特认为参与式的民主领导能够最大限度发挥下属的潜力，效果最好。

4. 布莱克和穆顿（Robert R. Blake & Jane S. Mouton）的管理方格理论

管理方格理论是在四分图理论的基础上发展形成的九等分的方格图（图6—2）。这里的关心人类似于四分图中的关怀维度，关心生产类似于四分图中的结构维度，两者也是互相独立的。布莱克和穆顿在管理方格中列出了五种典型的领导行为，分别是：

（1，1）贫乏型。领导者对下属和工作都不关心，只以最小努力完成组织目标。

（1，9）俱乐部型。领导者很注重和下属间的人际关系，却不关心工作和任务，组织气氛轻松。

（9，1）任务型。领导者只关心任务和目标的完成，很少关心下属的需求和成长，是一种专制独裁的领导。

（5，5）中间型。领导者对下属和工作都有适度的关心，追求两方面的平衡，既有正常的工作效率又保持下属一定的士气，但并不要求特别突出。

（9，9）团队型。领导者既重视对下属的关心，又十分关心工作任务。通过协调沟通将组织成员有机地结合成一支士气高昂、工作高效的团队。

通常情况下，团队型的领导效率最高，其次是中间型，但也有根据特定的情境而定。

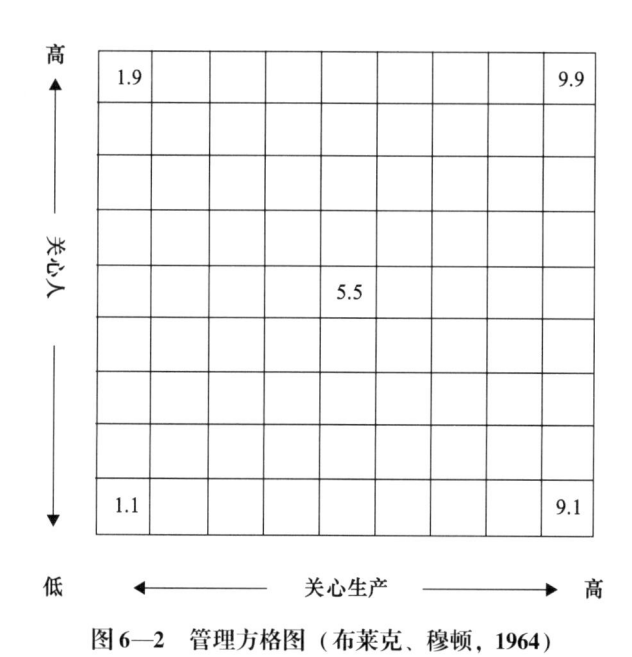

图 6—2　管理方格图（布莱克、穆顿，1964）

（三）领导权变理论

领导权变理论认为，有效的领导行为并不是一成不变、普遍适用的，而是随着被领导者和环境的变化而变化。有效的领导可以用一个公式来表示：领导 = f（领导者，被领导者，环境），即有效的领导是领导者、被领导者与领导环境的函数。领导权变理论关注的就是领导者、被领导者和领导环境之间的相互影响，其研究的重点是分离出影响领导的情境因素。该理论的研究成果主要包括费德勒权变模型、情境领导理论、路径—目标理论和领导者参与模型等。下面仅对著名的费德勒权变模型作简单介绍。

费德勒（F. E. Fiedler）认为领导行为的有效性取决于它是否与情境因素相适应。如果领导者类型与所处情境相容，领导者就是有效的，否则就是无效的。[①] 他将领导风格分为关系取向和任务取向两类，同时还考虑了职位权力、任务结构和领导者与被领导者之间的关系三种情境因素。三种因素都可以分为

---

① 王乐夫、蔡立辉：《公共管理学》，中国人民大学出版社 2008 年版，第 138 页。

最有利、中间状态和最不利三种情况。通过研究发现：在三种情境因素均最有利或最不利的情况下，采用任务取向的领导风格，效果最好；在三种情境因素均处于中间状态的情况下，采用关系取向的领导风格效果最好。

二 新兴的领导理论

（一）领导魅力理论

领导魅力的概念源于20世纪初期的德国学者韦伯（Max Weber），并在传统的领导特质理论基础上发展起来。该理论的观点是领导者可以利用其自身的魅力鼓励追随者并作出重大的组织变革，领导的有效性归因于领导者本身伟大或杰出的领导能力。豪斯（Robert House）认为，魅力型领导者具有高度自信、支配他人倾向和对自己的信念坚定不移三种个人特征。政治家或宗教领袖被看作是典型的魅力型领导者。领导魅力理论虽然有一定的解释力，但缺乏定量的科学方法对其深入研究，在实践过程中可能产生独裁的个人主义行为，具有一定的风险。

（二）交易型领导和变革型领导

交易型领导和变革型领导的领导模式是由伯恩斯（James Mac Gregor Burns）提出，巴斯（Bernard M. Bass）加以拓展而形成的。交易型领导的基础是交换互惠，即领导者和下属之间存在一种类似契约的交易。领导者使下属相信他们的贡献和报酬是公平合理的，从而获得下属的信服和忠诚，但下属不会对工作产生热情和积极性。产生有效领导的公平交易不仅包括物质利益上的交换，还包括精神和情感的交流。变革型领导则是勾勒组织愿景并积极宣传，使其深入人心，从而产生好的领导效果。变革型领导者帮助下属拓展视野，一方面鼓励下属将组织利益放在个人利益之前，另一方面激发下属的高层次需要或扩展下属的愿望，从而保持下属对领导的信任、忠诚、尊敬和对工作任务的热情和期望。[1] 值得注意的是，当公共组织本身能够变革

---

[1] Kenneth A. L.，"The Move toward Transformational Leadership"，*Educational Leadership*，Vol. 49，No. 5，1992，pp. 8–12.

的时候，有且只有变革型领导者才能真正领导变革。① 可以看出，交易型领导带有更多的理性色彩，强调契约式的交易来获得下属的领导，而变革型领导带有更多的鼓舞色彩，强调提供美好愿景来鼓励和激发下属的动力。

上文所述的领导理论，均只从特定的角度来研究和观察领导者的有效性，因此都存在各自的优缺点，这是毋庸置疑的。传统的领导理论，直观通俗，侧重于领导者特质、行为和领导环境等，符合人们的常识和理解，发展得相对比较成熟；而新兴的领导理论，是在传统领导理论的基础上融合了其他学术思想发展而来的，有一定的创新，但还需加以完善。目前的领导理论并没有真正揭开有效领导的面纱，将上述的领导理论进行综合考虑或许是当前领导理论实践的最好方式。

第三节 公共组织领导体制

一 公共组织领导体制的含义和内容

（一）公共组织领导体制的含义

公共组织领导体制是指公共组织系统内部的领导权限划分，领导机构设置及其相互关系的制度和运行机制。本质上，公共组织领导体制是公共组织的领导机构设置和领导权限配置二者的有机统一体。公共组织领导体制是公共组织领导活动的载体，其运行好坏直接关系到公共领导者能否真正实现领导职能，并有效地指导组织成员完成工作，实现组织目标。可以说，科学合理的领导体制能提高组织整体的领导效率，同时避免过度的官僚主义，是整个公共组织系统得以顺利运作的关键。

（二）公共组织领导体制的内容

公共组织的领导体制，其内容主要包括领导结构、领导层次与跨度、职责

---

① ［美］尼古拉斯·亨利：《公共行政与公共事务》，张昕等译，中国人民大学出版社2002年第8版，第231页。

与权限划分和领导干部的管理制度四个部分。

1. 领导结构

领导结构是指领导职能、领导权力和领导责任的配置结构。① 其中领导职能是指公共组织中领导者运用组织赋予的权力，对公共事务进行管理所应该承担的职责和具有的功能，比如决策职能、监督职能等。领导权力则是公共组织赋予领导者处理公共事务，影响下属行为的合法权力。而领导责任是在公共领导者没有履行，没有完全履行或错误履行其领导职能后所应承担的后果或惩罚措施，一般包括行政、法律和道德的责任。

2. 领导层次与跨度

领导层次是指纵向组织结构的等级层次。公共组织的等级层次有多少，就表示领导层次有多少。领导跨度也称为领导控制跨度，即公共领导者能直接有效管辖下属的幅度。当一个公共组织的人数确定后，领导层次和跨度之间一般呈反向关系，即领导层次越多，跨度越小；反之领导层次越少，跨度越大。一个公共领导者直接管理下属的人数是有限的，一般情况下采取的是上层跨度小，下层跨度大的金字塔模式，但在实践过程中还是要因情境而定。

3. 领导机构中职责与权限划分

领导体制的核心问题是对领导机构中的权限和职责进行合理划分。职权的划分，要求建立在从上到下的领导行政和岗位责任制的基础上，对领导的职责权限作出严格明确的规定。

4. 领导干部的管理制度

领导干部的管理制度一般包括选举、招考、任免、考核、弹劾、轮换、回避、退休等方面内容，是一种传统的行政人事管理模式。该传统模式几乎完全遵循了马克斯·韦伯的官僚制理论。②

二 公共组织领导体制的基本类型

根据不同的分类标准，公共组织的领导体制可以划分为以下四种基本类

---

① 王乐夫、蔡立辉：《公共管理学（精简版）》，中国人民大学出版社 2012 年版，第 82 页。
② ［澳］欧文·E. 休斯：《公共管理导论》，彭和平等译，中国人民大学出版社 2007 年版，第 207 页。

型，分别是：首长制和委员会制、层级制和职能制、集权制和分权制、完整制和分离制。下面简单介绍各类型的划分标准及其优缺点。

（一）首长制和委员会制

按领导集团最高决策权所属人数的多少，领导体制可分为首长制和委员会制。首长制，又称独任制，即公共组织的法定决策权集中在一位负责人手上；委员会制又称合议制，决策权则是交给两位或两位以上负责人共同行使，一般根据少数服从多数的原则进行决策。

首长制的优点是：权力集中、指挥灵敏、责任分明、办事果断迅速、效率较高，可以有效防止互相推诿扯皮，减少不负责任的现象。其缺陷在于：仅有一人决策，难免有考虑不周之处，很容易独揽大权，导致独裁专制，甚至滥用权力，造成严重后果。

委员会制的优点是：通过集思广益，作出的决策相对周全，失误的可能性减少；代表了各方的利益和需求，有利于组织系统内部的协调；委员分工合作，能减轻主要负责人的压力负担，同时避免个人专断，滥用职权。但另一方面，委员会制也存在明显的缺点：权力分散，权责不清晰，行动缓慢，效率低下，常常导致决策意见分歧不一，延误最佳决策时机以及委员之间相互推诿，出现无人负责的现象。

可见，首长制和委员会制各有优劣，在实际过程中应相互结合，发挥各自的长处。一般说来，首长制适用于权责明确，而且要求时间性强、执行性快、技术性高和突发性的领导活动；而委员会制适合于制定方针政策、相关规划以及立法、协调等方面的领导活动。

（二）层级制和职能制

按照公共组织系统内部各机构的职权和范围，可以分为层级制和职能制两种类型。层级制，又称层次制、分级制或直线制，这是一种将公共组织从纵向分成若干层级，每一层级管理的内容大致相同，下级对上级负责，但管辖范围随层级下降而变小的公共领导体制。职能制又称为分职制，是指公共组织系统在横向上平行设置若干权限不同的职能部门，每一个部门管理的范围都以本行政机关的整体为对象，各部门管辖服务的内容都不相同。比如国务院下设的各部、委、办；省政府中设立的各厅、局等。

层级制的优点在于：权力集中，层级分明，便于统一指挥，迅速作出行动；由于各层级管理的内容相似，领导者升迁调动之后能快速胜任工作；有利于培养具有统筹安排、综合平衡能力的"通才"。它的缺点是：权力过分集中，工作弹性小，易造成领导者事必躬亲，事无巨细，效率低下且难免滥用权力；而中间层级庞大，容易产生信息失真，影响领导指挥决策。

职能制的优点在于：分工精细，领导者各司其职，工作效率高，有利于培养各部门熟悉业务的专家人才。它的缺点是：分工过细，容易造成机构臃肿，人浮于事；部门权限重叠，产生政出多门，争权夺利的局面；另外，各部门各自为政，只熟悉各自的专业业务，领导者缺乏全局整体的观念。

(三) 集权制和分权制

集权制和分权制，是按权力集中的程度和行使的特点相区别的。集权制是指一切公共事务的最终决策权均集中在上级组织的领导者手中，下级组织的领导者只有执行权，依照上级指示，基本没有决策权的领导体制；而分权制是指下级公共组织在本级管辖的权限内，领导者能独立自主的进行决策并执行，上级组织并不加以干涉的领导体制。

集权制的优点是：政令统一，层级约束，力量集中于上级，便于上级指挥，统筹兼顾，利于重点建设。主要的缺点有不易因时因地制宜，灵活性差，适应性低，会限制下级组织的创新，并降低它们的积极性，并有可能产生上级的官僚主义。分权制的优点是：灵活性强，应变能力强，能够因时因地制宜，发挥下级公共组织的能动性，发挥自己的特色和优势。其缺点是：下级组织容易各自为政，产生地方主义和分散主义，导致政令不一，矛盾冲突难以协调，甚至损害整个公共组织系统的利益。

但总的来看，根据决策权集中的程度，集权制和分权制是两个相对的概念，两者相互依存、相互作用，必须根据不同的任务和不同的环境条件加以运用。

(四) 完整制和分离制

完整制和分离制的分类，是依据公共组织中上级组织指挥和控制下级所有部门的数目。属于同一层级的公共组织或部门，只受到一个上级组织或一位上级领导者控制和监督的领导体制，称之为完整制，或集约制、一元统属制。若同一层级的公共组织或部门，受到两个以上的上级组织或上级领导者共同控制和监督的领导体制，称为分离制，或独立制、多元统属制。

完整制的优点在于：权力集中，责任分明，组织结构简单统一；有利于上级决策的贯彻实施，同级公共组织或部门分工协作，避免相互推诿，减少了重复工作和"内耗"，促进了工作效率。其主要缺点是：上级领导者权力过分集中，容易独断专行，压制下级的创造性、积极性和主动性，导致下级因循守旧，行动缓慢，毫无生气。分离制的优点是：权力分散，各部门组织彼此独立，没有隶属关系，有利于相互监督制约，有效防止权力的滥用和专断，有利于发现和培养人才。其缺点是：各组织机构之间难以协调合作，容易各自为政，权力冲突，工作混乱重复，内耗严重，造成公共组织的整体损失。

对于这两种领导体制，必须根据具体的情况作出选择。一般而言，如果各公共组织的业务性质相同，各部门之间需要密切合作提高工作效率，需要实行集中统一领导的，宜采取完整制；如果各公共组织的业务性质不同，不需要协作，或者各部门之间需要相互监督制约，则可以实行分离制的领导体制。

三 我国的公共组织领导体制变革

（一）我国公共领导体制的现状与问题

从总体上看，目前我国的公共领导体制是合乎我国国情和历史现实的，为我国政治、经济、文化和军事的发展作出过不可磨灭的贡献。[1] 但是随着我国社会经济文化不断发展，尤其是社会主义市场经济体制的不断完善，我国的公共领导体制也日益暴露出其存在的问题。

1. 层次过多、机构臃肿

我国目前设立的是五级制政府：国务院—省（直辖市）—地（市）—县（市）—乡（镇），过多的纵向层级导致政府机构臃肿，信息沟通迟缓失真，上下级之间难以协调。另外各级政府机构往往会在横向上设置若干层

---

[1] 王乐夫、蔡立辉：《公共管理学》，中国人民大学出版社2008年版，第145页。

次，使得公共组织机构臃肿、人浮于事的现象严重。层级过多，人事臃肿，不仅会加大政府的财政负担，产生官僚主义的作风，而且严重影响公共事务的工作效率。虽然我国政府的领导机构历经多次精简，但五级的领导层级并未发生改变，而横向层次再精简之后又迅速反弹膨胀，成为当前领导体制的棘手问题。

2. 领导职能混乱

由于我国长期政企不分，政事不分，各领导机构职能相互重叠，推诿扯皮现象严重，直接影响公共领导的效率。比如政企不分，企业本应该在市场经济体制中自主进行经营活动，人事任免等属于企业内部决定，政府不应出面干涉，但目前我国政府还在国企中抓着企业人事任免权力牢牢不放，使国企失去了活力，削弱了经济竞争力。另外，我国还存在党委、政府、人大三套领导班子之间的职能混乱和重叠交叉的现象，严重影响办事效率和责任追究。领导机构内部职权配置模糊和领导机构外部的职能权限划分不明确，是造成领导职能混乱的主要原因。

3. 领导权力缺乏监督

目前的公共管理体制一直难以对领导权力实现有效监督，特别缺乏对"一把手"领导者的监督制约。在各层级的公共领导机构中，不同程度上存在着公共领导者一手遮天、消极腐败的现象。对领导权力的监管不力，以权谋私、徇私枉法、贪污腐化等权力异化行为普遍出现，不仅影响到工作和管理的效率，还会形成官官相护、集体贪污的风气，使政府机构名誉扫地，失去社会公众的信任和支持。

4. 领导权力过分集中

领导权力大多集中在中央政府，忽视了地方政府的合理分权。虽然经过几次简政放权，但仍存在着权力过分集中的现象，使地方政府或下级政府自主权不够充分，影响政府决策的科学性和合理性，阻碍了领导效率的提高。另外，在各级领导机关或部门中，领导权力过多地集中在几个少数领导者身上，出现权力独裁专制的现象。

5. 人事选拔机制滞后

我国的人事选拔机制是为适应当时的计划经济体制而制定的，已严重滞后于当前的社会经济发展背景。虽然近年来的公务员考试和录取制度，一定程度上改变了过去人事选拔上任人唯亲、裙带关系的传统，但对人事选拔的考核、录用等仍缺乏完善、透明、公正的制度法规。另外，领导干部内部的晋升流动过于呆板僵硬，体现的是上级领导的意志，没有体现公正客观的用人标准。这些现象导致的问题有：人事结构不合理，缺乏公平竞争的环境，内部人员没有危机意识，缺乏激励和惩罚，办事效率低下等问题。

（二）我国公共领导体制的变革

针对当前我国公共领导体制面临的主要问题，有效合理的变革将是必要的。如何进行变革，使我国的公共领导体制能顺应变化，重新焕发活力，可以根据以下的路径组织变革：

1. 实行党政分开，精简纵向及横向机构

为了设置合理的机构，首先要实行党政分开的原则。要围绕政府职能运行实行两个统一：第一，建立在党政分开之上的统一领导；第二，党政独立的统一职能目标。[①] 其次是精简纵向和横向的领导机构，原来的五级纵向层次建议减少到国务院—省（直辖市）—县（市）三级层次；在横向机构设置上，各部门划分不宜过细。合理设置机构，克服公共组织机构过度臃肿和官僚主义作风，必须坚定地实施精兵简政的方针。

2. 明确领导职能分工，划清各部门领导权限

除了党政分开，明确划分党和政府的不同职能，还要贯彻政企分离的原则，放开对国企等市场经济组织的人事任免权。另外，必须理顺党委、政府和人大三者之间的关系，明确各大组织系统的职责。在统一指挥领导的基础上，划清下级各部门之间的领导权限，做到各司其职，避免再出现职能交叉重叠，矛盾冲突难以协调的现象。

3. 完善领导权力监督体制，加大惩罚力度

必须完善目前的领导权力监督体制，比如实现监察部门的垂直领导，扩大监察部门的职权，强化监察手段和领导监督法律机制等。对"一把手"领导者的监督，不仅要推行和深化政务公开透明，防止以权谋私的行为，而且要加强群众监督和舆论监督的机制建设，通过社会公众或第三方非政府组织来约束公共领导者行为。对于公共领导者滥用职权、官商勾结、贪污腐败的行为，应

[①] 王乐夫、蔡立辉：《公共管理学》，中国人民大学出版社2008年版，第148页。

加大惩罚力度，通过司法、公安和法院的相关程序审判，剔除害群之马，同时起到震慑约束其他领导者的作用。

4. 在保证政令统一的同时，合理分权

为解决领导权力过分集中于中央政府的现状，应在科学划分领导权限的基础上进一步合理分权。中央政府在保证政令统一、控制全局性的权力的前提下，应给予地方政府更多的权力，做到权责对等。通过放权，提高地方政府处理地方政务的积极性和创新性，能更好地执行中央宏观调控的政策。合理分权必须以巩固中央统一领导为前提，维护中央的权威，杜绝地方主义。

5. 改革人事选拔机制，提升组织成员活力

人事选拔制度是公共组织系统的有机组成部分，关系到公共组织的活力和工作效率。虽然我国的人事选拔制度已经有了明显改进，但在内部人事晋升方面，由上级领导拍板、论资排辈的潜规则依旧普遍，远远没达到公正、公开、透明、客观的选拔标准。为改变目前人事选拔中僵硬呆板的局面，提升组织成员的活力和积极性，关键要在以下几个方面进行有效的变革：一是打破公务员原来的铁饭碗，全面实行择优聘任制，打造公平竞争的激励和淘汰机制，激发公共管理人员的能动性。二是在晋升选拔上，要根据工作能力等客观标准进行竞争选拔，不能按上级领导意志和论资排辈的潜规则选拔。三是遵循透明、公正、公开的选拔原则，候选人须对社会进行公示，接受社会公众的监督和评议。

第四节 公共组织的领导方法

一 领导方法概述

为完成一项工作任务，办好一件事情，必须采取科学的方法。在公共领导工作中，公共领导者自觉或不自觉地运用各种各样的领导方法解决问题，指挥和鼓励下属，调动他们的积极性和创造性。从一定意义上讲，能不能实现有效的公共领导，取决于公共领导者是否采用了正确科学的领导方法。

(一) 领导方法的含义

所谓领导方法，就是公共领导者对被领导者施加作用的程序和方式，以及为执行相关职能而采用的手段。在公共组织中，领导者为作出正确的决策和符合实际的方案计划，指导和组织下属实现公共组织的目标，都需要激励、沟通、协调等方面的领导方法。可以说，领导方法是实现领导职能的保证，是提高领导效能的必要条件，是达到领导目标的桥梁。[①]

(二) 领导方法的特征

1. 客观性

客观性是领导方法中最重要的特征。它揭示了领导方法在公共领导工作中的普遍运用，没有领导方法的领导工作是不存在的。不管领导者有意还是无意，领导方法的客观性是不可改变的。当然，领导方法存在着科学与不科学、正确与不正确、有效与无效的区分。[②]

2. 目的性

领导方法是为达到领导目的的手段和途径，因此领导方法具有目的性的特点。领导方法的选择取决于领导目的。领导方法的目的性，可以通过领导者选择哪一种领导方法、实现哪一个目的体现出来。一般地，实现同一个领导目的可以有多种方法，而同一种方法也可以实现多种目的，因此在实践中大多采用多种方法综合配套使用。

3. 动态性

在领导过程中，环境等客观事物会发生不断改变，这就需要领导者及时选择不同的领导方法或略微调整原来的领导方法，以适应新的变化。僵化不变的领导方法，缺乏对新变化的适应能力，将最终导致领导活动的失败。因此，领导方法必须具有动态性，才能保持对下属的有效领导，真正实现领导活动。

4. 多层次性

领导活动是一个复杂的系统，存在着不同层次、不同阶段的领导目的。每

[①] 吴爱明：《公共管理理论与实践》，山西人民出版社2004年版，第292页。
[②] 王乐夫：《领导学：理论、实践与方法》，中山大学出版社2006年第3版，第226页。

一个层次的领导目的对应于这一层次的领导方法，从而使得领导方法也富有层次性的特征。

5. 具体相关性

万能的领导方法是不存在的。领导方法的具体相关性体现在：一方面，具体的领导目的决定采用哪种领导方法；另一方面，领导方法还受到一些客观情境的影响，比如领导者自身特点、被领导者的状况、领导外部环境等。领导者在运用领导方法时，绝不能生搬硬套，应视具体情况而定。

二　领导激励

领导者可以运用激励的领导方法引导被领导者取得更好的成绩。美国著名的心理学家和哲学家威廉·詹姆斯（William James）在对激励的研究中发现，雇员们在工作中往往只发挥自己 20%—30% 的能力，以保住自己的饭碗不被解雇即可，如果员工得到高度的激励，他们将发挥自己 80%—90% 的能力进行工作。[①] 有效的激励可以激发一个人的潜能，提高工作效率，实现领导目的。那么，究竟什么是领导激励？领导激励形成了哪些主要理论？在领导中到底该如何正确运用激励？

（一）激励的概念及作用

激励是指"对人的各种需要予以不同程度的满足和限制，以引起他们心理状态的变化，达到激发动机、引起行为的目的，并通过对动机的强化，对行为加以控制和调节"。[②] 在公共管理学中，我们认为激励就是指公共组织的领导者通过工作奖励以及一定的行为规范和惩罚性措施，借助信息沟通来激发、引导下属行为，使其表现出高度的工作热情和创新精神，从而实现组织及成员个人目标的领导方法。

概括地讲，激励具有以下作用：一是有利于调动人的积极性和创造性；二是能够挖掘人的潜力，提高工作效率；三是提升人的价值；四是增强公共组织

[①] ［美］格罗弗·斯塔林：《公共部门管理》，陈宪等译，上海译文出版社 2003 年版，第 302 页。

[②] ［美］丹尼尔·A.霍恩：《管理思想的演变》，赵睿等译，中国社会科学出版社 2000 年版，第 47 页。

的凝聚力和向心力。总之，激励能使一个人的心理和行为产生巨大变化，对公共领导工作具有十分重要的意义。

（二）激励理论类型

许多心理学家和管理学家对领导激励的机制进行了深入研究，提出了许多激励理论。目前的激励理论主要有内容型、过程型和行为改造型三个类型。下面分别介绍各类激励理论及其代表理论。

1. 内容型激励理论

内容型激励理论，是研究激励的原因及其作用因素的具体内容的理论。重点研究的是激发工作动机的构成因素，着眼于如何满足人的需求。主要的理论包括马斯洛（Abraham Harold Maslow）的需要层次论、赫茨伯格（Fredrick Herzberg）的双因素论、麦克利兰（David C. McClelland）的成就需要理论和奥尔德弗（Clayton. Alderfer）的 ERG 需要理论等。限于篇幅，以下仅对前两种理论作简单介绍。

（1）需要层次论：马斯洛（Abraham H. Maslow）于 1943 年提出人的需要可以分为五个层次，从下往上分别是（图6—3）：生理需要（人类维持生存最基本的需求，包括对吃、穿、住等）；安全需要（指保证身心免受伤害，包括人身财产安全以及对职业、医疗等社会保障的需要）；社交需要（反映归属的需要，包括友情、爱情、交往等）；尊重需要（包括自尊心、独立自主等内在的尊重需要和地位、受重视、认同感等外在的尊重需要）；自我实现需要（主要指个人成长、实现自己抱负、发挥自己潜力的需要）。这五个层次需要由低到高，依次递进，其中生理、安全需要是低层次的需要，属于物质需要，需求弹性较小；而社交、尊重和自我实现的需要是高层次的需要，属于精神需要，需求弹性较大。

马斯洛最初发现了人们有一些基本的需要，一些未得到满足的需要会刺激行为。[①] 他认为，某个特定时刻的个人行为通常由最强烈的需要决定的。只有低层次的需要得到部分满足，高层次的需要才有可能成为影响行为的重要决定因素。在公共管理实践中，公共领导者应根据下属个体不同的需要来激励他们

---

① ［美］罗伯特·B. 登哈特：《公共组织理论》，扶松茂等译，中国人民大学出版社 2003 年第 3 版，第 235 页。

的行为。公共领导者看到了大多数下属对低层次的需要，但也不能忽视个别下属对高层次需要的满足；反之亦然。因此，公共领导者在采用需要层次论激励下属时要灵活运用。

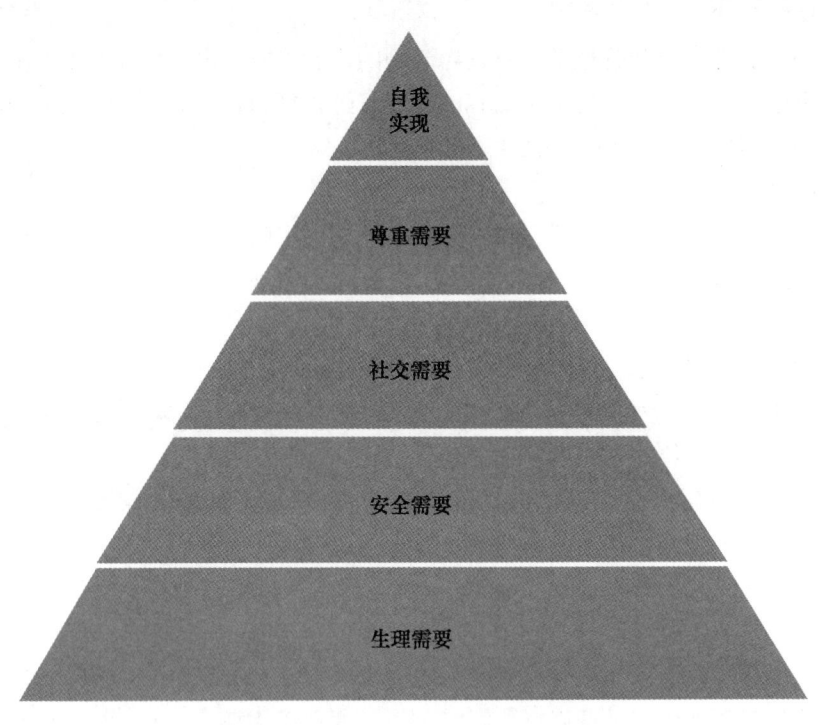

图6—3　需求层次图（马斯洛，1943）

（2）双因素论：美国心理学家赫茨伯格（Fredrick Herzberg）于20世纪50年代提出了保健因素和激励因素两大类影响人的工作积极性的因素，即双因素论。保健因素是那些没有激励作用，但缺乏却会引起不满意的外部因素，比如工资福利、人际关系、工作条件环境及工作稳定性等。如果保健因素运用不当，会引起下属不满，挫伤其积极性，如果运用得当，下属会认为理应如此。激励因素是那些促使下属产生工作满意感，带来积极态度，产生激励作用的内部因素，包括工作成就、赏识认可、工作本身的挑战性、职业成长、地位晋升等。激励因素运用得当，可以极大地调动下属的积极性，使他们保持良好的工作状态，同时对保健因素缺乏引起的不满产生一定的容忍力。

赫茨伯格的双因素论，区分了领导实践中存在的两类因素，提醒了领导者注意对保健因素和激励因素的识别和运用。对保健因素，领导者只需给予基本满足，以消除下级的不满即可，不必过度满足。领导者的重点是正确挑选和识别激励因素，注意到工作的安排，量才录用，对下属进行精神鼓励以及给予发展晋升的机会等内在激励，才能使下属获得长久激励。

2. 过程型激励理论

过程型激励理论的研究侧重于探讨从动机产生到采取行动的心理过程。其代表性的理论有：

（1）公平理论：公平理论又称为社会比较理论，是由美国心理学家亚当斯（J. Adams）提出的。亚当斯认为，下属的工作积极性不仅和获得的实际报酬多少有关，还和对报酬的分配是否感到公平相关。人们一般会自觉或不自觉地对所得的报酬进行社会比较和历史比较，并对公平与否作出判断。若比较的结果相等，人们会觉得公平，从而产生激励；反之，就会使人们感到不公平，产生紧张、不满和苦恼的情绪，降低工作积极性。

公平理论是以人们的投入多少和理应获得的报酬相当为假设前提，因此就要求领导者做到给下属公平合理的报酬，采用绩效和奖酬挂钩的方式，消除下属的不良情绪。另外，领导者还应注意信息的公开透明，尽量做到过程公平，避免下属产生不公平的情绪。

（2）期望理论：弗洛姆（H. Vroom）提出的期望理论认为，有效的激励取决于个体对完成行动后全部价值的预期结果及其成功概率乘积的总和，即激励力量 = 效价 × 期望值。效价是达成目标后的效用价值，它是一种个人的主观判断。若期望值不变，实现目标对下属的效用高，那么工作的积极性就高，反之，积极性就低。期望值是个体对实现目标可能性大小的主观估计。若效价不变，实现目标的期望值很大，下属会努力争取目的实现，产生的激励作用大；反之下属不看好该目标，认为实现的期望值低，则激励作用就小。因此，公共领导者在实践中必须让下属在主观上感到行动具有很高的效价和很大的期望值，从而产生激励。

3. 行为改造型激励理论

行为改造型激励理论研究的是激励的目的，即通过激励改造和修正人的行为方式，其主要理论包括斯金纳（B. F. Skinner）的强化理论、挫折理论以及海德的归因理论等。下面仅对强化理论稍作介绍。

斯金纳的强化理论认为，人的行为是受外部刺激而作出的反应，改变外部刺激就能改变人的行为，起到激励效果。领导者通过不同的强化手段，能有效激发下属的积极性。在领导实践中，根据强化的性质和目的，可以把强化分为正强化和负强化，两者可单独使用，也可综合灵活运用。正强化是通过奖励、肯定那些对组织目标实现有帮助贡献的行为，从而使下属加强这类行为，产生工作积极性。正强化的方法包括奖赏、认可、表扬、晋升、获得成长机会等。相反，负强化则是通过惩罚和否定不符合组织期望的行为，防止类似行为再度发生，从而削弱这样的行为。负强化的方法有批评、降级处分、警告、开除、减少奖赏等。按照强化理论的观点，公共领导者应多采用奖励等正强化的手段而少采用惩罚等负强化的手段，重点是通过强化对组织目标有利的行为来激励下属。另外，采取哪种强化方法还要根据行为的性质、行为后果和行为者个体区别对待，才能获得好的效果。

（三）激励原则

结合各种激励理论，可以归纳总结出公共领导者激励下属所应遵循的基本原则：

1. 合理公平原则

一方面，奖惩要合理，领导者应从实际出发，根据下属实现目标的贡献确定奖励或损害目标的程度确定惩罚，做到赏功相配、罚罪对应。另一方面，激励的公正要做到奖惩一视同仁，不分亲疏、远近。

2. 明确性原则

领导者激励下属应做到三个明确：一是明确激励的目的，使下属知道做什么和怎么做；二是在公开场合明确奖惩等下属最关切的问题；三是直观明确地公布奖惩的标准和方式。

3. 正负激励相结合原则

按照斯金纳的强化理论，领导者可以根据正负激励强化或弱化下属的行为。领导者应将正负激励巧妙地结合起来，同时注意以正激励为主，负激励为辅，以获得最佳激励效果。

4. 物质和精神相结合原则

下属既有物质的需要，也有精神的需要。物质激励是基础，精神激励是根本，领导者应在两者结合的基础上，首先基本满足下属的物质需要，再逐步过渡到精神激励，防止走极端。

5. 时效性原则

"雪中送炭"和"雨后送伞"的激励效果是不一样的。领导者要把握激励的最佳时机,在下属最需要激励的时候给予及时激励,使其产生工作积极性和创造力。

6. 差别激励原则

工作难度、工作环境、人际关系、领导行为等因素都会影响下属的激励。领导者在激励下属时,应考虑到个体之间的文化、性格等差异,制定差别化的激励措施,才能取得最大激励。

7. 按需激励原则

激励是为了满足下属的需要,只有满足了当前最迫切的需要,才能显现激励效果。由于下属需要层次因人而异,因时而异,领导者应充分了解下属当前的需求层次,有针对性地出台激励措施。

三 领导沟通

领导者通过沟通与下属分享愿景,鼓励和激发他们为实现组织的愿景而积极努力,并且获得彼此的信任合作以此促成工作关系和目标实现。实际上,缺乏有效沟通就谈不上领导。[①] 可见,沟通对公共领导者来说,显得越来越重要。

(一) 沟通概念和作用

所谓沟通,是为了实现设定的目标,把信息、思想或情感在个人或群体间传递,从而取得理解信任并达成共同协议的过程。公共组织的沟通是指在公共管理的领导活动中,公共组织与外界环境之间,公共组织内部各部门、层级、人员之间为了实现公共目的,进行信息、情感、思想的交流和传递,以期达到相互了解、支持和合作的过程。

领导沟通作为一种重要的公共领导方法,其主要作用具体有以下几个方面:

---

① [美] 格罗弗·斯塔林:《公共部门管理》,常健等译,中国人民大学出版社 2012 年第 8 版,第 324 页。

1. 改善人际关系，提高士气，增强组织凝聚力

沟通有利于领导者激励下属，提高他们的士气。比如领导者的表扬、认可满意通过一定的沟通渠道准确快速地传递给下属，就会产生工作激励。另外，有效的沟通是改善人际关系的重要方式。通过沟通，组织成员之间能增进彼此的了解，消除误会、隔阂和猜忌，拉近领导者和下属之间的距离，逐步建立两者之间的互动和信赖尊重，构造和谐愉快的组织氛围和工作环境，增强了组织凝聚力。

2. 有利于领导者制定科学合理的决策

领导者可以从组织内部和外部的沟通中获取大量的信息。只有掌握了全面和正确的信息，领导者才能作出高质量的决策。

3. 统一认识，产生责任心，提高工作效率

组织内部不同成员之间会因各自能力、知识、职位以及对组织目标的理解等差异，产生不同的个人目标，影响组织目标的实现。因此，领导者需要通过沟通，相互交流，取得组织内部的共识，激发下属的责任心和工作效率。

（二）沟通的途径

1. 选择有效的沟通方式

公共组织中常见的沟通方式有当面口头形式、电话形式、书面形式、网络媒介形式等，各自有不同的特点和优缺点。在领导实践中，领导者应根据不同的情境选择最有效的沟通方式。

（1）当面口头形式。当面口头形式指的是面对面、以肢体语言、声音语言和文字语言等口头传递信息的沟通方式，它是组织沟通中最普遍和最主要的方式。在公共组织中，领导者一般会采取面谈、讲座、会议、讨论会等当面口头形式进行沟通。当面口头形式具有信息全面、语言灵活、沟通直接快速、双方互动的特点，但容易出现以讹传讹的问题，传递的层次越多，信息越容易失真，且事后难以查证。

（2）电话形式。电话形式是组织沟通中借助电话媒介来传递声音语言信息的方式，一般适用于双方不能直接见面的情况。电话形式的沟通效果和当面口头沟通的效果差不多，但缺少了必要的肢体语言和文字语言，因此得到的信息不够全面。

（3）书面形式。采用书面文字，以纸作为载体传递和留存信息的相对正

式的方式，称为书面形式，常见书面形式有报告、信件、文件、布告、组织规章条例等。书面形式的优点是持久保存、可查实、内容严谨条理、有一定的逻辑性、格式清晰等；缺点是信息单一不全面、反馈速度慢、效率低。

（4）电子媒介形式。是指通过传真、语音视频、电子邮件、即时聊天工具进行沟通的新兴形式，主要以电子邮件为主。其优点是快速便捷、经济效率、信息传输不受时空限制、信息共享等，缺点是信息反馈较慢、信息不够全面。

2. 选择合理的沟通渠道

（1）正式沟通。正式沟通是公共组织之间或内部部门之间，上下级之间明文规定的用来传递信息的沟通渠道。[1] 主要包括组织系统正式发布的制度、规章、手册、公告、简报、命令、指示、文件及召开的正式会议，组织内部上下级之间的正式交谈，下级组织对上级组织的汇报、建议、反馈、申请等正式形式。按信息传递的流向，正式沟通可以分为上行沟通、下行沟通、横向沟通和斜向沟通四种形式。正式沟通的优点是沟通效果好，信息量大，严肃而有约束力，易于保密，具有权威性；缺点是传递速度慢，信息在逐级传递中易出现失真或扭曲。

（2）非正式沟通。非正式沟通是以社交关系为基础，在非正式场合和非正式组织范围内进行信息传递的沟通渠道。比如组织成员私下交换看法，小道消息的传播、参加社交聚会等。通过非正式渠道，组织中的非正式团体传递信息的方向呈现多元化的特征，效果有时反而明显。非正式沟通的优点是不拘形式、传递速度快、简洁明了；缺点是信息传递难以控制，信息不确切，容易失真扭曲，可能产生小集体，造成人心不稳，甚至影响组织凝聚力。

3. 选择合理的沟通网络模式

选择合理的沟通模式，建立有效的沟通网络，有助于领导者及时获得重要信息，并形成良好的人际关系。行为学家 H. J. 里维特（H. J. Leawitt）等人通过研究，提出了沟通网络的五种典型模式[2]：一是链式。相当于一个直线结构，信息是逐级向上或向下依次传递。这种模式的信息沟通速度快，但缺点是信息层层传递、筛选，容易失真，造成上下级沟通出现偏差。二是轮式。它是一种控制型网络，只有一个核心成员进行信息汇集、传递的工作。该模式的优

---

[1] Johnson J. D. et al., "Differences between Formal and Informal Communication Channels", *Journal of Business Communication*, Vol. 31, No. 2, 1994, pp. 111 – 122.

[2] 芮明杰：《管理学：现代的观点》，上海人民出版社 2005 年第 2 版，第 386—387 页。

点是高度集权，速度快，效率高；缺点是沟通渠道少，成员间缺少了解，士气低落。三是Y式。这是一个纵向沟通结构，实际上是链式和轮式的结合。信息也是逐级传递，但最上层有多个领导者。这种模式的特点是信息传递速度较快，中间成员可以协助上级筛选信息和提供决策；缺点是信息容易失真，成员满意度低。四是环式。封闭式的控制结构，每个成员之间地位平等，可以同时与两侧人员沟通信息。这种模式集中化程度低，信息的速度和准确度难以保证，但组织成员的满意度高。五是全通道式。这是一种开放式的结构，组织中的每个成员都可以与其他人直接自由沟通，各成员地位平等。该模式的沟通渠道多，信息速度快，成员满意度高，士气高昂，增强了组织内的团队合作；缺陷是容易造成信息传递混乱，影响工作效率。

领导者要达到有效沟通的目的，要采取哪一种沟通网络，应视不同的沟通目的而定。环式和全通道式的沟通模式一般用于处理复杂问题；链式、Y式和轮式的沟通准确性高，在解决简单的问题时比较有效；轮式有利于领导者控制各项活动；环式和全通道式的成员满意度高，能满足成员间的社交需求。

（三）增强沟通的方法

1. 掌握必要的沟通技巧

在公共组织沟通中掌握一定的技巧，能更有效地传递理解信息，调节沟通气氛，达到激励下属的效果。公共领导者要掌握几种必要的沟通技巧，如倾听技巧、气氛控制技巧和推动技巧等。

2. 建立畅通的沟通网络

公共组织内部的高效运作，离不开纵横交错的沟通网络。依据沟通渠道，建立起畅通的沟通网络，使信息在不同层级的人员之间传递反馈，能有效实施上级作出的决策。

3. 创造有利的沟通氛围

领导者主动学会沟通，形成积极的组织文化，有利于营造一个相互信任、和谐、互动开放的沟通氛围。为得到真实的信息，领导者应少摆领导架子，努力营造一种与下属互信互重、支持下属工作的领导氛围。[1]

---

[1] ［美］哈罗德·孔茨等：《管理学精要》，韦福祥译，机械工业出版社2005年版，第220页。

4. 重视信息技术应用

在互联网新兴的时代，公共领导者应注意重视信息技术的应用。信息技术已经彻底改变了公共领导沟通方式，提高了沟通的有效性，明显改进了领导监控个人和公众监督政府的能力，它允许政府拥有更加完整的信息进行快速决策，为政府和公众共享信息提供了更多机会。[①] 公共领导者应利用信息技术，在组织内部建立局域网用于内部沟通，同时在组织外部建立互联网网站等平台，用于政府与社会公众的信息沟通和互动。

四　领导协调

（一）领导协调的概念含义

协调的字面意思是和谐一致，配合得当。领导协调是指公共领导者在领导工作中通过联系沟通、调整调节等手段，使政府与社会组织之间、政府不同组织和部门之间以及组织内部成员之间协同一致，相互配合处理公共事务，保持社会和谐发展，最后高效地实现公共组织目标的行为过程。它是一种"为保证领导目标的优质高效实现，运用正确有效的手段和方法，消除领导活动中存在的各种不和谐现象，使之呈现出和谐、平衡、有序、一致状态的一种创造性活动"[②]。

领导协调的是公共领导的基本方法之一，是领导者实行其职能，行使权力的重要保证。领导协调不仅可以合理配置有限的公共组织资源，减少或避免不同组织、部门、成员间的摩擦和矛盾，还可以通过协调人际关系，充分调动组织成员的积极性。因此，强化领导协调在公共管理中具有非常重要的意义。

（二）领导协调的内容

1. 人际关系协调

人际关系协调，是以领导活动中涉及的以人际关系为对象和内容的协调。领导活动离不开组织成员间的交往，因此人际关系协调是领导协调中最复杂也

[①] ［美］理查德·J. 斯蒂尔曼二世：《公共行政学：概念与案例》，竺乾威等译，中国人民大学出版社 2004 年第 7 版，第 407 页。

[②] 荣仕星、钟敏：《领导干部协调艺术论》，广西人民出版社 1996 年版，第 3 页。

最重要的任务。公共组织中的人际关系协调包括上下级组织协调、同级组织协调、领导班子协调、领导者与下属协调。只有在人际关系良好的条件下，领导者才能使领导活动协调运转，更好地实现组织的整体目标。

上下级的组织协调，关键是上下齐心协力，要做到：理解尊重上级组织的决定，贯彻上级方针和政策，顾全大局，对上级不卑不亢，建立正常的关系；对下级组织合理授权、互相沟通支持等。同级组织的协调，关键在于建立同级领导成员间的互相理解、支持协作、配合的关系，具体需要做到：协同配合，真诚待人，帮助他人，宽容自制，一视同仁，淡化名利。对领导班子的协调，可以通过个别谈心和会议讨论的形式，以组织制度和规范为依据，调整领导之间的关系，统一思想，明确职责，形成一个有凝聚力的领导团队。领导者与下属的协调，领导者应主动和下属进行协调，交换彼此意见，建立互信、配合、协作的关系，具体应做到：一视同仁，公平客观，互相沟通，善于授权等。

2. 工作关系协调

工作关系协调，是指领导者在履行公共领导职能过程中对影响工作任务的人力、物力、财力等资源要素之间的关系进行协调。工作关系的协调主要包括工作时间协调、资源要素协调、部门任务协调、政策方针协调等。

为了按时完成任务，领导者必须分清工作的主次缓急，对工作进行统筹安排，合理协调工作时间，提高效率，完成组织任务。完成任何工作任务，都需要资源要素的投入，领导者应根据不同的任务情况合理分配资源，保证资源的使用达到最优，获得组织的最佳整体效益。部门间的任务不同，需要上级领导者从全局出发，为保证总任务的完成，及时进行部门间的有效协调。在政策执行过程中，各部门对政策的理解和实施会因各种原因产生一定的差异，领导者需要根据实际情况作出监督指导和一定的政策调整。

（三）领导协调的原则

1. 统筹兼顾原则

由于组织成员间的价值观念、思想觉悟不同等原因，往往会发生利益关系上的冲突和分歧，具体表现在个人与组织、局部与整体之间的利益冲突等。领导者要按照统筹兼顾的原则，从组织利益和整体利益出发，兼顾个人和局部的利益，正确安排和处理好各种利益关系。

2. 客观公正原则

任何背离客观公正原则的协调工作都不可能达到预期的效果，甚至还会适得其反，造成不满、误解和不信任。因此，领导者应做到一视同仁，以公正客观的态度进行协调。

3. 求同存异原则

领导者要把握求同存异的精髓，即求大同，存小异。在领导协调中，领导者应客观全面地了解各方信息，找到协调的共同点，促使各方达成一致共识，忽略次要的、不重要的差异。

4. 目标原则

目标原则要求领导者在领导协调中必须明确目标，协调活动必须围绕组织目标进行，同组织目标保持一致。只有确定协调的目标，才能自觉有序地开展协调，从而完成领导工作。

5. 动态灵活原则

公共组织中会不断出现各种冲突和不协调的现象，需要领导者及时进行协调。因此，领导协调必然是一个动态的过程。面对动态变化，领导者需根据实际情况灵活采取合适的协调手段。

6. 互惠双赢原则

在协调双方的冲突矛盾时，领导者应在矛盾双方互相尊重、互相理解的基础上，提出双方互相妥协让步，使双方都能得到一定利益的协调方案，从而解决矛盾冲突。

思考题

1. 什么是公共组织领导？其特点和作用有哪些？
2. 不同权力类型的公共组织领导者的区别是什么？
3. 简述公共组织的不同领导理论。
4. 什么是公共组织领导体制？有哪些基本类型？
5. 如何评价我国的公共组织领导体制？
6. 如何在公共部门中实现更好的领导？

第七章

公共政策

公共政策是现代政府履行公共管理职能的重要手段。政府通过制定和实施公共政策，可以处理各项事务，解决社会问题，协调不同社会主体之间的利益关系，促进社会的和谐发展。本章在阐述公共政策的含义、特征与类型的基础上，着重讨论了政策制定、执行与评估的基本原理。

第一节 公共政策概述

一 公共政策的含义

据考证，在古汉语中，"政"与"策"是分开的，"政者，正也"，本义为规范、控制；"策，谋术也"，本义为计谋、谋略。在英文中，"policy"最初并不存在，它是随资本主义国家和政党的发展而从"politics"一词派生而来的。当它第一次在英语出现的时候，倾向于指治理的整体模式，后来才逐渐用来表示政治家们想要做的。[①] 明治维新后，日本学者从流传到日本的汉字中选了"政"和"策"这两个字创造出了新的"政策"一词，以对应于"policy"。中国人中比较早地使用"政策"这一词语的是梁启超，在他的《戊戌政变记》中就有"中国之大患在于教育不兴，人才不足，皇上政策首注重于学校教育之中可谓得其本矣"。后来，孙中山也在文章中使用"政策"这一概念。此后，"政策"一词便在中国社会上流传开来。政策可以宽泛地指称各类

---

① [英]科尔巴奇：《政策》，吉林人民出版社2005年版，第89页。

社团和组织为完成特定目标而决定采取的行动,而我们关注的是政府部门制定的公共政策。

何为"公共政策"?这个概念看似简单,但当对其进行严格考察时,却变得十分复杂。一般而言,公共政策是政府用来解决其职责范围内出现的各种社会问题的手段或行动纲领,广泛应用于社会各个领域,如经济政策、社会福利政策、环保政策等。同时,公共政策也具有明显地跨学科特征,不同的研究者会从不同的分析角度,应用不同的理论和方法研究不同的政策现象。因此,对公共政策无论是在实务界,还是在学术界均难以形成统一的定义,不同视角下的定义不胜枚举。按照概念界定侧重点的不同,这些定义可归纳为四个主要类别:

1. 政策过程型定义

以拉斯韦尔(Harold D. Lasswell)、卡普兰(A. Caplan)、安德森(James Anderson)和詹金斯(William Jenkins)为代表,很多学者提出了以政策过程为中心内容的公共政策界定。拉斯韦尔和卡普兰认为,公共政策是包含了目标、价值观和战略的、经过设计的规划,政策过程包括对各种共识、需求和期望的规划、宣传与执行。[1] 安德森则认为公共政策具有明确的活动方向,是政府有目的的活动,并且建立在法律的基础之上,具有相当的权威性。[2] 詹金斯则将公共政策定义为由政治行动主体在特定情境中制定的一组相关联的决策,包括目标选择、实现目标的手段,这些政策原则上应在行动主体力所能及的范围内。[3]

此类定义强调了公共政策由不同要素、内容构成的系统性,既包含以目标和价值为中心的价值理性,又体现出以过程和策略为中心的工具理性。公共政策是一种具有连续性的活动过程,包括决定、实施等多个环节。但是,这类界定过于宽泛、笼统,全过程的视角往往无法将公共政策与公共管理、政治学的研究区别开来,从而难以突出公共政策研究的独特性。

2. 管理职能型定义

以威尔逊(Woodrow Wilson)、彼得斯(B. Guy Peters)和伊斯顿(David

---

[1] H. D. Lasswell and A. Kaplan, *Power and Society*, New York: McGraw-Hill Book Co., 1963, p. 70.

[2] [美]詹姆斯·安德森:《公共决策》,唐亮译,华夏出版社1990年版,第4—5页。

[3] William Jenkins, *Policy Analysis: A Political and Organizational Perspective*, London: Martin Robertson, 1978.

Easton）为代表，一些学者提出了以管理职能为中心内容的公共政策界定。威尔逊认为公共政策是具有立法权的政治家制定的，由行政人员执行的法律和法规。① 彼得斯认为公共政策作为政府活动的总和，无论行为是直接的还是通过代理的，其行为会对公民的生活产生影响。② 伊斯顿则提出，公共政策就是对整体社会价值作权威性分配。③ 这里所隐含的基本假设是，利益及利益关系是人类社会活动的基础，政府的基本职能就是对利益进行社会性的分配，而公共政策就是政府实现这一职能的主要形式。

此类定义强调了公共政策是政府为解决社会问题而实施的一系列规范、控制手段，是政府从自身利益和公众利益出发进行的具体管理。与威尔逊和彼得斯宽泛地将公共政策界定为一系列法律法规或政府行为总和不同的是，伊斯顿的定义更具有针对性地指出了公共政策的价值分配功能。但是，这种理解却忽视了公共政策所具有的其他重要功能，比如对社会价值的创造、对社会问题的规范、引导和调控等，并且忽略了政府进行价值分配的标准和方法。

3. 行为选择型定义

以戴伊（Thomas Dye）为代表，还有一些学者提出了以政府行为选择为中心内容的公共政策界定。戴伊认为公共政策是政府的一种选择行为，既包括政府选择作为的事项，也包括政府的不作为。④ 此类定义强调行为主体的行为选择，关注政府做什么、为什么这样做以及会产生什么样的效果。而除了政府所采取的行动，政府决定停止的行动和根本不去做的事情也作为一种公共政策的表现形式。但也有研究者对此提出异议，认为它扩大了公共政策的外延，显得过于宽泛，因为在实际中，政府的某些行为只是一种习惯性或非正式的做法，而不一定构成具体的某种政策。

4. 行为准则型定义

国内多数学者认同，以行为准则为中心内容的公共政策界定。如张金马提出，公共政策是党和政府用以规范、引导本国或本地有关机构团体和个人行动

---

① 转引自胡宁生《现代公共政策学》，中央编译出版社2007年版，第6页。

② B. Guy Peters, *American Public*：*Poromise and Performance*, 3d ed., NJ：Chatham House, 1993, p. 3.

③ ［美］戴维·伊斯顿：《政治体系——政治学状况研究》，马清槐译，商务印书馆1993年版，第123页。

④ Thomas R. Dye, *Understanding Public Policy*, 7th ed., New York：Prentice Hall, 1992, pp. 2–4.

的准则或指南。① 陈振明认为公共政策是在特定时期中,以实现或服务于一定社会政治、经济、文化目标的行为或准则,表现形式包括谋略、法令、措施、办法、方法、条例等。② 陈庆云则强调了公共政策是政府、非政府公共组织和民众,为实现特定时期的目标,对社会公共事务实施共同管理过程中所制定的行为准则。③ 此类定义中,公共政策作为引导个人和团体行为的准则,为管理部门保证社会朝正确方向发展,提供了行动的计划或方案。

以上四类公共政策的定义,分别从不同视角强调了公共政策及其形成过程的某个环节。尽管它们之间存在较为明显的差异,我们仍可从中归纳出公共政策的共同点。公共政策由一个政治体制中的当权者,如政党、立法者、法官、行政官员和管理人员来制定、实施和评估;其目的是为了解决公共问题,或以实现公共目标、公共利益为取向;公共政策是一种动态的行动或决策过程。综上所述,我们认为,公共政策是公共权力机关经由政治过程所选择和制定的,为解决公共问题、达成公共目标、实现公共利益的行为准则或价值规范。

二 公共政策的特征

公共政策的制定主体是拥有管理国家、社会公共事务权力的组织,包括立法部门、司法部门、行政部门,以及法律赋予公共权力的组织。同时公共政策所关注和解决的问题,是那些对社会发展和人民生活产生影响,甚至构成威胁的带有普遍性的公共社会问题。因此,公共政策具有公共性、普遍性、权威性与强制性等特征。④

1. 公共性

公共政策的公共性体现在,公共政策重在解决广大民众最关心的公共问题、代表和实现民众的公共利益。从政策的内容来看,政策所要解决的问题是根据公众的意愿通过政府工作程序所认定的公共问题,政策目标和具体实施步骤需要符合公众的要求。从政策制定的程序来看,问题的认定、方案的规划以

---

① 张金马:《政策科学导论》,中国人民大学出版社 1992 年版,第 19 页。
② 陈振明:《政策科学》,中国人民大学出版社 1998 年版,第 59 页。
③ 陈庆云:《公共政策分析》,北京大学出版社 2011 年第 2 版,第 3 页。
④ 吴琼恩等:《公共行政学》,台北:智胜文化 2004 年版,第 297 页。

及政策的合法化，所有方向性的重大问题都需要经由法定的民主政治程序审议。

2. 普遍性

公共政策的普遍性体现在，公共政策的影响范围涵盖社会所有的组织与个人，其影响的普遍性是由政府权力行使范围，以及所处理的公共事务范围的广泛性所决定。公共政策是针对多数人和普遍性问题制定的，而非针对特定范围内的个别人和个别事，是要求社会成员普遍遵循的行为规范。

3. 权威性

公共政策的权威性体现在，政府组织的权力是由法律赋予的，这是其制定公共政策必然具有权威性的主要依据。政府公共政策的影响力和影响的权威性，是区别于以个人、社会组织或团体为主体的一般性政策的重要特征。公共政策一旦制定和执行，便成为一种对全社会具有约束力的行动准则和行为规范，政策相关领域要维护政策的权威，按照政策规定来约束、引导和规范自己的行为。而违反政策规定，必要受到相应的处罚。

4. 强制性

公共政策的强制性体现在，政府通过公共政策的制定和执行，对社会组织与社会成员的行为进行限制。这种强制力由政府所实施的强制性行为或制裁措施而实现，其目的是要求社会成员遵守或接受政府的管理意愿。这是由公共政策的权威性所决定的。

三 公共政策的类型

现代社会中，社会生活的各个领域都存在着多种多样的公共政策，其数量巨大、性质复杂、内容丰富、形式多样，因此，需要将公共政策分类，从而对其进行系统和科学的研究。但是当前对于公共政策的分类并无定式，不同的研究者根据不同的研究目的和标准，可以作不同的分类。

横向上，从公共政策所涉及的社会生活领域进行分类，主要划分为政治政策、经济政策、社会政策以及教育、科技和文化政策等。

1. 政治政策

政治政策是指在政治生活领域中，由国家或政党所规定的涉及政权的相关准则、规范、法律等，是国家和政党调节、处理人们的政治生活、政治关系的规范和准则。它是政治体系得以维持和发展的根本措施。政治政策一般包括政党政策、法制政策、军事政策、行政管理政策、人事政策、民族政策、外交政策等。

2. 经济政策

经济政策是指一个国家在经济领域所规定的政策，是调整人们的经济关系、经济活动的规范和准则，是国家管理经济活动的重要手段。经济政策一般可分为宏观调控和微观管理两个基本层次，用以调整国家与社会、政府与市场间的关系，包括国家和政府要不要干预社会经济生活，以及干预的方向是什么、应达到怎样的程度、采取什么方式和手段等。经济政策一般包括农业政策、工业政策、金融政策、财政政策、贸易政策、房地产政策、区域发展政策等。

3. 社会政策

社会政策是指专门解决社会问题、提高人民生活、增进社会利益、谋求社会秩序平衡发展的基本原则和规范。社会政策所要实现的核心价值，实质上是社会的公平、正义、和谐与稳定。同时，各政党和政府也借助于社会政策宣传其政治主张，处理各种社会关系。社会政策一般包括人口政策、劳动工资政策、社会救济政策、社会保障政策、医疗卫生政策、宗教政策等。

4. 教育、科技、文化政策

教育、科技、文化政策是指国家在一定时期的总目标指导下，在教育、科技、文化领域中为达到一定的目标而制定的发展规划、指导原则和行为规范等。教育政策包括义务教育政策、高等教育政策、职业教育政策、继续教育政策、社会教育政策等；科技政策一般包括科技管理政策、高新技术开发政策、科技成果转化政策等。文化政策一般包括大众传播政策、文学艺术政策、体育政策等。

纵向上，将公共政策依据中央与地方之间的关系进行划分，则政策之间通常具有从属关系，主要分为元政策、基本政策和具体政策三类。

1. 元政策

元政策，亦称总政策，即政策的政策。元政策是指在政策体系中处于统领地位、具有统摄性的政策，是指导和规范政策行为的一套理念、方法和准则。它是其他各项政策的出发点和基本依据，对其他各项政策起指导和规范作用。元政策决定由哪些组织和个人，按照哪些程序、原则、方法来制定政策，其基本功能是保障其他各项政策遵循一套政策理念、谋求实现统一的政策目标。

2. 基本政策

基本政策是执政党和政府,针对某一社会领域或社会生活某个基本方面制定的、在该领域起到全局性和战略性作用的政策,就是基本国策、方针政策、纲领性政策、根本政策。基本政策是总政策和具体政策的中间环节:基本政策源于总政策,是总政策在某一具体领域的延伸;它又是该领域的元政策,规定了在具体领域中政策应采取的态度、依据的假设和指导原则,是该领域的主导性政策,用以指导具体政策。基本政策的主要问题包括政策的总体目标、作用范围、产生影响的时间、所使用政策工具的范围、政府应采取的态度以及其他一些政策战略。

3. 具体政策

具体政策,也称为部门政策、方面政策,是指针对具体的公共政策问题而做出的政策规定,是执政党或政府为解决具体问题而为相关部门和个人规定的行为准则。狭义的具体政策,指实质性政策,如财政预算、行动计划、法律方案等;广义的具体政策包括所有基本政策之外的公共政策,不仅包括实质性政策,还包括支持政策实施所需的策略、规划与程序等。

在学界所发展出来的诸多复杂的公共政策分类体系中,西奥多·洛维 (Theodore Lowi) 的分类是公共政策研究中最为实用的概念工具,在过去一直被人们颇有创造性地加以应用。洛维从利益分配的角度,将公共政策划分为管制型政策 (Regulatory Policy)、分配型政策 (Distributive Policy)、再分配型政策 (Redistributive Policy)[①],后来的研究者萨利斯伯瑞在此基础上增加了自我管制型政策 (Self-regulatory Policy)。

1. 分配型政策

分配型政策是指政府将利益、服务和成本、义务分配给不同的政府机关和社会团体的政策。所有人都可以从这类政策中获得利益,不具有利益和义务上的排他性,如社会福利政策、教育政策、财政补助政策等。因此,对这类政策的研究主要关注不同的配置方式、配置规模对社会总产出的影响程度,从而运用具体、科学、有效的分配标准和方法。

---

① Theodore J. Lowi, "American Business, Public Policy, Case Studies, and Political Theory", *World Politics*, Vol. 16, 1964, pp. 677–715.

2. 再分配型政策

再分配型政策是指政府将某一群体的利益或义务转移给另一群体的政策，这种政策使财富、收入、财产和权利在社会各阶层和团体中进行转移性分配。再分配型政策制定的目的是保持最低水平的均等、社会稳定，避免贫富差距拉大。比如个人收入累进所得税就是对富有阶层的财产通过累进税率的征收，转移给贫困阶层，以缩小贫富的差距。

3. 管制型政策

管制型政策是指政府针对某些活动的方式、程度及性质等内容所制定的统一的管制规划和规范。此类政策通常具有行业的性质，不同的行业具有不同的行为准则和方式。从政策的功能来看，管制型政策又可分为经济型管制政策和社会型管制政策两类。其中，经济型管制政策的主要目的是保护生产者和消费者的利益、维护市场及经济发展的秩序和稳定，主要管制方式包括通过许可、认可等手段，对企业的准入、退出、产品或服务的价格或质量、交易方法和条件等进行规制。同时，还包括对垄断和不公平交易的规制。

社会型管制政策以保障公众的安全、健康、卫生、福利以及防治灾害、保护环境等为目的，对危害社会安全和秩序的行为实行管制，从而确保公众的基本权利和生活质量，其实质上是以提高社会的福利水平为核心。社会型管制包括产品质量的安全管制、食品安全管制、交通安全管制、生产场所的安全管制、排污管制、犯罪政策等，这些管制可以有效避免生产或消费过程中的各种伤害。

4. 自我管制型政策

自我管制型政策是指政府未设定严格的、一致性的管制规划和规范，而仅设定原则性规则，由各政府机关和相关团体自行决定采取何种行为，而政府不加干预的政策类型。与管制型政策通常会造成一方获利而另一方失利不同的是，此类政策并不会产生利益上的排他性，政策的执行不会以牺牲其他团体的利益为代价。比如一些专业和职业执照的发放，通常由政府制定相关法律法规和标准，将实施权授予相关行业委员会，由专业或职业团体主动提出申请。

总体来看，洛维在对公共政策的分类中，关注到了不同政策类型独特的政治结构、政治过程、精英和团体关系等。其主要贡献在于，他提出不应以能够适应整个公共政策领域为标准对政策进行宽泛的归纳，而应当有针对性地考察某一类型的政策，并按照政策的类型进行归纳，深入研究其形成和发展的过程或模式。但是,他的分类受到了多方面的批评和质疑。比如,管制型政策与分配型和再分配型政策的区分十分困难。① 此外,由于政策是个动态发展变化的过程,往往开始时是一种类型但后来又变成另外一种类型,实际运作的政策要比洛维所提出的简单分类更为复杂。然而另一方面,针对这些质疑,也有研究者提出,与其他政策相比,一些政策是更纯粹的管制型政策,比如刑事犯罪政策;而另一些政策则是更纯粹的再分配型政策,如累进所得税。同时,如果将洛维的分类视为连续性的而非独立的范畴,那么他的分类仍然能够解释动态的政策过程。② 因此,在实际的公共政策学习和研究中,我们更应深入思考如何客观、科学的评价、判断已有的经典研究成果,并根据自身的研究目的和方法,对其进行应用、改造或发展。

除了洛维,其他研究者对公共政策的分类同样颇具代表性。埃德尔曼(Murray Edelman)根据政策效果或所分配利益的种类将公共政策划分为物质性政策和象征性政策。③ 物质性政策向受益人提供具体的资源或实质性的权力,或将真正的不利条件强加给那些受相反影响的人,如确立最低工资标准、公共住宅计划拨款、农民收入补贴等政策都具有物质性政策的特征;象征性政策主要依靠的是价值观而不是有形的利益,如爱国主义和社会公平、公正等。

安德森根据政策是否直接改变客观对象为标准而把政策划分为实质性政策和程序性政策两类。④ 实质性政策与政府直接采取的行动与措施有关,程序性政策设计由谁来采取行动以及如何采取行动。

奥尔森(Mancur Olson)根据政策的公私性质将公共政策区分为公共产品和私人产品。⑤ 公共产品指的是那些不能只给一些人而将另外一些人排斥在外的利益,体现了公共物品最重要的非排他性特征,如国防、公共安全、环境和卫生事务等;私人产品指那些可以分割成单位,可阻止其他人的使用或向消费

---

① G. D. Greenberg et al., "Developing Public Policy Theory: Perspectives from Empirical Research", *American Political Science Review*, Vol. 71, 1977, pp. 15–32.

② [美]小约瑟夫·斯图尔特、戴维·赫奇、詹姆斯·莱斯特:《公共政策导论》,韩红译,中国人民大学出版社2010年版,第52页。

③ Murray Edelman, *The Symbolic Use of Politics*, University of Illinois Press, 1964.

④ [美]詹姆斯·安德森:《公共决策》,唐亮译,华夏出版社1990年版,第154页。

⑤ Mancur Olson, *The Logic of Collective Action*, Cambridge, MA: Havard University Press, 1965.

者收取费用的产品。

费尔曼（Lewis Froman）根据政策影响范围将公共政策分为地区性政策和局部性政策。① 地区性政策，指的是那些能够影响一个地理区域内所有人口的政策；局部性政策，则指那些在不同时期、不同人口区域内，影响不同人群的政策。

分类是分析公共政策的基本途径，是一种将各种现象组织成独立的范畴，以进行系统分析的方法。基于不同的研究目的及研究方法，不同研究者对公共政策的分类也不尽相同，形成了复杂的公共政策分类体系。为了更好地判断一种分类是否有用，费尔曼提出了评估政策分类的标准，主要包括包容性、相互排斥性、有效性、可靠性、测定层面、操作性和区别对待等七项标准。②

（1）包容性。体系的分类是否涵盖所有可能的现象？分类是否涵盖了现象的所有层面？分类是否全面？

（2）相互排斥性。分类后的政策是否明确清晰，能否避免重叠？各类是否可相互区别，有助于判断所属类型？

（3）有效性。分类使用的概念能否说明其应指代的事项？分类与其要说明的世界是否非常吻合？

（4）可靠性。其他人是否可以用统一的方法来使用这种分类？是否所有人都可以用相同或基本相同的方法使用分类？

（5）测定层面。分类是否使用了恰当的测定层面？比如名义层面的测定用于对案例进行分类；顺序层面的测定用于为案例排序；间距层面的数据用于按照某种测定尺度具体区分测定对象之间的差异。

（6）操作性。一个现象是否能用一套属性来测定？分类是否适合测定？分类中使用的概念能否测定？

（7）区别对待。分类中使用的范畴是否具有现实意义？是否具有理论意义？

---

① Lewis Froman, "An Analysis of Public Policy in Cities", *Journal of Politics*, Vol. 29, 1967, pp. 94–108.

② Lewis Froman, "The Categorization of Policy Contents", in Austin Ranney ed, *Political Science and Public Policy*, Chicago: Markham, 1968, pp. 46–48.

第二节 政策制定

公共政策制定是政府或国家权力机关为解决特定社会问题,经过法定程序提出、论证并选择相应政策方案的一个复杂动态过程。它是一个提出公共问题、确定政策议程、制定政策目标、论证和选择政策方案以及政策合法化的过程。

一 问题确认

(一) 政策问题的含义与结构类型

社会在发展进程中,任何时期都会面临许多不同的社会问题,比如人口增长与经济发展问题、人口老龄化问题、失业问题、医疗和社会保障问题、贫富差距问题、农村劳动力转移问题、基础教育问题、城市化进程中的城市病问题、环境污染与环境恶化问题、社会治安问题、交通问题等。

社会问题是为多数人所承认的、偏离某些社会规范的社会状况。各种社会问题均会在一定时期内,引发社会失调和利益失衡,影响全体或部分社会成员的共同生活,从而破坏社会正常运作、妨碍社会协调发展,是一种综合的社会现象。同时,当社会中的大部分成员和其中的一部分有影响的人群认为某种现象不理想、不可取,需要社会给予关注并设法加以改变时,社会问题也会产生。

社会问题是一种客观存在的社会失调现象,直接表现为相关社会行为违背了现存社会规范和价值原则,对全体或部分社会成员以及社会本身的发展产生直接或间接的影响、危害,为社会大多数人所共识并需要依靠社会力量加以解决。但是,并非所有的社会问题都会作为政策问题进入政策的议程。

社会问题是公共政策的起点和诱因,随着公众和政府对部分社会问题的普遍关注,某一类社会问题就会逐渐升级为政策问题,并进一步通过政策议定,形成政策决策,进而形成具体的政策措施。因此,政策问题就是由政府列入政策议程,并通过采取一系列的行动加以解决的问题。

对政策问题的概念界定，学术界同样存在多种观点。安德森从政策意图的角度，认为那些促使人们行动起来去解决的社会问题才是政策问题，政策问题是一种引起人们需要和不满足，并对其寻求援助和补偿的条件和环境。① 邓恩（William Dunn）则从构建问题对政策分析的重要性的角度，提出政策问题是通过公共活动得以实现的需要、价值或改进的机会，这种公共活动主要表现为问题构建这一政策分析程序，也就是指分析人员在不同的利益相关人员或团体中连续、反复地探索问题的阶段。②

这两类定义各有侧重点，但对问题界定的主体不甚明确。一般而言，当个人或团体提出公共问题或社会问题后，政府试图采取措施解决并且解决这一问题是政府的职责，此时问题就成为了政策问题。

综合上述观点，我们将政策问题定义为，一种客观存在的违反社会规范、价值原则、颠覆利益平衡并产生重大不良影响的社会公共问题，它为大多数社会群体所认知，并由个人或群体提出，经过一定的渠道和途径反映到政府部门，解决该问题在政府的职权范围内，并被列入政府的政策议程之中。

政策问题的结构可分为结构优良、结构适度、结构不良三种类型（见表7—1）。结构优良的政策问题会有一位或多位决策者，在少数几个备选方案中进行政策选择。制定者的价值取向趋于一致，同时政策结果具有确定性，或是在可承担和接受的风险范围内。这类问题是可通过计算机进行处理的决策问题，所有政策备选方案的结构都可预先加以规划。因此，在公共机构中较低层面的部分操作性问题可视为结构优良的问题。

结构适度的政策问题会有一位或多位决策者，在数量相对有限的备选方案中进行选择。其政策制定者的价值取向同样趋于一致，但是政策结果却既不确定，又无法在可接受的误差范围内计算风险。

结构不良的政策问题涉及许多不同的决策者，他们的价值取向不可知，并无法用统一的形式加以排序。同时，与结构优良和适度的问题所表现出来的目标的一致性不同，结构不良的问题所要实现的目标之间存在争议和冲突。此

---

① ［美］詹姆斯·安德森：《公共决策》，唐亮译，华夏出版社1990年版，第65—66页。
② ［美］威廉·N. 邓恩：《公共政策分析导论》，谢明等译，中国人民大学出版社2011年第4版，第50页。

时，政策备选方案及其政策结果往往是未知的，具有风险和不确定性，并且无法进行评估，难以选出一个优于其他的方案。因此，政策问题的建构着重于结构不良的问题。

表 7—1　　政策问题的三种结构类型

构成要素	问题的结构		
	结构优良	结构适度	结构不良
决策者	一个或少数几个	一个或少数几个	很多
备选方案	有限	有限	无限
效用（价值）	一致	一致	冲突
结果	确定性、风险性	不确定性	未知
概率	可计算	不可计算	不可计算

资料来源：[美] 威廉·N. 邓恩：《公共政策分析导论》，谢明等译，中国人民大学出版社 2011 年第 4 版，第 56 页。

（二）政策问题确认的条件、过程和方法

公共政策问题的确认从字面意义上理解就是确定政策问题的过程。具体来看，这个过程包含了政策制定主体对政策问题进行察觉感知、界限界定和理论描述，从对一类政策问题的感性认识上升为理性认识的过程。需要厘清的关键问题是，政策问题是怎样被确认的，在什么条件下，具体过程是怎样的，有哪些方法和技术。

由于政府、公众、社会团体在认知和价值标准、专业知识和信息获取程度等多方面的不同，对具体的社会或公共问题的理解和判断会产生差异。有些可能并不为大众所意识的问题却为公共部门少数人所关注，并可能成为政策问题。因此，政策问题的最终确认，既取决于社会客观情况或问题的严重程度，也取决于公共权力主体确认政策问题的标准和程序。[①]

1. 可确认的客观社会现实

任何问题都源自客观存在的社会现实，但并非所有的问题都能被人们察觉

---

① 许鹿：《公共政策导论：概念与案例》，中国劳动社会保障出版社 2011 年版，第 128 页。

和关注。因此，当公众和政府真正认识到某个社会现实问题的存在及其重要性，并就此达成共识时，客观存在的社会问题才能够得到确认。而那些处于潜伏阶段、边界模糊、难以定性或明确表述的社会问题，则较难被确认为政策问题。

2. 强烈的公众诉求

当某些问题逐渐累积、扩大或已造成了严重的影响时，更广泛的社会公众对问题的关注度就会逐渐甚至是快速地提高。如近几年频发的社会突发事件，通过互联网等多种信息传播途径，迅速扩大并激起了广大公众的不满，而当这些事件持续恶化且未得到有效解决时，就会引发更强烈的矛盾和冲突。公众一般可通过电视、网络等大众传媒，以及各种社会团体等途径向政府反映其政策诉求，要求政府承担责任并有效解决问题。

3. 显著的政策需求

政策问题除了包括已发生的、对社会产生严重影响并引发广泛社会关注的问题之外，还包括政府基于对国家和社会发展的长远规划，以及对某些潜在问题的预防性政策，这些都会形成较为明显的政策需求。无论是怎样的问题，都需要政府通过客观、科学的政策分析和评估程序，对社会问题的性质、严重程度、影响人群等进行界定，并排列出轻重缓急的顺序。公开、透明的认定程序有利于增强公众对政策问题的认同和对政府的信任。

4. 符合相关政府部门职权范围

随着社会发展和转型，政府在经济和社会等领域中所扮演的角色也在不断变化。有些社会问题虽然符合上述三项主要标准，但若超越了政府职权范围，也无法形成公共政策。这在市场经济发展中尤为明显，市场的效率和效果已明显优于政府政策时，过多的政府干预反而不利于问题的解决和社会的成长发展。

从以上对政策问题主体，以及问题确认所需要的四项条件的讨论中可以看到，社会问题到政策问题并非一个简单的过程，它是一个对客观事实的感性认识上升到理性认知的过程。因此，问题的确认需要依赖于科学有效且清晰的程序，包括问题察觉、问题描述、问题分析、问题界定四个阶段。[1]

---

[1] 张国庆：《公共政策分析》，复旦大学出版社2011年版，第169页。

1. 问题察觉

问题察觉是指某一社会现象或问题被不同社会主体发觉,并引起相关政府部门的关注。这个阶段人们只是感觉到了某些社会问题的存在,但并未认真思考如何解决,问题是否被察觉取决于社会环境和发展规律等客观条件,以及相关人员的价值观念、利益诉求和政治立场等主观条件。

2. 问题描述

察觉问题之后,需要用可操作性语言对问题和现象进行客观、清晰的表述,才能做出准确的分析和判断。问题描述应尽量客观、真实、详细、清晰,避免任意夸大或缩小问题的严重性,应尽可能使用令人信服的资料或数据进行佐证。

3. 问题分析

问题分析主要是对前一阶段描述的问题和相关资料进行分析和判断,决定其是否可以作为政策问题。寻求问题的本质和关键是这一阶段的主要任务,主要包括以下几个相互关联的阶段。

第一,对描述的问题进行分类,判断问题发生的领域,是政治、经济、文化、生态或安全等领域中的哪一个;是全局性还是局部性问题等。不同类别的问题需要依赖不同的分析方法或条件。

第二,分析问题的现状、历史和发展趋势。包括分析问题的表现形式、性质、规模、影响后果等,问题的历史状况、演变过程和历史经验,以掌握问题产生的原因、背景和发展变化规律,分析预测问题发展、变化的方向。

第三,问题的提炼。根据问题分析的结果,对政策问题的本质进行提炼和归纳总结,抓住问题的实质及主要矛盾,作出该问题能否确认为政策问题的结论。

4. 问题界定

问题界定是指经过问题分析之后,相关政府部门将所有问题进行排序和筛选,认定能够进入公共政策议事程序的问题,并对问题被确认为政策问题的依据进行解释说明,为以后制定公共政策来解决这些问题提供基础。

在确认政策问题的四个不同阶段中,需要根据问题的本质、领域、发展规律以及所处的政策阶段等因素,综合运用与此相适应的技术和方法,每种方法也具有不同的目的、程序、知识来源和绩效标准(见表7—2)。

表7—2 政策问题建构的方法

方法	目的	程序	知识来源	绩效标准
边界分析	估计元问题的边界	饱和抽样、问题探寻	知识系统	限定范围内的正确性的累积
类别分析	澄清概念	概念的逻辑划分与分类	个别分析人员	逻辑一致性
层次分析	识别可能的、可行的及合理的原因	原因的逻辑划分与分类	个别分析人员	逻辑一致性
共同研讨法	确认问题的相似性	建立个人的、直接的、符号的和想象的类比	个别分析人员或集体分析者	相对的真实性
头脑风暴法	提出观点、目标和策略	提出和评价观点	集体	一致
多角度分析	提出深刻的见解	综合利用专家、组织和个人的观点	集体	洞察力的提高
假设分析	对冲突性假设的创造性合成	明确利益相关者，提出假设、质疑，进行综合分析	集体	冲突
论证图形化	假设评估	对真实性和重要性进行排列并用图形呈现	集体	最佳的真实性和重要性

资料来源：［美］威廉·N. 邓恩：《公共政策分析导论》，谢明等译，中国人民大学出版社2011年第4版，第67页。

二 议程设置

当社会问题成为政府所关注的政策问题时，其中只有少数意见和要求能够被政策制定者纳入政策制定的日程表中加以进一步考虑，因此，从公共政策问题的确认到正式启动规划和制定一项公共政策，中间还需要一个将政策问题列入政府政策议程的阶段，这就是公共政策的议程设置。

(一) 政策议程的含义

关于政策议程的定义，不同的学者有各自的理解，但大致可以分为狭义和广义两类。其中，狭义的政策议程以金登（John Kingdon）的观点为代表，主张政策议程指的是罗列了一些主题或问题的清单，这些问题是特定时期内，政府官员和政府之外与官员有密切往来的人们十分关注的问题，因此，议程的设置实质上就是将所有问题中人们真正关注的焦点问题筛选到列表中的过程。[1]

广义的政策议程以科布（Roger Cobb）等人的观点为代表。科布和埃尔德（Charles D. Elder）将政策议程看作一系列政治上有争议的问题，这些问题是属于政体合法权限管辖范围内，并受到政策主体关注的问题。[2] 科布、罗斯（J. K. Ross）和洛斯（M. H. Ross）认为议程是把不同社会群体的需求转化为议程上的项目，以及争夺公共官员注意力的过程。[3] 这类定义中，政策议程不仅由政府部门或政策制定机构所提出，也来自于社会个人或团体。而在现实的政治生活中，广义的政策议程显然更切合实际情况。

综上所述，政策议程是指将政策问题提上公共部门的议事日程，被政策制定者正式确定为急需解决并纳入政策讨论，最终决定对其采取行动加以解决的过程。

(二) 政策议程的类型

政策议程的类型是人们根据不同的标准对政策议程进行分类的结果。不同学者也有着不同的理解，科布和埃尔德区分了公共议程和政府议程两个相互关联的议程阶段。[4]

1. 公共议程

公共议程，也称为系统议程、公众议程，是指某个社会问题已经引起社会

---

[1] John W. Kingdon, *Agenda, Alternatives and Public Policies*, Boston: Little, Brown and Company, 1984, pp. 3 - 4.

[2] Roger W. Cobb, and Charles D. Elder, *Participation in American Politics: The Dynamics of Agenda-Building*, Boston: Allyn and Bacon, 1972, p. 12.

[3] Roger Cobb, J. K. Ross, and M. H. Ross, "Agenda Building as a Comparative Political Process", *American Political Science Review*, Vol. 70, No. 1, 1976, p. 126.

[4] Roger W. Cobb, and Charles D. Elder, *Participation in American Politics: The Dynamics of Agenda-Building*, Boston: Allyn and Bacon, 1972, p. 85.

公众和社会团体的普遍关注，他们向政府部门提出政策诉求，要求采取措施解决这些问题的一种政策议程。因此，公共议程的本质是一个众人参与讨论的过程，是一个问题从特定群体向社会公众逐渐扩展的过程。公共议程的范围相当广泛，种类繁多，涉及社会生活的方方面面。其形式既可以表现为民众之间的讨论、对话，也可表现为大众传媒对各种问题的报道。公共议程是较为笼统的问题，一般不包括具体的解决问题的方案。

政策问题进入公共议程需要具备三个条件：问题能够引起大众的普遍关注，大众传媒进行大量的报道；有相当多的民众认为需要采取行动解决该问题；问题是在政府职权范围内并且能够解决。不具备这三种条件的问题，很难进入公共议程。

2. 政府议程

政府议程，也称为制度议程、机构议程、正式议程，是指政府部门已开始关注某些社会问题，并明确表示必须采取积极行动解决这些问题的一种政策议程。政府议程是政府部门从自身立场出发，根据公众的利益表达和需求、国家的需求、社会发展的客观情况以及政治运作过程，针对具体问题所制定的行动方案和政策程序，是具有行动导向性的，因此需要提出较为详尽的问题解决方案。

科布和埃尔德将政府议程划分为旧项目和新项目两类。旧项目是指以某种常规形式出现在政策议程中的事项，例如预算分配、公务员薪资等；新项目是由新的问题或特定事件所引起的项目，如某国军事政变对各国外交政策的影响。政府决策者通常对已经存在的旧项目更熟悉，因此会对其进行优先处理。但作为新事项提上政策议程的问题，随着时间的推移也会变成旧项目。

政策问题从公共议程进入政府议程，需要具备的特征包括政策问题的明确性、社会意义、事件相关性、复杂性或绝对重要性等，这样的政策问题更容易被更多人所接受，引起更广泛的关注。[①] 一般情况下，一个社会问题要进入政府议程，需要先经过公共议程，但是由于政府掌握着较为全面和专业的信息，政府决策者能够主动发现问题并提出政策议案，在这样的特殊情况下，社会问题就有可能直接进入政府议程。

查理斯·琼斯（Charles Jones）按照议程产生的先后顺序和政策议程的不

[①] Roger W. Cobb, and Charles D. Elder, *Participation in American Politics：The Dynamics of Agenda-Building*, Boston：Allyn and Bacon, 1972, p.110.

同功能，将政策议程划分为四类：问题确认议程、提案议程、协议议程、持续议程。[1]

1. 问题确认议程

问题确认议程，是指为了使问题得到积极的研究和广泛的认可而对问题进行界定的议程。在问题认定议程中，主要有以下三项任务：一是范围确定，判断所发现的问题是否属于政府的职权范围；二是界定问题，问题属于何种性质，包括问题的严重程度、影响范围、利益相关者以及问题解决的迫切程度等；三是描述问题，用清晰、明确的语言或模型对问题进行描述，包括问题的本质、发生的原因、基本思路等，以便使政策制定者能够掌握问题的情境。

2. 提案议程

提案议程，也叫规划议程，是从确定问题到得出解决方案的过程。该议程要求政府决策人员及专业分析人员在明确政策目标的基础上，依据经验积累和理性思维，规划出可能实现政策目标的方案，包括预防方案、应变方案等。

3. 协议议程

协议议程，是指各个利益团体围绕政策方案的规划进行协商的议程。这个过程的主要目的是平衡方案规划引起的各种团体间的利益变动。当各种利益发生矛盾和冲突时，应以公平对等的原则加以协调、平衡，根据每一项规划方案的利害得失与政策相关人员进行磋商。

4. 持续议程

持续议程，也称循环议程。指由政府决策者、专业分析人员、社会公众等对已经执行的政策方案进行评估的议程。对于已经进入正式议程的方案，需要对其执行情况进行检验，以判断政策的实施效果，发现执行中的问题并及时进行调整和修正。

此外，拉雷·格斯顿把政策议程分为实质性议程、象征性议程、公开议程和隐蔽议程四类。[2]

1. 实质性议程

实质性议程是指引起人们综合性关注和回应的议题。实质性议程中，有些

---

[1] 陈振明：《公共政策分析》，中国人民大学出版社2002年版，第66—67页。
[2] ［美］拉雷·N. 格斯顿：《公共政策的制定——程序和原理》，朱子文译，重庆出版社2001年版，第71页。

议题非常重要而且具有分歧性，通常会引起公众和政府决策者之间的争议。这类议题一般会涉及大量的公共资源的分配，与社会团体间的利益紧密相关。实质性议程范围广、强度大，且需要有能力引导社会变化的行动主体做出回应，通常情况下，经济问题常是实质性议程中的主要问题。

2. 象征性议程

象征性议程与实质性议程相对应，注重价值而非资源，强调社会共同体的共同意识而非个别群体的经济利益，与人们的价值观、情感和态度等象征力量密切相关。当一些社会问题并不是全社会共有，或其影响范围较窄时，政策制定者常会以象征性的回应予以答复。同时，当提出的议案过于复杂，政策制定者面对政治、经济或社会的压力下，无法找到有意义的解决方法时，政策制定者也会采用象征性议程。象征性地承认一个问题，以最低限度的改变来安抚社会中的不安情绪，是象征性议程所具有的独特的安全阀功能。

3. 公开议程

公开议程，是指那些被公众或政府部门公开关注和讨论的议程。前面讨论的大部分议程，如实质性议程和象征性议程，以及公众议程和政府议程，都属于公开议程。

4. 隐蔽议程

当社会问题客观存在，但未能得到政府部门的关注时，则处于隐蔽的阶段。隐蔽议程被排除在公开讨论之外的原因，除了政策问题本身不能引发大多数公众关注或超越了政府职权范围之外，政府决策者刻意忽视问题，或有力量阻碍决策者提出和解决问题，也是形成隐蔽政策议程的重要因素。在这种情况下，隐蔽议程会对政府的合法性以及效能性产生负面影响。

（三）政策议程设置的途径

当社会问题通过一定的途径进入政策议程后，才能转化为公共政策问题。一般来说，政策问题列入政策议程涉及不同主体间的相互作用，包括政府、利益集团、社会团体、媒体、公众等之间的相互作用。[①]

[①] 参见许鹿《公共政策导论：概念与案例》，中国劳动社会保障出版社2011年版，第159—161页；张国庆《公共政策分析》，复旦大学出版社2011年版，第165—166页。

1. 政治领袖

无论是出于政治优先权的考虑，还是对公众利益的关注，政治领导人会密切关注某些特定的问题，将它们告知给公众，并提出解决这些问题的具体方案。政治领袖对于社会问题的认知受到其个人特征的影响，如受教育程度、态度、价值观等。同时，他们也享有利用自身资源的优势，会根据自身的施政纲领或政治优先顺序来决定政策议程的选择。

2. 政府部门

政府作为公共政策制定部门，会基于对某些社会问题的认知和分析，来决定哪些问题可以进入政策议程，这里既包括政府公共决策部门，也包括政策的具体执行部门。政府决策部门会在其职责范围内，就哪些政策问题亟待解决并有条件进入政策议程、解决这些问题的可行性以及预计的效果、是否会导致新问题的产生等关键问题，展开研究和讨论。

政策具体实施过程中，相关政府执行部门需要对执行中遇到的问题，进行分析并找出原因，做出判断，从而对政策进行改进、完善或终止。对于那些与政策制定相关的问题，也可以通过一定渠道反馈给政府决策部门。

3. 公共部门的咨询、统计、信息、研究机构等

这些专业化的机构会对特定的政策问题进行评价和分析，运用科学的知识和专业的分析技术，对社会发展的趋势和进程进行科学预测。此类机构通常以报告的形式，将其政策方案提交给相关政府部门，为政策制定部门的决策提供专业性的建议和参考依据。

4. 专家学者

社会各个领域的专家学者常根据个人的研究或经验，发现并指出社会发展中的关键问题，并依据自身的专业知识提出解决问题的具体方案。同时，专家学者科学的建议能够弥补民意的缺陷、非理性等，也是政策制定科学化的前提条件。

5. 利益集团

随着社会利益的分化，利益集团更趋于多元化。它们通过向政府提出政策议案，保障和争取自身利益，把符合其标准和需求的问题反映到相关政府决策部门，列入政策议程，或通过各种途径引起更广泛的社会成员的关注和支持。由于同一个利益集团中的成员拥有较为一致的利益和信念，利益集团掌握着大量的政策资源，对于政策议程的影响通常比单个个体的力量更大。

6. 新闻媒体和社会公众

新闻媒体在信息采集和报道的过程中，会发现一些严重的社会问题。它们通过公开的报道，将信息传播给社会公众，能够迅速和广泛地形成强烈的政策舆论压力，引起政府部门的关注，并对议程的设定起到催化作用。当有些社会问题已经影响到相当一部分公众的利益时，他们也会通过各种渠道将自身的利益诉求反映给政府，要求政府加以解决。

7. 危机和突发事件

对于某些因特殊情况而产生的突发事件，需要政府部门重点关注并突破常规寻找解决问题的途径。危机或灾难性事件往往能够使一些公共问题产生严重的影响，加速和推动公共问题进入政府议程。比如频发的地震等自然灾害会促使政府迅速建立灾害应急体系，疾病的传播会促使政府建立公共卫生预防机制等。

(四) 政策议程设置的过程

在政策制定过程中，社会问题能否进入政策议程已成为至关重要的一个环节。不进入政策议程，问题就不可能通过政府加以解决。议程的确立会经历什么样的过程？这成为众多学者关注的一个焦点，他们纷纷建立各种模型来研究议程设置的过程。

1. 外部建议模式、动员模式和内部建议模式

科布、罗斯和洛斯在对不同国家的议程设定过程进行研究的基础上，首先创建了三种不同的议程设置模型：外部建议模式、动员模式和内部建议模式。[①]

(1) 外部建议模式。外部建议模式中，问题由非政府组织提出，接着充分扩展，首先成为公共议程，最终进入政府议程。该模式中发挥关键作用的是社会团体。当某个团体明确表达不满并向政府提出解决问题的要求时，议案就首先确立了。有共同愿望的团体会努力寻求更广泛的支持，在这个过程中，这些不满可能在更大的团体内或不同的团体之间扩散。各种利益团体通过利用自身政治资源和技巧，使它们的议案进入政府议程，但

---

① Roger Cobb, J. K. Ross, and M. H. Ross, "Agenda Building as a Comparative Political Process", *American Political Science Review*, Vol. 70, No. 1, 1976, p. 127.

是这并不意味着政府一定会做出决策或采取切实的行动，它只意味着议案将会得到政府进一步的关注。

（2）动员模式。动员模式中，政府决策者努力将某个议案从公共议程提升为政府议程。政府直接将议案置于公共议程之中，可不必获得公众的普遍认同和关注。政策可能描述得比较具体，也有可能只是简要的描述，详细内容则在以后说明。由于政策的成功实施有赖于社会公众的积极配合，因此为了使一项新的政策赢得广泛支持，提出议案的政府决策者通常会通过主持召开会议、公开活动等来向社会公众发布政策议案，动员公众支持新政策。

（3）内部推动模式。内部推动模式中，有影响力的团体拥有影响决策的专门通道，政策最初由它们提出，并且不需要在公众中寻求支持及与其他的议案竞争。在这种模式下，问题的提出和陈述与团体或政府机构阐述问题以及提出可行的解决办法是同步进行的，议案的扩展范围仅限于想了解相关信息的利益团体。

2. 多源流模型

对议程设置过程研究很有影响的还有金登在其著作《议程、备选方案与公共政策》中首先提出来的多源流模型。他的模型建立在问题、政策和政治三种源流基础之上。

（1）问题源流。问题源流是指围绕引起决策者关注的问题所进行的活动过程。它包括问题是如何被认知的，以及客观条件是如何定义为问题的。问题通过系统指标的变化、焦点事件（危机和灾难）、现行政策的评估与反馈，而受到人们的广泛关注。问题流还包括预算约束等。

（2）政策源流。政策源流就是政策形成的过程，其主要特征就是政策制定群体针对政策问题竞相提出设想和方案的阶段。这一阶段各种各样的想法、概念和解决办法之间相互支持、竞争、抵御，其结果是有些设想可能仅仅停留在概念上，甚至消失；而有些设想则能够进一步完善、发展成为较为可行的政策方案。政策源流与欲解决问题的技术可行性、公众对某种解决方案的接受程度等有关。政策源流的重要之处在于针对政策问题而提出的各种建议，通常以法规、讲话、文件、交谈等形式出现。政策流程阶段就是基于政策问题的政策方案准备与竞争的过程。

（3）政治源流。政治源流是指在政策制定过程中，对围绕政策问题、方案及其议程所涉及的一系列政治因素的考量过程。政治源流涉及政治对于问题解决方案的影响。它包括对国民情绪、公众舆论、选举政治和利益集团活动等众多层面的考虑。潜在的议程项目如果与目前的国民情绪相一致，能够得到利益集团支持或没有组织反对，符合立法机构或行政机构的取向，那么它们就更容易获得议程上的优势地位。

当问题源流、政策源流与政治源流汇集到一起，"政策之窗"就打开了。政策窗口是指提出公共问题及其解决办法的机会。政策之窗是一种稍纵即逝的机会之窗，它常常被政治流程中发生的重大事件打开。政策之窗开启时，政策企业家应该紧紧把握机会，积极参与竞争，推动政策问题的解决。否则一旦失去这个机会，就只有等政策之窗的下一次开启了。

按照金登的观点，有些问题之所以得到决策者的关注并进入政策议程，是因为：首先，问题源流中发生了重大性焦点事件，政策决策者必须加以处理和解决；其次，在政策源流中有一批专业政策分析师或专家提出各种解决问题的政策方案；最后，在政治源流中有最具说服力的人士来影响政策决策者接受该方案，使政策问题进入政府议程。所以，议题能否进入政策议程取决于对问题、政策和政治源流联结时机的恰当把握。

3. 中国政策议程设置的六大模式

不同社会制度、文化、国情对政策议程的设置会有重大的影响。王绍光根据政策议程提出者的身份与民众参与的程度，将当今中国公共政策议程设置的过程划分为六大基本模式①（见表7—3）。

表7—3　　　　　　　　公共政策议程设置的模式

		议程提出者		
		决策者	智囊团	民间
民众参与程度	低	关门模式	内参模式	上书模式
	高	动员模式	借力模式	外压模式

资料来源：王绍光：《中国公共政策议程设置的模式》，《开放时代》2008年第2期。

---

① 王绍光：《中国公共政策议程设置的模式》，《开放时代》2008年第2期。

（1）关门模式。关门模式是最为传统的议程设置模式，此类模式中，没有公众议程的位置；议程的提出者是决策者自身，他们在决定议事日程时没有，或者认为没必要争取大众的支持。在传统社会里，当一般老百姓没有什么政治参与意识时，这是议程设置的主要模式。在当代中国，这种议程设置模式也没有完全消失。

（2）动员模式。与关门模式一样，动员模式由决策者提出；而与关门模式不同的是，在动员模式中一项议程一旦被确定，决策者会千方百计引起民众对该议程的兴趣、争取他们对该议程的支持。也就是先有政策议程、后有公众议程。使决策者采取动员模式的基本条件是：第一，广大民众具有强烈的参与意识，关门模式的正当性遭到普遍的质疑。第二，议程的执行需要得到民众普遍、自觉的合作。第三，决策者缺乏实施该议程所必需的资源。在这三种情况下，决策者会希望用某种方式动员民众参与议程设置，以减少执行阶段的障碍；但他们同时又不希望、或不放心民众主动参与议程设置。

（3）内参模式。内参模式中，议程不是由决策者提出的，而是由接近权力核心的政府智囊们提出的。智囊通过各种渠道向决策者提出建议，希望自己的建议能被列入决策议程。他们往往不会努力争取民众的支持，而更看重决策者的赏识；他们有时甚至不希望所讨论的问题变成公众议程，因为担心自己的议案可能招致民众的反对，最终导致决策者的否决。在这个模式里没有民众与决策者的互动，只有智囊们与决策者的互动。

（4）借力模式。与内参模式中政府智囊们只关心自己的建议是否会得到决策者的青睐不同的是，在借力模式中政府智囊们决定将自己的建议公之于众，希望借助舆论的压力，让决策者接受议案。一般而言，政府智囊们都希望直接影响决策者，而不是采取迂回的方式；不到万不得已，政府智囊们不希望因诉诸舆论而得罪当权者。因此，智囊们需要运用所提出建议的强大民意支撑，来应对政府内部存在的反对声音，从而最终实现自身的政策目标。

（5）上书模式。上书模式是指给决策者提出政策建议，不包括为个人或小群体进行利益申述之类的行为。上书模式与内参模式十分相似，都是有人向决策者提出建言，而不同点在于建言人的身份。在内参模式里，建言人是政府的智囊或智囊机构；在上书模式里，建言人不是专职的政府智囊，但他们往往是具有知识优势、社会地位的人。只有这种人才拥有某种话语权，才了解上书的通道，提出的建议才可能被重视。

(6) 外压模式。外压模式与上书模式相同的是，议程变化的动力来自政府架构之外。不同的是，在上书模式里，议程的提出者希望通过给决策者摆事实、讲道理来影响议程设置；外压模式中，议程的提出者虽然不排除摆事实、讲道理的方式，但他们更注重诉诸舆论、争取民意支持，目的是对决策者形成足够的压力，迫使他们改变旧议程、接受新议程。

一般情况下，外压模式具有以下特征：只有在初级阶段议案倡导者是可以确定的，而随着议案影响力的扩大、支持者的增加，倡导者会越来越难以分辨；该模式产生作用的前提是，从少数人关心的议题变为相当多人关切的公众议程；难以准确判断外力通过什么方式最终影响了政策议程的设置，而特殊情况是，焦点事件的发生会迅速引起社会的普遍关注，进而迫使决策者迅速调整议程。此类焦点事件一般都是坏事，如灾难、事故等，它们会对某一群人的利益造成现实的损害、对其他人的利益产生潜在的威胁。

三 政策规划

政策规划是政策方案得以形成的重要环节之一，在公共政策制定的动态过程中，政策议程建立之后就进入了政策的规划阶段，这是一个对政策问题分析研究，并提出解决方案的过程。社会问题进入政策议程成为政策问题之后，并不意味着一定会为之制定政策，政策制定者由于种种原因，会推迟决策和采取行动，而只有进入政策规划的阶段，才有可能制定政策，解决政策问题。这个阶段主要包括确定政策目标、设计政策方案、论证各种政策方案、抉择最优方案四个步骤。

(一) 政策规划的含义

政策规划，也称为政策构建。对于政策规划，不同学者有着不同的认识。琼斯以政策规划的目的为中心来界定政策规划的含义，认为政策规划是发展一个计划、方法和对策，以满足某种需求，解决某项问题。[①] 安德森以政策规划的内容为中心，提出政策规划涉及与解决公共问题相关的、能够被接受的各种

---

① C. O. Jones, *An Introduction to the Study of Public Policy*, 2nd ed., Mass.: Duxbery Press, 1977, p. 49.

行动方案的提出。① 政策的形成可分为三个方面：公共问题是怎样引起决策者关注的、解决特定问题的政策意见是怎样形成的、某项政策建议是怎样从可供选择的政策方案中被选出来的。陈振明以政策规划的过程为中心，提出政策规划是政策问题的分析研究并提出相应的解决办法或方案的活动过程，包括问题界定、目标确定、方案设计、后果预测、方案抉择五个环节。②

综上所述，政策规划是指公共政策制定的主体针对特定的政策问题，运用科学的分析方法，提出一系列候选计划和方案，通过一定的择优标准，论证并最终制定公共政策的过程。

（二）政策规划的步骤

政策规划的步骤是一个从政策目标确定到政策方案选择的过程，具体包括确定政策目标、设计政策行动方案、论证政策方案、抉择最优方案四个环节。

1. 确定政策目标

政策目标是政策制定者希望通过政策实施所达到的结果，是为了消除政策问题产生的各种原因，满足人们在政策问题中所体现的利益需求。确定政策目标的具体程序包括：

（1）对政策问题的各个问题点进行分析，找出现实和理想的差距。

（2）对问题情境的未来趋势进行分析和预测，寻找政策目标的时间维度。

（3）对政策目标的可行性进行分析，确定各政策目标要素在特定的约束条件下能否实现，或是能否为社会所接受。

（4）对多项政策目标间的关系进行分析，形成系统协调的目标体系。

2. 设计政策行动方案

政策方案的设计就是以实现政策目标为基础，探索、拟定和构建目标实现的各种途径、技术、方法、路线、步骤、措施等内容的过程。政策方案的内容是多方面的，需要解决的主要问题包括政策做什么、为什么要做、谁来做、什么时候做、怎样去做等。具体、科学的政策方案设计步骤，包括政策方案的轮廓设计和政策方案的细节设计两个环节。

政策方案的轮廓设计，通过规定具体政策目标、任务、时间、要求，构建

---

① ［美］詹姆斯·安德森：《公共决策》，唐亮译，华夏出版社1990年版，第79页。
② 陈振明：《政策科学》，中国人民大学出版社1998年版，第226页。

多个政策方案。政策方案的主要内容应涵盖政策的指导方针、行动策略和原则、解决政策问题的基本措施、方法和路径程序以及政策的发展方向等。在这个过程中应注意要尽可能制定多种政策方案，提出不同的解决问题的角度和思路，为方案的比较和择优奠定基础。同时，各种政策方案之间应尽量彼此独立，避免相互包含或交叉。

政策方案的细节设计旨在将轮廓性的政策方案具体化，寻找实现政策的具体途径、路线、措施和手段，包括相关的执行机构、人员配备和财力保障等各种资源的准备和应用等。设计细节时应做到：方案的细节具体、全面，综合考虑每个步骤和层面的问题；方案细节要能够对现实政策问题的解决有实际价值，并能够保证政策目标的实现；具体方案所规定的政策步骤等内容要具有可操作性。

3. 论证政策方案

通过政策论证，可以对确定公共政策方案的理由、依据及方法进行仔细的分析和评价。政策论证是一个过程，政策利益相关者通过分析政策主张的内涵，讨论政策方案的优点，使人们能够对政策相关信息及其在政策分析中的作用进行批判性思考。[1]

政策论证的过程和结构，可以表述为六个相互关联的部分，这个论证的过程是动态的，一个论证的结论可以作为后续论证的基础，从而创建出论证链或论证树（见图7—1）。

（1）政策信息，用 I 表示，指政策分析与论证的相关信息，包括政策问题、政策目标、政策方案、政策行动、政策绩效等信息。

（2）政策主张，用 C 表示，表明政策论证的基本主张与立场。政策主张主要分为三类，指定性主张，以事实描述为基础，提出实施某项政策的必要性；评价性主张，以价值判断为基础，判断某项政策制定的价值；宣传性主张，以规范宣传为基础，强调实施某项政策的适用性。

（3）立论根据，用 W 表示，政策方案制定所依据的假设或理由，以确保政策的制定有正当的理由。

（4）立论依据，用 B 表示，表示进一步用量化的方法证明立论的理由，

---

[1] ［美］威廉·N. 邓恩：《公共政策分析导论》，谢明等译，中国人民大学出版社2011年第4版，第13页。

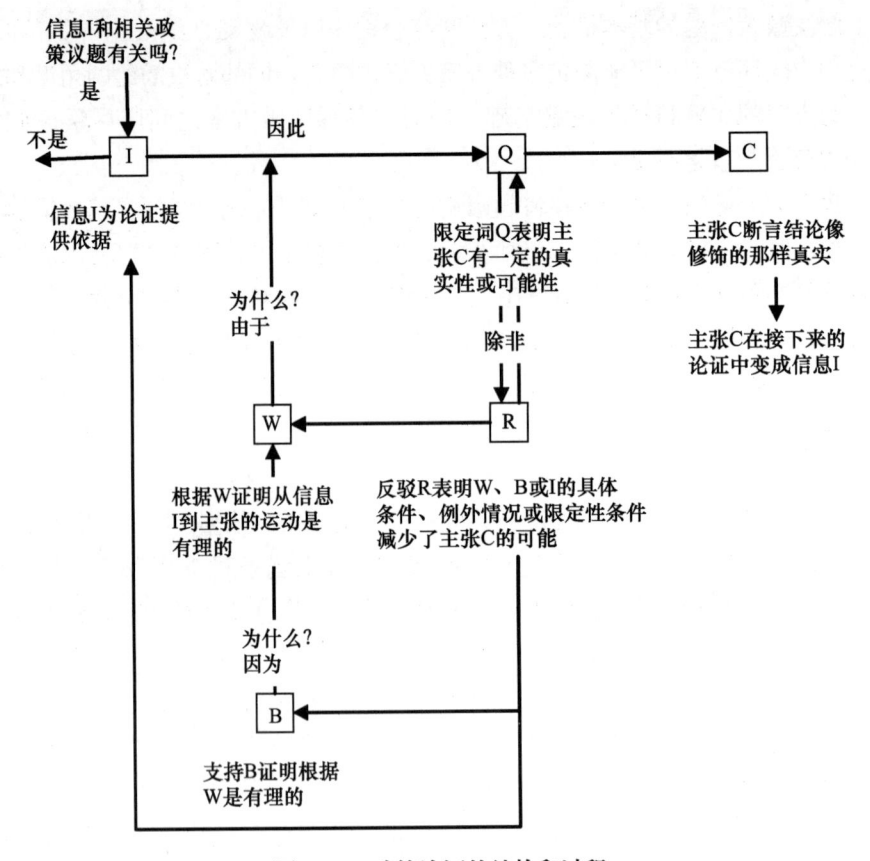

图 7—1　政策论证的结构和过程

资料来源：Stephen Toulmin, *The Use of Argument* (Cambridge: Cambridge University Press, 1958); Stephen Toulmin, A. Rieke, and A. Janik, *An Introduction to Reasoning* (New York: Macmillan, 1980); [美] 威廉·N. 邓恩：《公共政策分析导论》，谢明等译，中国人民大学出版社 2011 年第 4 版，第 14 页。

形式包括科学规律、权威专家的呼吁或者伦理道德规范。

（5）反驳，用 R 表示，对理论理由从反面进行分析与论证，反证理由可能不止一个，每一个反证的理由都要有理论依据，以增强其说服力。

（6）可信度，用 Q 表示，即对于政策主张的确信程度，从民意调查或其他途径可获得对该政策的认可程度。

在不同的利益相关者提出的立论依据和反驳中，可以发现研究问题以及问题解决方案的不同视角，因此同样的政策相关信息可能会以截然不同的方式被解释。例如，关于城市犯罪率小幅度降低的信息容易被城市的贫困阶层忽略，被中心城市的工商企业主怀疑，被犯罪学家否定，但是，政府官员却以此作为光荣政绩加以肯定。

4. 抉择最优方案

在论证各种政策方案的基础上，需要对政策方案进行比较，并选择出最佳的政策方案。其中，对备选方案的比较，可以从以下方面开展：

（1）政策预期收益的对比，包括经济、社会收益，以及物质、精神收益等。

（2）政策方案成本的对比，除了经济费用，还有社会代价等，要对所消耗的各种费用和付出的代价换成统一的具有可比性的计量方法来进行比较。

（3）风险程度的对比，政策方案确定性程度的大小。

（4）时间因素的对比，公共政策问题的解决要具有时效性，才能在特定的情境下，达到政策实施的效果。

总的来说，要选择相对收益较大、成本较低、风险较小、较为及时的政策方案，并根据具体情况做出最后的选择。

四　政策合法化

合法化是政策制定过程的最后一个环节，经政策规划所产生的政策方案仅仅是一个草案，最佳的政策方案只有通过一定的行政程序或法律程序使之合法化，即权威部门的审核批准公布后，得到社会成员的认可和接收，才具有强制性和权威性。因此，公共政策的合法化是政策执行的前提条件，是政策制定过程必不可少的一个环节，是保证政策目标得以实现的基础。公共政策的合法化能够有效防止决策者滥用职权，对促进决策的科学化、民主化和法制化具有重要意义，体现了我国依法治国的要求。

（一）政策合法化的含义

对公共政策合法化的理解，可从狭义和广义两个层面界定。狭义的政策合法化，仅指被选择出来的公共政策方案获得合法性，以及被批准实施的过程。

广义的政策合法化,以琼斯、戴伊的观点为代表。琼斯提出,对于任何一个政治系统来说,至少可以辨别出两种合法化:政治过程包括批准解决公共问题的特定建议过程的合法化;政府项目被批准的特殊过程的合法化。[①] 戴伊认为,政策合法化包括选择一项政策建议、为这项建议建立政治上的支持、将其作为一项法规加以颁布的过程。[②] 这类定义强调了公共政策合法化不仅仅包括赋予政策方案合法地位并准予实施的过程,而且还包括将具备条件的公共政策上升为法律的过程,也就是公共政策法律化的过程。政策法律化实际上是一种立法活动,又可称政策立法,是享有立法权的国家机关在法定权限内,按照特定的程序要求,将成熟、稳定并具有重大影响力的政策上升为法律的过程。

总之,政策合法化的本质是具有法定地位的国家机关为了使政策方案获得合法地位,而依据法定的权限和程序所实施的一系列审查、通过、批准、签署和颁布政策的行为过程。这一过程的行为主体是具有法定地位的国家机关,既包括国家立法机关即权力机关,也包括其他国家行政机关或半官方机构,每个层级的政策合法化主体必须在各自的法定权限内,依照法定依据,在充分考虑事项、地域、措施和手段等各方面所存在的限制因素前提下,使相应的政策方案合法化。

(二) 政策合法化的过程

由于广义的公共政策合法化所包含的两个层面意义的不同,其过程也不一样。一方面是使某些公共政策获得合法地位,而准予实施的步骤、顺序、方式、时限等;另一方面是将某些公共政策上升为法律的步骤和程序。

1. 公共政策获得合法性的过程

在这个过程中,根据政策合法化主体的不同,政策方案获得合法地位的步骤、次序和方式,以及准予政策实施的过程也不一样。

(1) 国家权力机关通过法律程序使公共政策合法化。全国人民代表大会及其常务委员会是当代中国法定的最具权威性的机构。按照宪法和法律的规

[①] C. O. Jones, *An Introduction to the Study of Public Policy*, 2nd ed., Mass.: Duxbery press, 1977, p. 85.

[②] Thomas R. Dye, *Understanding Pubic Policy*, 6th ed., Englewood Cliffs, New Jersey: Prentice-Hall Inc., 1984, p. 24.

定，全国人民代表大会及其常务委员会具有国家立法权、政策审批权、国家和社会生活重大事项的决定权等。公共政策合法化的过程可以看作是制定法律的一般过程，包括提出议案、审议议案、表决和通过议案等，还包括对其他国家机关的政策赋予合法性的过程。比如由国务院制定的关于机构改革的方案就必须提请全国人大审议，得到正式批准、予以合法地位之后才能实施。

（2）党的决策程序使政策合法化。党的决策机构召开的重要会议所形成的决议、决定、报告、会议纪要、会议文件也是公共政策的重要体现，是由党的组织主持政策的议程和政策合法化的过程。

（3）国务院及地方政府等各级行政机关使政策合法化。行政机关使政策具备合法性以贯彻实施的过程经历几个阶段：由法制工作机构审查相关部门拟订的政策方案，并供领导决策参考；决策会议讨论及征求意见；行政首长签署和发布。行政首长在各级政府机关中处于核心地位，拥有最高决策权和领导权，本级政府制定的政策，最终由行政首长签署发布。

（4）其他主体的政策合法化。主要包括各类社会团体和非政府组织的政策合法化问题，它们要在宪法和相关法律、法规所规定的授权和程序内，对本单位制定出的政策进行合法化，赋予实施的合法性。

2. 公共政策法律化的过程

公共政策法律化是制定法律的渠道之一，与上述公共政策获得合法性过程相比，成为法律的公共政策具备更高层次的法律效力。

（1）提出立法议案。公共政策上升为法律，必须首先由具有法律提案权的国家机关、社会组织、一定数量的人大代表向立法机关提出对某项公共政策进行立法的议案。

（2）立法机构议案审查。议案审议即由立法机关对提出的议案进行严格的审查，决定其是否需要修改以及如何进行修改的专门活动。审议内容涉及立法的必要性和政策稳定性等内容，具体包括议案是否符合政治、经济、文化和社会发展的需要；是否具有必要性和可行性；是否符合法律和公共利益；征询和协调有关方面的意见和利益；名称、体系、逻辑结构和语言表述等问题。审议过程的核心是为了判断议案是否具有立法的条件，具备立法条件的法律提案将列入立法的议事日程。

（3）法律草案的审议。通过对法律提案的审查，将符合立法条件的提案列入立法日程之后，需要对法律草案进行审议，进行全方位的分析，并听取社会各方的意见和建议。

（4）立法机关的批准。审议通过后，法律草案的修改完毕，由立法机关批准是否通过。

（5）公布实施。经审议并批准通过的法律以一定形式予以公布后，才能生效实施。公布权不一定都属于立法机关或权力机关，在多数国家，法律由国家元首公布。

第三节　政策执行

政策执行是政策过程的中介环节，是将政策目标转化为现实的唯一途径，也是政策目标得以实现的关键所在。完善的政策制定依赖于有效的政策执行，因此，政策执行是整个政策过程的又一个重要阶段。

一　政策执行的含义

对政策执行的界定，可从不同的角度展开。以普雷斯曼、威尔达夫斯基、格斯顿、萨巴蒂尔和马兹曼尼为代表的研究者，从过程的角度把政策执行定义为一个过程。普雷斯曼（Jeffery L. Pressman）和威尔达夫斯基（Arson B. Wildavsky）认为政策执行是在目标的确立、适应与实现这些目标的行动之间的一种互动的过程。[①] 格斯顿（L. N. Geston）将政策执行定义为政策义务转化为实务的过程，他指出为了使政策得到贯彻，适当的政府机构就必须致力于将新法律和新计划转变为实务。[②] 萨巴蒂尔（Paul A. Sabatier）和马兹曼尼安（Daniel A. Maznanian）把政策执行视为一种用法律、上诉法院决定、行政命令等形式实施一种基本政策决定的过程。[③]

---

① J. L. Pressman, A. B. Wildavsky, *Implementation*, 2nd ed., Berkeley: University of California Press, 1979, pp. 20-21.

② ［美］拉雷·N. 格斯顿：《公共政策的制定——程序和原理》，朱子文译，重庆出版社2001年版，第103页。

③ ［美］斯图尔特·纳格尔：《政策研究百科全书》，科学技术文献出版社1999年版，第112页。

以范霍恩（C. E. Van Horn）、范米特（D. S. Van Meter）和琼斯为代表的学者，从行动的角度把政策执行定义为一系列活动。范霍恩和范米特认为政策执行是公共部门、个人或团体进行的旨在实现决策中制定的各项政策目标的行动，其中既包括把决策转化为法规和条例的行动，也包括实现政策目标的持续性行动。[1] 琼斯把政策执行定义为将一项政策付诸实施的所有活动，这些活动包括解释、组织和应用。[2] 解释是指把政策细化为法规和条例；组织指创设政策执行部门、获取相关资源；应用指提供日常的服务和款项等。

综上所述，我们可以把政策执行界定为一个动态的过程，它是政策执行者通过建立组织机构，运用各种政策资源，采取解释、宣传、实验、实施、协调与监控等各种行动，将政策观念形态的内容转化为实际效果，从而实现既定政策目标的活动过程。

二　政策执行的特点

政策执行作为政策过程中最具实践性的环节，不仅表现出政策过程各个阶段所具有的共性，也有执行过程所独有的特征，政策执行具有如下特点：

1. 政策执行包含多元的行动者

政府官员、立法者、法院、利益团体与社区组织都可能参与公共政策执行。唯有从不同的多元角度界定政策执行者，才能掌握政策执行的多元性质。比如在各种利益集团中，以公共利益为导向的非营利组织，已成为公共事务民营化的委托对象，扮演着非常重要的政策执行者角色，其影响公共利益的程度日趋强大。

2. 政府规模的膨胀与公共计划的繁复性

政府为了解决公共问题需要成立各式各样的机关组织或任务小组，引进大量的公务人员，增加更多的财政支出，这些使得政策执行系统日趋复杂。新的公共问题不断产生，公共计划本身日趋专业，使得传统的执行技术与模式已经

---

[1] C. E. Van Horn and D. S. Van Meter, "The Implementation of Intergovernmental Policy", in C. O. Jones and R. R. Thomas ed., *Public Policy Making in Federal System*, Beverly Hills: Sage Publications, 1976, p. 45.

[2] C. O. Jones, *An Introduction to the Study of Public Policy*, 2nd ed., Monterey, California Brooks Publishing Company, 1984, p. 166.

无法适应当前社会需要。

3. 政策本身具有多元的、模糊的目标与期望

政策执行者数量多以及公共计划本身的专业性、繁复性，使得政策目标的陈述必须尽量使用"公共利益"或"于必要时"等模糊性字眼，让执行者能够针对不同个案的需要，行使更多的裁量权。

4. 政策执行包括无法控制的外在因素

政策执行面临的环境充满着不确定性，是一个与环境互动非常密切的开放系统，无论是国内的政治、经济与社会因素，还是国际外交格局、政治、经济与社会因素，都会影响政策执行的效果。

三 政策执行的影响因素

公共政策执行是具有公共管理权力的政府机构和社会组织，把政策内容付诸实施的过程，复杂的过程决定了政策的执行受到很多因素的影响。

1. 政策、法规本身因素

行政活动是否能有效地进行，取决于政策、法规等本身的合法化程度，以及决策是否科学、完善，决策标准是否统一等。公共政策本身的正确性、稳定性、可操作性、明确性以及政策方案的完备性等都是政策执行的根本前提。

正确的政策符合事物发展的客观规律，表现为不仅政策内容正确而且政策方向也正确，同时政策制定需要具有科学的理论基础、严密的逻辑和科学的规划程序。政策的稳定性强调了政策一经制定，就要在一段时间内保持相对稳定，不能朝令夕改。同时从操作和技术上来说，政策也必须具体、明确，包括政策目标和方案具体明确、政策措施和行动步骤明确。政策的可操作性，要求既定的政策具备执行所需的各方面的基本条件，并经过执行者的主管认同和努力，能够实现既定的政策目标。

2. 执行主体因素

公共政策执行的任务能否有效地完成、决策目标最终能否实现，在一定程度上取决于行政执行人员的素质、执行团队的结构等。因此，人员因素是影响执行活动能否有效进行的重要因素之一。包括执行人员的政策水平、法制观念、知识水平、工作能力、人际关系等都是影响和决定行政执行活动能否顺利

进行的重要因素。

3. 执行事务因素

对于政策的受益者和受损者以及政策执行的对象，行政执行活动会直接决定其利益变动，并影响和改变他们的生活。因此，执行的对象对政策的态度，以及赞同和反对的力量对比，将会直接影响到政策执行的程度，以及执行的成败。

4. 资源因素

行政执行活动是对社会生活进行干预和管理的活动，这种活动本身需要一定的人力、物力、财力、信息和技术等资源做保障，既包括有形资源如资金、设备、劳动力等，更涵盖重要的无形资源如上级和社会的支援、内部的向心力、凝聚力等。资源一方面受到国家经济、政治、科学、文化、技术等发展水平的影响和制约，另一方面也取决于行政执行人员对有限资源的认识和利用的程度。只有充分利用各种可利用的资源，行政执行活动才能有效地进行。

5. 环境因素

政策执行的环境对其效果具有影响和制约作用。不仅国际政治、经济、军事、科学技术等环境和条件会对国内政策产生影响，而且国内政治、经济和社会发展等因素也会对政策的调整和修订产生作用。总之，国内外环境发生冲突，如社会动荡、自然灾害、战争等，都会对执行活动产生直接的影响。

四　政策执行的过程

政策执行的主要过程，是将政策制定阶段产生的公共政策从理论转化为实践，并实现既定政策目标的过程，主要包括三个阶段：执行的准备阶段、政策的实施阶段和执行的总结阶段。

1. 执行的准备阶段

准备阶段是政策执行的开端。准备阶段主要包括加强政策认知、制订执行计划、完成物质和组织准备等内容。加强政策认知旨在使政策执行主体切实领会政策精神实质、内在机制和外部关系，对政策有深刻的理解。同时还要认真研究和把握政策的时效、利益群体结构与特点、政策的实施条件等。

制订执行计划就是在学习和理解政策的基础上，制定出旨在达到政策目标的未来行动方案。执行计划的制订要实事求是、切实可行，同时要有适应外部环境变化的弹性机制，特别是要有应对突发事件的防范机制。政策执行的计划要理顺各种关系，以实现长期目标与近期目标、上级与下级目标的统一，做到全局与重点均衡、公平与效率兼顾。

物质准备是政策执行得以顺利进行的经济基础和重要保障，主要指必需的财力和物力两个方面的准备工作。执行者应根据政策执行活动中的各项开支编制预算，并切实落实经费，为顺利开展工作创造良好的内部条件。政策执行的组织准备包括确定政策执行的机构与执行人员。常规性、例行性政策的执行，应由常设的执行机构承担，而对于非常规性或紧急突发事件，则可组建临时执行机构。

2. 政策的实施阶段

政策执行的实施阶段是实现政策目标的关键环节，一般包括政策宣传、政策试验和政策全面推广三个层次。政策宣传工作，包括向公众传递公共政策的合法性和必要性，使其认可并接受政策。同时也要使政策的执行者清楚政策的实际意图和实施的具体措施，积极主动地执行政策。

政策试验是指在某项政策在全面推行之前，首先会在特定地区和时间范围之内实施并观察其实际运行的效果。对于那些影响力大、影响范围广、事关全局并具有一定风险性的公共政策，政策试点可以为政策的正式推行提供宝贵的实践经验。政策试点既是政策执行的必要环节，也是一种科学方法，包括科学选择试点对象、设计试点方案和总结政策效果三个方面的内容。对政策试点过程中产生的各种现象和结果，应该进行实事求是的考察和分析，同时也要理性对待政策试点的成功经验和失败教训。

政策的全面推广所涉及的范围更广、人数更多、环境更加复杂，这就要求实施者具体情况具体分析，针对不同条件，在政策的实际执行过程中有所创新，而不是墨守成规，照搬照抄政策试点的典型经验。另外，政策实施的创新不是随心所欲的，而是要在客观现实和贯彻基本政策原则的基础之上进行创新。

3. 执行的总结阶段

政策执行的总结是对政策执行信息的反馈和执行情况的回顾、检查和检测，为评估提供重要资料的过程，主要包括政策执行的监测和政策执行的再决策。

对政策执行的监测应贯穿于政策执行乃至政策运行的全过程。政策监控可以有效纠正由政策执行者和政策环境所造成的偏差,提高政策执行的效率。通过政策协调促进政策资源的合理分配,保证政策指令的上传下达,同时协调政策执行相关各方之间的矛盾和冲突,使其能够相互协同合作。政策执行的再决策,是指政策执行主体在政策执行过程中,根据相关的反馈信息对现行政策方案进行补充、修正或完善。

第四节 政策评估

一个完整的公共政策过程,不仅包括公共政策的制定和执行,还应该包括对公共政策的评估。公共政策的制定者、实施者和参与者可依据政策评估结果对政策做出继续实施、完善、修正或终止的决策,并为下一个公共政策的制定和执行提供有价值的参考和借鉴。

一 政策评估的含义

关于政策评估的界定,不同学者从不同角度出发,提出了多种不同的理解,归纳起来可分为三类:

第一种观点认为政策评估主要是对公共政策方案的评估。这种观点把公共政策评估视为政策方案选择阶段的一个环节,认为评估是对解决问题的各种备选方案进行主观和客观情境的比较,权衡利弊得失,并将可选方案提供给决策者由其择优做出决定的过程。[1]

第二种观点认为政策评估是对公共政策全过程的评估。如布莱恩·霍格伍德(Brian Hogwood)和刘易斯·纲恩(Lewis Gunn)将政策评估界定为介于政策应该是怎样制定,以及制定了怎样的政策之间的活动。[2] 政策评估实质上

---

[1] 宁骚:《公共政策学》,高等教育出版社2012年第2版,第374页。

[2] Brian W. Hogwood, Lewis A. Gunn, *Policy Analysis for the Real World*, New York: Oxford University Press, 1984, p. 29.

包括对政策问题、政策方案、政策执行以及政策结果的评估。

第三种观点认为政策评估是对公共政策效果的评估。如罗伯特·哈弗曼（Robert Haveman）提出政策评估研究的核心原则是专注于公共部门的活动及其对社会的影响，它是一种要理解人类行为效果的努力，尤其是评价特定计划对特定干预对象行为的影响。① 戴伊认为政策评估就是了解政策所产生的效果的过程，是试图判断这些效果是否是所预期的效果的过程，以及判断这些效果与政策的成本是否符合的过程。② 戴维·纳赫米阿斯（David Nachmias）认为政策评估是根据政策和计划所要实现的目标，对于正在推行的政策和公共计划所达到的效果进行客观、系统和经验性的研究。③

综上所述，政策评估是指评估主体按照一定标准和程序，对政策运行全过程的方式、效果、效益和效率进行全面评估的行为过程，包括对政策本身价值、政策绩效等进行评估。政策评估旨在为提升公共政策的质量、改善公共政策制定和执行的方式、理清政策责任和目标、修订政策建议和分配资源提供依据，也为社会公众了解政府施政绩效提供了一种视角。

二　政策评估的类型

由于公共政策的复杂性、广泛性以及人们关注政策的角度差异，政策评估的类型也日益多样化。人们从不同的角度出发，依据不同的标准，将多样化的政策评估活动划分为不同的种类。

（一）正式评估和非正式评估

根据评估组织活动形式的不同，公共政策评估可分为正式评估和非正式评估两类。

1. 正式评估

正式评估是指专门的组织机构和人员根据一定的评估理论，为了实现

---

① Robert Haveman, "Policy Evaluation Research After Twenty Years", *Policy Studies Journal*, Vol. 16, No. 2, 1987, pp. 191–218.
② 托马斯·戴伊：《自上而下的政策制定》，人民出版社2004年版，第449页。
③ David Nachmias, *Public Policy Evaluation: Approaches and Methods*, New York: St. Martin's Press, 1979, p. 4.

评估目标，按照一定评估程序对相关评估对象所进行的评估活动。正式评估具有三个主要特点：评估组织机构和人员的专业性；评估方法较规范，评估有一定的标准，以及特定的评估程序和方法；评估结果具有一定的客观性。

2. 非正式评估

非正式评估是指没有严格的专门组织机构，评估主体、评估形式和评估内容没有固定化，但最后仍有某些评估结果的评估。非正式评估的评估方式是多种多样的，记者采访居民对某项政策的随意评论、政府领导人视察过程中的评说等都属于非正式评估。此类评估的缺点在于评估缺乏科学的程序和方法，评估结果具有一定的主观性和片面性。

（二）内部评估和外部评估

根据评估机构在政策活动中地位的不同，公共政策评估可分为内部评估和外部评估两类。

1. 内部评估

内部评估是由政府机构内部评估人员对公共政策进行评估的活动。评估人员可以是具有决策权和执行权的部门内部人员，也可以是专职的政策评估人员。内部评估的优点在于，政策制定者或执行者对政策的全过程比较了解，能够收集大量的第一手资料，同时，他们也可以根据评估的结果，对公共政策的目标和方案做出迅速的调整、修正，提升政策运行的效率。但是，这种评估方式也有局限性，主要表现为基于政策制定者和执行者的自我评估方式，可能会出现蓄意隐瞒或是只做出对本部门有利的评估，从而难以保证评估的客观性和公正性。

2. 外部评估

外部评估又可分为委托评估和不受委托评估两种类型。委托评估是指委托营利性或非营利性的研究机构、学术团体、咨询机构、高等院校或相关专家对政策进行评估。其优点在于，评估主体是独立于政府部门的第三方机构，具有明确的责任和专业性，可以得到相对客观、公正的结论。但是，接受委托的评估在经费和评估内容方面一定程度上会受委托人的限制，评估人员可能会为迎合委托人的意愿而做出倾向于委托人利益的评估结论。

不受委托的评估是指外部评估人员出于自身的工作职责、社会责任感、研究目的、兴趣点或相关利益而自行组织开展的政策评估活动。评估主体包括立法和司法机关、大众媒体、公民、研究机构、社会团体等。这类评估活动能够比较客观、真实地反映政策实施效果的利弊。但是，也可能会在评估过程中面临信息收集的障碍，而无法对政策进行全面评估。

（三）行政评估、司法评估和政治评估

根据不同类型公共政策评估的主导方式、行动主体及其效果的差异性，公共政策评估可划分出行政评估、司法评估和政治评估三种类型。[①]

1. 行政评估

行政评估，通常由政府内部的财政、监察以及上级主管部门来进行，偶尔由政策评估的专业机构或咨询公司进行评估。行政评估主要关注政府提供服务的有效性，以及政策实现预期目标的程度。这种关注效率的评估，其实施主要通过管理绩效回顾和人事审议，以及建立年度审计和预算系统来进行。行政评估需要收集政策执行的精确信息，并且要将这些信息编辑成标准的方式，以对成本和结果进行时间上的和不同行动主体间的比较。

具体来看，根据政府进行评估所需的成本以及评估活动复杂程度的不同，行政评估分为五种类型：一是投入努力度评估，测度政府为实现政策目标而投入的努力程度的大小，如以货币成本计算人力资源、场地、通信和运输等投入的数量规模；二是绩效评估，检查政策的效果，而不考虑提出的目标；三是效能评估，即绩效的充分性评估，评估和比较一项政策的绩效与其最初设定的目标，以确定政策目标的实现程度，并根据完成情况对政策目标进行适当调整；四是效率评估，估计一项政策的成本，并判断是否存在其他成本更低的方式；五是过程评估，评估政策执行的组织方法，包括对规则和操作规程的评估。

行政评估作为公共政策评估领域的研究重点，已发展出了多种评估技术，并在全世界不同的领域以不同的方式加以应用。如 20 世纪七八十年代，福特汽车公司开发了计划规划与预算编制制度，并在其基础上发展出来零基预算制度；美国卡特政府时期采用的目标管理制度；以及加拿大联邦政府建立的政策

[①] ［美］豪利特、拉米什：《公共政策研究：政策循环与政策子系统》，庞诗等译，生活·读书·新知三联书店 2006 年版，第 294 页。

与开支管理制度等。

在各种评估方法不断完善、复杂性不断提升的同时，也应注意这些评估的局限性。首先，由于公共政策的复杂性，难以对政策目标进行精确的描述，因此无法通过一个程序或标准来检验特定政策目标的实现程度。其次，社会和经济问题具有非常紧密的相关性，很难将解决这些问题的多项政策的效果割裂开来加以评估。最后，此类评估依赖于大量客观、准确的信息，而在实际信息收集过程中却面临很大困难。

2. 司法评估

司法评估，由司法部门实施，对与公共政策相关的法律问题进行评估，确保政府部门的行为符合宪法、法律、法规、行政准则及个人基本权利所规定。司法部门有权主动审查政府部门的行为，审查的基础在不同国家有很大不同。如加拿大和英国，司法法庭关注下级法庭、仲裁机构或政府机构的行为是否在其权力和管辖范围内，如果行政机构的运作符合其管辖权且依照基本正义原则和预定程序，政策就不太可能被推翻。而美国司法法庭则不仅考虑行政行为的法律效力，同时也评估行政行为的实际效果。

3. 政治评估

政治评估，由全体公民对政府公共政策进行评判。政治评估在特殊情境下才会进入政策过程，如民主社会选举时公民对政府做出的评估，是以选票的形式表达投票者对政府政策效率和效果的态度。但是，选举通常是公民对于一届政府的总体工作和表现的判断，而较难针对特定政策的效果进行评估。

与选举相比，公众听证会、咨询委员会或特别工作组等咨询机制是政治评估中一种较为常见的类型。这些政策评估机制能就特定的政策问题，了解政策子系统成员以及公众的态度和观点。此类政策评估的效果取决于公众与政府观点的一致性，也取决于评估一项特定政策所使用的标准。

三　政策评估的标准

评估标准是进行公共政策评估的最基本条件，是衡量和判断政策效果的一系列指标或准则。政策科学的研究方法不仅注重工具理性，即强调基本问题和复杂模型的应用，同时也需要在相当大程度上澄清政策中的价值目标。[①] 事实标准、技术标准和社会公正标准，就分别体现了科学的政策所应兼具的工具理性和价值目标。因此，公共政策评估既是一个事实判断和技术判断的过程，也是一个价值判断的过程。政策评估标准的制定，需要兼顾事实、技术和价值三大标准，即构建一个涵盖政策效果、效益、效率和生产力标准以及社会公正标准的综合评价体系。

1. 事实标准

事实标准通过数量值、比率关系、统计分析等方法，主要关注政策实施后产生的各种实际的结果与影响，以及政策过程中各种投入与效果之间的对比。此类评估标准要求具有可测量的客观指标，主张用实证方法考察公共政策过程，特别强调行为和结果、成本和收益之间的对比，关注政策的效益、效率和生产力等标准。

事实标准能够通过定量或定性统计分析，明确测量和收集数据的方法，并提供相对应的数据统计和分析技术。比如，效率标准关注实现某一政策目标需要投入多大的成本，包括核算政策主体的投入，以及政策课题的付出与政策带来的负面影响，单位成本所能产出的最大价值等，使用效率标准最终得出的结果是以货币形式出现的。

2. 技术标准

技术标准，是以技术手段、技术规范和技术工具为手段来服务整个政策评估活动，使评估活动建立在科学、客观与可信的基础上。同样的事实标准，会在不同的技术标准衡量下产生不同的政策评估结果，因此，需要通过技术标准的适用性比较，根据政策评估问题的实际情况，选择合适的技术标准，以真实全面地反映评估对象的实际状况。

随着现代科学技术的发展，公共政策评估活动不仅大量采用社会科学技术，如民意测验等，而且将现代自然科学技术引入其中，如自动化技术、信息技术等。对一项政策或多项政策评估时，应合理采用一种或多种技术。

3. 社会公正标准

实施公共政策的目的是为了实现公共资源的重新调整和分配。在建立社会

[①] Harold D. Lasswell, "The Policy Orientation", in Daniel Lerner and Harold D. Lasswell eds., *The Policy Sciences: Recent Developments in Scope and Methods*, Stanford, CA: Stanford University Press, 1951, pp. 9 – 10.

公正标准时，应遵循两项基本的原则：一是公共政策的制定是否为了实现大多数人的利益；二是公共政策在具体实施过程中是否会损害大多数人的利益，是否存在歪曲和规避政策为少数人谋取利益的现象。这体现了公共政策在追求效益、效率的同时，更重要的还应体现社会公平、公正的价值观，强调公共政策过程中的公民参与和公共利益目标的实现。而对于这类标准，单纯的经济因素和量化分析方法无疑难以对其进行科学评估。

四 政策评估的程序

政策评估是一项程序性工作，需要按照科学的步骤来进行。政策评估可分为评估准备、评估方案制定、评估实施和评估总结四个相互关联的阶段。

1. 评估准备

评估前期的各项准备工作对于整体评估效果具有重要作用，确认评估的中心和重点，抓住关键的政策问题，有利于避免评估的盲目性。充分的准备是做好政策评估的前提，这一环节主要包括以下四个步骤。

第一，确认评估对象。明确评估的内容，回答评估什么的问题。由于公共政策的相关性和多样性，评估对象的选择必须确有价值，且从人、财、物等资源的有效利用角度综合考量评估的可行性。

第二，明确评估目标。评估目标决定了公共政策评估的基本方向，通过评估人员与政策制定、执行等各方人员相互沟通、协商一致，明确为什么要进行评估，才能统一思想，保证评估朝着既定方向推进。

第三，了解与政策相关的基本信息。包括政策出台前后的各方动态、政策颁布的时间地点、政策执行的环境、政策相关者等，寻找影响政策的关键变量，为建立模型打下基础。

第四，确定评估机构并组织人员培训。政策评估是一项专业性较强的工作，组建高水准的评估队伍，是保证政策评估质量的重要前提条件。所要评估的具体政策的复杂程度是建立评估机构的依据。培训和选择评估人员，提高其业务水平和综合素质至关重要。即除了需要具备开展评估工作所需的专业知识之外，评估人员应同时需要具有客观公正、实事求是的工作态度，以及较好的团队协作意识。

2. 评估方案制定

评估方案的制定包括对评估全过程中的各项工作进行具体的规划，其设计的合理程度直接决定着评估的成效。完善的评估方案不仅要对评估对象和目标做出清晰的阐述，同时需要重点关注评估标准、评估方法、评估主客体和具体实施步骤等方面内容。其中，评估标准的确立需以相关政策目标为基础，以公平、效率和效益作为基本准则，评估的标准可进一步细化和量化，可采用指标体系以使评估更具可行性和可操作性。评估方法包括如何收集和分析资料，以及对定性或定量方法的选择和应用。

3. 评估实施

按照既定评估方案，收集和整理评估资料、分析评估信息并形成初步结论。

第一，采集评估信息。通过事先确定的各种方法不断完善资料收集整理工作，包括文献资料、人员访谈、问卷调查、个案分析和实验法等，力求所收集信息的广泛性和系统性，同时也要保证政策信息的客观和准确。

第二，信息分析。在对各种资料进行系统整理和统计归类的基础上，研究人员运用定性或定量分析方法，对各类资料进行系统分析。通过比较、成本效益分析、抽样分析等方法，形成初步的评估结论，并就政策实现目标的程度和引起的外部效应做出合理阐释。

4. 评估总结

评估总结是公共政策评估的最后阶段，主要任务是处理评估结果、撰写评估报告。评估报告的内容大致分为政策制定实施过程评价、政策效果评价以及政策建议三部分。相关政府部门可根据评估结果，对公共政策做出继续实施、修正或终止等不同决策。因此，评估报告要简洁、精练，有针对性地为政策主体献计献策。评估结果要能够有效指导政策设计者、决策者、执行者和参与者改进和完善公共政策，发挥评估的诊断、监督、反馈、完善和开发作用，提高政策的科学性。

评估者还要对自己的工作得失进行系统总结。评估者需要回顾整个评估工作的各个环节，对评估过程中发生的问题和优缺点进行归纳总结，吸取经验教训，为未来更好地开展政策评估工作打下基础。

思考题

1. 什么是公共政策？公共政策的特点是什么？
2. 分类是分析公共政策的基本途径，简述公共政策的类型。
3. 简述政策制定的过程，并结合实际谈谈政策合法化的过程。
4. 什么是政策执行？影响政策执行的因素有哪些？
5. 简述政策执行过程的三个阶段。
6. 简述政策评估的类型与标准，并选择其中一种类型评估现实中的某一具体公共政策。

第八章

公共部门战略管理

公共部门战略管理作为一种新的管理或研究途径,是新公共管理运动的一个重要部分,兴起于20世纪80年代,战略思想最早源自军事学,随后由于社会经济科技的不断发展,其概念被广泛应用到政治、经济、文化和科技等各个领域。第二次世界大战后,战略概念被逐渐引入工商管理领域。公共部门战略管理很大程度受到了私人部门(工商企业)战略管理模式和途径的示范性影响,把战略思想和方法具体运用到公共部门,是对传统公共行政实践和范式的检讨和再思考,是对信息化、数字化和全球化时代复杂变迁环境的能动适应。公共部门战略管理力图通过对组织长期发展目标、组织内外环境变量及其与环境相互匹配的关注,来提升公共部门实现其自身使命的内在能力。目前,越来越多地受到公共部门管理者的高度重视。本章通过对公共部门战略管理的兴起及原因、概念和特殊性等分析来探讨公共部门战略管理包括公共部门战略规划、战略实施和战略评估在内的整个过程。

第一节 公共部门战略管理概述

一 公共部门战略管理的兴起及原因

休斯(Owen E. Hughes)认为公共部门战略规划途径兴起于20世纪80年代初,比私人部门晚了十余年,而公共部门战略管理途径的采用则仅比私人部门仅仅晚了几年。[1] 20 世纪 60 年代以来，战略管理在西方企业运用中取得了巨大成功：福特公司利用成本优先战略起死回生，通用汽车公司利用差别化战略夺得美国汽车霸主地位，战后的日本汽车企业利用战略管理方法将小型汽车打入"汽车王国"美国等。私人部门成功运用战略管理的经验对公共部门产生了深刻影响。在过去几十年里，新公共管理运动席卷全球各国，市场化、私有化进行得如火如荼。政府经常面临重组、合并、民营化、直接干预范围缩小等威胁。信息技术迅猛发展、经济全球化和一体化进程导致公共部门面临的环境更加具有不确定性。"市镇议员和官员缺乏承诺和义务感；组织管理缺乏灵活性和回应性；战略计划发展于相对稳定的年代，但 80 年代中期以后，环境开始变得更加动荡和不确定。"[2] 为适应政治、经济、文化和社会等环境的变迁，20 世纪 80 年代末 90 年代初，战略管理被引入公共部门。战略管理着重强调组织与环境之间的相互作用，允许对组织内外部环境进行考察，以通过一定的付出获得最大利益。

西方公共部门战略管理的兴起是全球化、信息化和知识经济时代发展特别是当代政府改革运动的产物，是由传统的公共行政范式向（新）公共管理（或"管理主义"）范式转变的一个重要组成部分（陈振明，2011）。[3] 在当下，复杂变迁的环境促使任何公共部门（特别是政府部门）改变其传统的运作方式，不再像过去那样对自身的生存、发展和未来高枕无忧。考虑组织的职能、角色、地位，考虑组织结构及其与社会的关系，考虑组织所面临的环境（政治、经济、社会、科技；优势、劣势、机遇和威胁），考虑组织的长远发展目标和未来，提高自身竞争力等已经成为这些部门管理者最基本的管理任务及内容要点。公共部门（特别是政府部门）的管理者需要战略思维和战略思想，这正是公共部门战略管理兴起的现实原因。

我国的公共部门（特别是政府部门）引进战略管理有其现实必要性。新公共管理运动使得"绩效管理"、"小型化政府"、"现代化政府"、"质量管理"等成为全球化术语，这些术语所代表的理论在许多国家已经被验证

---

[1] Owen E. Hughes, *Public Management and Administration*, 2nd ed., Macmillan Press Ltd., 1998, p. 152.

[2] Sylvia Horton, David Farnham, *Public Management in Britain*, London: Macmillan Press Ltd., 1999, p. 65.

[3] 陈振明：《公共部门战略管理（修订版）》，中国人民大学出版社 2011 年版，第 18 页。

为实践并取得了巨大的经济效益和社会效益。而在国内,随着改革开放的不断深入、公民意识的不断提高,公共部门逐渐出现了信任危机。乔治·洛奇(George C. Lodge)说过:"全球化能保证将生活中的美好事物有效地传播给迫切需要的人们,而对落伍的人则构成威胁,把他们排除在受益范围外。"[①]世界和国内的历史进程和环境正在对我们的公共部门产生压力,使我们有理由且有必要引进公共部门战略管理的相关理论。但与此同时,我们也迫切地感受到若只是单纯引进是远远不够的,必须在理论引进的基础上重新构建具有本土化的公共部门战略管理理论体系。中国的历史文化发展和现实具体境况决定了我国的市场经济建设在阶段、水平和进程上都不同于西方发达国家,这也决定了我国公共部门在战略管理的内容和实施上将带有自身的特色。

战略管理在公共部门(特别是政府部门)中具有不可避免性。自泰勒创建现代科学管理理论以来,管理科学在实践中发生了巨大变化。其中最重要的一些变化包括生活水平提高带来人类需求层次的不断提升;经济迅速发展带来企业规模的不断扩大;社会文化发展带来管理者与被管理者观念、意识的不断转变;信息技术发展带来计算机的广泛使用,现代通信与交通技术进步带来沟通方式的不断创新等。这些变化不同程度地否定我们引为经典的科学管理理论,要求我们与时俱进、不断创新,使管理科学真正成为支持管理工作的理论依据,而公共部门引入战略管理,这正是管理科学在新时代背景下创新管理工作的具体应用。

二 公共部门战略管理的概念

什么是战略管理?不同的学者有其不同的界定,目前在国内外公共管理文献中没有统一定义,如下列举了一些具有代表性的战略管理定义。

乔治·洛奇认为战略管理是一个过程,即"战略管理是指规划、执行、追踪与控制组织战略的过程"[②]。小汤普生(Arthur A. Thompson, Jr., 1987)

---

① [美]乔治·洛奇:《全球化的管理》,上海译文出版社 1998 年版,第 1 页。
② Tompson and Strickland, *Strategic Management: Concepts and Cases*, Chicago: Dryden Press, 1995, p. 5.

也从过程论的角度界定战略管理，认为："战略管理是一个过程，在此过程中，组织的高层管理者确定其所在组织的长期目标，设定特别绩效目标，根据与组织相关的内外环境制定出能达成这些目标的战略，并卓有成效地实施这些被选定的决策方案。"①

纳特和巴可夫（Paull C. Nutt and Robert W. Backoff，1992）认为，"战略管理处理这样一个关键性问题，即为面临着日益增加不确定性的未来组织进行定位"②，"战略管理通过产生用以指导战略行动的计划、计谋、模式、观点和立场而为一个组织创造焦点、一致性和目的"③。

波齐曼和斯特劳斯曼（Barry Bozeman and Jeffrey D. Straussman，1990）则认为，战略包含着处理组织的使命、目标和外部环境。战略管理有三个主要特征，即界定组织目标和目的、提出一个能协调组织与环境的行动计划、设计有效的组织执行方法；④战略管理具有以下四个基本特征：①关注长期；②将长期目标和近期目标整合成一个连贯的层级；③认识到战略管理和计划并不是自行贯彻的；④采取一种外向性观点，强调不是去适应环境，而是期待和塑造组织变迁。此外，战略性的公共管理必须充分认识到政治权威的影响。⑤

著名行政学家沙夫里茨和鲁塞尔（Shafrit & E. W. Russell）从与非战略管理进行差异比较，认为：战略管理①认定要达成的未来目标；②具有达成目标的时间框架；③具有对当前组织环境（尤其是组织能力）的系统分析；④具有对组织内外环境的评估；⑤在比较多种备选方案后选择能达成目标的一种战略；⑥围绕这一战略整合组织的努力和行动。⑥

张成福、党秀云将战略管理界定为"战略管理是管理者有意识地选择政

---

① Arthur A. Thompson Jr., A. J. Strickland III, *Strategic Management*: *Concept and Cases* (4th edition), Business Publications, Inc., 1987, p. 4.

② Paull C. Nutt, Robert W. Backoff, *Strategic Management of Public and Third Sector Organization*: *A Handbook for Leaders*, San Francisco: Jossey-Bass Publishers, 1992, p. 58.

③ Ibid., p. 54.

④ Barry Bozeman, Jeffrey D. Straussman, *Public Management Strategies*, San Francisco: Jossey-Bass Publishers, 1990, p. 54.

⑤ Ibid., pp. 29–30.

⑥ Shafritz and E. W. Russell, *Introducing Public Administration*, Lonman, 1997.

策、发展能力、解释环境,以及集中组织努力达成目标的行为"①。

虽然学者们对于战略管理的内涵认识各有不同,但对于战略管理所具备的基本特征却无太大分歧。概括而言,战略管理是一个以未来为导向,着重于长远、全局谋略,具有持续性、循环性和前瞻性的过程,是一个组织发现自身优劣势,识别威胁,寻求发展机会的过程,是一门由外而内的管理哲学。

三 公共部门战略管理的特殊性

与私人部门组织战略管理相比,公共部门战略管理有其特殊性。在历史演变进程和社会发展过程中,人们创造了"公共性"的观念,由此,许多组织都具有明显的公共特征。而其公共性使一些适用于私人部门的战略管理方法不能直接搬到具有公共背景的组织中去,否则,这些组织可能被误导,使其公共性偏离,发挥不了相应的社会作用。公共背景的特殊性对公共部门的战略管理提出了有别于私人部门组织的要求,以帮助我们确定有用的实践方法,并为整合我们所提出的战略管理新思想和新方法提供基础。

波兹曼(Postman)认为,所有组织都是公共的,"公共性"是理解组织行为方式的关键。这种"公共性"观念非常有用,因为这种观念可以让人们注意到公共权威在何种程度上影响了组织的行动及其方式。由于所有的组织都在一定程度上受到了公共权威的影响,所以可以将所有的组织都看成是公共的。

什么是公共性?"公共"(public)和"私人"(private)两个词来源于拉丁语,"公共"一词的意思是"人们的","私人"一词的意思是"分开"。人们用不同标准来界定这两个词,用以区分公共部门和私人组织。本(Benn)与高斯(Gaus)用标准"收益和损失是公共的,还是个人的;以及组织是作为为社会而不是为某些个人服务的机构的程度"② 来区分组织是公共的还是私人的。布劳(Blan)和司格特(Satt)认为公共部门即公社型组织,是为全体公民服务的;而私人组织即商业性组织,只为其所有者个人服

---

① 张成福、党秀云:《公共管理学》,中国人民大学出版社2001年版,第75页。
② S. I. Benn, G. f. Gaus, *Public and Private in Social Life*, New York: St. Martin's Press, 1983.

务。① 佩里（Perry）和雷尼（Rainey）认为两者的区别在于环境、制约、动机和文化。他们的研究发现，公共部门的独特性需要限制了许多被用于私人部门的设计方法，特别是那些用来决定组织使命和战略方向的方法。艾利森与纽斯塔特等学者发现了一些反映公共部门特性的因素，这些影响因素分类区分了公共和私人部门间在环境、交易和程序三方面的差异，并在每一类别下又分出了更多的小类，每一小类都对公共和私人部门的差异做了详尽的说明。

首先是环境因素，包括市场、制约、政治影响及战略与环境因素。①市场。公共部门缺少一个以收入形式向他们提供资源和信息的市场。对私人组织来说，人们的购买行为和消费偏好是资源和信息的主要来源，能表明组织的产品是否有效。公共部门或依靠监督机构提供资源和信息，或依靠对自己所提供的服务补偿（服务内容和补偿规格事先规定好）。公共性与依赖非市场资源获得经营资金的程度有关，如果组织可以向它提供的服务收费，则其公共性相应降低。财务安排、竞争程度、数据可获得性和市场信号强度均反映组织的公共性程度。在公共部门中，效率、绩效和分配的标准或缺失，或不统一。战略管理者在制定战略时，必须与其监督机构通力合作。②制约。法令、章程规定的义务以及传统等均会成为公共部门的制约因素，限制组织的灵活性和自主权，导致组织在增加或减少服务方面的自由度降低。正如欧文·E. 休斯所说："在制定战略时，权限是重要的，公共部门的战略管理者必须根据法律来重新重视自己所要做的事。"② 对公共部门的战略管理者来说，考虑到这些限制行动范围的制约是非常重要且必要的。③政治影响。波齐曼和斯特劳斯指出："当政治权力对私人部门战略管理有明显影响时，对于公共战略管理来说就不仅仅是影响，而是具有明确的规定特征了。"③ 公共部门必须考虑和应对公众舆论、利益团体、民选官员和签约方、院外游说等的干涉。公共性越高，通过讨价还价和谈判对这些干涉进行回应的需要越是迫切。私人组织可以对这些类似的干涉置之不理，或者可以通过法律、礼貌的言辞（如宣扬控制毁坏性）将其推

---

① P. M Blan and W. R Satt, *Formal Organization*, Norato, Calif: Chandler & Sharp, 1962.
② ［澳］欧文·E. 休斯：《公共管理导论》，张成福、王学栋等译，中国人民大学出版社2007年版，第183页。
③ Bozemen, Steross, *Strategic Management and Policy*, New York: St. Martin Press, 1979.

托开。④战略与环境因素。权威网络中关键人物所持的信仰观念、网络给公共部门的指令和义务等都要求战略管理者必须仔细考虑其行动限制和合作要求。而且，由于公共部门是在一定的历史环境中运作的，其战略领导还须对历史环境做出正确的界定和评估。

其次是交易因素，包括强制力、影响范围、公众审查、公民所有权及战略与交易因素。①强制力。公共部门所得到的授权使其具有某种形式的强制力。作为一种资源，公共部门可把强制力当成战略的一个重要组成部分，随着公共性增加，组织营销的重要性相反逐渐降低，而维持有利强制性安排的重要性则不断增加。②影响范围。相比于私人组织，公共部门的影响范围更为宽广，需要处理的社会事务也更为广泛，甚至可以延伸至社会的各个领域。公共部门被赋予了一定的强制力，因而能够而且应该承担一些其他类型组织所不能承担的责任。③公众审查。受公众审查的可能性与公共性程度呈正比增长关系。大多数公共部门都不能将自己的战略计划完全保密，因此，阳光法案要求其公开业务，从而使公共部门必须在充满敌意的利益集团或有媒体出席的场合下制订计划。④公民所有权。公共部门与私人组织的另一区别是所有权属于公众，任何人都与公共部门有着所有权方面的利害关系。社会公众要求公共部门对公民公平、诚信、正直、富有责任心并及时对公民的要求做出回应。⑤战略与交易因素。在现实中，公共部门创造了一个极为复杂的交易网。公共部门中各单位所提出的各种行动方案，使得组织内部和跨组织之间的协调变得复杂。要使具有较高公共性的组织能对各种机会做出及时并且合理的回应，就必须处理好各类议题（issue）中的内在张力。

四 公共部门战略管理的过程

战略管理过程主要包括六个阶段。

第一阶段，历史背景。在该阶段中，战略管理小组首先要识别出反映组织承受压力的趋势、事件和方向，并在此基础上确定组织的长期、短期理想。战略管理小组要重建具有特殊意义的组织历史，对趋势、事件和方向进行具体考察。在战略管理小组成员对趋势、事件和方向的认识十分清晰后，创造组织未来几年内要达成的具体理想（理想源于对组织未来可能要面对的最好、最坏情形的认识）。

公—私区别：对公共部门来说，重构组织历史有其特殊作用，可以帮助组织应付如模糊不清的制约因素、政治影响、权威限制和宽泛的所有权等的各种困难。在确定战略的前提时，战略管理者必须明确权威网络中关键人物的信仰和需求，因为权威网络构成了具有较高公共性的组织市场。而影响这些前提的因素还有指令及义务、对组织与竞争者（与组织在竞争同样的有限资金）合作的期望、政治影响及财政安排等。由于每种因素均是历史背景的一部分，因此组织设计新的行动方案时，有必要把这些因素考虑在内。由于公共部门的目标往往非常模糊，而且无法澄清；相比之下，私人组织如工商企业等可以将利润数作为目标，所以在战略管理过程中用"理想"代替目标。绝大多数企业的战略管理都可在众多的行动方案中采用某种形式的利润衡量方法做出选择，而对于具有显著公共性的组织而言，不存在与利润等同的事物进行衡量。

第二阶段，形势评估。战略管理小组通过对历史背景的详细说明了解过去，并根据历史背景形成关于组织未来的一个理想图景。接下来应考虑组织当前面对的具体形势。为了完成该阶段，战略管理小组要明晰组织当前的优势、劣势和未来的机遇、威胁，即要进行SWOT分析，寻找未来机会，同时将其分成不同的等级。具体关于SWOT分析在本章第二节有详细说明，在此不再赘述。

公—私区别：SWOT分析的重点因组织具体所属部门不同而有显著差异。其一，企业有界限清晰的市场，与政治的关联较薄弱，公共部门的情况则与其相反，市场界限较松散，权威网络给它们施加了《阳光法》等各种制约，迫使战略制定必须在阳光下进行。其二，企业由机遇拉动，而公共部门则由威胁推动。

第三阶段，问题议程。该阶段要处理的核心问题是建立问题议程，前两个阶段已为其做了基础铺垫。首先要明确什么是议题？议题是一种困难，它对组织的具体运作方式或组织所需要达到其向往目标的能力有着重大影响，但人们对这种困难却没有一致的看法（Ansoff，1980）。战略管理者必须定期检讨和修正问题议程，必须对议题张力的关系进行研究和顺序梳理，因为议题张力中存在一些重要的关系。其中，一个重要的关系是反映解决议题顺序的优先次序关系；另一重要关系是反映议题张力中的因果关系。

公—私区别：用张力构建议题特别适合于公共部门。正如在分权体制下，司法裁决和立法相冲突一样，公共部门面临的政治和市场势力在同一时刻把它们拖向不同的方向。公共部门采取的行动常常会激起不同部门（包括媒体、利益集团和政府分支机构等）对同一议题持支持、反对意见。相反在企业中，这些张力主要产生于竞争者的行动以及对这些行动的反应，并不会如此复杂。

第四阶段，备选战略。在这一阶段，战略管理小组为了处理议程中的每个议题张力而确定切实可行的战略行动，这一过程一般从要处理的最重要议题张力开始。为了确定组织将采取的战略行动，战略管理小组需要一份上面列出要优先考虑的议题张力以及包括组织优势、劣势、机会和威胁的清单。战略管理小组在仔细考虑组织理想的前提下，通过适当的小组过程，提出处理议题张力的具体行动。

公—私区别：企业可采取如出售、横向和纵向整合及其他能改变企业领域的积极战略；公共部门由于一般都有管辖权或领域上的限制，更倾向于采取反应性的战略。一般来说，为了更好地在机会和威胁之间取得平衡，战略应该采取渐进的形式。如果战略过于激进，则可能会激化各种反对意见，进而对其将来要做的工作造成影响或损害。

第五阶段，可行性评估。由于公共部门所处的环境是复杂且多变的，为处理好广泛的问题，需要一种在许多方面不同于传统的可行性评估。其一，开展"利益相关者分析"，需要进一步探讨新战略会对哪些人群造成影响，对于新战略的成功执行其他团体又将会如何影响。其二，评估执行战略所需的各种资源，不仅对所需的财政资源进行评估，还对所需的政治、法律、管理和职业资源以及那些能分配这些资源的相关人员进行评估。

公—私区别：一方面，公共部门为了建立共同协议，可能不得不与监督机构进行讨价还价的谈判以改变其权限。另一方面，对公共部门而言，每个人都是潜在的利益相关者。因此，公共部门必须对利益相关者阻碍战略实施的动机及其能力进行详细的分析与评估。

第六阶段，实施。战略管理小组要详细检查包括反对、拥护、未决和不重要在内的每一类利益相关者。首先，要明确每一类利益相关者的数量和比例；然后，对之进一步分析，以得出每个利益相关者的支持或反对程度，确定每一类利益相关者的同质性以及他们结盟的可能性，并识别出可作为游说对象的、持中立态度的利益相关者；最后，战略管理小组选择出管理每一类利益相关者的策略。在进行利益相关者管理的同时，也要开展资源管理以确定将各种资源用于该战略所须采取的行动。因为公共部门中存在着根深蒂固的行动障碍，必须以政治手腕代替权力策略才能应对利益相关者和资源供给者，所以资源和利益相关者的管理十分重要。

公—私区别：公共部门与工商企业所处的具体环境不同。工商企业通过选择其所属产业的市场或细分市场，为其业务制定战略；企业战略管理者从市场销售利润来获得各种反馈信息，并据此检验特定战略的适宜性。然而，公共部门不但要回应外部政治权威的监督，还必须就提供的服务向其委托人做出回应。因此，其战略重点必须从简单的市场依赖转到更复杂的政治、经济和法律考虑上来。

第二节　公共部门战略规划

一　公共部门战略规划概述

战略规划兴起于 20 世纪 60 年代中期，是战略管理过程的首要环节。20 世纪 80 年代初，公共部门战略规划也随之兴起。战略规划侧重于制定组织的战略，规划组织的行动方案，其目的是寻求外部环境和组织的最佳结合。

战略规划的定义多种多样，以下几种定义较为典型。

布莱森（Bryson）认为，战略规划是由一套用以帮助领导者和管理人员完成其组织任务的概念、过程及工具组成，是一种确定基本决策和行动的训练有素的努力，这些决策和行动影响和指导着组织应该是什么样，应该做什么以及为什么这么做。[1] 安娜蓓尔·碧莱尔（Annabel Beerel）指出，战略规划通常帮助组织重新构造种种假设及重新界定其关系链和强调自组织能力，是为解释组织环境而设计的一个正式过程。[2] 德鲁克（Drucker）则强调，战略规划是理性思维把资源应用于行动，并不是纯技术；战略规划并不是预测，也不是要掌握

---

[1] John M. Bryson, *Strategic Planning for Public and Non-profit Organization*, San Franisco：Jossey-Bass Publishers, 1996, p. 4.

[2] ［美］安娜蓓尔·碧莱尔：《领导与战略规划》，机械工业出版社 2000 年版，第 197 页。

未来；战略规划是为未来做现在的决策，并不是做未来的决策；战略规划甚至也不是一种使风险最小化或消除风险的企图。亨利·明茨伯格（Henry Mintzberg）认为，战略规划是一个一体化决策系统产生并发出连贯协调结果的正规化程序。[①]

综合学者观点，什么是战略规划？战略规划的概念包括：战略规划涉及的是当前决策的未来性，是对当前决策的预测；由于组织处在不断变化发展的环境中，战略规划必须是一个发展过程；了解和预测环境发展趋势和变化是战略规划的前提假设；战略规划是"决策—执行—衡量"过程的反复循环。

一般来说，一个好的战略规划基本包括：其一，规定组织与社会环境因素间发生作用的战略范围；其二，如何进行资源部署；其三，组织战略范围中的机会与威胁；其四，资源部署与竞争优势的最佳协调作用。战略规划是一个过程性活动，其主要包括：①发展初步认识，如战略规划价值、特定的步骤和方法、需要的单位和人员等；②确认组织使命，进行PEST环境分析和SWOT分析；③确认战略议题，即组织基本的政策选择，包括列举议题清单并优先顺序排列等；④战略选择，在综合分析后选择具有可能性和可行性的战略。

公共部门在进行战略规划时还应当注意以下几个问题：[②] ①故步自封，希望安稳地保持现状，缺乏开拓创新精神；②贪多毋得，总是试图做太多的事，结果费力费时而又收不到效果；③感情用事，违背原则和贻误时机；④过分依赖计划的功能，低估组织的重要性。

二　公共部门战略规划的环境分析

（一）PEST分析法

环境中的各种要素对战略管理都可能产生影响，因此，环境分析是战略规划的一个重要环节，而环境的高度不确定性则决定对其分析的困难性。环境分析是以关键影响因素为基础展开，通常使用的方法是PEST分析法。PEST分

---

① 陈振明：《公共部门战略管理（修订版）》，中国人民大学出版社2011年版，第108页。
② 王雅莉：《公共部门管理》，东北财经大学出版社2006年版，第241—242页。

析法，又称外部环境分析法，是背景因素分析的重要方法，即在宏观上对政治、经济、社会、技术信息的收集和分析。P是政治（Politics）环境分析，指对国内国外政治环境的分析，主要包括公共部门所拥有的政治权力和制约公共部门战略管理的政治制度、政治结构、法治状态和政治关系等因素，例如：新法律法规在立法部门的通过；新政策的颁布；领导人的新指示；国家间的战争；首脑的会晤、缔约等。E是经济（Economy）环境分析，是指对国内国际经济状况发展趋势的分析，主要包括经济实力和发展水平、经济制度和结构、经济利益等因素，例如：国内经济是增长、停滞或是衰退？通货是紧缩或是膨胀？国际经济状况如何？S是社会（Society）环境分析，主要包括社会人口的构成、社会保障体系、社会人伦关系等因素，涉及国内风俗、观念、习惯、信仰的现状及转变趋势，国家间的文化交流与合作等。T是技术（Technology）环境分析，涉及国内国际的科技开发与利用以及相互交流等。PEST分析法主要是一种通过对政治、经济、社会、技术四方面关键影响因素的分析来把握组织所处的宏观环境，并评估其对组织选择新策略影响的分析方法。PEST分析法要求：[1] 首先，详细列出经济、政治、社会和技术这四方面环境因素有可能对组织产生影响的每个细目；其次，逐个分析这些细目变化的内在驱动力，力求把握其变化规律；然后，逐个分析这些环境细目对组织过去和现在产生的影响，判断出趋势以预测其未来的可能影响；最终，确认环境关键影响要素。

（二）SWOT分析法

SWOT分析法最早是由美国哈佛大学商学院提出并率先采用的，它是目前战略规划领域使用最为广泛的分析工具。SWOT分析法，是一种综合考虑组织内、外部环境的各种因素进行系统分析评价，从而选择最优战略的方法，旨在给出一个清晰明确有关组织内外环境、优劣势的分析，以便找到有助于制定战略的新发现，并激励组织调动其优势，以便最大限度利用机会，规避风险。S是指优势（Strengths），即指能使部门获得战略领先并进行有效竞争，从而实现部门目标的某些强大因素或特征；W是指劣势（Weaknesses），即给部门带

---

[1] ［美］Eric Reader、张泰峰：《公共部门战略管理》，郑州大学出版社2004年版，第84—85页。

来不利，导致部门无法实现其目标的消极因素；O 是指机会（Opportunities），即指那些不断帮助部门实现或超过自身目标的外部因素；T 是指威胁（Threats），即指对部门运行不利，并导致部门无法实现既定目标的外部因素。SWOT 分析如图 8—1 所示。

	优势（Strengths） 1. 2. 列出优势 3. ……	劣势（Weaknesses） 1. 2. 列出劣势 3. ……
机会（Opportunities） 1. 2. 列出机会 3. ……	SO 战略 （发挥优势，利用机会）	WO 战略 （利用机会，克服劣势）
威胁（Threats） 1. 2. 列出威胁 3. ……	ST 战略 （利用优势，规避威胁）	WT 战略 （减少劣势，规避威胁）

图 8—1　SWOT 矩阵图

建造 SWOT 矩阵主要有以下八个步骤：①列出该组织的关键外部机会（O）；②列出该组织的关键外部威胁（T）；③列出该组织的关键内部优势（S）；④列出该组织的关键内部劣势（W）；⑤将内部优势与外部机会相匹配，形成 SO 战略；⑥将内部劣势与外部机会相匹配，形成 WO 战略；⑦将内部优势与外部威胁相匹配，形成 ST 战略；⑧将内部劣势与外部威胁相匹配，形成 WT 战略。

经过 SWOT 分析，可以得到四类不同的战略选择：

第一种：优势—机会（SO）战略。该类战略是一种发挥组织内部优势、利用外部机会的战略。所有的组织及其管理者都期望可以充分利用自己的优势，并紧紧抓住外部环境所提供的机会。

第二种：劣势—机会（WO）战略。该类战略的目标是利用外部机会来弥补内部劣势。运用该战略的情况一般是：组织存在外部机会，但内部存在劣势，妨碍着外部机会的实现。

第三种：优势—威胁（ST）战略。该类战略是利用优势回避或减轻外部威胁影响的一种战略。

第四种：劣势—威胁（WT）战略。该类战略旨在减少内部劣势同时规避外部环境威胁，是一种防御性战略。一个面对大量外部威胁和具有许多内部劣势的组织在现实中往往处于不安全或不确定的境地。

三　公共部门战略选择

战略选择是根据战略目标的要求，在提出的若干可供选择方案中，按照一定的评价标准，选择出最优战略方案的过程，是战略管理过程中的决策阶段。

（一）影响战略选择的因素

战略选择是一个与组织效能有关的阶段，并非所有的组织内部行动者都能够对组织及其运作模式的选择做出相同的判断。组织的战略选择要受到组织的环境、内部权力结构、制度和政治等多方面的影响。在大多数情况下，战略选择是在复杂的系统中进行的选择过程。影响战略选择的几个关键因素有：

1. 过去战略

过去战略的实施效果对现行战略的最终选择有极大的影响，在进行战略选择时，首先要回顾过去所制定战略的实施情况。由于现在的战略决策者对过去战略投入大量的时间、精力和资源，会自然地倾向于选择与过去战略相似的战略。

2. 权威网络

公共部门的市场是由立法机关、各种监督机构以及各种指令组成的权威网络决定的，权威网络控制着公共部门的财政来源，而财政状况关系到组织的生存和发展问题。因此，影响公共部门战略选择的一个重要因素就是公共部门权威网络的行为和反应。

3. 公共部门的环境

公共部门通常处于一个受到立法机关、公民、监督机关、指令和利益相关者等影响的环境中，其对环境力量中的一个或多个因素的依赖程度也影响着战略选择。对环境较高依赖通常会减少组织在战略选择过程中的灵活性，组织对其环境的调试方式能够体现并影响管理层对未来战略的选择。

4. 权限

一般来说，在改变或重构组织系统方面，公共部门的自主权和灵活性小，其行政管理的权力基础要比私人部门小得多，战略必须在一个权限范围中执行，因此，在进行战略选择时应努力考虑哪些因素能在管理权限间达成合作。

5. 公共部门历史背景

在战略选择过程中必须要考虑公共部门的历史背景，即关于部门的历史渊源和创办理念的情况。部门的历史背景一般由部门的方向、发展趋势和重大事件构成，部门的方向说明了部门的发展历程及其未来发展方向，而趋势和重大事件则塑造了部门方向，并影响着部门的未来发展。

（二）战略选择的标准

根据可行性、适应性和可接受性标准对战略进行评价和分析，选择切实可行的方案去付诸实践。理想的战略应当在适合自身优势的情况下，充分利用组织外部机会并综合考虑不利因素。对公共部门来说，不断冒出的新需要迫使组织作出及时回应，因此我们必须在多种战略类型中选择出能够快速反映新需要并采取回应行动的战略。

1. 可行性分析

可行性分析又称经济和政治可行性分析，用于研究组织是否有能力和资源来执行战略，即好的战略不仅要前景美好，还要有实施的条件和可行性。因此，对组织战略进行经济可行性分析以迅速判断该战略在财务上的可行性；同时，对其进行政治可行性分析以确定战略在政治上的支持度、合法性等。

2. 适应性分析

该分析评估所提出的战略是对在战略分析中所确定组织情况的适应程度的分析，即是不是一个好战略。在评估战略适应性时要注意几点：其一，该战略与权威网络成员的信仰和要求是否一致；其二，该战略与组织的使命和目标是否一致；其三，该战略能否获得更多的财政资源；其四，该战略是否完全利用了组织的优势和外部环境提供的机会；其五，该战略是否适合公共部门公共性的特定要求，能否加强组织间的合作。

3. 可接受性分析

可接受性分析用于研究一个战略被执行后可能出现的结果及组织能否成功实施该战略。在评估过程中要注意分析实施该战略所带来的后果是否适合组织内部资源，利益相关者能否接受。公共部门的所有权属于全体公众，利益相关者众多，因此，在评估过程中要着重考虑该战略是否迎合了公众对服务的要求，是否与权威网络成员的信仰和要求一致。

四 公共部门战略规划的方法

战略规划作为一种工作方法尚未形成一个完整、系统且成熟的方法体系，不过在公共部门战略规划的实践过程与理论研究中，战略规划的相关方法与技术也得到了较为充分的探讨。目前来看，战略规划的方法主要有问题存真法、目标去伪法、多场景方案决策法、实施策略研究法、战略环境评价法等几种常用的基本方法。[1]

（一）问题存真法

问题存真法是一种针对根本性问题研究的方法，充分体现了决策者和规划者对公共部门战略规划问题的重视和思考。规划者首先应该明确存在哪些问题，为什么会存在这些问题，这些问题会造成什么样的影响，如何展开对问题的研究等，并由此导引至全面系统的调查分析行为以及基础性的研究行为。问题存真法的研究路径是：首先广泛地对各个系统进行详尽调查，将现存的来自不同主体、不同领域的问题构建一个"问题仓库"；然而这些问题大部分只是表象，在这些表象背后可能存在少数的几个深层次原因，即我们真正需要找到的问题，因此我们需要通过逻辑分析和定量研究找到真正的问

---

[1] 陶亮、朱喜钢：《战略规划方法比较研究》，《华中科技大学学报》（城市科学版）2004年第3期；吴志强、于泓、姜楠：《论城市发展战略规划研究的整体方法——沈阳实例中的理性思维的导入》，《城市规划》2003年第1期。

题，将这些难以解构的问题组成一个新的问题库；如此几番抽丝剥茧之后，最终向一些相互之间比较独立的根本性问题归拢，即成为"真问题"。现状问题的调查分析是规划者进行战略规划的第一工具，同时也是战略规划研究的难点所在。需要注意的是，这种分析并不是对现状的简单描述和对现实问题的罗列，而是从多个方面深入分析基本情况，并通过实际数据的收集与对现状情况的分析理解，形成一套科学的现状评价体系，基于此可对现状问题作切合实际的诊断。

（二）目标去伪法

不可否认，目标与问题是有一定的联系的，一旦确定了问题，解决这些问题即成为一种目标；但是在战略规划中，"目标仓库"很大程度上还包含了规划者的期望与理想。换言之，战略规划工作不同于一般的规划项目，战略规划目标的确立本身就是战略规划的一项重要的工作内容，只有正确可行的目标才能把握好整个规划研究的大方向。这就要求规划者要寻求正确的目标、剔除"伪目标"。目标去伪法的研究路径是：首先搜集来自各子系统的目标，构建一个原始的"目标仓库"；然后运用现有的基础数据对每个目标的可行性进行评价，对可行性低的目标即"伪目标"进行筛选，对重复性高的目标进行合并；通过进一步的精确抽象与描述将这些目标归纳到一个严肃的、系统的层级结构中，构建出较为科学的目标体系。需注意的是，目标去伪法的应用需要强有力的理论指导，从定量和定性角度进行理性的分析论证，从而更准确地把握规划的整体方向，为下一步规划策略的提出提供充分的依据和导向。

（三）多场景方案决策法

战略规划研究尤其需要开阔眼界、集思广益，多场景方案决策法正是基于不同研究者多种思维、多个视角的交叉认识之上，对不同发展模式、方向和手段进行全面模拟，尽可能地提出可能的方案以供进一步决策。多场景方案决策法的研究路径是：首先针对公共部门发展的现状，结合几种以不同目标为首要导向的发展模式，勾勒几种合理的公共部门不同的发展可能；然后对各种可能所代表的价值取向、形势判断、优势条件和缺陷进行全面、客观的评述。需要注意的是，每一种可能性都需要在特定的条件下，因此在研究可能的发展模式之时，一定要对这些特定条件进行研究，以论证是否具备现实性。换言之，多场景方案提供的是几种真实的可能性。

（四）实施策略研究法

战略规划的研究成果由于其宏观性往往存在较大的实施难度，实施策略研究法则是一种分析实际操作层面、研究如何推动规划成果向实践转化的方法，包括政策制度、近期建设以及合作协调等方面的相应策略研究。实施策略研究法的研究路径是：首先规划者综合考虑公共部门的发展要求及相关利益人的需求，合理发展这种"自下而上"的规划研究；在战略规划编制过程中，规划者与决策者要有良好的沟通和理性引导，作为公共部门的战略规划还需要征求公众意见，强化公众监督。需要注意的是，战略规划可以作为总体规划的前期研究部分，用以进一步充实和改进总体规划。由于目前的总体规划对战略性问题研究比较欠缺，战略规划对体制、政策问题研究的深入性一定程度上可以弥补这一缺陷。

（五）战略环境评价法

目前，对公共部门战略成果的评估多限于专家与领导的认同度，在科学严密的逻辑论证上仍存在较大空白。因此，随着战略规划渐渐成熟与完善，需要建立一个科学的标准化评价系统。战略环境评价法的核心是战略环境评价系统的开发与运用，即由多学科的专家共同参与开发、各环境因素相互作用的预测系统。战略环境评价法主要用于分析和评价各种战略对环境的总的影响，通过评价系统比较各备选方案的优劣性，从而为科学理性地选择发展战略提供参考。值得注意的是，战略环境评价系统的建立需要大量的数据采集和强大的技术支持，事实上这也是大数据时代公共部门战略规划的必然趋势。

第三节 公共部门战略实施

战略实施是将战略规划转化为现实的过程。在战略管理中，战略实施是最为关键的环节，只有战略能够正确有效地实施下去，战略管理才能最终取得应有的价值。可见，战略实施在整个战略管理体系中占有举足轻重的地位。

一 公共部门战略实施的内容

战略实施包含许多功能活动，学者们对于具体的活动提出了不同的看法，主要有：

布莱森（Bryson B.）：当需要进行较大的变革时，成功的战略实施活动需要创建新的体制来管理决策和行为。实施活动可以是直接进行的，也可以是分阶段进行的。在战略实施活动中，要特别重视学习。[1]

纳德和巴可夫：在战略管理过程中，人们常常忽视了对资源和利益相关者的管理，但是，精心考虑哪些因素使战略实施成为可能，以及采取何种措施才能保证战略实施必需的支持，却是战略实施的基本组成部分。[2]

史蒂文·科恩和威廉·埃米克：执行战略计划需要有人来领导。这个领导权是一项管理职能。管理者的工作既包括向上考虑环境条件，又包括向下考虑组织员工的状况。[3]

张成福和党秀云：战略实施所涉及的问题和环节很多，主要包括以下几个方面的活动：①明确实际目标与进展的指标；②进行有效的资源配置；③建立有效的组织结构，使组织结构与战略相匹配；④建立和发展有效沟通与协调机制；⑤促进变革，克服变革的阻力。[4]

陈振明：战略实施过程主要包括以下几个环节：①战略发动；②制订行动计划；③组织准备；④资源准备；⑤战略实验；⑥全面实施；⑦战略控制。[5]

总结以上学者提出的关于战略实施的内容，战略实施涉及的问题很多，以

---

[1] John M. Bryson, *Strategic Planning for Public and Nonprofit Organizations: a Guide to Strengthening and Sustaining Organizational Achievement*, San Francisco: Jossey-Bass, 1996, p.316.
[2] [美] 保罗·C. 纳德、罗伯特·W. 巴可夫：《公共和第三部门组织的战略管理：领导手册》，陈振明等译校，中国人民大学出版社2001年版，第167页。
[3] [美] 史蒂文·科恩、威廉·埃米克：《新有效公共管理者——在变革的政府中追求成功》，王巧玲等译，中国人民大学出版社2001年版，第168页。
[4] 张成福、党秀云：《公共管理学》，中国人民大学出版社2007年版，第80页。
[5] 陈振明：《公共部门战略管理》，中国人民大学出版社2011年版，第140页。

下着重介绍四个方面的活动：

第一，建立与组织战略相适应的组织结构。[①] 要有效地实施战略，必须建立适应所选战略的组织机构，否则，将会妨碍战略的实施，使战略不能实现预期的目标。改变组织结构的侧重点通常是战略实施活动的一部分，除非新的或修改后的战略同原战略所侧重的职能领域相同。钱德勒发现，组织发展和战略改变过程中往往重复出现一种特定的组织结构演变顺序，如图8—2所示。

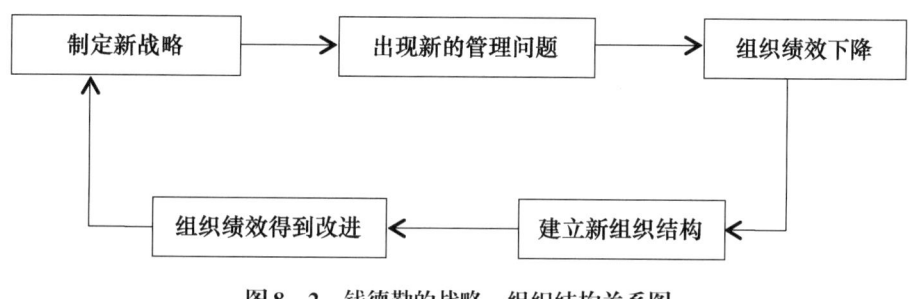

图8—2　钱德勒的战略—组织结构关系图

为适应新的战略和内外部环境，必须对组织结构进行重新设计。一旦确立新的组织结构，就需要对现有的结构模式进行转换，这种转换一般分为渐进式和激进式两种。结构的转化应制订周密的计划，充分估计到可能产生的问题并制定相应的对策。

以上有关组织结构的重建在理论上对任何组织都是完全可行的，事实上在公共部门中却困难重重。这是因为，在改变或重构组织系统方面，公共组织行政官员的权力基础比企业的管理者要薄弱得多，得到的权力也小得多。公共组织的战略管理必须在一个"权限丛林"中执行。从企业战略管理借鉴而来的方法无法应付这种多源性，因而必须寻找新的方法以满足公共部门的需要。

第二，合理配置资源。[②] 战略实施必须以充足的资源供应为保证，因此有效的资源配置成为组织战略成功实施的必要条件。由于公共部门普遍存在资源

[①] 黎民：《公共管理学》，高等教育出版社2011年版，第191—192页。

[②] 同上书，第192页。

稀缺的问题，因此在资源配置方面应做到以下三个方面：一是优先考虑战略议题中资源配置的议题。重建的组织结构势必侧重于解决组织战略优先考虑的议题，因此在资源分配时可以向那些重点部门倾斜，以保证这些要优先解决的议题所需的资源得到充分供应。二是对组织内部的资源进行再分配。那些对组织战略无直接或重大影响的活动可在原有基础上减少资源的供应，对某些活动甚至可以停止供应资源，并重新制定预算。三是可以请求那些拥护组织战略的重要利益相关者为组织筹集资源，或者从一些次要项目中再争取一部分资源，从而保证组织战略实施的可能性。

第三，建立良好的沟通协调机制，克服变革阻力。[1] 在公共部门中，战略的规划和实施，必须尽量谋求各方取得一致的意见。仅仅照顾某一方的意见往往会导致战略基础不牢固，因为反对者会将偏袒作为攻击既定战略的武器，导致战略的改变或撤销。最好的办法就是正视这些不同势力的意见，不让其有机会导致组织方向的变更，因此在各利益相关者之间建立良好的沟通和协调机制就显得极为重要。对此，应做好以下三方面的工作：①对于战略拥护者：应向他们提供增强其支持信念的信息；请持拥护态度的利益相关者将战略介绍给那些对战略不太热心的人；邀请关键的拥护者加入战略管理小组等。②对于战略反对者：通过采取相应措施防止他们削弱战略拥护者的力量；防止他们与未确定的利益相关者结成反对同盟；通过与其沟通、妥协，尽量达成一个至少使他们保持中立态度的协议等。③对于未确定的利益相关者：加大对战略的解释和宣传，使他们更充分地了解战略；发动战略支持者对战略进行宣传，以表明战略的受支持率。

第四，充分发挥管理者的作用。[2] 执行战略计划需要有人来领导。管理者的工作既包括向上考虑环境条件，又包括向下考虑组织员工的状况。在向上考虑方面，管理者有两个基本作用：一是争取资源；二是维护组织的独特能力。管理者所要争取的资源包括资金、人员、权力和场地等。维护组织的独特能力则意味着要确保组织被认为独具完成一系列特定任务的能力。行政领导的一项重要任务是要使组织的工作得到立法部门的认可、行政部门的支持以及利益集

---

[1] 黎民：《公共管理学》，高等教育出版社2011年版，第192—193页。

[2] ［美］史蒂文·科恩、威廉·埃米克：《新有效公共管理者——在变革的政府中追求成功》，王巧玲等译，中国人民大学出版社2001年版，第68—169页。

团和公众的赞同。在向下考虑组织的内部情况方面，管理者主要有以下四个方面的功能：一是向组织灌输某种价值观念；二是培养组织的独特能力；三是设置激励机制；四是调节冲突。

二　公共部门战略实施的手段

战略实施手段是指公共部门及其人员为完成一定的战略任务，实现一定的战略目标而采取的各种措施和方法。战略实施手段的恰当与否，直接关系到战略目标能否顺利实现。在战略实施过程中，公共部门及其人员所采取的实施手段是复杂多样的，比如，游说、威胁、权威、强制、法规、奖励等。概括地说，主要有以下几类：[1]

（一）行政手段

公共组织所得到的授权经常使它们具有某种形式的强制力。[2] 战略管理者在实施战略时，应该充分认识到强制力所蕴藏的机会，运用行政手段来推行战略。行政手段是指公共部门依靠组织的权威，采用行政命令、指示、规定及规章制度等形式来实施战略的方法。行政手段是公共部门战略实施过程中必不可少的基本因素。在战略实施过程中，行政手段易于协调各方面关系，以统一行使战略，达到令行禁止的目的。特别是在为了解决一些特殊的、紧迫的和突发性的问题而制定的应急战略中，运用行政手段有利于战略迅速得到实施。然而，行政手段也存在着一些缺陷。比如，在实施过程中，下层人员的被动性和劳动的无偿性不利于发挥他们的积极性与创造性。

（二）法律手段

法律手段是指通过各种法律、法令、法规、司法和仲裁工作等来调整战略实施活动中的各种关系的方法。法律手段除了与行政手段一样具有权威性和强制性外，还具有稳定性和规范性的特点。法律法规等一经国家立法机关或行政

---

[1] 陈振明：《公共部门战略管理》，中国人民大学出版社2011年版，第145—146页。
[2] ［美］保罗·C. 纳德、罗伯特·W. 巴可夫：《公共和第三部门组织的战略管理：领导手册》，陈振明等译校，中国人民大学出版社2001年版，第31页。

机关颁布后，就将在一定时期内生效，它们对其效力范围内的所有组织和个人具有同等的约束力。可以说，法律手段是战略实施活动得以进行的根本保障。公共组织是依法设立的，它的权限是法律赋予的。在战略实施活动中，除了审查战略实施活动的合法性外，还应该运用法律手段消除阻碍战略目标实现的各种干扰，以积极推动战略的顺利实施。

（三）思想诱导手段

思想诱导手段是一种非强制性的手段，它诱使战略实施者自觉自愿地贯彻执行战略，而不从事与战略相违背的活动。思想诱导手段是一种以人为中心的人本主义管理方法，符合公共组织追求公共利益的目的。思想诱导手段主要有：①制造舆论。在战略实施过程中，大力宣传战略，使战略内容深入人心。②游说。对于那些对战略实施持抵制、对抗态度的少数人，与他们进行个别交谈，深入细致地说明战略内容、风险、收益等，做到以理服人，赢得他们对战略实施的支持。③协商。在战略实施过程中，制定者和实施者之间、实施者相互之间就战略实施的问题进行协商，并借此征询公众的意见，对战略进行修正和完善。

（四）物质和精神激励手段

物质激励手段是指根据物质利益原则，利用各种经济杠杆，调节战略实施过程中的各种经济利益间的关系，以促进战略顺利实施的方法。比如，运用工资、奖金、罚款等来调节战略实施者活动。在战略实施过程中，运用经济手段能调配各方面的经济利益，能将战略任务与物质利益相挂钩，实现责、权、利相统一。通常的做法是用金钱手段奖功罚过。但是在运用物质手段的同时，还应注重精神激励手段。班菲尔德（Benfield）发现，公共部门雇员对稳定的工作、被委以重任、权力和赞赏的偏好超过了金钱激励。[1] 实践证明，通过利用组织文化、职业认同感、公共责任感等精神因素，可以规范、激励公共组织雇员的行为。

---

[1] Banfield E. C. "Corruption as a Feature of Government Organization", *Journal of Law and Economics*, Vol. 18, No. 3, 1975, pp. 587–605.

三　推进我国公共部门战略的有效实施

（一）我国公共部门战略实施存在的主要问题

目前，我国政府战略管理实践已在各级政府和部门中逐渐开展起来，并引起社会各界的广泛关注。随着市场经济的发展和行政体制改革的深化以及政府职能的转变，公共部门战略管理不断发展。但是，就现状而言，我国的公共部门战略实施还存在着一系列的问题。

1. 战略实施过程与实施目标脱节

公共战略制定出来以后，如何确保战略有效实施，是战略管理中一个基本的问题。然而在实施环节，我们经常可以看到有些战略由于缺乏操作性或战略不配套而无法执行；或者有些战略在执行中走样，如："上有政策，下有对策"。有些地方政府或部门在战略实施中没有考虑到战略实施是需要一定的环境和条件的，如果生搬硬套，必然会造成战略实施虎头蛇尾、有始无终的情况，对资源、人力、物力、财力也是极大的浪费。

2. 组织结构与战略不相匹配

具体表现在三个方面：一是部门主义相当严重，即通常所说的"利益部门化"。由于公共部门是按职能来划分的，因此在战略实施过程中各部门常常不是从组织全局的角度考虑问题，而是片面追求本部门的利益和短期利益，孤立地评估部门业绩，使得组织无法整合各种现有的资源，也无法形成具有竞争力的价值链，从而弱化了整体优势。二是部门的责任不清。组织职能重叠，在操作流程中容易引起摩擦，导致推诿扯皮。三是缺乏必要的沟通协调机制。信息的不畅通使各部门无法及时交流，容易失去相互信任与合作关系。同时，也会造成信息无法及时反馈，致使信息失真和滞后。

3. 资源配置不合理

一般说来，组织都至少拥有四种用以实现预期目标的资源：资金资源、设施资源、人力资源和技术资源。在资金资源的配置上，由于没有完善的公共财政收支体系、行之有效的税收制度和监管制度、科学的预算和评估，导致我国公共部门的收支运行不规范，另外也为寻租腐败埋下了祸根。在设施资源的配置上，由于缺乏优化和合理选择，加上旧体制的惯性冲击，导致投资不能产生理想的预期经济效益。在人力资源的配置上，缺乏流动性、弹性是当前公共部门人才使用中的典型弊端,如:干部能上不能下、能进不能出,没有规范的人才引进机制。在技术资源的配置上,一些行之有效的新技术在公共组织中迄今未能得到合理应用。

4. 实施过程缺乏制度保证

这里说的制度是指各级各类政府机关,应政府管理的需要而制定的实体性规范,如使国家机关法律政策具体化、精细化的规章、规则等。更重要的还有那些涉及面广、数量庞大、为各类政务活动确立准则的政府工作制度。目前,我国政府在战略实施的过程中的制度建设问题主要表现在:一方面,管理制度还不健全、不完备,很多需要建立的制度,作为历史欠账,一直没有建立起来;另一方面,现有的管理制度中相当一部分已经不适应信息化社会政府管理的需要,例如垄断、分割信息,使信息失真、迟滞、失效,阻碍信息的有效沟通和信息资源的共享,从而造成管理系统的低效甚至失败。

(二) 推进我国公共部门战略有效实施的政策建议

通过分析可以看到,我国公共部门战略实施还存在不少问题,为此,我们需要采取有效措施,进一步推动我国公共部门战略的有效实施。

1. 构建战略实施目标体系

实践证明,战略实施受阻在很大程度上是由于战略实施目标体系没有建立起来。战略规划目标只设定了一个总体方向,它要变成现实,必须得到各个短期计划目标的支持。摩西(Mose N. Kiggund)认为,目标分为两种,一是 COTs (critical operating tasks),二是 SMATs (strategic management tasks)。COTs 即关键操作任务,它是一种即时、短期和实际的目标,并且受绩效或为满足相关利益者所需要的服务传送的压力所驱动;SMATs 即战略管理任务。这是一种更长期的、分析性的目标,并且受未来或合作者期望以及合作者之间关系所驱动。对管理者来说,一种可能的战略就是确保 COTs 的有效实施,同时也满足当前的利益相关者的要求。[1] 因此,在战略实施的过程中,必须建立战略目标实施体系,实现长远目标和短期目标的结合。

---

[1] Kiggundu M. N., "Integrating Strategic Management Tasks into Implementing Agencies: From Fire-fighting to Prevention", *World Development*, Vol. 24, No. 9, 1996, pp. 1417–1430.

2. 建立与战略相匹配的组织结构

一是要分析组织的结构类型。对于特定的战略,存在着某种"最优"的结构形式,这就是结构与战略匹配的逻辑基础。[1] 在设计组织结构和授权系统时,应尽可能地支持目标的实现和贯彻实施战略计划,同时还要注意发挥参谋分析人员和咨询人员的作用。[2] 二是要根据不同的结构类型选择不同的沟通和协调方式。一般说来,沟通主要分为正式和非正式两种。正式的沟通又分为:上行沟通、下行沟通以及平行沟通。非正式沟通又分为:政府人员之间的私人往来,日常社交,个人友谊,非正式的聚会和闲谈,以及社会上或机构内各种留言和传闻。[3] 三是要进行组织创新。通过适时的创新,政府能够适应变化了的环境和条件,为战略实施提供强有力的组织保证。[4]

3. 进行有效的资源配置[5]

资源配置是战略管理的中心活动,是成功执行的保障。资源配置的核心问题是效率,资源配置的价值目标是最大限度地使用现有的稀缺资源。因此,战略实施中的资源配置必须以效率为标准,而是否有利于战略目标的实现,则是衡量资源配置效率的主要标准。但需要注意的是,资源配置有效率,只是实现战略目标的必要条件而不是充分条件。资源配置后,还需要通过计划、组织、领导、控制等一系列管理活动才能够得到充分利用。而在这一过程中,人力资源,即具有专业知识、技能和高度责任心的管理者,发挥着决定性的作用。在我国具体的政府实践中,一方面要建立科学规范的公共财政体系,强化税制改革,优化投资结构,加强基础设施的建设,合理调配人力和技术资源;另一方面要加强计划、组织、领导和控制等管理职能对资源配置的作用。

4. 加强公共部门制度创新

制度创新是公共部门战略实施和战略变革的关键,只有坚持与时俱进,建

---

[1] 陈继祥:《战略管理》,旅游教育出版社2008年版,第290页。
[2] 陈振明:《公共部门战略管理》,中国人民大学出版社2011年版,第165页。
[3] 李道平等:《公共关系协调原理与实务》,复旦大学出版社1996年版,第46—59页。
[4] 王强、陈易难:《学习型政府:政府管理创新读本》,中国人民大学出版社2002年版,第196—205页。
[5] 陈振明:《公共部门战略管理》,中国人民大学出版社2011年版,第168页。

立与战略相配套的一系列规章、制度，才能保障战略的顺利实施。[①] 制度创新要坚持以下几条原则:[②] 坚持开放性，提升学习力；坚持可行性，提升直觉力；坚持系统性，提升整合力；坚持公平性，提升洞察力；坚持交互性，提升凝聚力；坚持前瞻性，提升预见力；坚持实践性，提升持续力。在制度创新的过程中，首先要注意利益平衡问题。政府作为公共利益的代表，要协调好各方利益，建立人民群众利益的输入机制。其次，要注意制度结构中的相容和互补问题。政府在制度创新过程中应注意减少制度之间的摩擦，缩短各项制度之间的"磨合期"，根据不同发展阶段的不同社会条件选择适宜的制度创新途径和方式。[③] 最后，要注意制度创新的目标取向必须与社会经济发展的目标一致。

5. 优化公共部门战略实施流程

优化战略实施流程的着眼点在于一个个实施环节。把实施环节当作最基本的单位，以剖析组织的整体运作过程和管理模式。通过对实施流程的优化和重新设计，实现公共部门战略运作模式的全面转变和绩效的提高。在优化战略实施流程中需要首先考虑的是流程再造的能力（the BPR capacity），因为它是影响流程再造结果的重要因素。[④] 流程再造通常有三大要素[⑤]：第一个要素是对流程再造（BPR）的要求和含义的正确理解；第二个要素是运用和实施 BPR 的分析结果的能力；第三个要素是需要一种共同的意愿来面对 BPR 给组织文化带来的变革。在改进工作流程时，要对阻碍战略实施的不必要的流程进行铲除，对破碎的流程进行整合，同时对重叠的流程进行合并。除此之外，还应特别注意监控环节。[⑥] 战略控制的关键问题在于及时获取关于组织及其环境的简单的、有效的和有用的信息。一个有效的战略控制系统应该具有灵活性、真实性以及及时高效性。

---

① 陈振明:《公共部门战略管理》，中国人民大学出版社2011年版，第165页。
② 王晓宁:《制度创新应遵循的原则》，《河南社会科学》2003年第2期。
③ 陈振明:《公共部门战略管理》，中国人民大学出版社2011年版，第166页。
④ 同上书，第167页。
⑤ Halachmi A, Bovaird T.，"Process Reengineering in the Public Sector: Learning Some Private Sector Lessons", *Technovation*, Vol. 17, No. 5, 1997, p. 231.
⑥ 陈振明:《公共部门战略管理》，中国人民大学出版社2011年版，第168页。

第四节 公共部门战略评估

战略评估是指依据一定的标准和程序,对战略实施的效益、效率、效果及价值进行判断的一种行政行为,它以系统地、科学地、全面地搜集、整理、处理和分析公共部门战略实施的相关信息为基础,目的在于促进公共部门的战略变革,提高公共部门的战略管理水平。[①] 战略评估应持续不断地进行,而不只是在特定时期末或在发生了问题后才进行。

一 公共部门战略评估的基本标准

战略评估标准是开展战略评估的基础。一个完善的评估指标体系可以迅速、准确地发现组织的优缺点。对于指标体系的具体内容,中外学者提出了不同的观点:

斯坦纳和麦纳(Felix Steiner & Minor)认为评估战略时应考虑六个要素:①环境的适应性;②目标的一致性;③竞争的优势性;④预期的收益性;⑤资源的配套性;⑥战略的风险性。

金占明将评估标准分为三类:①适应性;②可行性;③可接受性。[②]

总体上看,公共部门战略评估的基本标准可以分为以下四个方面:[③]

第一,目标的一致性。目标一致性指的是在评估系统中,在战略目标内部以及战略目标与评估标准、评估目的三者之间取得一致,这是建立有效的评估指标体系的前提条件。三者的关系如图8—3所示:

具体说来,目标的一致性包括三个方面的内容:①评估标准与战略目标的一致性。这体现在两个方面:一是内容是否一致,即评估标准的内容是否反映了目标的实质含义,做到一致性。二是内容是否反映了目标的整体性,即评估标准的内容是否反映了系统总目标的整体和各个侧面。②评估标准与评估目的

[①] 陈振明:《公共部门战略管理》,中国人民大学出版社2011年版,第180页。
[②] 金占明:《战略管理——超竞争环境下的选择》,清华大学出版社1999年版,第330页。
[③] 陈振明:《公共部门战略管理》,中国人民大学出版社2011年版,第184—188页。

```
        战略目标
       ↙      ↘
   评估标准  →  评估目的
```

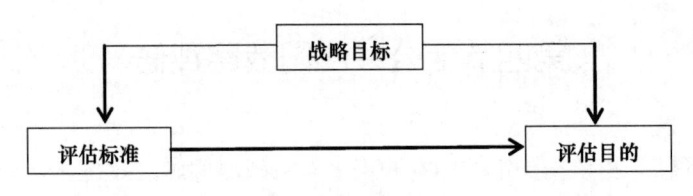

图 8—3　战略目标与评估标准、评估目的之间的关系

的一致性。评估指标体系是一组既独立又相关，并能较完整地表达评估要求的评估因子。也就是说，评估标准体现的是评估要求和评估目的。由于评估目的的不同，评估指标也应该有所变动。③评估目的与战略目标的一致性。一方面，评估标准既要与战略目标一致，又要与评估目的一致。另一方面，战略目标决定了一切活动，评估工作必须服务于战略目标。评估只是一种手段，为评估而评估的活动是毫无价值的。因此，评估的目的和战略目标的一致性也是目标一致性原理所要求的。

第二，环境的协调性。理查德·鲁梅特（Richard Lumet）认为，协调是指在评估战略时既要考察单个趋势，又要考察组合趋势。一项战略在实施的过程中必须对外部环境和组织内部的关键变化作出适应性反应。[①] 因此，协调包括组织内部协调和组织与环境的外部协调两个方面。内部协调主要是与目标的一致性相配合，强调公共部门在制定和实施战略时，要将组织内部不同的位置和相应的路径连接起来，将各个部门的决策和行动编织成一个统一的、协调的整体。其中，这些位置和路径，不单指整个组织的位置和路径，还指各部门、各子系统、各层次以及各类人员的位置和路径。在组织与环境的外部协调上，则强调外部环境与组织战略的匹配。通常，公共部门在衡量环境的协调性上需要回答以下三个问题：一是这项战略方案在多大程度上处理了战略分析过程中发现的问题；二是这项战略在实施的过程中是否善用组织的优势和机会；三是战略在处理瞬息万变的环境变化方面是否体现了其自身的灵活性。

第三，经济的可行性。一个好的战略必须做到既不过度耗费可利用资源，

---

① [美] 弗雷德·R. 戴维：《战略管理：概念部分》，赵丹译，清华大学出版社 2013 年版，第 304 页。

也不造成无法解决的派生问题。对战略的最终和主要的检验标准是其可行性，即是否依靠组织自身的物力、人力及财力资源实施这一战略。运用经济的可行性这一评估标准时，需要注意以下两个方面：其一，经济可行性要衡量战略实施的结果是否达到了组织的预期目的，或在多大程度上实现了既定目标；现实中的变化是战略本身，还是其他因素作用的结果；战略的结果通常可分为直接还是间接、长期还是短期、可量化还是不可量化，以及是充分还是不充分。其二，经济可行性衡量的是战略实施成本的大小和收益的多少。在衡量一项战略的经济可行性时，公共部门通常需要借助成本—利益分析和成本—效能分析这两个分析工具。无论何时，只有利益超过成本或至少利益等于成本时，经济上才是可行的。

第四，战略的可接受性。可接受性是指一项战略实施后是否能被人们所接受，是否满足了特定社会团体的需求。通常它要回答的问题是战略目标与共同体或社会的价值观是否相协调，这显然与人类价值、权利、再分配等问题相关，因此，与其他标准相比，可接受性带有更多的主观性。公共部门可以借用回应度和公正这两个政治标准来衡量一项战略的可接受性。回应度向公共部门传递了公众对战略实施结果是否符合其需求的认识信息，它反映了组织战略满足特定社会团体需求的程度。[①] 确立这一标准，目的是要从总体上衡量一项战略对社会的宏观影响。公正标准则体现了在战略实施后与该战略有关的社会资源、利益及成本公平分配的程度。一项好的战略应该是努力实现公平、合理分配的战略，公正是衡量战略的一项重要标准。只有建立在公平基础上的效率才是真正的高效率。

二　公共部门战略评估的方法

战略评估方法是战略管理者在进行战略评估过程中所采用的方法的总称。近十几年来，随着公共部门战略管理的发展，各种新的评估方法不断涌现，极大地丰富了评估的实践活动。目前常见的评估方法有前后比较法、专家评分法、模糊评估法、效益成本法以及自评法。

[①] 陈振明：《政策科学》，中国人民大学出版社2003年版，第350页。

(一) 前后比较法[①]

前后比较法是战略评估活动中最常用的一种方法，它通过对战略实施前后的有关情况进行对比，测度出战略实施的效果及价值。这种方法可以细分为下面几种比较法：

1. 简单"前—后"比较法

如图 8—4 所示，这种方法是公共部门在接受战略实施后可以衡量出的变化值减去战略实施之前可以衡量出的值。图 8—4 中 A_1 表示战略实施前的值，A_2 表示战略实施后的值，则"$A_2 - A_1$"就是战略实施的效果。

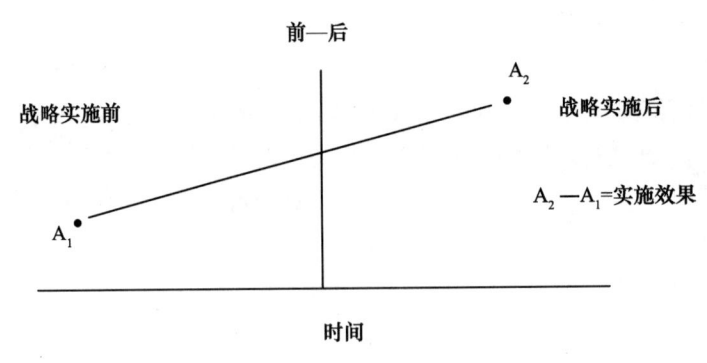

图 8—4 简单"前—后"比较法

2. "投射—实施后"比较法

如图 8—5 所示，这种方法战略的趋向线 Q_1Q_2 投射到战略实施后的某一点 A_1 上，并将这一点同战略实施后的 A_2 点对比，以确定战略实施的效果，"$A_2 - A_1$"就是战略实施的效果。

3. "有—无"比较法

如图 8—6 所示，这种比较法是在战略实施前和战略实施后这两个时间点上，分别就有战略和无战略两种情况进行比较，然后再比较两次对比的结果，以确定战略实施后的效果。图中 A_1 和 B_1 分别代表战略实施前有战略和无战略的两种情况，A_2 和 B_2 分别代表战略实施后有战略和无战略的两种情况，"$A_2 -$

---

① 陈振明：《政策科学》，中国人民大学出版社 2003 年版，第 356 页。

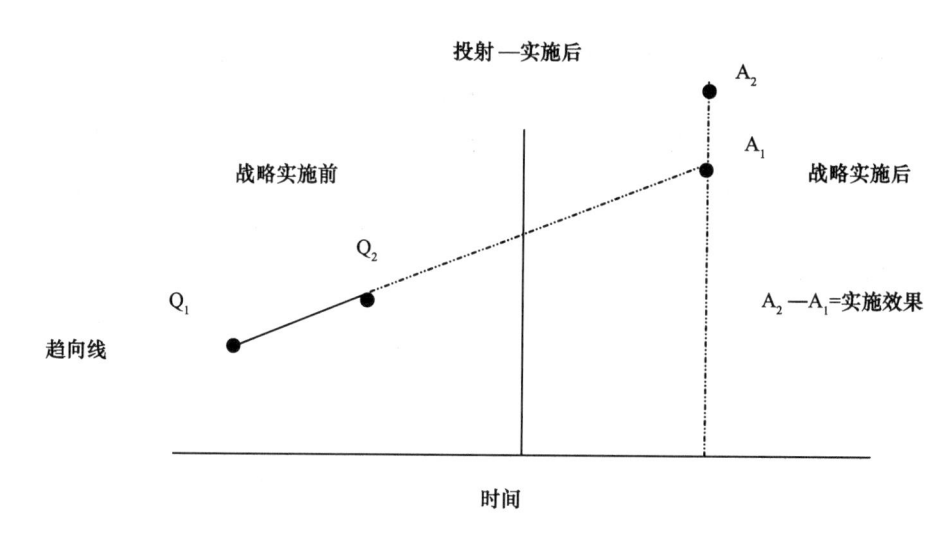

图 8—5 "投射—实施后"比较法

A_1"为有战略条件下的变化结果，B_2-B_1 为无战略条件下的变化结果。"（A_2 — A_1）—（B_2-B_1）"便是战略实施的实际效果。

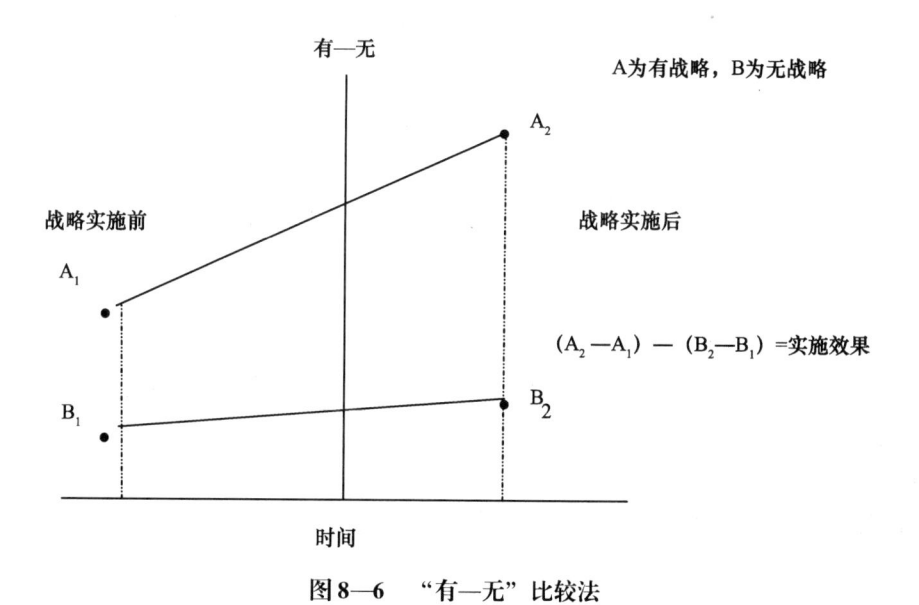

图 8—6 "有—无"比较法

4. "控制对象—实验对象"比较法

如图 8—7 所示,"控制对象—实验对象"比较法是社会实验法在战略评估中的具体运用。在运用这种比较法进行评估时,战略管理者将战略实施前同一评估对象分为两组,一组为实验组,即对其施加战略影响的组,另一组为控制组,即不对其施加战略影响的组,然后比较这两组在战略实施后的情况,以确定战略实施的效果。图中 A_1 和 B_1 分别是实验前的实验组和控制组的情况,A_2 和 B_2 为实验后的实验组和控制组的情况,"A_2-B_2"便是战略实施的实际效果。

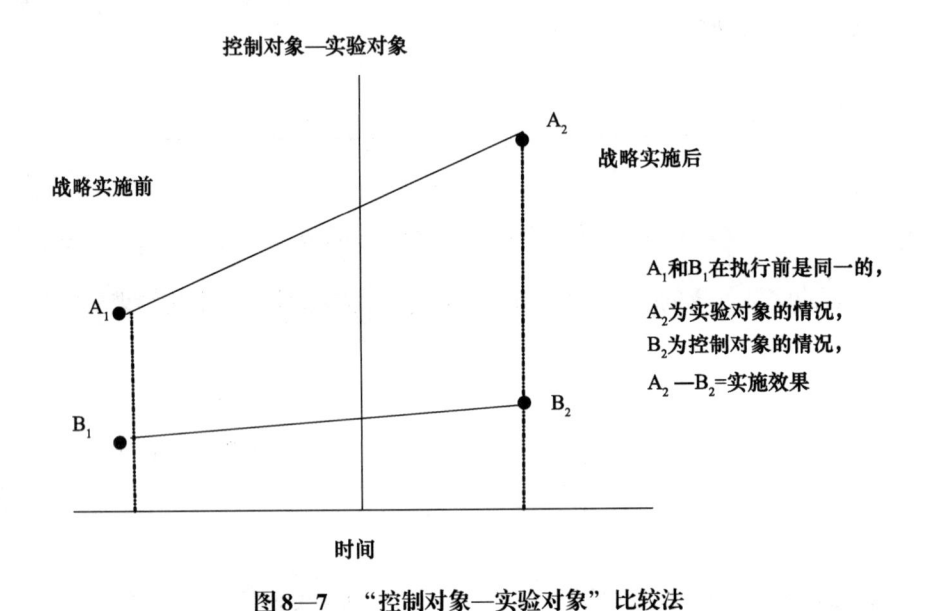

图 8—7 "控制对象—实验对象"比较法

(二)专家评分法

所谓专家评分法,就是组织专家审定各项关于战略实施的记录,通过量化战略实施的成果,鉴定战略实施的成效。这种方法的优点是简便、直观性强、计算方法简单、选择余地比较大,并且对能够进行定量计算的评估项目和无法进行计算的评估项目都加以考虑。常见的计算方法有以下几种:[1]

---

[1] 廖泉文:《人力资源考评系统》,山东人民出版社 1999 年版,第 171 页。

1. 加法评估型

将评估各指标项目所得的分值加法求和，按总分来表示评估结果。此法用于指标间关系简单者。公式为：

$$W = \sum_{i=1}^{n} W_i$$

其中，W 指评估对象总分值；W_i 指第 i 项指标得分值；n 为指标项目数。该法有两种方式：连加评分法和分计加法评估法。

2. 连积评估型

将各个项目的分值连乘，并按其乘积大小来表现业绩结果。这种方法灵敏度很高，被评估对象各指标间的关系特别密切，其中一项的分数连带影响到其他各项的总结果，即具有某项指标不合格，就对整体起否定作用的特点。公式为：

$$W = \prod_{i=1}^{n} W_i$$

其中，W 指评估对象总分值；W_i 指第 i 项指标得分值；n 为指标项目数。

3. 加权评估型

将评估对象中的各项指标项目依照评估指标的重要程度，给予不同的权重，即对各因素的重要程度作区别对待。则：

$$W = \sum_{i=1}^{n} A_i W_i$$

上式中，W 指评估对象总分值；W_i 指评估对象的第 i 项指标项得分值；A_i 是 i 指标项的权值，且

（1）$\sum_{i=1}^{n} A_i = 1$

（2）$0 < A_i \leq 1$

4. 功效系数法

这是化多目标为单目标的方法，由评估者对不同的评估指标分别给予不同的功效系数，则总功效系数 d 为：

$$d = \sqrt[n]{d_1 \cdot d_2 \cdot d_3 \cdots d_n}$$

$d_n = 1$ 表示第 n 个目标效果最好；

$d_n = 0$ 表示第 n 个目标效果最差；

$0 \leq d_n \leq 0.3$ 是不可接受的范围；

$0.3 < d_n \leq 0.4$ 是边缘范围；

$0.4 < d_n \leq 0.7$ 是次优范围；

$0.7 < d_n \leq 1$ 是最优范围。

(三) 模糊评估法[①]

模糊评估法可以用来对人、事、物进行全面、正确而又定量的评估，因此是提高战略管理者管理水平的一种有效方法。对于方案、人才、成果的评估，往往是从多种因素出发进行考虑的，而且这些考虑一般只能用模糊语言来描述。例如，评估者从考虑问题的诸因素出发，参照有关的数据和情况，根据他们的判断对复杂问题分别作出"大、中、小"、"高、中、低"、"优、良、可、劣"、"好、较好、一般、较差、差"等模糊评估，然后通过模糊数学提供的方法进行运算，就能得出定量的综合评估结果，从而为正确决策提供依据。

模糊评估的数学模型如下：对某一事物进行评估，若评估的指标因素 (着眼点) 为 n 个，分别记为 u_1，u_2，u_3，…，u_n，则这 n 个评估因素便构成一个评估因素的有限集合：

$$u = \{u_1, u_2, u_3, \cdots, u_n\}$$

(四) 效益成本法[②]

在战略评估中，所有的评估指标可以划分为两类：一类是效益，一类是成本。将每个方案的效益与成本分别计算后，再比较其效益/成本，就可以评估方案的优劣，显然，效益/成本愈大，方案愈好。这种效益成本法没有严格的步骤，随评估的问题不同，分析的内容和方法也不相同。

(五) 自评法[③]

自评法即战略执行者自行对战略的影响和实现预期目标的进展情况进行评

[①] 冯之浚：《战略研究与中国发展》，中共中央党校出版社2002年版，第161页。
[②] 同上书，第160页。
[③] 陈振明：《政策科学》，中国人民大学出版社2003年版，第360页。

估。由于战略执行者亲身参与战略实施的过程,对战略产生、制定和实施的全过程比较了解,对战略环境、实施对象、实施过程也比较清楚,掌握比较充分的信息和第一手资料,因此有可能及时而充分地评估、判断一项战略的效果。同时,由于战略执行者直接参与了实施过程,有条件根据自己的评估结论,迅速调整自己的战略目标与措施。

三 公共部门战略评估的改进

战略管理包括三个主要环节:战略设计、战略实施和战略评估。公共部门在前两个环节上已取得较大的成果,而在最后一个环节——战略评估上则做得不尽如人意,甚至成为公共部门的行动缺乏成效的根源所在。因此,克服诸多障碍,成功地进行战略评估,成为公共部门改革的一个有效突破口。

(一) 公共部门战略评估面临的困难

1. 评估主体的价值取向

所谓评估主体的价值取向,是认识主体在长期的生活、生产实践过程中和具体环境中形成的有关价值的观点、看法和态度,是人们进行价值评估的内在依据。[1] 戴维·L. 韦默和艾丹·R. 瓦伊宁曾在《公共政策分析——理论与实践》一书中指出分析家应该具备三种最重要的价值:分析的完整性、对客户负责[2]和坚持个人关于良好社会的概念。[3] 评估主体的价值取向会对评估活动的有效性和客观性产生重要影响。这种影响主要通过以下两个方面体现出来:一是评估主体的价值取向影响评估指标体系的确定,在确立具体的评估指标时,价值取向不同,指标确定的指向性和侧重点就可能不同;二是评估主体的价值取向影响评估主体对评估结果的处理态度。战略评估要求评估主体对战略实施的结果加以解释和处理。价值取向的不同往往会导致评估主体作出不同的选择。

---

[1] 陈绍芳:《主体价值取向在政策评估中的作用》,《理论探讨》2002年第2期。
[2] 这里的客户主要指负责制定和提供政策方案的公共部门。
[3] [美] 韦默、[加] 瓦伊宁:《公共政策分析——理论与实践》,刘伟译校,中国人民大学出版社2013年版,第41页。

2. 公共部门多元化的组织目标

一般而言，通过对组织目标的清晰阐述，并构造出表示这些目标实现程度的各种指标，我们就可以进一步衡量和评估组织实现目标的程度。[1] 然而，公共部门的目标比较复杂而且多样化，公共部门的目标内部还存在着诸多矛盾和冲突，这主要表现在以下三个方面：一是公共部门的目标经常是多元的，在某一特定时期或针对某些特定的管理者而言，可能会有不同价值的优先选择；二是对于一个具体的公共组织而言，目标一般较为笼统，难以清晰地确定；三是即使一个公共部门的目标能够确定，但由于目标的多样性，也会导致不同公共部门战略之间的冲突。公共部门目标的多元化给战略评估造成了一定的影响。首先是价值的衡量问题。公共部门的目标往往通过价值形式来表述，但是，价值很难客观具体地表述出来，这种现象往往使公共部门陷入进退两难的境地。其次是价值排序问题，不同的价值标准指向的是不同的评判准则，当公共部门依此进行战略评估时，所得出的结论很可能会是截然相反的。

3. 产出的量化

公共部门要对其战略行为的产出加以测量，还存在相当的困难。进行战略评估时，公共部门往往只是统计它们投入了多少钱，动用了多少人力，在哪些方面开展了工作，处理了多少问题，但实质上它们所测算的充其量只是实现战略目标的努力，而非此种努力所应达到的效果。应该说，这种以过程测量代替结果测量的做法并因同时对公共部门战略后果的衡量缺乏常规的信息，最终将影响评估结论的得出。由于公共物品的非排他性和非竞争性特征，公共部门通常对自己战略行为的结果缺少来自市场上的反馈信息，虽然这也可以通过完善公共部门自身的信息管理系统建设来获取，但这种信息常常来自公共部门自身的评估，而不是像私人部门那样主要来自外部的市场，譬如价格信号、市场份额、顾客的满意度等。对于公共部门的产出衡量信息、来源问题，埃利诺·奥斯特罗姆（Elinor Ostrom）曾提出了一条成本较低而又被证明是行之有效的方案：采用个别访谈的公民调查方式。[2] 这尽管是一种主观的评估方式，却被证明，它与物理测量得到的数据保持着正相关性。但是，这一方式对于大规模的

---

[1] [美]赫伯特·西蒙：《管理行为：管理组织决策过程的研究》，杨砾等译，北京经济学院出版社1988年版，第169页。

[2] 刘旭涛：《政府绩效管理：制度战略与方法》，机械工业出版社2003年版，第171页。

公共部门而言，却存在着相当大的困难。

(二) 改进公共部门战略评估的思路

1. 制定多重的价值评估标准

公共部门战略评估的一项重要内容是考核组织绩效。之所以用绩效代替早期的效率测量，是因为绩效体现了一种更加系统、全面和多层次的价值内涵。所以，如果期望绩效最终能够起到评估战略结果的作用，就要从改革价值评估标准入手，建立一套能够反映公共部门多元战略管理目标的价值标准体系。在战略评估过程中，公共部门对经济、效率和效益三者之间的关系应始终坚持缺一不可的原则。这是因为，如果不考虑质量、消费者满意等效益因素而一味地去追求经济、效率，会导致公共部门偏离自己的目标；而如果为了取得目标而不计成本、不惜任何代价、不考虑效率，将最终导致公共部门资源的浪费和不足。当然，"3E"标准只是反映公共部门战略评估的多元价值标准的一种方式。在理论和实践中，有些人建议增加更多"E"以便更充分地反映公共部门战略评估的复杂性，如"公正"、"卓越"、"企业家精神"、"专业技术"等。[①]因此，在实际应用时，应根据各公共部门的具体特点以及评估工作的各个阶段来有所侧重地选择价值标准体系，并对各种表征不同价值的概念予以准确的界定。

2. 确立战略评估的多项维度

拉森和斯图尔特（Ranson S. & Stewart J.）认为，公共部门的绩效评估应当建立在更广泛的维度上。[②] 这些维度包括：①经济维度，如产品的单位成本、事务的处理时间、预算的变化、审计等；②民主维度，如政治团体和公众舆论、新"运动"、合法性危机等；③法律维度，如申诉、控告、行政裁决、议会监察官和法律检察官的检察等；④职业维度，如职业人士发表的意见、研究成果、职业协会的声明、职业标准等。这些维度在公共部门的战略评估过程中仍然具有可适用性，这是因为它们同样反映了公共管理领域的复杂性和多样

---

① Isaac-Henry K., Painter C, Barnes C., *Management in the Public Sector: challenge and Change* (Second edition), London: Thomson Business Press, 1997, p. 84.

② Ranson S., Stewart J., *Management for the Public Domain: Enabling the Learning Society*, London: The Macmillan Press Ltd., 1994, p. 228.

性。不同的维度反映出公共领域中不同的价值取向，这或许带来对公共部门战略绩效的不同解释及在寻找可操作评估指标上的困难。因此，公共部门的战略评估很少用定量化的数据来表达，而是在很大程度上依靠定性化的描述和说明。拉森和斯图尔特认为，测量的危险性在于它很容易取代公众的判断，测量语言有可能取代公众的语言；公共组织可能会通过测量谋取自身利益而欺骗公众。① 因此，公共部门战略评估的最好方法是定性的"判断"而不是定量的"测量"，测量方法只能起到辅助性作用，而最终结果必须依赖公众的判断。

3. 实现评估主体的多元化②

在传统模式下，组织绩效的评估活动属于管理过程中的控制环节，主要由上级部门或本单位来操作，但随着分权化管理、结果管理、工作团队、组织与雇员发展等新管理主义理念和实践活动的大量出现，这种自上而下的单向结构已经出现全方位的发展趋向。近年来，在人力资源管理领域，在个人绩效的评估方面普遍采用的"360度个人绩效评估体系"被认为能够为个人绩效提供更全面、准确、可靠、可信的评估。公共部门在考核组织绩效时，同样也存在着评估主体多元化的趋势。因为，随着各种类型的公共组织日益获得更加广泛的管理自主权和资源控制权，它们已不再单一而机械地执行上级的指令，它们还必须考虑立法部门、利益集团、政治领导人、专业人士、公众以及其他相关业务部门对它们提出的各种要求，并作出及时的回应。公共部门的责任机制，开始从自上而下的单一链条形式转变为面向多元利益群体的网络形式；公共部门的责任性已体现在政治、法律、专业技术、管理等各个方面。这种责任机制的实现，在很大程度上必须依赖相关利益群体对它们所作出的评估。因此，公共部门的战略评估主体也应当实现多元化。

4. 提供多种评估工具③

由于公共管理的复杂性，公共部门在选择战略评估的工具时，通常面临着一定的难度。美国行政学会的"责任和绩效中心"（CAP）认为，所运用的工具应当能够表征出公共组织的基于特定结果的各种目标，并显示出该公共部门

---

① Ranson S., Stewart J., *Management for the Public Domain: Enabling the Learning Society*, London: The Macmillan Press Ltd., 1994, pp. 231–232.
② 刘旭涛：《政府绩效管理：制度战略与方法》，机械工业出版社2003年版，第175页。
③ 陈振明：《公共部门战略管理》，中国人民大学出版社2011年版，第211页。

获得成功的程度。一般来说，评估工具可以分为以下几种类型：①产出测量。主要是测量所提供产品或服务的数量。这种类型的测量，只需选择好合适的数量单位（如处理交通事故次数、控制污染源个数等），测量方法一般比较简单。②效率测量。主要是测量所提供产品或服务的单位成本。效率测量一般在比较那些提供"同质性"产品或服务的公共部门的战略绩效时，具有一定的可行性和合理性。③结果测量。主要测量所提供的产品或服务对顾客或委托人产生的影响或效果。测量主体一般由接受服务结果的各类内部或外部"顾客"来担当。④标杆评估。标杆评估，就是根据其他类似单位的实践，或者本单位以往的实践，找到"最佳实践"的标准，并依照这些标准来衡量本单位现行战略的绩效。标杆评估不仅为公共部门的战略评估提供了最佳样板，而且为组织描绘了一幅该从哪些方面进行改进的蓝图。① ⑤成本——效益测量。主要是测量组织实现最终战略目标所花费的成本。成本——效益测量法能体现公共部门战略实施的真实状况。

思考题

1. 简述公共部门战略管理的兴起和原因。与私人部门战略管理相比，公共部门战略管理有何不一样？

2. 什么是战略规划？公共部门在进行战略规划时应当注意哪些问题？

3. 简述 PEST 和 SWOT 分析方法，并联系实际谈谈如何在战略规划中应用 SWOT 分析。

4. 公共部门战略实施包含哪些内容，当前如何推进我国公共部门战略的有效实施？

5. 公共部门战略评价有哪些基本标准？联系实际谈谈如何改善公共部门的战略评价。

6. 目前公共部门战略评估面临哪些困难以及如何改进？

---

① ［美］帕特里夏·基利：《公共部门标杆管理：突破政府绩效的瓶颈》，张定淮译校，中国人民大学出版社 2002 年版，第 179 页。

第九章

公共部门绩效管理

公共部门绩效管理的核心是绩效评估，而绩效指标体系又是绩效评估的基础。由此，构建绩效指标体系就成为公共部门绩效管理的重要前提之一，没有科学的绩效指标体系，绩效考核就无法正常进行，绩效管理也就失去了在提高绩效和服务水平方面的积极意义。认识到绩效指标体系的重要性也是公共部门绩效管理实施的基础，而科学的绩效指标体系建立在有效的工作分析基础之上。"公共部门组织目标—工作分析—绩效指标—绩效评估"，整个过程就是贯彻绩效管理的过程，前面三个步骤即是绩效管理的基础。由于绩效指标在公共部门绩效管理基础中占据重要地位，本章将绩效指标单独列出来，着重论述绩效指标建立的标准、如何建立以及我国一些公共部门绩效指标建立的具体情况。

第一节 公共部门绩效管理的含义与功能

一 公共部门绩效管理的背景

在现代社会的运转过程中，如何提高政府政策制定和执行公共政策的能力、如何提高政府管理效率以推动社会服务的高效率、高质量，这些问题已成为当今世界各国政府改革的重心，也是现代公共行政学走向以政府管理效率和政府能力为核心的新时期的现实依据。

1. 政府管理环境发生变化

现代信息技术（IT）的发展、民主化和国际竞争环境条件的变化，使政府管理问题成为西方国家发展与稳定的中心问题,使社会公平和民主成为政府管理的核心价值,要求政府更有回应性、更有责任心和更富有效率,使公共项目及其产生的结果成为政府管理活动关注的焦点。一方面,社会公众期望在市场经济条件下政府能够以最经济的手段、最迅速的方式提供最优质的服务;另一方面,政府为社会大众提供各种公共服务必须由社会公众支付所需成本,因此政府功能扩张必将增大政府的施政成本。

2. 新公共管理运动的兴起

自20世纪70—80年代起,各国政府面对财政困境和社会对政府提供服务需求的扩大,竞相实行了"以新公共管理运动"为取向的政府改革运动。绩效管理是"新公共管理运动"经验的重要组成部分。在英国行政改革过程中,撒切尔夫人提出了"经济行政"的指导思想和"成本效益"的指导原则,认为"行政管理应该从经济的角度规定目标值,努力实现完成值,并客观根据完成值与目标值之比算出达成值"[①]。注重绩效考评和管理是在公共部门中引进企业评估机制,本质是对以绩效标准、绩效评估为内核的管理主义的回归,使公共部门的改革具有操作层面的意义,在资金使用、服务质量和公务人员素质方面都能有实质性进展。

尽管在传统的公共行政理念中,效率也是衡量行政的一个重要方面,但到了20世纪末期,许多公共行政学者都转变了公共行政的理念,不仅将行政和管理相区别,而且提倡公共部门的管理应通过市场化走向公平、可靠、关心顾客和效率。在新公共管理运动的推动下,更广泛的公共价值观念在对效率的追求中被边缘化,因此,公共价值视角的接纳将代表进一步的范式变化。然而,这样的变化将重新定义公共管理者的角色,并对现有与新公共管理运动同时发展起来的能力提出了一系列挑战。[②] 这个理念标志着以官僚制为基础的传统公共行政时代的终结,并以满足顾客需要为基础的市场化导向迎来公共部门的绩效管理。

二 公共部门绩效管理的含义

公共部门引入绩效管理是时代变迁和社会变革的产物,学术界对公共部门

[①] [英] 诺曼·弗林:《公共部门管理》,曾锡环等译,中国青年出版社2004年版,第10页。

[②] Janine O'Flynn, "From New Public Management to Public Value: Paradigmatic Change and Managerial Implications", *Australian Journal of Public Administration*, No. 9, 2007, pp. 353 – 366.

绩效管理进行的研究大都出于对"新公共管理运动"的实证研究。目前对公共部门绩效管理的定义并没有统一的界定。

一般来说，公共部门绩效管理由绩效计划、绩效实施与管理、绩效考核与评价、绩效反馈和绩效结果运用五部分构成。有学者指出，我们应该从美国国家绩效评估中的绩效衡量小组对绩效管理下的经典定义中进行发现。所谓的绩效管理是"利用绩效信息协同设定统一的绩效目标，进行资源配置与优化顺序的安排，以告知管理者维持或改变既定目标计划，并且报告成功符合目标的管理过程"。因此，公共部门绩效管理过程一般包括三个最基本的功能和构成：绩效评估、绩效衡量和绩效追踪。[①]

简言之，公共部门绩效管理就是在全球化发展和政府财政压力增加的情况下，公共部门主动吸纳企业绩效管理的经验和做法，引入市场竞争机制、强调顾客导向、提高公共服务质量。具体来说，公共部门绩效管理包含以下三层含义。

第一，强调绩效管理是公共管理者的主要职责。作为公共组织，原则上必须对公众负责，如资源是否得到了有效利用，是否达到了预期目的，公众的满意程度如何等。这是对公众负责的要求，也是公共组织赢得更多支持的基础。对公共组织的个人和组织进行绩效管理是公共管理者的主要职责。一般认为，公共部门也应该追求效率和效益，而公共部门事务管理的特殊性使其效益衡量成为困境。公共部门在全球化巨大的竞争压力中率先走出了这个困境，充分强调绩效管理是公共管理者的职责。这样，公共管理者与企业组织的管理人员一样，能够以普通管理者的身份参与到绩效管理中。

第二，强调公共部门的高效率。公共部门绩效管理充分强调公共部门产出的高效率。公共部门的产出主要是公共服务，传统的成本—收益分析不适用于公共部门考核，导致公共部门的考核一直处于无效状态。绩效管理是一种注重结果的管理，将个人绩效和组织绩效整合在一起，使整个公共组织处于高激励、高效率的状态。通过绩效管理全方位的监测、控制和管理，公共部门能够不断持续改进个人和整体绩效。

第三，强调公共部门服务的高质量。绩效管理本身源于市场经济竞争环境的变化，这与公共部门降低成本、提高产出的目的有着相似之处。不同的是公共部门

---

① 唐彰新、蒋关军：《公共部门绩效管理研究概要》，《当代经济》2007年第6期。

提高产出效率的压力没有企业组织大。当然，随着公共部门服务内容的扩张和资源压力的增大，提高服务质量和产出水平也成为其刻不容缓的大事。

绩效管理注重顾客需求的理念为公共部门服务行政的改革创造了条件，从这点看，公共部门引入绩效管理也就具备了现实意义。

三　公共部门绩效管理的价值

公共部门绩效管理从理论和实践上都具有必要性和可行性，而对公共部门这样一个特殊的组织而言，其价值究竟体现在哪里呢？笔者认为主要体现为两大方面。

（一）观念价值

1. 绩效观念

绩效管理源于市场化运作，它的一系列观念都与效率、效果相挂钩。政府部门的绩效管理很大程度上也正是因为传统的公共行政过于官僚化，导致效率低下，不能适应市场经济发展的要求。因此，全新的绩效管理，一方面在公共部门中引入了市场机制，使政府通过市场化运作能够摆脱繁琐的行政事务，提高政府机构实际工作效率；另一方面，公共部门的绩效管理强化了公平、竞争等市场意识，有助于推动公务员考核的公平性，从而推动人事制度改革。

2. 服务理念

"顾客导向"机制的引入使公共部门开始注重社会公众的满意度与政府绩效之间的紧密联系。传统的公共行政为维护社会秩序也相当注重社会公众的需求，并把满足这些需求作为政府工作的重点。包国宪和道格拉斯·摩根（Douglas Morgan）等人首次提出了"基于价值的政府绩效管理"的概念和核心理论框架，研究发现新公共管理模式之下的传统政府绩效管理强调的是政府效率和效益，随之而出现的问题如公民满意度不理想、狭隘和不可持续的行政行为滋生、扭曲性地强调效率和效益，使得我们常常混淆了公共部门与私人部门的根本区别。[①] 因此，有效的绩效管理将社会大众作为顾客，使政府工作的

---

① 何文盛、王焱、尚虎平：《政府绩效管理：通向可持续性发展的创新路径——"第二届政府绩效管理与绩效领导国际学术研讨会"综述》，《中国行政管理》2012 年第 4 期。

重心围绕顾客的需要,并以顾客需要的满足度作为衡量绩效的标准,有力地提升公共部门的服务品质,使其走向真正的服务型政府。

3. 责任观念

对公众负责是公共部门存在的重要理念。绩效管理需要将公共部门使用资源的情况、如何使用、使用的结果等对公众进行说明,以公众满意度作为公共部门绩效衡量的一个标准。公共部门实施绩效管理能在操作层面上兑现公共部门的责任意识。绩效管理的引入为实践公共部门的责任观念提供了可操作的具体方法,从而充分体现了绩效管理的社会服务价值。

(二) 制度价值

制度价值体现为公共部门与制度相关的制度、机构、人员等方面的改革价值。

1. 公共部门制度改革

公共部门绩效管理的引入不仅是企业组织绩效管理制度、观念、方法的直接引用,即使是技术方法的借用,最终也必须体现为公共部门的制度改革。由于公共部门实施绩效管理具备一定的可行性,其制度改革的过程也相应地得到了支持。尽管公共部门绩效管理的有效性和制度改革的措施还有待进一步论证,但目前公共部门实施绩效管理后相应的改革措施也让人刮目相看。公共部门绩效管理不仅带来了观念上的重大转变,更多地表现为适应市场经济发展和社会需求的公共部门制度改革。以绩效为导向的制度改革能在绩效、服务、责任层面上推进公共部门制度向法制、高效的方向发展。

2. 公共部门机构改革

制度化表现为绩效评估机构的建立与完善。为推进政府绩效评估和绩效管理,西方许多国家都设立了独立机构。一方面对各部门的绩效评估结果进行整合汇总,以便公众比较评价;另一方面有选择地独立对一些部门的绩效进行评估,避免部门自我评估可能产生的"报喜不报忧"和评价失准现象。专门绩效评估机构的建立有助于公共部门机构改革走向非官僚化,也有助于绩效考核的公正、公平,从而为公共部门绩效管理的合理有效实施提供制度保障。

3. 公共部门人员调整

严格来说,公共部门人员的转变并不属于制度的一部分。而长期以来,公务员的社会形象被定义为官僚者、缺乏创新精神的、严厉的。因此，公务员也是公共部门特定制度体系的产物。绩效管理对公务员素质、形象、心理、行为等方面的改变也直接归结为绩效管理的价值。公共部门绩效管理的最终目的在于综合提高公共部门制定和执行公共政策的能力，并以激励的模式推动政府管理效率的提高。在绩效管理实践中，公共部门开始重视公务人员个人绩效和服务质量的提高，并以对公众服务需求满足的程度来作为衡量公务人员绩效的标准之一。绩效管理模式下，公务人员承担的社会责任加重，对自身职业的认同感提升，大大改变了传统的官僚者形象。

第二节 公共部门绩效指标的设计

绩效指标是绩效评估的内容，公共部门绩效指标具有自己的特点，本节主要阐述绩效指标的构成要素，并在这个基础上着重论述公共部门绩效指标的特点。掌握公共部门绩效指标的特点，对于我们设计公共部门绩效指标具有重要的启示意义。

一 绩效指标的含义及构成要素

所谓绩效指标是指与员工或者雇员绩效产出有关的考核项目，与员工的工作内容相关，建立在工作分析的基础上。一般来说，绩效指标包含三个要素：评估要素、评估标志和评估标度。[①] 绩效考评指标＝评估要素＋评估标志＋评估标度。评估要素是指考评对象的基本单位，根据被考评者在工作中的各项要求来设定。评估标志揭示考评要素的关键可辨特征，有不同的分类方式。从评估标志揭示的内涵来看，可以分为客观形式、主观形式、半客观半主观三种。评估标度是考评要素或要素标志的程度差异与状态的顺序和刻度。分为量词式标度（多、较多、少等）、等级式标度（优、良、中、及格等）、数量式标度（100分、90分、80分等）、定义式标度（如规定A表示工作表现优秀，顾客满意度高；B表示工作表现良好，顾客满意度较高……E表示工作表现差，顾

---

① 陈芳主编：《绩效管理》，海天出版社2002年版，第138—139页。

客极不满意等)。评估要素、评估标志、评估标度三个要素构成了绩效指标。指标是绩效测量系统的一个重要特征,通过指标可将绩效测量划分为不同的类型。对于发展中国家来说,指标设计是以产出、过程为导向,还是以结果为导向,不仅取决于职能说明、绩效测量的总体目标,更重要的是依赖于政府结构的框架和政府能力。①

二 公共部门绩效指标的特点

要发挥绩效指标在绩效考核中的作用,就必须抓住与绩效直接相关的指标。从方法论讲,绩效指标要依据一定的科学方法进行确定。上一节谈到的工作分析方法,包括问卷、访谈、观察、经验总结等,都为绩效指标的科学确定创造了条件。那么,良好而有效的绩效指标究竟具有怎样的特征呢?

第一,可衡量性。一个好的绩效指标应该是可以度量的、有形的。因此,大部分绩效指标都表现为数量化和精确化。公共部门不直接生产产品,公共服务也很难通过数字量化来表示。公共部门组织面临一个实现量化的目标(即短期业绩目标,如生产效率和数量)和质量目标(即长期或战略绩效目标,如质量/精度,创新和员工的士气)之间的权衡。质量目标通过引入性能测量和评价系统是不可能达到,但可以通过提供鼓舞人心的使命和/或目标实现。②就一些特殊的公共部门或者工作岗位,量化的绩效指标建立还是可行的。如缺勤率、人员培训率、人员流失率等。通过建立可衡量的指标,评估主体能够明确了解公务员的绩效水平,并帮助他们对自己的绩效形成准确认识,以持续提高绩效水平,达到对绩效进行有效管理的目的。当然,公共部门大部分面对的是无法衡量的指标。遇到这种情况,可以使用如"优、良、差",或是"不及格"之类的多阶段标准,来衡量绩效水平。

第二,全面性。绩效考核系统应该考虑到公共部门的特殊性质。有争议性的性能指标,需要使用多个指标,这里指的是政策的实施(有形和无形的)

---

① [德] 托马斯·特拉斯基维奇:《公共部门绩效评估:来自发展中国家的经验》,《公共管理学报》2012 年第 2 期。

② Frank H. M. Verbeeten, "Performance management practices in public sector organizations—Impact on performance", *Accounting, Auditing & Accountability Journal*, No. 3, 2008, pp. 427 – 454.

的不同方面，来反映所有利益相关者的利益（政治家、管理者、投资者、供应商、采购商、消费者）。[①] 绩效指标应确保能够综合反映被考核者的工作全貌，包括个人品质和工作态度等方面。绩效指标的全面性：一是为公共部门提供全方位管理绩效的手段，二是为公务员全面发展、积极提高绩效提供一种预期目标，有助于公共部门整体绩效和服务形象的提升。所以，绩效指标要尽可能周到全面，不遗漏所需考核的任何一方面。一般认为，工作职责简单，所需设立的绩效指标就少；反之就需要设立多项绩效指标。公共部门中除了少数几项工作岗位职责简单外，大部分都与公共服务有关，面临对内和对外的双向责任。因此，公共部门的绩效指标体系也往往是最复杂、最多的。

第三，独立性。这是从绩效指标建立如何保证科学性的角度出发的特点。考核的指标在同一个层次上应该相互独立，没有交叉。如果绩效指标之间存在交叉，就有可能带来绩效综合考核结果的不公正性或者无效。若 A 指标与 B 指标存在重合，如工作人员甲在 A 指标上获得分值高，那么相应地甲在 B 指标上也会获得较高的分值。工作人员乙可能在 C 指标上表现好，而在 A 指标上分值低。从总体来看，工作人员甲和乙的绩效考核结果应该差不多，而由于绩效指标的重合，最后的绩效考核结果很有可能是甲＞乙。这就造成了某种程度的不公正性，也影响到绩效管理公正衡量绩效并以此提高绩效战略目标的目的。一般来说，绩效考核指标体系由多个层次构成，独立性原则要求同一层级上的 A 指标与 B 指标不能存在重叠或因果关系。

第四，民主性。绩效管理以民主参与为主要特点，因此，绩效指标制定也应充分体现民主性的特点。这里有两层含义：一是指绩效指标制定过程要让公务员充分参与制定，以得到他们的支持、理解和合作；二是绩效指标本身应该体现民主因素，如考虑不同部门的具体情况，不同工作岗位的具体要求等，但绝不是不同任职者的具体要求体现。一般认为的民主性原则主要指前者。让公务员参与绩效指标制定有多种方法，主要就是通过管理者与被管理者的相互沟通，将公共部门整体目标与具体岗位的情况有机结合起来，双方达成一致协议，有助于激励员工在双方一致同意的情况下为既定的绩效指标努力。民主性的主要目的就在于既充分考虑雇员的意见和要求，又通过沟通协商起到激励作

[①] Sandra Van Thiel, "The Performance Paradox in The Public Sector", *Public Performance & Management Review*, Vol. 25, 2008, pp. 267–281.

用。同时，经过民主参与所制定出来的绩效指标也更有可能趋向合理，符合组织目标和岗位实际工作的要求。

第五，绩效指标的对象是工作。绩效指标与绩效目标存在一定差异，绩效目标是针对个人而定的，它的制定应依个人的经验、技术、性格的不同而各异；绩效指标则是按照工作本身来建立的，不管做这项工作的人是谁，所定的标准都是一致的。不同能力的公务员在同一工作岗位上可能会有不同的绩效目标，但绩效指标的标准只有一套，否则绩效指标就失去了衡量和绩效管理的意义。

第六，变动性。绩效指标的合理性建立在民主参与制定和不断变动的前提基础上。这就是说，绩效指标并不是一成不变的。当影响公务员工作的各项因素或者组织外部环境发生变化时，组织的战略目标也可能因此发生变化，绩效指标也就随之而变。在"新公共管理运动"中，政府财政压力和市场竞争促进了政府在绩效考评中加入个人效率和服务质量等要素。足见，绩效指标具有一定的变动性。绩效指标的变动性为组织不断推进组织整体绩效和服务水平提供了理论和现实准备，是对绩效进行管理的有力措施。

以上六项特征描述了良好绩效指标应该具备的要求，也是对设计绩效指标体系应该遵循的基本原则的概括。

三 公共部门绩效指标体系设计的原则

评估政府绩效是质的标准和量的标准的统一，但根据具体内容的不同各有侧重。评估标准主要有三个方面：一是数量标准，包括投入与产出比率、效益比率和能力比率；二是行为标准，即依据一定的法规、制度、程序和指标等实现的程度，判定行政效能的高低；三是功能标准。行政功能的实现程度，直接关系到社会的进步、经济的繁荣和国家的强盛，每一行政部门的功能发挥得越好，就意味着效能越高。

缘于公共部门的一些共同特征，各机构或部门在根据自身的实际情况设计具有逻辑结构关系的绩效指标体系时，都必须遵循以下原则：①内部指标与外部指标相结合；②肯定性指标与否定性指标相结合；③技术性指标与民主性指标相结合；④支出指标与回报指标相结合；⑤工作指标与业绩指标相结合；⑥行政成本指标与业务成本指标相结合；⑦个体指标与团体指标相结合；⑧客观指标与主观指标相结合；⑨数量指标与质量指标相结合。①

一般认为，设置公共部门绩效评估的通用指标，必须遵循以下几个原则：

第一，目的性原则。绩效指标形成的基本来源是组织的战略目标，绩效管理本身是将组织目标和个人目标付诸实施并进行管理的一种新方式，围绕组织目标，将组织目标分解到个人绩效指标中，这是绩效管理得以提高个人绩效和组织绩效的根本所在。绩效指标设计的首要原则就是必须围绕公共部门的战略目标，确保绩效指标能够体现公共部门的发展要求，有助于公共部门组织目标和个人目标的实现，并在维护社会稳定、促进社会公平、保障公共部门人力资源发展的层面上，体现公共部门绩效指标的目的性和导向性。

第二，客观性原则。在确定考核指标时，尽可能多地采用可以客观量化的数据，避免或减少那些由于考核人对指标的个人理解不同而易产生偏差的指标。过去，我们衡量政府部门的绩效时，常以经济效益和社会效益作为标尺，但在实际应用中，经济效益这个标尺常常缺乏相对精确合理的刻度和客观全面的经济核算。例如，谈到政府绩效总习惯于追求一系列经济指标，片面强调国民生产总值及其增长率，社会效益往往含混不清，绩效评估也就失去了价值。尽管公共部门各项指标的客观量化还存在许多问题，但绩效指标向客观性方向发展则是毋庸置疑的。

第三，公平性原则。公平性原则与客观性原则是紧密联系在一起的。客观性原则要求制定绩效指标时尽量避免评估者的主观因素，从而形成客观、公正的评估结果。因此，公平性原则要求制定绩效指标尽量全面、周密、合理、公正，要注意排除那些被考核人无法控制的因素，以保证整个绩效评估结果的公平性和可接受性。同时，相对公平的绩效指标有助于激励公务员为提高绩效而付出更多努力。反之，缺乏客观公正性的绩效指标会导致实际实施效果产生偏差，不利于绩效管理的持久实施。

第四，"硬"指标与"软"指标相合的原则。绩效具有多维性，因此，绩效评估的指标应既有硬指标，又有软指标。所谓"硬"指标是指可量化的指标，其中以经济审计为主要内容和评估的主要途径；"软"指标是指难以具体量化的公众满意度，其中以社会评价为主要内容，评估的主要途径应是中介组织进行的社会调查。

---

① 卓越：《公共部门绩效评估初探》，《中国行政管理》2004年第2期。

构建一个良好的绩效考评指标体系除了要考虑上述的三个标准和西肖尔的组织绩效评估标准以外，还可以参考遵循 SMART 原则。SMART 原则来源于企业绩效指标设计，对公共部门绩效指标体系设计也具有一定的借鉴作用。S 代表的是 SPECIFIC，是指绩效指标要切中特定的工作目标，适度细化，并且随着情境变化而发生变化。M 代表 MEASURABLE，是指绩效指标或者是数量化的，或者是行为化的，验证这些绩效指标的数据或信息是可以获得的。A 代表 ATTAINABLE，是指绩效指标在付出努力的情况下是可以实现的，避免设立过高或过低的目标。R 代表 RELEVANT，是指绩效指标应该与工作高度相关，是可以证明和观察得到而非假设的。T 代表 TIME-BDUND，是指在绩效指标中要使用一定的时间单位，即要设定完成这些指标的期限，这是关注效率的一种表现。

第三节　公共部门绩效评估

公共部门绩效评估是其绩效管理的重要工具和手段，集中体现了绩效管理的具体操作方法。绩效评估在绩效管理中的战略地位决定了绩效管理研究的重要内容，也成为公共管理研究的主题之一。

一　公共部门绩效评估的内涵

美国"国家绩效管理小组"在《美国公共服务：绩效评估的最佳实践》中指出，绩效评估是"测量达到既定目标的情况——包括将资源转化为公共物品及服务（产出）的效率、产出的质量（他们向顾客提供服务的质量和顾客的满意度）、结果（行为的实际效果与其预期目标相比较）及其在达成计划目标的过程中政府运作的效率——的一个过程。"

陈振明认为可以从三个层面来理解公共部门绩效评估的内涵：在微观层面，绩效评估是对个人工作业绩、贡献的认定；在中观层面，便是政府分支的各部门，包括事业单位、非营利组织如何履行其被授权的职能，如政策制定与执行的效果，项目管理实施的状况影响，给民众提供服务的数量、质量等；从宏观层面来说，是对整个公共部门或狭义上政府绩效的测评，政府为满足社会和民众的需求所履行的职能，体现为政治的民主与稳定，经济的健康、稳定与快速发展，人们生活水平和生产质量的持续提高，社会公正与平等，国家安全和社会秩序的改变，精神文明的提高等方面。①

绩效评估是一个复杂的社会过程，涉及众多利益相关者。一定程度上，绩效评估是一种"平衡术"，其艺术性大于科学性，政治性多于技术性。从系统论的角度看，公共部门绩效评估的构成要素包括评估对象、评估定位、评估指标、评估组织者、评估主体、绩效信息收集、评估结果使用等。上述要素之间并非相互独立，而是相互依存、紧密联系，共同构成公共部门绩效评估体系。②

根据公共部门绩效评估的标准，我们也可以这样定义公共部门绩效评估：对广义的政府组织、非营利性组织以及公共企业等特定的社会组织在履行公共责任过程中，在讲求内部管理与外部效应、数量与质量、时间与效益、经济因素与伦理政治因素的基础上，所获得的公共产出进行评审。根据这个定义，可以了解公共部门绩效评估的若干特点。

其一，公共部门绩效评估指向公共服务和社会责任，体现出现代公共部门的服务导向和公共责任意识。公共部门绩效评估以绩效为本，谋求信息技术在公共部门与社会公众之间进行沟通与交流的广泛运用以及顾客通过公共责任机制对政府公共部门的直接控制，以服务质量和社会公众需求的满足为第一评价标准，蕴含了公共责任和顾客至上的管理理念，从而有助于加强、改善公共责任机制，使政府在管理公共事务、传递公共服务和改善生活质量等方面更具有竞争力。

其二，公共部门绩效评估蕴含了多重衡量标准，是个综合性范畴，包括多重绩效指标体系的建立等过程。一般认为，绩效评估内容包括经济测定、效率测定、效益测定三个方面。但也有大量学者提出了不同意见，如还应包括责任、公正、企业家精神、卓越等内容。

其三，公共部门绩效评估并不是一个单一的行为过程，而是由阐明评估的要求与任务、确定评估目的和可量化的目标、建立各种评估标准、根据评估标准进行绩效评估、比较绩效结果与目标、分析与报告绩效结果、运用绩效评估

---

① 陈振明：《公共部门绩效管理的理论与实践》，《中国工商管理研究》2006年第12期。
② 吴建南：《公共部门绩效评估：理论与实践》，《中国科学基金》2009年第3期。

结果改善政府管理等所组成的行为系统，是一个由许多环节所组成的综合过程。

其四，公共部门绩效评估作为绩效管理的重要环节，与公共部门绩效管理还是有着不同之处。绩效管理是"利用绩效评估得出的信息，帮助确定能被认同的绩效目标，进行资源的优化配置，告知管理者维持或者改变当前的政策或计划，以实现这些目标和报告实现这些目标的成效"的管理过程。

二 公共部门绩效评估的功能

公共部门绩效评估作为绩效管理的中心环节对公共部门绩效管理以及公共部门自身都起着重要作用。绩效评估是绩效管理的重要组成部分，要深刻理解评估的特定手段作用，还必须把握两种关系：一是评估作为手段与管理的目的取向的关系，二是评估作为一种手段和其他管理手段的关系。[①] 下面，就从两个方面阐述公共部门绩效评估的功能。

第一，从绩效评估在绩效管理中的地位和作用角度来看，绩效评估的功能体现为绩效评估对绩效管理具有基础性作用。①绩效评估是绩效管理的中心环节，起承上启下的作用。它既是绩效管理的基础工程，是绩效管理顺利实施的中心步骤，也是绩效管理后续工作得以完成的前提。正是在这个意义上，绩效评估得以成为绩效管理实施中最为关注和值得研究的对象，也是目前绩效管理研究和实践较为深入的一个领域。②绩效评估凸显了绩效管理的价值取向。[②] 绩效评估赋予了绩效管理体现服务价值取向的能力。通过设定绩效指标、民众参与评估等方式，公共部门绩效管理逐步体现出按照顾客的要求提供服务、让顾客做出选择的原则和做法。

第二，从绩效评估对公共部门自身管理及组织目标实现的角度看，绩效评估具有以下几种功能。①绩效评估为公共部门管理提供了控制机制。绩效管理通过预先设定绩效目标，再根据绩效评估，发现绩效管理实施过程中的问题，进而调整目标或整合资源或改进工作措施等。绩效评估为公共部门管理提供了一套科学的控制机制和反馈机制，使公共部门管理者能够随时掌握绩效信息情

---

① 张再欣：《香港公共部门的绩效评估》，《中国行政管理》2006 年第 3 期。
② 参见卓越主编《公共部门绩效评估》，中国人民大学出版社 2004 年版，第 18 页。

况和组织目标的实现进度，有利于管理者作出正确决策。②绩效评估为公共部门管理提供了监督机制。从这些评估主体来看，绩效评估的主体是多样的，这也为公民和社会团体参与评估创造了条件，从而有助于对公共部门管理实施有效的监督。评估的存在促使政府必须按评估的标准而不是按政府自己的主观看法去行事。同时政府绩效评估为整个社会从外部监督政府作为提供了基准线。③绩效评估为公共部门管理提供了激励机制。绩效评估为公共部门管理提供了激励机制。这种激励作用也是两个方面的。一方面，绩效评估有助于激励公务员了解目前的绩效水平，并主动改进绩效和服务水平；另一方面，政府绩效评估也是政府向公众展示工作效果的机会，而展示成果能赢得公众对政府的支持，进而得到公众的理解，提升政府形象。

三 公共部门绩效评估的方法

评估结果是否有效、可信是开展公共部门绩效评估的关键，受到评估主体、评估客体、评估程序和外部环境等多方面复杂因素影响。应该充分发挥专业评估和研究机构的作用，确保一定数量的相关专家参与绩效评估方案拟定、体系构建、考核评价、结果反馈全过程，确保程序科学、公正。[①] 公共部门引入绩效管理，实施绩效评估，不仅需要借鉴企业绩效评估的理念，更需掌握绩效评估的具体操作方法，以便减少绩效评估实施的阻力，推动公共部门绩效评估向着科学化、规范化的方向发展。

（一）平衡计分卡

1. 平衡计分卡的内涵

平衡计分卡（Balanced Scorecard，BSC）是以信息为基础，系统考虑企业业绩驱动因素，多维度平衡评估的一种新型的企业业绩评估系统。同时，它又是一种将企业战略目标与企业业绩驱动因素相结合，动态实施企业战略的战略管理系统。它由四个部分组成：①财务方面。是公司财务性业绩指标，能够综合反映公司业绩，可以直接体现股东的利益。常用的财务性业绩指标主要有利

---

① 刘志刚、胡税根、刘静：《辽宁省级部门绩效评估模型及实证研究》，《科研管理》2011 年第 2 期。

润和投资回报率。此外，还可以采用营业收入、销售成本和经济附加值（剩余收益）等；②客户方面。平衡计分卡中客户方面的指标主要有：客户满意程度、客户保持程度、新客户的获得、客户获利能力、市场份额等；③内部经营方面。公司财务业绩的实现，客户各种需求的满足，以及股东价值的追求，都需要靠其内部的良好经营来支持。这一过程又可细分为创新、生产经营和售后服务三个具体过程；④企业的学习和成长方面。企业的学习和成长主要来自三个方面的资源：人员、信息系统和企业的程序。

2. 公共部门平衡计分卡的实施

平衡计分卡是私营组织绩效评估和战略管理的重要方法，实践证明，源于企业的平衡计分卡同样适用于公共部门，但同时也不可忽视这其中的差异。

首先，需要了解公共部门平衡计分卡的内容。相对于企业部门来说，公共部门具有公共服务和社会责任的最高目标，不以利润和经济收益为导向，缺乏传统的财务维度，致使平衡计分卡变得不完整。同时，公共部门的服务对象是社会公众，而不是一般意义上的顾客。

公共部门平衡计分卡有以下几个特点：①公共部门的平衡计分卡以维护社会稳定、实现社会公正、提供公共服务为最高宗旨，其改善绩效的最终目的仍在于公共部门的最高使命。公共部门借鉴企业组织的平衡计分卡操作方法，其直接目的在于改善政府绩效，改变公共部门长期以来机构臃肿、效率低下的状况。②公共部门平衡计分卡实施的核心仍然是战略，围绕绩效管理和公共部门管理的战略实施平衡计分卡。在组织应用平衡计分卡越来越多的现代社会，平衡计分卡更多地体现为组织战略的一部分，并为组织战略实施提供了现实途径和操作方法。从绩效评估工具到组织战略管理工具，平衡计分卡为公共部门实施战略管理和绩效管理创造了技术条件。③提升了顾客维度，充分体现了公共部门服务行政的特点，为公共部门绩效管理效率、服务理念的推广奠定了基础。绩效管理注重顾客理念的推广，平衡计分卡则在操作层面上实现了公共部门顾客理念的确立。平衡计分卡为满足不同顾客群体需要而设计相应的顾客维度指标，以摆脱公共部门长期以来混乱的服务观念，进而提高公共部门绩效评估的有效性和绩效评估结果的实用性。④财务维度居于弱势，平衡计分卡显得不完整。由于公共部门以公共服务和公共设施建设为主要输出产品，其绩效目标也往往比较模糊不清。公共部门平衡计分卡财务维度的缺乏是其最重要的弱点，影响到公共部门绩效评估的过程和结果。⑤作为使命导向型组织，公共部门绩效评估的有效进行有赖于公务员的技能、奉献精神、合作态度和服务观念。公共部门平衡计分卡注重员工学习成长的维度，将公务员的技能、奉献精神、合作态度、服务观念等要素都纳入了公共部门绩效评估的指标体系中，有助于公务员对公共服务和公共组织达成共识。

(二) 360 度绩效评估

平衡计分卡从绩效评估指标设计的角度探讨绩效评估的方法，而 360 度绩效评估则是从评估主体角度进行探讨。

360 度绩效评估法具有典型的优点，表现为：①通过全面测评能够获得对被考评人的全面意见。360 度绩效评估是一种全面评估的方法，能获得对被考评人全面而系统的意见，使管理者能够对被考评人及其绩效形成较为准确的认识，从而有助于树立公平观念和激励员工。②能够对被考评人做出客观、公正的评估。不是每位评估者都是客观、公正的，一些人为因素会影响评估者的评估工作。作为员工，如果没能与管理者搞好关系，其评估结果就可能会很不好。反之，与管理者搞好关系的，即使个人绩效表现不好，也可能取得较好的评估结果。360 度绩效评估克服了这个难题，以同事和下属的考评为基础进行自我评估，使管理者能对员工形成较为客观的评估。③为员工自我价值的实现和发展创造了条件。360 度绩效评估法是作为发展人才的工具而设计的。通过自我评估，个人可以发现自己的优缺点，从而找到自己的努力方向，并根据自己的缺点方面，有计划和有针对性地对自己进行培训。④有助于形成团队精神和良好的组织文化。360 度绩效评估以自我评估为基础，避免了评估过程中的各种主观因素，是较为客观、公正的评估，使员工更容易接受评估结果，从而鼓励人们一起工作、互相支持。⑤相应地减轻了管理者考评的负担。引入 360 度绩效评估后，管理者的考评工作内容得以简化，只需要对被考评人的评估进行总结，大约 80% 的评估工作在这之前已经为管理者做好了。同时，建立在自我评估基础上的评估能够减少评估结果的争议性，这就大大减少了管理者的工作负担和心理压力。

基于上述优点，360 度绩效评估方法在现代企业组织中开始被接受并逐渐得到广泛应用，在公共部门中也得以逐渐应用。360 度绩效评估作为绩效评估的方法引入公共部门对公共部门如何实施科学、客观、公正的绩效评估提供了方法借鉴。当然，公共部门 360 度绩效评估与企业组织相比也存在着一些差异，主要体现为评估主体多元化，除了自我评估以外，根据公共部门的性质，还增加了中介组织评估、综合评估组织评估、社会评估的内容。

公共部门运用360度绩效评估方法其意义是不言而喻的。当然，360度绩效评估方法终究还是来源于西方国家的企业实践，即使在我国企业的应用也会存在某些问题，更何况360度绩效评估方法在公共部门还处于起步阶段，难免存在一定的局限性。①我国公共部门的公务员文化不同于西方，也不同于企业。公共部门的权力体制、官僚集团和部门利益等特殊因素，制约了360度绩效评估发挥正常作用，会严重影响360度绩效评估的结果和效用；②公务员不同于一般企业组织中的员工，作为权力体制结构中的公务员，具有一定的权威意识和官僚观念。360度绩效评估要求组织中的人员具有知识型的特征，即具有较强的责任心或使命感，能够积极地参与到公司的管理中去，从而实现自己的职业生涯发展计划和获得较高的成就感。公务员在这方面的素质还显得比较缺乏。

综上所述，360度绩效评估方法是公共部门有效实施绩效管理和绩效评估的重要方法，但就公共部门的现状看，360度绩效评估引入公共部门还需要一个渐进的过程，在观念、组织制度和人员素质方面都有待跟进。

（三）其他的绩效评估方法

1. 员工与员工之间的比较

对绩效评估结果进行横向比较——员工与员工之间的比较是组织一贯的做法，对激励员工努力工作、改进绩效具有一定的意义。衡量比较的方法主要有排序比较法、两两比较法、强迫分配法等。

（1）排序比较法。排序比较法是一种古老而简单的考评方法，它类似于学校里的"学生成绩排名单"。这种方法根据某一指标，将全体员工的绩效按从好到坏的次序进行排列。排序评估法简单、直接，而且它要求考核者区分不同水平的绩效。

当被考核的人较多的时候，排序法就会比较费时费力，其效果也不一定好。同时，对于工作性质存在差异的工作或者跨职能部门的人员，排序法就失去了相互比较的意义。对于某个公共部门来说，排序法会比较适合，但如果公共部门内部工作内容差异太大，则不一定适合。如同一部门的科长与处长工作内容差异很大，就很难比较。

（2）两两比较法。两两比较法是将所有的被考核者就某一考核指标，与其他每一个人一一做比较，最后将被考核者按绩效高低排列。这种方法实质上是将全体被考核者看成一个有机系统，有助于全面评估所有人的工作。但是，这种方法受到被考核者人数的制约，当有大量员工需要考核时，这种方法显得复杂和浪费时间。因此，这种方法一般适用于10人左右的绩效评估。

（3）强迫分配法。所谓强迫分配法，就是根据事物呈正态分布的规律，把考核结果预定的百分比分配到各部门，然后各部门根据自己的规模和百分比来确定各个档次人数的方法。

目前在许多公共部门都采用这种强制分配名额的方法，相对公平、简单。但这种方法也存在一个问题，即平均主义。正态分布的结果是良好、合格的比例较大，容易形成平均主义，也就造成考核结果的不公正。同时，对于那些整体绩效较高的组织，如果强制分配合格与不合格的比例，就意味着带来不公正；而某些整体绩效较差的组织则容易乘机占到好处，虽然同为"优秀"，但其实际绩效水平可能差很多，不利于创造团队合作的气氛。

2. 员工与工作标准之间的比较

员工与工作标准相比较属于一种纵向比较，其结果更具客观性和公正性。一般来说，员工与工作标准相比较的方法有考核清单法、量表评价法、关键事件法、行为差别测定法、评语法等。

（1）考核清单法。考核清单法具体可以分为简单清单法和加权清单法两类：

简单清单法，是考核者结合工作说明书和与工作绩效优劣相关的典型行为，拟订考核清单条目，然后逐条对照被考核者的实际状况，将两者一致的地方，打钩即可。考核清单涉及员工工作的各个方面和各种情况，考核者只要照单勾出即可，简便易行。关键在于管理者是否能够找出与工作相关的各种事件，以便准确说明人员工作和绩效的情况。

加权清单法是在简单清单法的基础上建立的。正如上面所列的绩效考核清单，对于不同部门的工作人员来说，每个指标和要素对人员绩效的影响是不一样的。因此，为了考核的精确性，应对所涉及的考核要素赋予权数，在评分时乘以权数，则可使其得分更符合实际。

（2）量表评价法。量表评价法要先通过员工获得关键事件和行为，然后将行为分为几个维度，并评定关键行为代表什么等级的工作表现。然后将关键行为列成一张表。上级阅读这些行为并评估员工在多大频率上有这些行为，方法是用 5 级评分制，从 1 到 5 依次表示员工表现该种行为的百分比从小到大。评估完每个员工的具体行为后，对每个维度的所有行为的得分求和，得到该维度的总分。将每一个维度的得分求和即得到该员工的整体得分。量表评价法简便易行，操作起来很方便。但在考核的过程中容易出现趋中误差，考核者一般倾向于给出中间等级的分数，回避极端等级。而且由于各考核者对考核要素的理解不同，往往会影响考核的客观性。

(3) 关键事件法。关键事件法是管理实践中运用较为普遍的方法，对公共部门绩效评估具有一定的借鉴意义。关键事件法在应用的时候一般采用日记法。所谓日记法是指上级在平时不断地（如每天结束的时候）对员工的表现做详尽记录，每一位需要考核的员工都有一本"工作日记"或"工作记录"，上面记载的是日常工作中员工突出的、与工作绩效密切相关的事件，既可以是极好的事件，也可以是极坏的事件。

关键事件法的优点是：其一，关键事件法是以员工在整个考核期的行为为基础，避免了考评中的近期化误差；其二，关键事件法依据的是员工的日常事实记录，使考核中考核者的许多主观误差得到了较好的控制。但关键事件法也有其不利的方面。首先，什么是关键事件，不同的主管有不同的界定；其次，给每个员工做"工作日记"会耗费主管许多时间；其三，它可能使员工过分关注主管到底写了些什么，对"工作日记"产生恐惧和抵触，不利于考核的实施。

(4) 行为差别测定法。行为差别测定法是先通过一个类似于关键事件法的工作分析程序，获得大量的描述句，描述从有效到无效的整个行为系列，然后通过整理，根据相似性对项目进行分组，每一组项目具有一个概括性的描述，并将这些描述句作为"绩效标本"。之后，将这些"绩效标本"安排在问卷中，并发放给抽样产生的 20 位在职者及其上司。对问卷涉及的有效和无效行为的信息进行分析。最后据此制作测评表。

(5) 评语法。评语法是公共部门中普遍应用的一种方法，它赋予"考核内容"和"考核要素"以具体的内涵，使每一分数有对应的描述，从而使评估直观、具体和明确。但评语法只是在总体上对员工绩效进行评定，不能用作人事管理的依据。在部分情况之下，评语法受到管理者主观因素的影响，并不一定具有客观公正性。

3. 员工与目标之间的比较

员工与目标之间的比较主要是指目标管理法（MBO），也是目前管理实践和理论研究方面较为深入的一种方法。所谓目标管理法，是指通过主管人员和下属共同参与制定双方同意的目标，使组织的目标得到确定和满足。这些目标是详细的、可测量的、受时间控制的，而且结合在一个行动计划中。

目标管理是一种严格按照组织既定的目标进行管理的方法，目标管理法的评估重点主要集中于结果而非行为。实行目标管理的目的在于通过各级目标的制定、考评、鉴定、实现，激发全体成员的创造性和工作热情，使其发现自己在组织目标中的价值和责任，从中得到满足感，并在工作中实行"自我控制"，从而更好地为实现组织的总目标做出自己的贡献。

目标管理法利用目标对绩效评估的影响，对员工绩效起到衡量、反馈的积极作用。就绩效评估看，目标管理的一般程序为：设定组织的目标、设定部门的目标、讨论部门的目标、设定员工的个人目标、工作表现回顾、提供反馈。

目标管理法的核心在于将组织的目标首先分解为部门的目标，再分解为员工的目标。员工对于完成目标的方式和进度有很大的自主权。考核非常客观，而且考核内容和工作相关。但是，目标的设定因人而异，每个员工目标的难度都不同，其具体的工作环境和条件也不同，而且每个员工的能力和完成该目标所需要付出的努力也不同，这样就很难对不同的员工进行比较，而且并不是所有的工作都可以设定明确的目标。[①]

综上所述，绩效评估方法具有多样性，从绩效指标设定、评估主体确定到绩效结果分析，都存在许多较为科学的方法。公共部门要根据本部门的实际情况，对这些绩效评估方法加以选择并灵活应用。

第四节 公众参与的政府绩效评估

自20世纪90年代以来，各国政府为了迎接经济全球化、社会民主化和知识经济所带来的挑战，纷纷开展政府重塑（Reinventing Government），希望借

---

① 冯侠圣：《绩效系统的原理、应用、案例》，南方日报出版社2003年版，第156页。

此实现休斯（Hughes）[①]所指出的公共管理的三"E"——经济性（Economy）、效率（Efficiency）和效益（Effectiveness）。作为政府重塑改革中的重要测评和监控手段，政府绩效评估受到了各国政府以及学术界的高度重视。1993年，美国前总统克林顿签署了"政府绩效法案"，将绩效评估和管理进一步引入美国各级政府中。这一举措也得到了加拿大、澳大利亚、新西兰和西欧一些国家的纷纷效仿。在这些西方国家中，绩效评估广泛用于绩效监控、项目评估、预算和质量管理、战略管理和计划、政府标杆管理等。对政府利益相关者如公众（指的是政府为之服务的主体，广义上讲，既包括公民/市民，又包括企业）、民意代表等而言，政府绩效评估不仅可以向他们传达政府的施政信息，也可以帮助他们表达期望和意愿，参与行政管理活动的监督和审查；对政府官员而言，绩效评估可以用于澄清政府服务目标，帮助政府官员监控行政管理过程，评估政府项目，优化公共资源分配。[②]波伊斯特（Poister）[③]和安蒙（Ammon）[④]等指出，政府绩效评估已逐渐成为各国政府、公共管理学界和公众普遍关注的一个热点问题；Behn 甚至将政府绩效评估称为当代公共管理中的三大问题之一。由此可见政府绩效评估的战略价值。[⑤]

（一）我国政府的政绩观念转型

在我国，早在 20 世纪 70 年代末就制定了建设小康社会的目标，即到 2020 年全面建成小康社会。要实现全面建成小康社会的宏伟目标，厘清政府职能与树立正确的绩效导向，无疑至关重要。2003 年 10 月，党的十六届三中全会提出的"以人为本"的科学发展观和胡锦涛同志提出的"权为民所用、

[①] Hughes O. E., *Public Management and Administration: An Introduction* (3rd Edition), New York: St. Martin's Press, 2003.

[②] Melkers J., Willoughby K., "Models of Performance-Measurement Use in Local Governments: Understanding Budgeting, Communication, and Lasting Effects", *Public Administration Review*, Vol. 65, No. 3, 2005, pp. 180 – 190.

[③] Poister T., Streib G., "Performance Measurement in Municipal Government: Assessing the State of the Practice", *Public Administration Review*, Vol. 59, No. 4, 1999, pp. 325 – 335.

[④] Ammon D., *Municipal Benchmarks: Assessing Local Performance and Establishing Community Standards*.

[⑤] Behn R., "The big questions of public management", *Public Administration Review*, Vol. 55, No. 4, 1995, pp. 313 – 324.

情为民所系、利为民所谋"的施政理念,无不强调把人民的利益放在首位。在 2004 年 3 月的《政府工作报告》中,温家宝总理明确指出,各级政府要加强自身建设,全面履行职能,在继续搞好经济调节、加强市场监管的同时,更加注重履行社会管理和公共服务职能,明确提出了"执政为民"的新政绩观,要求用全面的、实践的、群众的观点看待政绩。2004 年 9 月的十六届四中全会《中共中央关于加强党的执政能力建设的决定》,突出强调坚持"立党为公、执政为民"。在 2005 年 3 月的《政府工作报告》中,温家宝总理再次强调,政府工作重点之一是努力建设服务型政府,鼓励公众参与公共管理,增加政府工作的透明度和增强公众对政府的信任。2006 年 3 月发布的《国民经济和社会发展第十一个五年规划纲要》也明确要求切实转变政府职能,加强各级政府的社会管理和公共服务职能。

要建设服务型政府,提高地方政府的执政能力,必须树立正确的政府绩效观念,并建立一套合适的绩效评估体系。在《提高认识,统一思想,牢固树立和认真落实科学发展观》一文中,温家宝总理也明确指出:"要抓紧建立和完善政绩评价标准、考核制度和奖惩制度,以形成正确的政绩导向。"无疑,建立"服务型政府"已经成为我国地方政府实现转型的必然方向,而通过实现高效的社会管理和提供优质的公共服务来达到公众需求的最大化满足,也就成为考核我国地方政府绩效的最终评估标准。

(二) 公众参与政府绩效评估的意义

地方政府职能的转变,必然会对绩效评估方法提出新的要求。现有的地方政府绩效评估体系过多地关注经济增长等指标,如 2004 年某地方政府采用的八个绩效标准:GDP 增长率 9%、居民人均收入增长 6%、财税收入增长 13%、失业率低于 2.5%、消费者物价指数 102%、人口增长低于 1%、固定资产投资增长 10%、零售消费额增长 10%,严重忽略了政府在公共服务和社会管理等方面的职能,容易导致人类社会的不协调和不平衡发展。杨永恒和胡鞍钢的研究均表明,改革开放以来,中国政府过分强调经济增长导致片面、不协调的发展,社会发展严重滞后于经济发展,人民群众并没有从经济增长中享受到相应的收益。强调公共服务职能,推动地方政府的服务型转型,是解决不平衡发展问题的关键。提高社会管理和公共服务能力,对于花费 70% 的中国公共总支出、而管理能力和服务水平普遍较低的地方政府而言,更彰显出其紧迫感和重要性。

将公众对政府公共服务的评估意见纳入地方政府绩效的考核之中，是顺应服务型政府转型、建立服务导向型地方政府绩效评估体系的必然趋势。随着社会民主的发展，政府部门正逐渐从传统集权型向民主参与型转变，从重管理控制、轻服务的"政府中心型"向增加公众选择机会、注重公共服务的"公众中心型"转变；政府部门与公众之间的关系也由治理与被治理者的关系转变成为公共服务提供者与消费者之间的关系。新公共管理理论学派，如奥斯本（Osborne）等人[1]主张将企业经营模式引入政府公共服务部门，以市场或顾客为导向，视公众或市民为顾客，提高公共服务的质量和有效性。克纳汉（Kernaghan）[2]倡导将私营部门的价值创造观念引入政府公共服务领域，通过公共服务的提供，为市民或公众创造价值。贝恩（Behn）[3]也指出，政府绩效测评应该针对不同的目的采用不同的方法，但强调以服务质量和市民需求满足为第一位和最根本的评估标准。美国前总统克林顿在1993年签署的《设立顾客服务标准》中，明确要求联邦政府部门将市民视为顾客，并为市民提供高标准的公共服务。由此可见，向社会公众创造优质的公共环境，提供优质的公共服务，已经逐渐成为世界各国政府的根本导向和首要任务。这一趋势也促使政府绩效测评的重心从传统的客观效率指标转向了服务质量指标和公众/顾客满意度指标。奥斯本等人[4]指出，从公众角度评估政府绩效有助于公众判断政府为其创造的价值，帮助政府官员监控公共服务质量，调配公共服务资源，提高政府绩效水平。

（三）公众参与政府绩效评估的沿革

在过去十多年中，政府绩效评估一直是国内外公共管理研究的核心内容。

---

[1] Osborne D., Plastrik P., *The Reinventor's Field book: Tools for Transforming Your Government* San Francisco, CA: Jossey-Bass, 2000.

[2] Kernaghan K., "Integrating Values into Public Service: the Values Statement as Centerpiece", *Public Administration Review*, Vol. 63, No. 6, 2003, pp. 711 – 719.

[3] Behn R., "Why Measure Performance? Different Purposes Require Different Measures", *Public Administration Review*, Vol. 63, No. 5, 2003, pp. 586 – 606.

[4] Osborne D., Plastrik P., *The Reinventor's Field book: Tools for Transforming Your Government*, San Francisco, CA: Jossey-Bass, 2000.

概括地说，政府绩效评估就是根据效率、能力、服务质量、公共责任和公众满意度等方面[1]的分析与判断，对政府公共部门管理过程中投入和产出所反映的绩效进行评定和划分。

目前关于政府绩效评估的研究主要存在两大学派：传统绩效评估学派（Traditional Performance Measurement），代表人物与组织如安蒙斯（Ammons），伯曼（Berman），哈蒂（Hatry），卡尼（Kearney），波伊斯特（Poister），GAO（General Accounting Office，美国会计总署）等；新绩效评估学派（New Performance Measurement，NPM），代表人物如沃里（Wholey），爱泼斯坦（Epstein），戈尔（Gore），布鲁德纳（Brudney）等。

传统绩效评估学派又称客观学派，主要从审计和复核的角度出发，强调工作量、成本、产出和结果等客观效率指标，关注的焦点是内部管理控制和结果核算。客观绩效指标相对已经比较成熟，既包括笼统的社会经济指标如人均GDP、平均受教育程度、平均预期寿命、失业率等，也包括针对特定的社会管理或公共服务职能的客观绩效指标，如警察服务[2]的"每10万人犯罪受害人数"、"财产犯罪数量"等，医疗卫生服务[3]的"婴儿死亡率"、"病人治愈率"等。尽管客观绩效指标定义清晰、易量化、可获得性好，但由于这些指标主要通过政府内部部门编制，存在着难以克服的漏报、造假或谎报等弊端，尤其是在透明度较低的国家，因而在一定程度上影响了公信力和可信度。而且一些学者[4]认为，客观绩效指标忽视了服务质量和目标实现程度等效益（Effectiveness）指标，而且客观指标（如人均GDP、人均预期寿命等）并不能直接带来人们需求的满足，对公众满意水平的解释程度也十分有限（约占17%）。[5]

随着社会民主的发展，政府部门正逐渐从传统集权型向民主参与型转变，

---

[1] Wholey J. S., Newcomer K. E., *Improving Government Performance*, San Francisco, CA: Jossey-Bass, 1989.

[2] Michalos A. C., "Policing Services and the Quality of Life", *Social Indicators Research*, No. 61, 2003, pp. 1–18.

[3] Hollingsworth B., Wildman J., "The Efficiency of Health Production: Re-estimating the WHO Panel Data Using Parametric and Non-parametric Approaches to Provide Additional Information", *Health Economics*, No. 12, 2003, pp. 493–504.

[4] Palmer A. J., "Performance Measurement in Local Government", *Public Money & Management*, No. 13, 1993, pp. 78–84.

[5] Campbell A., *White Attitudes Black People*, Ann Arbor, MI: University of Michigan, 1971.

从重管理控制、轻服务的"政府中心型"向增加公众选择、注重公共服务的"公众中心型"转变。相应地，绩效评估的焦点也从传统的产出和结果指标转向了服务质量和公众满意度等效果指标。新绩效评估学派正是顺应了这个历史潮流，在吸收传统绩效评估学派客观效率指标的基础上，以问责（Accountability）和效益（Effectiveness）为价值导向，通过访谈公众对政府公共服务的经历、期望、需求、质量评价、态度和满意度等[1]，来关注政府服务的社会影响和效果。此外，由政府服务的消费者——公众来评估服务提供的绩效，从根本上解决了问责问题——即政府对谁负责。因此，以公众评估为基础来测评地方政府绩效的模式越来越受到各界的重视。

事实上，在私营部门（Private Sector）中，由于服务的无形性、异质性和易逝性[2]等特点，基于顾客感知的服务质量和绩效评估方法已经成为测评服务绩效的一种主流，比较著名的如 Parasuraman 等人[3]提出的 SEVRQUAL 模型，Garvin[4] 的八个维度模型，Gronroos[5] 提出的顾客感知服务质量模型，Fornell 等人[6]的美国顾客满意度指数（ACSI）等。作为政府服务的消费者，公众在政府绩效评估中也扮演着与私营部门的顾客同样的角色。越来越多的政府或学术机构开始把注意力转向公众，使用市民调查、市民小组访谈、市民书面反馈等方式来获得公众对政府服务的感知水平和满足程度，评估政府服务绩效。相关的研究既有探讨公众评估指标体系的设计，如服务质量、生活质量、市民预期、感知透明度、感知价值、市民满意度等评估范畴（Domain）或维度，也有讨

---

[1] Swindell D., Kelly J., "Linking Citizen Satisfaction Data to Performance Measures: a Preliminary E-valuation", *Public Productivity and Management Review*, Vol. 24, No. 1, 2000, pp. 30 – 52.

[2] Shostack L., "Breaking Flee From Product Marketing", *Journal of Marketing*, No. 41, 1977, pp. 73 – 80.

[3] Parasuraman A., Zeithaml V., Berry L., "Reassessment of Expectations as a Comparison Standard in Measuring Service Quality: Implications for Future Research", *Journal of Marketing*, No. 58, 1994, pp. 111 – 124.

[4] Garvin D. A., "Competing on the Eight Dimension of Quality", *Harvard Business Review*, Vol. 87, 1987, (Nov.-Dec.), pp. 101 – 109.

[5] Gronroos C., *Service Management and Marketing*: Managing the Moments of Truth in Service Competition, Lexington, MA: Lexington Books, 1990.

[6] Fornell C., Johnson M. D., Anderson E. W., Cha J., Bryant B. E., "The American Customer Satisfaction Index: Nature, Purpose, and Findings", *Journal of Marketing*, Vol. 60, 1996, (October), pp. 7 – 18.

论公众评估方法在政府管理中的作用,如市民评估法对测评政府绩效的效用[1]、公共服务提供过程对市民评估的影响[2]、市民感知评估对政府决策过程的影响[3],以及市民对政府绩效的感知与纳税意愿之间的关系等。也有少数的文献从系统的角度考虑各个公众评估维度之间的相互关系及其对满意度的影响,比如将政治态度、服务质量、市民预期、感知价值等视为公众/市民满意度的前因。

不过,由于公众评估需要严格的模型构建、抽样设计、数据收集和分析,目前尚缺乏普遍接受的方法,这也为学术界和实践界提供了广阔的研究空间。目前,公众从服务的角度比较系统地评估政府绩效的模型有 ACSI 和 ACSIP[4]、CRC(Citizen Report Card,公民报告卡)和 GDS(Governance and Decentralization Survey,治理和分权化调查)等。然而遗憾的是 ACSI 及 ACSIP 的指标体系过于简化,比如仅仅使用可靠性(Reliability)和定制化(Customization)两个指标来测度服务质量,过多地服务于测评目的,不利于对公共服务过程的诊断和监控;ACSIP 模型甚至将所有公共服务作为一项指标放在同一个模型中,这种过度简化无疑牺牲了精度。CRC 和 GDS 均采用了严格的抽样设计和入户访谈方法,但评估体系的开发更多地来源于实践经验,本身缺乏理论基础和系统考虑。

由此可见,公众评估政府绩效的方法并没有得到深入系统的探讨,现有的相关研究都过于零散,许多关键性问题(如公众评估的关键维度)也没有澄清,更没有一套广为接受的公众评估政府绩效的指标体系。此外,与私营部门相比,公共部门的一个主要特征就是更为严重的信息不对称,市民往往更加缺乏评估公共服务的信息。但是,信息不对称或透明度低对公众满意度存在什么

---

[1] Marshall M., Wray L., Epstein P., Grifel S., "21st Century Community Focus: Better Results by Linking Citizens, Government, and Performance Measurement", *Public Management*, Vol. 14, 1999, (November), pp. 12 – 18.

[2] Glaster M. A., Hildreth W. B., "Service Delivery Satisfaction and Willingness to Pay Taxes: Citizen Recognition of Local Government Performance", *Public Productivity & Management Review*, Vol. 23, No. 1, 1999, pp. 48 – 67.

[3] Wang X. H., "Assessing Public Participation in U. S. Cities", *Public Productivity & Management Review*, Vol. 24, No. 4, 2001, pp. 322 – 336.

[4] Ryzin, et al., "Customer Satisfaction Index Model to New York City", *Public Administration Review*, Vol. 64, No. 3, 2004, pp. 331 – 342.

样的影响，目前关于这方面的研究几乎是一片空白，是近年来急需开拓的研究领域。

同时，在客观绩效指标与公众评估指标的关系问题上，许多学者也进行了深入的研究。一些研究[1]认为，主观指标与客观指标之间并不存在明显的关系。但越来越多的学者，尤其是新绩效评估学派的学者如 Veenhoven[2] 和 Cummins[3] 等在研究了客观指标与主观指标之间的互动模式之后，强烈支持客观绩效指标与公众主观评估相结合，以互相弥补对方的信息偏差。随着各方的逐渐重视，地方政府绩效评估已经演变成跨学科的研究课题。尽管公众评估方法日益受到重视，但客观指标也有其存在的合理性。在实际研究和操作中，到底采用主观指标，还是客观指标，抑或二者在某种程度上的结合，必须针对特定地方政府职能的特性做出判断。

（四）公众参与政府绩效评估的实践与启示

在我国，地方政府绩效评估大多数是基于自身的评估，其评估方法和过程极度不透明。绩效标准的建立也多是根据长官意志，缺乏理论基础和科学规范的指标设计过程，具体表现为：重经济职能，轻公共服务职能；重定性描述，轻定量评估。作为公共服务消费者的公众或市民，是最有资格评估政府服务水平的，遗憾的是，他们的意见或声音往往没有得到充分的考虑或尊重。在我国，也有许多学者和机构逐渐将公众意见纳入政府评估中，但是现有的公众评估体系过分关注公众满意度，有些人甚至将公众评估等同于满意度调查，忽略了基于服务接受过程的事实和经历描述；在指标设计上过分简化，更多地服务于测评目的，不利于对政府服务问题作出准确诊断；机械照搬国外的模型或指标体系，忽略了中国的特殊国情，缺乏对一些根本问题的基础性研究；指标设计粗糙，缺乏理论基础。所有这些问题使得公众评估政府绩效的方法受到了质疑。事实上，也有一些省份开展了民意测验来评估政府，但大多数评估都是内

---

[1] Brudney J. L., England R. E., "Urban Policy Making and Subjective Service Evaluations: Are they Compatible?", *Public Administration Review*, Vol. 42, No. 1, 1982, pp. 127–135.

[2] Veenhoven R., "Happy Life-expectancy: a Comprehensive Measure of Quality-of-life in Nations", *Social Indicators Research*, No. 39, 1996, pp. 1–58.

[3] Cummins R. A., Nistico, H., "Maintaining Life Satisfaction: the Role of Positive Cognitive Bias", *Journal of Happiness Studies*, No. 3, 2002, pp. 37–69.

部控制，在方法上也存在瑕疵，比如 2004 年年底某省政府进行的"省级机关作风建设万人评议"中，对省级机关作风建设的满意率高达 99.3%，结果惹来广泛的批评和质疑。

值得肯定的是，目前国内许多学者在理论和实践方面进行了大量的尝试。国内学者如周志忍[1]、桂世墉[2]、马宝成[3]、包国宪[4]、蔡立辉[5]、吴建南[6]、彭国甫[7]等从不同角度讨论了新时期政府的角色和作用，探讨了公众评估在政府绩效评估中的重要作用。国家人事部人事科学研究院提出的中国地方政府绩效评估指标体系，涵盖了我国政府经济调节、市场监管、社会管理和公共服务四大职能共计 33 个指标。在哈佛大学肯尼迪学院亚洲部的指导下，零点公司自 2003 年开始在我国进行的"中国居民评估政府及政府公共服务研究"，其研究报告在国内产生了较大影响，积极推动和扩大了地方政府绩效评估中的"公众评估"理念。2005 年 7 月，清华大学与世界银行联合成立了"中国城市公共服务与治理研究"课题组，通过严格的科学抽样，采用入户调查的方式，在中国五个城市进行了涵盖义务教育、医疗卫生和城市供水三项主要公共服务的入户调查，了解公众在义务教育、医疗卫生以及城市供水等公共服务方面的经历、评估和反馈，评估地方政府在公共服务提供的关键维度上的表现，如服务可获得性（Accessibility）、服务质量（Service Quality）、服务成本（Affordability）、价值评估（Value Assessment）、信息和透明度（Transparency）、公众参与（Participation）、问责（Accountability）和公众满意度（Satisfaction）等，编制公共服务绩效指数，以此来分析政府部门在公共服务提供上的绩效与不

---

[1] 周志忍：《公共组织绩效评估：中国实践的回顾与反思》，《兰州大学学报（社会科学版）》2007 年第 1 期。
[2] 桂世墉：《论中国行政机构改革》，《新华文摘》1998 年第 5 期。
[3] 马宝成：《试论政府绩效评估的价值取向》，《中国行政管理》2001 年第 5 期。
[4] 包国宪、曹西安：《我国地方政府绩效评价的回顾与模式分析》，《兰州大学学报（社会科学版）》2007 年第 1 期。
[5] 蔡立辉：《政府绩效评估的理念与方法分析》，《中国人民大学学报（社会科学版）》2003 年第 5 期。
[6] 吴建南、温挺挺：《政府绩效立法分析：以美国〈政府绩效与结果法案〉为例》，《中国行政管理》2004 年第 9 期。
[7] 彭国甫、盛明科：《政府绩效评估指标体系三维立体逻辑框架的结构与应用研究》，《兰州大学学报（社会科学版）》2007 年第 1 期。

足，帮助地方政府改善公共服务提供。

不过，公众评估政府绩效在中国尚处于起步阶段，还有许多需要进一步明确的问题，绝不能简单机械照搬国外的模型或方法，这也是我们从事基础性学术研究的意义所在。此外，如何将公众评估与传统的地方政府绩效评估方法（主要是客观指标）有效结合起来，全面真实地反映中国地方政府的绩效水平，也是值得深入探讨的问题。因此，坚持"以人为本"的科学发展观和"立党为公、执政为民"的施政理念，认真厘清新形势下地方政府的角色和职能定位，在吸收传统政府绩效评估方法合理成分的基础上，更多地考虑服务型政府的特性和公众利益，构建公众评估政府绩效的指标体系和技术方式，探索适合我国国情的服务导向型政府绩效评估体系，树立新的政府绩效观，将具有十分重要的现实意义。同时，对于完善传统的客观绩效评估方法、促进政府绩效管理理论整体研究水平的提高也有重要的理论价值和学术意义。

思考题

1. 什么是公共部门绩效管理？对公共部门而言，绩效管理的价值何在？
2. 绩效指标是绩效评估的内容，简述绩效指标的含义、特点及其构成要素。
3. 公共部门绩效评估作为绩效管理的中心环节，有何功能？
4. 简述公共部门绩效指标体系设计所遵循的原则。
5. 什么是公共部门绩效评估？简述公共部门绩效评估的方法及各自的特点。
6. 结合相关实践谈谈公众参与政府绩效评估有何积极意义。

第十章

公共部门人力资源管理

人力资源是组织的"活水源头",在组织中扮演的多元角色,决定了它对于组织生存和发展的重要性。公共部门作为人类生活共同体中维护国家政权,维持社会秩序,服务大众的组织体系,人力资源整体的质量直接关系到组织管理乃至国家执政的能力。

第一节 公共部门人力资源管理概述

本节旨在界定公共部门人力资源管理的概念,明确公共部门人力资源的范围、性质。

一 公共部门人力资源管理的概念

公共部门人力资源管理是指公共部门所属的各类公共组织依据人力资源开发与管理的目标,依法对所属的人力资源开展包括战略规划、甄选录用、开发培训、绩效评估、薪酬设计以及权利保障、纪律惩戒等管理活动,以求实现人事相宜、人尽其才的组织管理过程。

首先,公共部门人力资源管理的组织载体是各类公共组织。就组织性质而言,它相对于私营部门,是对各类公共组织所属人力资源队伍的管理。公共部门内在的组织性质决定了其人力资源管理的基本性质,反映了公共部门人力资源管理上一些独有特征。① 例如，在民主法治的社会中，公共部门关注人力资源行为的依法合规性，强调公共利益追求是人力资源的责任和义务。它对人力资源秉持的公共性观念要求，对公共政策法律与政治的认知规范，对执政执法能力的规定，都高于私营部门。与此同时，由于受到立法牵制和社会公众监督，其管理活动的自主性和独立性低于私营部门。

其次，公共部门人力资源管理包括宏观管理和微观管理两部分。宏观管理是指在国家以及省级政府层面上，对整个公共部门人力资源队伍进行整体结构规划，建立基本管理制度，划分管理责任和权限的过程，它保证公共部门人力资源管理的标准与秩序。例如，国家依靠编制管理，在界定职能和机构的基础上，明确公共部门人力资源组成的结构、数量和质量，以抑制政府人员快速增长。又如，各地方国家公务员初任考试实行省级政府人事主管部门统筹，不与地级市、县、乡镇政府分享初试管理权力，以保证考试统一和程序公正。微观管理是指各个公共部门用人单位在国家人力资源管理的政策框架下，实施具体的人力资源管理政策，主理各项管理事务的过程，它通过一系列制度保障优秀人才的获取，开发人力资源的能力，为组织目标的实现做出贡献。宏观管理与微观管理分权统合，相互保证，共同构成公共部门人力资源管理系统。

再次，公共部门人力资源管理系统中包含多种人事管理模式。公共部门是一个庞大、复杂的组织体系，公共事务的多样性使其性质和构成本身也具有多样性。随着国家治理职能的变迁，特别是公共服务职能的增加，公共部门不再仅指那些传统意义上的政府部门，即承担国家法律制定、执行、仲裁任务，从事国家政务的立法、行政、司法主体，而且包括经由政府委托、授权，从事公共事业，提供公共服务，不以营利为目的的公共事业组织，它们的范围极其广泛，覆盖科教文卫及越来越多的社会政策领域。同时，在我国，还存在着一定数量的由政府出资组建、以国有资产增值为目的的营利性国有企业。这些组织的目标和任务差异很大，内部管理结构和运行机制也殊为不同，因而作为组织目标支撑的人力资源管理的模式也是多样化的。按照管理制度划分，有公务员

---

① Graham T. Allison, "Public and Private Management: Are They Fundamentally Alike?" 载杰伊·沙夫里茨、艾伯特·海德编《公共行政学经典》（英文影印版），中国人民大学出版社 2004 年第 4 版，第 383—400 页。

制度、聘任制（俗称"雇员制"）、职员制、事业编人员管理制、编外人员管理或称合同制管理制、人事代理制度、企业化人事管理模式，等等。近期，北京市政府首次启动面向全国招聘的无编制公务员项目，拟任职于政府部门高级综合管理岗位，其合同期为2—3年，薪酬不低于20万/年。[①] 可见，公共部门人力资源管理制度类型颇多，是一套复杂的组织管理系统。

最后，公共部门人力资源管理理念伴随着公共部门变革浪潮而发展、演进。肇始于组织变革的人力资源管理始终是领导者实施组织改革最有力的策略工具之一。19世纪末，威尔逊总统通过革除政党恩赐制的流弊，建立国家公务员制度，从而确立了基于政治—行政二分观念的公共行政。多年来，公共组织改革与其人事管理制度改革如影随形。一方面，人力资源管理是组织变革的推动力。在人力资源管理实践中，管理者能够发现组织存在的结构、流程、能力问题，诊断问题，从而决定组织改进的目标；另一方面，人力资源管理是组织变革的手段。组织变革依赖于人力资源管理方式的改革，它要求人力资源管理改革与组织变革目标协同一致，人力资源管理充当了组织变革的措施。20世纪80年代，新公共管理运动风靡全球，与"师法企业"、民营化、市场化、伙伴关系的改革主题相适应，公共部门人力资源管理模式，尤其是公职人员的雇佣制度发生了巨大变化。[②] 由此观之，公共部门人力资源管理实践改革是适应组织目标，不断学习、持续改进和发展的过程。

二 公共部门人力资源管理的功能

人力资源管理在组织管理中的重要性不言而喻，孔子所云"为政在人"，说的就是这个道理。公共部门人力资源管理发挥的作用源自于其功能定位和责任担当。从组织人力资源管理流程角度看，人力资源管理承担了三大相互衔接的任务，即人力资源"入口"管理、人力资源在职管理和人力资源"出口"管理，并显示出六个方面的基本管理功能。

1. 规划功能（Function of Planning）

人力资源管理的终极目的是实现人与事的最佳配置，以达到人事相宜，人

[①] http://news.sohu.com/20130604/n377889970.shtml,《京华时报》2013年6月4日。

[②] 参见［美］唐纳德·克林格纳、约翰·纳尔班迪、吉拉德·拉罗伦《公共部门人力资源管理：系统与战略》，孙柏瑛等译，中国人民大学出版社2013年第6版，第1、2章。

尽其才，既要防止人浮于事，又要防范人才稀缺。因此，组织的人力资源管理绝不能放任自流，其首要的职责就是分析组织业务的发展趋势，盘点人力资源的存量和增量，以求得事与人在数量上、结构上的平衡。为了科学地规划人力资源队伍，组织势必需要精细测量组织事务的性质、类型以及岗位划分，分析岗位上拟招募人员的能力素质要求。这样，人力资源规划功能包含了一个序列的管理活动：工作分析、职位评价、职位分类、素质模型、预算评估以及人力资源计划，等等。

2. 获取功能（Function of Acquisition）

组织以获得适合自身岗位要求和文化氛围并勇于接受挑战、具有学习与创新能力、富于奉献精神的优秀员工为目标，组织能力和实力的重要标志之一就是获取有能力和实力的人力资源。组织人力资源获取功能集中体现了组织价值观念和制度设计偏好，折射出管理过程表达的组织公平与正义。人力资源获取功能包含两个方面的工作任务：一是向社会招募所期待的员工，以补充组织职位空缺；二是通过外补和内升机制，选拔优秀人才晋升到高一层级的职位上。完成两项任务均依赖组织精良的甄选制度，包括甄选规则、甄选程序、甄选方式。程序保障选拔的公平公正性，方式则保证优秀人员得以脱颖而出。因而，招募、晋升、甄选是公共部门实现人力资源获取功能的基本途径。

3. 保障功能（Function of Security）

员工一旦进入组织，就与组织形成了契约关系：员工依照承诺，履行义务，为组织付出体力和脑力劳动，完成组织交办的任务，成就作为员工的职责；而作为回报，组织要以一定酬劳来保证员工的生存和发展，保障员工在职场的基本权益。从这个角度看，组织的付出可以视为员工获得的权利。保障功能对于组织和员工而言都十分重要，是组织共同体存在的前提。随着社会进步，员工获得保障权利的内容也在不断扩展。2005 年颁布的《中华人民共和国公务员法》第二章第十三条规定了我国公务员享有的权利，包括：一是履职保障权，获得履行职责应当具有的工作条件；二是身份保障权，非因法定事由、非经法定程序，不被免职、降职、辞退或者处分；三是经济权利，获得工资报酬，享受福利、保险待遇；四是公平获得机会权利，如参加培训等；五是建议权利，对机关工作和领导人员提出批评和建议；六是法定救济权利，对相关人事处理决定有争议的，可提出申诉和控告；七是退出权利，可向机关申请辞职等。

4. 激励功能（Function of Motivation）

员工为什么有动力为组织做贡献？组织政策如何形塑员工的动机和态度，从而诱发其积极的或消极的行为？这些问题与人力资源管理激励制度及政策导向密切相关。大多数人力资源管理政策都具有明示或潜在的激励功能，指引员工的行为方向。人事管理早期非常重视薪酬福利等物化手段所发挥的保障和激励作用，所以组织对薪酬制度、个人考核制度、奖金制度等给予了高度关注。但随着管理实践的发展，尤其是行为科学理论的兴起，基于个体和群体需求的激励资源不断被开发出来，为组织人事激励政策提供了重要的依据。例如，人们发现，对人的尊重和工作本身的性质就可能成为激励源，特别是工作的完整性、独立性、挑战性、多样性有助于提升员工对工作的兴趣和组织的归属，由此，人力资源管理更加注重开发工作本身具有的内涵，通过工作丰富化、轮换、组织再设计等政策工具，提升员工对工作的满意度。近年来不断增强的组织绩效评估与管理工作，强调在组织绩效目标的框架下，通过绩效管理，将员工个人努力和业绩成果评价与组织整体链接起来，以组织目标激励员工的努力行为，激发员工的成就意识。

5. 开发功能（Function of Development）

社会变迁加速，时时涌现新现象、新需求、新问题，公共部门所应对的挑战和承受的压力不断增加，快速回应外部环境变化而持续改进、创新的诉求越来越强烈。组织的改革与创新首先需要人的观念和思维方式的改革与创新，而人力资源作为创新主体，承载着围绕组织发展提高胜任能力（Competence）的使命。在今天"学习革命"时代，人力资源的持续学习、不断开发不仅是公共部门管理的常态工作，更是关乎公共部门整体能力发展的战略议程。公共部门人力资源管理通过组织战略分析与识别、培训需求分析、预算安排与员工参与培训、培训项目规划与设计、多样化的培训方法以及培训评估等环节，使得人力资源开发功能日趋走向制度化。

6. 监控功能（Function of Sanction）

如前所述，公共部门人力资源享有组织给予的保障其工作和生活的权利，但与此同时，基于法定权利和义务关系的平衡，公共部门具有强制性，要求人力资源承担履行组织交办的各项职责的义务。由于公共部门很大程度上代表了国家，公共部门人力资源所承担的职责被看作是国家委托的公共责任。如果其人力资源不能履行应尽的职责，或者以不合法、不合规的方式完成任务，甚至利用公共权力谋求私利，那么，人力资源管理应动用处分、惩戒等手段，对责任人予以处罚，以严肃组织纲纪。组织的惩戒方式既有物质的也有精神的，近年来，公共部门特别倡导以伦理精神规范、约束公职人员的行为，以增强公职人员自我约束的能力。

三 公共部门人力资源管理的目标

1. 增强公共部门人力资源对社会需求及服务的回应能力，提升民众的满意度

随着国家观念的变迁，公共部门以政治强制和社会控制为主要取向的统治结构，逐步让位于以获得民众认同和支持作为基本政治合法性来源的治理模式。公共服务关乎国民的民生福祉，涉及民众的基本权利保障，政府提供普惠、均等的基本公共服务成为现代国家义不容辞的责任，构建服务型政府也成为现代国家建设的目标。服务型政府的建设一方面要强化政府的公共责任，在公共决策以及公共资源分配中充分体现"公共性"价值；另一方面为了提供高效率高品质的服务，政府需要及时回应民众的需求，了解民意的走向，倾听民声，增强信息开放度，达成公共利益。做到这一点，不仅需要政府在制度层面和组织层面构建完整的公共服务体系，更需要作为执行主体的公职人员具有与民众要求相适应的服务能力。因此，公职人员的素养、治理能力直接关系到服务受众的感受，影响其满意度。

2. 开发并提高公共部门人力资源的整体素质，以适应全球化时代的挑战

当今的公共部门不仅有来自国内民众需求不断增加的压力，还要直面全球化带来的挑战。随着国际经济一体化的推进，国家间在资源占有、资本投资和产业发展等领域的竞争也日趋激烈。要获得竞争优势，势必需要能够带来核心增值优势的人力资源队伍。而公共部门人力资源在全球化进程中对于提升国家与地区的竞争力至关重要。这是因为，公共部门人力资源产出的政策及其服务直接关乎市场组织发展和社会运行秩序，其权威性的价值分配和管制手段，直接影响到经济繁荣与社会幸福，因而，公职人员的政策水平、政策选择和执政能力，不仅是公共部门公信力的重要支撑，更是关系国家经济社会发展水平的关键因素。

3. 塑造公共部门公平正义、激励发展的组织环境，形成积极正向的人才发展机制

公共部门是整个社会的一面镜子，其合法、清廉、公正、诚信的制度和行为也是整个社会行为的标尺。缺乏正义、诚信的政府，不可能要求社会的正义与信任。人事选拔任用的标准、程序、方法合法是显示公共部门清廉、公正的重要风向标，一方面，它向民众昭示政府依法合规选择组织需要的人才；另一方面，它树立用人的正气，防止人事任用中各种谋私腐败现象。现如今，网民十分关注"萝卜招聘"事件，呼吁政府建立公开、透明、公正的人事选拔制度，因为"萝卜招聘"不仅助长了党和政府组织中的不正之风，败坏了组织环境，而且其依靠父辈身份和门阀而获得优异的机会，阻塞了普通人依靠自身努力和能力上升的通道，阻断了一般大众追求发展的梦想。可见，公共部门人力资源管理的人事管理制度，对于组织和整个社会意义都是极大的。

4. 担纲组织变革推动者的角色，发挥公共部门人力资源管理的创新能力

传统人事管理比较重视业务管理工作，将管理视为基于一定管理技能从事日常业务的过程，而人力资源管理则更加突出基于战略分析和自身状况评估的决策过程。人力资源管理可以通过盘点、清查组织人事管理存在的问题，发现管理漏洞，在考察、评估组织增值能力的基础上，明确组织的目标。故此，人力资源管理实际上具有参与组织决策，为组织厘清方向提供支持的功能。正是基于这一点，当今的人力资源管理依然成为组织变革的积极推动力。

第二节 公共部门人力资源管理的理念演进

公共部门人力资源管理观念发展至今，在不同阶段呈现不同的发展特征，显示了公共部门人力资源管理理念的发展与转变。本节试图展示这一变化的历程。

一 以主体性质评价为中心的人事管理

人事管理古已有之，自从有人类共同体的活动，就存在如何推举选择人才

来管理公共事务的问题。由于公共事务的管理决定着公共资源的分配和处置，因而推举选择公共事务管理者的规则，诸如标准、方式以及程序等，成为共同体的一件大事。随着公共权力的不断集中和扩大，公共职位日益成为组织的重要资源，选人用人决策的重要性日趋凸显，甚至上升到关乎政权统治的高度，正可谓"为政之要，惟在得人"。

为了获得国家统治的人才，政府在人员选择上颇费心思，形成了很多制度，例如中国古代征辟制、察举制、九品中正制、"四善七十二最"考核、文官科举考试等；英国君主恩赐制、个人赡徇制，英美政党分赃制及其改革后大力推行的国家公务员制度，等等。在漫长的制度演进历程中，相当长的一段时间里，政府人事管理的主要方式是依赖于对从业官员主体资格的认定或评价，包括其品格、资历、学历、经历乃至政治派别的归属等。人员品格等主体资质成为人事任用的基本标准，而对品德才能的品评成为人事管理的主要考核手段，表现如下特征：

1. 个人品德品评是人事管理的核心工具

在人事任用中，注重对工作者自身的品质、性格、才智等主体性因素，如忠诚、敬业、克己、守善、孝廉等进行考察，划分等第，甄别品评，作为人员进入或晋升的依据。

2. 组织领导者依靠经验在评价中发挥重要作用

由于品质、性格的多维特征明显，且考察很难通过一次性外在的刺激、测量手段获取，因此，往往要依靠长期的观察和考验，因而在组织管理过程中领导者积累的识人、用人经验在选拔过程中具有重要作用，选择良才成为领导者的重要职责，同时亦表现领导者的政治智慧。自古以来，中国人就呼唤"伯乐"，正可谓"千里马常有，而伯乐不常有"，可见人们对能公正用人、慧眼识人的领导者的期盼。

3. 政治因素在人事任用品评中的影响力大

由于选拔用人与领导者存在着十分紧密的联系，因而领导者选择的价值偏好、利益导向以及对政治力量的考量会直接影响组织的用人制度。用人权力的垄断和回避监督常常成为长官意志的表现形成，导致恩赐的泛滥。英美改革政党恩赐制度，就是因为两党政治在人事选用中的过度泛政治化，导致用人的种种乱象，损害了政府组织的专业性、稳定性，从而压迫政府进行倡导"政治中立性"的"去政治化"（Depoliticalization）的文官制度改革。

以主体性质评价为核心的人事管理的优缺点体现在：主体评价是组织人事管理的基本方法，至今依然发挥重要作用，例如人力资源素质测评、工作分析中的 KAS 规范，具有明显的优势。首先，以主体评价为中心的人事管理，比较关注"人"的特质对于组织工作的重要性，因而强调人的主体性作用，更加重视人的品德、能力的提升、拓展；其次，以主体评价为中心的人事管理，具有较高的分权度，比较具有弹性，易达成人事相宜。此外，由于它赋予领导者较大的人事权限，对于推行领导者路线方针，有效执行政策比较有利。鉴于此，美国政务官任职往往由获胜党领袖根据对本党竞选的业绩来推举，并与政党共进退；再次，以主体评价为中心的人事管理，不需要繁杂的技术支持，在人事管理上的成本较低。

但是，以主体性质评价为核心的人事管理存在着不可抗逆的缺陷，组织不正之风往往与之有着一定的联系。本质上说，这种管理具有"人治"的色彩，它使得领导者拥有人事任用较大的自由裁量权，如果组织没有完善的制度规则、精良的程序设计和有效的监督，领导者会陷入为所欲为的泥潭，例如任人唯亲、裙带关系、排斥异己等。用人不正之风给公共组织带来巨大危害，它不仅使得组织充满内耗，影响事业发展，更是践踏了组织公平正义的基本准则，造成组织缺失、人心涣散。因而，从某种意义上说，公共部门人事管理制度演进的历史也是抑制"人治"、"长官意志"并不断完善制度的历史，客观的测量、评价方式是近现代人力资源管理追求的目标。

二 以组织事务性质为中心的人事管理

如韦伯在工业文明时代理想组织形态设计的那样，现代人事管理致力于实现"非人格化"，建立客观的、可视的、可测量的人事评价体系，为组织任用提供客观的、可操作化的基础，于是，组织承担的"事"，即任务、职责成为管理的轴心，而以"事"为中心的工作分析和岗位评价则成为整个人事管理系统的前提和基础。其特征如下：

1. 以"事"为中心的工作分析是管理的基础

对组织"事"的性质的界定和分析构筑了现代公共部门人力资源管理系统的基础，所有人事管理事务围绕工作分析展开。为了达成人员的知识、能力和技能与组织业务要求之间的适配，把握组织业务的性质、种类、职责、繁简、难易、关系、程序等信息无疑是选人用人的前提。为此，工作分析成为人事管理优先任务：首先，工作分析提供的组织任务与职责的信息规定了职位设置的依据，同时也清晰了职位承担的职责，从而让组织明确某个职位工作的性质及其在组织职位序列中的作用和位次；其次，工作分析是组织人力资源规划的基础，它指明了组织工作任务的结构，从而显示了组织需要人员的数量、质量和结构；再次，按照同工同酬的公平原则，工作分析为组织的薪酬制度设置提供客观依据，从而保证员工努力和贡献与薪酬报偿平衡；最后，工作分析还是组织招募甄选、绩效评估、培训教育等环节的依据，它提供了组织选人、用人、发展人的基本标准。工作分析—职位评价—职位分类与职族划分成为公共部门人力资源管理优先的任务。

2. 以功绩为导向的可测量的业绩评价机制

以"事"为中心的人力资源管理模式同时要求以员工客观的业绩和对组织的贡献力，来决定员工升迁、流动、轮换的事务，由此，绩效管理与员工考核上升为重要事务，绩效评估体系成为组织各种激励的依据。同时，绩效被视为推动组织公平、实现正义的工具，在绩效框架下，员工在业绩面前是平等的。绩效本身具有竞争的内驱性，所以，它增强员工发展能力的意愿，提高员工对努力与成果间的预期。

3. 以法治规章为基础的人事管理规则体系

为了摆脱人的因素对人事任用的过度干扰，以"事"为中心的人事管理模式主张建立以法规、规章为依据的人事管理制度，形成明文规范的人事任用、升迁、流转的规则，以杜绝组织内的"潜规则"，从而提高人事管理制度的合法性和权威性。

4. 心理学、行为科学、操作主义手段大量应用于人事管理之中

为了获得准确的数据，维持工作分析和绩效评价的客观性，组织需要通过技术手段提高管理的科学化和精细化程度，于是一系列实验心理和操作主义技术工具被引入公共部门人力资源管理的诸多领域之中，如职位评价、素质模型、动机测量、满意度测量等等。

5. 人事管理成为职业主义的领域

随着大量技术工具的引进，人事管理的手段日益专业化，而且人力资源管理形成了一批独有的知识、技能和操作方法，人力资源管理已经逐步成为职业化领域。在我国，每年有国家组织的人力资源师考试，设定人力资源管理从业

者的"入行"标准；也有人力资源管理的协会，规范人力资源管理从业者的伦理行为。

基于"事"为中心的人事管理，大大提升了管理的科学化、理性化程度，提高了制度规范的能力。尤其塑造了组织"对事不对人"和维护组织正义的文化心理，试图革除"人治"带来的反能力主义和功绩主义的弊端，引入公平竞争、以贡献力为导向的组织激励机制。但是，以"事"为中心的人事管理模式过于将管理焦点放在组织任务、职位、职责等硬件事务上，强调人对事（职位）的适配性，这在一定程度上抑制人的主体性和能动性。此外，国家公务员制度的稳定性和连续性又使得管理系统缺乏弹性、竞争和激励，降低公职系统的活力与生机，以及对外部环境压力的回应和适应能力，从而人事管理无法成为组织变革有力的支撑。

三　以组织战略发展为中心的人事管理

为了提高人力资源管理回应外部需求以及化解外部压力的能力，确切地说，为了让人力资源管理适应组织变化并成为推动组织创新的战略工具，构建与组织整体发展目标一体化的人力资源管理系统，公共部门必须取缔只关注内部、只看到当下、只认同刻板职位的旧模式，发展人力资源管理关注外部、着眼战略、协同变化的战略驱动能力。表10—1整理了以战略为中心的人力资源管理与以"事"为中心的人事管理模式的诸多区别。公共部门人力资源管理具有促进组织变革的能力，这是因为，在其管理过程中，它能够及时察觉和识别组织存在的体制性、结构性、程序性问题，通过反馈机制反映到决策、管理层，改进管理现状，从而促进组织的发展。

表10—1　　　　公共部门人力资源管理与人事管理的区别

	人事管理	人力资源管理
环境	组织内部	组织外部
管理导向	注重成果	注重过程
管理视角	视人力为成本	视人力为资源
管理机构	事务性、实际操作的执行层	战略的决策层

续表

	人事管理	人力资源管理
管理部门性质	非生产、非效益部门	生产与效益的部门
与其他部门关系	职能并列	合作关系
管理人员	专家	通才
管理实践	集中于组织中个人；范围狭窄	集中于组织中的群体；范围广泛
管理活动性质	被动反应型	主动开发型
管理焦点	以事为中心的绩效考核	强调人与事统一的人力资源开发
管理对象	员工	劳资双方
管理深度	注重管好现有人员	更注重开发员工的潜在才能
管理方案	常规的、例行的	变化的、挑战的
劳动关系	从属的、对立的	平等的、和谐的

资料来源：郑晓明：《现代企业人力资源管理导论》，机械工业出版社 2002 年版，第 20—21 页；孙柏瑛、祁凡骅：《公共部门人力资源开发与管理》，中国人民大学出版社 2012 年第 3 版，第 13 页。

1. 战略制导优先

如果以事为中心的人事管理将管理焦点放在现有职位及职务上，那么，人力资源管理的起点应该是确定组织业务发展的目标和利益相关人对组织的要求。换句话说，组织现存问题的改进、业务发展的重点、服务受众的期待成为人力资源管理方式及其方法选择的依据，战略指向为人力资源管理提供了基础，而人力资源管理在战略一体化目标下为组织发展提供必要的支撑。组织战略为人力资源管理构建了整体框架，它要求：第一，考察外部环境，分析组织面对的外部挑战和压力，获取服务受众的需求信息，清晰组织的目标；第二，盘点组织人力资源管理的问题，明确当下人力资源管理与目标之间存在的差距；第三，选择改进组织人力资源管理的策略，寻求以人力资源管理驱动组织变革的着力点；第四，形成创新的人力资源管理体系，管理环节与战略目标链接，形成对组织目标的有力支撑。例如，组织绩效管理方案要适应战略规划的需要，与之相协同。服务型政府的建设就要求公共部门人员的行为规范和行为结果能够回应民众的服务需求。

2. 无分类既无管理

现代公共部门人力资源管理系统已经超越整体划一、"眉毛胡子一把抓"

的粗放式管理阶段，进入了精细化的管理时期。人力资源管理精细化有两个层次的含义：第一，针对不同的管理事务或管理对象，组织能够采用相应适合的管理方式；第二，管理具有基本标准和规范，性质明确，流程清晰。精细化人力资源管理意味着，对于具有不同品性特质的人员、从事不同事务性向的人员进行合理分类。基于其对组织战略贡献能力的评估和比对，考虑劳动保障对弱势人群的关照，形成相应的绩效评价和薪酬支付制度，满足组织弹性的、多样化的人力资源发展需求。人员分类管理成为人力资源规划与发展的核心工具，表10—2展示了一个比较经典的分类框架。

表10—2　　　　基于战略和能力的组织人力资源类型与结构

	核心人力资本	通用性人力资本	辅助性人力资本	独特性人力资本
人力资源管理系统	以责任为基础的人力资源管理系统（认同）	以生产率为基础的人力资源管理系统	以服从为基础的人力资源管理系统	合作的人力资源管理系统
工作设计	●授权、提供资源 ●因人设岗	●清晰定义 ●适度授权	●准确定义 ●圈定范围	●团队为基础 ●资源丰富/自主
招募	●根据才能（学习能力） ●内部提升	●外部招募 ●根据业绩	●人力资源外包 ●为特别的任务招聘	●能够合作根据成绩 人力资源外包
开发	●在职培训 ●具有组织特色	●局限于公司的具体情况 ●关注短期效果	●局限于规章和流程	●在职培训 ●根据组织具体情况
考核	●关注对战略的贡献 ●开发	●培训效果 ●关注绩效	●服从性	●团队为核心 ●目标的完成情况
薪酬	●外部公平（高工资） ●为知识、经验、资历付薪	●外部公平（市场比率） ●为绩效付薪	●按小时或临时工作付薪	●以团队为基础的激励 ●合同、年薪，为知识付薪

资料来源：彭剑锋、饶征：《基于能力的人力资源管理》，中国人民大学出版社2003年版，第14页。

对于组织而言，人力资源分类管理具有以下好处：首先，组织可以针对不同的事务要求采用不同的雇佣模式，增加组织人员准入制度的弹性，同时增强人力资源使用的弹性，放大组织用人权限的空间；其次，组织可以针对战略和管理事务，对人员提出行为规范和素质提升的要求，为员工能力拓展提供方向；再次，组织可以针对组织激励策略提供不同的绩效评估、薪酬计划方案，形成以能力为本的竞争政策；最后，最为关键的是，分类源自于战略指导，围绕着战略意图展开，以对组织战略目标贡献值为归宿，从而使战略目标与部门行动、员工个人行动达成一致。但是，人员分类管理也使组织人事管理复杂化。尤其在缺乏职责与报偿平衡匹配，特别是在缺乏"对事不对人"、同工同酬等基本组织正义制度和法律保护的组织环境中，人员分类可能带来严重的不公平，造成更加严重的责权不清、人浮于事、工作歧视等管理问题。例如，在我国目前"编外人员"管理中就存在着严重的问题，一方面，"编外人员"干着大量本应属于编内人员干的工作，承担着相应的责任；但另一方面，他们无法得到应有的待遇和保障，低薪酬、低福利，是组织中的"二等公民"，他们自称"我们的工作，他们的编制"[①]，2013年6月在延安市发生的城管暴力执法事件，由于踩人城管队员均是"临时聘用人员"，[②] 引起公众对"编外人员"现象的普遍关注，从而也提出了改革"编内"、"编外"这种不合理的人事管理分类制度的诉求。

3. 战略意图与绩效管理链接

战略目标要落地，要化为组织部门、项目和员工个体的行动，又要让行动围绕战略，那么就要运用人力资源管理工具进行可以连接行为的转换，转换的中介就是组织的绩效管理。绩效管理的指标设计上连组织整体目标要求，通过分解形成部门和项目评估指标；下连员工的行为及其努力方向，考察员工的贡献与组织目标的契合度。因此，在人力资源管理体系中，绩效管理既考虑职位的工作信息和要求，关注组织战略需求对员工行为的指导。可以说，组织目标通过绩效管理的工具得以实施。

4. 素质开发、终身教育与胜任力提升

作为组织能动性的重要资源，人力资源是组织创新的工作母机，能全面

[①] 沈亮、边鹏：《我们的工作，他们的编制？——政府机关、事业单位编外人员生存观察》，《南方周末》2009年12月17日。

[②]《延安城管暴力执法事件背后》，《辽沈晚报》2013年6月10日。

提升其综合能力是组织创新的源泉。现代人力资源管理遵循事为先、依据事功选人用人的准则，但与此同时又不拘泥于此，它倡导建立持续发展的观念，考量组织长期发展需要，使人力资源胜任力与之相适配。这样，组织就格外关注人员素质的构成、素质的开发和素质的应用，而不是像传统人事管理那样只重视将具有一定素质的人安排到相应的职位上去。显然，人力资源管理观念以战略发展为导向，更加积极、主动。为此，公共部门人力资源管理形成了一整套素质开发方法，例如，建立组织素质模型，形成分类、分层的素质开发框架，增强了组织对员工发展期望、能力建设和努力方向的引导。由于素质开发和胜任力提升的需要，员工的终身学习、终身教育成为一种必需品。

5. 管理分权与构建战略合作伙伴

公共部门人力资源管理是一个涉及多个利益相关群体的管理系统，就管理主体而言，它包含位于决策层的组织领导人和位于管理、执行层的人力资源主管部门和业务主管部门（又称"直线部门"）。业务部门主理组织核心职能，实现人与事的组合；而人力资源管理部门存在于业务部门之外的"部外"机构，在组织领导人的指挥下总揽整个组织人力资源管理政策。三者之间就人事管理权限的不同分权模式，会形成组织不同的人事管理结构。现代人力资源管理主张更多直接的管理权限，如招聘、甄选、晋升、考绩等下放给业务部门领导，以便于用人和治事达到有机统一。但人力资源管理部门绝非"无为而治"，而是将工作重点放在一些关乎组织决策、人员规划等更重大的事情上，包括组织问题诊断、人员状况评估、人力资源队伍规划、工作分析与绩效评估指标制定、薪酬规划、福利计划、素质开发、培训与职业发展、劳动关系斡旋等，发挥着决策支持、整体规划、监督监控、辅助服务等复合的管理功能。

值得注意的是，在"以人为本"，视组织成员为资源而不是成本的理念关照下，公共部门人力资源管理更多地强调情感、文化因素在管理过程中的作用，更注重用人性化的方式实施管理。素质开发、职业生涯规划、职业发展辅助，以及平衡积分卡（Balanced Score Card，BSC）——主张平衡外部顾客与内部员工需求等，均表现了人本、人性因素在管理中的回归。

第三节 公共部门人力资源管理的主要内容

本节简要讨论公共部门人力资源管理流程中的一些重要工作。因篇幅限制，仅选择最为关键的几项任务加以陈述。

一 人力资源规划

组织战略形成后，根据组织目标、任务以及预算结构，人力资源管理部门要做出有关人事管理活动的合理规划，以对招募甄选、职位安排、培训开发、薪酬设计、职业发展、人员流动等进行统筹安排。人力资源规划是指公共部门依据事业发展需要，在环境分析和预测组织任务的基础上，对组织现有人力资源存量状况进行摸底，对组织人力资源需求的数量、质量、结构进行预估，并对内外部供给相关人力资源的来源与能力进行考察、计划的管理活动。

公共部门人力资源规划包括宏观规划和微观规划。宏观规划涉及根据国家产业结构和整体人力资源素质开发要求，对整个国家人力资源发展进行计划的过程，其中大学专业设计以及大学人才培养就是关键的内容。微观意义上的人力资源规划则是对特定组织单位人员供求的预测与计划，可以分为组织中长期规划和短期规划。

公共部门人力资源规划包括两项基本任务：一是预测与分析公共部门人力资源的需求状况；二是预测和分析公共部门人力资源的供给状况。

人力资源需求预测分析是将组织业务与人员进入、安置进行衔接、对位的关键步骤。其需求分析建立在对组织事业目标、业务种类、技术工具以及预算结构等因素客观评估的基础之上，否则，人事管理就有可能退化成因人设事，恣意任人。根据组织的业务需求，人力资源部门需考察内外部环境状况，形成对人力资源需求数量、质量、种类、结构的预测判断，把握组织人力资源存量、增量及其之间需求的状况。这个分析过程的流程如图10—1所示。

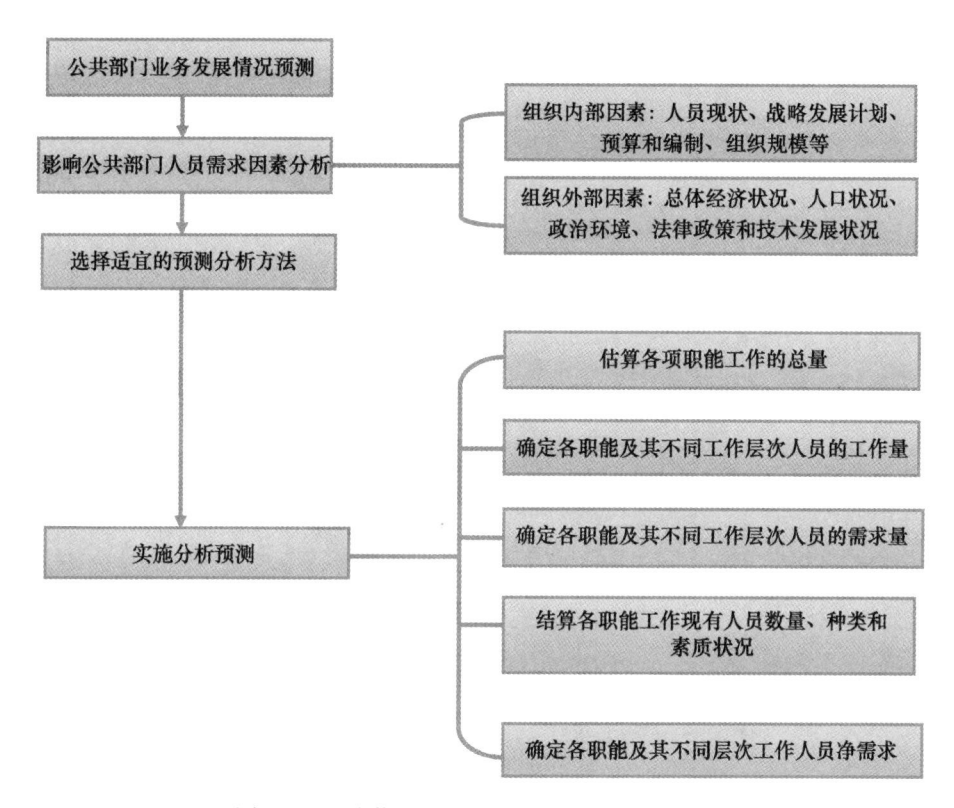

```
┌─────────────────────┐
│ 公共部门业务发展情况预测 │
└──────────┬──────────┘
           ↓
┌─────────────────────┐        ┌──────────────────────────────────┐
│ 影响公共部门人员需求因素分析 │──┬──→│ 组织内部因素：人员现状、战略发展计划、│
└──────────┬──────────┘  │    │ 预算和编制、组织规模等             │
           ↓             │    └──────────────────────────────────┘
┌─────────────────────┐  │    ┌──────────────────────────────────┐
│ 选择适宜的预测分析方法  │  └──→│ 组织外部因素：总体经济状况、人口状况、│
└──────────┬──────────┘       │ 政治环境、法律政策和技术发展状况    │
           │                   └──────────────────────────────────┘
           │                   ┌──────────────────────────────────┐
           │              ┌───→│ 估算各项职能工作的总量             │
           │              │    └──────────────────────────────────┘
           │              │    ┌──────────────────────────────────┐
           │              ├───→│ 确定各职能及其不同工作层次人员的工作量│
           ↓              │    └──────────────────────────────────┘
┌─────────────────────┐  │    ┌──────────────────────────────────┐
│     实施分析预测      │──┼───→│ 确定各职能及其不同工作层次人员的需求量│
└─────────────────────┘  │    └──────────────────────────────────┘
                          │    ┌──────────────────────────────────┐
                          ├───→│ 结算各职能工作现有人员数量、种类和  │
                          │    │ 素质状况                          │
                          │    └──────────────────────────────────┘
                          │    ┌──────────────────────────────────┐
                          └───→│ 确定各职能及其不同层次工作人员净需求│
                               └──────────────────────────────────┘
```

图10—1　公共部门人力资源需求预测分析流程

资料来源：孙柏瑛主编：《公共部门人力资源管理》，首都经济贸易大学出版社2008年版，第171页。

人力资源供给预测分析是在人员需求分析基础上，对公共部门内外部可能供给的人力资源状况进行综合评估的活动，为组织招募甄选、人员晋升、交流调配、薪酬福利安排提供计划支持。人力资源供给规划涉及三项重要任务，关乎组织人才获取的政策，进而影响人才获取的质量。第一，分析评估外部劳动力市场的人才供求状况，例如不同类型或不同层次人力资源处于"买方"还是"卖方"市场，据此，组织可以采取相应的招募以及人员调配措施；第二，分析评估法律和政策环境，例如户籍政策、平等就业政策、退伍军人安置政策、职场安全政策、劳动保护政策等，研究这些政策对于组织人员任用可能造成的影响；第三，明确组织人员招募的基本来源和渠道，评估内升渠道和外补渠道的利弊，组织有效的招募甄选活动，以增强人员使用的适配性和稳定性，减少不必要的人员流失。我们可从图10—2了解人力资源规划在组织人员供需关系平衡中发挥的作用。

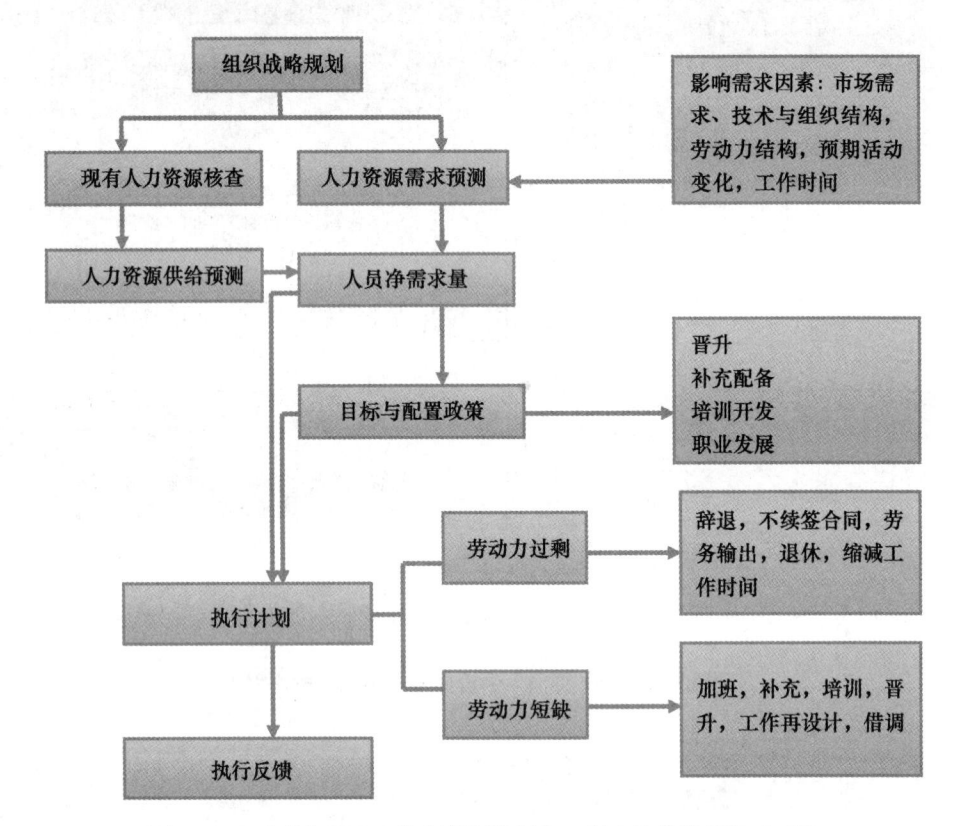

```
                    ┌──────────────┐
                    │ 组织战略规划 │
                    └──────┬───────┘
            ┌──────────────┴──────────────┐           影响需求因素：市场需
            ▼                             ▼           求、技术与组织结构，
   ┌────────────────┐          ┌──────────────────┐   劳动力结构，预期活动
   │ 现有人力资源核查│          │ 人力资源需求预测 │◄──变化，工作时间
   └────────┬───────┘          └─────────┬────────┘
            ▼                            ▼
   ┌────────────────┐          ┌──────────────────┐
   │ 人力资源供给预测│─────────►│   人员净需求量   │
   └────────┬───────┘          └─────────┬────────┘
            │                            ▼
            │                  ┌──────────────────┐    晋升
            │                  │  目标与配置政策  │───►补充配备
            │                  └─────────┬────────┘    培训开发
            │                            │             职业发展
            │                            │
            │                            ▼          辞退，不续签合同，劳
            │                  ┌──────────────┐    务输出，退休，缩减工
            │                  │ 劳动力过剩   │───►作时间
            ▼                  └──────────────┘
   ┌────────────────┐                    ▲
   │   执行计划     │────────────────────┤
   └────────┬───────┘                    ▼          加班，补充，培训，晋
            │                  ┌──────────────┐    升，工作再设计，借调
            │                  │ 劳动力短缺   │───►
            ▼                  └──────────────┘
   ┌────────────────┐
   │   执行反馈     │
   └────────────────┘
```

图10—2 公共部门人力资源规划的任务、程序及其供需关系平衡

资料来源：参见孙柏瑛主编《公共部门人力资源开发与管理》，中国人民大学出版社2010年第2版，第210—215页；彭剑锋主编：《人力资源管理概论》，复旦大学出版社2006年版，第177、181页；道客巴巴 http://www.doc88.com/p-484725945701.html 等。

二 工作分析与职位评价

如前所述，工作分析是整个人力资源管理系统建构的基础，为人力资源后续管理环节提供了必需的信息基础和拟需评价的关键因素归集。工作分析又称职位分析（Job Analysis），指公共部门采取一系列工作岗位测量技术和方法，获取与组织特定工作相关的详尽信息，评估其工作性质以及承担职责、繁简难易，据此对职位的工作内容和职务规范进行信息归纳和描述的过程。工作分析发源于20世纪初的科学管理时代，科学管理之父泰勒主张对组织中的每一项工作进行研究，了解其本质，以制定标准化的工作程序和方法，并科学地选拔和训练工人。后来，工作分析方法在企业、军队和公共组织广泛应用。20世纪中叶，它还被作为反对就业歧视、倡导同工同酬、促进组织正义的重要手段。

工作分析有两项基本工作：第一是工作描述（Job Description），要获得TRP，即任务（Task）、责任（Responsibility）、绩效（Performance）信息，建立并写作规范的职位说明书；第二是建立工作规范（Job Specification），要获得KSAOs，即知识（Knowledge）、技能（Skill）、能力或态度（Ability & Attitude）及其他（Others），形成履职的素质要求。两者相互联系，密不可分，前者为后者提供依据，后者落实用人的结果。

工作描述的任务是将组织相关职位所对应的工作信息提取、归纳出来，客观地呈现职位工作的内涵与性质。描述一般从特定的组织图着手，在了解组织内设的权力关系、责任关系、工作程序、沟通形态的基础上，把握职位的工作任务要点，可以概括为6W2H：工作的任务和职责是什么（What）？此职位设置的目的是什么（Why）？由谁从事此项工作以及职位的名称是什么（Who）？职位所涉及的相关人，如客户或组织工作联系者，如领导是谁（Whom）？何时工作（When）？在哪里或什么条件下工作（Where）？用何种方式工作（How）？以及组织为其付出支付多少报偿（How Much）？通过这些信息分析，组织力图清晰描述职位工作的性质、职责、繁简、难易的情况，从而展示职位的工作状态。工作描述的作用在于：指引员工明确自己的任务、责任、绩效以及可以采用的工具手段；清晰职位之间事务的边界和职责关系；为组织比对责任、分类职位、建立职务等级提供客观、理性的依据。

工作规范制定的任务是根据工作描述提取的职位信息，阐述与职位工作任务要求相匹配的主体资格条件，以确认人员选拔、任用的基本条件，达到人事相宜。一般而言，工作规范的主要内容是可以看到、识别和陈述的主体性资格。然而人的复杂性，决定了人的很多主体特质是隐藏在行为背后的、是潜在的，如果不经过长时间接触或在关键事件的行为显示，是很难识别的。著名管理学家大卫·麦克利兰（David McClelland）用"冰山模型"（如图10—3所示）来隐喻个体浮出水面的素质部分仅仅是"冰山"的一角，大部分个体品质往往潜藏在水底，但潜藏的部分恰恰是影响个体外向行为的最核心因素，包括价值观、动机、个性等。正是这些因素决定了人们行为模式与素质高低，决定了个体在组织活动中选择的价值取向。经验性研究显示，组织越复杂越重要的工作，就越需要员工积极、主动、坚韧、自信、富有挑战的品质。故此，组织人力资源管理不仅要关注任务，还需要关注员工的价值观与素质养成，引导员工形成正确的工作动机，激发员工良好的合作观念。由此，员工素质或胜任力开发业已成为人力资源管理的一项重要工作。

知识：个人在一个领域内掌握的信息综合

技能：个人运用他/她所掌握的知识的方式和方法

社会角色定位和价值观：个人呈现给社会的形象

自我形象：个人对自己的形象定位

个性特征：个人以一定方式产生行为的性情和气质

动机：对行为不断产生驱动作用的需求和想法

图10—3 麦克利兰关于人的素质或胜任力的"冰山模型"

资料来源：参见 MBA 智库百科，http：//wiki.mbalib.com/wiki/。

职位评价又称"工作评价"，是继工作分析之后的管理活动。显然，组织从事工作分析不是为分析而分析，而是借助于分析所收集和提供的信息，按照一定标准，对相关职位及其工作的价值进行排位、排序，它使组织不同工作分出档次和等级。据此，组织根据职责大小、重要性高低、付出多少赋予职位以相对的价值。这样，一方面为公平导向的薪酬体系的建立提供客观依据；另一方面，标明了组织对于工作评价的价值认同，即员工怎样的工作投入和努力可以获得组织的赞赏。因此，职位评价在人力资源管理中十分重要，发挥着承上启下的作用。

职位评价是人力资源部门运用专门的技术和程序，在工作分析的基础上，对职位上的工作进行系统比较，确定职位在组织整体工作序列中的相对位置以及价值次序的管理过程。职位评价的技术主要包括排序法、分等法、评分法和因素比较法等，其最终结果是要在横向划分出职位类型，将具有相近性质的职位归并成为职位簇，统领职位性向的特征；同时在纵向上划分出职位等级，形成职级系列，搭建员工职务流动和上升的阶梯，建立起分类与分等交叉的网络状人事管理系统。

三　招募甄选、考试录用与公开选拔

在人力资源管理的实际操作中，人员"招募"和"甄选"两个词汇常常被混同使用、相互替代，实际上两者有联系，但却是完全不同的管理活动。公共部门人力资源招募是指公共组织在人力资源规划的基础上，根据工作需要或职位空缺，依靠人力资源供需信息，通过一定渠道和手段吸引和获取求职者来补充组织空缺职位的活动和过程。而公共部门人力资源甄选则指公共组织通过专业化的人事测评手段，从所有求职应聘者中择优选择出符合职位工作性质，具备职位所需知识、能力、技能要求，能够胜任工作的人员的过程。人员招募甄选包括三项基本活动：一是界定组织的人员需求；二是通过一定渠道招募候选人；三是运用一定评估方法甄选候选人。

人员甄选的目的在于形成一个稳定的工作候选人的蓄水池，并应用适当的甄选方法和程序，在最优的时间和预算约束条件下，实现合适的人与合适的工作职位间的相互匹配。人员招募有两条基本途径：第一，内部招募途径，指在组织内部挑选合适的人员补缺。它包括内部公开招募、晋升和交流调配等方式。有些组织往往只重视外部招募，其实，内部招募也有很大优势，它有助于激励员工的士气，有助于形成员工对组织目标的认同和支持，且成本较低。其缺点是，易形成"近亲繁殖"并导致晋升中的"政治"因素干预。第二，外部招募，是指组织从外部的各种渠道获取人员补充空缺的方法。它包括广告媒体招募、校园招募、职业中介机构、网络招募、猎头公司、人才交流大会和推荐等。外部招募的优势是：给组织带来新的想法、技能、显示组织的开放性，

获得更大的候选人蓄水池、激励老员工竞争；它的缺点是：可能增加不确定性而承担一定难度和风险，新员工需要更长时间适应组织工作乃至文化，内部员工感到被忽视，等等。概括说，最佳的招募是应该内部招募和外部招募有机结合，结合匹配的方式可以视组织战略目标需求、职位类别和劳动力市场状况而定。

甄选是人力资源管理最古老的功能和方法，可以说，自古而来的人事管理就是从选人开始的。在今天，随着心理学、行为科学和操作主义的发展，组织的人事甄选向科学主义和理性主义方向发展，甄选技术方法日益多元和缜密。一般说来，与素质模型对应，人员甄选要考量应试者下面的特质：基本生理与社会特征，包括性别、年龄、户籍等；知识与技能特征，包括学历、专业工作经历、其他工作经历、专业资格证书、国内外培训经历等；个性与心理特征，包括各种素质、人格、价值观与兴趣偏好、能力倾向等。人员甄选的技术既有传统的也有现代的，传统的有笔试和申论写作、结构化、非结构化或压力面试；现代的有心理测试和综合性的测评中心（Assessment Center）等。甄选技术对于选人质量十分关键，故此选择适当的甄选方法很重要。选择的标准主要是，甄选方法的信度、效度、普遍适用性、效用以及合法性。

在我国党政机关和一部分事业单位，初任公职人员的招募甄选采用国家和省级政府人事主管部门统一组织的公开录用考试的方式。初任人员的考试权在国家层面由国家人力资源与社会保障部，在地方层面由各省、自治区、直辖市人力资源与社会保障厅（局）分级执掌，在省以下不再向下划分考试权，以保证考试的统一性和公正性，防止地方政治因素和人情关系的干扰。每年，中央和省级人事主管部门发布招考公告，开放职位需求信息和拟招募人员的素质要求，进行资格审查，并本着"公平、平等、竞争、择优"的原则组织涉及行政职业能力和申论测试的笔试考试。在笔试成绩的基础上，按照5∶1的比例，进入面试。面试在人事主管部门的业务指导和监督之下，由用人单位组织实施，选拔出组织需要的人员，上网公示，经过政审考察和体检，最后予以录用。

20世纪80年代中期，尤其是90年代以后，为了提高领导干部任职的公正性，防范任人唯亲，打破用人垄断，一些地方党政机关在当地组织部门的倡导下，开始探索领导干部推举、考试和竞争性公开选拔制度。20世纪之后，在中共中央组织部大力推动下，各地党政机关开始大面积实施"一推双考"、

"双推双考"等制度，依照公共组织领导推荐、群众推举、自荐等方式提名拟升职的候选人，经过统一考试、综合面试等公开竞聘程序，结合候选人任职期间工作业绩状况，选拔优秀任职者。随着制度设计的日趋完善，目前党政干部公开选拔风生水起，不仅涉及的职位数量在增加，领导职位层级也在上升，而且还突破了地域限制，建立了跨地区招募机制。在形式上，启动了公开竞聘的新方法，例如运用传媒工具，电视直播候选人的竞聘面试过程，现场公众提问拷问候选人施政想法，体现了党政机关领导者选拔任用过程的公开性、开放性、透明性。

四　绩效管理与考核

如前所述，绩效管理是组织提高整体能力的重要工具。一方面，绩效管理是组织战略目标与部门、人员行为方向有机链接的中介；另一方面，它是组织建立标准、形成激励的管理手段。在倡导系统观念的组织中，绩效管理的根本目的是持续改善组织和个人的工作绩效，增加绩效改进的动力和能力。

绩效管理是指组织为达到所期望的富有价值的增值结果，借助测量和评估的手段，按照一定的指标体系，对组织和个人所达成的绩效结果进行考察和鉴定的活动，以此作为诊断组织问题、清晰组织差距、寻找改进方式、提升绩效水准的基础。从组织绩效管理内容模块上看，它在组织战略目标和愿景之下依次分解组织总体绩效、部门绩效、项目绩效和个人绩效。个人绩效考核是整个组织绩效管理系统中不可或缺的一环，主要考察员工在实现目标的过程中，其行为是否达到了组织规定的职业化标准，是否按照既定程序正确地履行了责任。从管理流程看，绩效管理包括四个环节：绩效计划，制定绩效管理的规则和执行程序；绩效衡量，根据组织目标，选择衡量绩效的指标，形成测量体系并赋予指标以权重；绩效追踪和反馈，根据绩效测量结果，发现组织问题，寻求解决问题的方案；绩效结果使用，根据绩效测量结果，对相关的部门和人员进行奖惩激励，鼓励员工的积极努力行为。

绩效考核主要针对员工的工作行为进行考察，考核聚焦在员工工作的结果以及影响结果生成的过程因素，前者注重员工客观、可视甚至是可计量的实际业绩，代表员工直接的结果。然而，很多职位上的工作任务是难以标准化和计量的，而且计量可能导致行为扭曲，因而考核更注重后者倡导的员工在行为过程中表现的工作态度、工作能力和关键行为，从中可以折射组织的价值观认同。有机结合结果考核和过程考核，有助于全面考察员工的行为状况。公共部门人员绩效考核的内容主要包括：第一，工作业绩，指完成工作的结果，如数量、增长率、额度等；第二，工作态度，指对工作任务和环境的认知与心态，如积极性、主人翁精神、责任心、纪律性、协作性、归属感等；第三，工作能力，指工作过程中显示的促使其完成任务的本领，如体能、知识、技能、心智模式等；第四，潜在考核，指对员工身上具有的潜在禀赋进行评估。

在管理实践中，人们开发了非常丰富的人员绩效考核方法，应用于不同的组织之中。公共部门人员绩效考核办法分为两类：一是非系统的人员绩效考核方法；二是系统的人员绩效考核办法。

非系统的绩效考核方法一般仅将个体员工的工作状况为考察对象，少有个体绩效与组织总体目标链接的议程，其方法比较传统，约束性较差，但简便易行。罗列其基本方法有：①自我鉴定报告法。员工向组织自我陈述自己的业绩表现。②业绩评定法。组织提供限定的评价因素，并划分评价等第，由接触员工相关的人员进行打分，予以鉴定。前两种方法是公共部门测评中常用的方法。③交替排序法。主管按照绩效表现分别从好的和坏的两头依次给员工业绩排序，在比对基础上形成序列。④配对比较法。将每一位员工按照所有的考核要素与所有其他员工进行一一比对，排列出绩效名次。③④两种方法所涉及的人员规模不能太多，否则操作的复杂性极大。⑤强制分布法。为了避免大多数人员都得到较高的考核等第，组织强制规定各个等第的比例，这种办法在组织中也很常用。⑥图解考核法。组织列出期望或不期望员工出现的行为特征，对每一种行为特征进行界定说明，与此同时，在每个人行为特征旁边做出一个分数递增或递减的考核尺度（Scale），由参评人在相应的位置打分，获得评价结果。⑦行为定位评定量表。基于关键事件法，组织将员工在工作中出现的关键行为描述出来，再根据高低标准对行为分层，外显出员工行为水准的高低。这种方法可以让评价人有情景感知的特点，打分更客观，但是评价量表制作比较费力。

系统的绩效考核办法重在将组织目标与个体考核要求链接起来，主张整体性、一体化的考核，个人考核是组织目标分解的结果。主要的方法有：①目标管理法（Management by Objective，MBO）。组织最高层领导根据组织内外部环境，制定出一定时期内组织业务活动所要达到的总目标，然后层层分解落实，要求下属各个部门主管人员乃至员工制定相应的行动措施,形成目标体系。员工在目标的指引下,得到来自上层的授权,自主地完成任务。②平衡计分卡(Balanced Score Card,BSC)。组织提取与战略发展密切相关的核心因素,称为维度。组织清晰阐述各个维度围绕组织整体目标而需要努力实现的子目标,并为每个子目标赋值,在此基础上,依据子目标制定绩效指标以及行动方案。总体目标称为组织战略地图,每个维度的目标与绩效指标称为分项战略地图,从而将战略经由绩效转化为行动。一般而言,组织选择四个关键维度,即财务维度、顾客维度、流程维度和学习与发展维度,组织力求在这些维度间达成平衡,以保证组织的持续发展能力。③关键绩效指标(Key Performance Indicators,KPI)。为了凸显组织战略目标并简化繁杂的绩效指标体系,组织会选择反映战略特点,易于理解并具有客观性的定量或行为化指标,显示组织对员工绩效的期望。显然,KPI要求控制指标的数量,并遵循SMART的原则设定指标。S代表指标具体性(Specific)、M代表指标可度量性(Measurable)、A代表指标可以达到(Attainable)、R代表指标现实性(Realistic)、T代表指标有时间限制(Time-Bound)。④360度评估,又称"全方位全视角考核法",它通过站在不同位置上与员工有多角度接触的人群,如上级主管、同事、下属、合作伙伴和顾客,分别对员工行为方式和业绩成果进行打分,使得组织更加全面、准确地把握员工的工作业绩。360度考核是员工参与管理的考核方式,在一定程度上增加了员工的自主性和对组织的忠诚度。

五 薪酬设计

薪酬管理在人力资源管理中的重要性不言而喻。组织对员工生活和持续发展的保障,对员工付出努力的肯定和回报,对组织公平正义的维护,都是通过薪酬管理这个工具来实现的。薪酬(Compensation)的字义具有"平衡"、"弥补"、"补偿"内涵,指员工因完成工作任务而从组织获得的外在薪酬和内在薪酬的总和。薪酬包括两个部分,外在薪酬(Extrinsic Compensation)是指员工获得组织给予的货币报酬和非货币报酬,传统上称为工资、薪水,是薪酬系统中的核心部分。内在薪酬(Intrinsic Compensation)则指员工因完成任务而得到的心理满足,它主张通过内在的因素来激励员工的动机。形成激励的内在因素一般来源于工作或任务本身,称为"任务特征论"。这些因素包括五个方面:技术多样性、任务特性、任务的意义、自主权和反馈。薪酬也可分为广义薪酬或整体薪酬和狭义薪酬。前者指员工基于雇佣关系从组织获得的所有利益的总和(如图10—4所示),狭义薪酬则指员工从组织所得到金钱与各种形式的服务和福利,即货币以及非货币形式的各种福利。

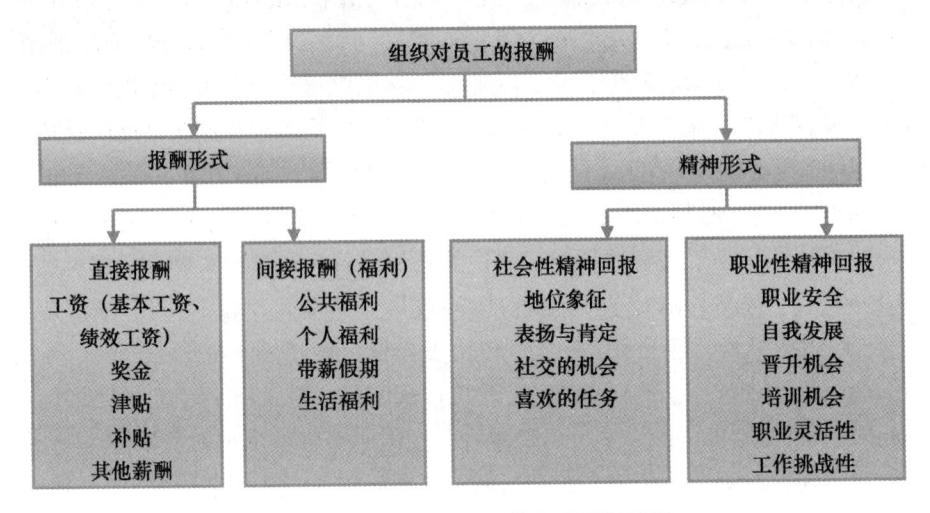

```
                    组织对员工的报酬
            ┌───────────┴───────────┐
         报酬形式                  精神形式
        ┌────┴────┐            ┌────┴────┐
     直接报酬   间接报酬(福利)  社会性精神回报  职业性精神回报
     工资(基本工资、  公共福利     地位象征       职业安全
     绩效工资)      个人福利     表扬与肯定     自我发展
     奖金          带薪假期     社交的机会     晋升机会
     津贴          生活福利     喜欢的任务     培训机会
     补贴                                    职业灵活性
     其他薪酬                                工作挑战性
```

图10—4　组织的报酬结构与薪酬结构图

资料来源:滕玉成、于萍主编:《公共部门人力资源管理》,中国人民大学出版社2008年版,第299页。

组织薪酬具有补偿、激励和调节三大作用,以实现对员工的保障,引导其合理流动。确定公共部门人员薪酬时应遵循以下原则:第一,与组织战略一致,对实现组织战略目标贡献大的职位和人员,应获得薪酬分配上的倾斜;第二,按劳付酬原则,遵循按劳分配宗旨,体现工作职责、工作能力、工作实绩、资历经验等因素在薪酬结构中的适度比例,保持职务、级别间的合理工资差距;第三,比较平衡原则,参考同一地区企业职工的平均薪酬水平,力求使公共部门人员平均薪酬水平与企业职工的薪酬水平大体平衡;第四,同工同酬原则。对担任相同职务或从事相同工作的人员,应给予大致相同的薪酬待遇,不应因其性别、民族、出身等不同而存在差异;第五,定期增薪原则,依照经济社会发展水平,政府财政预算保证一定的经费用于员工薪酬的定期增加;第六,法律保障原则,对公共部门人员的薪酬应强调依法管理,保障人员获得薪酬的基本权利；第七，立法约束原则，与企业组织自行决定薪酬不同，作为公共预算重大支出事项，公共部门人员薪酬增长需要立法机构通过议案。

多个因素共同决定着薪酬的结构，所以薪酬制度的设计十分复杂。组织的任务特质差异以及对组织目标及各个影响因素认同的取向、偏好不同，对薪酬制度设计的侧重也有所不同，由此在实践中形成了很多薪酬等级制度，体现了薪酬要素不同组合方式所具有的特征。

1. 技术等级薪酬制

将职位根据劳动技术和任务复杂、繁简、精细程度等因素划分为不同的技术等级，并逐一对应规定薪酬标准，然后再对员工的技术水平、熟练程度进行评定，确定其相应的薪酬水平的一种薪酬制度。若本人技能有所提高，经过考核可相应提高工资。这种制度以劳动质量来区分劳动差别，提升能力的目标明确，比较适合对工作技能要求高、工作内容不固定的组织。

2. 职务薪酬制

根据职务的工作价值和工作特点，即职务对人员的知识、技能需求以及工作复杂程度、责任大小和工作环境等因素来确定的薪酬标准，其依据来自于工作分析和职位评价。职务薪酬根据工作付出支付薪酬且评价相对客观，较好地贯彻了同工同酬的原则。但由于薪酬结构的基础是职务，因此，如果晋升空间小，提薪的机会也较小。职务薪酬体系又包括单一型职务薪酬制，一个职务对应一个薪酬标准；一职多级型职务薪酬制，每一个职务设有若干等级的薪酬标准，可以按照工龄、贡献、工作熟练程度等，晋升薪酬等级，解决单一型职务薪酬制的通道狭窄问题，目前高校教师的技术职称就采用这一结构；职务间上下交叉型职务薪酬制。在一职多级薪酬制基础上，允许相邻不同职务间的薪酬标准上下交叉。

3. 职等薪酬制

是在以美国为代表的职位分类基础上形成的政府公务员工资制度。它在按照工作性质、责任大小、繁简程度、资历条件以及工作环境等因素进行职位分类的基础上，给每一职等和职级的员工配以不同的薪酬标准的制度，薪酬由职位决定，并依照年资和业绩考核的结果决定升级情况。这种薪酬制度突出"以事为中心"，凸显了依法管理、内部平衡、同工同酬的原则。

4. 结构薪酬制

又称"分解薪酬制"、"组合薪酬制"或"多元薪酬制"。它根据决定薪酬的不同因素和薪酬的不同作用,将员工薪酬分解成几个部分,通过对各个部分薪酬数量及其比例的合理确定,形成员工全部薪酬的制度。1993年工资改革前,我国公务员和事业单位比较多采用这种制度,薪酬由基础薪酬、职务工资、工龄工资、奖金四个部分构成。

5. 职务级别工资制

简称"职级工资制",是职务等级薪酬制与结构薪酬制结合的产物。根据人员的工作职责大小,一个职务对应一个工资标准,为职务工资,同时按照设立实绩和资历等级对应的薪酬,为等级工资,职务与等级之间有一定对应关系。我国1993年公务员实施此项工资制度,由职务工资、级别工资、基础工资和工龄工资四项构成;2006年再度改革,将四项调整为职务工资和级别工资两项。

6. 岗位技术等级薪酬制

是综合传统技术等级工资制与职务工资制的产物。以工作技能、责任、工作强度、工作环境等因素为评价基础,以岗位工资和技能工资两部分为主要构成的工资制度。我国公共部门雇用的技术工人主要采用这种工资制度。岗位工资根据工作难易度和工作质量来确定,由低到高排列;技术等级工资则根据技术水平高低确定,一个技术等级对应一个工资标准。

7. 宽带薪酬制

又称"宽带型薪酬结构",是美国20世纪80年代末90年代初企业组织倡导的工资模式,适应了扁平化、流程再造、团队建设的组织改革趋势。1980年在美国联邦政府中首先试验。宽带薪酬将传统薪酬结构中严格的等级打破,用数量较少、跨度较大的薪酬层级替代,将原有十几个甚至二十几、三十几的薪酬等级压缩到几个等级中,将每个薪资级别所对应的薪资变动范围拉大,形成一个新的薪资管理系统和流程。因此,改变了传统结构中员工晋升不到更高职位就无法获得更高薪酬,阻塞职位内人员轮换流动的弊端。在同一薪酬宽带内,员工的薪酬变动范围比以往五个等级都大。它不仅支持了组织的扁平化管理意图,而且促进了员工技能提升和跨职能成长。

此外,公共部门人力资源管理其他环节,如职位分类、培训开发、职业生涯规划、福利保障、劳动关系、辞职辞退等,也十分重要。正是这些管理环节合力发挥作用,共同创造了当今公共部门以"战略制导"、"人本"、"胜任力发展"、"持续开发"为目标的人力资源管理系统,为构建致力于服务水准提升的公共部门提供了坚实的组织管理基础。

思考题

1. 什么是公共部门人力资源管理？
2. 公共部门人力资源管理有哪些功能？
3. 公共部门人力资源管理的目标包括哪些？
4. 简述公共部门人力资源管理理念的演进历程。
5. 与人事管理相比，公共部门人力资源管理有何不一样？
6. 公共部门人力资源管理主要包括哪些内容？

第十一章

公共危机管理

作为现代公共管理的重要组成部分之一，公共危机管理是指公共危机管理主体为防范潜在公共危机和治理既成公共危机而进行的一系列管理活动。这种管理活动的有效进行必须遵循一系列原则，依赖健全的管理体制。公共危机管理过程可以分解为公共危机预防与应急准备、公共危机监测与预警、公共危机应急处置与救援、事后恢复与重建四个基本环节，每一个环节又涉及了若干具体工作。在公共危机管理过程中，信息发布、媒体沟通与舆情引导，资源配给，协作与参与，公民教育，公共危机管理法制化，从属性危机防范都是必须予以高度重视的关键议题，它们对公共危机管理工作的有效开展至关重要。

第一节 公共危机管理基本理论

公共危机特指发生在特定公共领域的危机，它与企业危机或发生在其他领域的危机有所不同，对这种危机的预防、监测与预警、应对等工作构成了公共危机管理的主要内容。那么，什么是公共危机、什么是公共危机管理、公共危机管理的核心原则有哪些，对这些问题的回答就构成了本节所谓的公共危机管理基本理论之内容。

一 公共危机释义

从词源上看，危机（Crisis）这一词语源自希腊语中的 krisis，意思是分离（to separate），该词最初用于医学领域，指人濒临死亡、游离于生死之间的状态,后来危机一词所指的对象不断扩展,并于18—19世纪逐渐被引入政治领域,用以描述政治体制或政府处于紧急状态。① 如今,危机一词已运用于包括企业管理与公共管理等领域在内的诸多领域。

关于危机这一概念的定义,不同的研究者根据自己的研究主题与研究需要作了不同的阐述。比如:伊恩·I. 米特罗夫(Ian I. Mitroff)认为"危机是一个实际地威胁或潜在地威胁到组织整体的事件"②;迈克尔·布兰德(Michael Bland)将危机界定为"造成组织的安全、环境或组织、产品信誉被不利宣传,使组织陷入危险边缘的严重意外事件"③;薛澜等人在既有研究的基础上指出:"危机通常是在决策者的核心价值观念受到严重威胁或挑战、有关信息很不充分,事态发展具有高度不确定性和需要迅捷决策等不利情境的汇聚"④。危机一词应用领域与语境广泛,研究危机及其管理的学者众多,他们为危机所下的定义纷繁复杂、莫衷一是,"已经达到了100多种"⑤,这里不逐一赘述。

胡税根等人对危机的界定,即"所谓危机,就是指在出现非正常社会秩序状态的情况之下,出于其紧急性和危害性,在时间压力和不确定条件下作出决策的事件"⑥,当危机发生在公共领域、危及公共利益的时候,所谓的公共危机就出现了。公共危机"就是指在某种情况下,由于缺乏准确预测或者有效预防而发生的某一突发性事件,对社会公共秩序形成巨大冲击,对社会造成极大破坏,对不特定人群的生命、财产等构成巨大威胁,危及公共安全,并要求政府组织社会共同采取紧急措施加以应对的危险状态或危险事件"⑦。尽管学术界对公共危机与突发事件有所区别,但在国内官方文件中,公共危机往往被称作突发事件,由于篇幅所限,这里将不再讨论二者在学理上的区别。根据《中华人民共和国突发事件应对法》与《国家突发公共事件总体应急预案》等相关文件,突发事件主要有四类:一是自然灾害,主要包括水旱灾害、气象灾

---

① 张永理、李程伟:《公共危机管理》,武汉大学出版社2010年版,第4页。

② Ian I. Mitroff, *Managing Crisis Before Happened*, New York: American Management Association, 2001, p. 34.

③ Michael Bland, *Communicating out of a crisis*, Basingstoke, Hampshire: Macmillan, 1998, p. 5.

④ 薛澜等:《危机管理》,清华大学出版社2003年版,第25页。

⑤ 刘奕:《公共危机系统管理》,上海人民出版社2012年版,第7页。

⑥ 胡税根等:《公共危机管理通论》,浙江大学出版社2009年版,第3页。

⑦ 同上书,第5页。

害、地震灾害、地质灾害、海洋灾害、生物灾害和森林草原火灾等；二是事故灾难，主要包括工矿商贸等企业的各类安全事故、交通运输事故、公共设施和设备事故、环境污染和生态破坏事故等；三是公共卫生事件，主要包括传染病疫情、群体性不明原因疾病、食品安全和职业危机、动物疫情，以及其他严重影响公众健康和生命安全的事件；四是社会安全事件，主要包括恐怖袭击事件、经济安全事件和涉外突发事件等。

　　无论是哪一类公共危机，其发生都将对相应公共领域产生一系列的负面影响，比如：对公众利益形成严重威胁、直接造成资源的损失；直接打断国家的正常发展规划；直接导致投资的气候和环境恶化；破坏政府的公共形象，降低政府的社会公信力和支持度；直接考验政府的抗逆水平和综合管理能力，并间接导致政治的不稳定。① 当然，公共危机的影响也不完全是负面的，它也有一定的积极意义，曾经的全国人大副委员长、民盟中央主席丁石孙先生在论及"非典"事件时就曾表达过类似的观点："SARS 疫情当然是一个坏事，但在战胜它之后，它又不完全是坏事，它使我们警醒，使我们认识到 GDP 的增长固然重要，但是整个社会的协调发展、社会的安全同样不容忽视。"② 那么，公共危机的积极意义主要有哪些呢？有研究者总结出如下几点：公共危机能够增强人们对自然的认识，促进人与自然的和谐，促使人类社会反思并规范自己的行为；公共危机能够促进社会的协调和整合，具有社会的"安全阀"和促进社会的进步与发展的功能；公共危机可以改变一个社会的组织结构、社会关系和信念体系，从而为社会的发展提供变革、改进和创新的机会；公共危机可以提高政府对公共问题的敏感性，从而成为公共政策改进和完善的外部动力；公共危机可以促使政府改进治理方法，提高治理能力，从而推进政府的治道变革。③

二　公共危机管理基本要义

　　如前所述，公共危机既有负面的影响，也有积极的意义。那么，我们如何

---

① 张小明：《公共部门危机管理》，中国人民大学出版社 2013 年版，第 24—25 页。
② 丁石孙：《城市灾害管理》，群言出版社 2004 年版，序第 2 页。
③ 张小明：《公共部门危机管理》，中国人民大学出版社 2013 年版，第 24—25 页。

才能尽量防范公共危机的发生，或在公共危机发生之后尽量降低其对特定公共领域之政治、经济、社会的负面影响，或尽可能地开发其积极意义呢？这一切的关键，都在于公共危机管理工作。

所谓公共危机管理，就是指公共危机管理主体为防范潜在公共危机和治理既成公共危机而进行的一系列管理活动，它"是一种有组织、有计划、持续动态的管理过程，政府针对潜在的或者当前的危机，在危机发展的不同阶段采取一系列的控制行动，以期有效地预防、处理和消弭危机"，其重点在于"危机信息的获取和预警；危机的准备与预防；危机的控制与回应；危机后的恢复与重建；持续不断的学习与创新"[①]。公共危机管理具有一系列明显的特征：一方面，公共危机管理兼具预防性与应急性，即公共危机管理是一种预防性的工作，这主要针对潜在的危机，同时公共危机管理也是一种应急性的工作，这主要针对既成的危机；另一方面，公共危机管理主体具有一体多元性，所谓一体，就是指政府部门主导着公共危机管理，在公共危机管理过程中承担着主要责任；所谓多元，主要是指公共危机管理主体是多样化的，除了政府部门以外，社会团体、公民个人乃至企业都在公共危机管理过程中发挥一定的作用；再一方面，公共危机管理是一种需要决断也需要权变的管理，因为公共危机具有突发的性质，公共危机管理在某种意义上需要临机决断，但公共危机同时也具有巨大的不确定性，这就意味着公共危机管理需要具备权变性，即要因时制宜、因地制宜、因人制宜。

为进一步明晰公共危机管理的基本要义，我们有必要比较公共危机管理与相近概念的不同，这里主要对企业危机管理、政府危机管理、公共部门危机管理、风险管理、应急管理与公共危机管理的不同作简要阐述。

公共危机管理与企业危机管理的不同是显而易见的：一方面，公共危机管理与企业危机管理的主体构成不同，公共危机管理的主体包括政府、各种社会团体、公民个人乃至企业，企业危机管理的主体则主要是企业自身；另一方面，公共危机管理与企业危机管理的目的也是不同的，公共危机管理的目的是实现与维护特定公共领域的个人与组织安全，企业危机管理的目的则主要是企业自身的存续与发展。

---

① 张成福：《公共危机管理：全面整合的模式与中国的战略选择》，《中国行政管理》2003年第7期。

公共危机管理与政府危机管理、公共部门危机管理也是不同的：一方面，政府危机管理和公共部门危机管理包含了对政府部门与公共部门自身危机的管理；另一方面，当政府危机管理和公共部门危机管理关系到公共危机管理所涉及的管理对象时，它们也更强调政府和公共部门的角色与功能，而没有突出公共危机之管理主体的多样性特征。

最后，公共危机管理与风险管理和应急管理也是有区别的：风险管理旨在"通过风险识别、风险衡量、风险评估、风险控制等方式，对风险实施有效控制"①，风险管理体现的是"防患于未然"的管理理念；至于应急管理，则旨在通过一系列手段对突发的事件进行处理，从而使受到突发事件影响的人们摆脱危险状态。从某种意义上说，风险管理和应急管理都是公共危机管理过程的一个组成部分，其中，风险管理主要与公共危机管理过程的防范及监测和预警环节相关联，而应急管理则主要与公共危机管理的危机响应环节相关联。

三　公共危机管理核心原则

在公共危机管理过程中，必须遵循一些原则，以便公共危机管理有序、有效地开展，努力实现公共危机管理立足点、切入点、落脚点"三点一线"。关于公共危机管理应该遵循的原则，已有一些研究者做过相关探究。王宏伟认为，公共危机管理应该遵循的原则有：预防性原则、动态性原则、系统性原则、协调性原则、灵活性原则、专业性原则。② 胡税根等将公共危机管理应遵循的原则概括为：居安思危、未雨绸缪原则；公众利益至上原则；透明度原则；真诚坦率的沟通原则；快速反应的原则；富有创意、注重实效的原则；勇担责任的原则；专业性原则。③ 张永理和李程伟强调了效率性原则、协同性原则、安全性原则、依法应对原则、科学性原则、适度性原则。④ 汪大海则概括出全面管理、全程管理、全员管理三原则。⑤ 这里结合既有阐述与《国家突发

---

① 张永理、李程伟：《公共危机管理》，武汉大学出版社2010年版，第14页。
② 王宏伟：《公共危机管理》，中国人民大学出版社2012年版，第21—22页。
③ 胡税根等：《公共危机管理通论》，浙江大学出版社2009年版，第20—22页。
④ 张永理、李程伟：《公共危机管理》，武汉大学出版社2010年版，第17—18页。
⑤ 汪大海：《公共危机管理》，北京师范大学出版社2012年版，第69—70页。

公共事件总体应急预案》的相关论述，列举出下列几条公共危机管理的核心原则。

一是注重预防，增强公共危机管理前瞻性。对于公共危机，要应急，也要预防，甚至预防更重要，即要增强忧患意识、做到防患于未然，只有这样，才能增强公共危机管理前瞻性。正如有研究者在讨论企业公共关系危机管理时所指出的那样，无论任何危机，首要的目标是尽快结束危机，但比这更重要的是要做到防患于未然。[①]

二是快速反应，提高公共危机管理时效性。公共危机是需要预防的，但当公共危机已经成为事实时，就必须快速作出反应，以提高公共危机管理时效性。具体地说，就是要调配工作人员调查原因、安抚受影响者、尽量抑制危机的扩散，否则就会贻误危机应对最佳时机，甚至导致事态恶化。

三是加强协作，强化公共危机管理协同性。一方面，要在党中央、国务院统一领导下，进行分类管理、分级负责、条块结合、属地管理，同时在各级党委领导下实行行政领导负责制，充分发挥专业应急指挥机构的作用，加强各部门的联动协调；另一方面，要充分动员与发挥社区、企事业单位、社会团体与志愿者的作用，依靠公众力量，形成政府与社会协同应对机制。协作的过程中，公共危机管理必须透明化、必须坦诚互动，而且政府部门必须承担起应有的责任。

四是放眼全局，强化公共危机管理整体性。公共危机管理切记拘束于当时、当事、当地，而要体现动态性与系统性、强化公共危机管理整体性。应当动态地审视公共危机的发展和演化，从全程意义上进行公共危机管理；应当充分考虑到公共危机管理的决策支持、资源配备等方面；同时，还必须关联性地看待周边相应区域的环境因素。

五是随机应变，提高公共危机管理权变性。公共危机具有突发性和不确定性，这在客观上要求公共危机管理能随机应变。当预防阶段的公共危机管理设计不足以应对所发生的公共危机时，或者在应对公共危机的过程中出现了新情况，公共危机管理者就必须及时地以创造性或创新性的方法应对危机。

六是依靠科技，提升公共危机管理科学性。在公共危机管理过程中，一方面，要加强相应的公共安全科学研究与技术开发、采用先进的监测与预警和应

---

① 张岩松：《企业公共关系危机管理》，经济管理出版社2000年版，第68页。

急处置技术与设施；另一方面，要充分发挥专家队伍和专业人员的作用。只有这样，才能科学地管理危机、提升公共危机管理科学性、提高应对突发公共事件的科技水平和指挥能力，同时避免发生次生、衍生危机。

七是依法应对，增进公共危机管理规范性。依法应对的原则就是依法行政原则在公共危机管理过程中的体现，依法应对旨在克服政府在应对公共危机过程中滥用自由裁量权、危害公众合法权益的问题，同时使公共危机管理工作规范化、制度化。

八是强调公益，突出公共危机管理人本性。公共危机管理要强调公益，即要坚持公众利益至上这一现代政府管理的基本原则，要在公共危机管理过程中把保障公众健康与生命财产安全作为首要的任务，要最大限度地减少公共危机及其造成的人员伤亡与危害。

第二节　公共危机管理体制

无论是哪一种管理工作，都必须以相应的管理体制为载体，公共危机管理也不例外。公共危机管理体制的建立与不断优化，为公共危机管理工作提供了有力的组织保障。在国外，公共危机管理体制的发展有着较为成熟的经验，人们概括出了美国模式、俄罗斯模式和日本模式。在中国，随着《中华人民共和国突发事件应对法》与《国家突发公共事件总体应急预案》等相关文件的颁布，公共危机管理体制的建设也取得了值得称道的成就。

一　公共危机管理体制界定

所谓体制，在《辞海》中是指国家机关、企事业单位在机构设置、领导隶属关系和管理权限划分等方面的体系、制度、方法、形式的总称，在《现代汉语词典》则指国家机关、企业、事业单位等的组织制度[1]；体制的核心，是"管理权限划分的问题"[2]。"对政府而言，体制通常是指政府的组织结构形

---

[1] 宋英华：《突发事件应急管理导论》，中国经济出版社 2009 年版，第 99—100 页。
[2] 刘霞、向良云：《公共危机治理》，上海交通大学出版社 2010 年版，第 149 页。

式及其职能配置模式,在形式上,它体现为具有不同职责权限的政府机构所组成的静态框架结构"[1]。作为各类体制中的一种,公共危机管理体制有着特定的含义,即公共危机管理主体的设置及职责权限划分。公共危机管理体制有广义和狭义之分,二者的核心区别在于它们所涉及的主体不同——广义的公共危机管理体制所涉及的主体有政府部门、非政府公共部门、企业甚至公民个人,其中,政府因其所拥有的优势、权威和强制力而处于核心地位;狭义的公共危机管理体制所涉及的主体是国家的政府机关。[2] 本章所论及的公共危机管理体制,是一种广义的理解。

对于特定国家的公共危机管理体制,我们可以从全国性与地方性两个层面去进行分析。一方面,世界上各个国家对公共危机管理的重视与强调,首先都体现在全国性公共危机管理体制的建立与健全上,而在全国性的公共危机管理体制中,担任最高领导的往往是国家最高行政长官,在最高领导之下是履行综合协调职责的综合协调机构(有常设的综合协调机构,也有非常设的综合协调机构),综合协调机构之下,则是各种履行相关专业职能的职能部门(包含了非政府公共部门、企业甚至公民个人)。另外,还有服务于作为公共危机管理最高领导之国家最高行政长官的决策辅助与咨询机构。另一方面,在世界各国公共危机管理体制设计中,公共危机的管理往往都强调属地管理的原则,公共危机管理过程中的一系列工作往往由各地方政府主导,在地方性的公共危机管理体制中,担任最高领导的往往是相应地方政府的最高行政长官,其下是直属地方最高行政长官领导的决策协调机构以及一体化的公共危机管理指挥中枢,然后就是各个地方政府职能部门以及可能的社会力量主体,同样的,也有服务于地方最高行政长官的决策辅助与咨询机构。

一个健全的公共危机管理机制,能让各政府部门各守其位、各尽其职,做到不缺位、不越位、不揽权、不推诿;一个健全的公共危机管理体制,能有效整合各种社会资源,建立起合理的政府与非政府公共部门、企业、公民个人之间的伙伴合作关系,使各方在相互信任的基础上沟通互动,协同预防与应对公共危机;一个健全的公共危机管理体制,能使公共危机管理的各级各类机构分工明确、协调一致、运作有序。总之,健全的公共危机管理体制为公共危机管

---

[1] 张成福:《公共危机管理:理论与实务》,中国人民大学出版社2009年版,第36页。
[2] 胡税根等:《公共危机管理通论》,浙江大学出版社2009年版,第124页。

理工作提供了组织保障，是整合各种政府与社会资源、高效而有序地开展公共危机管理工作的前提和基础。

那么，如何才能健全公共危机管理体制呢？这是一项复杂的系统工程，首先我们必须做好以下几个方面的基本工作：一是按照分工合作、统一指挥、行动一致等要求，建构一个高规格、强权威的公共危机管理领导与指挥机构，合理划分各部门之间的职责，明确公共危机管理各级各类机构之间的横向协同与纵向隶属关系；二是合理设计一整套精细化的公共危机管理程序，有效衔接公共危机的风险分析、监测与预警、紧急事态响应等公共危机管理环节，形成有速度、有效率、有秩序的公共危机管理机制；三是做好资源配给工作、建构好责任分担与责任追究机制。在建立与健全公共危机管理体制的过程中，要始终坚持一些基本的原则：以人为本、以防为主；权责明确、依法行政；指挥统一、运转协调；资金整合、信息共享；循序渐进。①

二　国外公共危机管理体制

在国外，一些西方发达国家的公共危机管理体制经过较长时间的发展，已经较为成熟，它们在公共危机管理体制建设方面有着比较丰富的经验。有研究者概括和阐述了国外公共危机管理体制的三种典型模式，即美国模式、俄罗斯模式、日本模式。② 美国模式的总体特色是"行政首长领导、中央协调、地方负责"，俄罗斯模式的总体特征是"国家首脑为核心、联席会议为平台、相应部门为主力"，日本模式的总体特征则是"行政首脑指挥、综合机构协调联络、中央会议制定对策、地方政府具体实施"③。本部分接下来将简要介绍美国、俄罗斯与日本的公共危机管理体制。

（一）美国公共危机管理体制

美国是世界上较早地建立公共危机管理体制的国家，其公共危机管理体制的建立历史可以追溯至 20 世纪初期。早在 1908 年，美国就成立了以联邦调查

---

① 胡税根等：《公共危机管理通论》，浙江大学出版社 2009 年版，第 131 页。
② 中国行政管理学会课题组：《政府应急管理机制研究》，《中国行政管理》2005 年第 5 期。
③ 张小明：《公共部门危机管理》，中国人民大学出版社 2013 年版，第 77 页。

局为主体的社会危机管理体制。随后，为应对经济危机与世界大战带来的战争危机，美国又先后建立了以联邦储备委员会为主体的经济危机管理体制，以及以中央情报局、国防部为主体的战争危机管理体制。第二次世界大战之后，美国先是颁布了《国家安全法》，并于1947年成立以国家安全委员会为主体的综合性危机管理体制。后又颁布了《全国紧急状态法》，并于1979年根据时任总统卡特的命令，将原来的100多个与灾害管理有关的政府部门合并起来组建联邦紧急事态管理局（The Federal Emergency Management Agency，即FEMA）——这是一个直接向总统负责、向总统报告并处理国家灾情的独立政府机构。"9·11"恐怖袭击事件之后，美国公共危机管理意识进一步强化，美国政府通过增设机构、强化危机管理部门的协调等一系列措施，进一步完善了其公共危机管理体制，"最终形成了以总统直接领导的国家安全委员会为决策指挥中心，应急性危机决策特别小组为行动指挥，国务院、国防部、司法部（包括其下属的联邦调查局和移民局）、国土安全部、美军北方司令部等相关部门分工负责，以中央情报局等情报机构为跨部门协调组织，受国会监督的综合性的国家危机管理体制"[①]。

在美国公共危机管理体制中，总统是整个体制的核心，总统在听取高级顾问或高层工作班子意见和建议后进行决策。而美国国家安全委员会则是美国公共危机管理体制的中枢，它的地位与作用十分特殊——隶属于白宫办公室、由总统直接领导，是总统私人的国家安全智囊，而非法定行政部门；该委员会自成立至今经历了多次改革，其内部机构的设置随着国际与国内安全形势变化而调整，没有固定模式，目前该委员会内部仅设置了区域性和职能性两类协调委员会，它们的主要任务是分别就世界各地区和某个社会领域之公共安全政策的制定与实施提建议。联邦紧急事态管理局是美国政府部门开展公共危机管理工作的专门独立机构，"9·11"恐怖袭击事件之后，这一机构不断扩大和加强，后于2003年加入新成立的美国国土安全部。美国国土安全部囊括了司法部内的移民与归化局、交通部内的交通安全局、财政部内的联邦法律执行培训中心、农业部下属的动植物检疫局、司法部下属的国内防备厅、联邦紧急事态管理局、全国战备储存战略物资与全国灾害医疗系统、能源部核事故响应小组、

[①] 中国现代国际关系研究所危机管理与对策研究中心：《国际危机管理概论》，时事出版社2003年版，第79页。

司法部紧急支持小组、联邦调查局所属国内预备厅等政府部门 22 个机构，它们独立分工，同时相互合作，构成了保卫美国本土安全与实施公共危机管理的统一整体。[1]

（二）俄罗斯公共危机管理体制[2]

20 世纪 90 年代以来，俄罗斯因苏联解体而经历了长期的政治动荡、经济危机与民族冲突，遭受了切尔诺贝利核事故所造成的灾难与北约东扩带来的巨大外部压力。在处置国家政治、经济与社会变故所导致之各类危机的过程中，俄罗斯逐步建立起了总统直接领导、以联邦安全会议为决策机关，涵盖联邦安全局、国防部、紧急情况部、外交部、联邦通信与情报署等权力执行部门在内的公共危机管理体制。

俄罗斯公共危机管理体制以总统为核心，并有一个由总统直接领导的跨部委危机决策中心，即 1992 年成立的联邦安全会议，联邦安全会议位高权重，它统一指挥与协调各部委行动。联邦安全会议成员包括：总统、安全会议秘书、总统办公厅主任、总理、议会上下院议长（即联邦委员会主席和国家杜马主席）、外交部部长、国防部部长、武装力量总参谋长、内务部部长、司法部部长、紧急情况部部长、联邦安全局局长、对外情报局局长、联邦边防局局长、总统联邦通信与信息署署长、总统驻联邦区全权代表、俄罗斯科学院院长等。联邦安全会议机构庞大、内部层次分明，设置了宪法安全、国际安全、独联体合作、军事安全、信息安全、生态安全、居民保健、动员准备、社会安全、反犯罪和反腐败跨部门委员会。

除了上述特点，俄罗斯公共危机管理体制的特点还有：从事公共危机管理的职能部门种类齐全，涵盖了众多社会领域，并形成了既分工负责又相互协作的完整体系——俄罗斯政府从事公共危机管理的职能部门包括诸如国防、外交、安全、边防、情报与民政等多个重要的政府职能部门；俄罗斯建立了专业化的民防抢险救援职能机构，即紧急情况部（全称是"俄罗斯联邦民防、紧急情况与消除自然灾害部"），该机构专门负责向受伤害的居民提供救援，

---

[1] 张梦中：《美国的危机管理系统及其在"非典"防范中的作用》，《中国行政管理》2003 年第 7 期。

[2] 张小明：《公共部门危机管理》，中国人民大学出版社 2013 年版，第 86—88 页。

其主要下设机构有搜索救援部、民防部队、提供空中救援的空中救援中心、专门负责爆炸、空难等事故救援的特殊危险救援中心；俄罗斯公共危机管理体制还强化了防范与打击恐怖主义的功能，具体做法有制定专门的法律以扩大公共危机管理机构的反恐权力、增设打击恐怖主义的专门机关、采取果断措施严厉打击危害国家安全和公众生命财产安全的恐怖主义活动；俄罗斯政府制定了适用于各类危机的国家紧急状态法和相关的法律法规（如2001年的《俄罗斯联邦紧急状态法》与2002年的《俄罗斯联邦战时状态法》），危机管理体制法制化水平较高。

（三）日本公共危机管理体制

日本是一个自然灾害频繁的国家，日本公共危机管理体制的发展也是从应对自然灾害开始的。从日本公共危机管理体制的发展历史轨迹来看，其发展大致经历了三个阶段：一是以单项灾种管理为主进行防灾减灾管理阶段；二是对多项灾种的综合防灾管理体制阶段；三是以加强内阁功能为主的新型综合危机管理体制阶段。[①]

在第一阶段，即20世纪50年代前后，日本于1947年制定了《灾害救助法》与《消防组织法》，后又于1950年制定了《国土综合开发法》及其他关于治山治水、防洪、防火、防震等单项灾种的法律和规划，以便更好地防灾减灾。在第二阶段，即20世纪60年代至90年代，日本从单项灾种的防灾减灾管理体制逐步转向多项灾种的综合防灾管理体制，其直接的事实缘由是1959年的伊势湾台风灾害，灾后日本政府总结单项灾种管理的弊端和教训，并于1961年制定了《灾害对策基本法》，之后，为配合《灾害对策基本法》的实施，日本相继出台了一系列有关防灾救灾的法律；与此同时，日本还重建了防灾减灾管理机构，如1962年设立以首相为会长的"中央防灾会议"、1963年建立"国立防灾科学技术中心"（现为防灾科学技术研究所）、1969年成立"地震预报联络会"、1974年国土厅成立并于1984年在其内设置防灾局；此外，1973—1980年的第一次石油危机使日本感到石油危机已严重威胁国家安全，日本开始重新认知与定位公共危机管理的内涵，深入思考公共危机管理体

[①] 顾林生：《从防灾减灾走向危机管理的日本》，《城市与减灾》2003年第4期。

制重建问题,并于 1984 年根据时任首相中曾根的指示设立"内阁官房危机管理等特命事项担当室",于 1986 年在内阁官房设置"安全保障室"。1995年的阪神大地震可以视为日本公共危机管理体制发展第三阶段开始的标志,在第三阶段,日本公共危机管理体制从"综合防灾管理体制"转向所谓的"新型综合性危机管理体制",形成了"防灾减灾、危机管理、国家安全保障"三位一体的公共危机管理系统,其公共危机管理体制也已发展成为"一个以法律为依托,内阁总理大臣为最高指挥官,内阁官房负责整体协调和联络,通过安全保障会议、中央防灾会议以及相关省厅负责人紧急协议等决策机构制定危机对策,由国土厅、气象厅、防卫厅和消防厅等部门负责具体实施的组织制度"①。

三 我国公共危机管理体制

2003 年的 SARS 危机可以说是我国普遍重视和快速建立公共危机管理体制的转折点。② SARS 危机以前,我国政府公共危机管理基本上是一种分散管理、各负其责的体制,主体为各级政府现有行政机构,既缺乏专门的机构与完善的体系,又缺乏专业人员及应急运作规则,对公共危机处理的方式常常是临时成立一个指挥部或领导小组,科学性严重不足。SARS 危机之后,党和政府认真总结了我国公共危机管理体制的不足,并在原有公共危机管理体制的基础上,不断加强我国公共危机管理体制建设:经过党和政府强力持续的推动,2006 年国务院办公厅设置应急管理办公室;到 2006 年年底,全国各省(自治区、直辖市)成立或明确了公共危机管理办事机构,大多数的市级政府与县级政府成立或明确了公共危机管理常设机构,并设立了办事机构;2007 年 8 月 30 日,中华人民共和国第十届全国人民代表大会常务委员会第二十九次会议通过了《中华人民共和国突发事件应对法》,该法自 2007 年 11 月 1 日起施行。

总体来看,我国当前的公共危机管理体制是一种以"统一领导、综合协调、分类管理、分级负责、属地管理"为特征的体制。所谓统一领导,是指

---

① 胡税根等:《公共危机管理通论》,浙江大学出版社 2009 年版,第 311 页。
② 张永理、李程伟:《公共危机管理》,武汉大学出版社 2010 年版,第 38 页。

我国公共危机管理工作是在党中央、国务院的统一领导下进行的;所谓综合协调,是指政府设立专门的公共危机管理机构,以协调不同部门共同应对公共危机;所谓分类管理,是指根据公共危机的不同性质与专业应对要求进行专业化的处置,以达到科学应对与提高公共危机管理效率的目的;所谓分级负责,是指对于不同层级的公共危机,需要各级政府根据相关法律法规及其自身的公共危机管理能力,分级管理相应的公共危机;所谓属地管理,强调的是发生公共危机的地方政府在公共危机管理中要发挥主导作用。

我国公共危机管理体制的工作组织体系主要有五个组成部分[1]。一是领导机构,国务院是突发公共事件应急管理工作的最高行政领导机构,在国务院总理领导下,由国务院常务会议和国家相关突发公共事件应急指挥机构负责突发公共事件的应急管理工作,必要时派出国务院工作组指导有关工作。二是办事机构,国务院办公厅设国务院应急管理办公室,履行值守应急、信息汇总和综合协调职责,发挥运转枢纽作用。三是工作机构,国务院有关部门依据有关法律、行政法规和各自的职责,负责相关类别突发公共事件的应急管理工作;具体负责相关类别的突发公共事件专项和部门应急预案的起草与实施,贯彻落实国务院有关决定事项。四是地方机构,地方各级人民政府是本行政区域突发公共事件应急管理工作的行政领导机构,负责本行政区域各类突发公共事件的应对工作。五是专家组,国务院和各应急管理机构建立各类专业人才库,根据实际需要聘请有关专家组成专家组,为应急管理提供决策建议,必要时参加突发公共事件的应急处置工作。

最后,需要补充说明的是,尽管在2003年SARS危机之后,我国公共危机管理体制在原有基础上得以不断发展完善,但由于现代公共危机管理体制的建立起步较晚等,相对于较为成熟的西方发达国家公共危机管理体制而言,我国目前所建立和发展起来的公共危机管理体制还有很多不成熟的地方,需要在今后通过深化改革日臻完善,这些不成熟不仅体现于公共危机管理法律法规方面,还体现在各方通力合作应对公共危机方面、综合协调能力方面、社会公众的公共危机管理参与方面,以及国际合作方面。[2]

---

[1] 参见中华人民共和国中央人民政府网站,具体网址是 http://www.gov.cn/yjgl/2005-08/31/content_69625.htm,2013年7月9日访问。

[2] 张永理、李程伟:《公共危机管理》,武汉大学出版社2010年版,第42—44页。

第三节　公共危机管理主体过程

从公共危机管理主体过程的角度来看，公共危机管理的整个系统可以被划分为一系列具有特定逻辑关联性的阶段。目前较为常见的有罗伯特·希斯的四阶段说，即缩减阶段、预备阶段、反应阶段、恢复阶段[①]；米特罗夫和皮尔森的五阶段说，即信号侦测阶段、准备及预防阶段、损失控制阶段、恢复阶段、学习阶段[②]；诺曼·R.奥古斯丁的六阶段说，即危机的避免阶段、危机管理的准备阶段、危机的确认阶段、危机的控制阶段、危机的解决阶段、从危机中获利的阶段[③]。国内一些研究者也对公共危机管理阶段作了讨论，如薛澜等的五阶段说——危机预警和危机管理准备阶段、识别危机阶段、隔离危机阶段、管理危机阶段、处理善后并从危机中获益阶段[④]；胡税根等的PPRR说——预防、准备、反应和恢复[⑤]；张永理和李程伟论及的三阶段说——危机前、危机中和危机后[⑥]；刘霞和向良云的RHED说——将风险管理、威胁管理、应急管理、灾害管理整合进危机治理框架中，与评估学习一起构成闭环反馈动态循环的RHED序列[⑦]。本节接下来将在已有讨论的基础上，结合《中华人民共和国突发事件应对法》中"预防与应急准备、监测与预警、应急处置与救援、事后恢复与重建"的相关规定阐述公共危机管理的主体过程。

一　预防与应急准备

尽管尤利尔·罗森塔尔（Uriel Rosenthal）等人曾在《应对危机：灾难、

[①] [美] 罗伯特·希斯：《危机管理：美国公司主管和公用事业机构官员的案头经典》，王成等译，中信出版社2004年版，第21—23页。

[②] 李传军：《复杂和不确定性条件下的危机管理》，《行政论坛》2007年第4期。

[③] [美] 诺曼·R.奥古斯丁：《危机管理》，北京新华信商业风险管理有限责任公司译，中国人民大学出版社2001年版，第8—34页。

[④] 薛澜等：《危机管理》，清华大学出版社2003年版，第56—96页。

[⑤] 胡税根等：《公共危机管理通论》，浙江大学出版社2009年版，第301—302页。

[⑥] 张永理、李程伟：《公共危机管理》，武汉大学出版社2010年版，第24页。

[⑦] 刘霞、向良云：《公共危机治理》，上海交通大学出版社2010年版，第88—89页。

暴乱与恐怖主义管理》中指出，当今世界是一个不可预测（Unexpected）、不可规划（Unscheduled）、前所未有（Unprecedented）、不可管理（Unmanageable）的世界①，但有效的公共危机预防与应急准备是可以减少甚至杜绝公共危机发生的，而且是可以在一定程度上降低公共危机影响的。在自然灾害、事故灾难、公共卫生事件和社会安全事件四类公共危机中，自然灾害与公共卫生事件主要由自然因素引发，一般难以避免；事故灾难与社会安全事件则主要由人为因素引发，如果预防与应急准备工作做得好，通常是可以避免或在很大程度上减少其破坏力的；即便是主要由自然因素引发自然灾害与公共卫生事件，如果预防与应急准备工作做得足够充分，也可以有效降低各种影响。

做好公共危机预防与应急准备工作的第一步，是进行风险的识别、评估与控制。关于风险一词，有研究者认为它来自1319年的意大利文献②，至于其所指为何，似乎至今没有共识性的说法，在20世纪80年代提出了风险社会理论的德国著名社会学家乌尔里希·贝克看来，"风险可以被界定为系统地处理现代化自身引致的危险和不安全感的方式"③。我们可以把风险理解为影响未来某一或某些事件及其结果的不确定性，对于公共危机管理来说，风险就是一种导致公共危机的可能性。对于公共危机风险，一方面要做好风险识别工作，即结合感性认识、历史经验以及专家咨询等方法，从错综复杂的社会环境中找出公共生活所面临的主要风险，研究清楚其发生和演化的规律；另一方面要做好风险评估工作，即对识别后所查找出的风险作出进一步的分析与研究，测算与度量风险的性质、相应公共危机发生的可能性及其可能造成的各种损失；再一方面就是要做好风险控制工作，其要旨在于改变可能引起公共危机或扩大公共危机损失的各种自变量，达到减少公共危机发生概率、降低公共危机损失程度的目的。

在识别、评估与控制公共风险的同时，公共危机管理者必须做好应急预案。所谓应急预案，"是指政府、企事业单位或其他社会组织针对可能发生的

---

① Uriel Rosenthal, etc., *Coping with crises: the management of disasters, riots, and terrorism*, Springfield, Ill., U.S.A.: Charles C Thomas, 1989, p. 5.
② Piet Strydom, *Risk, environment, and society: ongoing debates, current issues, and future prospects*, Buckingham, UK; Philadelphia, [Pa.]: Open University Press, 2002, p. 75.
③ ［德］乌尔里希·贝克：《风险社会》，何博闻译，译林出版社2004年版，第16页。

突发事件,为降低突发事件破坏性后果的严重程度,保证迅速、有序、有效地开展应急与救援行动,而预先制订的有关行动计划或方案"[①]。在国内,应急预案在20世纪八九十年代在某些专业领域曾被称作"应急计划",2006年以来国家要求逐步建立起"横向到边,纵向到底"的应急预案体系,截至2010年5月,我国各级各类应急预案已经达到420多万份。应急管理预案应具有科学性、全面性、简洁性、详尽性、权威性、适用性和可操作性等特征,其编制需遵循法制性原则、统一性原则、成本控制原则、简洁性原则、可操作性原则等一系列原则,其编制的主要流程有明确指导思想、掌握策略与方法、成立专职危机管理小组、聘请有关专家进行培训和指导、收集信息与分析总结、写出初稿、在动态监控的基础上修改,补充和完善初稿、召开由危机管理专家参加的会议反复论证并检查审核危机应对程序与对策是否合理、整理会议审核意见并将之用于应急预案的修改工作、形成应急预案的正式文件。[②] 在我国,《突发事件应对法》规定:国务院制定国家突发事件总体应急预案,国务院有关部门制定国家突发事件部门应急预案,地方各级人民政府和县级以上地方各级人民政府制定相应的突发事件应急预案,矿山、建筑施工单位和易燃易爆物品、危险化学品、放射性物品等危险物品的生产、经营、储运、使用单位应当制定具体应急预案,公共交通工具、公共场所和其他人员密集场所的经营单位或者管理单位应当制定具体应急预案。

  教育、培训与演练也是公共危机预防与应急准备工作的重要内容。公共危机管理工作的专业性与实操性很强,这在客观上要求在公共危机预防与应急准备阶段做好相应的教育、培训与演练工作。一是针对公共危机管理工作人员的教育培训,如我国《突发事件应对法》规定,县级以上人民政府应当建立健全突发事件应急管理培训制度,对人民政府及其有关部门负有处置突发事件职责的工作人员定期进行培训;县级以上人民政府应当加强专业应急救援队伍与非专业应急救援队伍的合作,联合培训、联合演练,提高合成应急、协同应急的能力;中国人民解放军、中国人民武装警察部队和民兵组织应当有计划地组织开展应急救援的专门训练。二是针对社会公众的教育培训,如我国《突发事件应对法》规定,各级各类学校应当把应急知识教育纳入教学内容,对学

[①] 王军:《突发事件应急管理读本》,中共中央党校出版社2009年版,第120页。
[②] 张永理、李程伟:《公共危机管理》,武汉大学出版社2010年版,第89—93页。

生进行应急知识教育,培养学生的安全意识和自救与互救能力;新闻媒体应当无偿开展突发事件预防与应急、自救与互救知识的公益宣传。三是针对可能发生的公共危机开展演练,如我国《突发事件应对法》规定,县级人民政府及其有关部门、乡级人民政府、街道办事处应当组织开展必要的应急演练;居民委员会、村民委员会、企业事业单位应当根据所在地人民政府的要求,结合各自的实际情况,开展必要的应急演练。

最后,要做好设施设备建设、救援队伍建设、物质储备等各种应急准备工作。设施设备、救援队伍、物质储备等各方面的公共危机应急准备是公共危机管理的主要硬件基础,因此世界各国都对此给予了高度的重视。一是要做好设施设备建设工作,如统筹安排应对公共危机所必需的设备和基础设施建设、合理确定应急避难场所,等等。二是要做好救援队伍建设工作,如强化公安、武警和军队等骨干队伍应急能力建设,加强专业队伍处置能力建设,推进企事业单位专兼职应急队伍建设,加强应急专家队伍建设,大力发展应急支援者队伍,提高专业队伍与非专业队伍的合成应急、协同应急能力,等等。三是做好物资储备工作,如采取财政措施以保障突发事件应对工作所需经费,建立健全应急物资储备保障制度以完善重要应急物资的监管、生产、储备、调拨和紧急配送体系,建立健全应急通信保障体系,鼓励公民、法人和其他组织为公共危机管理工作提供物资、资金、技术支持和捐赠,等等。

二 监测与预警

为有效管理公共危机,有必要在公共危机发展为既成事实之前,做好相应的监测与预警工作。所谓公共危机监测,是指"根据公共危机的性质和种类长期地、连续地收集、核对、分析监测目标的动态分布、影响因素、影响范围和后果等资料,并将信息及时上报和反馈,以便及时采取干预措施"[1]。进行公共危机监测的目的,是通过对公共危机致因、公共危机征兆的严密观测,收集并整理反映公共危机迹象的各种信息与信号,这是公共危机预警的基础。所谓公共危机预警,则是指"根据有关危机现象过去和现在的数据、情报和资料,运用逻辑推理和科学预测的方法、技术,对某些危机现象出现的约束性条

---

[1] 张永理、李程伟:《公共危机管理》,武汉大学出版社2010年版,第113页。

件、未来发展趋势和演变规律等作出估计与推断，并发出确切的警示信号或信息，使政府和民众提前了解危机发展的状态，以便及时采取应对策略，防止或消除不利后果的一系列活动"[1]，主要包括对预警范围的确定、预警级别的设定与表达方法的规定、紧急通报的次序及范围与方式、突发事件范畴及领域预判，等等。

国家应建立健全公共危机监测与预警制度。在公共危机监测方面，县级以上人民政府及其有关部门应根据自然灾害、事故灾难和公共卫生事件的种类与特点，建立健全基础信息数据库、完善监测网络、划分监测区域、确定监测点、明确监测项目、提供必要的设备与设施、配备专职或者兼职人员，以便对可能发生的公共危机进行监测。在进行公共危机预警时，可以预警的自然灾害、事故灾难与公共卫生事件的预警级别，按照公共危机发生的紧急程度、发展势态及可能造成的危害程度定级标色——在我国，公共危机等级有一级、二级、三级、四级，分别用红色、橙色、黄色和蓝色标示，一级为最高级别。

对公共危机的有效监测与预警，首先需要建立统一的公共危机信息系统。其中，中央政府要建立起全国统一的公共危机信息系统；地方各级人民政府则应当建立或者确定本地区统一的公共危机信息系统，以便汇集、储存、分析与传输有关公共危机的信息，并与上级人民政府及其有关部门、下级人民政府及其有关部门、专业机构以及监测网点的公共危机信息系统实现互联互通，以加强跨部门、跨地区的信息交流和情报合作。县级以上人民政府及其有关部门、专业机构应当通过多种途径收集公共危机信息，比如在居民委员会、村民委员会及有关单位建立专职或兼职信息报告员制度，获悉公共危机信息的公民、法人或其他组织，应立即向所在地人民政府与有关主管部门或指定的专业机构报告。县级以上地方各级人民政府应及时汇总分析公共危机隐患与预警信息，必要时组织相关部门、专业技术人员以及专家学者进行会商，对发生公共危机的可能性及其可能造成的影响进行评估，评估后认为可能发生重大或特别重大公共危机的，应立即向上级人民政府报告，并向上级人民政府有关部门、当地驻军与可能受到危害的毗邻或相关地区人民政府通报。

其次，公共危机监测与预警工作需要一个独特的工作组织。根据具体职能的不同，公共危机监测与预警工作组织可以分为六个组成部分：一是监测预警

---

[1] 肖鹏军：《公共危机管理导论》，中国人民大学出版社2006年版，第64页。

领导小组，其主要职能是负责监测与预警工作的统筹管理，对监测与预警会商结果进行决策，并将预警的结果报送专项指挥部；二是专家组，其主要职能是对预测分析部门呈报的预警情况报告进行会商，以确定公共危机的预警级别，同时辅助监测预警领导小组所进行的决策工作；三是监测分析部门，其主要职能是日常信息监测与采集，传送监测信息，维护监测系统；四是预测分析部门，其主要职能是建立与完善预警标准体系，实施日常脆弱性评估，分析处理相关数据，进行初步的预警定级，并撰写预警情况报告；五是预警信息发布部门，其主要职能是负责公共危机预警信息的对外发布以及宣布取消工作，即将定级后的信息通过特定的渠道及时而准确地向外界发布，并在危机预警解除时宣布取消预警信息；六是监测预警办公室，其主要职能是完善监测与预警制度，进行各部门之间的工作协调，同时协调对外工作。[①]

三 应急处置与救援

公共危机发生后，相关公共危机管理主体必须及时采取措施，以便进行有效处置，进而最大限度地减少损害、防止公共危机事态扩大以及次生与衍生危机的发生。所以，当公共危机发生后，履行统一领导职责或组织处置公共危机的政府部门应针对所发生之公共危机的性质、特点与危害程度，立即组织有关部门，调动应急救援队伍与社会力量，依照有关法律、法规、规章，采取应急处置措施。在公共危机的应急处置与救援过程中，应该遵循的主要原则有三个：一是分类分级原则，即对公共危机的分类分级与对相应保障机构的分类分级，并依据相应分类分级的结果进行处置；二是预案核心原则，即需要根据以往制定的预案来决定采取哪类应对措施，同时注意应对的权变性和灵活性；三是生命优先原则，即在公共危机的应急处置与救援过程中，应始终坚持"以人为本"的基本原则，人的生存权是公共危机应急处置与救援过程中需要考虑的首要事件；四是协同及授权辅助原则，其目的是提高各机构之间的合作效率，避免在应急状态下出现调动无力等不利于相关管理工作开展的情况；五是特定处理原则，即当所要处理的公共危机涉及国家安全等特定问题时，需要有另外的处理原则。

[①] 张永理、李程伟：《公共危机管理》，武汉大学出版社2010年版，第119—121页。

公共危机应急处置与救援的线性流程。一是公共危机报告：当公共危机发生后，尤其是那些特别重大或重大公共危机发生后，各地区与各部门要立即报告（我国规定，公共危机从发生到报告不得超过 4 小时），同时通报有关地区与部门，并且要在后续的应急处置与救援过程中及时续报有关情况。二是启动预案：根据我国《突发事件应对法》及其他有关法律法规的规定，各级政府及相关机构在应急准备阶段都应制定相应的应急预案，一旦公共危机发生，就应启动既定预案，各有关部门承担起其应急职责，迅速派出工作人员参与应急处置与救援。三是制定应急处置与救援方案：应急处置与救援方案的制定在本质上是一种非程序化决策，属于整个公共危机管理决策的重要组成部分，与公共危机管理其他阶段的决策相比较，应急处置与救援方案的制定具有时间紧迫性、信息有限性、人力资源紧缺性及技术支持稀缺性等特点，因此需要方案制定者具备一系列特殊能力，如科学决策的能力、驾驭全局的能力、开拓创新的能力等。① 四是实施与调整应急处置与救援方案：应急处置与救援方案制定出来之后，相关部门与人员就应立即着手执行，其过程主要涉及三个方面的内容，即人员配置、物资调配、协调沟通；另外，在实施应急处置与救援方案的过程中，需要根据客观情况作出适当的调整，因为在时间紧迫、信息有限、人力资源紧缺及技术支持稀缺的紧急情况下作出的方案不可能是完美无缺的，并且公共危机应急处置与救援所面对的情况很可能会发生巨大变化。五是应急处置与救援工作结束：在相关危险因素得以消除、公共危机局势得到控制后，应急处置与救援工作也就随之结束，相关处置与救援措施随之停止，同时政府部门发布信息告知公众。

公共危机应急处置与救援的主要措施。根据我国《突发事件应对法》的规定，公共危机的应急处置与救援措施具有类别化特征，即针对自然灾害、事故灾难、公共卫生事件的措施与针对社会安全事件的措施有所不同。当自然灾害、事故灾难或公共卫生事件发生后，履行统一领导职责的人民政府可采取下列一项或多项应急处置与救援措施：一是组织营救与救治受害人员，疏散、撤离并妥善安置受到威胁的人员及采取其他救助措施；二是迅速控制危险源、标明危险区域、封锁危险场所、划定警戒区、实行交通管制及其他控制措施；三是立即抢修被损坏的交通、通信、供水、排水、供电、供气、供热等公共设

---

① 董传仪：《危机管理学》，中国传媒大学出版社 2007 年版，第 147 页。

施，向受到危害的人员提供避难场所与生活必需品，实施医疗救护与卫生防疫及其他保障措施；四是禁止或限制使用有关设备、设施，关闭或限制使用有关场所，终止人员密集的活动或可能导致危害扩大的生产经营活动及采取其他保护措施；五是启用本级人民政府设置的财政预备费与储备的应急救援物资，必要时调用其他急需物资、设备、设施、工具；六是组织公民参加应急处置与救援工作，要求具有特定专长的人员提供服务；七是保障食品、饮用水、燃料等基本生活必需品的供应；八是依法从严惩处囤积居奇、哄抬物价、制假售假等扰乱市场秩序的行为，稳定市场价格，维护市场秩序；九是依法从严惩处哄抢财物、干扰破坏应急处置工作等扰乱社会秩序的行为，维护社会治安；十是采取防止发生次生、衍生事件的必要措施。当社会安全事件发生后，组织处置与救援工作的人民政府应当立即组织有关部门并由公安机关针对事件的性质和特点，依照有关法律、行政法规与国家其他有关规定，采取下列一项或者多项应急处置措施：一是强制隔离使用器械相互对抗或以暴力行为参与冲突的当事人，妥善解决现场纠纷与争端，控制事态发展；二是对特定区域内的建筑物、交通工具、设备、设施及燃料、燃气、电力、水的供应进行控制；三是封锁有关场所、道路，查验现场人员的身份证件，限制有关公共场所内的活动；四是加强对易受冲击的核心机关与单位的警卫工作，在国家机关、军事机关、国家通讯社、广播电台、电视台、外国驻华使领馆等单位附近设置临时警戒线；五是法律、行政法规与国务院规定的其他必要措施。另外，当严重危害社会治安秩序的事件发生时，公安机关应当立即依法出动警力，根据现场情况依法采取相应的强制性措施，使社会秩序尽快恢复正常。

公共危机应急处置与救援的现场指挥。"一般而言，只有重大或者特别重大的突发事件才设立现场指挥部……现场指挥部是指在应急决策与处置过程中，由相关部门组织的、临时性地应对突发公共事件的决策、指挥与处置机构"[1]。现场指挥部的构成要素主要涉及三个方面，一是场所，现场指挥部要根据公共危机的性质、种类、危害程度与实际需要合理选址，原则上应该设在公共危机现场周边适当的位置；二是设备，每个现场指挥部都应尽可能地保证配有现场办公设备，如电话、传真、电脑等必备的办公设备，和召开会议所需的办公桌椅、展示平台、信息发布等基本设备；三是人员与车辆标识，公共危

---

[1] 张永理、李程伟：《公共危机管理》，武汉大学出版社2010年版，第148页。

机发生后，有关领导、各相关部门、应急处置与救援专家及新闻记者等都会到达现场，工作人员应确认各成员单位是否到场并发放各种标识，维持现场秩序。现场指挥部的职能可以概括为四个方面，即根据公共危机的进展、相关工作预案与领导指示，组织指挥参与现场救援的各单位迅速控制局势；实施属地管理，组织公安机关等相关部门做好交通保障、搞好人员疏散与安置工作、维护社会秩序；协调各相关职能部门与单位，做好调查与善后工作，防止出现次生与衍生灾害，尽快恢复正常秩序；及时掌握并报告重要信息，研究制定紧急处置方案并报本级或上级管理机构。

四 事后恢复与重建

当公共危机局势得以控制，不会再对公众生命与财产及社会运行造成损害时，公共危机管理就进入了恢复与重建阶段。因此，所谓公共危机的恢复与重建，就是在公共危机应急处置与救援工作结束之后，公共危机管理主体为恢复正常社会秩序与社会运行状态所采取的一系列措施。在公共危机的事后恢复与重建阶段，各相关公共危机管理主体该开展什么样的工作？对此，有研究者从公共危机致因方面作了不同角度的分析，如布伦达·D. 菲利普斯（Brenda D. Phillips）曾分别从系统论、脆弱性理论、社会政治生态理论、紧急避险理论（Emergent-Norm Theory）入手分析说，要矫正物理环境与建设环境及人类环境之间的不协调、要关注收入与发展阶段及性别与种族因素导致的差异性风险、要抑制强势团体和吸纳所有受灾公众参与恢复重建、恢复重建不能仅仅做到恢复原状等[①]；也有研究者曾分别就短期与长期做过阐述，如迈克尔·K. 林德尔（Michael K. Lindell）等人指出，公共危机事后恢复与重建的短期工作有确保安全的情况下允许人们返回灾害影响区、临时避难所或住房提供、关键基础设施恢复、废墟管理、加固或重建与拆除危险建筑、登记与监督参与重建的建筑承包商、捐赠管理、招募和培训足够多的灾害援助人员，长期工作则主要有危险源控制与精神保护、确保生理与心理健康不受影响、制定受影响地区经济复兴计划并促进经济增长、增强基础设施抗灾能力、保护历史性建筑、消除公共危机给环境造成的影响、纪念遇难者与安抚社会公众及培养社

[①] Brenda D. Phillips, *Disaster recovery*, Boca Raton, FL: CRC Press, 2009, pp. 45–46.

会认同感[1]；还有研究者指出，公共危机的事后恢复与重建的关键，是做好物质重建、社会重建与心理恢复三个方面的工作。[2]

这里结合我国《突发事件应对法》，将公共危机的事后恢复与重建工作内容概括为四个方面：一是救助、补偿、抚慰、抚恤、安置工作及疫病防治和环境污染消除工作：对公共危机中的伤亡人员、应急处置工作人员，以及紧急调集、征用有关单位及个人的物资，按照规定给予救助、补偿、抚慰、抚恤、安置，并在必要的时候提供心理及司法援助；同时，有关部门要做好疫病防治和环境污染消除工作。二是社会治安秩序与公共基础设施的恢复工作：受公共危机影响地区的人民政府应及时组织与协调公安、交通、铁路、民航、邮电、建设等有关部门恢复社会治安秩序，尽快修复被损坏的交通、通信、供水、排水、供电、供气、供热等公共设施。三是生产生活与工作秩序的恢复工作：公共危机应急处置与救援工作结束后，履行统一领导职责的人民政府应立即组织评估公共危机造成的损失，组织受影响地区尽快恢复生产、生活与工作秩序，制订恢复重建计划，并向上一级人民政府报告；如果受公共危机影响地区的人民政府开展恢复重建工作需上一级人民政府支持，可向上一级人民政府提出请求，上一级人民政府应根据受影响地区遭受的损失与其他实际情况，提供资金、物资支持及技术指导，组织其他地区提供资金、物资与人力支援。四是总结、学习与改进工作：履行统一领导职责的人民政府应当"从危机中学习"[3]，应及时查明公共危机的发生经过与原因、总结公共危机管理工作中的经验教训、制定改进措施，并向上一级人民政府报告。

第四节　公共危机管理关键议题

在公共危机管理过程中，有一些议题对公共危机管理工作的有效进行至关重要，这里将它们称为公共危机管理的关键议题，由于篇幅所限，本节将简要

---

[1] Michael K. Lindell, etc., *Introduction to emergency management*, Hoboken, NJ: Wiley, 2007, pp. 371 – 378.

[2] 胡税根等：《公共危机管理通论》，浙江大学出版社2009年版，第115—118页。

[3] ［荷］阿金·伯恩等：《危机管理政治学：压力之下的公共领导能力》，赵凤萍等译，河南人民出版社2010年版，第155页。

阐述六个方面，它们是信息发布、媒体沟通与网络舆情引导；资源配给；协作与参与；公民教育；公共危机管理法制化；从属性危机防范。

一　信息发布、媒体沟通与网络舆情引导

公共危机管理必须重视信息发布、媒体管理与网络舆情引导工作。在公共危机管理过程中，公共危机及其管理的相关信息之发布必须及时、准确、客观、全面：一是要在公共危机发生的第一时间向社会发布简要信息，并在随后发布初步核实情况、政府应对措施与公众防范措施等方面的信息；二是要根据公共危机处置情况做好后续的信息发布工作；三是要采取多元途径开展信息发布工作，其形式有授权发布、散发新闻稿、组织报道、接受记者采访、举行新闻发布会，等等。

与信息发布工作密切关联的，是媒体沟通与网络舆情引导工作。新闻媒体是公共危机管理过程中不可或缺的重要因素，合法合理地管理媒体、建立政府与媒体间的良性互动关系是公共危机管理工作有效开展的重要条件，公共危机管理过程中的媒体管理——尤其是公共危机应急处置与救援时的媒体管理——需要特别注意以下几点：一是通过媒体快速传递权威信息，在激发公众情绪中实现公共危机公关传播的基调统一；二是在设置舆论焦点中塑造公共部门危机管理的良好形象，以获取民众支持；三是在满足公众信息需求中保持社会正常运转；四是进行媒体控制，包括消极控制与积极控制，消极控制是对媒体及其传播内容实行管制，积极控制是指对媒体的有效利用。[①]

网络舆情是通过互联网表达与传播的、公众对与自身利益紧密相关的或其他自己关心的各种公共事务所持的情绪、态度与意见的总和。公共危机网络舆情就是指公共危机发生后，通过互联网表达与传播的、公众对公共危机及其管理所持的情绪、态度与意见的总和。在公共危机管理过程中，必须重视公共危机网络舆情引导，这不仅要求加强公共危机网络舆情信息的公开，还要求舆情引导主体充分发挥微博等网络媒体的舆情引导功能，当然也要求舆情引导主体依法加强对互联网等网络媒体的管控。

[①]　张小明：《公共部门危机管理》，中国人民大学出版社2013年版，第183—187页。

二 资源配给

在公共危机管理过程中，各有关部门要根据职责分工与相关预案做好资源配给工作。首先是人、财、物资源配给工作。一是人力资源保障：公共危机管理人力资源涉及公安、消防、医疗卫生、地震救援、海上搜救、矿山救护、森林消防、防洪抢险、核与辐射、环境监控、危险化学品事故救援、铁路事故、民航事故、基础信息网络与重要信息系统事故处置人员，以及水、电、油、气等工程抢险救援队伍，各级人民政府与有关部门、单位要加强公共危机管理队伍的业务培训与应急演练，建立联动协调机制，提高装备水平。二是财力资源保障：要保证所需公共危机管理工作资金，要对公共危机管理财政资金的使用与效果进行监管及评估。三是物资保障：要建立健全监测网络、预警体系及应急物资生产、储备、调拨与紧急配送体系，完善工作程序，确保所需物资及时供应，并加强对物资储备的监督管理，及时予以补充及更新。

其次是补给渠道保障。一是交通运输保障：要保证紧急情况下应急交通工具的优先安排、优先调度与优先放行，确保运输安全畅通；要依法建立紧急情况社会交通运输工具的征用程序；要在有需要的时候依法对现场及相关通道实行交通管制。二是通信保障：要建立健全应急通信、应急广播电视体系，完善公用通信网；要建立健全有线与无线相结合、基础电信网络和机动通信系统相配套的通信系统。

再次是科技支撑与治安维护。科技支撑方面，要积极开展公共危机管理领域的科学研究，要加大公共危机监测、预测、预警、预防即应急处置技术研发方面的投入。治安维护方面，要加强对重点地区、重点场所、重点人群、重要物资与设备的安全保护，依法严厉打击违法犯罪活动，必要时依法采取有效管制措施以控制事态发展、维护社会秩序。

三 协作与参与

在公共危机管理过程中，协作与参与旨在整合与强化有效管理公共危机的力量，其核心意涵主要有两个方面，有研究者曾结合国外大城市危机管理实践对此作了分析。①

第一个是"全政府型综合危机管理系统"。其特点有：第一，强化危机应急管理的领导权威，组建强有力的指挥协调中枢；第二，设置直属市长领导的综合性危机管理机构，辅助市长进行危机的全面管理；第三，形成由各方代表共同组成的委员会，就危机事项应对进行决策和沟通协调；第四，以现有政府组织为依托，通过重新界定现有政府组织职能，重塑现有政府组织职能结构，增加危机管理职能，来构建全政府型危机管理系统；第五，加强政府间的相互援助和良好合作，形成政府间危机管理联动系统。

第二个是"全社会型危机管理网络系统"。在西方发达国家大城市危机管理实践中，政府和社会、公共部门和私人部门之间的良好合作，普通公民、工商企业组织、社会中介组织在危机管理中的高度参与，已经形成良性范式。全社会型危机管理网络系统的关键元素有四个：一是城市应急文化；二是社区应急机制，如社区睦邻组织运动、邻里守望制度、社区危机反应团队、街区守护者、辅助警察；三是志愿者组织的应急功能；四是城市应急管理中的公私伙伴合作关系。

四 公民教育

公共危机管理必须对公民公共危机教育予以高度重视，"承担起在全社会普及急救知识、逃生要领和自救互救的方法，并通过经常性的演习提高公民实际自救能力的责无旁贷的公共责任"②，世界上许多国家都不惜投入巨资进行公民公共危机教育，我国《突发事件应对法》也规定：县级人民政府及其有关部门、乡级人民政府、街道办事处应组织开展应急知识的宣传普及活动；居民委员会、村民委员会、企业事业单位应根据所在地人民政府的要求，结合各自实际情况，开展有关突发事件应急知识的宣传普及活动；新闻媒体应无偿开展突发事件预防与应急、自救与互救知识的公益宣传；各级各类学校应当把应急知识教育纳入教学内容，对学生进行应急知识教育，培养学生的安全意识和自救与互救能力，教育主管部门应对学校开展应急知识教

---

① 赵成根：《国外大城市危机管理模式研究》，北京大学出版社2006年版，第7—25页。
② 张国庆：《公共行政学》，北京大学出版社2007年版，第518页。

育进行指导和监督。

公民公共危机教育内容主要有两个方面。一是公共危机意识培育。在这方面，发达国家有诸多成功经验，如政府通过定期出版物、互联网、宣传品、展览、专题讲座、听众热线、电脑游戏等方式不断向公众灌输公共危机意识；在日本，刚上幼儿园的儿童，大多会被带到地震模拟车上体会地震的恐怖。由于长期的宣导，日本几乎家家户户的门窗附近，都备有矿泉水、压缩饼干、手电筒等应对危机的必备物品。

二是公民公共危机自救互救能力培养。公共危机通常具有突发性和不确定性，所以，即使是最及时与最有效的公共危机救援，也需要一定的反应时间，而公共危机发生的最初阶段往往是人员伤亡最多的时段。所以，在危机发生时，以公民的自救互救精神与自救互救能力为基础的公民自救十分重要。

五　公共危机管理法制化

依法应对是公共危机管理的一项基本原则，因此公共危机管理工作必须纳入法制化轨道。国外在公共危机管理法制化方面起步较早，法律法规体系也较为完善，几乎所有发达国家都已建立起以法律为基础的公共危机管理体制，许多国家都有统一而规范的公共危机管理专门法，如美国的《紧急状态法》、俄罗斯的《紧急事态法》、加拿大的《加拿大危机法》、日本的《紧急事态法》、英国的《民事突发事件法》等；同时，发达国家针对特定类别公共危机的法律法规也比较多，如美国的《灾害救助和紧急援助法》及其修正案、《国家地震灾害减轻法》、《洪水保险法》、《洪水灾害防御法》、《联邦应急计划》、《美国油污法》等，又如英国的《应急权力法案》、《民防法案》、《非军事应急法案》等，再如日本的《灾害救助法》、《灾害对策基本法》，等等。

在公共危机管理法制化方面，我国也制定并颁布实施了一系列法律法规，如自然灾害类的《中华人民共和国突发事件应对法》、《防汛条例》、《防沙治沙法》、《军队参加抢险救灾条例》、《破坏性地震应急条例》、《森林病虫害防治条例》等；事故灾害类的《生成安全事故报告和调查处理条例》、《矿山安全法实施条例》、《煤矿安全监察条例》等；公共卫生事件类的《传染病防治法实施条例》、《国境卫生检疫法》、《进出境动植物检疫法》等；社会安全事件类的《人民警察法》、《戒严法》、《营业性演出管理条例》、《企业劳动争议处理条例》、《信访条例》，等等。总体来看，我国公共危机管理法制化已达到了一定的水平，但法制化程度还不是很高，现行的公共危机管理立法还存在许多问题，如没有在宪法中规定统一的紧急状态法律制度、有关紧急状态法对政府可以采取的紧急措施规定得不够清晰、对紧急状态下行政越权和滥用权力的监督机制不健全、已有法律规范执行不到位等[①]。

六　从属性危机防范

公共危机管理还需要注意一个问题，即防范从属性危机（Ancillary Risks）。所谓从属性危机，是与受管制的危机（Regulated Risks）相关联的，有研究者将政府试图加以控制的危机称为受管制的危机，将因管制而增加的危机称为从属性危机。[②] 例如，被设计用来减少环境污染危机的节油标准，很可能会使汽车安全性降低，从而给生命与健康增加危机；又比如，被设计来控制艾滋病与肝炎等在医务人员中传播的制度，可能会缩小医疗保健的受众面，进而使一些人失去生命；再比如，控制核能虽然能防范与核能相关的危机，但由于增加了核能使用成本，这种管制可能使各国更加依赖诸如火力发电等其他的能量来源，进而造成环境危机。

从属性危机的实质，是公共危机管理机构之间协调与合作的不充分，因此，防范从属性危机的关键，在于建构有效的机构间协调机制，以避免关注某一类公共危机管理的机构在其运作过程中，有意或无意地增加其他类别危机发生的可能。

思考题

1. 什么是公共危机管理？
2. 公共危机管理的核心原则有哪些？
3. 与国外公共危机管理体制相比，我国有何特殊性？

---

① 张小明：《公共部门危机管理》，中国人民大学出版社2013年版，第59—60页。
② Cass R. Sunstein, Health-Health Trade-offs, in Jon Elster, *Deliberative democracy*, Cambridge：New York：Cambridge University Press, 1998, pp. 232 – 259.

4. 公共危机管理的主体过程包括哪些?
5. 公共危机管理的关键议题有哪些?
6. 如何健全公共危机管理体制?

第十二章

公共信息资源管理

　　公共信息资源作为社会公共资产，是公共管理的重要内容。公共信息资源管理是指对公共信息内容及其相关资源（包括设备、技术、投资、人员等）所进行的管理，其管理水平直接影响着公共利益与社会福祉。随着公共信息数字化和电子政府的不断发展，公共信息资源管理对提高政府和公共组织工作效率以及推进公共管理变革有着日益重要的意义。为了客观认识与理解公共信息资源管理相关理论，本章重点从理论概述、管理过程、管理模式、管理类型4个方面探讨公共信息资源管理。

第一节　公共信息资源管理概述

一　公共信息资源

（一）公共信息资源的概念

　　信息普遍存在于自然界和人类社会中，几千年来人们一直进行着生产、处理、传播、储存信息的活动。在20世纪20年代初，适用于通信领域发展的需要，学者开始对信息进行科学研究，而真正将信息作为资源来进行研究和管理始于20世纪70年代。在1970年，鲁尔克（J. O. Rourke）首次提出"信息资源"这一术语，并把材料、能源、信息并称推动社会发展的三大支柱[1]；霍顿

---

[1] J. O. Rourke. , "Information Resources in Canada", *Special Library*, No. 2, 1970, pp. 59-65.

进而将信息资源分为单数信息资源和复数信息资源,并分别做出了内容性描述,从而规定了逻辑意义上信息的资源属性。在此后的几十年里,国内外对信息资源的研究不断深入,逐渐形成了信息文献说、信息活动说、内容加技术说、创造财富说等多种说法,信息作为一种社会资源已广为人们认同。

信息资源分为自然信息资源和社会信息资源。有学者进一步将社会信息资源划分为私人信息资源和公共信息资源。① 对于公共信息资源的概念,国内外目前还没有一个统一明确的界定,甚至学术文献提及的也不多。美国《公共信息资源改革法案2001》中把公共信息资源等同于政府信息资源,意指那些主要为公共利用所生产或主要为内部使用但并不排除公共利用的信息资源。国内学者多从政府和广泛的社会公共事务角度认识公共信息资源。谢俊贵提出,公共信息资源是发生并应用于社会的公共领域,由公共事务管理机构对其进行管理,并为社会公众拥有和利用的信息。蒋永福认为公共信息资源主要是相对于私人信息资源而言的一种资源类型,一般是指政府为了维护公共利益和社会公平而向公众提供的信息资源。而夏义堃认为公共信息资源是一个由众多单元化个体涉及公共生活各个领域的多样化信息资源所构成的开放式信息空间。尽管国内外对公共信息资源概念的理解不尽相同,但其表达的本质内涵是一致的,此即公共信息资源的三个属性:资源属性,即公共信息资源是经过加工形成的可用性资源,具有使用价值;领域属性,即公共信息资源效用体现和价值发挥依存于公共领域范畴;功能属性,即公共信息资源的服务功能在于满足公共组织的生产与生活需要,促进公共利益。因此我们认为公共信息资源是指经过采集、加工、组织、传播、维护及存储的流入社会公共领域,并直接或间接服务于社会公共组织生产生活的公共信息的集合。

对于公共信息资源与政府信息资源的关系,学者多有比较②,在此不多做赘述。我们接受"公共信息资源与政府信息资源是两个既有区别又有联系的概念"的观点,公共信息资源的外延要比政府信息资源的外延广,即公共信息资源包含政府信息资源。

---

① 蒋永福:《论公共信息资源管理——概念、配置效率及政府规制》,《图书情报知识》2006年第5期。

② 杨玉麟、赵冰、谷秀洁:《公共信息资源管理研究综述》,《图书与情报》2009年第1期;夏义堃:《政府信息资源管理与公共信息资源管理比较分析》,《情报科学》2006年第4期;傅荣校、叶鹰:《公共信息资源管理》,科学出版社2011年版,第8页。

(二) 公共信息资源的类型和特点

公共信息资源涉及面广，内容错综复杂，决定了公共信息资源类型的划分具有多角度、多层次的特点。

根据公共信息资源产生的领域的不同，其类型可划分为政府法规信息、政府工作中的信息、教育信息、公共健康信息、文化信息、国民经济宏观信息及环境信息等。

根据公共信息资源本身特性的不同，公共信息资源可划分为：①无排他性又无竞争性的公共信息资源，如环境信息、公共健康信息等；②有排他性而无竞争性的公共信息资源，如政府工作信息；③有竞争性而无排他性的公共信息资源，如图书馆馆藏信息等。

根据受益者需求范围的不同，公共信息资源可划分为全国性公共信息资源和地方性公共信息资源两种类型。全国性公共信息资源一般为供全国公众使用的无排他性的信息，如国务院发布的国民经济发展形势的宏观信息。地方性公共信息资源是指以满足地方公众需要为目的而形成和发布的信息，如地方政府信息、"地区性天气预报"，某部门或单位发布的本部门或本单位信息，等等。

公共信息资源除具有一般信息资源所具有的作为生产要素的需求性、稀缺性以及使用方向的可选择性（马费成等，2006），还有一些自己的特性：

(1) 公共性。公共性指公共信息归公民所有，属于全社会和全体公民，是公共产品。公共信息资源的效用在于公共消费，其目的在于促进公共利益。

(2) 公益性。公共信息资源的公共性，决定了社会公众受益方身份，可以免费或廉价获得公共信息资源，享受公共信息资源服务。

(3) 广泛性。在"有限政府"的趋势背景下，许多公共组织逐步涌现，这必然使得传统公共信息资源管理的主体由单一化走向多元化，因而公共信息资源的提供在内容、类型、方式上具有广泛性。

(4) 层次性。尽管公共信息资源涉及主题范围宽泛、数量规模巨大、用户种类分散，但从反映对象的时空角度可将其划分为社区公共信息资源、地方性公共信息资源、区域性公共信息资源以及国家或全球性公共信息资源，不同层次公共信息资源的数量和权重是不同的。

二 公共信息资源管理

(一) 公共信息资源管理的内涵

对于公共信息资源的概念,学界主要有两种视角:研究角度和管理实务角度。前者认为:公共信息资源管理主要研究公共事务管理中信息的收集、处理、传递与利用的原理、原则、方法手段及其一般规律。而后者认为现代意义的公共信息资源管理是以政府为核心的多元社会行为主体及其网络化组织结构,综合运用各种政治的、经济的、文化的、技术的管理方法和手段,在公共参与下实现对公共信息资源的多元管理。[1] 笔者更倾向于两者的折中结合,认为公共信息资源管理是在信息资源管理思想和模式指导下,综合运用各种方法、技术和手段,对公共信息资源实施的全面管理。它以公共信息资源的开发利用为核心,信息技术为基础,信息政策法规为保障,信息素质的培养为关键。[2]

(二) 公共信息资源管理的发展过程

公共信息资源管理的最初形态是关于国家政策和行政举措的记录管理。20世纪80年代,美国发布的A—130号通报首次从政府角度给出了信息资源管理定义并将信息资源的范围扩展到信息本身以及与信息相关的人员、设备、资金、技术等方面。90年代以来,欧美各国将公共信息资源管理纳入国家信息基础设施建设范畴,并制定了许多更为完善和具体的信息政策,如1999年欧委会发表了《公共部门信息:欧洲的重要资源——关于信息社会公共部门信息的绿皮书》[3],突出强调了公共部门信息在人口流动、市场及服务等方面的重要作用;美国2002年出台的《E—政府法案》,要求用Internet技术增强公民存取政府信息的能力,建立确保信息安全的政府信息管理体制。这一时期,欧美地区对公共信息资源的理论研究已经比较系统和深入,形成了有利于公共

---

[1] 夏义堃:《政府信息资源管理与公共信息资源管理比较分析》,《情报科学》2006年第4期。
[2] 傅荣校、叶鹰:《公共信息资源管理》,科学出版社2011年版,第16页。
[3] EC., *Public sector information: a key resource for Europe: green paper on public sector information in the information society*, 2006 - 12 - 28.

信息资源管理顺利发展的环境。

我国公共信息资源管理的发展基本上与政府信息资源管理交叠。事实上，真正意义上的政府信息资源管理是随着政府信息化工程的建设而逐步推进的，1984 年，国务院批准国家计委成立信息管理办公室，负责推动国务院有关部委的信息系统建设。80 年代后期，国家信息网络已经具有一定的规模，信息数据库也有了很大发展。1993 年，国务院召开了国家经济信息化联席会议，开始实施金桥、金关、金卡、金税等信息化重大工程。90 年代末期，随着网络信息技术的飞速发展和信息基础设施的不断完善，政府公共信息资源开发利用不断深入，但公共信息资源因条块分割的管理体制难以共享，社会公众的获取渠道狭窄，这些问题很大程度抑制了公共信息资源的效用价值发挥。

随着计算机和信息网络技术的飞速发展，信息社会化趋势的推进，公共信息资源管理研究方兴未艾，尤其是在公共信息的数字化和政府改革等公共信息资源管理的发展趋势上，研究成果颇丰。[①] 陈兰杰借助 Citespace 软件对 1986—2008 年发表的全部 393 篇 "PIRM" 相关文献进行了整理，得出结论：自然资源、信息技术、资源管理、公共政策、供应链等是国际公共信息资源管理（PIRM）的研究热点领域；卫生保健、生态系统管理、公众获取、人力资源、医疗卫生事业、公众意识等成为近年来国际 PIRM 研究的前沿领域，代表着国际公共信息资源管理研究的发展趋势。[②]

三 公共信息资源管理的理论基础

公共信息资源管理是对信息及其相关资源进行管理的过程，所以管理学理论是其理论基石。由于公共信息资源服务主体和供给对象主要涉及公共领域和公共事务领域，因而公共经济学、福利经济学等也成为公共信息资源管理的理论基础。最后，鉴于公共信息资源主体的特质性，信息生态学理论、信息生命周期理论等是其理论基础。公共信息资源管理正是在融合、借鉴上述诸多理论的基础上逐步发展和深入的。现对其中几个代表性的理论略作概述。

[①] Erkkila, *The role of the public sector in the creation of knowledge: a examination of the Finnish case*, 2005.
[②] 陈兰杰：《国际公共信息资源管理（PIRM）研究热点与前沿的信息可视化分析》，《图书馆杂志》2010 年第 5 期。

（一）公共经济学

公共经济学也称公共部门经济学，是一门从政府经济行为实践中探索政府经济活动运行规律并上升为理论，又将理论应用于实践并为实践提供科学理论依据而指导实践活动的学科。

一直以来，公共经济学微观化研究较多，主要关注个体——政府、企业、个人（家庭）的行为。而近年来对公债负担的关注，又激发了人们对公共部门行为的宏观经济影响（经济稳定和经济增长）的思考。

公共经济学大量运用经济分析方法，改变了传统财政学研究主要靠文字描述而缺少数理分析和计量研究的状况。一般均衡理论、动态经济分析、博弈论、行为经济学、实验经济学、信息经济学等都在公共经济学研究中得到了广泛运用。

（二）福利经济学

福利经济学是研究社会经济福利的一种经济学理论体系。它由英国经济学家霍布斯和庇古于20世纪20年代创立，主要研究内容有：社会经济运行的目标，或称检验社会经济行为好坏的标准；实现社会经济运行目标所需的生产、交换、分配的一般最适度的条件及其政策建议等，是对经济体系的规范性分析，即经济运行中什么是"对"、什么是"错"等问题的研究。

20世纪30年代以后，罗宾斯、卡尔多等人对庇古福利经济学做了批判性研究，并提出了补偿原则论和社会福利函数论，创立了新福利经济学。补偿原则是指某一经济变动虽然有受益者和受损者，但如果受益者给受损者以补偿，使得受损者也接受这一变化，那么这一经济变化就意味着社会经济状态的增进。社会福利函数是采用社会无差异曲线和效用可能性曲线来确定帕累托最优，两条曲线的切点即确定最优值。

（三）信息生态学

"信息生态"一词最早创始于20世纪80年代，用来表达生态观念和复杂的信息环境之间的关系。信息生态学主要被看成是一门利用生态学理论与方法来探讨人与信息环境的新兴学科。信息生态学的定义是：研究人类生存的信息环境、社会及组织与信息环境相互作用的过程及其规律的科学。该理论提出，把人类信息活动及其有关因素看作一个统一整体，强调信息生态系统的平衡。

经过较长时间的发展，信息生态学研究已经形成了比较健全的研究体系，主要涉及信息生态系统内涵和特征、信息生态因子及相互关系、信息在传播过程中的一些生态可持续发展的模式和方法，同时还对信息生态系统管理问题从经济学角度进行了研究。

（四）信息生命周期理论

信息生命周期理论研究始于20世纪80年代，它认为信息是有生命周期的。信息生命周期是信息产生到消亡整个过程中运动的客观规律。基于信息资源生命周期的公共信息资源管理流程如图12—1所示。

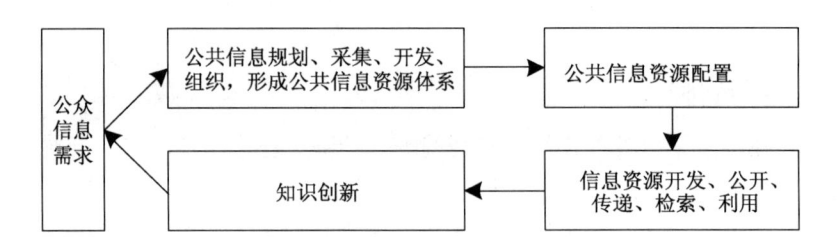

图12—1 基于信息资源生命周期的公共信息资源管理的流程

信息生命周期理论主要存在两种认识视角。第一种是基于信息运动的信息生命周期理论。它将信息生命周期视为信息自身内在运动的一种循环往复过程与规律性特征。第二种是基于信息管理的信息生命周期理论，从管理视角将信息生命周期视为一种管理过程或一系列信息处理程序的组合。

第二节　公共信息资源管理过程

一　公共信息资源规划

（一）公共信息资源规划的含义

信息资源规划（Information Resource Planning，IRP）最先出现于企业管理

领域,是指对企业生产经营活动所需要的信息,从生产、获取到处理、存储、传输及利用进行全面规划。随着公共机构信息化的迅速发展,信息资源规划这一概念也扩展到了公共信息资源管理领域。公共信息资源管理具有公共性、广泛性、互动性等特征[1],加之公共信息资源的特殊性,使得公共信息资源规划与一般的信息资源规划存在诸多的差异。公共信息资源规划由于规划层次和资源覆盖范围的不同,规划的内容、方法也存在着较大的差异。

宏观的公共信息资源规划主要是对某一行业、领域、地区,乃至整个国家公共信息资源的采集、处理、传输、共享与利用等进行顶层设计和统筹安排。宏观的公共信息资源规划的主体是国家、主管部门或行业联盟等,规划的目的是实现公共信息资源在一定区域内的有效掌控、合理配置与开发利用,从而满足公众的信息需求,推动社会的发展与进步。

微观的公共信息资源规划主要是对公共机构内部的公共信息资源采集、处理、存储、传输及共享利用进行统筹安排。因此,微观的公共信息资源规划的主体是公共机构。与宏观的公共信息资源规划相比较,除了规划主体不同以外,二者在规划目的、资源范围、规划内容等方面也存在着差异(如表12—1所示)。

表12—1　　宏观的公共信息资源规划与微观的信息资源规划比较

规划类别 比较项目	宏观的公共信息资源规划	微观的公共信息资源规划
规划驱动力	公众的信息需求得不到满足,社会需要发展和进步	本机构需要解决信息系统林立,信息孤岛问题
规划目的	实现公共信息资源在一定区域内的有效掌控、合理配置与开发利用	提高公共机构内部的绩效,开展内部业务活动
规划主体	国家、主管部门、行业联盟	机构层面的主体,如图书馆、档案馆、政府某部门等
资源范围	某一行业、领域、地区或国家产生的公共信息资源	本机构业务活动中形成或获取的公共信息资源
规划内容	所有信息资源	系统规划中的信息数据

---

[1] 傅荣校、叶鹰:《公共信息资源管理》,科学出版社2011年版,第18—19页。

本书所指的公共信息资源规划既包括宏观的公共信息资源规划，也包括微观的公共信息资源规划，主要涉及公共信息资源规划的内容、技术方法等。

（二）公共信息资源规划的内容

邱均平等提出，信息资源管理规划的内容包括数据规划、信息资源规划、信息系统规划、信息资源网络规划。[①] 结合上述观点，我们认为公共信息资源规划的内容包括数据规划、信息资源规划、技术架构规划和环境保障规划等。

1. 数据规划

数据规划就是针对数据混乱、数据标准不统一的状况，运用信息组织技术，建立起组织中稳定的、标准的数据模型。数据规划是实现组织内外信息的流动、共享和应用的最基本、最重要的问题，它既是信息资源规划的重点内容，也是总体规划的主体。具体到公共信息资源规划过程中，数据规划就是要建立公共信息资源管理的数据组织的基础性标准，从而为重组数据和改善数据环境奠定基础。

2. 信息资源规划

信息资源规划是指对组织中信息的采集、处理、传输、共享及利用等整个过程的全面规划。信息资源规划是在总体数据规划的基础上发展起来的。信息资源规划的要点有：①在总体数据规划过程中建立信息资源管理基础标准；②工程化的信息资源规划实施方案；③简化需求分析和系统建模方法；④组织业务骨干和系统分析员紧密合作，按周期制订规划工作进度计划；⑤全面利用软件工具支持信息资源规划工作。

3. 技术架构规划

技术架构规划是指对组织中公共信息资源管理所涉及的技术进行全面规划，包括对软件、应用系统的架构规划等，同时还包括对公共信息资源所在环境内的网络、服务器、存储备份等技术及设备进行规划，为公共信息资源管理提供良好的技术支持。

---

① 邱均平、沙勇忠:《信息资源管理学》，科学出版社2011年版，第60页。

4. 环境保障规划

环境保障规划是指对公共信息资源管理所涉及的法规建设、标准制定、人才培养等进行全面规划，为公共信息资源管理奠定良好的环境基础，提高管理效率。

（三）公共信息资源规划的技术方法

公共信息资源规划可以借鉴企业信息资源规划的方法。目前在信息资源规划领域主要采用的是以信息系统规划、业务流程规划为代表的规划方法，其中具有代表性的是战略数据规划、战略信息系统规划（Strategic Information Systems Planning，SISP）及日趋成熟的企业架构（Enterprise Architecture，EA）规划方法。①

1. 战略数据规划方法

战略数据规划起源于 20 世纪 60 年代和 70 年代的数据处理理论和方法研究。战略数据规划是通过对总体数据进行规划，尽快地将现有数据环境转变成主题数据库或信息检索系统这两类数据环境，以保证高效率、高质量地利用数据资源。

2. 战略信息系统规划方法

战略信息系统规划是从帮助企业实施经营战略或形成新的经营战略角度出发，寻找和确定各种信息技术在企业内的应用领域，借以创造出超越竞争对手的竞争优势，进而实现它的经营战略目标。公共信息资源规划是将企业战略信息系统规划方法运用到公共信息资源管理领域，从而从战略匹配和战略实现角度考察公共信息资源及信息系统的规划。

3. EA 规划方法

企业架构规划方法起源于 20 世纪 90 年代的美国，EA 规划方法的雏形来自企业建模的理论和思想。EA 规划方法的出现，提供了业务和技术集成的机制，提供了从战略层向业务层、技术层扩展的规划模式，更主要的是提供了一种解决思路和描述体系。目前，美国、英国、德国、澳大利亚和加拿大等发达国家都建立了政府层面的 EA 规划体系。

---

① 马费成：《信息资源开发与管理》，电子工业出版社 2009 年版，第 199—209 页。

上述三种方法在方法论、适用范围、实施环境、功能及规划形式上都存在差异，如表12—2所示。

表12—2　　　　　　　　　三种规划方法的比较

比较项目＼方法	战略数据规划	战略信息系统规划	EA 规划
产生	20 世纪 80 年代早期	20 世纪 80 年代中期	20 世纪 80 年代末期
发展成熟	20 世纪 80 年代中期	20 世纪 90 年代初期	20 世纪 90 年代中期
标志性成果	1985 年詹姆斯·马丁的《信息系统宣言》	1993 年哈默和钱皮的《业务流程再造》	1995 年提出 TOGAF
解决的主要问题	数据规划、数据环境管理	战略与系统的匹配	信息资产描述和重组
规划目标	数据一致性	系统与业务集成	信息资产管理
适用阶段	系统建模阶段	系统规划和建模	系统生命周期
规划过程	自上而下规划	自上而下规划	多维展开，有效集成
适用范围	信息工程	战略规划	信息工程和战略规划
实施环境	边界和业务清晰	具有标准流程	全面兼容
实施准则	个性化或独立系统	具有伸缩性	开放环境
规划粒度	数据和功能规划	流程规划	数据、功能、流程、网络及人员等规划
规划与实施关联	实施完全依照规划	—	参考性规划
规划方式	项目小组、信息元库	ERP 等大型管理软件	参考模型、框架标准
不足	无法满足业务变更要求	技术专业性强、兼容性差	规划体系庞大

资料来源：马费成，2009。

二　公共信息资源组织

信息组织（Information Organization）也称信息整序，是利用一定的规则、方法和技术对信息的外部特征和内容特征进行揭示和描述，并按给定的参数和序列公式排列，使信息从无序集合转换为有序集合的过程。公共信息资源属于信息资源的一类，因此，它的组织也可以借鉴信息组织的思想及方法。

（一）信息资源组织的思想方法

传统的信息资源组织方法通常采用分类法和主题法。所谓分类法，是指依据事物的属性或特征进行区分和聚类，并将区分的结果按照一定的次序予以组织的活动。信息资源分类的目的在于使用户更容易找到资源，它将相互关联的资源集合形成一个等级体系，通过构建等级结构，分类法使用户可以找到一系列相关的信息。各国的分类学家创立了各种各样的分类法，其中最具影响力的有：美国的《杜威十进制分类法》（DDC）和《国会图书馆分类法》（LCC）、欧洲的《国际十进制分类法》（UDC）和《国际专利分类法》（IPC）等。我国目前应用最广的为《中国图书馆图书分类法》。

所谓主题法，即主题标引法，是指直接以表示信息资源主题的语词做标识，提供字顺检索途径，并主要采用参照系统揭示词间关系的标引和检索信息的方法。[①] 主题标引是对文献的内容主题及其他有检索意义的特征进行分析、识别、提炼和归纳，然后用某种检索语言标写出来，作为信息存储与检索依据的信息处理过程。主题标引是信息资源整序、优化的一种重要方法，是信息分析加工过程中的重要环节。常见的主题标引方法有标题法、元词法、叙词法等。

（二）信息资源的描述与揭示

为了确保信息资源组织的质量，提高信息检索效率，我们要对信息进行描述和揭示。传统的分类标引和主题标引已经不能满足信息资源组织的需要，随着计算机和通信技术的发展，出现了机器可读目录（MARC）、元数据、本体，以及关联数据等新兴技术，推动了信息资源的有效组织。

1. MARC 与联机编目

MARC 是一种以代码形式和特定结构记录在计算机存储载体上，可由计算机自动控制、处理和编辑输出的目录。其主要特点是：一次输入，可输出多种载体的款目，可实现合作编目和联机检索。为了使目录数据库记录中各个字段的著录质量得到保证，很多标准被建立起来，如国际化标准组织颁布的《文

[①] 马费成、宋恩梅：《信息管理学基础》，武汉大学出版社2011年版，第187页。

献目录信息交换用磁带记录格式》(ISO2709)、联合国教科文组织综合信息规划处出版的《公共交换格式》(CCF)、我国国家图书馆编制的《中国机读目录通讯格式使用手册》(CNMARC),以及国际机读目录记录格式《UNIMARC 手册》等。

联机编目是指利用计算机和网络环境,由多个机构共同编目,合作建立具有统一标准的信息资源联合目录数据库,并在此基础上实现联机合作编目。其优点是降低编目成本,提高目录质量,分享专业知识和技能,提高编目效率。世界著名的联机编目系统有美国的联机计算机图书馆中心(OCLC)和研究图书馆信息网络(RLIN)、澳大利亚的文献服务系统(Kinetica)、英国的图书馆自动信息服务系统(Blaise)。中国著名的联机编目系统有中国高等教育文献保障系统(CALIS)、全国图书馆联合编目中心(OLCC)等。

2. 元数据

元数据(Metadata)是关于数据的有结构的数据描述,或者说是定义和描述其他数据的数据。它规定了数字化信息的组成,基本功能是规范数据组织,便于检索和传递。从本质上说,元数据是一种数据结构标准。公共信息资源的类型是多种多样的,资源的来源有多种途径,服务的对象也不尽相同,因此,存在各种不同类型的元数据是必然的。根据功能,元数据被划分为三种基本类型:知识描述型元数据、结构型元数据、存取控制型元数据。

目前,国际上存在很多种元数据格式,其中影响最大的元数据格式为都柏林核心元数据(Dublin Core,DC)。DC 是通过举办一系列研讨会的形式发展起来的,第一次研讨会于 1995 年 3 月在美国俄亥俄州的都柏林举办。DC 包含了三个大类十五个要素,第一大类为描述资源内容的要素,第二大类为描述知识产权的要素,第三大类为描述资源外部属性的要素(如表 12—3 所示)。

表 12—3　　　　　　　　　　DC 核心元素

元素名	元素的含义	实例
题名(Title)	由创建者或出版者赋予的资源的名称	Title = 情报学基础教程
创作者(Creator)	创建资源内容的主要责任者	Creator = 叶鹰
主题(Subject)	描述资源内容的关键词或分类号	Subject = 情报学,基础理论

续表

元素名	元素的含义	实例
描述（Description）	资源内容的文本描述，包括文摘、目录、注释等	Description = 本书是一本情报学基础教程，提供了一个比较明晰的情报学概貌
出版者（Publisher）	负责使资源能够以现有形式被获得的个人、团体或系统	Publisher = 科学出版社
其他责任者（Contributor）	对资源做出了重要贡献但未在创建者中指明的个人或组织	Contributor = 潘有能，潘卫
日期（Date）	以现有形式出现的资源制作日期	Date = 2005 - 9
类型（Type）	有关资源内容的特征和类型，分为 Text、Image、Sound、Software、Data	Type = Text
格式（Format）	资源的数据形式和尺寸	Format = text/html
标识符（Identifier）	用来唯一标识资源的数字或字符串，如 URI、ISBN 等	Identifier = 7 - 308 - 02354 - 8
来源（Source）	有关另一资源的信息，当前资源来源于该资源	Source = 情报学丛书
语种（Language）	资源内容所使用的语言	Language = 中文
关联（Relation）	该资源和其他资源之间的关系，可以是另一资源的标示符	Relation = 信息资源管理概论
覆盖范围（Coverage）	资源内容的时空方面的特征	Coverage = China
权限（Right）	资源本身所有的或被赋予的权限信息，一般是作品版权声明和使用方面的规范	Right = 参考处

资料来源：傅荣校，2011。

　　DC 经过 10 多年的发展，得到了不断完善，为编目人员、网络信息创编者提供了一个简单、实用又有效的信息描述工具。

3. 本体

　　本体（Ontology）是共享概念模型的明确的形式化规范说明。在被信息科学引入后，本体越来越多地被作为一种帮助机器智能破解语词内涵，实现推理，从而实现语义标引和检索、提高网络信息资源组织效率的有效工具。利用

本体来描述网络信息资源的优点有:

(1) 直接体现语义。基于本体的信息资源组织不仅方便计算机的理解和处理,更好地满足全新的信息环境和检索的需要,而且还可以在此基础上提供进一步的智能服务。

(2) 分布式共享。本体是关于领域知识的共同理解和描述,用于共享和重组。但对领域知识的描述不一定要通过一个集中管理的本体来完成,它可以由分散在网络上的多个本体来完成。分散在网络上的各个本体形成一个分布式网络,这种分布式的信息组织方式,不仅可以减少信息组织建立、维护与管理的成本,而且还可以促进网络知识的共享和交流。

(3) 多维、网状的信息组织方式。本体采用了容易为计算机所接受和处理的知识表现和信息组织方式,概念及其之间的关系形成了一个多维的语义网络。这种多维网、网状的信息组织方式,不仅有利于网络上各种不同类型、不同结构的信息资源的集中与整合,而且有利于它们之间关系的描述与揭示。

(4) 对推理的支持。本体通常需要以某种逻辑的语言来表达,从而完成对类、属性和关系的良好表达。一些本体工具可以据此进行自动推理并为一些智能应用提供高级服务。

(三) 网络信息资源的组织方式

随着 Internet 的快速发展,网络信息资源的数量、种类、信息形态及传递方式也迅速发展,给信息的有序组织带来了挑战。网络信息资源组织可以为用户提供便于利用的、有序化的信息,其所采用的信息组织方法在继承传统信息组织方式的基础上又发展了适应网络特点的方式,具体包括文件、超文本/超媒体、数据库、网站、网络资源指南、搜索引擎、学科信息门户、数字图书馆等方法。[①]

1. 文件

文件是一种常用的信息资源组织方式,文件组织的优点是简单方便,除了文本信息以外,还适应于存储程序、图形、图像、音频、视频等非结构化信息或多媒体信息。采用文件方式组织的网络信息资源,在传输、存储和使用过程中有很多格式,如文本文件的 .doc 和 .pdf 格式、图形文件的 .jpg 格式、音频

---

① 马费成:《信息资源开发与管理》,电子工业出版社 2009 年版,第 127—130 页。

文件的 .mp3 格式，以及视频文件的 .flv 格式等。

2. 超文本/超媒体

超文本既是一种新型的文本信息组织方式，也是一种有别于传统检索技术的新型信息获取方式。这种信息组织方式将网络上相关的文本信息存储在许多节点上，节点间以链路相连，用链将这些节点连成一个网状结构。超文本方式使用户可以从任意一个节点开始，根据网络中信息间的联系，从不同角度浏览和查询信息。目前 Internet 上绝大部分信息资源均采用这种组织方式。

3. 数据库

数据库（Database）是按照数据结构来组织、存储和管理数据的仓库，它将要处理的数据经合理分类和规范化处理之后，以记录的形式存储在计算机中，用户通过关键词及组配查询，就可以找到所需要的信息。数据库是对大量的规范化数据进行管理的技术，可以分为关系数据库、非结构化数据库、数据仓库 3 种类型。

4. 搜索引擎

搜索引擎通过在 Internet 上提取各个网站的信息来建立自己的数据库，并向用户提供查询服务，它由信息采集软件、索引、检索 3 个模块组成。目前国内用得最多的搜索引擎有 Google 和百度。搜索引擎可以定期自动搜寻有关的 Web 站点，以采集各类信息资源；自动对这些资源进行标引、编制目录、摘要数据；自动将这些标引著录的数据组织到数据库；提供以 Web 为基础的检索和各种限制在内的信息检索，并可按相关度或其他标准输出检索结果。

5. 学科信息门户

基于学科的信息门户（SBIGs）简称学科信息门户，是按照某学科用户的要求对网络中相关的信息资源进行更有针对性、更深入的揭示，有助于专业用户在本领域的"信息超市"中选择高质量的资源。国内外重要的学科信息门户有 Intute、LII、BUBL LINK 和 CSDL 等。学科信息门户的信息组织工作主要包括采集、资源描述、审校、资源排序和提供检索服务 5 项内容。

6. 数字图书馆

数字图书馆是以数字化资源为馆藏，以先进的信息处理技术和计算机设备为手段，以互联网为服务平台，以信息收集、开发、管理、存储并提供分布式、面向对象的巨型数字信息空间。数字图书馆借助海量信息存储技术，采用自动化的信息组织手段，对存放在不同结构、不同空间的资源进行筛选、索引、联合等控制,在此基础上,再在各存储间进行互联。

三 公共信息资源利用

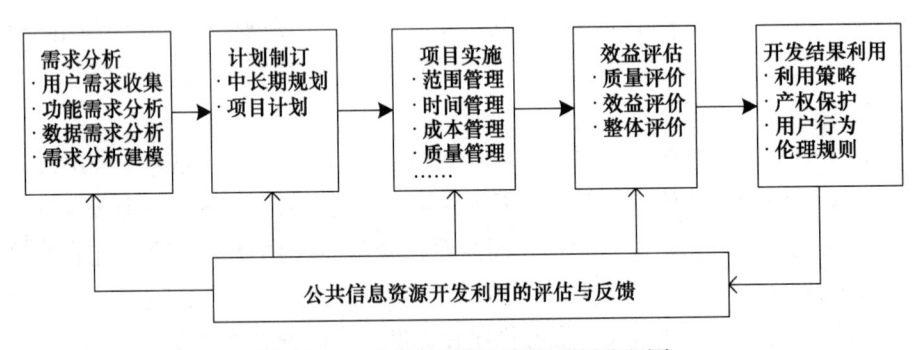

(一) 公共信息资源开发利用

公共信息资源开发利用是指根据社会需要,对公共信息资源进行采集、处理、存储、传播、服务、交换、共享和应用的过程。根据乌家培对信息资源开发利用的认识,可以得出公共信息资源开发亦包括两重含义:第一,从外延上发掘信息来源,开拓信息渠道,建立信息库存,加速信息流动;第二,从内涵上不断重组和加工信息内容本身。公共信息资源开发利用是公共信息资源服务的重要形式,通过公共信息资源开发利用的一系列行为和活动,可以进一步挖掘公共信息资源的潜在价值,增加公共信息资源的数量和类型,提升公共信息资源的质量,从而提高公共信息资源的服务效率。

与信息资源一样,有效的公共信息资源开发活动必须通过需求分析,明确开发目标,通过项目化管理,建立严格的开发流程和执行过程,并最终通过监督、反馈和绩效评估促进公共信息资源开发。公共信息资源开发利用流程如图 12—2 所示。

图 12—2 公共信息资源开发利用流程图

(二) 公共信息资源服务

1. 公共信息资源服务的含义

信息服务是指以信息为内容的服务业务,其服务对象是对服务具有客观需求的社会主体。① 信息资源服务是将信息资源管理机构采集、组织、存储的信息资源和开发的信息产品提供给用户,以满足其信息需求的过程。从过程来看,信息资源服务是信息资源管理过程的最后一个环节;从用户角度来看,它是用户对信息资源的利用过程,是信息用户衡量信息资源管理质量的关键过程。

信息资源服务包括了服务对象、服务主体、服务内容、服务方式等重要组成部分。对于公共信息资源服务而言,服务对象就是接受该信息服务的用户,可能是广泛的社会公众,也可能是特定的用户或群体;服务主体是提供公共信息资源服务的机构(例如,政府机构、图书馆、档案馆、博物馆以及其他形成公共信息资源的公益机构)或个人;服务内容就是公共信息资源或公共信息资源产品;服务方式就是提供公共信息资源服务的途径与方法。

2. 公共信息资源的公开与共享

公共信息资源公开是信息服务的前提,信息公开是指政府和各种组织机构向公众公开或开放自己所拥有的信息,使其他组织机构和公众个人可以基于任何正当的理由和采用尽可能简便的方法获得上述信息。公共信息资源公开是指公共信息资源管理机构或部门,依据相关规定,公开与社会公众利益相关的公共信息,并允许公众合理利用。公共信息资源公开是保障公众知情权的必要措施,是实现公共信息资源共享的前提条件。

信息共享是指不同层次、不同部门信息系统间,信息和信息产品的交流与共用,就是把信息这一种在互联网时代中重要性越趋明显的资源与其他人共同分享,以便更加合理地达到资源配置。公共信息资源共享是在打破公共信息资源的时空限制和部门割据的基础上,实现公共信息资源在公共信息资源管理机构、公民、企业及其他组织之间的整合、流通、共同利用。② 公共信息资源共享包括两个层面:一是微观的公共信息资源共享,指公共信息资源管理机构或部门内部及它们之间的信息资源共享;二是宏观的信息资源共享,指公共信息资源管理机构或部门与公众、企业及其他组织之间的信息资源共享。

3. 知识服务

从信息服务到知识服务是近半个世纪信息技术高速发展带动信息服务升

---

① 胡昌平、乔欢:《信息服务与用户》,武汉大学出版社 2001 年版,第 5 页。
② 傅荣校、叶鹰:《公共信息资源管理》,科学出版社 2011 年版,第 189 页。

华的结果。知识服务是一种基于一切信息资源、以用户需求为目标驱动的、面向知识内容的、融入用户决策过程并帮助用户找到或形成问题的解决方案的增值服务。知识服务与传统的信息服务相比较，二者的主要区别如表12—4 所示。

表 12—4　　　　　　　　　知识服务与信息服务的区别

	知识服务	信息服务
价值取向	体现的是"知识"和"服务"的价值	以信息"资源"为中心的价值取向
服务性质	以规范化的信息资源存储、管理、组织、提供等为标志	以灵活的服务模式、特定的问题分析、解决方案等为标志
服务目的	面向解决方案的服务	具体信息、数据或文献的提供
服务层面	为组织的战术目标服务	为组织的战略目标服务
服务方式	基于专业化和个性化的服务；基于分布式多样化动态资源的服务；基于集成的服务	基于大众化的服务；基于固有资源的服务；依靠大而全的系统或服务

在数字化时代，从信息服务走向知识服务是社会发展的必然要求。公共信息资源管理的最终目的是为用户服务，帮助用户解决难题，满足社会信息需求。为了更好地服务用户，公共信息资源服务也势必要从传统的信息服务走向知识服务。

第三节　公共信息资源管理模式

卢泰宏认为信息资源管理是三种基本信息管理模式的集约化，即信息资源技术管理、信息资源经济管理和信息资源人文管理的集约化，它们分别对应不同的背景，即信息技术、信息经济和信息文化[1]，三者的集成构成 IRM 的三维构架。本节将从信息资源管理的三维构架来讨论公共信息资源的管理模式。

---

[1] 卢泰宏、沙勇忠：《信息资源管理》，兰州大学出版社 1998 年版，第 136—152 页。

一 公共信息资源的技术管理

信息技术的发展，不断为公共信息资源管理提供创新手段，深刻影响着公共信息资源管理的理念和工作方法。同时，信息技术的管理也成为公共信息资源管理的重要组成部分。

（一）信息技术体系结构[①]

信息技术通常分为四个层次，分别为基础技术层次、支撑技术层次、主体技术层次和应用技术层次。习惯上人们只把信息技术中的主体技术和应用技术层次称为信息技术，即狭义的"信息技术"。广义的"信息技术"还包括信息技术的两个外围层次，即基础技术层次和支撑技术层次。信息技术体系如图12—3所示。

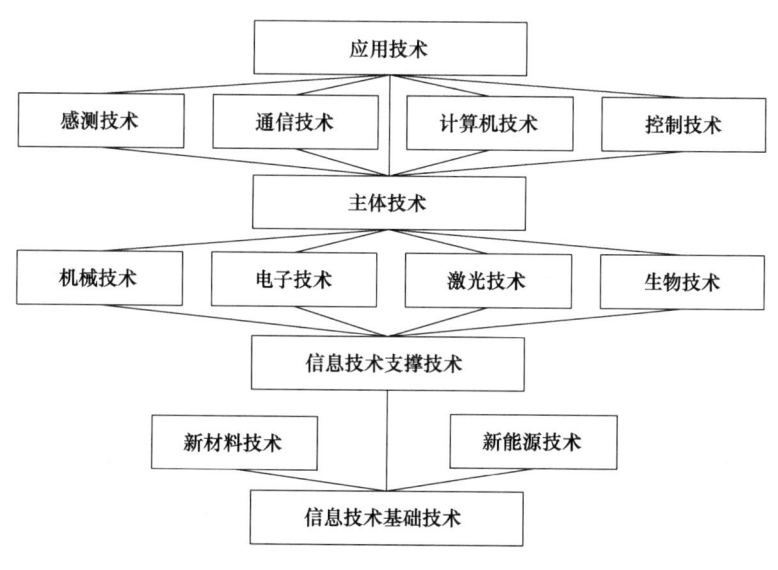

图12—3 信息技术体系示意图

[①] 邱均平、沙勇忠：《信息资源管理学》，科学出版社2011年版，第96—134页。

信息技术体系中，基础技术层次包括新材料和新能源技术，信息技术在性能、水平等方面的提高依赖于这两项技术的进步。支撑技术层次，主要是指机械技术、电子技术、激光技术和空间技术等，信息技术总是通过各种支撑技术才能实现的。例如，人们把用电子技术实现的信息技术称为电子信息技术，如电话电报和电子计算机等。主体技术层次包括感测技术、通信技术、计算机技术和控制技术等。应用技术层次是指针对各种实用目的由主体技术繁衍而生的各种应用技术群，包括由主体技术通过合成、分解和应用生成的各种具体的实用信息技术，如工业领域的计算机辅助设计技术（CAD）、农业领域的气象预报系统（WFS）、交通领域的交通控制系统（TCS）、医疗领域的自动护理系统（ANS）等。

（二）公共信息资源管理的关键技术

根据信息资源开发与利用的一般流程，公共信息资源管理技术一般包括信息采集技术、信息组织技术、信息检索技术、信息安全技术以及信息共享平台技术。

1. 信息采集技术

信息采集技术就是获取数值、文字、符号、声音、图形和图像等各种信息媒体的信息技术，其关键技术包括光学字符识别技术（OCR）、扫描技术、文本挖掘技术、自动分类技术（自动聚类、自动归类）等。

2. 信息组织技术

信息组织技术是一个开放系统，它随着新技术、新方法在信息组织中的应用而不断充实、发展。其中关键技术主要有数据库技术、数据仓库技术、自动标引、自动分类等。

3. 信息检索技术

目前网络信息资源已成为公共信息资源开发和利用的重要对象，其关键的信息检索技术有：智能检索技术、多媒体检索技术、数据挖掘技术、基于内容的图像检索技术、音视频检索技术等。

4. 信息安全技术

信息安全技术在保障网络安全、应用系统安全以及用户安全方面发挥着重要作用。其关键的技术有：数字加密技术、数字签名技术、数字水印技术、数字版权管理技术和安全传输技术等。

5. 信息共享平台技术

公共信息资源的公共性特征决定了其所有权应归全体公民，公众有权获得和使用公共信息资源。公共信息共享平台建设直接关系到整个社会公共信息资源开发利用的深度与广度。公共信息资源共享平台主要通过一系列的有关数字对象的存储、元数据描述和传输的规范性协议来建立统一的、标准化的、可扩展的、灵活的、开放的信息共享的技术平台，以达到数据交换和资源共享的目的。其中关键技术有：Web 服务技术、信息推送技术和数字资源描述技术等。

（三）信息技术的集成管理

集成管理是一种全新的管理理念及方法，其核心就是强调运用集成的思想和理念指导管理行为实践。传统管理模式是以分工理论为基础，而集成管理则突出了一体化的整合思想。

1. 基于 Internet 的集成技术

将传统的公共信息资源管理应用移植到 Internet 上，这样可摆脱平台、时间、地点等方面的限制，达到公共信息资源共享最大化的目的。目前，这种集成技术迅速发展到以支持应用互操作的需求为核心，以面向对象技术为主要特征的分布对象技术，在分布对象环境中实现了信息资源的重用、重构与共享，与面向协同应用的信息共享与应用互操作。

2. 分布式对象集成技术

分布式对象的实质是将服务分割成具有完整逻辑含义的独立子模块，各个子模块可放在同一服务器或分布在多台服务器上运行，模块之间通过远程调用及消息传递进行交互。其目的是为了降低主服务器的负荷、共享网络资源，平衡网络中计算机业务处理的分配，提高计算机系统协同处理的能力，使得应用系统的实现更为灵活。在分布式环境下，组件是一些灵活的软件模块，它们可以位置透明、语言独立和平台独立地发送消息，实现请求服务。传统的分布式应用解决方案用到的技术主要有 DCOM（Distributed Component Object Model），CORBA（Common Object Request Broker Architecture），即公共对象请求代理体系结构以及 RMI/EJB（Remote Method Invocation/Enterprise Java Bean）。

3. 面向服务的集成技术

面向服务的体系结构思想，具有较强的可复用性和灵活性。用定义好的机构封装应用，将一个单一的应用加入一个服务的集合中。封装屏蔽了应用中复杂的细节，对于调用者来说，不需要关心所使用的编程语言、操作系统等，唯一需要知道的就是服务所描述的接口。相关的技术有 WEB SERVICE、GRID SER VICE 等。WEB SERVICE 主要解决在互联网环境下资源共享和信息集成问题。该技术一个很大的优点就是实现真正意义上的平台独立性和语言独立性。GRID SERVICE 技术则是对 WEB SERVICE 的扩展，是 WEB SERVICE 和网格技术融合的产物，其目的就是将服务功能以接口的方式提供给用户，数据库访问操作则通过中间平台完成。用户不需要了解后台的实现过程，仅需调用功能接口就可以完成对数据库的操作。

二　公共信息资源的经济管理

衡量和评价一种经济制度、经济体制或者一种经济运行机制的经济效果，基本的价值判断标准就是考察资源配置的有效性。由于公共信息资源具有稀缺性，因此必须探究在经济活动中如何合理使用有限的公共信息资源，寻找更好的机制和方式，优化资源配置，使公共效益最大化、社会福利最大化。

一般而言，公共信息资源配置机制主要包括三个部分：市场配置机制、政府配置机制和产权配置机制。

（一）公共信息资源的市场配置

1. 公共信息资源市场配置的现实基础[①]

第一，公共信息需求的广泛性、多样性和动态性需要有多样化的资源配置方式与之相适应，市场化模式在公共信息资源的深层开发与个性化服务等方面具有得天独厚的优势，是其中的必然选择。

第二，相对于公共信息需求的无限性，现代社会公共信息资源的稀缺预示着市场介入的可能。

第三，公共信息资源的不同类型和特点与适用范围决定了要有不同性质的运作管理方式，不能采取一刀切的方式管理和配置信息资源。

第四，不同产权性质的主体在参与公共信息资源开发建设中表现出的生产

---

① 夏义堃：《公共信息资源的多元化管理体制研究》，博士学位论文，武汉大学，2005 年。

能力和发展潜力的差别也需要有灵活多样的管理体制与运行机制来激发活力。

2. 公共信息资源市场配置形式

市场机制能够通过价格信号自动地以较低的成本合理地配置资源，公共信息资源的市场配置是通过市场机制对信息生产的自组织过程实现的。公共信息资源配置是一项高投入、高产出、高风险的活动，市场机制可以充分调动参与各方的积极性。公共信息资源的微观配置主要通过市场机制的引导和调节进行，并以供求机制、价格机制和竞争机制为表现形式，三者对公共信息资源配置的影响方式如下：

（1）供求机制：公共信息需求是市场配置公共信息资源的起点和终点，供需关系促使各类公共信息资源管理主体要关注、了解和调查信息市场的供求变化，根据信息商品数量和价格间的关系来组织信息商品的产销，使需求与供给基本平衡。

（2）价格机制：价格机制是公共信息资源配置过程中最灵敏、最有效的杠杆，公共信息资源价格的确定则由公共信息资源的供求关系和开发利用成本来决定。值得注意的是，部分公共信息资源有条件的免费使用同样也是价格机制发挥作用的特殊形式。

（3）竞争机制：竞争机制主要作用于市场机制的主体之间，竞争关系的展开形成了资源的配置过程，反过来又调节供求关系，使资源在组织内部及组织间进行合理配置。在公共信息资源的国家宏观调控下，公共信息资源的生产者、投资者可以通过与政府合作、签约、申请许可证等形式参与公共信息资源的开发建设，通过瞄准信息市场需求，密切注视竞争对手的市场行为，并随行情变化而调整自己的信息生产经营策略，使得资本、信息、劳动力等要素在生产者内部实现效用的最大化。

3. 信息市场失灵

由于公共信息资源生产与服务具有一定的特殊属性和规律，与一般市场相比，信息市场的资源配置功能相对要弱一些，或者说信息市场失灵的问题表现得更加突出。具体表现如下：

（1）公共信息资源的外部效应：公共信息资源生产及服务既有正的外部效应，也有负的外部效应，正的外部效应使公共信息生产不足，负的外部效应会将社会成本强加给生产者或消费者，使公共信息资源市场偏离均衡，信息资源配置无效。

(2) 公共信息资源的公共物品属性：公共信息资源的公共物品属性，及消费的非排他性和非消耗性，将导致"搭便车"问题，使得公共信息资源生产者的成本无法弥补，从而导致生产不足。

(3) 公共信息资源的垄断性：政府等公共部门是公共信息资源的主要生产者，对公共信息资源有绝对的垄断地位，这样就会出现垄断定价，使得价格高于边际成本，导致效率损失，信息资源配置无效。

(4) 公共信息活动的非营利性：教育以及基础研究这类基础性信息活动，是非营利性的，市场机制无法对其进行调节。

由于信息的公共商品特性，无论是在完全竞争还是在垄断市场结构下，其产出水平都将低于社会最优水平。[1] 市场在公共信息资源配置方面存在失灵状况，完全的市场机制难以保证公共信息资源全社会共享目标的实现，需要政府的参与来提高信息资源的总体配置效率。

(二) 公共信息资源的政府配置

市场机制在配置公共信息资源上存在着明显的局限性，必须要求外部力量介入，政府参与是对市场机制的必要补充。

1. 政府配置目标

政府在公共信息资源配置的作用主要集中在以下几个目标上[2]：

(1) 信息基础设施建设。这是一项耗资巨大的长期基础性工程，依靠私人投资是无力完成的。世界各国的经验均表明，政府必须承担这项工作，为公共信息产业的发展构筑一个操作平台。

(2) 公共信息服务。有效的公共信息服务对于提高民众的文化素质、传播知识信息具有重要的作用。中国公共信息服务系统所要解决的首要问题是减员增效，改进服务质量和服务效率，而不是开展"有偿服务"，并通过加强信息资源立法，促进公共信息资源的全面共享。

(3) 普及教育和支持科学研究。教育是提高全社会信息素质的根本手段，

---

[1] K. J. Arrow, "Economic Welfare and the Allocation of Resources of Invention", In: *Reading in the Economics of Industrial Organization*, New York: Holt, Rinehart & Winston, 1970.

[2] 马费成：《信息资源开发与管理》，电子工业出版社 2009 年版，第 317—330 页；夏义堃：《公共信息资源的多元化管理体制研究》，博士学位论文，武汉大学，2005 年。

它决定了一国的科学技术水平。科学研究直接决定了一国的技术创新能力，所以政府应高度重视教育和科学研究。

（4）引导公共信息资源消费。信息基础设施建设除了具有促进社会信息化程度全面提高的功效外，还具有显著的经济辐射和带动作用，可进一步拉动公众的信息需求，有效培育社会的公共信息消费。

（5）制度建设。制度建设包括规范市场、界定产权、完善法律制度，以及调整信息产业结构和信息产业组织，从而在制度上保障市场机制的有效性。

2. 政府对公共信息资源进行配置的工具

政府对公共信息资源的配置主要依靠以下3个工具：

（1）财政工具。通过对教育、科研和信息基础设施建设的直接投入，推动信息产业的发展，从而带动整个国民经济的增长。

（2）税收工具。对公共信息资源的生产者及服务者实行减免税收政策，以鼓励 R&D 和创新活动。

（3）产业政策工具。政府可通过产业政策引导信息产业特别是公共信息资源产业结构的优化与升级，推动信息服务业的发展。

（三）公共信息资源的产权配置

外部效应会导致市场自动调节机制的失灵，从而引起资源配置的低效率。对于这个问题，传统的经济理论认为应当有政府出面进行干预。美国著名产权经济学家科斯（Ronald H. Coase）则提出相反观点。科斯认为外部效应从根本上是由产权界定不够明确或界定不恰当而造成的，政府不必要用税收、补贴、管制等方法来试图消除社会收益（成本）与私人收益（成本）之间的差异，政府只需适当界定并保护产权，无须直接干预市场也可以解决外部效应问题，随后产生的市场交易能自动达到帕累托最优。[①]

1. 产权与产权界定

产权是法学和经济学中的一个重要概念，指的是由于物的存在及其使用而引起的人与人之间相互认可的行为关系，即在资源稀缺的条件下，人们使用资源的适当规则。产权安排确定了每个人相应于物的行为规范。产权理论研究如

[①] R. H. Coase., "The Problem of Social Cost", *Journal of Law and Economics*, Vol. 3, 1960, pp. 1–44.

何通过安排、配置和变更产权结构，处理和解决人对利益环境的反应规则和经济组织的行为规则，降低或消除市场机制运行的社会费用，提高运行的效率，改善资源配置，加快技术进步，增加社会福利，促进经济增长。

公共信息资源的产权界定就是以法律为基础形成一套完整的制度，明确具体公共信息资源的产权分别属于哪些人、哪些组织，并如何在政府、第三部门和企业之间进行分配和转让。从纵向来看，公共信息资源产权实际上包含着多个层次级别的层级结构，按排他性强度划分，可分为纯公共产权（国有产权）、俱乐部产权和私有产权等不同种类；从横向来看，公共信息资源的产权要素包括了所有权、使用权、转让权、收益权等。

2. 产权对公共信息资源的配置功能

所谓产权的资源配置功能是指产权安排或产权结构直接形成资源配置状况，驱动资源配置状态，改变或影响对资源配置的调节。这种功能主要表现在以下几个方面[①]：

（1）设置产权就是对公共信息资源的一种配置。产权具有"内化外部性"和"减少不确定性"等功能，设置产权能够依靠产权界定来配置资源，减少资源浪费，提高经济效益。

（2）稳定的产权格局或结构，能够形成一种公共信息资源配置的客观状态。公共信息资源的稀缺性以及需求的广泛性，决定了公共信息资源生产的不足，这时需要引进第三部门，甚至需要企业与政府共同开发公共信息资源。公共信息资源的产权界定决定着资源产权在哪些地区、哪些部门以及哪些主体之间的分布，同时也代表着各种生产要素的分布情况：分布在什么地区、分布在什么行业、分布在哪些主体手中等。

（3）产权变动的同时也改变公共信息资源配置的格局，包括改变资源在不同主体间的配置、资源的流向和流量、资源的分布状况等。

公共信息资源的产权界定，是公共信息资源管理的前提。产权客观地具有配置资源的功能，另外，准确适宜的产权界定以及与之相应的制度安排对于增强公民信息意识、促进全社会的信息共享以及提高国家信息化水平都有着重要而深远的影响。

---

① 马费成：《信息资源开发与管理》，电子工业出版社 2009 年版，第 331—338 页。

三 公共信息资源的人文管理

信息政策、信息法律与信息伦理是公共信息资源人文管理的三种手段。

(一) 信息政策

1. 信息政策的含义

一般来说,信息政策是国家或社会团体为达到一定目的而制定的有关信息活动和信息事业发展的方针、指南、准则等的集合,它涉及信息的生成、存储、处理、分配、交换、消费和利用等各个环节。信息政策具有复杂性、多样性、灵活性和动态性等特征。公共信息资源管理政策是信息政策在公共信息资源管理领域的具体应用,是指一个国家为开发公共信息资源,发展公共信息产业,协调公共信息利用而采取的措施和战略。

2. 国家信息政策体系

信息政策作为国家管理和发展信息产业的方针、措施和行为准则,已成为国家对信息活动施以宏观管理的重要手段。国家信息政策的体系构建需从信息政策的要素、主体、目标及内容等方面来进行。

(1) 信息政策要素。莫尔(Moore)在《信息政策》一书中,提出信息政策应包括 4 个方面:一是法规问题,包括个人隐私权、版权、信息保护与信息自由等;二是宏观经济问题,包括信息产业发展、信息经济测度、信息基础设施建设等;三是组织问题,包括信息处理过程和信息技术发展等;四是社会问题,包括个人的信息获取能力和计算能力、信息富有者与信息贫穷者之间的差距等。另外,国外学者还从其他角度研究了信息政策的构成要素,著名的有希尔(Hill)要素说、赫尔农—雷利(H-R)要素说和伯格(Burger)要素说等。

(2) 信息政策的主体。国家或政府是信息政策的主体。国家信息政策体系的构建,广泛涉及政治、经济、文化、科技等领域,并可能会触动不同社会阶层、组织和集团的利益。所以,国家需筹建一个机构完善、结构合理的专门机构来负责信息政策的制定,以妥善处理各个方面的矛盾和问题。

(3) 信息政策的目标。国家应根据经济形势的发展阶段、信息产业层次水平和技术结构演进,采取相应的信息政策,以引导相关信息产业的发展。目前,我国信息政策的目标是发展高新技术开发产业、信息服务业和信息应用技术,加大法治力度,在全国确立和推行信息活动制度,鼓励创新与公平竞争。

(4)信息政策的内容体系。1993年,莫尔提出了一个分析信息政策的二维矩阵模型,用以确定信息政策的主要范围、问题以及不同信息政策之间的联系,如表12—5所示。

表12—5　　　　　　　　信息政策矩阵模型

层次＼要素	信息技术	信息市场	信息管理	人力资源	立法条例
产业层次					
组织层次					
社会层次					

莫尔矩阵模型包括3个层次(产业层次、组织层次、社会层次)和5个信息政策的要素(信息技术、信息市场、信息管理、人力资源和立法条例),描述了信息政策在产业、组织和社会政策3个不同层面上的共同作用。

(1)产业政策层面。主要考虑一国范围内与信息部门的发展相关联的政策问题。

(2)组织政策层面。主要研究信息政策对机构内信息利用的影响,用以提高组织内部的效率和竞争力。

(3)社会政策层面。主要考虑个人和社会团体相关联的信息需求与信息供给。

信息政策的制定中,在每个层次上,都要研究决定信息利用方式的信息技术、信息市场、信息管理、人力资源和立法条例5个方面的因素。

莫尔矩阵模型不仅区分了信息政策要素的不同层面,而且还描述了单个因素与层面之间及各个信息政策层次之间的互动关系,对于信息政策的制定提供了一个很好的分析工具。

(二)信息法规

1.信息法规的含义

信息法规是指国家为管理和规范信息活动而制定的一系列法律规范的总

和。它是通过法律程序对各项信息政策予以确立，使之规范化，具有约束力，是保障信息政策得以贯彻、实施的重要法律手段。相比较信息政策而言具有强制性、稳定性和制约性等特点，两者相辅相成。

信息政策的基本功能是"导向"，即运用行政手段鼓励和支持社会的信息活动以达到信息政策的目标；信息法规的基本功能是"制约"，即运用法律手段限制和约束社会的信息行为以保护信息活动的健康发展。

2. 信息法规体系

信息法规内容体系的构建近年来已成为信息界和法学界研究的热点，从目前的研究状况来看信息法规的内容一般分为三层。[①]

第一层是信息基本法。信息基本法是规范和调整整个信息化活动和信息化关系的法规总称，它将以宪法为依据，对信息法规的立法宗旨、基本原则、调整对象及范围、信息化法规关系、奖惩原则等做出明确的规定。信息基本法是信息法规体系的基础和准则，对各种具体法规的制定起指导作用。

第二层是各种调整和规范信息活动的法规制度，包括：信息产业法规制度、信息技术法规制度、信息标准法规制度、信息资源管理法规制度、信息市场管理法规制度、信息安全法规制度、电子商务法规制度、国际信息交流和合作法规制度、信息人才法规制度等。

第三层是与其他领域各种法规制度的融合。由于信息活动广泛渗透到人们的政治、经济和文化生活中，所以信息法规制度应考虑与其他领域法规制度的相辅相成。如在刑法中增加利用计算机网络犯罪的条款，再如，信息法规还要考虑文化领域的法规，如知识产权法、新闻出版管理办法等。

（三）信息伦理

1. 信息伦理的含义

信息伦理就是信息活动中以善恶为标准，依靠人们的内心信念和特殊社会手段维系的，调整人与人之间以及个人与社会之间信息关系的原则规范、心理意识和行为活动的总和。从哲学角度上讲，信息伦理指计算机伦理的哲学构筑。信息伦理可能不会即刻解决具体的计算机问题，但它为解决计算机问题提

[①] 马费成：《信息资源开发与管理》，电子工业出版社 2009 年版，第 355—364 页。

供了道德依据。

2. 信息伦理的四维架构

为了从总体上认识和把握信息伦理，我们需要讨论信息伦理的四维架构。四维架构的四个坐标分别为：要素维，即构成信息伦理的基本要素；领域维，即信息伦理的发生和应用领域；层次维，即信息伦理的范围或层次；利害关系人维，即信息伦理所涉及的主要利益主体。任何一项具体的信息活动所面临的伦理问题，都涉及以上四个维度，都由以上四个维度或基本参数所限定和制约，或者说，不同的信息伦理问题对应四维架构中的不同位置。

四个维度各有理论上需要研究和解决的问题，它们相互依存、紧密结合，不仅标示了信息伦理的基本知识范畴，也为具体的信息伦理分析提供了一个理论框架。信息伦理的四维架构是在信息与伦理双重领域的交叉结合中构建起来的关于信息伦理的认识框架，说明信息伦理是由信息与伦理及其各自的背景学科——信息科学与伦理学——交叉塑造而成的一个新的领域。信息伦理四维架构的主要内容和问题如表12—6所示。

表12—6　　　　信息伦理四维架构的主要内容和问题

坐标维	内容	问题
要素维	信息道德意识、信息道德活动、信息道德规范	何种信息道德意识，何种信息行为，应遵循哪些信息道德规范
领域维	信息生产、信息组织、信息传播、信息利用	各自的特征是什么、主要处于哪个（些）领域
层次维	个人信息伦理、组织信息伦理、国家信息伦理	各自特征和差别是什么，主要涉及哪个（些）层次
利害关系人维	信息提供者、信息组织者、信息利用者、其他利害关系人	个人的利益需求是什么，应采取何种伦理态度

3. 信息伦理社会调控机制体系结构

信息伦理社会调控机制体系结构主要由以下三部分构成：

（1）信息伦理规范。它是信息伦理社会调控机制的基本骨架，由信息伦理原则、信息伦理守则以及网络礼仪等构成。

信息伦理原则。信息伦理原则是构成信息伦理规范体系的核心的、最为概括和抽象的普遍性准则，是信息伦理管理的最集中体现。本书提出一种基于信息权利的信息伦理原则体系。包括无害原则、公正原则、自主原则、知情同意原则、同情和合作原则等。

信息伦理守则。信息伦理守则是职业信息团体或社会机构所指定的较为具体的信息行为准则，事实上是信息领域的职业伦理规范。如美国计算机协会发布的《伦理与职业行为准则》，我国互联网协会于 2002 年发布的《中国互联网业自律公约》等。

网络礼仪。网络礼仪是人们在网络信息活动中"约定俗称"的信息交往方式与表达格式，是一种固定下来适合和便于网络交往、判定行为者是否文明和礼貌的行为标准。主要包括电子邮件礼仪、网上互动交流行为礼仪等。

（2）传统习俗、社会舆论及道德感。它们是信息伦理发挥作用的内在维系力。

（3）调控方式与手段。包括信息法律、信息自律与防范技术、信息伦理教育和信息伦理管理与监督。

第四节 公共信息资源管理类型

一 政府信息资源管理

（一）政府信息资源管理的内涵

政府信息资源是政务机构在履行职能过程中产生或使用的信息，是体现政务活动的运作过程及结果的、有使用价值的各种信息的集合。政府信息资源包括：政务部门为履行管理国家行政事务的职责而采集、加工、使用的信息资源；政务部门在业务过程中产生和生成的信息资源；由政务部门投资建设的信息资源以及由政务部门直接管理的信息资源。

政府信息资源管理是指与信息内容相关的决策、规划、预算、组织、指导、培训和控制活动。其中，决策是政府信息资源管理的起点，是其中最重要的内容和管理者最基本的职责；规划涉及确定做什么、如何去做和谁去做，是在对信息资源管理规律的认识和对管理对象有关信息进行分析和预测的基础上，制定和采取行动方案的过程；预算规定了国家政府信息资源开发与利用的方向，为政府信息资源的开发与利用活动提供了资金保证，是实现政府信息资源规划的重要手段；组织的职能是设计一种组织结构，让参与信息资源管理活动的人们成为一个协调的系统，一起为实现最终目标而工作，是保证实现规划所必需的活动的连贯性、协调性和一致性的工作步骤；指导是指挥和引导政府信息资源管理活动并使之实现政府信息资源管理目标的过程；培训是指通过各种方法与途径对所有参与政府信息资源管理活动的人员进行教育、训练，使其掌握政府信息资源管理以及信息开发和利用的技术与方法；控制是政府信息资源管理活动中进行评估和调节，以确保政府信息资源管理目标的实现。[①]

（二）政府信息资源管理的主要任务

政府信息资源管理的主要任务有：

(1) 制定和实施政府信息资源开发利用规划：在科学规划的基础上，按照规定的程序，利用现代信息技术和手段，有组织的采集、处理、传输、发布和保存各种信息资源。要改进和变革政府采集、使用、发布信息的方式和方法，使信息冗余减至最少，信息费用减至最小，并使政府信息资源价值最大化。

(2) 研究和制定相关的政策和法规：政府信息资源管理的核心的问题是"管什么"、"谁来管"和"如何管"，必须以国家法律和政策法规的形式对这些基本问题予以回答，并且要形成制度。

(3) 政府信息基础设施的管理：政府信息基础设施主要包括通信网络、计算机设施和系统、各种数据库和文档、各种服务系统等，它必须作为一个整体来加以考虑，并独立于国家信息基础设施之外。

(4) 政府应用系统开发和维护的管理：政府应用系统一般包括办公自动化系统、电子政务系统、政府网站等。

(5) 政府信息技术的管理：政府信息技术管理包括政府的技术政策、规范和标准的管理。政府信息技术政策应明确规定什么技术对政府系统适用或不适用以及技术和软硬件设备的更新周期。政府信息技术的标准与规范应规定政府适用的信息技术体系结构、协议、标准、硬件设备的选择范围、操作系统与

---

① 中国信息学会：《政府信息资源的管理与立法研究》，中国信息学会2003年版，第4—5页。

数据库系统的适用品牌、办公自动化软硬件规范等。

（6）政府信息安全管理：政府信息安全管理包括：确定各种政府信息的"所有者"、安全级别和建立安全机制。①

（三）电子政务

1. 电子政务的定义

电子政务是政府信息资源管理的一种重要表现形式，其实质是运用计算机、网络和通信等现代信息技术手段，实现政府组织结构和工作流程的优化重组，超越时间、空间和部门分隔的限制，建成一个精简、高效、廉洁、公平的政府运作模式，以便全方位地向社会提供优质、规范、透明、符合国际水准的管理与服务。

2. 电子政务的主要内容和特点

电子政务主要分为四类：政府间电子政务（G2G）、政府—商业机构间电子政务（G2B）政府—公民间电子政务（G2C）、政府—雇员间电子政务（G2E）。主要内容有：

（1）政府从网上获取信息，推进网络信息化：政府推进网络化，能够更高效地进行政府信息资源的开发与利用；

（2）加强政府的信息服务，实现政务公开：在网上开设政府自己的网站和主页，向公众提供可能的信息服务，提高公众参与政府信息资源管理的积极性；

（3）建立网上服务体系，使政务在网上与公众互动处理，即"电子政务"；

（4）将电子商业用于政府，即"政府采购电子化"：政府采购电子化，可以从某种程度上减少官商勾结、贪污腐化的情况，有利于构建廉洁、高效的政府机制；

（5）充分利用政务网络，实现政府"无纸化办公"；

（6）构建政府知识库：构建政府知识库，对零散的、非结构化的政府知识进行共享化处理。

---

① 马费成、赖茂生：《信息资源管理》，高等教育出版社2006年版，第180—194页。

相对于传统行政方式，电子政务的最大特点就在于其行政方式的电子化，即行政方式的无纸化、信息传递的网络化、行政法律关系的虚拟化等。电子政务使政府工作更公开、更透明，使政务工作更有效、更精简。电子政务可以为企业和公民提供更好的服务，重构政府、企业、公民之间的关系，使之比以前更协调，便于企业和公民更好地参政议政。

（四）政府信息公开

1. 政府信息公开的内涵

广义上的政府信息公开主要包括两个方面的内容：一是政务公开，二是信息公开；狭义上的政府信息公开主要指政务公开。政务公开就是让权力在阳光下运行，用制度管人、用制度管事，使国家机关信息公开，行政权力公开透明运行，主要是明确职权、明确政府职能及其运作以及流程。

政府信息公开主要的要求是使政府的工作内容公开化，对于政府筹划或正准备进行的各项工作，如城市建设、道路规划、医疗保健措施、事务处理等分类进行公开，并对各项工作内容及进程予以公开，任何公民都可以通过特定途径，如政务公开栏、政务公开网络等进行查询、监督。

2. 我国政府信息公开制度的范围

政府信息公开的方式有两种：主动公开和依申请公开。依据《中华人民共和国政府信息公开条例》的规定，行政机关对符合下列基本要求之一的政府信息应当主动公开[①]：

（1）涉及公民、法人或者其他组织切身利益的；
（2）需要社会公众广泛知晓或者参与的；
（3）反映本行政机关机构设置、职能、办事程序等情况的；
（4）其他依照法律、法规和国家有关规定应当主动公开的。

另外，公民、法人或者其他组织还可以根据自身生产、生活、科研等特殊需要，可以向国务院部门、地方各级人民政府及县级以上地方人民政府部门申请获取相关政府信息。

3. 我国政府信息公开制度的方式和程序

（1）行政机关应当将主动公开的政府信息，通过政府公报、政府网站、

[①] 张怡：《政府信息资源管理中的美国托管图书馆》，《图书馆杂志》2000年第7期。

新闻发布会以及报刊、广播、电视等便于公众知晓的方式公开。

（2）各级人民政府应当在国家档案馆、公共图书馆设置政府信息查阅场所，并配备相应的设施、设备，为公民、法人或者其他组织获取政府信息提供便利。

（3）行政机关应当编制、公布政府信息公开指南和政府信息公开目录，并及时更新。

（4）对申请公开的政府信息，行政机关根据下列情况分别作出答复：属于公开范围的，应当告知申请人获取该政府信息的方式和途径；属于不予公开范围的，应当告知申请人并说明理由；依法不属于本行政机关公开或者该政府信息不存在的，应当告知申请人，对能够确定该政府信息的公开机关的，应当告知申请人该行政机关的名称、联系方式；申请内容不明确的，应当告知申请人做出更改、补充。

二　图书馆公共信息资源管理

（一）图书馆公共信息资源管理的内涵

基于图书馆服务的公共信息资源管理是公共信息资源管理的一个管理角度，指在国家与政府的引导下，将图书馆打造成社会信息中心，通过建立一定的机制，促使广大公共信息生产单位与图书馆之间建立互利的输送关系，向图书馆提供公共信息资源，由图书馆集中提供服务，这样用户所需的任何信息都可通过图书馆获取，避免了用户为获取某一信息而盲目查找的烦恼，同时也节省了信息生产单位为满足用户的信息需求而产生的人员、场所、设备等费用，最终实现用户、图书馆与信息生产者的共赢。基于图书馆服务的公共信息资源管理不仅能够解决当前的公共信息资源管理混乱、利用率低等问题，还将拓展当代图书馆学的研究领域，形成图书馆学在信息知识时代新的学科生长点，为图书馆的发展注入新的生命活力。

（二）图书馆公共信息资源管理工作的原则和目标

社会效益、经济效益、用户至上是图书馆公共信息资源管理的三项基本原则。

1. 社会效益

基于图书馆服务的公共信息资源管理是一项社会公益性活动，保障社会效益是其根本原则。在公共信息资源管理的过程中必须注重其社会效益的实现，使公共信息资源管理在促进信息公平、减小信息贫富差距、促进经济发展和提高人民生活水平中发挥作用。

2. 经济效益

公共信息资源管理建立在一定的人力、物力基础上，节约社会资源，提高经济效益是其另一原则。虽然公共信息资源管理属于社会公益活动不能直接创造经济效益，但是可以研究与制定科学的工作方法，降低工作成本，提高工作效益，通过节约社会资源来实现经济效益。

3. 用户至上

以用户为中心是公共信息资源管理工作的核心原则。用户是公共信息资源价值的承担者，公共信息资源管理的一切工作都要以用户为出发点，公共信息采集要以用户的需求为依据，采集用户关注的各种信息，公共信息组织要科学、易用，研究、制定便于用户使用的信息组织方法，公共信息服务要满足不同群体的不同需求，提供形式多样、方便快捷的服务。

解决公共信息资源管理中出现的问题是基于图书馆服务的公共信息资源管理最直接的目标，在公共信息资源管理中满足公众的公共信息需求、促进公共信息资源的社会共享、维护社会公共利益、使各类公共信息资源以更高的效率、较低的成本在社会进步、经济发展、人民物质文化水平提高中实现其价值是公共信息资源管理直接目标的具体体现。

（三）美国的托管图书馆

美国的联邦政府、各州政府和县政府，每年都会出版大量的法律规章、统计资料、政府研究报告和连续出版物等政府文献。为了更好地保存和更方便地使用这些政府文献，产生了托管图书馆这一独特的图书馆形式。所谓托管图书馆，就是由政府指定的或者通过法律认定的或者由合同规定的政府文献托管机构，主要是图书馆和档案机构，这些机构可以自动地从相应政府部门获得政府出版物，提供给所有公民或者是特定的群体。美国的托管图书馆分为联邦政府一级的全国性托管机构和州县政府一级的地方性托管机构两种。托管图书馆并不是单独设立一个新的图书馆，而是在现有图书馆的基础上，增加了收藏、储存和提供政府文献的功能。托管图书馆和非托管图书馆的区别不是在于是否拥有政府文献，而是在于对于托管图书馆来说，由于法律或合同的规定，它可以自动地获得政府文献，并且有义务为政府保管这些文献并满足公民对政府文献的需求。而非托管图书馆则没有这样的权利和义务。有资格成为托管图书馆的，主要是大型公共图书馆，比如州立图书馆和高校图书馆，以及一些专业图书馆（特别是法律图书馆）。[1]

随着互联网的飞速发展和政府信息公开力度的不断加强，目前美国政府和托管图书馆之间的关系已经再也不是简单的委托人和托管人的关系了，而是通过相互之间的合作，更好地开展政府信息资源管理，保证政府信息公开，保障公民的知情权。比如康奈尔大学 Albert R. Man 图书馆和美国农业部的合作项目。农业科学是康奈尔大学的强项之一，美国农业部和康奈尔大学具有很长的合作历史。分析各自的优势，农业部在信息资源上无与伦比，而信息组织和信息提供是 Albert R. Man 图书馆的专长，而且康奈尔大学拥有先进的计算机软硬件。所以借助各自优势，两者开展了合作，Albert R. Man 图书馆帮助农业部进行网站的设计和内容规划，并且为农业部的网站设立了镜像站点。除了这个项目之外，已经有越来越多的托管图书馆开始和政府部门展开合作。托管图书馆作为美国图书馆系统的一个重要组成部分在政府信息资源管理的过程中正发挥着越来越大的作用，承担起了更大的社会责任。[2]

三 智慧城市信息资源管理

（一）智慧城市的概念

智慧城市是把新一代信息技术充分运用在城市各行各业中的基于知识社会下一代创新（创新2.0）的城市信息化高级形态。智慧城市基于物联网、云计算等新一代信息技术以及维基、社交网络、FabLab、LivingLab、综合集成法等工具和方法的应用，营造有利于创新涌现的生态。利用信息和通信技术（ICT）使城市生活更智能，资源利用更高效，促进成本和能源的节约，并且改进服务

---

[1] 张怡：《政府信息资源管理中的美国托管图书馆》，《图书馆杂志》2000年第7期。
[2] Nicos Komninos, *Intelligent Cities and Globalization of Innovation Networks*, London: Taylor & Francis, 2008.

交付和生活质量，减少对环境的影响，支持创新和低碳经济。智慧城市的核心是实现智慧技术高度集成、智慧产业高端发展、智慧服务高效便民、以人为本持续创新，完成从数字城市向智慧城市的跃升。目前，在智慧城市公共资源信息管理领域，三维地理空间技术发展最为迅猛。

（二）智慧城市三维地理空间框架

1. 三维地理空间框架概述

三维地理空间框架主要由基础地理信息数据体系、目录与交换体系、公共服务体系、政策法规与标准体系和组织运行体系五部分构成。其中，基础地理信息数据体系是地理空间框架的核心，包括测绘基础、基础地理信息数据、面向服务的产品数据、管理系统和支撑环境；目录与交换体系是共建共享的关键，包括目录与元数据、专题数据、交换管理系统和支撑环境；公共服务体系是地理空间框架应用服务的表现，包括地图与数据提供、在线服务系统和支撑环境；政策法规与标准体系和组织运行体系是地理空间框架建设与服务的支撑和保障[①]，如图12—4所示。

2. 三维地理空间框架的体系构成

三维地理空间框架主要由基础地理信息数据体系、目录与交换体系、公共服务体系、政策法规与标准体系和组织运行体系五部分构成。

（1）基础地理信息数据体系。基础地理信息数据体系主要由基础地理信息数据、基础地理信息数据管理系统、支撑环境三部分构成。基础地理信息数据主要包括大地测量数据、数字线划图数据、数字正射影像数据、数字高程模型数据和数字栅格地图数据等；基础地理信息数据管理系统必须是实现基础地理信息数据的管理、维护与分发的软件，具备数据输入输出、编辑处理、显示浏览、查询检索、统计分析、数据更新、安全管理以及历史数据管理等功能，应具有安全、海量数据高效管理、可扩展、可维护、可移植和运行稳定的特点；支撑环境是支持基础地理信息数据管理和维护的软硬件及网络，包括操作系统、数据库软件、服务器设备、数据存储设备、外围设备、安全设备以及涉密的局域网或测绘专网等。

---

① 李成名、王继周：《数字城市三维地理空间架构原理与方法》，科学出版社2008年版，第93—96页。

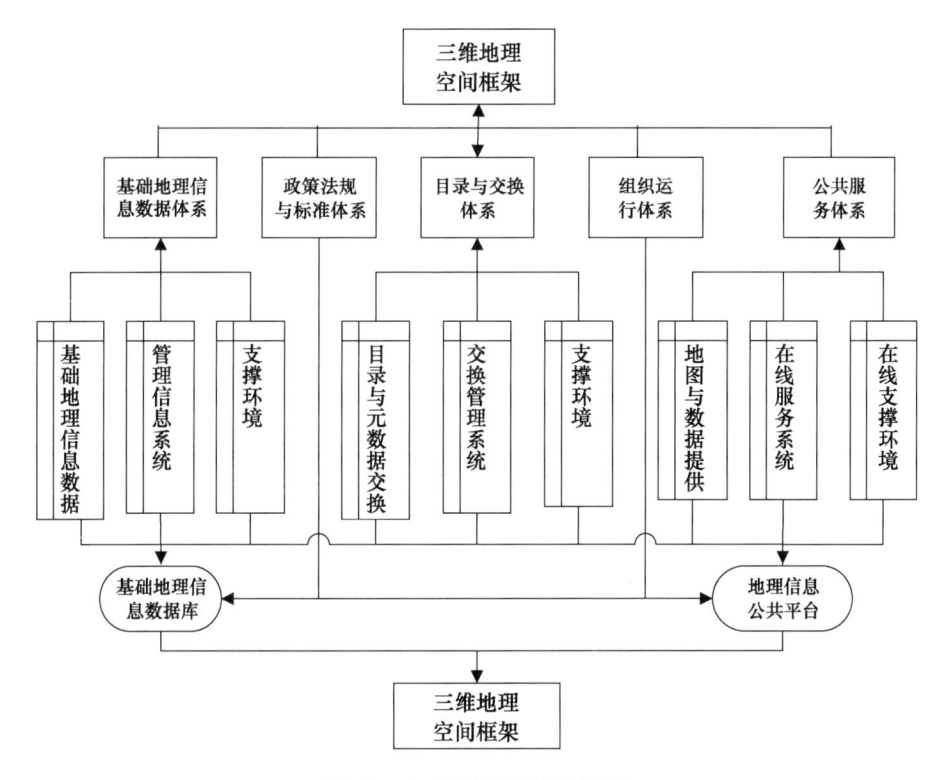

图 12—4　三维地理空间框架

（2）目录与交换体系。目录与交换体系主要由元数据、交换管理系统、支撑环境三部分构成。其中，元数据包括编目信息、标识信息、内容信息、限制信息、数据说明信息、发行信息、范围信息、空间参考信息、继承信息、数据质量信息、产品发布信息等内容。目录是基于元数据面向不同类型需要生成的树形结构信息，用于展现信息资源之间的相互关系；交换管理系统是实现面向服务的产品数据和专题数据的集中管理以及相互之间交换的软件，具备目录与元数据、地理实体数据、影像数据、地图数据、地名地址数据和三维景观数据等的管理功能以及目录与元数据注册、数据连接、数据发送、数据接收和数据同步等交换功能；支撑环境是支持目录与交换体系运行和维护的软硬件及网络，包括操作系统、数据库软件、服务器设备、数据存储备份、安全设备等。在部署运行网络时，严格按照国家相关保密政策的要求，涉密的数据只能在涉密网中共享与交换，非涉密的数据才可在非涉密的政务网中运行。

（3）公共服务体系。公共服务体系主要由地图与数据提供、在线服务系统、支撑环境三部分构成。地图与数据提供是指以离线的方式，向用户提供模拟地图，或者借助硬盘、光盘、磁带等存储介质通过拷贝对外提供地理信息数据；在线服务系统具备认证服务、目录服务、元数据服务、地图应用服务、地理编码服务、数据接口服务、定制服务、数据发布服务、服务注册管理服务和二次开发服务等功能，满足用户在线获取与应用地理信息，以及快速分布式构建专题系统的需要。支撑环境是支持公共服务体系运行和维护的软硬件及网络，包括操作系统、服务器设备、安全设备等。

（4）政策法规与标准体系。政策法规方面，地理空间框架建设与应用须遵守国家统一制定的基础地理信息分级分类管理、使用权限管理、交换与共享、开发应用、知识产权保护和安全保密等方面的政策法规；标准方面，地理空间框架建设与应用须执行正式颁布的有关要素内容、数据采集、数据建库、产品模式、交换服务、质量控制和安全保密处理等方面的国家标准、行业标准和标准化指导性技术文件。

（5）组织运行体系。组织运行体系主要由组织协调机构和运行维护机构组成。其中，组织协调机构的主要职能是组织地理空间框架的建设实施，建立健全更新与维护的长效机制，推动地理空间框架的共享、应用与服务；运行维护机构的主要职能是落实地理空间框架更新计划，及时解决地理空间框架运行中的问题，保证地理空间框架的持续更新和长期服务。

思考题

1. 什么是公共信息资源管理？
2. 公共信息资源管理的理论基础有哪些？
3. 公共信息资源管理过程是怎样的？
4. 公共信息资源管理的技术有哪些？
5. 如何开展公共信息资源的人文管理？
6. 公共信息资源管理的类型有哪些？

第十三章

公共财政管理

公共财政是建立在市场经济基础之上,并与市场经济体制相适应的一种财政类型。它是指市场经济中由政府提供公共产品或服务的分配活动或分配关系的政府收支模式或财政运行机制模式。公共财政管理是公共部门为了保证公共财政职能的履行对财政收支进行的决策、管理、监督等活动的总和。近几十年来,公共财政管理的每一次变革都成为公共管理重大变革的先导。由于公共支出、公共收入、公共预算构成一个国家公共财政的三个核心领域,因此,公共财政管理主要包括公共支出管理、公共收入管理和公共预算管理。

第一节 公共支出管理

公共支出是指政府为履行其职能而支出的一切费用的总和。公共支出包括公共部门生产公共物品的支出,也包括各种符合公共需要的收入转移支付。在市场经济中,公共财政对经济的影响作用主要表现在公共支出上,政府干预、调节经济的职能主要是通过公共支出来实现的。可以这样说,公共支出的数额反映着政府介入经济生活和社会生活的规模和深度,也反映着公共财政在经济生活和社会生活中的地位。

一 公共支出分类

随着经济与社会的发展,公共支出规模不断扩大,为了合理有效地利用政府财政资金,加强公共资金的管理和监督,有必要对公共支出进行分类。

1. 按照支出的性质,可将公共支出分为消耗性支出和转移性支出

消耗性支出是政府对经常性的商品和劳务的购买与资本和劳动的购买。由于这类支出所占用的资源排除了私人部门运用它们的可能性,所以被称为消耗性支出。消耗性支出的目的和用途虽然有所不同,但却有一个共同点:政府一手付出了资金,另一手相应地获得了物品或劳务,并运用这些物品或劳务,来履行政府的各项职能。就是说,在这样的一些支出中,政府如同其他经济主体一样,在从事等价交换的活动。转移性支出是指对于养老金、补贴、公债利息、事业救济金等的政府转移支付。这些公共支出并不反映公共部门占用社会资源的要求;相反,转移只是在社会不同个人之间进行资源再分配,在这种再分配过程中,公共部门其实只起了一个中介人的作用。

2. 按照支出的目的,可将公共支出分为预防性支出和创造性支出

预防性支出指的是用于维护社会秩序和保卫国家安全,不使其受到国内外敌对力量的破坏和侵犯,以保障人民生命财产安全与生活稳定的支出。这类支出主要包括国防、警察、法庭、监狱与政府行政部门的支出。创造性支出指的是用于改善人民生活,使社会秩序更为良好、经济更加发展的支出。这类支出主要包括经济、文教、卫生和社会福利等的支出。对公共支出作这样的区分,可以揭示公共支出的去向及其在经济生活中的作用。

3. 按照支出的控制能力,可将公共支出分为可控制性支出和不可控制性支出

所谓的控制能力,是指政府可根据经济形势的变化和公共收入的可能进行调整(增减)的能力。以此为分类标准,不可控制性支出可解释为根据现行法律和契约所必须进行的支出,也就是说,在法律和契约的有效期间内必须按照规定准时如数支付,不得任意停付或逾期支付,也不得任意消减其数额。这类公共支出主要包括两大项:一类是国家法律已有明文规定的个人所享受的最低收入保障和社会保障,如失业救济、食品券补贴等;另一类是政府遗留义务和以前年度设置的固定支出项目,如债务利息、对地方政府的补助等。与此相反,可控制性支出可解释为不受法律和契约的约束,由政府部门根据每个预算年度的需要分别决定或加以增减的支出。对于公共支出作这样的区分,可以表明对其支出项目的可控制能力,哪些支出有伸缩的余地,哪些支出是固定不变的。

4. 按照支出的收益范围，可将公共支出分为一般利益支出和特殊利益支出

所谓一般利益支出，指的是全体社会成员均可享受其所提供的效益的支出，如国防支出、警察支出、司法支出、行政管理支出等。这些支出具有共同消费或联合收益的特点，所提供给各个社会成员的效益不能分别测算。所谓特殊利益支出，指的是对社会中某些特定居民或企业给予特殊利益的支出，如教育支出、医药支出、居民行动支出、企业补助支出、债务利息支出等。这些支出所提供的效益只涉及一部分社会成员，每个社会成员所获得效益的大小有可能分别测算。按照这种标准进行分类，可以说明公共支出所体现的分配关系，进而分析不同阶层或不同利益集团的投票者在公共支出决策过程中所可能采取的态度。

二 公共支出增长与控制

公共支出增长是一种全球经济现象，无论是从绝对量来看还是从相对量（公共支出占 GNP 的比重）来看，公共支出在各国都呈上升趋势。那么，应该如何解释公共支出增长问题，并采取措施有效控制公共支出增长呢？具有代表性的观点包括以下几大类：

1. 政府活动扩张法则

这一理论认为在经济发展进程中，政府支出必定比产出以更快的比率增加。因此，政府活动不断扩张所带来的公共支出不断增长，是社会经济发展的一个客观规律。

2. 梯度渐进增长理论

这一理论认为，在正常年间公共支出呈现一种渐进的上升趋势，但是当社会经历"激变"时（这一激变可以是战争、经济大危机或其他灾害等），公共支出会急剧上升，而过了这个激变期，支出水平会下降，但不会再回到原来的水平。因此，在政府支出的统计曲线上，呈现出一种梯度渐进增长的特征。

3. 公共支出增长的发展模型

这一理论认为，在经济发展的不同阶段公共支出增长的原因是不同的：在早期阶段，由于需要政府为经济起飞创造一个良好的外部环境，因此，公共支出必然增长。进入中期阶段后，市场失灵的问题日益突出，政府干预的增强必然伴随着公共支出的增长。随着经济发展进入成熟阶段，随着人均收入进一步

增长，人们对生活的质量提出了更高的要求，进行福利再分配的政策性支出的增长会大大超过其他公共支出的增长，又进一步使得公共支出的增长速度加快，甚至快于国民生产总值的增长速度。

4. 公共选择学派的公共支出增长理论

这一理论认为导致公共支出增长的主要因素存在于以下几个方面：[①] 一是政府作为公共物品的提供者导致公共支出增长。二是政府作为收入和财富的再分配者导致公共支出增长。三是利益集团的存在导致公共支出增长。五是财政幻觉的存在导致公共支出增长。财政幻觉是指个人在作出财政选择时必定介入的制度会发生引起幻觉的影响，这些影响足以改变个人的行为。政府可以从另外两个方面制造幻觉以使政府公共支出扩大：一是政府向公众隐瞒预算项目的规模及其真实性；二是使预算条款显示出把较大的数额用于更为大众化的项目。财政幻觉的存在，使得政府支出超过公众的意愿而扩大。

对公共支出进行控制，就是在界定公共支出范围的基础上，建立科学规范的公共支出运行机制，控制公共支出的不合理增长，提高公共支出效率。虽然不同的国家有不同的控制方法，同一国家在不同的时期和不同的经济发展阶段，其支出控制的方法也有所不同，但是一般而言，公共支出控制是通过以下控制方法得以实现的。

1. 公共支出总量控制

公共支出总量是衡量一个国家政府财政活动规模的一个重要指标。对公共支出总量的控制可以从以下几个方面着手：①改进公共物品的供给方式。可以考虑把一些公共服务，如高等教育、基础设施等交由市场来提供，或者在这类公共服务的提供中引入市场机制以提高供给效率，这样既可以缓解公共服务的供求矛盾，也可以减轻财政的负担。②调整支出渠道，硬化预算约束。根据统一、规范、预算可控的原则，压缩不规范支出渠道，将预算外、制度外支出转化为预算内管理。③精简机构和人员，提高公共部门的效率。公共部门的膨胀是公共支出迅速增长的一个重要原因，为了控制支出，必须精简机构和人员，提高公共部门的效率。④加强公共支出研究，提高决策质量。这对长期以来不太注重支出决策过程、支出使用效果、成本收益分析，导致支出决策缺乏

[①] [美] 丹尼斯·缪勒：《公共选择理论》，韩旭、杨春学等译，中国社会科学出版社1999年版，第293—413页。

科学化和民主化，支出浪费严重，支出效益低下的发展中国家尤其重要。

2. 公共支出比率控制①

支出比率控制就是要求政府总支出不超过 GDP 的某一给定比率，或者要求政府支出只能在这一给定比率的某一区间波动。这种比率控制的优点在于把政府支出与 GDP 联系起来，既可以体现经济增长对支出的要求，又不至于使支出过度膨胀。此外，还可以通过把政府支出增长率同经济增长率联系起来的办法控制支出的增长。

但是公共支出比率控制的有效实施需要一定的前提：①政府支出的稳定性。如果公共支出比率大起大落的话，这种控制只能是形同虚设。②预算的完整性。各级政府的收支活动都应列入预算，这样才能通过预算对支出总量进行控制。③由于相当大的支出比例是由地方政府引起的，地方政府的支出行为可能抵消中央政府的支出比率控制政策的效果，所以，必须强化中央政府对地方政府和其他机构的约束。④采用支出比率控制方法，要对经济周期内支出比率的上下波动进行准确测算，使得支出比率能够满足政府进行宏观经济调控的要求。此外，为了提高支出比率控制的效率，还必须有严格的检查和监督机制，防止各支出机构从以下几个方面削弱它的作用：①篡改公共支出和国内生产总值的定义。②用减税政策代替转移支出减少对政府支出的要求。③利用不纳入预算的方法代替政府公共支出。

3. 公共支出过程控制

控制是一种手段，目的在于保证既定目标的实现。支出过程控制的目标在于利用有限的公共财政资金去满足人们的共同需要。公共支出的过程控制主要是通过支出计划控制和支出运行控制来实现的。

支出计划控制：支出计划的过程是项目选择和资金配置的过程，是成本和收益的配比过程，是需要和可能的统一。科学合理的支出计划是保证支出效益实现的前提。因此，计划控制对于支出控制系统来说具有特别重要的意义。但是，支出计划和预测是相互交织的，正确的计划依赖于对未来的科学预测。理想的支出预测应能够反映：①目前的支出水平；②将来提供同样的服务所追加的支出（如维持教育机构的学生和教师比率）；③服务变动的追加支出。这三个方面又可以细分为以下几点：①政府所承担的长期支出义务对财政资金的需

---

① 丛树海主编：《公共支出分析》，上海财经大学出版社1999年版，第463页。

要量；②政府提供商品和服务成本的变化；③支出年度或支出期间新的支出项目和计划；④持续支出项目的费用；⑤新支出项目和计划的费用。同时也要预测在计划年度或期间将要结束或放弃的那些政府活动。另外，还要考虑到上一年支出预测数和实际数的差异，引起支出变化的因素的变化，以及上一年承诺的支出义务而需要在本年度支出的情况。①

支出运行控制：计划支出一经制订和批准，支出控制的工作重点就转向运行控制阶段。在这一阶段，支出控制主要是保证支出计划经济有效地实施。这主要从两个方面考察：一是支出的效果，即实现计划目标的程度；二是支出的效率，即与产出挂钩的资源使用，或者以现有资源提供更多产品和服务的能力。无论是支出效果还是支出效率，其实现都有赖于支出机构的努力。因此，调动支出管理者的主观能动性对于支出控制至关重要。为了提高支出管理者的主观能动性，可以从以下三个方面着手：①要使管理者充分理解支出要达到的目标。因此，必须对政府支出目标进行合理分解，使每一级管理者的目标明确、具体，便于检查、监控和评估。②要有一套有效的激励和约束机制，使得支出机构能够自动地按照效益最大化原则来提供公共物品和服务。③合理的外部压力对于刺激和促使管理者提高支出效率，提高管理的主观能动性是十分重要的，因此要通过外部审计机构对公共支出管理体系的评估，对公共服务质量和效益的检查，对公共支出管理者保持一种外部压力，并使这种外部压力不断地反馈到公共支出的决策者手中。

4. 总收入及其结构控制

政府公共支出必须以一定的收入为基础，因此控制公共支出增长的前提是控制政府的收入来源及其结构。一般来说，政府支出的来源主要有三条途径：一是税收收入和国有资产投资收入；二是债务收入，包括内债和外债；三是货币发行收入，主要表现为银行透支。实行政府收入来源的严格控制，对于控制公共支出增长至关重要。

通过控制政府收入来源的渠道，实行对公共支出增长的控制，关键的是要解决好收入与支出的协调问题，即确定不同的收入来源用于不同的支出的问题。税收收入是公共收入的主要来源，但是由于过重的税收会加重企业和个人

---

① [美] A. 普雷姆詹德：《预算经济学》，周慈铭等译，中国财政经济出版社 1989 年版，第 197 页。

的负担，阻碍经济的发展，因此在数量上必须有一定的限度，在使用上也要有一定的划分。为防止政府经常性支出增长过快，可以考虑通过控制税收收入占国民收入的比例，即适当调整税率的方法进行控制。

债务收入是政府通过发行内债和外债筹措资金的一种方式，这一手段已为西方发达国家政府普遍使用，一些国家把它作为弥补财政赤字的重要手段。我国自改革开放以来，债务收入增长也很快。但是对于政府来讲，借债是要还本付息的，对于私人来说，政府向社会借债，必然减少私人资本数量，如使用不当，将会产生对私人资本的"挤出效应"。同时，过量的债务负担将会引起通货膨胀，导致公共支出不断增长，使政府陷入两难境地。因此，政府借债是有成本的，政府应慎用债务这一手段：一是数量上应有一定限度，要确定一个适当的债务占国民生产总值的比例；二是债务收入的使用，应主要用于有一定收益的生产性支出，这是因为借债是要偿还的。

向中央银行透支，是一种完全没有物质保证的通货创造行为，其结果必然导致通货膨胀，私人资本受到严重腐蚀，资源配置扭曲不可避免。这一纯货币发行行为的后果是极坏的，在政府财政行为中应尽量避免。然而，这一行为恰恰在发展中国家又最容易出现，因为发展中国家经济发展水平低、税基小，征税不力，政府税收收入有限，金融市场不发达，居民手中的富余资金量少，运用公债方式筹集资金也比较困难。正因为落后，迫切需要发展经济，而私人资本又有限，对财政资金需求较大，这样就给政府向银行透支造成了较大的需求压力。加之发展中国家银行体制一般独立性不强，受政府干预较大，并且对于政府来讲，进行通货创造扩大支出是最省力的事情，这又为政府创造通货提供了可能。因此，为避免陷入严重通货膨胀的境地，发展中国家在发展经济的过程中，防止通货创造的任务非常艰巨。

三　公共支出的成本与收益分析

公共支出的成本与收益分析是将成本收益分析运用于公共支出管理之中，寻求如何以最小的成本获得最大的收益。在成本收益分析中，准确地测定各项支出的成本和收益是一个关键步骤。所谓收益，是指支出可能带来的利益增加。按收益的性质，可分为直接收益和间接收益、内在收益和外在收益等。所谓成本，是指实施某项支出方案所引起的资源损耗，包括财力、物力和时间等。按成本的性质,同样也可分为直接成本和间接成本、内在成本和外在成本等。公共支出的成本与收益分析主要有定性分析和定量分析两种方法。

1. 定性分析

成本收益分析中难以用数量进行分析的部分应尽可能明确地单列出来,其中若干重要的还需作专题探讨,探讨时应保持科学的、中立的观点。例如,建造某项防洪工程,就应将该工程的内在成本以及外在成本尽量列举出来,同时将可能产生的收益(内在收益和外在收益)列举出来。在明确列举了各项成本与收益之后,将能以货币形式衡量的列为一组,对于列举中不能以货币单位表现出来的,可以再分为几组,进行分组定性分析。

2. 定量分析

有的成本是有形的,可以直接量化成模型;有的是无形的,不能由市场价格派生,需要以间接方法估值。下面分别举例说明,以提供基本思路。

一是直接量化模型。如果一个项目引起的外部成本存在投入产出市场,就可以用市场价格为基础调整得出边际社会成本。如建设一家化工厂污染了水质,人们为了提高饮用水的质量,而花费更多的货币购买纯净水。由于纯净水存在市场价格,就可以市场价格为基础对纯净水计量,从而直接估算出人们多花费的货币值,作为该项目所产生的外部成本,归入成本收益模型一并考虑。

二是时间的估值。假定政府修建一项工程,阻碍了当地的交通,使人们只能绕道而行,这部分花费的时间也应纳入成本之中。对之应如何估价呢?一种可选择的方法是运用收入—闲暇理论。在这个理论模型中,人们根据无差异曲线和收入闲暇预算线的切点来确定自身的工作时间,即停在对闲暇的主观评价与多工作一小时的税后工资相等的那一点。因此,可以用税后工资来估值多花的时间。另一种方法是用各种运输方式的不同速度的差价来估值。假定人们既可以乘公共汽车也可以走路去上班,乘汽车要花钱但节省时间。通过观察人们愿意为乘汽车而额外多付的货币,可以推算出为了节省时间人们愿意多付多少钱,从而得出时间的估值。①

三是生命的估值。生命的价值是多少?一般认为,人的生命是无价的,为了救助困境中的人,政府可以不计代价动用大量的人力、物力、财力。但这会

---

① [美]哈维·S. 罗森:《财政学》,马欣仁、陈茜译,中国财政经济出版社1992年版,第322页。

给成本收益分析带来难度。如果生命的价值无穷大,那么任何一个项目都可能由于加入这一外部成本而变得不可行。在成本收益分析中必须给生命估价,主要有两种方法:一是个人收入流净现值法,即将个人能获得的各项收入减去个人的日常生活消耗,并折算成现值;二是通过个人为改变死亡概率而愿意付出的价值来估算。如从事高风险工作职工的工资往往高于低风险职工,就可以用两种职业的工资差别来估算人们对降低死亡概率的价值判断。[①]

四是社会效益减少的估值。成本是一种负效益,可以通过效益的减少来衡量。在公共项目的支出使社会某种效益减少的情况下,也就是说,当公共措施使原有的社会效益降低时,这种效益的降低可作为社会成本。例如,灌溉工程的修建破坏了当地的自然风光,使旅游收入下降,该项目的一部分成本就可以旅游事业减少的收入为基础估算出来。

由于在成本收益分析中,其成本和收益均是事前的估值,实际的支出则是未来的事,为了能在同一基础上进行比较,必须将支出方案中的成本和收益都换算成现值,而求现值的关键在于贴现率。贴现率是影响资金时间价值的重要因素之一。社会贴现率不同,资金的时间价值也不同,这在成本收益分析中起着决定性作用。公共支出项目正确的贴现率是社会贴现率。社会贴现率是指应用于未来的成本和收益上,能产生真实社会现值的贴现率。一般而言,社会贴现率有以下几种选择:

一是长期公债利息率。政府为了满足公共支出的需要发行公债,必须支付利息。一般认为,政府具有权威性和永续性,且有政治权力做后盾,所以公债无违约风险,到期都能还本付息,因此,其利率通常低于私人投资的借款利率。有些国家政府利用各种公债的平均利率作为贴现率,这通常是基于方便的缘故。但也有人反对使用长期公债利息率,认为低贴现率会把资源从高报酬率的私人部门转移到低报酬率的公共部门。

二是社会机会成本率。社会机会成本又称社会代用成本,是一种隐藏的或可能发生的成本。这里是指若资金不用于政府支出,而是投入另一项生产中,可能发生的成本。由于社会是由政府部门和非政府部门(主要是企业)构成,所以公共支出的社会机会成本率可以通过企业的投资回报率来衡量。由于在实

[①] [美]哈维·S. 罗森:《财政学》,马欣仁、陈茜译,中国财政经济出版社1992年版,第322页。

践中，公共支出的资金是从几个方面筹集来的，包括各种各样的消费资金和投资资金。一个自然的解决办法是，使用税前收益率和税后收益率的加权平均数作为公共支出项目的社会贴现率，其中，税前收益率的权数是来源于投资的资金占全部资金的比重，税后收益率的权数是来源于企业消费的资金占全部资金的比重。例如，一项公共支出项目需资金300万元，其中75万元来源于A企业的投资减少，75万元来源于B企业的投资减少，150万元来源于C企业的消费减少。假设A企业税前收益率是15%，B企业税前收益率是20%，C企业的税前收益率是10%，所得税率40%，那么社会贴现率（R）为：R＝15%×75/300＋20%×75/300＋10%×（1－40%）×150/300＝11.75%。

三是社会时间偏好率。所谓社会时间偏好率，是指未来消费对现时消费的边际替代率。由于投资和消费总是相伴而行，要增加未来消费，必须减少现时消费，以用作投资，增加未来的生产力，使未来消费的增加成为可能。所以，可用社会时间偏好率作为贴现率度量投资的机会成本。但是，社会时间偏好率在实际操作中难以实施。因为社会无差异曲线一般要通过汇总个人偏好取得，一方面由于个人存在种种动机不按实际情况表露个人偏好，另一方面将个人偏好汇总成社会偏好由于技术上的原因难度很大，这使得社会时间偏好率运用很少。

第二节　公共收入管理

公共收入是指公共部门为履行其职能而筹集的一切资金的总和。历史上，公共收入经历了劳役、实物和货币三种形式的演变，现代公共收入一般都采取货币形式。在市场经济条件下，公共收入是公共部门筹集资金满足社会公共需要和提高人民生活水平的重要途径，也是政府部门调节生产、引导消费、控制市场波动的重要调控手段。

一　税收管理

税收是公共收入的主要来源。作为一种强制、无偿、数额确定的征收，税收以政府的政治权力为凭借。为了使这种政治权力的行使有章可循，也为了保证纳税人的合法权利不受侵犯，国家必须通过立法程序确定税法，将征纳双方的权利义务法律化、制度化。由税法所制约的、由一系列具体规定所构成的整套课税办法，就是税收制度。一般来说，税收管理的要素包括以下几个方面：

1. 课税权主体

课税权主体是指通过行政权力取得税收收入的各级政府及其征税机构，它说明谁征税。一般地说，不论何种税收，其课税权主体总是政府及其课税机构，但具体地说，不同的税有不同的课税权主体。按照课税权主体的不同，税收可划分成以下两类：①本国税与外国税。本国税是本国政府开征的各种税收，外国税是指外国政府开征的各种税收。因为税收是凭借政治权力进行的课征，一国的课税权在客观上不能不受这个国家本身政治权力所能达到的范围的制约。一般说来，一个主权国家的政治权力所能达到的范围，地域的概念是指这个主权国家所管辖的全部领域，包括领土、领海和领空；人员的概念是指一个国家的全部公民和居民。按照属地原则建立起来的税收管辖权下的本国税，其课税权领域包括领土、领海和领空；同时，按照属人原则建立起来的税收管辖权下的本国税，其课税权可能因外国公民或居民的跨国经济行为而不仅仅包括居住本国的公民和居民，还扩展到外国公民和居民，当然，它也可能因本国公民或居民的跨国经济行为而扩展到外国境内的课税标物，这时，一国境内可能同时存在本国税和外国税。②中央税和地方税。在实行分税制的国家里，存在着中央税和地方税之别。中央税是中央政府为课税权主体的税收，一般由国家立法机关立法，中央税务机关进行管理，为中央政府财政提供资金来源的税收。地方税是地方各级政府为课税权主体的税收，由地方立法机关立法，地方税务机关征收管理，为地方政府财政提供资金来源。

2. 课税主体

课税主体，亦称"纳税人"，是指税法规定的直接负有纳税义务的单位和个人。纳税人既可以是自然人，也可以是法人。自然人是指在法律上作为一个权利和义务的主体的普通人，他以个人身份来承担法律所规定的纳税义务。法人是自然人的对称，是指依法成立并能独立行使法定民事权利和承担法定民事义务的社会组织。按照纳税人的不同，税收可以分为以下两类：①个人税和法人税。个人税课征于个人或家庭，例如向个人或家庭课征的个人所得税、遗产税等。法人税的纳税人为具有法人资格，能独立承担责任，行使权利的经济实体。例如公司所得税、销售税、增值税等。②买方税和卖方税。在商品和要素市场上，纳税人不是处于交易的买方就是处于交易的卖方。根据纳税人在交易中所处的位置，税收可分为课征于卖方的税收（卖方税）和课征于买方的税收（买方税）。卖方税是指纳税人在交易过程中处于出售方地位的税收。例如在商品市场上，向销售方的课征属于卖方税；在要素市场上，向资本所有者、劳动力所有者及土地所有者的利润、工资和地租的课征也属于卖方税。买方税是指向在交易过程中处于购买者地位的纳税人课征的税收。例如向商品消费者的支出课征的税即为买方税。对商品和生产要素的课税可以向其销售者征收，也可以向其购买者征收。但从征收管理的难度上看，课征于买方还是卖方会有显著的不同。

3. 课税客体

课税客体，也称"课税对象"，是指对什么东西或什么行为征税，即课税的目的物。课税对象是税收制度中的核心要素。这是因为它体现着不同税种课税的基本界限。税收的课税对象可分为三类：所得、商品和财产。一是所得税。所谓所得税，就是以所得为课税对象，向取得所得的纳税人课征的税收。所得税通常按累进税率课征。这一课税体系，主要包括个人所得税、公司所得税和社会保险税（工薪税）。二是财产税。所谓财产税，就是以一定的财产额为课税对象，向应有财产或转让财产的纳税人课征的税收。这一课税体系主要包括对财产所有者所拥有的全部财产课征的一般财产税，特别选定某类或某几类财产分别课征的特种财产税和对发生转让的财产课征的财产转让税（如遗产税和赠予税）。三是商品税。所谓商品税，是指以商品和劳务的流转额为课税对象的税收。在国际上统称为"商品和劳务税"。主要包括消费税、销售税、增值税和关税。

4. 税率

税率是指税额占课税对象的比例。在其他相关条件一定的情况下，税率的高低，直接关系到纳税人缴纳税额的大小和税负的轻重，直接关系到公共收入的规模和政府财政税收政策的作用。税率通常用百分比的形式表示。由于计算的方法不同，税率一般有比例税率、累进税率、定额税率三种。①比例税率即不论课税对象数额大小，均按相同比例课税的税率，也称比例税制。比例税率的显著特点是计算简便，比较适合对流转额的课征，其缺点是对收入的调节效果欠佳。②累进税率是指税率随课税对象数额的增加而逐级提高的税率。一般按课税对象数额的大小，规定不同等级的税率，课税对象数额越大，税率越高。累进税率对于纳税人的收入调节效果比较好，因此，它比较适合于所得的课税。③定额税率又称固定税额，是按单位课征对象直接规定固定税额的一种税率形式，一般适用于从量定额征收。

5. 计税单位

计税单位是课税对象的计量单位。课税对象的计量单位无非两种：一是以货币单位为标准，二是以实物单位为标准。不论课税对象是所得、商品还是财产，都可以用货币单位或实物单位来作为衡量课税对象的计量单位。按照课税对象的计税单位，税收可分为从价税和从量税。在实践中，所得税通常采用货币单位来计算课税对象，财产税和商品税两种方式兼而有之，但以从价计征为主。

6. 课税环节

课税环节是税法规定的纳税人履行纳税义务的环节，它规定了纳税行为在什么阶段（时候）发生。课税是税收制度中十分重要的问题，它关系到税款的及时入库和税收杠杆作用的正确发挥。课税环节可以有多种选择，例如，所得税的课征可以是在所得形成之时，也可以在所得分配之时；流转税的课征可以在产制环节、批发环节以及零售环节。根据税收环节的分布，税收又可以分为单一环节的税收和多环节的税收。①单一环节的税收。它是指在商品和收入的循环中只在某一课税环节上进行课征的税收。例如，商品在生产和流通过程需经过产制、批发、零售等环节。如果商品流转税的课征仅选择其中一个环节而在其他环节不予征收，这种商品税就称为单一环节的税收。再如，对所得课征可以在利润形成时课征企业所得税，也可以在利润分配给股东时征收个人所得税，如果只选择其中一个环节进行征税，这种所得税就是一种单一环节的所得税。②多环节的税收。它是指在商品流转或收入形成和分配过程中对两个或两个以上的环节进行课征的税收。典型的多环节商品流转税的例子是增值税。二者都在商品流转的每一个销售环节上进行课征。另外，对所得税也可以采取多环节的课征方式，例如在企业取得利润时课征企业所得税，在利润分配到股东时再征收个人所得税。多环节的税收容易造成重复课税，即对同一课征对象课征两次或两次以上的税收，如何避免重复课税就成为税收政策设计时必须考虑的重要课题。

二 公债管理

公债就是政府以债务人的身份，按照国家法律的规定或合同的约定，同有关各方发生的特定的权利和义务关系。一个国家的政府在组织公共收入时，一方面可以凭借政治权力，采取无偿的形式来进行（征税）；另一方面还可以依据信用原则，采取有偿的形式来进行，如发行公债。这就是说，公债是政府取得公共收入的一种有偿形式。

1. 公债的发行与还本付息

公债的发行与还本付息称为公债的过程。各国所采用的公债发行方法可以归纳为以下三种：①公开发行法。即政府预先将各项公债发行条件公之于众，然后依照所公布的发行条件，公开向社会发售公债券。②银行承受法。即银行等金融机构承购政府所发行的全部公债，然后在转向社会销售。③特别发行法。这是指政府向其管理的某些非银行金融机构直接发行公债的方法。这种发行方法的特点是非公开性。政府向其所管理的非银行金融机构发行公债，是通过政府内部账目的处理来完成的。

公债的还本付息则是指按期偿还公债本金与支付利息。公债的还本付息，首先涉及的问题是解决还本付息的资金来源，合理选择公债还本付息的资金来源是公债还本付息的前提。从实践上看，公债还本付息资金主要来源于以下几个方面：①预算盈余。预算盈余是政府偿债资金的来源之一，但作为一个潜在的偿还资金来源。由潜在的资金来源到现实的偿债资金，还有很长的一段距离。因此以预算盈余作为偿债资金来源有很大的局限性。②政府预算拨款。从实践上看，通过政府预算直接安排偿债资金，手续简便，资金来源也比较稳定。但是，以预算直接拨款解决偿债资金来源问题存在不同年份偿债数额的波动同预算安排的稳定性之间的矛盾。③偿债基金。政府建立专门用以偿还公债的基金，从制度上保证偿还债务所需要的财源。建立偿债资金的关键，是如何保证该基金的资金来源问题。④发行新公债偿还旧公债。也就是以借新债的收入作为还旧债的资金来源，从形式上看，这是解决偿债资金来源的一个重要方式，但其实质是使公债的债务期限发生变化（延长偿还期限）。如果处理不好，容易使政府陷入债务危机。

政府公债还本付息所涉及的第二个问题是还本付息的方式。政府可选择的公债还本付息方式主要有以下几种：①分期逐步偿还法。即对一种债券规定几个还本付息期，每期还本付息一定比例，直至债券到期时，本息全部偿清。②抽签轮次偿还法。即在公债偿还期内，通过定期按公债券号码抽签对号以确定偿还一定比例债券，直至偿还期结束，全部债券皆中签偿还为止。③到期一次偿还法。即对发行的公债实行在债券到期日按票面额还本付息一次偿清，也就是何时债券到期，何时一次偿还。④市场购销偿还法。即在债券期限内通过定期或不定期地从证券市场上赎回（或买回）一定比例债券，赎回后不再卖出，以至在这种债券期满时，已全部或绝大部分被政府所持有，从而债券的偿还实际上已变成一个政府内部的账目处理问题。⑤以新替旧偿还法。即政府通过发行新债券来兑换到期的旧债券，以达到偿还公债之目的。换句话说，就是到期债券的持有者可用到期债券直接兑换相应数额的新发行债券，从而延长持有政府债券的时间。①

2. *公债的适度规模*

公债适度规模指的是公债在国民经济这一大参照系下的最满意或最合理的数量界限。这一数量界限是一个合理的区间而不是一个具体的数值。在适度规模之内，公债的效益能够得到较好的发挥。一般地说，公债适度规模具有两方面的特征：①规模效益性。即在一定的公债规模下能使公债运动得到最佳整体效益。经济发展过程中所产生的公债需求量总是带有"量"的特征，若政府举债规模太小，则无法形成足够的推动经济发展的力量；若政府的举债规模太大，便会增加人们及政府自身的负担，而且会造成资金的巨大浪费，最终降低公债资金的使用效益。②成本适中性。成本是指进行某项经济活动所付出的代价。公债作为一项经济活动同样要耗费成本。公债的运行包含两种成本：直接成本（发行成本和使用成本）和间接成本（指公债对经济的负效，即公债给社会带来的额外负担）。一般来说，公债规模越小，成本越小；公债规模越大，成本越大。但这种相关关系并不是线形的，相对不同的规模其边际成本是不相等的。从理论上说，当公债边际成本大于公债边际收益（包括经济效益和社会效益）时，公债发行规模越大，国民经济的损失就越多。只有当公债的边际成本等于公债边际收益时，由此确定的公债规模才是最适度的，此时的公债成本也是最低的。

影响债务规模的因素很多，主要包括以下几个方面：①经济发展水平。对于政府来说，经济发展水平越高，社会所创造的财富越多，政府能够筹集到的税收也就越多，这无疑会提高政府的偿债能力。对于社会来说，经济发展水平越高，居民收入水平越高，手中的闲置资金也就越多，而这些闲置资本的存在

---

① 王传伦、高培勇：《当代西方财政经济理论》上册，商务印书馆1998年版，第157—158页。

正是公债收入的来源。②特定的政治背景。一般来说，当政治背景允许进行强制性发行公债时，公债的规模就相对大些。例如在西方国家，战时强制发行了远比平时规模大得多的公债。③政府的职能范围。一般说来，政府职能的范围越广，公债的规模越大。④财政政策选择。如果一个国家在一定时期实行紧缩性财政政策，财政赤字的缺口就小，公债规模也会相应减少。但倘若实行扩张性的财政政策，拉动总需求必然要以较大规模的公债发行为代价。⑤金融市场状况。公债作为货币政策的一种工具，主要是通过公开市场业务来操作的，而公开市场业务能否顺利进行有赖于金融市场的发育状况，如果金融市场发育不良，公开市场业务的操作将难以进行。⑥公债管理水平。如果政府的债务管理水平很高，即公债的发行费用低，种类结构、利率结构、期限结构合理，公债使用效益较高，那么较小的公债规模就能带来较高的经济效益和社会效益；反之，如果政府的公债管理水平较差，需要较大量的公债规模才能产生相同的效益。

国际上衡量公债适度规模的相对量指标主要有四个：公债依存度、公债负担率、借债率和偿债率。①公债依存度。公债依存度是指一国当年的公债收入与财政支出的比例关系。其计算公式是：公债依存度＝（当年公债收入额÷当年财政支出额）×100%。公债的依存度反映了一个国家的财政支出有多少是依赖发行公债来实现的。当公债的发行量过大、公债依存度过高时，表明财政支出过分依赖公债收入，财政处于脆弱状态，并对财政的未来发展构成潜在威胁。国际上有一个公认的控制线（或安全线），即国家财政的公债依存度是15%—20%，中央财政的债务依存度是25%—30%左右。②公债负担率。公债负担率衡量的是一定时期的公债累积额占同期国内生产总值（GDP）的比重情况。可用公式表述为：公债负担率＝（当年公债余额÷GDP）×100%。这是衡量公债规模最为重要的一个指标，因为它是从国民经济的总体和全局，而不是仅从财政收支上来考察和把握公债的数量界限。根据世界各国的经验，发达国家的公债累积额最多不能超过当年 GDP 的 45%，由于发达国家财政收入占国内生产总值的比重较高，一般为 45% 左右，所以公债累积额大体上相当于当年的财政收入总额，这是公认的公债最高警戒线。③借债率。借债率是指一个国家当年公债发行额与当年 GDP 的比率。可用公式表示为：借债率＝（当年公债发行额÷当年 GDP）×100%。借债率反映了当年增量 GDP 对当年公债增量的利用程度，反映当期的债务状况。指标越高，说明一国当年对公债的利用程度越高，但也说明国民的负担越重。发达国家的经验表明，这一指标一般位于3%—10%，最高不能超过10%。④偿债率。偿债率是指一年的公债还本付息与财政收入的比例关系。可用公式表述为：公债偿债率＝（当年公债还本付息额÷当年财政收入总额）×100%。该指标高反映当年该国政府偿还债务支出较多，相反指标低则反映了当年该国政府偿还债务的支出较少。关于这一指标的数量界限，学者们主张应控制在8%—10%。

3. 公债市场的风险与监管

公债市场是指以公债为交易对象而形成的供求关系的总和，它是整个金融（证券）市场不可分割的重要组成部分。而风险是指在一定条件下和一定时期内可能发生的各种结果的变动程度。公债市场中的风险涉及公债现货市场、公债期货市场和公债期权市场等金融市场的风险。从总体上看，公债市场的风险主要来自金融风险和非金融风险。按照导致损失发生的不同因素，可以把公债市场的风险分为市场风险、信用风险、流动性风险和操作性风险。

市场风险主要体现在公债市场整体风险和公债产品流通性两个方面：①公债市场整体风险。市场整体风险的主要影响因素有市场的发育程度、市场规模、市场组织和国家宏观政治经济状况，这种风险不能通过投资组合来降低或消除。②公债产品流通性。公债产品流通性是影响市场风险的另一个主要因素。公债是由政府发行的，一般而言具有较强的信用，投资风险较小。但是，公债作为一种金融产品具有特殊性质，它对于政府管理层的公债市场政策非常敏感，如果管理层对公债市场的流通性进行限制，就会导致无法回避的市场风险。

信用风险是指由于交易方在结算日或以后的时点上，均不能足额履行支付或交割义务而给另一方带来的风险。信用风险产生的主要原因是，由于钱款支付和证券交割存在时差，导致已经履约的一方有收不到证券或钱款的风险；由于一方违约导致交易未实现，另一方重新进行该项交易而可能遭受的市场价格变化的风险。前一种风险叫作本金风险，后者叫作重置风险。但是在不同场所交易的公债产品，信用风险不大相同。一般来说，在交易所交易的产品信用风险较小，这是由于交易所有降低信用风险的特殊制度安排，如会员资格审查制度、备付金制度、保证金制度、追加保证金制度、持仓限额制度和强行平仓制度（如公债期货交易所）等。

流动性风险是指由于交易一方不是在结算日，而是在结算日后的某个时点上足额履行支付或交割义务而带来的风险。流动性风险主要包括三类：①市场流动性风险。这是指由于在从事公债衍生工具交易（如公债期货）过程中，因缺乏合约对手而无法变现或平仓的风险。②资金流动性风险。这是指交易双方因为流动资金的不足，合约到期时无法履行支付义务，被迫申请破产，或者无法按合约要求追加保证金、从而被迫平仓，遭受巨额亏损的风险。③技术性风险。这是由于证券交易系统的资金清算效率低下而导致的风险。由于证券交易一般是通过银行的支付系统进行结算的，因此，建立并维护高效率的资金系统是降低这一风险的有效措施。

公债市场中的操作性风险可以分为两类：客观性操作风险和主观性操作风险。①客观性操作风险。这是指在日常经营过程中，由于各种自然灾害或意外事故，如火灾、抢劫或盗窃、通信线路故障、计算机系统故障、高级管理人员人身意外事故以及职员的日常工作差错等原因延迟结算，从而造成损失的风险。②主观操作性风险。这是指由于经营管理上的漏洞，交易员交易决策出现故意的错误或非故意的失误，而清算银行不能准确地获得结算信息而作出错误判断，从而带来损失的风险。在公债市场中，既存在客观性操作风险，也存在主观性操作风险。但是客观性操作风险并不能够为经营机构带来收益，属于一种纯粹风险，一般能够通过保险等方式进行转嫁。而主观操作性风险则属于一种投机风险，不能通过保险等方式进行转嫁，并往往给经营机构带来巨大风险。因此，巴林银行倒闭事件后，人们对金融机构的管理体制、市场约束机制尤其是机构中的操作人员的道德风险更加重视。

由于公债市场存在着上述的种种风险，经常会给投资者甚至整个公债市场带来巨大的损失，因此，从防范金融风险、规范公债市场秩序、保护投资者和国家利益的意义上说，对公债市场进行有效的监管是十分必要的。从市场经济发达国家公债监管的制度安排上看，一个有效的公债市场监管制度至少应该包括以下几个方面的内容。

第一，建立统一的监管体系。统一的公债市场监管体系具备的基本特征是：①具有以法律法规为监管主线和监管标准的管理体系。法律法规的作用贯穿于整个监管体系的各个层次，各种是非判断都应以法律法规为标准，并且要体现出法律法规的硬性约束，防止人治现象干扰市场秩序，为公债市场的监管创造一个良好的制度环境。②实行明确的统一管理。统一管理是指将公债市场监管的权限和责任集中到一个专门的政府机构，由该机构制定统一的规则，对包括公债市场在内的各种金融市场实行统一的监督和管理,以免政出多门对市场监管造成的政令不一的局面。③实行统一规范的金融市场交易程序、交易方式和结算手段等。通过一系列合理、公正、完善、可行的市场交易准则,防止金融市场中的市场垄断、假冒、欺诈以及不公平竞争。

第二,完善监管工具。公债市场中的监管工具主要有以下几种形式:①法律法规及交易规则。由于法律法规和交易规则可以为公债市场的交易提供一个良好的制度基础,保证各类交易能够以最小的交易成本顺利进行,因此完善的法律法规和交易规则体系,是世界各国对公债市场乃至整个金融市场进行监管的必要组成部分。②道德。作为一种内在的自我约束手段,提高市场主体的道德素养,能够减少市场机制和法律制度的实施成本和执行成本。③社会舆论。社会舆论可以渗透到法律法规低效或失效的范围中,是对法律法规和市场交易规则的一种补充,因此监管当局可以利用社会舆论宣传市场法律制度、提倡道德自律。④高科技监管系统。现代电子技术在公债市场中的运用和推广,既增强了投资者、金融机构收集、处理信息资料的能力,也增强了客观评价公债、证券业务机构和其他机构投资者的经营状况、公债市场运作状况的能力。监管当局应当要求证券交易所在证券市场内设置自动电子监控系统,记录场内的全部交易活动,并据此调查可能存在的违规行为。

第三,建立自律与监管相结合的动态监管系统。由于公债市场存在的不完全竞争、外部效应和信息不充分,因此公债市场存在明显的市场失灵。在市场经济发达国家,公债市场监管制度的一个普遍特征是,政府在公债市场监管中扮演重要的角色,与此同时,自律管理也是监管体系中不可或缺的一个层次。但是,监管和自律都是不完美的。政府监管存在着政府失灵的可能性,而行业自律也存在着一定的制度风险。因此,一个有效的监管体系,应该是自律与监管相结合的动态系统。既重视政府依靠公共权力对市场实施的强制监管,也强调行业自律制度的建设。

三 收费管理

收费是公共部门(政府)凭借财产权利或行政权力采取使用费等非税收方式取得的公共收入。它是公共收入的来源之一,对于地方政府来说更是如此。公共收费的领域主要是政府干预的准公共物品,更确切地说,公共收费主要是就准公共物品的私人性质部分而言的，是政府在干预准公共物品的资源配置时，为体现受益原则、促进经济效率的提高而有目的地引入市场竞争机制形成的。

1. 收费的种类

由于准公共物品本身的差异性，公共部门的收费也分为不同的层次，但从总体上说，公共部门的收费主要有两类：规费和使用费。

规费是政府部门为公民提供某种特定服务或实施行政管理所收取的手续费和工本费。通常包括两类：一是行政规费，这是附随于政府部门各种行政活动的收费，名目繁多，范围很广，政策性很强。行政规费的目的往往不是政府为了取得公共收入，而是为了进行有效的行政管理，或者说，行政规费只是政府行政管理的一种"副产品"。行政规费主要包括：外事规费（如护照费）、内务规费（如户籍费）、经济规费（如商标登记费、商品检验费、度量衡费）、教育规费（如毕业证书费）以及其他行政规费（如会计师、律师等执照费）。二是司法规费，它又可分为诉讼规费和非诉讼规费两种。前者如民事诉讼费、刑事诉讼费；后者如出生登记费、结婚登记费。政府部门收取规费的数额，在理论上通常有两个标准：一是所谓填补主义，即根据政府部门提供服务所需的费用数额确定规费的收费标准。二是所谓报偿主义，即以公民从政府部门中所获得效益的大小确定规费的收取标准。事实上，政府在规费数额的确定上，并非完全依据理论的标准来进行。通常的情况是，既不衡量（也很难衡量）当事人所获得的收益，又不依据其所付出的劳务费用（往往超过劳务费用）。故规费的高低标准不一。

使用费是对政府所提供的特定公共设施的使用者按照一定的标准收取的费用。这通常发生在公路、桥梁和娱乐设施等的使用上。享受政府所提供的特定公共物品的效益应当相应地为此支付一部分费用，即所谓谁收益谁出钱。对政府所提供的诸如公路、桥梁和娱乐设施等收取使用费，是和收益原则的要求相一致的。不过，在大多数国家，这种使用费通常实行的是专款专用原则。也就是说，来自于公路、桥梁和娱乐设施等的使用者交纳的费用，要专门用于公路、桥梁和娱乐设施的修建和维护。政府收取的使用费，通常低于其提供该种公告物品的平均成本。易于看出，平均成本和使用费之间的差额，便是对使用者的补贴，而这一补贴是以税收为资金来源的。也就是说，政府对其所提供的公共物品收取的使用费，往往只相当于其为提供该种物品所花费的成本费用的一部分。诸如对公共住宅、公共交通、教育设施、公共娱乐设施等收取的使用费，都属于这种类型。

2. 收费的层次

收费所体现出来的直接受益性原则使得收费的层次性、区域性更为明显。所谓收费的层次性主要是就收费的空间范围而言的。这又是由准公共物品的效用影响范围决定的。乡村道路所提供的效用大多为居住在此乡间的居民所享受，而全国性交通要道则往往直接或间接地提供普遍性服务。前者往往是村镇集资修建的项目，后者则需本国居民的普遍性缴纳（至少交纳费用的范围要远大于前者）。和准公共物品一样，纯公共物品同样具有效用的影响范围。也正因为如此，为社会提供公共物品的政府必然因此而分级，由中央向地方分层设置。尽管各国政府的层次结构并不相同，但政府的层次性分级必然受到所辖地区的面积、人口密度、地理特征乃至社会政治经济发展情况等因素的影响。而这些影响因素，则又和该社会范围内公共物品和准公共物品的配置紧密相关。小国寡民，所辖面积狭小，社会结构单一，政府的规模和层次相对简略。大国则不同，地区性或区域性差异明显，相互间的协调依赖关系复杂，因此其社会组织结构的复杂程度即使按最为简略的原则也远甚于前者。

收费的层次性同样是基于上述原因形成的。一般来说，公共收费分为中央政府及其部门收费和地方性政府收费。例如，美国的公共收费分为中央、州和地方各级政府的收费。我国的公共收费也基本上按国家行政设置的层次性而分为全国性收费、省级政府收费、地市级政府收费、县乡镇政府收费。这些不同层级的收费各有其相应的适用范围。一般来说，每一收费级次的升高，其所提供产品或服务的受益范围将进一步扩大。只有这样，才能使受益范围和收费范围相对称，才能体现收费所具有的直接受益原则。这同样是一种负担的公平。

大量准公共物品的受益范围的区域性特点也使得公共收费大量存在于地方政府层次。之所以如此，很大原因在于居民日常生活的准公共物品基本上是由地方政府，甚至是社区提供的，是由其效用的区域性造成的。在较高的政府层次，虽然也提供一些收费性的公共设施或公共服务（如教育），但其规模或种类已渐趋减少，而且这些往往是一些较为规范和长久的项目，因此有时甚至以税收的形式出现（如燃料税和社保税），这些均使得公共收费项目和规模大为减少。以美国政府为例，使用费占联邦政府收入的比重是微不足道的。但是在地方政府中，则是重要的财源之一，特别是在学区（School Districts），收费收入和财产税一起成为本级公共收入的两大支柱。我国的情况也大致如此。只不过由于目前地方性收费行为较为混乱，收费过度，从而使地方政府在国家总体收费中占据更大的比例。

3. 收费的规范化

存在收费现象不仅在于它是公共收入的重要组成部分，收费杠杆的运用对社会经济运行也会产生积极的影响。但这是以收费的正当性和规范性为前提的。收费不规范，收费所具有的经济功能就难以体现，甚至会扰乱经济运行秩序。收费的正当化和规范化，首先是指收费能够体现收益的直接性和对称性原则，避免出现再分配效应；其次是指收费项目是否有助于协调政府与市场的关系，也就是说，公共部门收费应该是弥补市场失灵和维护市场运行的，而不是包揽市场功能，更不是破坏市场的正常运行；最后是指收费资金管理活动规范有序，收费资金纳入法制轨道，建立有效的责任机制和监督机制，严禁乱收乱用，从而确保收费的功能能够充分发挥。

从市场经济发展的秩序来看，西方资本主义国家的市场经济是建立在经济自然增长基础之上的。政府对经济的干预是随着市场的发展和市场失灵的日益突出而有针对性地逐步深入的。在某种意义上说，这是一种自然黏合的过程。而且经过几百年的发展，在这些国家里，政府和市场的关系已经相对规范有序。反映在公共收费方面，收费的领域、收费的标准与规模和收费的程序都相对稳定和规范，因此，公共部门的收费基本上是"收之有据，有之合理"，基本上不存在乱收费问题。所以，公共部门收费的规范化分析，需要探讨的是市场化进程中，如何规范中国政府公共收费的行为。

历史地、实事求是地说，高度集中的计划经济体制在新中国建立后的一段时期内，发挥过重要的作用。但是当这种制度模式长期固定下来，完全用政府功能取代和排斥市场功能，就日益显示出其不适应社会经济高效率和高效益发展的要求。为了发展社会主义经济，促进社会生产力持续稳定地增长，20世纪70年代末，中国开始了市场化取向的经济体制改革。历经30多年的制度变迁，市场化的进程表现出和体制改革的深化呈正相关的关系，因此在资源配置方面，政府和市场的边界正处于互动性调整状态，反映在现实经济中，政府提供公共物品的领域和界限仍处于探索之中。许多营利性的产品和服务政府仍在生产和提供。这使得政府的收费规模庞大、种类混杂。严格地说，有许多收费并不属于公共性项目收费，因为收费资金所资助的并不是公共物品。更为严重的是，出于种种原因，一些单位和部门借助"试错"性经济体制改革所提供的相对宽松的机会，变相收费或超标收费。这种收费不仅不能体现缴费者的收益和负担的对称性原则，而且收费资金大多脱离了正常的合法渠道，成为预算外、甚至体制外的收入，这为收费规模的膨胀、资金使用的低效和浪费，乃至贪污腐败提供了契机。因此，必须采取有效措施规范公共部门的收费行为。

第一，转变政府职能是规范收费的前提。公共部门收费主要是作用于公共物品领域，因此收费是否规范从根本上取决于政府职能的定位。如果政府包揽过多，收费的范围必然相应扩大，其中必然会包含许多非公共性收费，难以起到规范有效的作用，所以，转变政府职能是规范公共部门收费的前提。因此，随着市场经济的发展，政府必须退出营利性行业，对于市场调节能够有效发挥作用的私人物品的生产和提供，政府要鼓励非公有经济的成长，创造条件切断与经营私人物品的国有企业的不必要的经济联系，从而缩小政府供给的范围，将政府性经营收费转入市场，为规范公共部门收费奠定良好的基础。

第二，构建统一的政府理财制度是规范收费的核心。制度设置不合理是机会主义的诱因。政府内部因不同事务性权限而分为各司其职的不同部门，这些不同的部门因提供性质不同的公共物品而拥有各自的收费权限。但允许收费和收费资金的规范管理是不同的，政府财政部门是汇集各种渠道的公共收入并进行规范管理的专职部门，因此公共收入必须统一于财政部门进行规范管理。但实际情况是，在政府财政预算管理之外，存在形式各异的预算外资金和体制外资金，这些资金收入基本上是由各部门自行决定和使用。这在事实上导致了将收费行为和部门、单位利益直接挂钩，由此必然产生乱收费的机会主义行为，因此必须规范政府理财制度，形成统一的政府预算体制，以制度创新来消除乱收费问题。

第三，清理整顿现行收费项目是规范收费的基础。把具有税收性质的收费纳入税收轨道，清理整顿现行名目繁多的收费种类，对社会分配格局进行适应性调整，是规范公共部门收费的基础工作。因此，必须结合政府职能转变的进程，将各种不合理的收费项目取消，对那些不宜取消的收费项目进行重新鉴别，将属于税收性质的收费项目逐步改为税收来征收，对保留的合法合理的收费项目进行分类，制定适宜的收费标准，遵循"谁受益、谁负担"和"谁收费、谁负责"的原则，进行规范的管理。

第四，健全监督机制是规范收费的关键。收费的监督管理不能完全依靠作为收费主体的政府及其所属机构的自律来解决，必须在确立收费主体的法律地位的同时，增强法律监督，健全科学合理的监督机制。这是因为地方或部门的收费行为，由于范围较广、情况复杂，政府缺乏足够的信息，也难以及时作出反映，从而不能实施有效的监督和制约。而且各级政府有其各自的利益，从其内在动因上也有扩张收入的倾向。因此，真正有效的监督应该是来自政府及其所属部门之外的监督管理。从公共部门收费"受益—负担"的对称性上看，收费的负担者是最适于充当监督者角色的，因为付出者有权利要求回报。这就要求公共部门的收费立项不能局限于收费者的自律，不能局限于上级部门对下级部门或上下级之间的相互审查和制约，而是要调动收费所涉及的广大消费者的积极性，以民主的方式参与。

第五，完善税制是规范收费的根本。税收收入能力不足是许多收费行为存在的重要原因，这不只是导源于税种设置问题，更重要的是征管能力和税收管理权限问题。我国的名义税率始终高于实际税率，各种税收主体都试图通过各种办法（合法和非法的）来逃避税收，在税收征管机构依法治税水平和征收努力都有待进一步提升的条件下，使得税收收入难以和经济增长同步增长，各部门、各地方不得不增加收费来筹措经费、维持运转。也就是说，由于税收征收存在一定的问题，收支缺口较大，使得收费功能异化成为单纯的筹资工具。因此，规范公共收费需要加强税收征管能力，赋予地方适当的税收管理权限。

第三节　公共预算管理

公共部门的收支决策是通过预算的编制过程来完成的。作为公共部门的年度收支计划，公共预算编制完成后，必须经过一定的法定程序审查、批准。在市场经济中，公共预算是政府进行宏观管理的重要工具，因为政府可以灵活运用预算收入和支出政策，调节社会总需求和总供给的关系，从而保证国民经济高效、有序地运转。

一 公共预算的类型

公共预算是指政府在每一个财政年度的公共财政收支安排计划,是反映政府全部公共财政收支结构的一览表。预算反映着政府介入经济活动的范围、规模和程度。一本政府预算,就是一本政府活动的详细计划和记录。正因为这个原因,阿伦·威尔达夫斯基说:"政府预算是一种以货币形式表现的政府活动。如果有人要问'政府的资源给了谁?',那么答案就记录在那时的预算里。"[①] 公共预算是人类社会发展到一定历史阶段的产物。从世界各国的财政实践看,公共预算的技术组织形式发展至今,主要有以下几种类型。

一是单式预算。这是指将全部公共收入和支出汇编在一个预算平衡表内,而不区分各项公共收支的经济性质的预算形式。在第二次世界大战前,单式预算被世界大多数国家所采用。

二是复式预算。这是指将全部公共收入和支出按性质划分,分块编制,分别汇编成两个或两个以上的预算。复式预算大体有两种形式:一是双重预算。即将各项公共收支按经济性质不同,分别编为经常预算和资本预算,前者反映政府在一般行政上的经常收支,后者反映政府的资本透支和国家信用。二是多重预算。即政府预算由一个主预算和若干个分预算组成,如日本的中央预算包括一般会计预算、特别会计预算和政府有关机构预算等。

三是业绩预算。业绩预算又称部门预算或成本预算,是把企业科学管理方法运用于政府预算组织上的一种预算方法。在编制预算时,要求政府各部门先制订有关的事业计划或工程规划,计算出每项施政计划的成本与效益,然后择优把项目列入预算。

四是项目预算。这是指以计划为中心、以项目效益为衡量标准来编制的预算。具体做法是:根据国家现有的各种资源和国内经济状况,计划国家的经济发展目标,进而确定部门目标;然后根据所设计的目标,规划具有可行性的详细计划,即把部门计划分成项目计划,为每个项目规定目标和指标;在每一个计划下面还可分成若干个工作计划,对每一工作计划规定具体的工作量;最后

---

① [美]阿伦·威尔达夫斯基、内奥米·凯顿:《预算过程的新政治学》,邓淑莲、魏陆译,上海财经大学出版社 2006 年版,第 6 页。

再根据所拟订的计划和具体工作量编制预算。1967年，美国国防部首先采用这一预算组织形式编制预算。

五是零基预算。这是指对每一年（或每一项目）预算收支的规模进行重新审查和安排，而不考虑基期的实际支出水平，即以零为起点而编制的预算。零基预算是1969年由美国得克萨斯仪器公司首创发展起来的，并于1973年首次为佐治亚州政府采用作为政府预算的组织形式。1976年，美国众议院通过《1976年政府经济与支出改革法》，决定对联邦政府机构的预算实行零基预算编制方法。

二、公共预算的编制、执行和决算

公共预算的编制是预测、审查、汇总和批准预算收入与支出指标体系并进行收支综合平衡的过程，它既是整个预算管理工作的起点，又是公共预算能否顺利实现的前提。公共预算经过法定程序审议批准后，就转入了预算的执行阶段，公共预算的执行就是将由立法机关批准的、体现国家意志的、具有法律效力的预算付诸实践，以保证政府职能行使的正常进行。预算执行的结果如何，只有通过公共决算编制才能准确地反映出来。可以这样说，公共预算的编制是预算管理的起点，预算执行是预算管理的关键，公共预算决算则是对预算管理结果最后的全面的检查。

1. 公共预算编制

公共预算的编制是政府有意识地规范公共财政活动的计划安排行为。编制公共预算是一项细致而又复杂的工作，准备工作充分与否，直接影响到预算编制的质量。一般来说，编制公共预算的准备工作主要有以下几个方面。

一是对本年度预算执行情况的预计和分析。由于预算收支具有联系性，编制下一年度公共预算，必须在本年度预算执行情况的基础上综合分析安排。本年度预算执行情况的预计准确与否，成为能否准确编制下一年度政府预算的关键。因此，各级财政部门对本年度预算执行情况进行分析和总结，是编制下一年度预算不可缺少的一项准备工作。

二是拟订计划年度预算收支指标。为了使公共预算的编制符合国民经济和社会发展的客观要求，正确反映和处理公共预算各方面的比例关系，在编制公共预算以前，财政部门应按照国民经济和社会发展的需要，拟定下达公共预算的收支指标，作为各地区、各部门编制预算草案依据和参考。

三是颁发编制公共预算的指示和规定。为了保证公共预算的统一性、完整性和正确性，在编制公共预算之前，应有中央政府或财政部门颁发编制公共预算的指示或规定，提出各项任务要求，各地区、各部门编制预算时必须遵照执行。

四是修订预算科目和预算表格。公共预算收支科目和预算表格，是编制预算的工具。为了适应经济发展和加强预算管理的要求，在编制预算之前，要对公共预算收支科目和预算表格进行修订，以便正确反映预算收支内容和管理工作的需要。

编制公共预算一般分为两个阶段：一是测算预算收支指标。一般从报告年度第四季度开始，根据报告年度预算的预计执行情况、计划年度国民经济和社会发展的要求，以及计划年度的各种变化因素，初步测算计划年度的收入、支出情况。经过对计划年度收支情况的初步测算，摸清计划年度的财力状况，然后根据国民经济和社会发展计划中的具体指标逐项核算。二是编制预算草案。这是指各级政府和财政部门，以及各部门各单位编制的未经法定程序审查批准的公共收支计划。预算草案的编制，一般采取自下而上和自上而下相结合的办法。

2. 公共预算执行

公共预算执行是指财政部门和其他预算主体组织预算收入、安排预算支出、促进预算平衡的实践活动。这是公共预算由可能变为现实的必经阶段。要保证公共预算实际执行与原定计划协调一致，就要在预算的实施过程中做好一系列组织、管理、协调工作。从执行公共预算的过程上看，公共预算执行的任务主要有以下几个方面。

一是公共预算收入的执行。积极组织预算收入是全面确保公共预算达到预期效果的前提和保障，是预算执行的首要任务。只有及时、足额地完成预算收入任务，才能保证预算支出的各项资金需要，促进国民经济和社会的发展。根据预算收入的不同性质和征收的不同方法，在我国，公共预算收入分别由财政部门和各主管收入的专职机关负责管理、征收，并由财政部门统一组织。

二是公共预算支出的执行。公共预算支出执行是预算管理中的又一项实践活动，它的任务是根据年度预算的安排，将各项支出适时、正确地拨付给使用单位，以满足国家经济建设和事业发展的需要，主要体现在以下几个方面：①

落实预算支出指标。年度预算支出指标确定后,财政部门要及时将各项支出指标进行分解,尽快落实到用款部门、单位。各用款部门和单位要在财政部门核定的年度预算支出数额内,编制年度、季度用款计划,制定使用预算资金的具体措施,以保证支出预算指标的顺利实现。②严控预算支出。在预算执行的过程中,对于公共预算规定的各项支出,要保证及时供应资金,特别是对于能源、交通重点建设、农业发展、科学教育等方面,财政部门和主管部门要保证资金的及时到位,以确保经济建设和行政事业发展的需要。在保证资金需要的同时,要按预算安排的进度和规定的程序拨款,严格控制支出,不应突破预算,特别是对社会集团购买力的支出更要严格控制。③提高资金的使用效益。在公共预算支出的执行中,要严格划清各类支出资金的界限,建立健全会计核算和财务管理制度,确定支出效果的考核标准,并按规定的考核标准分析考核各项支出的经济效益和社会效益,以促使各部门既管花钱,又重视效益,从而提高资金的使用效益。④严格控制追加支出。在预算支出的执行中,不能随意追加支出。各用款部门和单位确实需要追加支出的事项,要报财政部门审核。如果预算执行中已经出现影响收入完成的情况,甚至短收已成为定局,则需要对支出预算进行调整,压缩开支,以保证预算收支平衡。

三是公共预算执行中的平衡。坚持预算收支平衡,是执行公共预算的重要任务,也是编制和执行公共预算的基本准则。它不仅要求编制年度预算时要坚持量入为出的原则,实现全年预算收支平衡,更重要的是要把预算收支平衡的方针贯彻始终,使公共预算执行的结果达到收支平衡。在实践中,经常性预算的编制是平衡的,但是由于在公共预算的执行中,一方面,国民经济情况不可避免地会发生一些或大或小的变化,预算收入可能超额完成或完不成原定的收入计划;另一方面,随着经济发展和社会事业的进步,会增加新的支出或减少原定的支出。此外,由于自然灾害和某些难以预料的新情况和新问题,以及由于人们的主观认识和客观实际之间总会存在一定的差距,预算编制的内容与执行中的具体情况之间不可能完全适应,也会引起预算收支的变化,导致公共预算经常出现新的不平衡。为了避免年终出现赤字,在执行公共预算中,必须深入实际调查研究,针对变化了的具体情况,加强宏观调控,采取有效措施,不断调整预算计划,经常组织预算收支的新平衡。

四是公共预算执行中的调整。尽管公共预算是在年初按照客观经济规律的要求,经过科学的预测和反复的核算编制而成的,但是,由于人们的主观认识不可能完全符合客观实际，这就决定了各项收支计划的安排不可能完全准确无误。同时，在公共预算执行过程中，客观情况发生变化，也会造成预算收支不断地发生一些变化，公共预算的某些部分的收支，超过或达不到原定计划，从而影响着原有预算的执行。为了随时解决预算执行中出现的新情况和新问题，使年度预算符合客观实际，保证公共预算在执行中的平衡，就需要对公共预算进行及时的调整。

3. 公共预算决算

公共预算决算是经法定程序批准的反映政府预算最终执行结果的会计报告。决算的原则是一级政权、一级预算、一级决算。与公共预算相仿，预算决算由中央决算与地方总决算组成。预算决算是对预算执行结果的总结，因此，凡是编制预算的各级政府、部门和单位，都需要编制决算。参与预算执行、经办预算资金收缴和拨付的专门机构如国家金库、税务部门和金融机构等需要编制年报。

预算决算由一系列的会计报表组成，报表数字及相关分析是决算的主要内容。从内容上区分，主要的决算方式可分为单位决算和地方各级总决算。

一是单位决算。单位决算是执行预算的行政事业单位的决算，其报表涉及三类数字：预算数字，按照年终清理核对后的年度预算数填列，这是考核预算执行和事业计划完成情况的依据；会计数字，按照预算会计的账簿中有关科目的年终余额数和全年累计数填列，这是反映单位预算结果的决算数；基本数字，按照行政事业单位人员机构状况及事业发展计划完成情况的业务统计数字填列，这是考核事业规模和预算资金的使用效果。在对这三类数字汇总后，单位还要编写决算说明书，内容一般包括：单位预算执行的主要情况及超收、短收、超支、节支的原因；业务计划完成情况及其原因分析；事业发展的成果和费用开支情况；预算管理、财务管理等方面的措施、经验、存在问题和改进意见等。

二是地方各级总决算。地方各级总决算是由地方各级财政主管部门负责编制的反映本级政府预算执行情况的决算，其报表涉及三类数字：预算数字，按照年初预算数（上级核定预算数）和最后预算数（本级调整预算数）填列，是考核地方各级政府预算执行情况的依据；决算数字，按照总预算会计预算收支明细账的全年累计数填列，从决算收入和决算支出两个方面来反映各级总预算执行成果；基本数字，按各地区行政事业单位人员机构状况及事业发展计划完成情况的业务统计数字填写，它考核各地区机构规模和事业发展情况及效果。地方总决算说明书需说明地方财政收支情况；结余情况；预算执行中的调整、调剂情况；经济形势和政策变化等对预算收支的影响；决算工作存在的经验、问题等。

三　公共预算管理改革

20世纪90年代以来，预算管理理念不断更新，预算管理方式方法更加多元化，公共预算改革呈现出五大趋势：结果导向预算、富于灵活性的预算、有使命感的预算、中长期预算和公民参与预算。这些趋势对于当代中国政府预算管理改革具有重要的启示作用。①

一是结果导向的预算管理。20世纪90年代中期起，美国的绩效预算改革推动世界主要国家全面出现了向"结果导向预算"的转变。结果导向预算更关注支出结果的质量，进一步强化了公共产品和服务的消费者是顾客的观念，把公众的回应性引入绩效测量和评估中。同时，在对预算主体的要求上，要求预算官员同时也是优秀的公共事务管理者。在信息要求上，不只要求支出结果的有关信息，而且要求支出机构活动的相关信息，实行更为全面的透明度规则。结果导向型的预算管理暗含着一种新的预算方式，即由于公共支出最终要以"顾客"的满意程度来衡量，那么公共产品和服务的生产者或提供者就需要拿出不同的安排方案供"顾客"选择，预算就不能只反映"在什么项目上支出多少"，而是要反映"这样的支出结构或那样的支出结构"哪一种最受人们赞同。

二是富于灵活性的预算管理。在多数的预算管理模式中，对政府官员或部门进行控制，防止他们哪怕多花立法机关确定下来的一分钱是主要的目标之一。但通常的情况是，每个项目如果在财政年度结束时还有没花完的钱，那么，到第二年执行项目的官员将失去这些节省下来的钱，而且第二年批准下来的预算资金将比上年减少。这种制度实际上导致了对节约行为的逆向激励，预算执行者往往尽力花光"法定"的每一分钱，不管项目是否已经完成且不再需要新的投入。富于灵活性的预算管理就是要增加预算的灵活性，形成鼓励节

---

① 黄新华主编：《政府经济学》，北京师范大学出版社2012年版，第186—188页。

约的正激励机制。如美国加利福尼亚州的费尔菲尔德市为了有效控制支出，实行了一项新的预算制度：取消明细分类项目，实行资金总额预算，允许各部门保留其没有花掉的预算经费。明细分类项目的作用只是帮助管理者核算，而不是用来控制支出。市议会也不再审查明细分类项目支出，或对这些支出进行表决。如果市议会希望有一项重大的新举措，它会追加资金。这项制度取得了令人惊叹的效果，1991 年该市各部门的支出比它们得到的拨款少 610 万美元。费尔菲尔德市还用历年节省下来的资金建立了对付经济衰退的非专项的储备金和政府内部服务贷款基金。费尔菲尔德市的预算模式此后为不少政府所采纳。[①] 20 世纪 80 年代以后，澳大利亚、瑞典、加拿大等国也开始运用"整笔拨款方式"，这种方式即向政府部门整笔拨款，各部门可以自行决定提供服务所需的最佳投入组合。

三是有使命感的预算管理。公共选择理论揭示出政府机构及官员是缺乏责任心的，而 20 世纪末期的新公共管理运动则力求解决行政管理者的责任心等伦理问题，解决的办法之一就是实行"责任管理"（Accountable Management）。责任管理的原则来源于私人部门，即公共管理者应为自己的行为及所属机构的行为负责任，不能声称所有的行为应是政治责任而否认自己的职责。在责任管理思想指导下，有使命感的预算管理（Mission Budgeting）被推到前台。有使命感的预算管理授权各个机构去实现自己的使命，而不要受过去支出范围的束缚，由此产生了新的激励动力，"把钱花掉，不然就丧失掉"的想法让位于"把钱省下来，进行投资"。有使命感的预算管理激励每个政府雇员努力节约资金，自发地去储备资金和人力，并且创造了可以预计的环境，进而简化了预算程序，节省了预算成本。

四是中长期的预算管理。20 世纪 60 年代以来，规划—计划—预算管理模式运用推广后，将公共预算的长期目标与近期目标结合起来的努力就一直没有中断过，中长期的预算管理作为公共部门战略管理的一部分，逐渐成为公共预算管理的趋势之一。相对于传统的一年制预算，世界银行把这种跨年度的预算规划称为"中期支出框架"（Medium-term Expenditure Framework，MTEF），它的目标"一是通过建立一个连贯和现实的资源框架，增进宏观经济平衡；二

---

① ［美］戴维·奥斯本、特德·盖布勒：《改革政府》，周敦仁译，上海译文出版社 1996 年版，第 100—102 页。

是按照部门间和部门内的战略优先权来改进资源配置；三是增加政策与资金的可预见性来使各部门能提前规划并使项目得以延续；四是为下属机构提供一个硬预算约束和不断增加的自主权，以为资金的有效利用不断提供激励"。目前，多数市场经济发达国家的政府都建立了中期支出框架，预算规划甚至与10年期的资源配置预算联系在一起。

五是公民参与的预算管理。在推广运用绩效预算管理的过程中，为了更为精准地评估绩效，政府不得不花费大量的精力组织和分析绩效信息。但是即使有了经过长期跟踪得来的信息，也不能保证政府官员或议员会在决策过程中对这些信息给予充分关注并使用这些信息，也就是说评估信息对预算决策的影响是有限的。于是，公共预算管理改革开始转向如何使更多的社会公众成为预算决策主体，而不是由公众事后来评判"别人"所制定的政策。近十年来，公民参与预算在西方发达国家以及南美的一些发展中国家得到发展。公民参与预算的最大特点是公民直接而非间接通过其代表参与预算决策，公民可以部分甚至全部决定公共资金的分配优先顺序。公民参与预算提高了公共预算安排的针对性，增进了公民对政府及制度的信任感。随着协商民主理论的流行，公民参与的预算管理越来越受到各国的重视。

思考题

1. 公共支出的含义是什么，包括哪些内容？
2. 如何对公共支出的成本与收益进行分析？
3. 税收管理的要素有哪些？
4. 如何对公债市场进行有效的监管？
5. 公共预算的类型有哪些？
6. 公共预算改革的新趋势是什么？

第十四章

公共管理伦理与责任

伦理和责任是我们生活中耳熟能详的词汇，也是公共管理中的重要概念。由于公共管理伦理自身概念的相对模糊，因此其在现实操作中效果不是很理想，这就需要公共管理伦理更具实践操作性。公共管理责任可以看作公共管理伦理的具体化，从而使公共管理伦理可以建立更完善的意识到实践的路径。正如著名行政伦理学家特里·L.库珀所说，责任是"建构行政伦理学的关键概念"。[①]

第一节 公共管理的伦理

伦理和道德的含义是相通的。在公共管理中之所以强调伦理、道德，是因为公共的就应当是道德的，在公共领域如果回避或忽视道德的审视，就无法把握公共领域的性质，就无法正确地确立公共管理的方向。当我们明确了公共管理中强调伦理的重要意义之后，也就明确了为什么要把"公共管理的伦理"作为公共管理学的重要内容。

一 公共管理伦理的内涵

（一）伦理的内涵

"伦"、"理"两字早在《尚书》、《诗经》、《易经》等著作中就已出现，

---

① ［美］特里·L.库珀：《行政伦理学：实现行政责任的途径》，中国人民大学出版社2001年版，第482页。

但是这并非我们如今所使用的伦理学概念。英文的"伦理"(Ethics)一词源于古希腊文 ethos，其本意是"本质"、"人格"，也有风俗、习俗、道理等意思。公元前 4 世纪，亚里士多德把 ethos 的意义加以扩大和改造，构建了一门新的学科——伦理学。

伦理是调整人与人之间以及个人与社会之间关系的行为准则和规范总和，是借助于社会舆论以及人们内心的信念和习惯力量来维系的一种特殊的社会意识形态。伦理作为一种社会意识形态，源于社会物质资料的生产活动，是处理不同社会关系所应当遵循的各种道理和规则，是对人的社会关系的应然性认识。它依靠文化习俗、社会舆论和内心信念来维系，渗透于各种社会关系中，具有广泛的社会性。

作为人类社会生活的一种组织化或制度化过程，公共管理研究的是管理行为、权力运行、政策制定及制度安排等问题，但它离不开社会行为基本规范的一般规定性。随着西方公共管理理论与实践的深刻变化，声势浩大的公共部门改革或政府改革浪潮，逐渐打破了公共管理和伦理之间的隔阂，使两者走上了共生的道路。

(二) 公共管理伦理的内涵

公共管理伦理是指公共管理领域的基本伦理维度、公共管理行为的基本道德规范，以及通过公共管理行为与公共事务所集中体现出来的社会公共伦理精神。公共管理伦理所涉及的范围仍基本上是公共管理领域，而不是社会公共生活领域的全部；规范的对象是作为公共管理者的公共行政人员或公共组织管理者，以及一些承担着公共责任的非政府组织成员及其公共管理行为；而最重要的一点是，公共管理伦理通过公共管理行为和公共事务特殊的示范效应表达出了公共伦理的基本精神。学者陈振明则把公共管理伦理更多地限定为一种特殊领域中的角色伦理，认为公共管理伦理是针对公共管理行为和政治活动的社会化角色的伦理原则和规范。在他看来，公共管理主体是社会化角色，既有合乎公共管理行为规范所要求的权利能力，也有为自己的行为承担后果的责任能力，而学者张康之更强调公共管理的伦理是一种"职业伦理"，他认为从学科角度来看，公共管理伦理学是职业伦理学，是关于公共管理职业的伦理科学，属于应用伦理学的范畴。公共管理伦理需要对公共管理者的职业活动进行伦理思考，并考察它与以往职业活动的联系与区别，探讨公共管理者在职业活动中的伦理规定和道德能力。OECD（经济合作与发展组织）提出了"公共伦理基本框架"，认为公共管理伦理由8个部分组成：①政治保证，即来自政府领导人的明确的反腐败立场和行为；②有效的法律框架，即强制性的法律和立法对行为准则予以界定；③有效的责任机制，即监督和评估程序；④可行的行为准则，即义务、角色和价值观陈述；⑤职业社会化机制，即教育和培训；⑥公共服务的环境支持，即平等公平和恰当的薪金报酬；⑦伦理实体之间的合作，即设立具体的机构或委员会，以协调和监督相关方面的活动；⑧公众参与和监督，即一个能够有效地获得信息的市民社会。①

由此可以看出，公共管理伦理与个体伦理、企业伦理和传统行政伦理具有完全不同的内涵，区别主要表现为：首先，公共管理中的伦理不同于个体伦理。公共管理伦理具有政治、行政特点，主要研究公共组织行为的准则体系，而个体伦理主要研究社会个体的生活准则和行为规范。虽然公共管理者也是普通社会公众的一员，但是他们肩负着更大的公民信托和社会责任，较一般公民更需要高尚的品德和廉洁的作风。其次，公共管理伦理也不同于企业伦理。相比较企业伦理而言，公共管理伦理要求公共管理者不仅具有职业技能和专业知识，而且要有崇高的道德品质。最后，公共管理伦理与传统行政伦理也不同。公共管理伦理强调以战略的、动态的、发展的眼光来看待组织的发展，而传统的行政伦理只对组织内部进行静态的思考；传统行政伦理只重视对行政组织内部行政人员的道德约束。而公共管理伦理不仅重视组织内部人员的素质提高，也重视整个公共系统的伦理建设，强调通过公民参与的方式来促进整个公共管理伦理建设及整个公共管理系统的伦理建设；传统公共行政伦理更强调价值中立，而公共管理更重视公共管理者的职业操守。②

公共管理伦理是一种特殊领域的伦理，是公共管理过程中被人们共同认可的伦理准则，这些准则不受不同文化因素的影响。在公共管理活动中通常表现为尊重、诚信、公正、廉洁、负责、民主、程序正当等价值取向，而这些价值取向也正是公共管理职业特点所要求的。公共组织对于公共利益的价值判断和基本立场是公共管理伦理最为重要的内容。公共管理伦理主要包括以下内容：

---

① ［美］特里·L.库珀：《世界转型中的公共管理伦理》，《中国人民大学学报》2002年第6期。
② 胡鸣铎、牟永福：《论公共管理之伦理要义》，《云南行政学院学报》2012年第6期。

①公共管理理想；②公共管理态度；③公共管理义务；④公共管理技能；⑤公共管理纪律；⑥公共管理良心。①

公共管理伦理是一个有机的体系，我们可以从公共管理三个层面的含义来理解我国公共管理伦理的内涵。它们是一个相互联系、相互制约、相互作用的完整系统。②

公共管理的第一层面是政治（国家）管理：国家的立法（含决策）、司法的职能行为。这一层面公共管理伦理指的是：凡从事测定公共政策与法律、法规，维护国家主权与安全，维护社会秩序，履行宏观调控等国家职能的公务人员的日常心态及行为，所应遵循的基本道德规范体系。如决策（立法）道德规范——只制定善策和良法；维权道德——确保国家主权、公民权益不受侵害；公正与公平理念——掌权用权者（含组织和个人）以心忧天下、造福百姓为己任，通过政策、法律、制度的安排和创新，实现好最广大人民群众的根本利益。值得强调的是，公共政策的首要职能是匡扶正义、维护公道；尤其是在当前我国公民收入差距扩大、弱势群体扩张的情况下，政治管理行为人秉持的理念应当是"公平优先，兼顾效率"。

公共管理的第二层面是政府公共事务。主要包括行政区划与国家礼仪事务、国家公共安全家务、国家对外关系事务、公共人事与财政事务、政府机关自身哲理事务等。这一层面的公共管理伦理指的是：从事这类公共管理事务人员的工作动机和行为，应当遵循的基本道德观规范体系。如：践行全心全意为人民服务的道德规范；模范守法、依法行政的执法道德规范；认真负责、办事高效的业务道德规范；秉公办事不以权谋私的廉政道德规范，等等。必须强调的是当前这一层面最突出的悖论问题恰恰在于，公共管理不公、行政人员廉洁度低，对社会公共利益造成很大的侵害。因此必须强化全心全意为人民服务的宗旨道德和廉洁自律的道德修养。

公共管理的第三层面是社会公共服务。主要是提供教育、科技、文化艺术、医药卫生、体育发展以及维持社会公共秩序等公共服务。这类公共事务与全体社会成员日常生活和切身利益的关系更为密切，更为广大普通老百姓所关注。这一层面的公共管理伦理指的是：所有从事社会公共服务的国家公务人

---

① 周晓虹：《公共管理学概论》，中央广播电视大学出版社2009年版，第305—306页。
② 辛传海：《公共管理学》，中国对外经济贸易出版社2007年版，第284—285页。

员，其动机和行为应当遵循的道德规范体系。比如：办事公道、诚信为本的信义道德；认真负责、不耍滑偷懒的职业道德；珍惜时间，不拖拉推诿的效能道德；诚恳待人、不嫌贫爱富、不趋炎附势的公仆意识等道德系统。在当前有许多弱势群体的存在，社会最需要的是所有基层政权（社区）、中介机构的公共服务人员，充分地体察、理解弱势群众的心态与诉求，以起码的爱心、公仆的责任感和紧迫的使命感来帮助他们克服困难，确保他们的生存权、人身权、工作权、发展权等基本权利不再受侵害，从而确保我国政治基础和社会环境的稳定。

总之，公共管理伦理的内容丰富多彩，是一个表现形式多样化、内在结构多层次的公务职业道德规范体系。它日常表现为公务职业理想、公务职业态度、公务职业责任、公务职业纪律、公务职业良心、公务职业作风和公务职业荣誉等公务道德品质与道德规范知识。其规范主体主要是国家公务人员，规范客体是公务行为的动机、过程、结果及其评估，以公务"动机"的道德规范为关键。实践一再证明："动机"的道德理性起点往往决定着"过程"和"结果"的道德理性水准。公务不公、吏治腐败行为的发生和滋长蔓延，无不首先萌发于"权力寻租"的动机。公共管理伦理对于具体的公务人员个人而言，其内容和作用方式是有层次性和侧重点的；权力越大、职位越高的公务人员，道德标准越高，要求越严；有了道德楷模与垂范，上行下效，公务道德的约束和规范力量才能事半功倍地发散出来。

二 公共管理伦理的特征

公共管理的伦理主要是人们关于公共管理活动好坏对错的判断过程以及判断理由，主要涉及公共管理主体行为的正当性与合理性，亦即领导、决策和执行等公共管理活动的合法性等问题，它既包括公共管理人员个体在公共管理管理实践中的道德观念、道德活动与道德规范，也包括作为群体及组织机构的行政主体在行政活动中所应遵循的价值规范。

由于公共管理领域具有特定的地位、内容和功能，其在伦理上也具有一定的特殊性，因此对于公共管理伦理特质的理解有助于我们更好地理解公共管理伦理的内涵。公共管理伦理的基本特征有以下几点[①]：

第一，整体性与系统性。公共管理系统不仅包括人，还包括公共管理组织，公共管理系统是专门行使公共管理权力和制定公共政策的系统，它每日每时都会做出关系着国家和社会发展的重大决策；会通过一系列公共管理行为的实施（包括设计、建立和完善、改革和发展行政组织、行政体制）对自己进行变革。公共管理系统中的伦理思想和道德意志代表和反映着全社会的公共利益。行政人员是公共管理伦理关系中的一个重要因素，必然要贯彻这一系统的伦理思想和道德意志。鉴于公共管理伦理所要调整的是公共管理系统与其他社会系统、组织和公民的关系，它的行为对所辖公共管理区域内的整个社会都会发生影响。当然，公共管理系统中的行政人员职业伦理也是调整行政人员个人与他人与国家和社会的关系。但是，行政人员在公共管理执行中的行为却代表了国家和政府的形象，代表国家和政府去执行公务，代表国家和政府与社会组织和社会成员发生关系，所以，公共管理伦理具有整体性的特征。

第二，政治性与社会性。公共管理伦理的政治性体现在：其一，公共管理伦理属于政治哲学范畴，政治哲学是关于政治（包括组成部分的行政）的指导理论。其二，公共管理伦理是统治阶级意识形态的重要组成部分。如果公共管理是对政治的推广和执行，那么公共管理伦理则必须是有利于政治统治的，是对政治的修正和积极推行，需要贯彻和体现政治原则。公共管理伦理的社会性体现在：公共管理是对全社会负责的管理活动，公共管理的绝大部分活动是社会公共事务管理。它需要与社会的所有组织、公众、环境、地域发生关系，公共管理部门及其人员必须是社会的"公正人"。之所以说公共管理伦理既有政治性又有社会性，就在于公共管理既带有政治性色彩，又带有社会性色彩，公共管理既要维护统治阶级利益，贯彻统治阶级意志，又要站在管理者的立场上维护全社会的公共利益。

第三，非功利性和非交换性。公共管理的公共性质决定了公共管理伦理的非功利性和非交换性。公共管理是指政府和其他公共组织对涉及公众利益的各种公共事务所进行的管理活动。也就是说，在公共管理这一特殊领域，强调的是公共利益。公共管理伦理以公共利益为出发点，要求公共管理者必须把公共利益作为其职业活动的出发点：公共管理是服务于公共利益的，公共管理主体

---

① 张康之：《公共行政学》，经济科学出版社2010年版，第94—95页。

是公共利益的代表。政府中的或以政府为主体的公共管理不同于"营利的"、"私人的"、"企业的"管理,它属于公共管理的范畴。公共管理中的行政执行活动主体是公共部门或公共服务机构,而不是私人部门或私人机构。私人行政的目的和性质是为了营利,而公共管理的目的和性质决定了它应负起社会的责任和义务,其工作不能用利润作标准来进行衡量,而必须用服务数量、质量、满足社会需要的程度等多种尺度来衡量。公共管理行为不是企业行为或商业行为,公共管理考虑问题在很多情况下必须舍弃功利,从大局出发,从整体出发,从长远出发,从系统出发,处理好局部利益与整体利益、眼前利益与长远利益的关系。

第四,高尚性与广泛性。公共管理在社会管理中居于主导地位,公共管理伦理在社会伦理体系中也处于最高层次。公共管理伦理不仅是公共管理系统中的伦理,也是一个社会中占统治地位的道德规范,公共管理组织的形象应是其他社会组织的行动楷模,公共管理人员也应当是社会中较为杰出的人物。他们的行为应是高尚的,对他们的道德要求也比一般社会成员更高、更严。公共管理伦理的广泛性体现在整个公共管理系统都必须遵循统一的公共管理价值观,各个公共管理层级、各个公共管理部门、各个公共管理领域、各种不同类别的公共管理行为以及不同类别的公共管理人员都必须共同遵守的道德规范。

三 公共管理伦理的功能

伦理是通过个人的良心、社会舆论和政治信念对社会行为进行道德判断和评价,从而实现对各种利益关系的调整。公共管理的特征决定了它具有规范、选择、引导和维系四大功能。[①]

规范功能是指公共管理伦理通过提供"应该如何行为"的道德规范,使公共管理主体控制和约束自身的功能。伦理,作为一种社会秩序的保障和前提,通过一系列的价值准则来规范人们的行为模式,影响他们的价值观念,引导他们的道德选择。同样,对于公共管理者来说,公共管理伦理,一方面通过外在的道德规范界定和约束其行为,另一方面通过内化的道德意识和人格追求

---

① 胡鸣铎、牟永福:《论公共管理之伦理要义》,《云南行政学院学报》2012 年第 6 期。

对其进行自我监督和自我评价。而对于公共管理部门来说，公共管理伦理也通过外在的舆论评价和一定的制度约束，来规定公共管理活动的范围和行为方式，引导和约束公共管理系统的运行，促使管理过程程序化和规范化。在公共管理活动过程中，公共管理伦理对符合公共管理伦理要求的公共管理行为予以激励和强化；而对于不符合公共管理伦理要求的公共管理行为则予以纠正或弱化，以避免违背公共管理伦理的后果发生。

选择功能是指公共管理者按照一定的伦理标准，在公共管理活动过程中对不同的价值或善恶冲突做出的一种自觉自愿的抉择。公共管理者在公共管理伦理框架下实施公共管理行为，是一个自主选择的过程。所以说，公共管理者如何选择、选择什么，对公共管理伦理目标的实现是非常重要的。与以往的管理模式相比，虽然公共管理是一种新的社会治理模式，但是，对于公共管理而言，制度不会完善到至臻至善的程度，还存在各种各样的冲突。在这种情况下，公共管理者在确定实施行政行为之前，总要依照某种伦理原则和价值追求对其行为进行选择和检视，而这种选择和检视并不是情感的萌发，而是一种理性的涌现。公共管理者在对公共责任进行选择时，越是超越他的情感因素而依赖理性，就越能够做出正确且适当的选择。

引导功能是指公共管理伦理作为一种行为规范，可以从意识上引导和控制公共管理主体的动机，从而引导公共管理主体的行为，使公共管理主体在进行具体行动的过程中都有潜在的道德约束和伦理规范，从而避免行动的盲目性。从根本上讲，利益和利益关系是影响公共管理者进行公共管理活动的决定性因素。但是，完全依赖利益和利益关系的公共管理活动极有可能偏离正确的道德轨道，导致公共管理行为的失范。而由于公共管理伦理使公共管理系统中的群体有了明确的价值目标，并为理论与实践、理想与现实提供了一种有效的具体形式，公共管理伦理便对公共管理者的行为具有了某种程度的引导功能。同时，公共管理伦理对社会也产生了广泛的示范效应。当公共管理拥有了道德化制度，在公共管理主体的道德化活动中，在治理者们的道德化行为中，全社会的道德习惯、道德行为就比较容易养成，逐渐形成一个道德实践的环境，并进一步形成系统、稳定、良好的道德观念和价值判断标准。

维系功能是指公共管理伦理将公共管理主体的多元化价值观地凝聚成为一个整体，从而强化公共管理主体内在本质力量的功能。良好的社会秩序离不开法律的支持，但是，法律有其自身的局限性，它并不能激发人们追求卓越，也不会成为榜样行为的准则，甚至不会成为良好行为的准则。道德却不一样，除了对违法者予以谴责之外，它对虽不违法但属于不道德的行为可以进行批评和惩戒，而对道德的行为，尤其是高尚的行为则可以予以鼓励和褒奖。因此，相对于法律而言，伦理对社会秩序的维系作用可能更具有普遍性和持久性。公共管理伦理作为一种应用伦理，能够在公共管理系统中的个人与个人之间创造一种广泛的信任关系，架起公共管理主体与对象之间的沟通桥梁。正像孔子所说"为政以德，譬如北辰，居其所而众星拱之"。[①] 因此，公共管理伦理是赢得民心和民意的重要力量，是稳定社会秩序、保持国家长治久安的决定性因素。

四 公共管理伦理的基本理念

公共管理伦理的具体表现是多样的，但是在人类文明的发展历程之中，随着公共管理理论和实践的不断丰富，公共管理伦理也形成了一些基本理念。一些国际组织已经开始根据这些基本理念制定公共管理的伦理标准，以推动公共管理伦理的可持续发展。

第一，公正。公正，简单而言就是公平、正直、不偏私，是人类社会具有永恒价值的行为准则，也是社会治理的重要原则。《正义论》的作者罗尔斯曾说过：正义是社会制度的首要价值，正像真理是思想体系的首要价值一样。公正也是公共管理伦理最为基本的理念。公共管理的公正理念是由公共管理的性质决定的，公共管理作为对于公共领域的管理，其管理是公众的权力委托，权力行使应当对所有对象负责，目标是谋取公共利益的最大化，而不应该为了个人或者某一小团体的利益牺牲公众的利益。而且，随着社会文明的发展，公共管理在允许为多数人而牺牲少数人利益的同时，也越来越关注对于少数人正当权益的补偿。公共管理的公正包括公共管理的实质公正和程序公正两个主要方面。实质公正指公共管理中的利益交易和利益分配，其与利益直接相关；而程序公正则指在公共管理中应当建立平等、自由、开放的规则制度，从程序上保障实质公正的实现。

---

① 《论语·为政》。

第二，效率。效率一词由来已久，它最早出现在拉丁文中，指有效的因素，后引申到电学和机械学中，指的是产出能量与投入能量之比；并且也成为经济学的一个基本术语，指投入与产出之比。这一概念如今也被用于社会活动，泛指社会活动所取得的结果和所消耗的劳动量之比，以考察社会活动的有效程度。从公共行政效率的角度出发，怀特认为，公共行政的目的就是在行政官员的处置上，对各种资源加以最有效的利用，使公共计划得以最迅速、最经济、最圆满地完成。古利克也曾说："行政科学中，无论公与私，基本的善就是效率。"① 人类之所以组成社会公共生活，其基本目的在于安全和福利，因此公共管理应该尽可能地为全体成员谋求公共福利的最大化或最优化，即实现最大多数人的最大幸福。也就是说，效率是公共管理所追求的一个重要目标。所谓公共管理伦理意义上的效率是指公共管理组织提供公共秩序、公共产品或公共服务的效率，它要求政府与其他公共管理组织应当以尽可能低的成本为社会提供丰富的公共产品或公共服务以满足公民的需要，实现尽可能高的社会公共效益。这种效率观吸收了社会公平理念，强调伦理与功利的统一，在合理利用配置社会资源，最大限度帮助公民改善境况的同时，尽可能地减少对其他人利益的损害。从这个意义上说，公共管理伦理的效率原则，一方面要求以政府组织为主导的公共管理部门或机构应当而且必须为公共社会提供足够丰富的公共产品，以满足全体公民对社会物质生活条件不断增长的需要；另一方面还要建构一个公正、稳定、良好的社会公共秩序。没有公共社会的长治久安和良好秩序，没有良好的社会风气和公共文明水平，以及强大的社会组织能力和社会动员能力，公共管理伦理的效率就不可能真正实现。对于公共管理伦理来说，社会制度公正及良好稳定的公共秩序是衡量其是否高效管理的重要标准。制度公正具有公正与效率的双重意义。罗尔斯在《正义论》中指出："正义是社会制度的首要美德，正如真理是思想体系的首要美德一样。"②

第三，诚信。诚信是人类社会规范的基本要求，也是公共管理伦理的基本理念。公共部门作为公共权力的被委托者，诚信是其必然的选择。一方面，公共部门的诚信可以通过其影响力形成社会表率，促进社会诚实守信风气的生成，维护社会的长治久安；另一方面，公共管理活动作为双向互动的过程，只

---

① 彭和平编译：《国外公共行政理论精选》，中共中央党校出版社1997年版，第13页。
② 罗尔斯：《正义论》，中国社会科学出版社1988年版，第3页。

有做到诚信，才能让民众看到一个真实的政府治理，提高民众对政府的了解和信任，从而增进民众的配合，提高管理绩效。特别是在市场经济条件下，交易中信息的真实可靠是自由竞争的重要前提，这一要求也影响了公共管理活动，要求公共部门在市场调控中奉行诚信原则，推动市场各方为国家福利和市场财富的增长共同努力。

第四，服务。公共管理伦理的核心是服务精神。随着市场经济的发展，社会治理模式随之发生相应的变化。对于一切社会治理模式来说，秩序、公平与效率、服务等都是基本价值，但是在不同的社会治理体系中，它们的侧重点有所不同。在统治型社会治理模式中，它是以统治的形式来实现对等级差别的维护，秩序是其所追求的重点，其他价值都是为这一核心价值服务的。相应的，在管理型社会治理模式中，公平和效率是其核心价值，其他价值也都是为这一核心价值服务的。当公共管理这一服务型社会治理模式出现后，服务则成为其核心价值，其他价值则为这一核心价值服务。在公共管理体系中，公共管理的制度、体制、过程等都根据这一核心价值所设立，所产生的价值也都是为服务这一核心价值所派生的。服务体现了政府对于公共权力和公共利益的价值取向，它强调公共管理活动的目的是提供优质的公共服务，维护公民利益，满足公民日益增长的物质生活和精神生活的需要，在实践中主要体现在公共部门尊重公民的地位和需要，对于公民的需要作出及时的回应，满足公民多样化的需求，重视人民的参与和监督。

第五，和谐。建立并维护良好的社会公共秩序，是现代公共管理伦理的首要价值目标。在现代社会，公共管理行为的发生与伦理目标的实现主要是通过供给社会秩序来完成的。社会秩序的供给，一方面体现为一系列行为规范和规则体系的形成，另一方面则体现为一种价值理念的塑造。因此，公共管理伦理不仅关注外在的社会秩序结构，而且还注重所供给的社会制度，即社会规则是否符合社会普遍的道德伦理以及社会大众对所处的制度规则体系是否有认同感和归宿感，公共管理伦理不仅仅具有对公共行为和公共事务实施技术化控制的一面，而且具有通过有效协调社会公共行为和公共关系，并合法公正地处理公共事务，建立公正、良好的社会秩序，实现整个社会的和谐发展的一面。一种健康和谐的社会状态是衡量公共管理伦理是否有效、是否合理以及是否公正的最有力证明，也是一个终极的价值评价标准。

五 我国公共管理伦理的失范及重构

（一）我国公共管理伦理的失范

尽管公共管理伦理的重要性不可否认，伦理化也是公共管理发展的重要趋势，但是反观现实，在公共管理过程中，伦理因素仍常被弱化，甚至还存在违背伦理原则的失范和弱化现象，主要表现为多种形式的权力交易、渎职失责、权钱交易，等等。

1. 官本位思想严重

由于几千年的封建残余思想，重农抑商的影响，我国的伦理建设在实践中还有一段路程要走。一些官员在思想上有贪图享乐、讲究排场的不良作风；一些官员存在不良的政绩观，大搞形象建设、政绩工程而忽视公共利益。

2. 组织的责任缺失和官僚主义

公共组织作为公共权力的代表者，应当充分利用公共权力谋求公共利益的最大化。组织成员的责任缺失主要表现在对于自身权力委托者权益的漠视，组织的权力运作不以委托者的权益为依据，对自己应当履行的职责敷衍塞责、玩忽职守。在责任缺失的背景下，官僚主义成为现代政府的顽症，公共组织在管理中首要考虑的不是公共利益，而是组织内部的等级和组织外部的权威，思想僵化、办事低效、不负责任等现象直接导致组织内部力量内耗和公共利益的损失。

3. 缺乏伦理建设的自主性

所谓伦理自主性，指公共管理人员应该主动维护特定政策所包含的基本准则，并反对个人主义倾向和组织自私自利的倾向。在市场经济环境中，一些官员个人主义倾向严重，裙带关系泛滥；一些官员滋生浮躁情绪，搞形象建设，忽视实用性；一些官员重经济建设，忽视精神文明建设；一些官员重视短期效益，忽视长期良性循环发展。

4. 过分注重效率的功利主义倾向

公共管理伦理弱化和失范的另一个重要表现就是对效率的过分追求而导致的功利主义倾向。这种倾向关注如何运用科学的管理方法和技术手段提高公共组织的效率，将效率作为公共管理的出发点和终极目标。在这种倾向下，被管理者只是单纯地被视为工具人和经济人，而不考虑其复杂社会关系中的伦理因素,将效用与人的快乐和幸福等同、忽视了人的内在价值。虽然效率标准可能代表伦理的取向,但是二者并非完全一致,有时甚至相互背离,这样的倾向最终会影响到公共管理活动本身。当人的内在价值被长期忽视和损害,公共组织的活动便会遭到人们的抵制。长期以来,我国在社会发展过程中尤其在分配领域,都是以效率优先,兼顾公平。这一原则激发了人们的主动性和积极性,取得了很好的实践效果。但是,随着社会的发展,这一分配原则日益体现出其局限性,诸多社会问题开始暴露,影响了经济的可持续发展和社会的长期稳定。党的十六大对于分配工作中效率和公正的关系作出了新的解释,即"初次分配注重效率,再分配注重公平"。党在十七大报告中则更是指出:"初次分配和再分配都要处理好效率与公平的关系,再分配更加注重公平。"十八大也指出"初次分配和再分配都要兼顾效率和公平,再分配更加注重公平。"这些对于"效率第一"作出的反思,有利于社会的长期稳定发展。

5. 权力腐败现象仍旧存在

权力腐败是公共管理者在缺乏伦理认识和约束的情况下出现的权力异化。公共管理者利用公共权力谋求个人私利,这往往伴随着对公共利益的损害。权权交易和权钱交易是权力腐败最为主要的表现。权权交易即在权力分配中以权易权,谋求个人权力的最大化;权钱交易是指在公共利益分配中,公共管理者通过权力寻租为自己谋取经济利益。权力腐败已经成为各国政府面临的重要问题,也成为公共部门和公民之间诸多矛盾的起因。尽管政府三令五申,通过"三规"制约高官贪污腐败,但是,如何遏制政府高官腐败,仍然是一个严峻的问题。

公共管理伦理的弱化和失范对公共管理产生了严重的负面影响,直接导致公共决策的失误和公共政策的执行不利,以及假公济私、"上有政策,下有对策"等现象。伦理的弱化和失范也导致了公共管理的低能低效,使得公共资源被浪费。正因为如此,政府的公信力受到影响,引发了公民对于政府的信任危机。

(二) 重塑我国公共管理伦理的路径选择

基于公共管理伦理化的趋势和问题,公共管理伦理建设的重要性日益突出,各国政府和国际组织也开始了相关的理论研究和实践探索。上文所讲的经济合作与发展组织（OECD）提出的"公共伦理基本框架"具有一定的借鉴价值。该框架由八个部分组成，旨在对伦理行为实施控制、引导和管理。各部分之间的平衡及其具体表现形式，根据各国的文化特征予以区分。结合这一框架，加之对于公共管理实践的了解，伦理建设不仅要落到实处，还必须深化到行政队伍的内部，形成由内到外、自下而上的伦理建设格局。从各国的实践来看，公共管理伦理的建设有两种实施方式：一是公共管理伦理的立法。从世界各国公共管理伦理立法的基本状况来看，公共管理伦理法规的表现形式包括宪法、行政法和刑法中的有关规定，专门的行政道德法典，职业守则及法律实施细则三个层面。二是通过建立专门的伦理道德管理机构、进行伦理道德训练、完善伦理道德约束机制等途径进行管理。因此，我们可以从以下几个方面加强建设。

一是创新伦理教育。首先，引导公共管理者科学认识公共管理伦理冲突中的功利价值，重建公共管理伦理价值的等级次序，承认并坚持社会利益高于个人利益，一切以为人民服务为宗旨和取向把最广大人民的根本利益作为行政行为选择的出发点。其次，引导公共管理者正确认识公共管理行为选择中目的与手段的关系，公共管理手段的有效性绝不能违背目的伦理性。对于公共管理目的与手段来说，伦理性与有效性这两个要求是不可分割的；公共管理伦理监督的对象不只限于目的，也包括手段。既要重视公共管理者全心全意为人民服务的公仆意识，也要提高公共管理者对公共管理伦理是为政之本的认识。公共管理者若不具备优秀的伦理修养，既无法得到人们的认可，也不可能履行好职责。最后，改善公共管理伦理教育方式。要改变呆板的教育方式，采取更为灵活多样的手段，要利用光、声、电等具体富有吸引力的手段提升教育效果。创新教育机制，将法制教育、文化知识教育和道德教育整合贯通，使之协调互补，跳出把伦理教育泛化为惩罚教育等传统方式，推动伦理教育多层面多方式进行。[①]

二是健全法律规范。道德良心作为软件必须通过政治法律等硬件才能很好地发挥作用，如果没有相应的硬件设施，再好的道德体系也很难对社会产生实际的影响。因为人的道德品质的不完善性和认识客观事物的局限性，导致公共管理者无法永远正确行使权力而不发生失误和偏差。倘若权力落到了道德恶劣

[①] 聂志红：《试论社会转型时期的公共管理伦理建设》，《湖南行政学院学报》2012年第2期。

者手中，就极易变成牟取私利的工具。所以要有一种外在的力量来制约公共权力运行过程中的负效应和被滥用现象。因此，必须通过公共管理伦理立法，把伦理行为上升为法律行为，将一些必要的伦理规范纳入社会的法律体系之中。越是文明发达、法制完善健全的国家，其法律就越接近于伦理规范。在美国很有名的黑格斯诉帕乐默案中，一个16岁的男孩毒死了他的祖父，他能否继承被害人的遗产？按一般的法律规则是合法继承人，应当继承遗产。但这与一般的社会伦理不符，最终法院依据"一个人不能从他的不当行为中得利"这一伦理原则剥夺了男孩的继承权。[①] 在公共管理活动中，同样不能让公共管理者通过其不负责任的行为获利，并借助法律的刚性特征，强化公共管理者的责任意识，促进公共管理责任的落实。

三是完善监督机制。公共权力源于公众，目的就是为公众服务，必然要接受公众监督。由于法律无法规范所有公共管理行为，我国法制又不够完善，通过公众对公共管理者进行无缝隙化监督，对公共管理者施加压力，是必然选择。应敞开新闻监督的大门，敞开政府机关的大门，让更多的民意直接传达给政府，增强政府与民众的直接交流，形成有效的公众参与的伦理监督机制。社会舆论反映的是整个社会对人民行为的一种监督，具有明显的行为约束优势，能为相关的公共管理者指明行为，引导行为方向，从而起到规范管理行为方式的作用，促使公共管理者遵守最起码的伦理道德秩序。在公众的严格监督下，公共管理者必然会面临履行好职责的压力，也会更自觉地承担其责任。因此要加强监督的制度建设，建立相应的新闻发言人制度，公共部门应就重大事项以及涉及公共利益的事项定期并及时地向社会通报。同时借鉴国外经验，由各级人大设立伦理委员会专门接受和审理普通公民对官员与公共管理者伦理道德的举报并做出处理。

四是创建伦理文化。公共管理是群体性活动，管理模式取向直接影响公共管理伦理状况，同时，由于管理模式取向由管理意识、管理理论、管理认知、管理情感、管理态度等要素构成，而合适的组织管理文化有助于公共管理模式建立。在正义性组织文化中，非正义管理行为会得到纠正，正义管理行为则会得到强化。公共管理部门要加强文化建设，树立好公共品牌。加强勤政、廉政、公正、忠诚等组织文化建设，创建公平正义文化，为营造环境强化意识、

[①] 贺来：《现代人的价值处境与"责任伦理"的自觉》，《江海学刊》2004年第4期。

培养公共管理伦理观夯实文化基础，使公共管理者具备诸如在组织中的服从、执行工作中的人文关怀等伦理素质，具备协调人与人之间的动力与规范力的伦理素质，形成内在约束机制与良好管理模式取向，使其既明白其应承担客观责任，也义不容辞担当其主观责任，更公正地履行其公共管理职责，建立公共管理应有的公信力。

第二节　公共管理的责任

历史和现实的经验昭示，人类社会的政治文明越是发展，公共管理部门的工作就越具有挑战性，并且越是要在更大的范围和更深的层面受到来自公众与社会的审视与监督。公共管理的责任是现代民主政治和法治国家的必然诉求，也是政府实现高效廉洁的必要基础。具备高度的责任心、完善的问责制度，无疑是一个有效率和有公信力的现代公共管理机构所必需的品格及活力的源泉。

一　公共管理责任的内涵

（一）责任的内涵

在对公共管理责任的探讨中，界定责任的内涵是基本前提。弗雷德里克·莫舍曾经说："在公共行政和私人部门行政的所有词汇中，责任一词是最为重要的。"[①]

责任一词很复杂，在法律上有多种意义，第一种含义为职责，如所谓生产责任制、岗位责任制，相当于英语中的 Responsibility。第二种含义为义务，例如法律上常用的保证责任、举证责任等用语，应为保证义务、举证义务；"我有责任这样做"应为"我有义务这样做"，相当于 obligation。第三种含义，即所谓法律责任，其意指不履行法律义务而应承受某种不利的法律后果或接受某种制裁，相当于 liability。

而更多的学者认为，"责任"一词应该对应于英文中的 accountability。我

[①] ［美］特里·L. 库珀：《行政伦理学：实现行政责任的途径》，中国人民大学出版社 2001 年版，第 62 页。

国学者宋涛曾详细比较了 accountability 与 responsibility 的差异。从词语学上看，国外英语辞典对这两个词是有明确区分的。在《麦克米伦高阶美语词典》中，responsibility 是指"一个人对其工作、职位和行为所必须承担的正式责任"，即一般意义上所说的"责任"；accountability 是指"当一个人处于某一种特定职位时，公众有权力对其进行批评，而其本人有责任对与其职位有关的所发生的事情向公众进行解释。"① 在公共管理领域，accountability 和 responsibility 都是关于责任的术语，但有不同的内涵。Responsibility 的含义较为明确和稳定，是"责任"含义的一般体现，"在西方思想史中，'责任'一词最先出现在 1787 年英语和法语中。它最初被用来指称美国和法国革命中出现的政治体制，以后，整个 19 世纪它一直被沿用"。"责任概念为具有异质文化和不同传统的人们界定了一套共同的价值标准。"② 在公共行政领域，responsibility 常与行政一起连用，被理解为行政责任。Accountability 从单词构成的来源部分——account 和 accountable 来看，分别有"说明"和"对……应付责任"的含义。在西方学术界，accountability 和 responsibility 作为"责任"含义时可以通用，但是研究者认为："两者在概念含义上清晰区分是非常重要的。responsibility 是指一个人一旦接受了某项岗位任务，就意味着他承担起了要做好岗位工作的义务；accountability 则还包含了另外一层意思，即对工作结果接受评价的义务。"③ 在近期的一些学术文献中，学者们对 accountability 概念界定仍然体现出了对两者的区别，"问责（accountability）被定义为对于一个人的责任（responsibility）、职责（obligation）、公正行为和自律方面的期待"。④ 还有学者认为："在研究文献中，accountability 和 responsibility 经常可以通用。但是，在概念定义上，两者却几乎没有一致性。accountability 的内涵侧重于对责任的技术和外部控制；responsibility 的内涵在更大范围上侧重于对责任的道德解释

---

① 《麦克米伦高阶美语词典》（英语版），外语教学与研究出版社 2003 年版，第 1199 页。
② ［美］特里·L. 库珀：《行政伦理学：实现行政责任的途径》，中国人民大学出版社 2001 年版，第 62 页。
③ Lee Parker, Graeme Gould, "Changing public sector accountability: critiquing new directions", *Accounting Forum*, Vol. 23, No. 2, 1999.
④ Berrin Erdogan, "Implications of organizational exchanges for accountability theory", *Human Resource Management Review*, No. 14, 2004.

和内部控制。"①

在古汉语中,"责任"是一个复合词,现代汉语中的"责任"是从古汉语中的"责"发展而来的。"责"在古代汉语中是一个多义的概念。至少有以下几种含义:一是求、索取;二是诘斥、非难;三是要求、督促;四是处罚、处理;五是义务、责任、负责;六是债。② 在现代汉语中"责任"一词有两种含义:一是指义务或职责,二是指对应做好却没有做好的事所承担的后果。哈特认为"责任"有四种含义:地位责任、原因责任、义务责任和能力责任。因此,他将责任的基本含义确定为"未能驳倒一项指控的人应对其所为的行为承担惩罚或谴责的义务"。③ 哈特的结论与汉语中责任的第二种含义相通。对于责任政府中的责任也应是从两个方面进行理解,既有政治、法律、道德等方面所应为行为的程度和范围(理想);也应包括在违反某种具体义务所应承担的责任型政府。

在中国思想史上,从秦汉时期的"大道之行、天下为公"的论断,到明清之际的"天下兴亡,匹夫有责"的名言,不乏思想家关于社会责任的论述。在西方思想史上,不少圣贤明哲也围绕责任及其相关概念展开了比较详细的论述。培根将"责任"(responsibility)理解为维护整体利益的善,因此提出"力守对公家的责任,比维持生存和存在,更要珍贵得多"的思想。④ 柏格森在他的学说中把"职责"(obligation)当作位居中心的范畴,"把它看作是人们之间的约束,首先是我们对我们自己的约束。"⑤ 康德认为,人们履行自己的义务就是善的美德,违背义务就是恶德。但是,一个人只有具备选择自己行为的自由权利,才能承担起对自己所选择的行为及其后果的责任。没有选择权利,也就无所谓责任。马克思则把"责任"看作是一种使命和任务。从这些论述中,我们可以认识到"责任"是社会生活中的重要范畴。

公共行政自威尔逊将其从政治学中分化出来之日起,就表现出了职业主义的定位与发展倾向。行政人员以行政作为终身任职,在职业生涯中恪守行政规

---

① Lars Lindkvist, Sue Llewellyn, "Accountability, responsibility and organization Scandinavian", *Journal of Management*, No. 19, 2003.
② 张贤明:《论政治责任》,吉林大学出版社2000年版,第2页。
③ [美] 哈特:《惩罚与责任》,华夏出版社1989年版,第264页。
④ 周辅成:《西方伦理学名著选辑》,上海商务印书馆1996年版,第552页。
⑤ 周辅成:《西方著名伦理学家评传》,上海人民出版社1964年版,第706页。

章制度，遵循行政职业道德，听从韦伯所说的"职业召唤"（vocational calling），从行政责任意识和行政责任制度出发，客观、公正、合理地为社会公众服务。从某种意义上来讲，西方现代文明正是建构在职业责任这个观念基础之上，责任观念也恰恰构成了西方管理制度的文化根源，是现代社会法治实践的思想先导，同时也恰好构成了现代行政管理必要的哲学基础。

在政治与公共行政的领域，责任具有特别重要的意义。

首先，作为现代行政组织存在形式的科层制是一个"责任中心主义的体系"。根据韦伯所做的概括，现代科层制的一个重要特征就是公职的等级排列和系统分工，即每个公职人员都有明确的职责。从科层制的这个特征可以看出，在行政组织结构中，人与具体岗位是相互联系的，岗位的任务就是人的任务，岗位的功能就是人的功能，人的行为就是把岗位的任务、岗位的职能转化为个人的责任。所以说，科层制的行政组织形式对于其组织中的行政人员来说，是一个纯粹的责任体系，是一种单向的、定点的责任体系。可以说，责任体系是科层制行政组织"形式合理性"的一个重要体现。

其次，政治学界在界定民主政治的特征时，大多明确地把"责任"作为重要内容之一。陈鉴波认为民主政治的特质包含四点：平等政治、公意政治、法治政治、责任政治。曹伯森认为民主政治的本质包含三点：治者与被治者的同一性、法治主义、责任政府。马起华认为民主政治的特质包含六点：民意政治、多数政治、法治政治、责任政治、政党政治、民主社会。萨孟武认为民主政治的本质可以归结为三点：公意政治、法治政治、责任政治。[①]

（二）公共管理责任的内涵

公共管理本质上是对公共事务负责，因此，不同于个人责任，公共管理的责任本质上是一种公共责任。学者陈振明将"公共责任"定义为：国家公共管理部门的行政人员，在工作中必须对国家权力主体负责，必须提高自身职责的履行，来为国民谋利益；狭义的公共责任是指国家的公务人员违反行政组织及其管理工作的规定，违反行政法规所规定的义务和职责时，所必须承担的责任。而这一责任具有复杂的表现形式和多样化的层次结构，一项责任可能既是

---

① 张贤明：《论政治责任》，吉林大学出版社2000年版，第5页。

经济责任、法律责任,又是伦理责任;或者既是政治责任,又是伦理责任。[1]学者陈芳认为:"首先公共责任是每一位在职公共管理人员的职业责任,这里的职业责任就是在行使公共权力之前就明白自己的职责和义务就是实现公共利益,为人民服务;在行使公共权力时,公共责任就是要接受赋予你权力的人民的监督,并主动向其(代理机构——政府、人民代表大会等)汇报、解释、说明原因、反映情况和提供相关信息,做到公开行使公共权力;在行使公共权力之后,公共责任就是接受评判(由人民评价,通常是一些代表人民利益的组织做出),并对不当使用公共权力或使用产生的不当后果承担责任,接受惩罚,并对损失进行赔偿。"[2] 我们认为公共管理是公共管理伦理具体化的表现,是指公共管理主体根据法律、政策、道德等社会行为规范的要求,对公共管理客体所承担的义务。具体地说,它是公共管理主体基于职业责任层面的道德要求,具有主动性,表达的是公共管理者基于对职业精神领会的情况下主动承担责任和要求,以"应当"的方式表达,以道德规范的形式实施。

公共管理责任包括以下三个层次:一是指公共管理人员在一定的岗位和职务上开展公共管理活动时所承担的角色义务,也就是职责,这意味着公共组织与公共管理人员必须具有高度的职责感和义务感;二是指在公共管理过程中,公共组织与公共管理人员主动追求公共目标并自觉接受监督、评判的道德态度和行为;三是指由于公共组织与公共管理人员没有积极有效地履行职责和接受监督时而承担的责任追究,它往往表现为否定性的批评、惩罚和制裁。

完整的公共管理责任应当是上述三个方面的有机统一与系统整合。因为公共管理人员首先是公职人员,占据行政岗位,承担特定职务,所以必然有相应的职责,"在其位谋其政",公共管理人员必须主动积极地履行岗位或职务的责任,否则,"玩忽职守"就是"渎职",造成严重后果要追究其法律责任。

公共管理责任还可作狭义和广义两个方面的理解。狭义的公共管理责任,是指公共管理人员作为一种代理人角色,包括复杂的责任内容,即对多

---

[1] 陈振明:《公共管理学》,中国人民大学出版社2003年版,第473—475页。
[2] 陈芳:《公共责任与官员问责制》,《东南学术》2005年第2期。

种委托人负责,这些委托人包括组织的上级、政府官员、职业性协会和公民。[①] 在这种情况下,公共管理人员要对自己的违法失职行为及其后果负责,公共组织将依法追究其公共管理责任并予以惩罚。广义的公共管理责任包括三个层次的内容:第一,国家的全部公共管理机构,作为一个整体对公民大众负责;第二,在公共管理系统内部的各环节、各层次之间进行责任分工和权限分解,通过确立垂直的责任关系和层级负责的方法,将分散的组织和个人的工作形成合力开展公共管理工作;第三,包括上述狭义的公共管理责任。[②]

二 公共管理责任的分类

根据国内外学者关于公共管理责任的论述,我们可以从不同角度对公共管理的责任进行分类。[③]

(一) 积极责任与消极责任

从责任的定义可以看出,责任是组织或人在社会生活中的义务,以及因违背义务而承担的不利后果。责任与责任主体的在社会中的"角色"相联系,一个人或组织可能具有不同的角色,因而具有不同的义务。对于公共管理部门及其行政人员而言,积极责任是指公共管理部门及其行政人员"应履行与其权力相适应的职责与义务,即社会和法律规定的职责和义务"[④]。它要求公共管理部门及其行政人员积极承担社会规定的职责义务,不但要做正确的事,还要正确地做事。它表明了公众对公共管理部门及其行政人员的行为预期。积极责任的实现有赖于公共管理部门及其行政人员对自身责任的认识和对自身行为的控制,如果认识正确、行为得当,公共管理部门及其行政人员就会成功地履行自己的责任,行政责任通过这种方式实现是最为理想的。积极责任的实现过

---

① [美]特里·L.库珀:《行政伦理学:实现行政责任的途径》,中国人民大学出版社2010年版,第64页。
② 李传军:《论公共管理责任的结构分化与道德整合》,《学习论坛》2011年第8期。
③ 周亚越:《行政问责制比较研究》,中国检察出版社2008年版,第13—20页。
④ 郑永兰、刘祖云:《论公共行政的积极责任与消极责任》,《南京农业大学学报(社会科学版)》2004年第1期。

程表现为三种形态：一是行政人员对社会赋予自己的职责的高度了解和认同，从而自觉自愿，动用一切合理资源与潜力，力求完美地实现公共服务的目标；二是消极地履行职责，不求完美，只求避免错误的发生，不求有功，但求无过，表现为最低的责任认同；第三种形态则表现为违背自己的责任义务，假公济私、滥用职权，等等。第三种积极责任的实现过程与组织的目标相背离，会产生消极的行政责任。

消极意义上的公共管理责任，带有谴责与惩罚的含义，通过谴责与惩罚达到威慑的作用，从而保障社会利益的实现。对于公共管理部门及其行政人员来说，消极责任是指公共管理部门及其行政人员"没有履行社会规定的义务，或者违反法律规定的义务，以及违法行使职权等所承担的否定性的后果，即应该被追究的责任"①。常常表现为公共管理部门及其行政人员在行政行为过程中违法或不履行法律义务、规避制度、道德没落等，从而导致否定性的反应与评价。消极责任的实现依靠社会评价和社会采取的处置措施，是社会对责任主体偏离社会需要的惩罚和制裁。通过这种方式实现公共管理责任尽管不是最理想的，但却是建立良好公共管理体系所必需的。

一方面，积极责任是消极责任的前提，没有积极责任的具体规定，消极责任就不存在；另一方面消极责任是积极责任的保证，虽然对于向社会提供公共服务的行为而言依靠行政人员的自觉履行是最完美的状态，但是，由于人和行为的复杂性，没有消极责任的追究制度，就无法借助制度上的强制力来保障公共管理责任的实现。所以，建立消极责任追究制度、完善消极责任追究机制，是公共管理责任实现的重要保障，是建立责任行政与责任政府的重要内容，是公共管理权责统一这一理论逻辑的内在要求。

（二）主观责任与客观责任

责任常常表现为一种社会关系的规范，调整着处在某种社会关系中的人的行为，具有客观性；同时也表现为行为人的行为自觉，具有主观性。责任是人的主观自觉与客观规范的统一。

客观责任"主要指法令规章以及上级交付的客观应尽的义务责任，对行

---

① 郑永兰、刘祖云：《论公共行政的积极责任与消极责任》，《南京农业大学学报（社会科学版）》2004年第1期。

政人员来说，客观责任来自法律的、组织的与社会的要求"。① 行政人员如何去做，源于社会对行政职责的要求，行政人员一旦接受该职位，就等于接受了社会的期望与约束，从而承担起特定的角色义务。客观责任的具体形式有两个方面：职责和应尽的义务。"所有的客观责任都包括对某人或某集体负责，也包括对某一任务、下属员工人事管理和某一目标负责。前者是职责后者是义务。"② 库珀认为，行政人员既要通过维护法律对民选官员负责，也要对上级和下级负责，最后还要服务于公共利益。无论是按照正式的就职宣誓、政府伦理法规，还是法令，所有公共行政人员的行为都要以是否符合公共的利益为标准来衡量是否负责。

"客观责任与外部强加的可能事物相关；而主观责任则与那些我们自己认为应该为之负责的事物有关。"③ 所谓主观责任是指"忠诚、良心以及认同，它是行政人员本身对责任的感受。主观责任强调行政人员之所以去做某事，乃是源于内在驱力，即行政人员伦理的自主性"。④ "客观责任源于法律、组织机构、社会对行政人员的角色期待，但主观责任却根植于我们自己对忠诚、良知、认同的信仰。履行行政管理角色过程中的主观责任是职业道德的反映，该职业道德是通过个人的经历而建立起来的。"⑤ 由于生活环境、教育背景、个人经历等的作用，行政人员形成稳定的价值观。价值观控制人的行为，它是指导人类行为的准则或标准尺度。

（三）制度责任与伦理责任

学者张定淮教授认为："现代责任政府具有多种表现形式和丰富的内涵，它建立在制度责任和伦理责任相结合的基础之上，是一种制度责任和伦理责任的高度统一，是制度规范和道德内化的综合体现。"⑥ 从行政问责制的角度来

---

① 刘婧、兰兰：《现行行政责任机制的缺陷与改进》，《湖北社会科学》2004 年第 7 期。
② ［美］特里·L. 库珀：《行政伦理学：实现行政责任的途径》，中国人民大学出版社 2001 年版，第 63 页。
③ 同上。
④ 刘婧、兰兰：《现行行政责任机制的缺陷与改进》，《湖北社会科学》2004 年第 7 期。
⑤ ［美］特里·L. 库珀：《行政伦理学：实现行政责任的途径》，中国人民大学出版社 2001 年版，第 74 页。
⑥ 张定淮、涂春光：《论责任政府及其重建机制》，《中国行政管理》2003 年第 12 期。

看，我们赞同这一观点。为了让政府及公务员更好地履行职责，政府承担的责任不仅是制度所规定的责任，也包括伦理层面上的责任。

所谓制度层面的公共管理责任，是公共组织及其公职人员履行其在整个社会中的职能和义务，即法律和社会所要求的义务。它不仅意味着公共管理主体"正确地做事"，即不做法律禁止的事，而且意味着公共管理主体"做正确的事"，即促进社会变得更好的事。在这个意义上，当一个公共管理主体在履行自己的义务时，就可以说它是负责任的。

制度层面的公共管理责任具有广阔的社会内容和意义，其内涵包括：①公共管理责任是一种义务。权利和义务永远是对等的，公共管理主体承担行政责任的过程，就是承担为国民尽义务的过程，这一过程带着明显的法律规定性特征；公共管理官员所承担的义务，表现为法律加以固定的规范，其内容由国家、政府和行政机构的性质、任务、政策、法规以及行政道德原则所确定。②公共管理责任是一种任务。公共管理在承担义务的基础上，还必须通过认真履行自己的义务和职责，对国家权力主体负责。公共管理官员执行国家权力主体的意志、方针、政策的过程，实际上就是完成权力主体所交付的任务的过程。③公共管理责任是一种监督、控制和制裁行为。从某种意义上说，公共管理责任以外在的约束力为支撑力。在民主政体中，行政部门是为主权所有者服务的，它必须根据国民的一般意志，通过一定的方式来控制公共管理机关及其活动，防止其肆意追求特殊利益，并对失职行为作出相应的制裁。这种制裁是公共管理责任的本质所要求的，如果离开这种制裁，公共管理责任在很大程度上就会失去其权威和对行政过程有效的保障约束作用。

所谓伦理层面的公共管理责任，在很大程度上体现为公共管理主体对其职责和公共利益的体认，是基于一种价值判断。一般认为其基本内涵应涵盖：

第一，自身行政能力的发展和完善。所谓"工欲善其事，必先利其器"，作为主观责任的一个重要方面，公共管理主体首先必须具备守护公共利益、为社会提供服务的能力和素养。公共管理是一种科学、一门艺术，特别是在当今信息化社会，公共管理主体的功能更加专业化、技术化、复杂化，这些都对公共管理主体的行政能力提出了更高的要求。

第二，对公共利益的忠诚。从经济人假设出发，人格化的公共管理主体同样具有自身利益，又由于公共管理主体尤其是政府所特有的权威性，使得其对公共利益的最大侵害来源可能是他们自身。同时公共管理主体作为社会之师，还承担着教化社会的作用，公共管理主体对公共利益的侵害往往导致社会的道德失范。所以作为公共利益守护者的政府，最大的罪恶就是监守自盗。忠诚于公共利益，这不仅是对公共管理主体自身职责的尊重，更是对社会的起码责任，同时也有助于实现对社会的引导和教化——正所谓"政者，正也，子帅以正，孰敢不正"，①"源清则流清，源浊则流浊"②。

第三，对公共利益的热诚。作为公共利益的守护者，公共管理主体还必须对公共利益保持一种超越任何人之上的热诚，因为公共利益通常是最少人关心的，只有公共管理主体才具备维护的作用。在现代社会观念中，从政是最安逸的行当，"清茶报纸、朝九晚五"成了政府行政的写照，缺乏主动精神和积极服务社会的热诚。事实上，渎职并非仅仅限于在职位上犯错误，还包括"不作为"行为。公共管理主体作为最大的社会组织，掌握着最多的社会资源，最能够从宏观上把握社会的脉搏，也最能够积极主动对社会的发展做出权威性预测和协调，而非仅仅是被动应付。

（四）政治责任、法律责任与伦理道德责任

首先，公共管理主体必须承担政治责任。所谓政治责任即指国家机关从其工作人员的所作所为必须合理、合目的性（合乎造福于民、服务于民的宗旨），其政策、法律、规章、行政命令等决策必须符合人民的意志与利益。若公共管理主体的决策失误或管理行为偏离了公共目标且侵害到了公共利益，虽然不一定违法，却必须承担相应的政治责任。这是由公共管理的民主原则决定的，即主权在民，只有作为公民整体的人民才是公共权力的最终拥有者，而公共权力行使主体必须承担服务于权力所属主体的义务——对公民负责，这样才能有效地保障公共管理客体的尊严、平等、自由权益等不受肆意侵害。因此，公共管理主体在运用公共权力实施管理行为时必须承担政治责任。

其次，公共管理主体必须承担法律责任。所谓法律责任是指由法律明确规定的，由国家强制力保障实行的，由国家授权机关依法进行追究的违法机关或个人必须承担的责任。一般而言，法律责任包括刑事法律责任、民事法律责

---

① 《论语·颜渊》。

② 《荀子·君道》。

任、行政法律责任。这些责任的存在是由公共管理的法治原则决定的。法治原则认为任何管理行为都是权力和责任的统一体，有何种权利就应有相应的义务，行使何种权力就应承担相应的责任，权力无法脱离责任而单独存在，否则这种权力就是非法的、不合理的。所以要求公共管理主体必须合法运用权力采取合法行为去实现合乎法理的目标，若违法必然会受到法律的制裁，要承担相应的法律责任。

再次，公共管理主体必须承担公共管理的道德责任。所谓"道德责任"，也称为"行政伦理"，即指管理机关及其管理人员在执行职务时必须承担的道德意义上的责任，主要依靠管理人员的伦理自律性和新闻媒体与公众舆论的追究机制来实现。现实社会中众多因素决定了公共管理主体必须承担道德责任，其管理行为必须接受道德规范和伦理标准的约束。具体说来：第一，公共管理的社会伦理性。要求管理机关及其管理人员的生活和行为必须符合人民及社会所要求的道德标准和规范，以确保社会秩序的稳定和政治统治的正当性。第二，建立在管理人员都坚持公共利益优于个人利益和部门利益，公共利益永远占据第一位的假设基础上的管理制度无法避免管理人员的道德失范行为，一旦失去了道德规范的约束，公共权力往往会变成管理人员牟取私利的工具。第三，公共管理主体作为公众利益的代理人存在机会主义行动，即利用相对管理客体而言的信息优势和管理服务的垄断性来进行权钱交易、权色交易等。第四，一般公共管理主体都要面对"道德困境"，即在面临多元道德目标冲突时，将效率作为其本身唯一的伦理目标，公共利益则退居次要地位甚至被抛弃。因此，道德责任是对公共管理主体必不可少的约束。

三 我国公共管理责任中的问责

我国现阶段推行官员问责则，本质上是建立责任政府，为人民负责的政府。而是否是有责任的政府，是否为人民服务，要由人民来评价。因此，评价的指标和价值与人们心目中追求的目标息息相关。

民主是任何行使人民权力的政府所必须拥有的素质。政府的权力来自人民的授权，权力在民，政府只是行使管理国家权力的代理机构，而不能替民做主。如果政府不清楚自己的位置，而是凌驾于人民之上，就会失去其存在的合法性，被人民推翻，所以作为代行使人民权力的政府要始终维护人民权益，按人民的意愿行使权力。我国实行的是人民代表大会制度，人民当家作主，人民参政议政。但在实践中，人民代表大会还在不断完善中，由于制度、技术等方面的原因，人民表达意见、参政议政的渠道还不是很通畅。所以民主是现阶段人民追求的目标之一，也是官员问责制的内容之一。因此，民主成为人民评价官员履行责任的第一个指标。

实现民主的前提就是政务公开。只有保证人民的知情权，人民真正知道政府应该做什么、正在做什么，没有做什么，把政府及官员置于公众监督之下，才能对他们的工作作出评价。因此，目前我国全面推行政务公开，实行"阳光行政"，不断提高施政的透明度，完善公民监督渠道，是现阶段官员问责制的第二个内容，是人民评价政府工作的第二个指标。

人民评价政府工作的第三个指标是效率。没有任何纳税人愿意请一个办事效率极低的政府为他做事。人人都希望用最少的钱买到最好的服务，这就需要我们的政府最好是一支精兵强将，人员精简，战斗力要强，并且要不断加强训练提高作战能力，以满足人民的需求。这是官员问责的又一要义。

与效率相对应的就是公平，这是人民评价政府工作的第四个指标。公平与效率是辩证的统一，显然在一定程度上追求公平会影响效率，但公平是效率的基础，公平带来效率。在社会主义市场经济条件下，政府一定要保证规则的公平，做到了公平，经济社会才能正常运行，才会有效率，物质生产才能丰富，人民才能满意。

因此，民主、公开、效率和公平在当代中国，既是人民评价政府的价值尺度，也是官员问责制的内容所指。

根据前面对公共责任内涵的分析，现阶段我国政坛上推行的行政问责制的责任体系应由如下几个方面构成：

第一，在其位，谋其职，并主动接受外部监督的责任。政府官员应明确自己的身份，将其施政纲领与所执行的政策向人民汇报、解释说明。这也是我国推行"民主政府"、"透明政府"的应有之义。政府作为委托者有按照民意实施政策及纲领，完成受托任务向人民（委托者）作出汇报或说明的义务，这是政府应该履行的责任。

第二，政府官员在没有做好他分内的职责义务时，要承担政治上的责任。政府官员要对人民代表大会负责，接受人民代表大会的问责，接受人民的问责。人民的问责是我国问责制最为根本的内容。但目前由于诸多原因只能间接地问责，弱化了它的问责力度。因此，人民的问责也是我国推进高官问责能否成功最为关键的内容。人民通过行使对自己选举官员的撤职、罢免的权利来实现对没有履行其职责义务的官员的问责。

从现代民主政治的理论和实践看，问责包括同体问责和异体问责。同体问责是指执政系统对其下属官员的问责，包括党的系统和行政系统内部对其官员的问责；异体问责是指执政体系外部对官员的问责，包括公民问责和媒体问责，等等。问责制的关键在异体问责，异体问责是一种更有效、更符合民主政治要求的问责方式。

从我国2003年实施行政问责制以来，异体问责缺失非常明显，以异体问责中的公民问责为例。我国公民问责缺失，既有公民问责意识淡薄的因素，更多时候是因为公民有问责意愿而缺乏问责路径。一般公众是无法通过电视、报纸、广播电台等主流媒体直接参与问责的，所以，当前我国公民问责更多的是表现为在网络上发表评论、发出追问。但是，对于那些没有掌握网络评论技巧或者没有条件上网的人来说，则没有在网络上发表问责的机会。

第三，承担来自政府系统内部的问责。依据宪法和相关法律，我国的行政机关实行的是行政首长负责制，各级政府乃至部、委、厅、局，均由相应的行政正职即"一把手"负责。这种问责姑且称为同体问责，即行政官员要对上级负责，为其过失或违法乱纪行为承担行政责任，主要表现为上级对其任命的下级的行政处分或责令辞职。虽然我国现行的"以上问下"的同体问责方式有时会产生立竿见影的效果，但它带有浓厚行政色彩、等级之分，并不是理想的问责方式。

第四，来自法律法规的问责，即对失职、渎职的违法犯罪行为要承担的法律责任，包括刑事的、民事的、经济上的赔偿等。了解问责制这一含义，对于在推行问责制的起始阶段，避免一些官员打着"引咎辞职"的幌子而逃避其他责任的情况，有着积极的意义。

我国的问责制刚刚实行，必须警惕其在一开始就被"扭曲变形"而走样，防止高官问责成为官员们的"保护伞"。

第五，来自自身的问责。这是官员由于道德上的责任义务而作出的一种"自问"，是官员本人自省的形式，它直接表现为引咎辞职。这种主动问责的机制，是官员因自觉对其职责义务履行不力或自认对所发生的问题负有责任而自动请辞，以表内心的愧疚，完全是官员的自愿行为。"完全自愿"的特点告诉我们，引咎辞职不是外在压力的结果，而是官员内部的道德自觉所致。所以，它不属于外在的制度责任的追究，而是制度责任内化为道德责任的反映。可见，问责制这一层面的含义对维护政府信誉，加强公务员道德文化建设，具有非常重大的意义。

与西方的官员问责制相比，我国推行行政问责制的主体范围要广泛得多，这是由我国的特殊国情决定的。我国实行的是社会主义制度，除了政府机关之外，还有大量的国有企业和事业单位，国有企业财产属人民所有，事业单位大多是全民所有或集体所有。因此，其管理人员也要接受人民问责，属官员问责制的对象范畴。在中国公用事业市场化、国有企业市场化，乃至于政府管理向第三部门转移的浪潮的推动下，公共权力的行使方式正发生着变化，会出现新的责任要求，也将促使获得公共管理职能的企业、公司、中介组织等主体的多元化。总之，必须注意我国官员问责制主体的多元化和问责内容多样化的发展趋势，促进官员问责制的健康发展。

四　行政问责制是实现我国公共管理责任的路径

在现代民主社会，政府要对公民负责已成为普遍认同的理念，任何政府都会以一定形式承诺对公民负责。但在实际政治生活中，许多政府并没有切实履行对公民负责的承诺，政府的渎职失职行为没有得到相应的追究。这就提出一个问题：民主社会如何督导政府对公民切实履行责任，使政府成为对公民真正负责的政府？党的十七届二中全会审议通过的《关于深化行政管理体制改革的意见》明确提出，要"推行政府绩效管理和行政问责制度。建立科学合理的政府绩效评估指标体系和评估机制。健全以行政首长为重点的行政问责制度，明确问责范围，规范问责程序，加大责任追究力度，提高政府执行力和公信力。"责任政府应该是对公众负责任的政府，但现实中不少国家的政府存在不负责任的现象，其重要原因之一就是缺乏一套完备的行政问责制度。世界各国的行政实践表明，行政问责制是建立公共管理责任的重要制度保障。[1]

---

[1] 周亚越：《行政问责制研究》，中国检察出版社 2006 年版，第 44—47 页。

(一) 推行行政问责制的意义

1. 行政问责制中的责任理念是实现公共管理责任的前提

行政问责蕴含着责任理念，实施行政问责制，会极大地强化各级公共管理者牢固地树立责任意识，真正做到执政为民、勤政为民，励精图治，以高度负责的精神及效率与效能兼具的方式服务公众，服务于经济和社会的发展。

实施行政问责制，要求公共管理者树立向公众负责，公共利益至高无上的行政理念。这种理念会内化为自己的内心信念，形成良好的行政品德，使负责任成为一种道德习惯，当私利和公利发生冲突的时候，可以有意识地克制私利，并在平时的工作中自觉选择向公众负责的道德行为。

在公共管理过程中完善并落实行政责任制，让公共管理者认识到，他们在执行公务过程中的各种违法行为或不当行为，尤其是在侵害了相对主体的合法权益时，他们必须为此承担相应的责任。同时，通过将各种责任与公共管理者的考核联系起来，培养和提高他们的责任意识、依法行政意识，使公共管理者在执行国家公务活动过程中严格法纪、依法行政、真正承担各种责任。

2. 行政问责制中的责任规范是实现公共管理责任的基础

如果说责任观念是行政问责机制要素中的软件，那么行政问责中规定的责任规范就是一种硬件，因为责任规范是以法律法规、行政规章或行政命令加以固定化、可以看得见的东西。行政问责制中的责任规范主要有两个方面的内容：法律义务与责任方式。法律义务，即由国家法律法规和其他有关文件所规定的公务人员必须履行的义务。责任方式，即承担责任（或责任实现）的具体方式。它是因破坏法律上的义务关系（违反法律义务）而产生的法律上的后果。

一般认为，如果一个公共管理机构体系中的权责关系达到了最大限度的对等，就可以说这个国家的法治水平就是比较高的。反之，若一个国家公共管理体系中权责失衡，权责严重不对等，该国法治水平还有待提高。行政问责制中的责任规范是实现公共管理责任的基础。行政问责制中的责任规范实质上是"依法行政"原则的具体化，也是实现公共管理责任的重要步骤。宪法和法律是行政问责的依据和最终归宿。这要求首先确定宪法和法律在国家政治生活中的最高权威，改变法律在政治架构中的从属地位，并赋予它相对稳定性，形成尊重宪法、尊重法律的政治风尚；其次，必须切实实行对权力的监督和制约，从而使法治的治理者在宪法和法律的范围内活动，这是法治的精髓所在，也是行政问责制能够得以推行的制度前提。使政府本身也要受到宪法和法律的约束，这为纠正以言代法、以权代法、以权压法、以权抗法、徇私枉法等违法行为提供了制度保证。

3. 行政问责制中的追究机制是实现公共管理责任的保障

一个实施问责制的政府是能够对各级政府、政府各部门机构和政府官员的工作和言行进行责任追究的政府。其内涵是把各级政府、政府各部门机构和政府官员所掌控的公共权力的范围、地位或其公职身份与他们所应承担的政治责任、法律责任、道德责任联系起来，形成权力与责任、行为实施与行为后果、行为后果与行为主体的政治合法性及其荣辱褒贬密切相关的机制。

责任追究机制是行政问责制的核心内容，它包含全程监督问责机制和全方位的监督问责机制。

行政问责制是一种对公共管理行为全程监管的问责制度。推行行政问责制是把对公共管理行为的监督、约束辐射到公共管理权力履行的全过程，使决策者、执行者都要承担相应的责任；是把原有的事后结果追究的单一模式转变为事前、事中、事后的多重教育约束机制，把惩前和惩后有效地结合起来；是把社会监督制度化，使监督主体在行使问责制度时，能做到有章可循、有规可依，督促公共管理者更好地履行职责，真正做到"情为民所系，权为民所用，利为民所谋"。这在问责制度上保证了对权力的制约和监督。

行政问责制也是一种全方位的责任追究机制。全方位的责任追究机制主要包括上级政府对官员"职责责任"的问责和国家权力机构对行政官员"政治责任"的问责等。我们在厉行行政问责制、建设责任政府目标时，行政问责制中的一些制度对建设责任政府也是不可缺少的。一是建立执政为民的服务政府。从主要通过管制、审批等方式进行微观经济干预的政府，转变为通过健全法规、创新制度来提供服务的政府。政府要以民为本，服务于社会、服务于社会所有的企业和个人。二是建立政务公开的透明政府。积极推行政务公开，确保公民的知情权、参政权。在办事制度公开的同时，要尽快启动政府信息公开工程，使政府的信息能够尽可能地为人民所认知、所应用。政府有所为，有所不为，由过去的"为所可为"变成"为所必为"。三是建立依法行政的政府。政府的行政行为不仅要合法，而且要受到监督。政府及其公务员要有责任感，不依法行政、履行行政行为不当，政府及公务员都要承担相应的责任，使政府从过去的万能政府变成有限政府。推行问责制是给公共管理者一种压力、动力和约束力，促使其忠实地、完整地、公正地履行好公共管理职责，真正地为人民根本利益提供服务，并以此为契机，最终建立责任政府。

（二）完善我国行政问责制的建议

行政问责制是中国政治体制改革的新亮点，其成功与否取决于诸多因素，也需要一系列相关制度配套。如果不能跟进制度保证和相应的配套措施，问责制有可能扭曲、变形，沦为选择性惩罚以防止责任范围扩大、甚至掩盖更大责任的工具。所以，建立科学健全的行政问责制，需要突破很多现有制度。真正的问责制，除了来自于制度的硬规定外，还来自民众与舆论的"软"压力，来自于官员的道德自觉，因此，问责文化建设尤为重要。我们可以从问责的文化建设、法律规范、配套制度等方面考察中国完善行政问责制的路径。

1. 重视行政问责文化的建设

社会中的每一个成员都是在一定的文化环境下成长起来的，他们之间的一切相互行为、相互关系都不能独立于特定的文化环境而存在。实践证明，文化已渗透到社会的各个领域，包括行政领域。因此，实施和完善行政问责制不能脱离行政问责文化建设。

行政问责文化是行政问责制的灵魂。行政问责制的核心在于"问责"，而"问责"的落实则有赖于在整个社会中形成一种"问责文化"的氛围。

问责文化建设的核心是破除"官本位"思想，建立以民为本思想为核心的新政治道德。在"官本位"文化和体制下，除非是违法犯罪受到法律惩处，否则，一个人一旦为官，就可行使权力，享受待遇，终身受用无穷，哪能动不动就被质询、弹劾的道理？哪能辖区内一出点事就要求主要领导公开道歉、要求责任人引咎辞职？所以，我们以前经常看到，尽管有的政府部门或人员对于某起事件、事故负有不可推卸的责任，但要认真追究他们的责任并做出相应的处理，往往会面临各种各样的阻力。而且，这种"官本位"观念还形成了制度变迁中的"路径依赖"，严重阻碍制度创新。其实，政治学理论已经揭示，现代民主都是代议制民主而不是直接民主，无论是西方议会制还是我国人民代表大会制，都是代议制民主。代议制民主的实质是一种委托关系，即公众委托其选出的代表或议员行使权力。正如特里·库珀所言："无论是按照正式的就职宣誓、政治伦理法规，还是法令，最终，所有公共行政人员的行为都要以是否符合公众利益为标准来衡量是否负责。"①

因此，尽管中西方对民主的解释不尽相同甚至差别显著，但都把"向公众负责"作为民主政府的一个基本内容或本质特征。可见，新的行政问责文化与传统"官本位"思想是对立的，其核心是"民为本"，目标是"廉洁奉公、勤政为民"。

当新的行政问责文化确立并为我国公民广泛接受后，公民对公共管理者的监督、约束意识产生了，公民的广泛监督将有效地避免因"官本位"而滋生的腐败和无能。马克思早就指出，巴黎公社"彻底清除了国家等级制……以真正的负责制来代替虚伪的负责制，因为这些勤务员经常是在公众监督之下进行工作的"。② 因此，行政问责文化代表着现代行政文化发展的方向，就其本质来说是一种先进的文化。

如何培养行政问责文化？首先，对公共管理者加强问责教育。所有公共管理者都必须接受"问责制"的教育和训练，安排相关的课程和实践，教育训练的目标是加深公务员对行政问责制运作的了解，提高他们对行政问责制的认识。尤其是领导职位的公务员必须明确自己权力的范围、内容以及可能出现的责任种类、性质，做到胸中有数。其次，要加强全社会的行政问责文化建设，提高全社会的行政问责意识。考虑到行政问责文化的建设具有长期性而且需要有一定的社会文化基础，政府应当制定长期的行政问责文化发展战略。问责文化发展战略的制定应该具有前瞻性和全局性的战略眼光，不仅仅着眼于问责公务员，而且要从更高、更广的角度着眼于从整体上提高全民的责任意识，为行政问责制的推行提供广泛而深厚的问责文化底蕴。

2. 加强行政问责制的配套制度建设

实施和完善行政问责制，需要一系列配套制度，其中最基本的配套制度是职责明确和信息公开。换句话说，行政问责制必须以职责明确、信息公开为基本前提条件。

首先，只有职责明确才能问责。职责明确既包括各级政府及职能部门的职责明确，也包括每一个公务员的职责明确。各级政府和职能部门之间职权越明

---

① [美] 特里·L. 库珀：《行政伦理学——实现行政责任的途径》，中国人民大学出版社 2001 年版，第 71 页。

② 《马克思恩格斯选集》第 2 卷，人民出版社 1972 年版，第 414 页。

确，成员之间冲突就越少，组织运行就越井然有序，责任承担就越清晰，问责也就越容易。我国传统的行政职能部门之间职责划分不清、职能交叉比较严重，致使部门之间互相扯皮现象频发。正因为职责划分不清，所以往往难以真正"问责"。安徽省阜阳市出现的"毒奶粉事件"中，追究劣质奶粉生产者、经营者的责任容易，而要追究各职能部门的责任难，其主要原因是各部门职责不清。工商、质检、卫生等各部门似乎都有责任，但由于这些部门之间的职能交叉，似乎又都难以追究其责任。实际上，现代公共管理学认为，政府也是经济人，也会有像经济人一样的"趋利避害"行为。这表现在现实生活中，就是在职责不清的情况下，各部门对功劳趋之若鹜，对过失避之不及，出现"功劳大家抢，过失人人推"的现象。正因为职责划分不清，所以往往难以真正问责。

为了明确职责，我国应该参照国际上通行的做法，以事权作为确定行政责任的客观基础。无论是行政机关还是公务员个人，按照职、权、责统一的原则，其行政责任的依据只能是其依法行使的事权。例如，领导者应当对其在履行法定决策权过程中的不当、不法行为负责；具体行政行为管理者、实施者应该对其在执行过程中的失当、不法行为承担责任。

其次，只有信息公开才能问责。政府信息公开是实现公民参与的必要条件，是实行问责的基础。美国早在1966年就制定了《信息公开法》，政府一切活动必须公开、私人生活不可侵犯是美国立国的两大原则，并有《政府阳光法》等相配套；法国于1978年制定实施《行政文书公开法》；英国于2000年正式通过《信息公开法》。韩国是亚洲国家中首先施行政府信息公开的国家，它于1996年制定了《公共机关情报公开法》，并于1998年1月1日实施，日本也于2001年实施《信息公开法》（正式名称为《关于公开行政机关所保有的信息之法律》）。

列宁说过："'广泛的民主原则'要包括两个必要条件：第一，完全的公开性；第二，一切职务经过选举。没有公开性而来谈民主是很可笑的。"[①] 在我国，80%的公共信息资源都为政府所拥有。政府及其公务员在执行公务过程中产生的信息，是公众得以了解公共事务和政府工作状况，从而是"问责"政府及公务员的前提条件。作为公共资源，除了由于涉及国家安全并经法定程

---

① 《列宁全集》第5卷，人民出版社1956年版，第448—449页。

序得到豁免的公共信息以外，其他信息都必须公开。只有建立起信息透明的制度，才能把政府和政府官员置于公众的问责之下。因为在信息不公开的情况下，政府及其公务员可以轻易地把公共信息化为私有，愚弄公众或蒙骗上级。如果上级或公众根本就不知情，还怎么"问责"？所以，要想把问责制落到实处，首先必须推行"阳光政府"，让老百姓和社会各界知道被问责者在干什么、要干什么、能干什么，干的效果如何，所做工作是否遵循了公众和社会利益，等等。

解决信息公开问题，目前主要可以采取以下措施：一是有赖于全国人大制定《信息公开法》，这是解决信息公开的最根本的法律保障。《信息公开法》应该确立这样的原则：信息公开才是原则，不公开是例外。二是各级政府及其职能部门应该定期地向社会公众发布政府履行职责的情况，从而从制度上保障人民的知情权和监督权。三是政府的各级领导和各职能部门的领导应建立公开网站、公开电话，直接听取公众的陈述，了解公众的建议，强化与公众的联系，形成与社会公众之间的互动关系，建立公众了解信息和问责的畅通渠道。四是保障媒体的采访权、报道权，被公开的信息主要是通过媒体报道才能为公众使用。

3. 完善异体问责机制

首先，完善人大的监督机制。我国宪法规定了人大对行政机关有一定的政治监督制度，如质询、辞职、罢免等。但这些规定尚未完善，主要是权力与程序虚置，使用较少。各级政府官员很少因承担行政责任而辞职或被罢免。地方行政首长有被罢免的，但多数是因经济犯罪引起法律后果，并非是追究行政责任。从我国民主政治的发展而言，加强人大制度的建设对政府责任的落实具有重大的意义。人大不仅要强化原有的监督职能，还可以在此基础上开拓新的监督渠道，如不信任案的提出、弹劾制以及主要责任人引咎辞职制等，以增强人大问责的力度。其次，加强民主党派对政府问责的权力。让民主党派依据宪法、法律所赋予的权力设立专门组织形式和专门办事机构实施监督和问责，并规定具体的、可操作性的问责权力、形式、途径和程序，使民主党派的问责、制约更具权威性。再次，加强媒体问责。新闻媒体在西方被认为是立法、行政、司法三大权力之外的"第四种权力"。在许多国家，各种报刊、电视、广播等传播媒介，虽然有一定的倾向性和明显的阶级性，但都具有相对独立的权利。近年来，我国许多违法、违纪案件的调查和处理就是在新闻舆论的帮助和支持下进行的。媒体应高度关注公职人员的活动，一旦发现任何不轨行为的线索，应穷追不舍，使公职人员接受监督。最后，加强社会舆论监督。可以通过建立让老百姓反映社情民意的政府网站，监督各级政府行政部门是否"有作为"。民间监督和社会舆论可以推动政府官员和公务员重视民意、强化责任，使长期习惯于"对上负责"的官员们学会"对下负责"。

4. 制定统一的行政问责法

要使公共管理者保持廉洁、高效运作的状态，既要靠官员自身的觉悟，更要靠法律，世界各国概莫能外。在经历了长期的发展后，西方发达国家的行政问责已经形成了一整套比较完善的运行机制和法律体系。例如美国，《信息自由法》、《道德改革法》、《政府阳光法》、《政府伦理法》、《联邦咨询委员会法》、《揭发者保护法》以及《政府绩效与结果法》等法律的颁布，为媒体和公民理解、评估与监督公共官员确立了法律依据。

2003年以来，我国各地陆续有一些官员因重特大安全事故等被追究了责任，此举赢得了社会各界的一致肯定。但我国行政问责制立法的总体状况依然是"法律缺失"。这种缺失主要表现在以下两个方面：

一是我国有关问责的规定不够具体、科学。我国具有代表性的关于问责方面的规定有：2004年2月中共中央通过的《党内监督条例（试行）》和《中国共产党纪律处分条例》，2004年4月中共中央作出的《党政领导干部辞职暂行规定》，2009年7月中共中央和国务院作出的《关于实行党政领导干部问责的暂行规定》，2010年4月中共中央办公厅发布的《党政领导干部选拔任用工作责任追究办法（试行）》等。上述规定中有关行政问责的条文比较笼统、抽象，例如，在问责事由的规定中，对"重大损失"、"重大事故"，对引咎辞职中的"咎"的性质和轻重的程度，并没有统一、具体和明确的界定。同样，我国于2005年4月27日刚刚通过的《中华人民共和国公务员法》中规定："领导成员因工作严重失误、失职造成重大损失或者恶劣社会影响的，或者对重大事故负有领导责任的，应当引咎辞去领导职务"，在这一规定中，上述存在的问题依然没有得到解决。

二是各地方行政问责规章之间缺乏统一性。从各地制定的行政问责制的规章来看，无论是问责对象、问责事由，还是追究责任形式都很不统一。同样在问责事由上，各地行政问责规章规定的问责事由少则7种，多则63种。由于我国各地情况不同，各地问责制中的规定有适当的差异是可以允许的，但差异太大就意味着不公平。

依法问责的前提是有法可依，不仅要有法可依，而且要有科学的"良法"可依。从法理上说，科学的行政问责制是不应该存在此地的政府和公务员要被问责而彼地的政府和公务员不需要被问责的现象，而是指向所有政府和所有公务员；同样，科学的行政问责制是不存在此地的政府和公务员这样被问责而彼地的政府和公务员那样被问责的现象，它应该是统一的。这就决定了行政问责法这一公共产品应该由全国统一供给，需要统一的中央司法体制的支撑。因此，建议当条件成熟时制定一个全国性的《行政问责法》，明确行政问责制的问责对象、问责主体、问责范围、问责主体和问责对象各自的权利和义务、问责的方式和程序、追究责任的形式等。只有制定全国统一的《行政问责法》，才能摆脱现有问责模式的缺陷，由人治型问责过渡到法治型问责，由"风暴型"问责转向"制度型"问责。

思考题

1. 公共管理伦理的内涵是什么，具有哪些特征？
2. 公共管理伦理有哪些功能？其基本理念包括哪些内容？
3. 简述我国公共管理伦理失范的表现，并谈谈如何加强我国公共管理伦理的建设。
4. 公共管理责任的内涵是什么，如何分类？
5. 为什么说推行行政问责制是实现我国公共管理责任的有效路径？
6. 联系实际，谈谈如何完善我国的行政问责制。

第十五章

公共管理改革与发展

公共管理改革是各国普遍关注的问题和公共管理学研究的重大课题。在全球化时代，国家之间、地区之间的竞争越来越激烈。可以说，国家和地区的竞争力主要来源于该国或地区企业与政府的竞争力。从全球来看，通过公共管理的变革与创新以建设一个具有较强竞争力的高效政府，已成为摆在各国政府管理者面前的难题。要解决这一难题，就需要在公共管理理论和实践上进行不断的探索与创新。对于我国而言，研究公共管理改革和发展的基本趋势，对建立权责一致、分工合理、决策科学、执行顺畅、监督有力的行政管理体制，促进我国公共管理科学化和现代化发展具有重要意义。

第一节 公共管理改革概述

改革，即变革、革新，主要指改变旧制度、旧事物，对旧有的生产关系、上层建筑作局部或根本性的调整变动，改革是社会发展的强大动力。"变革是组织生存的法则"。组织管理者工作的重要任务就是通过持续的变革来引导组织的发展，并对各种变革进行管理以寻求和创造稳定。美国学者康纳和莱克等人认为，由于 21 世纪多样性、全球性、消费者需求的变化、就业惯例[①]、经济健康发展和技术革命等潜在因素，使组织的发展呈现一种不稳定的状态，并产生"自然的"组织变革，即自然的、无管理的变革过程，无论组织何时开始，也不管它是否受到干扰，组织都会以一定的形式变革直到实现一些组织目

---

① 就业惯例，即终身就业制，是指社会越来越趋向于聘用具有经验、技术专长的年长者。

标。然而这个过程是不稳定的，甚至会破坏组织现状。[①] 变革就意味着破坏，意味着打破传统。变革的这一特性，使得变革具有不同程度的风险性。组织内员工对变革的接受与否，组织变革的方向是否适应不断变化的外部环境，都直接影响着组织变革的成败。为了更好地引导组织变革过程，组织变革具有创新意义基础上的发展，力求组织能够积极应对破坏或不平衡，康纳和莱克等人提出"组织变革管理"的概念。所谓组织变革管理，就是提高组织应对内外部环境变化的主动性，通过主动选择变革战略、评估变革措施等一系列管理措施，使不确定的变革因素成为组织能够管理和操作的过程。

从组织决策理论的角度看，美国决策学家西蒙研究认为决策是一种"理性选择"或者是"有限理性选择"。随着研究的深入，以林德布洛姆和阿利森为代表的决策理论开始更加关注决策的环境因素，尤其在组织的高层，决策的非理性因素影响更加明显，政治交易、竞争生存法则、权力关系等对高层的组织决策有着直接的影响。这时，组织就"不再被看作是一个孤立的个体，而是更容易受到其环境的影响"。这一研究带动了组织分析的开放系统方法，该方法认为组织虽然通常被看作是实现既定目标的工具，但从结构—功能的角度分析，组织具有适应环境以满足组织稳定和自我保护的基本要求[②]，是一个开放、动态的系统。这一要求体现为组织为应对社会、政治、经济、文化的外部环境系统和组织内部环境要素的变化，对组织结构和功能进行调整和变革的过程。在纷繁复杂的社会变迁时代里，市场经济发展更加迅速，信息技术的提升都对组织产生了持续和冲击和影响。环境的变化使得以市场为导向的组织都不失时机地推动企业的技术变革，组织变革和人员变革，以适应不断变化着的内外环境。这个过程即组织变革的过程，是组织适应内外部环境变迁而做出的回应。

一 公共管理改革的概念界定

20世纪80年代以后，伴随着全球化、信息化、市场化以及知识经济时代

---

① [美]派特里克·E. 康纳、琳达·K. 莱克、理查德·W. 斯坦科曼：《组织变革中的管理》，爱丁译，电子工业出版社2004年版，第6页。

② [美]罗伯特·B. 登哈特：《公共组织理论》，扶松茂、丁力译，中国人民大学出版社2003年版，第94—96页。

的到来，西方各国进入了公共部门管理改革的新时代。而政府作为公共管理活动的核心主体，政府管理改革在这场公共管理改革浪潮中占据了相当重要的地位。

公共管理改革与政府管理改革（行政改革）有着类似之处。行政改革（Administrative Reform）一般指政府为了适应社会环境，或者高效公平地处理社会公共事务，通过调整内部体制和组织结构，重新进行权力配置，并调整政府与社会之间的关系，提升政府效能的过程。而公共管理作为一项综合性的社会活动，其改革是公共管理部门通过对社会公共事务的各个方面进行调整和变革，以实现社会公共利益。

公共管理改革（public management reform）其含义一般有狭义和广义之分。狭义的公共管理改革一般指国家政府组织机构的改革；广义的公共管理改革则指国家行政组织为适应组织内外部环境的变化，及时调整并完善自身的结构和功能，并在各种动力和阻力的相互作用下，对社会公共事务管理的诸方面进行变革，调整政府与市场、政府与社会的关系，以增加社会公共福祉，更好地实现社会公共利益。公共管理的核心主体是政府，因此，公共管理改革的本质是政府在公共管理的环境发生变化时，为适应环境变化，满足公众对政府不断变化的要求，主动进行的调整和变革。

二 公共管理改革的功能

公共管理改革是政府改进自身建设的重要手段。自新公共管理运动以来，新公共管理模式的实质内容正在被仿效和适用于越来越广泛的地区（Minogue 等，1998），[1] 新公共管理思想强调商业管理的理论、方法、技术及模式在公共管理中的应用，[2] 对各国政府绩效的提高发挥了重要的作用。

第一，强化服务行政。新公共管理运动以来，很多国家引入"顾客导向"意识，把公民当成顾客，使服务行政、绩效评估、考核机制三者紧密结合，从

---

[1] Minogue, *Should Flawed Models of Public Management be Exported?*, Issues and Pratices, IDPM, University of Manchester, U. K., 2000.

[2] Christopher Pollitt, Managerialism and the public services: The Anglo-American experience, Oxford, Cambridge, Mass., USA: Basil Blackwell, 1990, pp. 52 – 103.

制度上保证政府公共服务品质的提高和服务行政的实现，同时不断增强公共服务对公众需求的反应力，使公众更加容易获得公共服务。[1] 20世纪90年代以来，我国各地开始推进政务服务中心建设。经过多年的发展，政务服务中心的规模逐步扩大，管理日益规范，流程不断优化，已经成为我国行政体制架构中的重要组成部分。政务服务中心建设在简化办事程序、规范政府行为、推动政务公开、改善政府形象及提高政府绩效等方面取得了显著的成效，对强化服务行政有着积极效果。

第二，促进服务行政公平高效。当今社会，很多国家的公共管理一直无法兼顾公平和效率，这既有体制上的原因，也有思想意识上的原因。公共管理改革其中一个方面是强调加强政府绩效管理，政府绩效管理是指政府在开展公共管理的过程中，以提高公共服务水平为目标，实施的一种全面的、系统的管理，以提高政府能力，优化政府形象，这是政府管理制度、管理机制和管理方法的创新。政府绩效管理以"4E"即经济（economy）、效率（efficiency）、效益（effectiveness）和公平（equity）为基础，强调效率和公平兼顾，依据某一时期经济社会发展的特定环境和政府的主要任务，科学合理地确定政府绩效目标。作为公共部门，公平原则是其行政工作的基本要求。公共管理改革要求政府以顾客为导向，强调服务意识、效率意识。现代绩效管理将公平纳入评估体系，虽然评估指标有待商榷，但注重政府部门的公平精神则是对效率意识的一大补充，能够有效地促进服务行政走向公平、高效。

第三，降低行政成本，提高行政效率。现代政府逐渐意识到降低行政成本、提高政府工作效率的重要性。绩效评估的引进为公共部门全方位降低成本、提高效率提供了可能。虽然政府的绩效评估标准难以像企业那样细化量化，但通过建立灵活的管理指标，并不断地进行检查和修改，这一难点是可以克服的。政府绩效评估可以采取定性与定量相结合的方式，对任何工作，既要研究"政府是否应该参与"、"程序是否合理"、"环节可否省略"，还要研究"需要多少时间、人力、成本"、"效率可以提高多少"，从而真正降低行政成本，提高行政效率。进入21世纪，很多国家都面临资源危机和财政危险的问题，这要求政府组织能够以有限的资源提供更多、更优质的服务。公共管理改

---

[1] Holmes M., Shand D., "Management reform: some practitioner perspectives on the past ten years", *Governance*, Vol. 8, No. 4, 1995, pp. 551–578.

革过程中政府绩效评估的引入可以从制度上确保政府组织将成本意识、效率意识和竞争意识作为支撑,从而保证政府服务更为优质高效。

第四,完善行政决策机制,提升行政决策的科学性、民主性。公共选择理论认为政府工作人员也是"经济人",政府官员与经济市场中的人一样,同样追求个人效益最大化,从而导致行政决策的社会效益低。由于政府工作人员的决策观念消极被动,特别是一些拥有决策权的领导在遇到一些突发事件时,不能及时有效地采取措施来应对,而只想到请示上级领导,以致延误了解决问题的最佳时机,使决策缺乏科学性。而在政府传统决策程序当中,很多时候领导主观作用力较强,决策时更多考虑到部门利益,以致决策缺乏民主性。公共管理改革则更加注重公民以及社会组织在政府活动中的作用,使得政府在制定决策时,尽可能地去获取有效的决策信息,充分发挥专家的咨询、论证作用,注重公民参与,实现政府与社会的良性互动,促进行政决策的科学化、民主化,促进决策社会利益的提高,尽可能减少政府决策制定过程中的寻租和腐败现象。

第五,提高政府效能。公共管理改革包括用一些新的思想理念和技术方法对管理系统(包括管理观念、管理技术、管理文化和管理流程等)进行改造,以促进管理系统的不断发展,不断提高政府效能,从而更好地实现社会公共利益的目的。20世纪80年代以后,在西方大部分发达国家,均出现了大规模的政府再造运动,这一运动被冠以不同的称号,例如管理主义(Managerialism)、以市场为基础的公共管理(Market-based Public Administration)、企业型政府(Enterepreneurial Government),甚至具有政治理念色彩的名称,如新右派(New Right)、新治理(New Governance),尽管名称各异,但都是传统官僚体制被新形态的以市场为基础的治理模式所取代,并认为公共部门正浮现出新的典范(New Paradigm)。[1] 公共管理改革正在各国迅速发展起来。从撒切尔夫人开始的英国公共管理改革,到美国"创造一个少花钱多办事的政府"的公共管理改革,再到新西兰的公共管理改革和澳大利亚"竞争、绩效、透明"的公共管理改革以及加拿大进行的缩减政府的规模,改进在不同种类公共服务之间的协调性[2]的公共管理改革,尽管这些国家改革的起因、范围、规模力度等

---

[1] Hughes, O. E., *Public Management and Administration*, ST. Martin's Press, 1998, pp. 1-4.

[2] Aucoin P., *The New Public Management: Canada in Comparative Perspective*, Montreal: Institute for Research on Public Policy, 1995.

有所不同，但无一例外都采用企业管理的理论、方法和技术，引入市场竞争机制、强调顾客导向以及提倡服务质量的提高。竞争机制的引入为僵化的行政体制注入了活力，行政效率得到提高；公共选择、委托—代理、交易成本等理论的市场分析模式在政治与行政关系当中的运用，加深了公共管理部门对效率的认识；而顾客满意、市场激励、基于绩效的合同承包等概念的广泛引入，都为政府管理效率意识的强化、效能的提升起到了很大的作用。这些国家的公共管理改革主要包括以下几个方面：政府公共政策的变化；政府本身治理结构的变革；管理技术的微调；制度领域的深层变革；政治与行政关系的调整；政府与市场、政府与社会关系的重新定位；政府权力与公民权利的调适；政府权力的内部转移，等等。这些措施针对政府行政效率、行政效能方面存在的问题进行改革，极大地提高了各个国家政府的行政效能。

三　公共管理改革的主要特点

（一）公共管理改革是政治变革的体现

公共管理改革，是政府对职能、组织机构、过程和行为方式等方面进行的政治变革活动。公共权力由最重要的三种权力组成，即立法权、行政权与司法权，来自行政权力方面的改革必然构成政治改革的一个重要方面。从公共管理改革的启动机制来看，公共管理变革来自两个方面的压力和督促。民众要求公共管理改革的呼声通常经过政治参与过程反映到人民代表机构即立法机关，然后由立法机关通过立法、财政审议、选举或罢免、监督等方式责成行政当局推行，政治改革决定公共管理改革，政治上的各种变动会以各种方式影响行政权力。政府当局发起的改革的合法性与合理性的审定者是立法机关，政府当局的变革不能违背宪法精神，即便是政府当局内部的技术性的变革也是为行政权力的政治表现服务的。从公共管理改革的可能结果来看，如果说政治是解决全局性问题，那么贯彻政治意志的行政权力不仅担负解决全局性问题的重任，而且是变换解决全局性问题调节社会矛盾的手法；如果说政治涉及资源和价值的分配，那么公共管理改革必然会重新配置资源、推展特定的价值。不同国体国家的改革侧重点有所不同，在实行议行合一的社会主义国家中，公共管理改革的政治性更强；而在实行三权分立的资本主义国家中，公共管理改革的权力状态更显著。从根本上讲，无论是在社会主义国家还是在资本主义国家，公共管理改革都是为特定的国家职能服务的，在这个维度上既相区别又相联系。马克思的廉价政府和斯密的廉价政府不一样，社会主义国家的大政府和资本主义国家的大政府也不一样，但是不能否认这些政府有很多相似之处，它们的公共管理改革也有很多相似之处，其中之一便是它们的改革都是一种政治变革。

（二）公共管理改革是一种系统、全面和协调的活动

公共管理改革的各个方面是很难分开的，它们之间相互联系、相互影响。

首先，政府职能转变是公共管理改革的起点也是公共管理改革的关键。纵览各国的政府职能，政府职能社会化是政府职能发展的显著特征。可以说，当代政府的发展已经从价值理性转向工具理性。其表现在于政府如何通过权力重组和部门利益调整以克服自身缺陷，以及政府如何在社会压力之下对政府与社会关系进行全新的调整。政府自身的改革是在现实主义的轨道上逐渐实现自身结构与功能的完备。西方国家从廉价政府到大政府（强政府）再到小政府的轨迹正反映了政府职能转变的这一趋向；社会主义中国从计划经济的大政府向市场经济下的合理政府转变同样反映了这一走势。政府行政职能的转变决定行政当局的组织结构，决定行政当局的行政过程和行为方式。没有政府职能的转变，不会引发公共管理改革；没有政府职能的转变，不会带动其他方面的改革。正是在这样的意义上，一个国家是根据本国的国情，决定政府当局对社会经济干预多还是少，并由此决定选择大政府还是选择小政府，选择强政府还是弱政府。

其次，政府组织结构的变革是公共管理改革的重头戏。公共管理组织结构的变革要体现下列原则：第一，合法的原则。这种变革的程序要依照法律法规来进行，规范、方式方法要由法律法规来确定。在我国，行政组织结构的改革要依据宪法和国务院以及地方各级人民政府组织法来进行，规范、方式方法也要依此而定。第二，体现职能原则。体现职能原则要求明确变革的职能，确定变革后的政府总体职能的配置，从而合理地重新划分职能，并以新职能为依据检验政府组织机构设置的合理性。第三，完整统一的原则。政府当局的组织结构改革的职能划分，只是总体职能的一部分，这些职能是为整个国家利益服务的，所以这种改革首先要保持政府职能的完整统一，必须保证局部利益服从整体利益，地方利益照应全国利益。第四，精简与效能的

原则。它具体包括四层意思：精简机构、精干人员编制、简化办事程序、提高行政效率。

最后，公共管理方式的变革要体现出科学理政、从严治政的原则。在政府公共管理方式改革中要始终反对官僚主义，坚持建设高效、廉洁、精干的政府。政府的有效性一方面是指政府通过决策的执行和有力的监督持续地、有效地推动集体行动的能力。另一方面，政府的有效性与政府的廉洁程度以及对官僚主义的清除密切相关。腐败损害政府的形象，降低政府的威信，使行政权力的合法性成为问题。腐败妨碍政府的现代化，从本质上是反公共管理改革的。官僚主义除了旧官僚作风以外，还应包括行政当局内部性的含义。政府当局的"内部性"是与市场的"外部性"相对而言的，公共选择学派认为，由于政府是由经济人组成的，政治家与公务员同样会追求个人利益最大化。因而，布坎南认为政府的"内部性"指的是在交易的过程中，公共机构尤其是政府部门及其官员追求自身组织目标或者自身利益而非公共利益或者社会福利的现象。政府"内部性"问题存在的原因有很多方面，包括信息不对称、权力的扩张、监督的乏力以及寻租问题的存在等，这些都是政府官僚主义的体现。公共管理改革引入市场竞争机制，革新管理方式，对权力的监督更为有效，有利于从严治政、科学理政。

观察公共管理改革的所有方面，可以发现公共管理改革从职能、组织结构到运行过程和行为方式等方面是互相联系、互相影响的。职能的变革决定其他方面的变革，而其他方面的变革才能使职能变革落到实处。公共管理是对社会公共事务的管理，公共管理改革不能简单地与机构改革画上等号，它还包括很多方面，是一种系统、全面和协调的变革。

（三）公共管理改革是各种政治团体相互博弈的结果

在公共管理改革中，政党的作用是十分明显的。在西方各国的公共管理改革中，政党起了十分重要的作用。新中国成立以来我国历次的公共管理改革都是在中国共产党的领导下进行的，中国共产党的领导与宣传对我国历次改革的进行具有不可估量的作用。我国的各民主党派对我国的公共管理改革也起了重要的推动作用。在西方各国，从表面上看，各国的公共管理改革也与政府的换届密切相关。几乎每一届新任的行政首脑上台伊始，都把公共管理改革作为其任期内的一项重要措施。例如，1979年英国撒切尔夫人政府上台后，大刀阔斧地进行公共管理改革：高扬自由主义旗帜，推行自由主义经济政策；1980年里根当选美国总统后，推行"里根革命"，开启了美国"新公共管理"改革的序幕。实际上，政府换届是政党斗争的结果，公共管理改革纲领是获胜的政党上台后的执政纲领。由于政府组阁和政府各部门行政首脑的任用取决于执政党的意见，不同政党组成的政府由于执政理念不同，其在经济发展、社会管理方面的观点也会有所不同，政策和改革主张也存在一定的差异，公共管理改革方案一定程度上反映了执政党的利益诉求。因而，公共管理改革方案能否在议会中顺利通过并得以实施，是政治团体间相互斗争的结果。

（四）公共管理改革是结构性、制度性的变革

公共管理改革一般是在社会上对政府的行政效率和行政结果的不满情绪或要求改革的呼声形成较大压力的情况下进行的，但这并不意味着行政领导人完全处于被动的、消极应付的地位。实际上，许多国家的公共管理改革都是行政领导人有意识和有计划地实施的。由于社会上总要有一些力量要求或赞成进行改革，另有一些力量抵制或反对改革，领导人必须具备足够的魄力和勇气排除阻力积极推进改革。无论是实行总统制的国家还是实行内阁制的国家，新上任的行政领导人往往都以前任的教训为鉴，并以支持自己的社会力量为后盾提出自己任期内的某种公共管理改革计划。我国政治制度和社会制度的性质决定公共管理改革的提出和实施更具有计划性，党和国家领导人是从整个国家的社会经济发展的全局和长远利益出发处理和解决行政事务的，因此可以把公共管理改革计划作为推动社会发展变革的一个有机组成部分，有目的地分步实施。公共管理改革是对国家行政组织及其工作所进行的结构性、制度性的变革，没有深思熟虑的计划不可能取得预期的结果。党和政府下决心进行公共管理改革时，是以现行的行政效率和行政效果已不能或将不能适应外部环境的要求为前提的。在这种情况下，妨碍行政效率和行政效果的因素不仅仅是某些技术性或方法性的问题，改革者必须从政治、经济、文化、社会风气和社会意识等较深层次的因素来探讨推动公共管理改革的原因，认识和掌握有效的行政执行运行机制的内在规律和客观要求。改革应从行政体制、政府职能、组织结构、管理方式等方面科学制订公共管理改革的目标和实施计划，才能从根本上解决行政

效率和行政效果的问题。①

在我国进行的众多公共管理改革中，往往顾此失彼，协调性、全面性做得不够，目标定位不适当，缺乏整体性，缺乏制度创新。因而历次改革虽然取得很大成就，但是仍然会出现很多问题。例如，在行政组织机构变革时，常常偏离了追求效能的目标，而是片面地追求政府规模的大或小，行政机构的多与少，行政官员的众与寡，最终导致机构精简、膨胀、再精简、再膨胀的恶性循环。再如，与政府行政机构改革相比，对公共管理方式改革的重视程度明显不够。反腐败的呼声很高，但没有从与公共管理改革相联系的角度踏踏实实地去完善行政监督机制，虽加强了反腐败的力度，但缺乏从源头上、机制上、制度上预防和治理腐败的措施。同样，在反官僚主义的过程中，只是片面强调公务人员自律，强调对公务员的各种思想政治教育，但具体的工作方式没有根本转变，忽视了官僚主义也是由制度创新来遏制的这一重要因素，而难以从根本上清除官僚主义。在我国，公共管理改革只是政治体制改革的一个组成部分，政治体制改革决定公共管理改革，如果离开政治体制改革谈论公共管理改革，那么公共管理改革就变成了无本之木、无源之水，不可能取得良好效果，要想更好地推进我国的公共管理改革，必须在认清我国国情的基础上，把握公共管理改革的特点，认真、全面和有效地推进改革。

第二节 公共管理改革的主要内容

由于公共管理改革有复杂的社会背景、广泛的社会基础、多种多样的形式和具体目标，因而其内容可以说是从小到大、包罗万象，涉及与国家行政组织、行政执行活动有关的各个方面。根据周志忍教授的观点，全球性的公共行政改革分为三类②：一是以发达工业化国家为代表的调适型行政改革；二是以苏联、东欧国家和中国为代表的转轨型行政改革；三是以经济发展水平还比较落后的第三世界国家为代表的发展型行政改革。具体来说，公共管理改革的内容主要分为以下几个方面。

---

① 彭和平：《公共行政学》，中国人民大学出版社2012年版，第304页。
② 周志忍：《当代国外行政改革比较研究》，国家行政学院出版社1999年版，第2页。

一 政府职能的合理定位

新公共管理运动之前，政府集决策权、行政权、监察权于一身，对社会、政治、经济等领域做全面工作，造成政府机构的庞大臃肿，导致人浮于事，政府行政效率低下。20世纪80年代之后，新公共管理思想成为各国政府再造的理论基石和实践指南。正如学者罗森布鲁姆（Rosenbloom）所言，由政府再造所促发的新公共管理运动，其理论及实务均已展现出独特之处，成为与传统管理途径、法律途径以及政治途径并驾齐驱的新研究途径。[①]"新公共管理"提倡政府对社会的管理既不能统办一切、命令一切，也不能撒手不管，而是要将政府工作重心放到决策上，用决策和制度来控制社会发展大方向，把具体的工作交给相关执行局，即政府的职能应该是"掌舵"而不是"划桨"。如此一来可以缩小政府的规模，减少政府财政开支，提高政府行政效率。因此，有效的政府并不是一个"实干"政府，也不是一个"执行"政府，而是一个能够"治理"并且善于"治理"的政府。"政府的任务是明确问题的范围和性质，然后把各种资源和手段结合起来让其他人去解决这些问题"。因此，"政府必须进行调整，而且在某些方面应该对传统角色重新定义"。[②] 在许多国家的公共管理改革中，政府都力求做到合理定位政府职能，注重发挥诸如行业协会、中介组织等市场机制和第三部门在公共服务和社会管理中的作用，厘清政府与市场、政府与社会之间的关系，做到政府工作集中于战略管理、政策制定等宏观管理层面，而不是直接提供服务，同时将政府部门以往对商品和服务的直接提供，以设立执行机构、向第三部门分离和民营化等方式，或以补贴、合同委托的方式间接提供服务，总之在公共管理改革过程中将执行性、操作性政府职能剥离出去，并使之尽可能接受市场检验。

改革开放以来，在我国的多次公共管理改革中，政府职能转变都是一个重要内容。1988年公共管理改革第一次提出"以转变职能为重点"的改革思路，本着"加强综合管理与宏观调控、减少直接管理与部门管理"的原则，着重对国务院的专业经济部门和综合部门中的专业机构进行了适当的调整与合并。

[①] Rosenbloom, D., *Public Administration*, Mc-Graw-Hill, 1998, p. 20.

[②] [美] 戴维·奥斯本、特德·盖布勒：《改革政府》，上海译文出版社1996年版，第3页。

此后我国的历次公共管理改革，都十分注重政府职能转变，力图加快推进政企分开、政事分开、政资分开、政社分开，从制度上更好地发挥市场在资源配置中的基础性作用，更好地发挥公民和社会组织在社会公共事务管理中的重要作用，以更加有效地提供公共产品，做到由无限政府向有限政府转变，由管制型政府向服务型政府转变，由人治政府向法治政府转变，由封闭政府向透明政府转变，从而实现政府职能向创造良好发展环境、提供优质公共服务、维护社会公平正义转变，真正做到该由政府管理的一定要管理好，不该由政府管理的一定要转移出去，实现政府的有所为和有所不为。

二 行政机构和人员的精简

这是全球公共管理改革中最引人注目的部分，也是中国公共管理改革的主要内容。精简机构和人员的动机主要有两个：一是缓解公共财政压力，降低公共行政成本；二是转向更加以市场为取向的经济环境。而在这方面，精减人员的困难似乎比精减机构更大一些。从国际上看，精简人员采用的典型措施包括[①]：①强制性与非强制性减员。其主要机制有提倡自愿性提前退休、自然减员、冻结招聘和严格执行退休制度等。②补偿计划。包括一揽子工龄买断和再就业培训方式，使再就业人员能够更容易转入私部门就业以弥补精减人员带来的社会不利影响。③工资政策改革。主要方式有诸如设立工资上限、工资冻结、非现金福利和补贴的货币化等。

协调的层级体系、合理的组织结构，是行政权力顺畅运行的重要基础。政府组织结构根据政府职能和履行职能的客观需求来确定，目的是有利于政府正确、合理、科学地履行职责，有利于政府各方面工作的有机衔接，有利于减少政府工作层次和提高政府工作效率。中国政府行政机构从1982年到2008年共进行了六次规模较大的改革。2013年3月10日，国务院发布《国务院机构改革和职能转变方案》开启新一轮大部制改革。改革后，国务院正部级机构减少4个，其中组成部门减少2个，副部级机构增减相抵数量不变，除国务院办公厅外，国务院组成部门减少至25个。经过持续不断的改革，政府机构更加

---

① 张璋：《20世纪80年代以来的全球公共管理改革：背景、理论、举措与经验》，《北京行政学院学报》2002年第4期。

精干，机构组合更为科学，相互衔接更加紧密，不仅数量减少，而且设置愈来愈规范。政府组成部门、直属机构、部门管理机构和部门内设机构等，这些由各地在中央规定的机构限额内从本地实际出发组建的机构，构成了我国政府机构的合理框架。政府部门的总数比改革开放之初减少了近60%，各部门内设机构数量也相应大大减少，这些对我国降低公共行政成本，提高公共行政效率都起到了重要的作用。

三 公共部门的体制创新

公共部门的体制创新指与社会政治制度、经济制度的改革相联系的公共管理创新，它是整个社会改革的组成部分，比单纯结构方面的改革和职能方面的改革具有更深远的社会影响。体制创新是一种制度创新，它本身包含着政府组织机构和政府职能方面的改革，它把多方面的改革有机结合在一起，通过打破旧体制从而建立新体制的方式推动多方面的改革，在公共管理的改革中处于根本性的地位，决定着其他方面的变革与发展。因此，公共管理改革要取得良好的效果，必须重视体制创新。

体制方面的创新一般包括下列四种情况[①]：第一，与经济体制创新相联系。经济体制的创新变革要求并决定政府在社会经济管理方面所应有的权力、作用和职能，因此对行政体制的变革有十分重大的影响。第二，与政治体制改革相联系。政治体制改革的目的总体而言是为了发展社会主义民主，调动人民和基层单位的积极性，因此，政治体制改革是行政管理体制改革的重要内容。第三，与其他社会管理制度的改革相联系。行政体制是整个社会公共管理制度的一部分，与其他社会管理制度相互作用、相互影响，共同结合为一个有机整体。当其他社会管理制度，例如社会收入分配制度、社会保障制度、教育制度、人事制度等发生变革时，也将推动体制发生相应的变化。第四，国家行政组织自身的制度建设。国家行政组织为了有效地履行各种职能，保证行政执行过程顺利进行，提高行政效率，需要不断通过行政体制方面创新加强组织建设和队伍建设，如录用制度、奖惩制度、考核制度、工资制度以及领导体制、岗位责任制等各种管理体制方面的创新。诸如公务员制度改革是一项内容广泛而

---

① 彭和平：《公共行政学》，中国人民大学出版社2012年版，第321—323页。

全面的改革。体制方面的创新要求从社会变革的全局和社会发展的总体利益出发考虑公共管理改革的问题，要求从党政关系、国家立法机关和国家行政机关的关系、政企关系等各方面重新确定国家行政组织的权力、地位、作用和职能，在与各种社会变革相结合的基础上，通过立法形式和法律手段推动国家行政组织在结构、职能、体制等方面进行变革。

以邓小平1992年南方谈话和党的十四大为标志，我国进入了改革开放和现代化建设事业的一个新发展阶段。党的十四届三中全会制定"建立社会主义市场经济体制"的总体蓝图，是进一步深化改革的行动纲领。建立社会主义市场经济体制，就是让市场在国家宏观调控下对资源配置起基础性作用。为实现这一目标，要求从下列五个主要环节进行一系列的体制改革：①坚持以公有制为主体、多种经济成分共同发展的方针，进一步转换国有企业的经营机制，建立适应市场经济要求、政企分开、产权明晰、权责明确、管理科学的现代企业制度；②深化流通体制改革，建立全国统一开放的市场体系；③转变政府管理经济的职能，建立以间接手段为主的宏观调控体系；④建立以按劳分配为主体、效率优先、兼顾公平的收入分配制度；⑤建立多层次的社会保障制度。这些主要环节相互联系、相互制约，构成了社会主义市场经济的基本框架，其中转变政府管理经济职能是具有主导意义的方面。

与此同时，党的十八大报告又一次明确指出深化行政体制改革的要求。行政体制改革是推动上层建筑适应经济基础的必然要求，我国公共管理改革力求按照建立具有中国特色行政体制的目标，深入推进政企分开、政事分开、政资分开、政社分开，建设职能科学、结构优化、廉洁高效、人民满意的服务型政府；稳步推进大部门制改革，健全部门职责体系；严格控制机构编制，减少领导职数，降低行政成本；推进事业单位分类改革；深化行政审批制度改革，继续简政放权，推动政府职能向创造良好发展环境、提供优质公共服务、维护社会公平正义转变；优化行政层级和行政区划设置，深化乡镇行政体制改革，有条件的地方可探索省直接管理县（市）改革；创新行政管理方式，提高政府公信力和执行力；完善体制改革协调机制，统筹规划和协调重大改革等。全面进行行政体制改革是我国进入21世纪后的一项具有现实意义和历史意义的重要任务。

四　公共管理的制度创新

在广泛的意义上，制度创新是指一种组织行为变化，这一组织与其活动环境之间相互关系的变化，以及支配上述行为与相互关系的规则的变化。[①] 制度创新的动因，大致可以分为诱致性因素的牵动或强制性因素的推动。[②] 前者是指一群人响应由制度不均衡引致的获利机会而产生的自发性变迁，后者主要是指由政府法令引起的变迁。但不论是何种原因引发的创新，制度创新主要都是指在制度环境相对稳定、确定的条件下，对构成既定制度的次级制度，诸如行政制度、公务员制度、审批制度等具体现行制度进行某种变革，并通过规范的、具有社会公信力的方式加以确认的行为过程。[③] 在渐进改革而非革命的历史条件下，即使是原发性的完全自利的制度创新动机，也都只有在进入政府的政策议程的前提下才有可能成为具有社会公信力的正式规则，至于政府强制性制度创新，也不可能完全没有社会原因，更不可能不涉及社会群体的利益，因此，不管是诱致性制度创新还是强制性制度创新，创新过程更是紧密联系在一起的，而实现两者的协同，就成为了公共管理改革的一种价值选择。

公共管理改革总是在一定的制度环境之中存在和运行，制度环境决定着公共管理改革的方向，制约着公共管理改革的基本价值选择和具体政策选择。当制度创新的要求日趋强烈以至最终经由国家名义作出制度安排，并以法律形式加以确定，那么就形成了某种制度变迁。在制度环境得以改变的历史条件下，公共管理改革的价值选择就在于实现相应的制度创新。我国在工资制度、财税体制、金融体制、投资体制、外贸体制、价格体制、国有企业经营机制、流通体制、行政监督机制、高等教育办学体制、社会保障制度、保险制度、

[①] ［美］V. W. 拉坦：《诱致性制度变迁理论》，载［美］R. 科斯、A. 阿尔钦、D. 诺思等《财产权利与制度变迁——产权学派与新制度学派译文集》，上海三联书店、上海人民出版社1996年版，第329页。

[②] 林毅夫：《关于制度变迁的经济学理论：诱致性变迁与强制性变迁》，载［美］R. 科斯、A. 阿尔钦、D. 诺思等《财产权利与制度变迁——产权学派与新制度学派译文集》，上海三联书店、上海人民出版社1996年版，第374页。

[③] 张国庆：《公共行政学》，北京大学出版社2010年版，第554—555页。

劳动制度、户籍管理制度、住房制度、行政审批制度、公务员考试录用制度等方面进一步深化制度改革，颁布了一系列的法律、法令和条例，从职能、结构和体制等方面对公共管理改革提出了更高、更迫切的制度要求。

五　政府管理的电子化创新

电子政务是与知识经济时代相伴而生的先进的政府运作方式，是指政府在公共管理的活动中利用现代信息技术和通信技术，超越时间、空间和部门的限制，使其管理和服务职能可以通过网络完成，同时实现政府组织结构和工作流程的重组与优化，为政府机关、企业、社会组织和公民提供高效优质的服务；是依托技术进步带动管理创新，依托流程优化带动体制创新，建立高效、廉洁服务型政府的重要手段。

跨部门、跨地区的电子政务从五个方面在公共管理过程中发挥作用：一是政府办公高效化。用现代信息技术和先进管理理念促进业务与机构的重组，通过办公的自动化和信息化，提高政府的行政效率。二是政府政务公开化。开辟群众参政的新渠道，向公众开放一切可以公开的信息，提高政府工作的透明度。三是政府与社会互动化。公民、社会组织和企业通过政府网站上的信箱、留言板、论坛、调查表格等形式，把自己的意见和建议反馈给政府，政府则把自己的政策和措施及意见征求稿公布在网上，从而实现政府与公民之间的政务互动。四是行政办公电子化。通过信息技术开展电子税务、电子工商、行政许可、电子海关等业务，使行政事务处理向电子化、网络化方向发展，简化流程、整合空间、方便公民。五是信息集约化。将部门分散资源集约为政府和社会共享、共有、共用的资源，使市场监管、公共服务、社会管理等信息资源得到充分开发和利用，从而促进各地、各部门开展跨地区、跨部门协同应用，实现不同行政层级纵向横向之间的快速信息传递与共享，保证政令畅通。

充分发挥电子政务建设在规范政府行为、进行社会监督、降低行政成本、提高行政效能、增强政府监管和服务能力以及创新政府管理等方面的重要作用，实现公共管理信息资源数字化，对外许可服务网络化，政府管理民主化，形成网络环境下的"一体化政府"，为社会提供"一站式服务"。

第三节　公共管理改革的发展趋势

当前，社会信息化和经济一体化不断向前推进。为了满足社会经济发展的需要，很多国家都开展了公共管理改革运动。虽然这些国家的改革实践存在差异，然而就总体趋势而言，是存在共性的。这些共性主要表现在以下几个方面。

一　公共管理的民主化

公共管理的民主化包括两方面内容，即权力分散和放松规制。权力分散涉及民主的价值本原，体现出权利向社会和公民回归的社会历史趋势。包括"分权"和"权力的非集中化"两种做法，前者是权力与责任的一起下移；后者是将不包括决策责任的权力下移。权力分散的好处是反映了人性追求自我价值实现的普遍本质；可以调动各方面的积极性和创造性；使管理权力与责任有机结合从而增强管理者的责任心，政府能够更方便地获取民众的反映信息从而提高政府回应速度和决策质量；同时能够减少繁文缛节和提高行政效率。在这方面，瑞典政府以其在中央和地方承担广泛公共服务职能的众多自治机构和代理机构而著称于世。其他国家的做法，如荷兰政府的"自主化机构"、丹麦政府的"契约局"或"国有公司"、法国政府的"责任中心"、加拿大政府的"皇冠公司"以及"特别执行局"、澳大利亚的"国家公司"等，都与瑞典的做法有异曲同工之处。而日本地方分权则是行政体制改革方面的另一种范例。日本于1995年推出了历史性的"地方分权推进法"，并成立地方分权推进政府改革与创新委员会来促其落实。其措施是建立中央与地方平等协作关系，推进地方分权，遏制中央干预。[1] 这些改革措施都极大推动了这些国家公共管理民主化的发展，促进了公共管理的公平、公正，有利于经济的发展和社会的进步。

放松规制也是公共管理民主化的重要内容。规制是指政府为谋求社会整体

---

[1] 吴江、马庆钰：《25年来国外公共管理改革分析与评价》，《新视野》2003年第5期。

利益，设立并依据一定规则对社会特定主体限制权利或课以责任的强制性行为。规制分为政府内部管理规制和政府外部管理规制。外部管理规制又有经济性规制和社会性规制之分。经济性规制主要是政府为确保市场公平竞争、资源配置有效和保障消费者利益而对经济主体设立的一系列认证、许可、条件、标准等的规则。社会性规制主要是政府为了保证社会安全和公民权益而在相关领域设立的一系列规则。伴随各国政府职能的扩张，规制功能逐渐走向初衷的反面，演变为限制企业发展和公民自由的工具。为了恢复民间的自主与活力，放松规制成为公共管理改革中的主要内容之一。① 美国政府对放松政府内部规制的界定是：设计一种"激励人对结果负责的新体制，摆脱那种驱使人只对规则负责的旧体制"。② 政府放松规制有利于提高行政机关及其行政人员的积极性、主动性和创造性，进而提高行政效率，降低行政成本。

二 公共管理的社会化

公共管理社会化是近年来公共管理改革的一个很明显的趋势。所谓公共管理社会化，是指政府在实施公共管理的过程中，在社会管理和公共服务领域，政府通过向社会转移或委托代理等方式，将一些政府职能转移出去，以提高政府效能，改善行政管理。它的主要内容包括以下几个方面：①政府业务合同出租。即政府将某些公共服务以合同的形式承包给私人部门，私人部门必须在合同规定的框架内行使权利和履行义务。②政府部门与私营企业建立伙伴关系。即将政府投资兴建的基础设施和公共设施工程，通过招投标的形式交给私营企业。③公共服务社区化。主要是将政府过去承担的一些职能从政府工作中剥离出来，交由社会中介组织来承担。④有选择地实行公共服务使用者付费制度。主要方式是通过付费将价格机制引入公共服务中来，以此避免或减少免费提供公共服务所导致的资源浪费和不合理配置，缓解政府的财政压力。③

---

① 吴江、马庆钰：《25 年来国外公共管理改革分析与评价》，《新视野》2003 年第 5 期。
② The National Performance Review, *From Red Tape To Results——Creating A Government That Works Better & Costs Less*, Washington, D. C.：Report of the National Performance Review, 1993, p. 6.
③ 梁莹：《公共管理社会化：行政改革的新趋势》，《党政干部论坛》2003 年第 3 期。

关于社会化，法国学者托克维尔在《论美国的民主》一书中，多次提到以社会制约权力的思想。他说："美国总统掌握的大权几乎接近王权，但没有应用的机会……法律容许他强大，但环境使他软弱无力。"① 他在分析美国得以维持民主制度时进一步指出美国的乡镇制度"使人民养成了爱好自由和掌握行使自由的艺术"②。事实上，对行政权力的监督也是公共管理社会化的理论源泉之一。众所周知，对行政权力的监督，包括体制内和体制外两种途径。作为监督行政权力的第三部门，其设立的目的就是为了抵制政府对社会事务的过度干预。公共管理社会化的作用之一就是促进社会大众参与公共事务的管理，从而提高政府决策的科学性和民主性，让政府更好地为社会公众服务。

三 公共管理的人本化

伴随着社会的不断发展，政府的公共事务管理涵盖的内容也是越来越广泛，社会大众对于公共事务的服务要求也越来越高。社会大众希望政府提供的服务更加切合自己的实际要求，能帮助自己解决更为实际的问题。这就使得政府在行使公共管理职能时，除了运用一般的公共管理方法，更要做到"特殊群众特殊对待"，树立"执政为民"的执政理念，即政府的各项公共决策都必须紧紧围绕公众和社会的需求来展开，公共权力的使用必须以民众为出发点和归宿点。③ 社会是不断发展的，人的受教育程度和素质也在不断提高，需求也日趋多样化，人的个性化特征也越来越明显，尤其是信息技术的发展，使得政府组织管理更多建立在知识和能力之上，只有充分调动人们的积极性、主动性和创造性，才能取得更好的绩效。这就要求公共管理不断向人性化方向发展，强调"人本主义"。

在公务员制度中，政府人事行政理念也逐步由"管人治事"到"以人为本"。人事行政在某种意义上是一种统治的工具。随着社会的发展，越来越多的国家强调：社会发展的关键在人，开发人才资源，促进人的全面发展，不仅

---

① [法] 托克维尔：《论美国的民主》，商务印书馆1988年版，第140页。
② 同上书，第332页。
③ 谢李：《探析当代公共管理方法变革与发展》，《管理观察》2012年第12期。

是推动社会发展的手段，更是社会发展的目标。人事行政应以人为本，要尊重人、培养人、吸引人、激励人、服务于人，提高公民素质，促进人的全面发展。要高度认可公务人员的价值与贡献，推动公务人员的待遇体系与市场进行充分的接轨，高度重视公务人员的知识培训与能力开发，推动公务人员的才能全面与市场接轨，提高公务人员的终生就业能力。[①] 克林顿曾指出：我们每一个人都拥有走向成功的机会与能力，否则美国的民主不能存在下去。我们有责任保证他们拥有那种机会和能力。[②] 由此可见，在政府管理中，树立人本主义的政府治理思想，促进公共管理的人性化发展，是一种社会发展趋势。

四 公共部门的民营化

当今世界，各国都基本认识到政府失灵的原因不仅在于政府职能的过于庞杂，还在于政府自身的一些问题。部分国家在公共改革的过程中采取了民营化的方式，对国有企业和事业单位进行瘦身，取得了较好的效果。其中韩国和日本的改革比较突出。

韩国政府采取了对原有国有企业分类的办法来实施民营化改造。第一类，企业性强的公有企业果断进行民营化；第二类，公共性强的公有企业继续保留，同时根据现状，施行大幅度的结构调整和经营管理改革；第三类，那些企业性与公共性兼而有之的企业，经过评估剥离以后，将企业性强的部分或完全出售、或委托民间经营；而对公共性比较强的部分则参照企业性的标准和经验来加以调整和改革。实际运作结果是，生产能力占 GDP 8%—9% 的所有 26 家国企总公司及其 82 家分公司中，各有九成被政府施行了民营化改制和经营革新改造。在改革实施不到两年的时间里，韩国国企资产股份向海外出售所得收入达 46 亿美元，国内出售所得为 27 亿美元。在纳入完全民营化范围的国有企业中，既包括像电信、电力、天然气、供暖、输油管道、烟草、人参这类垄断性企业，还包括韩国重工业集团、韩国化工制造业集团、韩国金融集团、国定教科书出版集团和浦港钢铁集团这类国企巨舰。

---

① 彭剑锋：《公共管理的变革与创新》，《中国人才》2005 年第 5 期。
② 李晨华：《从西方人事公共管理改革趋势看我国公务员制度的中国特色》，《哈尔滨市委党校学报》2006 年第 3 期。

日本的国有企业民营化开始于20世纪80年代对日本电信电话公司、日本烟草公司和日本国有铁道公司三大公司的改革。后来大规模的改革发生在1997年的桥本政府时期。其民营化的主要做法有：①对邮政、国有林地的政府经营事业实施部分企业化管理，通过扩大管理自主权和独立核算来增加压力，以促使其改进管理。②推行独立行政法人制度。独立行政法人主要从事不能完全由民间完成的公共性较强的业务，日本政府在对公共事业机构进行整理分类以后，对不宜民营化的60多家机构实行了独立行政法人制度，以明确的责任与绩效指标来约束它们的服务水平。③改革特殊法人制度。特殊法人是为了完成一些与行政相关的公共事务而设置的，一般被称为公团、事业团、公库等，比如对金融、基金、互助、财团、住宅、道路的管理组织。改革的办法是根据其必要性或者缩小规模或者撤销或者导入独立行政法人制度。[①]

五 公共管理的企业化

公共管理企业化的目的在于将企业管理的相关理念用于公共管理，从而提高行政效率，提高公共管理的水平。公共管理企业化的指导理论是企业型政府理论，该理论主张政府应该师法企业，强调用企业管理的相关理论来改造传统的官僚体系，将企业经营上重视成本、品质、顾客满意等观念引入政府运作之中，使政府运作更有效率、更具效益。

具体而言，公共管理企业化的主要特征包括以下几个方面：①重视成本效益关系。即政府的公共管理应改变过去只关心投入而不关心产出的做法，应该强调政策、规划、项目的成本效益关系，要求以最小的投入，获得最大的效益。②强调顾客导向。即政府的公共服务的提供应有强烈的当事人取向，施政目标应以公民的需求为考虑，视顾客为关怀的对象，强调对顾客负责，并以顾客满意为衡量公共服务质量的标准。③强调市场机制，重视选择和竞争。即主张通过市场机制的发挥，提供公共服务；使民间机构与政府共同生产，提供多种选择机会。④创新与改革。公共管理企业化要求解除规则枷锁，打破结构惯性，活化官员思维，主张多运用创新策略达到管理目标。在当代公共管理改革

---

① 吴江、马庆钰：《25年来国外公共管理改革分析与评价》，《新视野》2003年第5期。

中多针对过于单一、垄断的公营部门，引入竞争机制。通过合同、承包、放松管制等多种形式，把原由政府承担的公共事业交由市场调节，在公营部门内重组市场，允许私人企业经营以前由政府垄断经营的公共服务事业，将以市场为导向，注重公民自由选择服务机构的思想应用到政府行政管理中去，以提高行政效率。[1]

六 公共服务的市场化

市场经济的竞争原则，冲击了政府对公共服务部门的垄断，如交通、邮电、教育等行业，同时地区性组织、民营企业、社团等都要求参与或实际地与政府公共部门展开竞争。可见，市场化就是要打破政府公共部门的垄断性，市场化也与政府部门本身所固有的公共性息息相关，政府是社会中最大的公共部门。公共部门是公共政治决策的产物，而非包含于市场过程之中，它是以命令为基础的，而私人部门则是以自愿行为为基础的。由于政府公共部门本身的特点不可避免地产生了垄断性、目标多元性、非营利性等特点，造成了公共部门在理论和实践上存在着一定的弊端。用市场和社会力量实行公共服务市场化，有利于政府垄断被打破从而形成对官僚机构的外部竞争压力，促使其提高效率。如果公私机构同时介入某一公共服务，这一服务的"成本信息"就不再为官僚机构所垄断，这样就有利于公众对官僚机构的工作效率实施有效的监督和控制，弥补政府服务能力的不足，有效遏制公共机构规模的全面扩大。[2] 在公共组织机构中引入市场竞争原则，主要是通过分权、分群以及分部门等形式。在此基础上取消划片服务办法，赋予社会大众选择服务的自由，公民个人由此获得了相应的市场权力，自己的权益也得到了有效保障。

当然，公共服务市场化的出现并不意味着公共服务全部由私人部门提供，或者说政府完全按照企业运转模式那样来运作，它只是对当前官僚制进行一定程度的修补，而不是真正替代官僚制。无论是主张用市场机制来改造政府，还是主张以企业精神改造公营部门，以及主张权力下放和地方分权，

---

[1] 唐琦玉：《政府行政改革趋势如何》，《中华工商时报》2003年2月13日。
[2] 吕达、叶贵仁：《当代世界行政改革的宏观趋势与中国行政改革的微观分析》，《延安大学学报（社会科学版）》2003年第2期。

这并不意味着韦伯的官僚制的结束，而是在原来官僚制的基础上的创新。政府和私营组织毕竟是两种根本不同性质的组织机构，二者之间还是存在着根本的差别。政府始终代表着整个社会的利益，追求的是社会效益第一；企业则是以营利为目的，追求利润是其根本目的。就国外经验来看，欧美国家提供公共服务也不是完全市场化的，政府在很多公共服务的提供中依然扮演着举足轻重的作用。

七　公共管理的信息化

在知识经济时代，国家的公共管理已经越来越信息化了。从世界范围看，推进政府部门办公网络化、自动化、电子化，全面信息共享，已然成为一种趋势。公共管理信息化的核心是电子政务。电子政务是指政府机构应用现代信息技术和通信技术，将管理和服务通过网络进行集成，在互联网上实行政府组织结构和工作流程的优化重组，超越时空和部门限制，全方位地向社会提供优质、规范、透明、符合国际标准的管理和服务。[1] 电子政务首先于1993年在美国政府里面发展起来。此后仅仅十年时间，发展如火如荼，几乎进入了各国政府的管理之中。在信息网络时代，公共管理变革可以充分利用以互联网为主的信息通信技术，实施电子政务，建设电子政府，从根本上改变政府治理的观念、结构、方式和方法，调整政府内部组织架构、运作程序和管理手段。借助信息网络技术，政府可以改革传统的金字塔式的组织结构，建立扁平化的网络型组织；可以改革运作流程，建立一个无缝隙的在线政府，使全体公民随时随地都可得到政府的有效服务；可以更好地改革政府职能，改变治理结构，从强势国家单独治理模式转变为国家与社会的共同治理；可以改变治理观念，确立为"顾客和消费者"服务的意识；可以发挥信息网络技术在提升政府反应能力、沟通效率、决策水平方面的重要促进作用；可以扩大公民参与，强化公共服务能力，提高公共服务质量。[2]

政府信息化是社会信息化的基础，因此，很多国家都很重视公共管理信息化的发展，为此也投入了很大的财力和精力。目前，公共管理信息化发展名列

---

[1] 马强：《论推进电子政务与提高政府效能》，《改革与开放》2011年第4期。
[2] 徐汝华：《信息网络时代公共管理变革之道》，《党政论坛》2013年第2期。

世界前茅的主要是欧美国家,包括美国、加拿大、丹麦、英国、德国、法国等,亚洲的韩国、日本、新加坡等国家的公共管理信息化发展也很迅速,此外,大洋洲的澳大利亚和新西兰的公共管理的信息化的发展水平也较高。总的来说,公共管理的信息化主要表现在以下几个方面:①政府组织结构的网络化、扁平化。在信息网络时代,大量的信息能够实现迅速传递和处理,从而大幅度减少中间环节,扩大管理幅度,推动政府的组织结构从传统科层制向扁平化、网络化转变。这种组织结构强调信息共享,重视横向联系、沟通与协作,能有效提高政府的反应能力和工作效能,减少人力资源成本。同时,信息网络技术可以保证政府工作人员进行全方位沟通和团队合作,有利于政府管理绩效的提升。②政府管理手段的现代化、知识化信息网络技术,使政府的管理手段日益现代化。办公自动化、多媒体、计算机等技术设备,已成为政府管理不可或缺的重要硬件。全面管理法、计划评审技术、技术经济分析等管理手段,在信息网络技术的支持下,贯穿于整个政府管理过程之中。作为管理主体的行政人员,在信息网络时代必须具备丰富的知识和多样的技能。知识和技能既是他们维持自身生存的基本条件,也是胜任政府管理工作的基本要求。③政府公共决策的民主化、公众化、信息网络时代,行政人员的信息收集和分析能力大大提升。政府组织内部,层层参与决策、人人参与决策,公共决策的民主化程度会大大提高。公共组织外部,公众和相关组织利用网络可以自由地就公共决策发表见解,提出自己的要求。政府的公共管理活动将更加关注民意,注重公众参与,与社会整体系统形成一种互动关系。通过信息网络,公众可以随时与有关行政部门或人员保持联络,对其行政行为进行监督。④政府行政协调的动态化、灵活化。信息网络技术的广泛应用,使政府组织在任何层面、任何环节的行政协调成为可能。信息网络技术,不仅能促进政府系统内部不同层级间的合作、加强行政部门之间的横向协调,而且能加强政府对外界环境变化的反应能力和协调行动能力。灵活机动、超前意识、开拓创新精神,是维系信息网络时代政府组织动态管理和动态平衡的基本要求,而信息网络技术,则为实现政府组织的动态管理和动态平衡提供了可能。① 综上所述,信息网络技术从多方面推动着政府公共管理的变革,对促进政府公共管理的公平、公正、廉洁、高效,具有深远的意义。

---

① 徐汝华:《信息网络时代公共管理变革之道》,《党政论坛》2013 年第 2 期。

思考题

1. 什么是公共管理改革？
2. 公共管理改革具有哪些功能？
3. 公共管理改革的主要特点是什么？
4. 公共管理改革的主要内容包括什么？
5. 简述电子政务在公共管理过程中发挥的作用。
6. 公共管理改革发展的趋势有哪些？

各章主要参考文献

第一章

1. Bozeman, B. and Straussman, D. J., *Public Management Strategies*: *Guidelines for Managerial Effectiveness*, San Francisco: Jossey-Bass Publishers.
2. Bozeman, B., "Introduction: Two concepts of Public Management", In J. L. Perry, *Public Management*: *The State of Art*, San Francisco: Jossey-Bass Publishers, 1993.
3. Garson, G. David and Overman, E. Samuel, *Public Management Resarch in the Unite States*, New York Praeger, 1983.
4. Hughes, Owen E., *Public Management and Administration*, New York: St. Martin Press, Inc., 1998.
5. Lynn, Laurence E., *Public Management as Art*, *Science and Profession*, New Jersey: Vhatham House Publishers, Inc., 1996.
6. Ott, J. Steven, Hyde, Albert C. and Shafritz, Jay M. (eds), *Public Management*: *the Essential Reading*, Chicago: Lyceum books/Nelson Hall, 1991.
7. Perry, J. L. and Kraemer, K. L., *Public Management*: *Public and Private Perspective*, California: Mayfield Publishing Company, 1983.
8. Rosenbloom, David, *Public Administration*: *Understanding Management, Politics and Law in the Public Sector*, The McGraw-Hill Companies, Inc., 1998.
9. ［美］戴维·H. 罗森布鲁姆、罗伯特·S. 克拉夫丘克：《公共行政学：管理、政治和法律的途径》，中国人民大学出版社2011年版。
10. ［澳］欧文·E. 休斯：《公共管理导论》，中国人民大学出版社2007年第3版。

11. 陈振明：《公共管理学科发展的背景和特征》，《中国行政管理》1999 年第 12 期。
12. 陈振明：《公共管理学》，中国人民大学出版社 2005 年版。
13. 陈振明：《什么是公共管理（学）——相关概念辨析》，《中国行政管理》2011 年第 2 期。
14. 方正松：《公共管理学》，中国财政经济出版社 2003 年版。
15. 巩建华：《公共管理学中必须厘清的几个概念》，《四川行政学院学报》2008 年第 2 期。
16. 林修果：《公共管理学》，吉林大学出版社 2006 年版。
17. 刘丽霞：《公共管理学》，中国财政经济出版社 2002 年版。
18. 卢现祥：《新制度经济学》，武汉大学出版社 2005 年版。
19. 倪星、付景涛：《公共管理学》，东北财经大学出版社 2011 年版。
20. 彭和平：《公共行政学》，中国人民大学出版社 2012 年第 4 版。
21. 孙多勇：《公共管理学》，湖南人民出版社 2005 年版。
22. 孙学玉：《公共选择理论与当代公共行政》，《行政学与行政管理》1997 年第 11 期。
23. 王枫云：《公共管理学的研究方法体系：内涵与构成》，《行政学理论》2009 年第 16 期。
24. 王学栋：《公共行政学》，清华大学出版社 2011 年版。
25. 吴长春：《公共管理（学）的概念及与行政管理学的关系》，《公共管理学报》2004 年第 1 期。
26. 夏书章：《行政管理学》，山西人民出版社 1985 年版。
27. 夏书章：《行政管理学》，中山大学出版社 2008 年第 4 版。
28. 谢李：《探析当代公共管理方法变革与发展》，《管理观察》2012 年第 34 期。
29. 辛传海：《公共管理学》，对外经济贸易大学出版社 2007 年版。
30. 张成福、党秀云：《公共管理学》，中国人民大学出版社 2010 年版。
31. 张国庆：《公共行政学》，北京大学出版社 2010 年版。
32. 周晓红：《公共管理学概论》，中国广播电视大学出版社 2009 年版。
33. 竺乾威：《公共行政学》，复旦大学出版社 2007 年版。

第二章

1. Frederickson, H. G., "Whatever Happened to Public Administration? Governance, Governance Everywhere", in Evan Ferlie, Lawrence E. Lynn & Christopher Pollitt (eds.), *The Oxford Handbook of Public Management*, New York: Oxford university Press, 2005.
2. Jenson, M. and Meckling, W., "Theory of the Firm: Managerial Behavior, Agency Costs and Ownership Structure", *Journal of Financial Economics*, Vol. 3, 1976.
3. Niskanen, *Bureaucracy and Representative Government*, Chicago: Aldine, Atherton, 1971.
4. Peters, B. G., "Governance and Comparative Politics", in Pierre, J. (eds.), *Debating Governance*, New York: Oxford university Press, 2000.
5. Rhodes, R., "The New Governance: Governing without Government?" *Political Studies*, Vol. 44, No. 4, 1996.
6. [美] 布坎南：《自由、市场和国家》，经济学院出版社 1988 年版，第 18 页。
7. [美] 丹尼尔·雷恩：《管理思想的演进》，中国社会科学出版社 2000 年版。
8. [美] 弗朗茨：《X 效率：理论、证据和应用》，上海译文出版社 1993 年版。
9. [美] 古德诺：《政治与行政》，华夏出版社 1987 年版，第 14 页。
10. [美] 杰瑞·斯托克：《地方治理研究：范式、理论和启示》，《浙江大学学报（人文社会科学版）》2007 年第 2 期。
11. [美] 威尔逊：《行政学研究》，《国外政治学》1987 年第 6 期。
12. [澳] 欧文·E. 休斯：《公共管理导论》，中国人民大学出版社 2007 年版，第 21 页。
13. 丁煌：《西方公共行政管理理论精要》，中国人民大学出版社 2005 年版。
14. 梁鑫魏：《基于服务型政府视角下的政府绩效评估研究》，硕士学位论文，南昌大学，2008 年。
15. 陶学荣：《公共行政方法学导论》，清华大学出版社 2005 年版。
16. 王诗宗：《治理理论及其在中国适用性》，浙江大学出版社 2009 年版，第

44 页。

17. 许云霄：《公共选择理论》，北京大学出版社 2006 年版。
18. 闫伟：《国有企业经理道德风险程度的决定因素》，《经济研究》1999 年第 2 期。
19. 卓越：《英国新公共管理运动的理论与实践》，《管理科学》2007 年第 4 期。

第三章

1. Gulick, Luther, *The Metropolitan Problem and American Ideas*, Knopf, 1962.
2. Larson, S., De Freitas, D. M. and Hicks, C. C., "Sense of place as a determinant of people's attitudes towards the environment: implications for natural resources management and planning in the Great Barrier Reef, Australia", *Journal Of Environmental Management*, Vol. 117, 2013.
3. Merton, Robert K., *Social Theory and Social Structure*, Free Press, 1968.
4. Riggs, Fred. W., *The Ecology of Public Administration*, Asia Publishing House, 1961.
5. Riggs, Fred. W., *Administration in Developing Countries: The Theory of Prismatic Sciety*, Houghton Muffin Company, 1964.
6. Rosell, Steven A., *Renewing Governance: Governance By Learning In Information Society*, New York: Oxford University Press, 1999.
7. Thorat, Nishantt, Raghavendran, Arvind and Groves, Nigel, "Offline Management in Virtualized Environments", *Communications of the ACM*, Vol. 56, Issue 4, 2013.
8. Commission on Global Governance, *Our Global Neighbourhood*, Oxford: Oxford University Press, 1995.
9. ［英］阿诺德·汤因比：《历史研究》上册，上海人民出版社 1959 年版。
10. ［美］弗莱蒙特·E. 卡斯特、詹姆斯·E. 罗森茨韦克：《组织与管理：系统方法与权变方法》，中国社会科学出版社 2000 年第 4 版。
11. ［法］孟德斯鸠：《论法的精神》上册，商务印书馆 1961 年版。
12. ［美］塞缪尔·亨廷顿：《变动社会中的政治秩序》，华夏出版社 1989 年版。

13. ［埃］萨米尔·阿明：《全球化时代的资本主义》，张世鹏、殷叙彝编译，中央编译出版社 1998 年版。
14. 陈士俊、柳洲、王梅：《科学技术及其发展环境的问题理论思考》，《科学学与科学技术管理》2005 年第 1 期。
15. 成思危：《知识经济的特征》，《党建与研究》2002 年第 7 期。
16. 丁煌：《西方公共行政管理理论精要》，中国人民大学出版社 2005 年版。
17. 申玉铭：《经济全球化、知识化对全球可持续发展的影响》，《经济地理》1999 年第 6 期。
18. 苏宝忠、张正河主编：《公共管理学》，北京大学出版社 2004 年版。
19. 陶慧：《科技环境与跨国公司全球技术开发战略》，《科技管理研究》2001 年第 3 期。
20. 王忠武：《试论全球化的基本内涵及其表现》，《东方论坛》2001 年第 1 期。
21. 夏书章：《哈佛行政管理全集》上卷，红旗出版社 1998 年版。
22. 杨平：《浅析我国人口发展现状及趋势》，《科技创业月刊》2012 年第 8 期。
23. 杨淑琼、沈治宏：《政府知识管理探微》，《现代情报》2006 年第 7 期。
24. 叶常林、金太军：《公共管理学概论》，北京大学出版社 2005 年版。
25. 翟守航、翟明清：《行政管理学》，黄河水利出版社 2005 年版。
26. 张本祥：《复杂性的概念界定及复杂性的基本问题》，《系统辩证学学报》2002 年第 4 期。
27. 张海英、沈艳：《中国特色的政党制度与国家政权关系的思考》，《辽宁省社会主义学院学报》2012 年第 4 期。
28. 张良：《公共管理学》，华东理工大学出版社 2001 年版。
29. 张璋：《20 世纪 80 年代以来的全球行政改革：背景、理论、举措与经验》，《北京行政学院学报》2002 年第 4 期。
30. 中共中央马克思恩格斯列宁斯大林著作编译局：《马克思恩格斯全集》第 20 卷，人民出版社 1985 年第 2 版。
31. 朱厚泽：《全球化和知识化两大潮流冲击下的中国小企业》，《哈尔滨工业大学学报（社会科学版）》2000 年第 9 期。

第四章

1. Jones, Gareth R., *Organizational Theory: Text and Cases*, Addison Wesley Longman Publishing Company, Inc., Reading, Massachusetts, 1998.
2. Peters, B. Guy, *The Future of Governing: Four Emerging Models*, The University Press of Kansas, Lawrence, Kansas, 1996.
3. Rainey, Hal G., *Understanding and Managing Public Organizations*, Jossey-Bass Publishers, San Francisco, California, 1997.
4. Salamon, Lester M. & Anheier, Helmutk, *Defining the nonprofit Sector*, Manchester University Press.
5. Shafritz, Jay M., Hyde, Albert C., *Classics of Public Administration*, The Dorsey Press, Chicago, Illinois, 1987.
6. Shafritz, Jay M., Ott, J. Steven., *Classics of Organization Theory*, Harcourt Brace & Company, Orlando, Florida, 1996.
7. [美] 保罗·C. 纳特、罗伯特·W. 巴可夫：《公共和第三部门组织的战略管理：领导手册》，中国人民大学出版社2001年版。
8. [美] 戴维·奥斯本、彼德·普拉斯特里克：《摒弃科层制：政府再造的五项战略》，谭功荣译，中国人民大学出版社2002年版。
9. [美] 菲利普·J. 库珀等：《二十一世纪的公共行政：挑战与改革》，王巧玲译，中国人民大学出版社2006年版。
10. [美] B. 盖伊·彼得斯：《政府未来的治理模式》，吴爱明等译，中国人民大学出版社2001年版。
11. [美] 理查德·L. 达夫特：《组织理论与设计》，王凤彬等译，清华大学出版社2003年版。
12. [美] 罗伯特·B. 丹哈特：《公共组织理论》，扶松茂等译，中国人民大学出版社2003年版。
13. [德] 马克斯·韦伯：《经济与社会》（上下卷），林荣远译，商务印书馆1997年版。
14. [美] 麦克尔·巴泽雷：《突破科层制：政府管理的新愿景》，孔宪遂等译，中国人民大学出版社2002年版。
15. [美] 斯格特：《组织理论》，华夏出版社2002年版。
16. [美] 文森特·奥斯特罗姆：《美国公共行政的思想危机》，毛寿龙译，上海三联书店 1999 年版。

17. ［美］W. 沃纳·伯克：《组织变革——理论和实践》，燕清联合组织翻译，中国劳动社会保障出版社 2005 年版。

18. ［美］雅米尔·吉瑞赛特：《公共组织管理——理论和实践的演进》，李丹译，上海译文出版社 2003 年版。

19. 傅明贤主编、倪星副主编：《行政组织理论》，高等教育出版社 2000 年版。

20. 曾繁正：《行政组织管理学》，红旗出版社 1998 年版。

21. 张长立：《西方管理组织理论创新研究》，吉林人民出版社 2006 年版。

22. 朱国云：《组织理论：历史与流派》，南京大学出版社 1997 年版。

23. 竹立家、李登祥等编译：《国外组织理论精选》，中共中央党校出版社 1997 年版。

第五章

1. Allard, C. K. Command, *Contro 1 and the Common Defense*, New Haven: Yale University Press, 1990.

2. Axinn, June and Levin, Herman, *Social Welfare: A History of the American Response to Need*, An Imprint of Addison Wesley Longman, Inc., 1996.

3. Bredrup, H. and Bredrup, R., "Performance Planning to Ensure Business Achievements", In A. Ro1stadas (ed.), *Performance Management: A Business Process Benchmarking Approach*, London: Chapman & Hall.

4. Cameron, K. S., "Organizational Effectiveness", In Nicholson (ed.) *Blackwell Encyclopedic Dictionary of Organizational Behaviour*, Oxford: Blackwell, 1995.

5. Musgrave, Richard A. and Musgrave, Peggy B., *Public Finance in Theory and Practice*, Fifth Ed. New York: McGraw-Hill, 1989.

6. ［美］丹尼尔·A. 雷恩：《管理思想的演变》，中国社会科学出版社 2000 年版。

7. ［美］丹尼斯·A. 荣迪内利：《为人民服务的政府：民主治理中的公共行政角色的转变》，《经济社会体制比较》2008 年第 2 期。

8. ［英］简·莱恩：《公共部门——概念、模式和方法》，孙晓莉等译，国家行政学院出版社 2003 年版。

9. ［法］莱昂·迪骥：《公法的变迁——法律与国家》，郑戈译，辽海出版社、春风文艺出版社 1999 年版。

10. ［美］罗伯特·B. 登哈特：《公共组织理论》，中国人民大学出版社 2011 年第 5 版。

11. 《马克思恩格斯选集》第 4 卷，人民出版社 1995 年版。

12. ［美］米尔顿·弗里德曼等：《自由选择：个人声明》，商务印书馆 1974 年版。

13. ［澳］欧文·E. 休斯：《公共管理导论》，彭和平等译，中国人民大学出版社 2007 年版。

14. ［美］萨缪尔森、诺德豪斯：《经济学》，北京经济学院出版社 1996 年版。

15. ［美］威廉·N. 邓恩：《公共政策分析导论》，中国人民大学出版社 2002 年第 2 版。

16. ［英］亚当·斯密：《国富论》，商务印书馆 1972 年版。

17. ［美］约翰·克莱顿·托马斯：《公共决策中的公民参与》，中国人民大学出版社 2010 年版。

18. ［美］詹姆斯·M. 布坎南：《自由、市场和国家——80 年代的政治经济学》，上海三联书店 1989 年版。

19. ［美］珍妮特·登哈特、罗伯特·登哈特：《新公共服务：服务而不是掌舵》，丁煌译，中国人民大学出版社 2004 年版。

20. ［美］珍妮特·V. 登哈特、罗布特·B. 登哈特：《新公共服务：服务而不是掌舵》，丁煌校译，中国人民大学出版社 2010 年版。

21. 陈振明：《公共服务导论》，北京大学出版社 2011 年版。

22. 李军鹏：《公共服务型政府建设指南》，中共党史出版社 2006 年版。

23. 卢映川、万鹏飞：《创新公共服务的组织与管理》，人民出版社 2007 年版。

24. 毛连程：《西方财政思想史》，经济科学出版社 2003 年版。

25. 石国亮：《国外公共服务理论与实践》，中国言实出版社 2011 年版。

26. 温家宝：《提高认识 统一思想 牢固树立和认真落实科学发展观——在省部级主要领导干部"树立和落实科学发展观"专题研究班结业式上的讲话》，《人民日报》2004 年 3 月 1 日。

27. 席西民：《管理研究》，机械工业出版社 2000 年版。

28. 曾建华：《现代西方财政学》，厦门大学出版社 2000 年版。

29. 中国（海南）改革发展研究院编：《基本公共服务与中国人类发展》，中国经济出版社 2008 年版。

第六章

1. Johnson, J. D. et al., "Differences between Formal and Informal Communication Channels", *Journal of Business Communication*, Vol. 31, No. 2, 1994.
2. Kenneth, A. L.. "The Move toward Transformational Leadership", *Educational Leadership*, Vol. 49, No. 5, 1992.
3. Kirkpatick, S. A. and Locke, E. A., "Leadership: do traits matter?" *Academy of Management Perspectives*, Vol. 5, No. 2, 1991.
4. Terry, L. D., "Administrative Leadership, Neo-Managerialism, and the Public Management Movement", *Public Administration Review*, Vol. 58, No. 3, 1998.
5. Van Wart, M., Public-Sector Leadership Theory: An Assessment, *Public Administration Review*, Vol. 63, No. 2, 2003, pp. 214 – 228.
6. ［美］丹尼尔·A. 霍恩：《管理思想的演变》，赵睿等译，中国社会科学出版社 2000 年版。
7. ［美］格罗弗·斯塔林：《公共部门管理》，陈宪等译，上海译文出版社 2003 年版。
8. ［美］格罗弗·斯塔林：《公共部门管理》，常健等译，中国人民大学出版社 2012 年第 8 版。
9. ［美］哈罗德·孔茨等：《管理学精要》，韦福祥译，机械工业出版社 2005 年版。
10. ［美］加里·尤克尔：《组织领导学》，中国人民大学出版社 2004 年第 5 版。
11. ［美］理查德·J. 斯蒂尔曼二世：《公共行政学：概念与案例》，竺乾威等译，中国人民大学出版社 2004 年第 7 版。
12. ［美］罗伯特·B. 登哈特：《公共组织理论》，扶松茂等译，中国人民大学出版社 2003 年第 3 版。
13. ［美］尼古拉斯·亨利：《公共行政与公共事务》，张昕等译，中国人民大学出版社 2002 年第 8 版。
14. ［澳］欧文·E. 休斯：《公共管理导论》，彭和平等译，中国人民大学出版社 2007 年版。

15. ［美］彼得·德鲁克：《管理思想全集》，中国长安出版社 2006 年版。
16. ［美］斯蒂芬·罗宾斯：《组织行为学》，孙健敏等译，中国人民大学出版社 1997 年版。
17. ［美］雅米尔·吉瑞赛特：《公共组织管理——理论和实践的演进》，上海译文出版社 2003 年版。
18. 陈振明、梦华：《公共组织理论》，上海人民出版社 2006 年版。
19. 荣仕星、钟敏：《领导干部协调艺术论》，广西人民出版社 1996 年版。
20. 芮明杰：《管理学：现代的观点》，上海人民出版社 2005 年版。
21. 孙多勇：《公共管理学》，湖南人民出版社 2005 年版。
22. 王乐夫：《公共管理（MPA）简明教程》，广西师范大学出版社 2006 年版。
23. 王乐夫：《领导学：理论、实践与方法》，中山大学出版社 2006 年第 3 版。
24. 王乐夫、蔡立辉：《公共管理学》，中国人民大学出版社 2008 年版。
25. 王乐夫、蔡立辉：《公共管理学（精简版）》，中国人民大学出版社 2012 年版。
26. 吴爱明：《公共管理理论与实践》，山西人民出版社 2004 年版。
27. 张成福、党秀云：《公共管理学》，中国人民大学出版社 2001 年版。
28. 张康之等：《公共管理导论》，经济科学出版社 2003 年版。
29. 张志刚：《公共管理学》，大连理工大学出版社 2008 年版。
30. 朱立言、谢明：《公共管理概论》，中国人民大学出版社 2007 年版。

第七章

1. Cobb, Roger W., and Elder, Charles D., *Participation in American Politics: The Dynamics of Agenda-Building*, Boston: Allyn and Bacon, 1972.
2. Cobb, Roger, Ross, J. K. and Ross, M. H., "Agenda Building as a Comparative Political Process", *American Political Science Review*, Vol. 70, No. 1, 1976.
3. Edelman, Murray, *The Symbolic Use of Politics*, University of Illinois Press, 1964.
4. Froman, Lewis, "An Analysis of Public Policy in Cities", *Journal of Politics*, Vol. 29, 1967.
5. Froman, Lewis, "The Categorization of Policy Contents", in Austin Ranney

ed., *Political Science and Public Policy*, Chicago: Markham, 1968.
6. Greenberg, G. D. et al., "Developing Public Policy Theory: Perspectives from Empirical Research", *American Political Science Review*, Vol. 71, 1977.
7. Haveman, Robert, "Policy Evaluation Research After Twenty Years", *Policy Studies Journal*, Vol. 16, No. 2, 1987.
8. Hogwood, Brian W. and Gunn, Lewis A., *Policy Analysis for the Real World*, New York: Oxford University Press, 1984.
9. Jenkins, William, *Policy Analysis: A Political and Organizational Perspective*, London: Martin Robertson, 1978.
10. Jones, C. O., *An Introduction to the Study of Public Policy*, 2nd ed., Mass.: Duxbery Press, 1977.
11. Jones, C. O., *An Introduction to the Study of Public Policy*, 2nd ed., Monterey, California Brooks Publishing Company, 1984.
12. Kingdon, John W., *Agenda, Alternatives and Public Policies*, Boston: Little, Brown and Company, 1984.
13. Lasswell, Harold D., "The Policy Orientation", in Daniel Lerner and Harold D. Lasswell eds., *The Policy Sciences: Recent Developments in Scope and Methods*, Stanford, CA: Stanford University Press, 1951.
14. Lasswell, H. D. and Kaplan, A., *Power and Society*, New York: McGraw-Hill Book Co., 1963.
15. Lowi, Theodore J., "American Business, Public Policy, Case Studies, and Political Theory", *World Politics*, Vol. 16, 1964.
16. Nachmias, David, *Public Policy Evaluation: Approaches and Methods*, New York: St. Martin's Press, 1979.
17. Olson, Mancur, *The Logic of Collective Action*, Cambridge, MA: Havard University Press, 1965.
18. Peters, B. Guy, *American Public: Poromise and Performance*, 3nd ed., NJ: Chatham House, 1993.
19. Pressman, J. L. and Wildavsky, A. B., *Implementation*, 2nd ed., Berkeley: University of California Press, 1979.
20. Van Horn, C. E. and Van Meter, D. S., "The Implementation of Intergovern-

mental Policy", in C. O. Jones and R. R. Thomas ed., *Public Policy Making in Federal System*, Beverly Hills: Sage Publications, 1976.

21. [美] 戴维·伊斯顿：《政治体系——政治学状况研究》，马清槐译，商务印书馆1993年版。
22. [美] 豪利特、拉米什：《公共政策研究：政策循环与政策子系统》，庞诗等译，生活·读书·新知三联书店2006年版。
23. [美] 科尔巴奇：《政策》，吉林人民出版社2005年版。
24. [美] 拉雷·N. 格斯顿：《公共政策的制定——程序和原理》，朱子文译，重庆出版社2001年版。
25. [美] 斯图尔特·纳格尔：《政策研究百科全书》，科学技术文献出版社1999年版。
26. [美] 托马斯·戴伊：《自上而下的政策制定》，人民出版社2004年版。
27. [美] 威廉·N. 邓恩：《公共政策分析导论》，谢明等译，中国人民大学出版社2011年第4版。
28. [美] 小约瑟夫·斯图尔特、戴维·赫奇、詹姆斯·莱斯特：《公共政策导论》，韩红译，中国人民大学出版社2010年版。
29. [美] 詹姆斯·安德森：《公共决策》，唐亮译，华夏出版社1990年版。
30. 陈庆云：《公共政策分析》，北京大学出版社2011年第2版。
31. 陈振明：《政策科学》，中国人民大学出版社1998年版。
32. 胡宁生：《现代公共政策学》，中央编译出版社2007年版。
33. 宁骚：《公共政策学》，高等教育出版社2012年第2版，第374页。
34. 王绍光：《中国公共政策议程设置的模式》，《开放时代》2008年第2期。
35. 吴琼恩等：《公共行政学》，台北：智胜文化2004年版。
36. 许鹿：《公共政策导论：概念与案例》，中国劳动社会保障出版社2011年版。
37. 张国庆：《公共政策分析》，复旦大学出版社2011年版。
38. 张金马：《政策科学导论》，中国人民大学出版社1992年版。

第八章

1. Banfield, E. C., "Corruption as a Feature of Government Organization", *Journal of Law and Economics*, Vol. 18, No. 3, 1975.

2. Benn, S. I. and Gaus, G. F., *Public and Private in Social Life*, New York: St. Martin's Press, 1983.

3. Blan, P. M. and Satt, W. R., *Formal Organization*, *Norato*, Calif: Chandler & Sharp, 1962.

4. Bozeman, Barry and Straussman, Jeffrey D., *Public Management Strategies*, San Francisco: Jossey-Bass Publishers, 1990.

5. Halachmi, A. and Bovaird T., "Process reengineering in the public sector: Learning some private sector lessons", *Technovation*, Vol. 17, No. 5, 1997.

6. Horton, Sylvia and *Farnham*, *David*, *Public Management in Britain*, London: Macmillan Press Ltd., 1999.

7. Hughes, Owen E., *Public Management and Administration* (2nd ed.), Macmillan Press Ltd., 1998.

8. Isaac-Henry, K., Painter, C. and Barnes C., *Management in the public sector: challenge and change* (Second edition), London: Thomson Business Press, 1997.

9. John, M., *Bryson: Strategic planning for public and nonprofit organizations: a guide to strengthening and sustaining organizational achievement*, San Francisco: Jossey-Bass, 1996.

10. Kiggundu, M. N., "Integrating strategic management tasks into implementing agencies: From firefighting to prevention", *World Development*, Vol. 24, No. 9, 1996.

11. Nutt, Paull C. and Backoff, Robert W., *Strategic Management of Public and ThirdSector Organization: A Handbook for Leaders*, San Francisco: Jossey-Bass Publishers, 1992.

12. Ranson, S. and Stewart, J., *Management for the public domain: Enabling the learning society*, London: The Macmillan Press Ltd., 1994.

13. Thompson Jr., Arthur A. and Strickland III, A. J., *Strategic Management: Concept and Cases* (4*th* edition), Business Publications, Inc., 1987.

14. Tompson and Strickland, *Strategic Management: Concepts and Cases*, Chicago: Dryden Press, 1995.

15. [美] 安娜蓓尔·碧莱尔：《领导与战略规划》，机械工业出版社 2000

年版。

16. [美] 保罗·C. 纳德、罗伯特·W. 巴可夫：《公共和第三部门组织的战略管理：领导手册》，陈振明等译校，中国人民大学出版社 2001 年版。
17. [美] 弗雷德·R. 戴维：《战略管理：概念部分》，赵丹译，清华大学出版社 2013 年版。
18. [美] 赫伯特·西蒙：《管理行为：管理组织决策过程的研究》，杨砾等译，北京经济学院出版社 1988 年版。
19. [美] 亨利·明茨伯格等：《战略历程》，机械工业出版社 2006 年版。
20. [澳] 欧文·E. 休斯：《公共管理导论》，张成福、王学栋等译，中国人民大学出版社 2007 年版。
21. [美] 帕特里夏·基利：《公共部门标杆管理：突破政府绩效的瓶颈》，张定淮译校，中国人民大学出版社 2002 年版。
22. [美] 乔治·洛奇：《全球化的管理》，上海译文出版社 1998 年版。
23. [美] 史蒂文·科恩、威廉·埃米克：《新有效公共管理者——在变革的政府中追求成功》，王巧玲等译，中国人民大学出版社 2001 年版。
24. [美] 韦默、[加] 瓦伊宁：《公共政策分析——理论与实践》，刘伟译校，中国人民大学出版社 2013 年版。
25. [美] 亚历克斯·米勒：《战略管理》，经济管理出版社 2004 年第 3 版。
26. [美] 约翰·W. 纽斯特罗姆、基斯·戴维斯：《组织行为学》，经济科学出版社 2000 年版。
27. 陈继祥：《战略管理》，旅游教育出版社 2008 年版。
28. 陈绍芳：《主体价值取向在政策评估中的作用》，《理论探讨》2002 年第 2 期。
29. 陈振明：《公共部门战略管理》，中国人民大学出版社 2011 年版。
30. 冯之浚：《战略研究与中国发展》，中共中央党校出版社 2002 年版。
31. 金占明：《战略管理——超竞争环境下的选择》，清华大学出版社 1999 年版。
32. 李道平等：《公共关系协调原理与实务》，复旦大学出版社 1996 年版。
33. 黎民：《公共管理学》，高等教育出版社 2011 年版。
34. 廖泉文：《人力资源考评系统》，山东人民出版社 1999 年版。
35. 刘庆元、刘宝宏编著：《战略管理：分析、制定与实施》，东北财经大学出版社 2001 年版。

36. 刘旭涛：《政府绩效管理：制度战略与方法》，机械工业出版社 2003 年版。
37. 陶亮、朱喜钢：《战略规划方法比较研究》，《华中科技大学学报（城市科学版）》2004 年第 3 期。
38. 王强、陈易难：《学习型政府：政府管理创新读本》，中国人民大学出版社 2002 年版。
39. 王晓宁：《制度创新应遵循的原则》，《河南社会科学》2003 年第 2 期。
40. 王雅莉：《公共部门管理》，东北财经大学出版社 2006 年版。
41. 吴志强、于泓、姜楠：《论城市发展战略规划研究的整体方法——沈阳实例中的理性思维的导入》，《城市规划》2003 年第 1 期。
42. 张成福、党秀云：《公共管理学》，中国人民大学出版社 2001 年版。

第九章

1. Ammons, David N., *Municipal Benchmarks: Assessing Local Performance and Establishing Community Standards*, Sage, 1996.
2. Ammons, D., *Municipal Benchmarks: Assessing Local Performance and Establishing Community Standards*, Thousand Oaks, CA: Sage, 2001.
3. Behn, R., "The big questions of public management", *Public Administration Review*, Vol. 55, No. 4, 1995, pp. 313–324.
4. Behn, R., "Why Measure Performance? Different Purposes Require Different Measures", *Public Administration Review*, Vol. 63, No. 5, 2003, pp. 586–606.
5. Berry, L. L., "Service Marketing is Different", *Business*, Vol. 1, No. 30, 1980, pp. 24–29.
6. Brown, K., Coulter, P. B., "Subjective and Objective Measures of Police Service Delivery", *Public Administration Review*, Vol. 43, No. 1, 1983, pp. 50–58.
7. Brudney, J. L., England, R. E., "Urban Policy Making and Subjective Service Evaluations: Are they Compatible?", *Public Administration Review*, Vol. 42, No. 1, 1982, pp. 127–135.
8. Cameron, K. S., *Organizational effectiveness. In N. Nicholson* (ed.) Blackwell

Encyclopedic Dictionary of Organizational Behavior, Oxford: Blackwell, 1995.
9. Campbell, A. , *White Attitudes Black People*, Ann Arbor, MI: University of Michigan, 1971.
10. Cummins, R. A. , Nistico, H. , "Maintaining Life Satisfaction: the Role of Positive Cognitive Bias", *Journal of Happiness Studies*, No. 3, 2002, pp. 37 – 69.
11. DeHoog, R. H. , Lowery D. , Lyons, W. E. , "Citizen Satisfaction with Local Governance: a Test of Individual, Jurisdictional, and City-specific Explanations", *Journal of Politics*, Vol. 52, No. 3, 1990, pp. 807 – 837.
12. Dubrin, Andrew J. , "Essentials of Management", 2002.
13. Fornell, C. , Johnson, M. D. , Anderson E. W. , Cha J. , Bryant B. E. , "The American Customer Satisfaction Index: Nature, Purpose, and Findings", *Journal of Marketing*, Vol. 60, 1996, (October), pp. 7 – 18.
14. Friedman, M. , "Results Based Decision Making and Budgeting", *Discussion Materials, Fiscal Policy Studies Institute*, Baltimore, 1996.
15. Fruchter, S. , "Reinvention and Strategic Planning at NOAA. ", Unpublished remarks by Sue Fruchter at Learning from the Leaders: Alliance Working Seminar, Aug. 8, 1995.
16. Garvin, D. A. , "Competing on the Eight Dimension of Quality", *Harvard Business Review*, Vol. 87, 1987, (Nov. – Dec.), pp. 101 – 109.
17. Glaster, M. A. , Hildreth, W. B. , "Service Delivery Satisfaction and Willingness to Pay Taxes: Citizen Recognition of Local Government Performance", *Public Productivity & Management Review*, Vol. 23, No. 1, 1999, pp. 48 – 67.
18. Gronroos, C. , *Service Management and Marketing: Managing the Moments of Truth in Service Competition*, Lexington, MA: Lexington Books, 1990.
19. Hollingsworth, B. , Wildman, J. , "The Efficiency of Health Production: Re-estimating the WHO Panel Data Using Parametric and Non-parametric Approaches to Provide Additional Information", *Health Economics*, No. 12, 2003, pp. 493 – 504.
20. Hughes, O. E. , *Public Management and Administration: An Introduction* (3rd

Edition), New York: St. Martin's Press, 2003.
21. Kernaghan, K., "Integrating Values into Public Service: the Values Statement as Centerpiece", *Public Administration Review*, Vol. 63, No. 6, 2003, pp. 711 – 719.
22. Marshall, M., Wray, L., Epstein, P., Grifel, S., "21st Century Community Focus: Better Results by Linking Citizens, Government, and Performance Measurement", *Public Management*, Vol. 14, 1999, (November), pp. 12 – 18.
23. Melkers, J., Willoughby, K., "Models of Performance-Measurement Use in Local Governments: Understanding Budgeting, Communication, and Lasting Effects", *Public Administration Review*, Vol. 65, No. 2, 2005, pp. 180 – 190.
24. Michalos, A. C., "Policing Services and the Quality of Life", *Social Indicators Research*, No. 61, 2003, pp. 1 – 18
25. O'Flynn, Janine, "From New Public Management to Public Value: Paradigmatic Change and Managerial Implications", *Australian Journal of Public Administration*, No. 9, 2007, pp. 353 – 366.
26. Osborene, D., Plastrik, P., *The Reinventor's Field book: Tools for Transforming Your Government*, San Francisco, CA: Jossey-Bass, 2000.
27. Palmer, A. J., "Performance Measurement in Local Government", *Public Money & Management*, No. 13, 1993, pp. 78 – 84.
28. Poister, T., Streib, G., "Performance Measurement in Municipal Government: Assessing the State of the Practice", *Public Administration Review*, Vol. 59, No. 4, 1999, pp. 325 – 335.
29. Retzlaff-Roberta, D., Chang, C. F., Rubin, R M., "Technical Efficiency in the Use of Health Care Resources: a Comparison of OECD Countries", *Health Policy*, No. 69, 2004, pp. 55 – 72.
30. Ryzin, et al., "Customer Satisfaction Index Model to New York City", *Public Administration Review*, Vol. 64, No. 3, 2004, pp. 331 – 342.
31. Shostack, L., "Breaking Flee From Product Marketing", *Journal of Marketing*, Vol. 41, 1977, (April), pp. 73 – 80.

32. Swindell, D., Kelly, J., "Linking Citizen Satisfaction Data to Performance Measures: a Preliminary Evaluation", *Public Productivity and Management Review*, Vol. 24, No. 1, 2000, pp. 30-52.

33. Van Thiel, Sandra, "The Performance Paradox in The Public Sector", *Public Performance & Management Review*, Vol. 25, 2008, pp. 267-281.

34. Veenhoven, R., "Happy Life-expectancy: a Comprehensive Measure of Quality-of-life in Nations", *Social Indicators Research*, No. 39, 1996, pp. 1-58.

35. Verbeeten, Frank H. M., "Performance management practices in public sector organizations—Impact on performance", *Accounting, Auditing & Accountability Journal*, No. 3, 2008, pp. 427-454.

36. Wang X. H., "Assessing Public Participation in U. S. Cities", *Public Productivity & Management Review*, Vol. 24, No. 4, 2001, pp. 322-336.

37. Wholey, J. S., Newcomer, K. E., *Improving Government Performance*, San Francisco, CA: Jossey-Bass, 1989.

38. World Health Organization, *The World Health Report: Health Systems*, Improving Performance World Health Organization: Geneva, 2000.

39. "Service Quality: Implications for Future Research", *Journal of Marketing*, Vol. 58, 1994, (January), pp. 111-124.

40. [美] B. 盖伊·彼得斯：《政府未来的治理模式》，吴爱明、夏宏图译，中国人民大学出版社2001年版。

41. [美] 阿奇·B. 卡罗尔、安·K. 巴尔霍尔茨（乔治亚大学）：《企业与社会——伦理与利益相关者管理》，黄煜平等译，机械工业出版社2004年第5版。

42. [澳] 欧文·E. 休斯：《公共管理导论》，中国人民大学出版社2001年版。

43. [英] 理查德·威廉姆斯：《组织绩效管理》，清华大学出版社2002年版。

44. [英] Pam Jones：《绩效管理》，上海交通大学出版社2003年版。

45. [英] 诺曼·弗林：《公共部门管理》，曾锡环等译，中国青年出版社2004年版。

46. [德] 托马斯·特拉斯基维奇：《公共部门绩效评估：来自发展中国家的经验》，《公共管理学报》2012年第2期。

47. 包国宪、曹西安：《我国地方政府绩效评估的回顾与模式分析》，《兰州大学学报（社会科学版）》2007 年第 1 期。
48. 蔡立辉：《政府绩效评估的理念与方法分析》，《中国人民大学学报（社会科学版）》2003 年第 5 期。
49. 陈振明：《公共部门绩效管理的理论与实践》，《中国工商管理研究》2006 年第 12 期。
50. 傅志明：《论组织绩效管理》，《生产力研究》2003 年第 6 期。
51. 桂世镛：《论中国行政机构改革》，《新华文摘》1998 年第 5 期。
52. 何文盛、王焱、尚虎平：《政府绩效管理：通向可持续性发展的创新路径——"第二届政府绩效管理与绩效领导国际学术研讨会"综述》，《中国行政管理》2012 年第 4 期。
53. 刘志刚、胡税根、刘静：《辽宁省级部门绩效评估模型及实证研究》，《科研管理》2011 年第 2 期。
54. 卢新海：《政府信息化与政府绩效》，《湖北社会科学》2004 年第 3 期。
55. 马宝成：《试论政府绩效评估的价值取向》，《中国行政管理》2001 年第 5 期。
56. 彭国甫、盛明科：《政府绩效评估指标体系三维立体逻辑框架的结构与应用研究》，《兰州大学学报（社会科学版）》2007 年第 1 期。
57. 唐彰新、蒋关军：《公共部门绩效管理研究概要》，《当代经济》2007 年第 6 期。
58. 王学栋、杨跃峰：《西方政府再造的政治理论》，《公共行政》2003 年第 5 期。
59. 吴建南、温挺挺：《政府绩效立法分析：以美国〈政府绩效与结果法案〉为例》，《中国行政管理》2004 年第 9 期。
60. 吴建南：《公共部门绩效评估：理论与实践》，《中国科学基金》2009 年第 3 期。
61. 张再欣：《香港公共部门的绩效评估》，《中国行政管理》2006 年第 3 期。
62. 周志忍：《公共组织绩效评估：中国实践的回顾与反思》，《兰州大学学报（社会科学版）》2007 年第 1 期。
63. 卓越：《公共部门绩效评估初探》，《中国行政管理》2004 年第 2 期。

第十章

1. Berman, Evan M., West, Jonathan P., Bowman, James S., Van Wart, and Montgomery R., *Human Resource Management in Public Service: Paradoxes, Processes and Problems* (4th edition), Thousand Oaks: Sage Publications, 2012.

2. Burns, John P., and Bowornwathana, Bidhya (eds.), *Asian Civil Service System: Improving Efficiency and Productivity*, Singapore: Times Academic Press, 1994.

3. Condrey, Stephen E. (ed.), *Handbook of Human Resource Management in Government*, San Francisco: Jossey-Bass, 2010.

4. Klingner, Donald E., Nalbandian, John, and LIorens, Jared, *Public Personnel Management: Contexts and Strategies* (6th edition), Longman: Pearson Education, Inc., 2010.

5. Riley, Dennis D., *Public Personnel Management*, New York: Addison-Wesley Educational Publishers, Inc., 2002.

6. Shafritz, J. M., Riccucci, N., Hyde, A., and Rosenbloom D., *Personnel Management in Government: Politics and Process* (4th edition), New York: Marcel Dekker, 1992.

7. Thompson, Frank J. (ed.), *Classics of Public Personnel Policy*, Oak Park: Moore Publishing Company, Inc., 1979.

8. ［美］詹姆斯·沃克：《人力资源战略》，吴雯芳译，中国人民大学出版社2001年版。

9. ［美］迈克尔·波特：《竞争战略》，陈小悦译，华夏出版社2005年版。

10. ［美］彼得·圣吉：《第五项修炼：学习型组织持续发展面临的挑战》，王秋海译，东方出版社2006年版。

11. ［加］亨利·明茨伯格、布鲁斯·阿尔斯特兰德、约瑟夫·兰佩尔：《战略历程》（修订版），魏江译，机械工业出版社2006年版。

12. 曹志主编：《中华人民共和国干部人事制度概要》，北京大学出版社1985年版。

13. 曹志主编：《资本主义国家公务员制度概要》，北京大学出版社1985年版。

14. 曹志主编：《苏东社会主义国家干部人事制度概要》，北京大学出版社

1985 年版。

15. 黄达强主编：《各国公务员制度比较研究》，中国人民大学出版社 1990 年版。
16. 贾鹏举：《各国政府人事制度》，台北千华出版公司 1998 年版。
17. 金净：《科举制度与中国文化》，上海人民出版社 1990 年版。
18. 李铁：《中国文官制度》，中国政法大学出版社 1989 年版。
19. 孙柏瑛、祁凡骅：《公共部门部门人力资源开发与管理》，中国人民大学出版社 2013 年第 4 版。
20. 杨百揆：《西方文官系统》，四川人民出版社 1985 年版。

第十一章

1. Bland, Michael, *Communicating out of a crisis*, Basingstoke, Hampshire: Macmillan, 1998.
2. Lindell, Michael K., etc., *Introduction to emergency management*, Hoboken, NJ: Wiley, 2007.
3. Mitroff, Ian I., *Managing Crisis Before Happened*, New York: American Management Association, 2001.
4. Phillips, Brenda D., *Disaster recovery*, Boca Raton, FL: CRC Press, 2009.
5. Rosenthal, Uriel, etc., *Coping with crises: the management of disasters, riots, and terrorism*, Springfield, Ⅲ, U. S. A.: Charles C Thomas, 1989.
6. Strydom, Piet, *Risk, environment, and society: ongoing debates, current issues, and future prospects*, Buckingham, UK; Philadelphia, [Pa.]: Open University Press, 2002.
7. Sunstein, Cass R., Health-Health Trade-offs, in Jon Elster, *Deliberative democracy*, Cambridge: New York: Cambridge University Press, 1998, pp. 232 – 259.
8. ［美］诺曼·R. 奥古斯丁：《危机管理》，北京新华信商业风险管理有限责任公司译，中国人民大学出版社 2001 年版。
9. ［美］罗伯特·希斯：《危机管理：美国公司主管和公用事业机构官员的案头经典》，王成等译，中信出版社 2004 年版。
10. ［德］乌尔里希·贝克：《风险社会》，何博闻译，译林出版社 2004 年版。

11. ［荷］阿金·伯恩等：《危机管理政治学：压力之下的公共领导能力》，赵凤萍等译，河南人民出版社 2010 年版。
12. 丁石孙：《城市灾害管理》，群言出版社 2004 年版。
13. 董传仪：《危机管理学》，中国传媒大学出版社 2007 年版。
14. 顾林生：《从防灾减灾走向危机管理的日本》，《城市与减灾》2003 年第 4 期。
15. 胡税根等：《公共危机管理通论》，浙江大学出版社 2009 年版。
16. 李传军：《复杂和不确定性条件下的危机管理》，《行政论坛》2007 年第 4 期。
17. 刘霞、向良云：《公共危机治理》，上海交通大学出版社 2010 年版。
18. 刘奕：《公共危机系统管理》，上海人民出版社 2012 年版。
19. 宋英华：《突发事件应急管理导论》，中国经济出版社 2009 年版。
20. 王军：《突发事件应急管理读本》，中共中央党校出版社 2009 年版。
21. 王宏伟：《公共危机管理》，中国人民大学出版社 2012 年版。
22. 汪大海：《公共危机管理》，北京师范大学出版社 2012 年版。
23. 肖鹏军：《公共危机管理导论》，中国人民大学出版社 2006 年版。
24. 薛澜等：《危机管理》，清华大学出版社 2003 年版。
25. 赵成根：《国外大城市危机管理模式研究》，北京大学出版社 2006 年版。
26. 张成福：《公共危机管理：全面整合的模式与中国的战略选择》，《中国行政管理》2003 年第 7 期。
27. 张成福：《公共危机管理：理论与实务》，中国人民大学出版社 2009 年版。
28. 张国庆：《公共行政学》，北京大学出版社 2007 年版。
29. 张梦中：《美国的危机管理系统及其在"非典"防范中的作用》，《中国行政管理》2003 年第 7 期。
30. 张小明：《公共部门危机管理》，中国人民大学出版社 2013 年版。
31. 张岩松：《企业公共关系危机管理》，经济管理出版社 2000 年版。
32. 张永理、李程伟：《公共危机管理》，武汉大学出版社 2010 年版。
33. 中国行政管理学会课题组：《政府应急管理机制研究》，《中国行政管理》2005 年第 5 期。
34. 中国现代国际关系研究所危机管理与对策研究中心：《国际危机管理概论》，时事出版社 2003 年版。

35. 参见中华人民共和国中央人民政府网站，具体网址是 http：//www. gov. cn/yjgl/2005 - 08/31/content_ 69625. htm，2013 年 7 月 9 日访问。

第十二章

1. Arrow, K. J., "Economic Welfare and the Allocation of Resources of Invention", In: *Reading in the Economics of Industrial Organization*, New York: Holt, Rinehart & Winston, 1970.
2. Coase, R. H., "The Problem of Social Cost", *Journal of Law and Economics*, Vol. 3, 1960, pp. 1 – 44.
3. E. C., *Public sector information: a key resource for Europe: green paper on public sector information in the information society*, 2006 – 12 – 28.
4. Erkkila, *The role of the public sector in the creation of knowledge: a examination of the Finnish case*, 2005.
5. Nicos, Komninos, *Intelligent Cities and Globalization of Innovation Networks*, London: Taylor & Francis, 2008.
6. Rourke, J. O., "Information Resources in Canada", *Special Library*, No. 2, 1970, pp. 59 – 65.
7. 陈兰杰：《国际公共信息资源管理（PIRM）研究热点与前沿的信息可视化分析》，《图书馆杂志》2010 年第 5 期。
8. 傅荣校、叶鹰：《公共信息资源管理》，科学出版社 2011 年版。
9. 高复先：《信息资源规划：信息化建设基础工程》，清华大学出版社 2002 年版。
10. 胡昌平、乔欢：《信息服务与用户》，武汉大学出版社 2001 年版。
11. 蒋永福：《论公共信息资源管理——概念、配置效率及政府规制》，《图书情报知识》2006 年第 5 期。
12. 李成名、王继周：《数字城市三维地理空间架构原理与方法》，科学出版社 2008 年版。
13. 卢泰宏、沙勇忠：《信息资源管理》，兰州大学出版社 1998 年版。
14. 马费成、赖茂生：《信息资源管理》，高等教育出版社 2006 年版。
15. 马费成：《信息资源开发与管理》，电子工业出版社 2009 年版。
16. 马费成、宋恩梅：《信息管理学基础》，武汉大学出版社 2011 年版。

17. 邱均平、沙勇忠：《信息资源管理学》，科学出版社 2011 年版。
18. 夏义堃：《公共信息资源的多元化管理体制研究》，博士学位论文，武汉大学，2005 年。
19. 夏义堃：《政府信息资源管理与公共信息资源管理比较分析》，《情报科学》2006 年第 4 期。
20. 杨玉麟、赵冰、谷秀洁：《公共信息资源管理研究综述》，《图书与情报》2009 年第 1 期。
21. 张怡：《政府信息资源管理中的美国托管图书馆》，《图书馆杂志》2000 年第 7 期。
22. 中国信息学会：《政府信息资源的管理与立法研究》，中国信息学会 2003 年版。

第十三章

1. Aschauer, D., "Is Government Spending Productive?", *Journal of Monetary Economics*, No. 23, 1985.
2. Gramlich, Edwardm, *A Guide to Benefit-Cost Analysis*, New Jersey: Prentice Hall, Englewood Clifts, 1990.
3. Laffont, Jean-Jacques, *Fundamentals of Public Economics*, Massachusetts: The MIT Press, 1989.
4. Nickerson, D. and R. J. Phillips, "Regulating Financial Markets: Assessing Neoclassical and Institutional Approaches", *Journal of Economic Issues*, No. 2, 2003.
5. Rosen, Harvey S., *Public Finance*, Fifth Edition, New York: Irwin/McGraw-Hill Comparies, 1998.
6. Vickrey, William, *Public Economics*, Cambridge: Cambridge University Press, 1994.
7. Word Bank, "Reform of Public Sector Management: Lessons and Experience", *Policy and Reseach Series Paper*, No. 18, Country Economics Department, Washington, D. C. 1990.
8. ［美］詹姆斯·M. 布坎南：《公共财政》，中国财政经济出版社 1991 年版。
9. ［美］理查德·马斯格雷夫：《比较财政分析》，上海人民出版社、上海三联书店 1996 年版。

10. ［美］彼得·M. 杰克逊主编：《公共部门经济学前沿问题》，中国税务出版社 2000 年版。
11. ［美］桑贾伊·普拉丹：《公共支出分析的基本方法》，中国财政经济出版社 2000 年版。
12. ［美］大卫·N. 海曼：《公共财政》，中国财政经济出版社 2001 年版。
13. ［美］罗巴特·李、罗纳德·约翰逊：《公共预算系统》，清华大学出版社 2002 年版。
14. ［美］威廉·尼斯坎南：《官僚制与公共经济学》，中国青年出版社 2004 年版。
15. ［美］约翰·L. 米克塞尔：《公共财政管理》，中国人民大学出版社 2005 年版。
16. ［美］约瑟夫·斯蒂格利茨：《公共部门经济学》，中国人民大学出版社 2005 年版。
17. ［美］阿伦·威尔达夫斯基、内奥米·凯顿：《预算过程的新政治学》，上海财经大学出版社 2006 年版。
18. ［美］阿耶·希尔曼：《公共财政与公共政策》，中国社会科学出版社 2006 年版。
19. ［美］盖伊·彼得斯：《税收政治学》，江苏人民出版社 2008 年版。
20. 黄新华：《公共部门经济学》，厦门大学出版社 2010 年版。
21. 姜竹：《公共预算与管理》，经济科学出版社 2009 年版。
22. 寇铁军：《公共财政管理》，经济科学出版社 2008 年版。
23. 李俊生、李新华：《公债管理》，中国财政经济出版社 2001 年版。
24. 沙安文：《地方公共财政管理》，中国财政经济出版社 2012 年版。
25. 解学智、刘尚希：《公共收入》，中国财政经济出版社 2000 年版。

第十四章

1. Black, Henry Campbell, *Black's Law Dictionary*, 6th edition, st Paul Minn. West Publishing Co., 1990.
2. Erdogan, Berrin, "Implications of organizational exchanges for accountability theory", *Human Resource Management Review*, No. 14, 2004.
3. Hughes, Owen, *Public Management and Administration: An Introduction* (sec-

ond edition), Macmillan, South Yarra, 1998.

4. Lindkvist, Lars and Llewellyn., Sue, "Accountability, responsibility and organization Scandinavian", *Journal of Management*, No. 19, 2003.

5. Parker, Lee and Gould, Graeme, "Changing public sector accountability: critiquing new directions", *Accounting Forum*, Vol. 23, No. 2, 1999.

6. Shafritz, Jay M., *International encyclopedia of public policy and administration*, Colorado: Westview Press, 1998.

7. Zwetsloot, Gerard, I. J. M., "From Management Systems to Corporate Social Responsibility", *Journal of Business Ethics*, Vol. 44, No. 2, 2003.

8. 《马克思恩格斯选集》第 2 卷，人民出版社 1972 年版。

9. ［英］约翰·密尔：《代议制政府》，商务印书馆 1982 年版。

10. ［美］罗尔斯：《正义论》，中国社会科学出版社 1988 年版。

11. ［美］哈特：《惩罚与责任》，华夏出版社 1989 年版。

12. ［美］乔·萨托利：《民主新论》，东方出版社 1993 年版。

13. ［美］特里·L. 库珀：《行政伦理学：实现行政责任的途径》，中国人民大学出版社 2001 年版。

14. ［美］欧文·E. 休斯：《公共管理学导论》，中国人民大学出版社 2007 年版。

15. ［美］特里·L. 库珀：《世界转型中的公共管理伦理》，《中国人民大学学报》2002 年第 6 期。

16. 陈振明：《公共管理学》，中国人民大学出版社 2003 年版。

17. 胡鸣铎、牟永福：《论公共管理之伦理要义》，《云南行政学院学报》2012 年第 6 期。

18. 李传军：《论公共管理责任的结构分化与道德整合》，《学习论坛》2011 年第 8 期。

19. 彭和平编译：《国外公共行政理论精选》，中共中央党校出版社 1997 年版。

20. 辛传海：《公共管理学》，中国对外经济贸易出版社 2007 年版。

21. 俞可平：《治理与善治》，社会科学文献出版社 2000 年版。

22. 张成福：《责任政府论》，《中国人民大学学报》2000 年第 2 期。

23. 张定淮、涂春光：《论责任政府及其重建机制》，《中国行政管理》2003 年第 12 期。

24. 张康之：《公共行政中的责任与信念》，中国人民大学复印资料《公共行政》2001 年第 5 期。
25. 张康之：《寻找公共行政的伦理视角》，中国人民大学出版社 2003 年版。
26. 张康之：《公共行政学》，经济科学出版社 2010 年版。
27. 张贤明：《论政治责任》，吉林大学出版社 2000 年版。
28. 郑永兰、刘祖云：《论公共行政的积极责任与消极责任》，《南京农业大学学报（社会科学版）》2004 年第 1 期。
29. 周辅成：《西方伦理学名著选辑》，上海商务印书馆 1996 年版。
30. 周晓虹：《公共管理学概论》，中央广播电视大学出版社 2009 年版。
31. 周亚越：《行政问责制研究》，中国检察出版社 2006 年版。
32. 周亚越：《行政问责制比较研究》，中国检察出版社 2008 年版。

第十五章

1. Aucoin, P., *The New Public Management: Canada in Comparative Perspective*, Montreal: Institute for Research on Public Policy, 1995.
2. Holmes, M. and Shand, D., "Management reform: some practitioner perspectives on the past ten years", *Governance*, 1995, Vol. 8, No. 4, pp. 551 – 578.
3. Hughes, O. E., *Public Management and Administration*, ST. Martin's Press, 1998.
4. Minogue, *Should Flawed Models of Public Management be Exported? Issues and Pratices*, IDPM, University of Manchester, UK, 2000.
5. Pollitt, Christopher, *Managerialism and the Public services: The Anglo-American experience*, Oxford, Cambridge, Mass., USA: Basil Blackwell, 1990.
6. Rosenbloom, D., *Public Administration*, Mc-Graw-Hill, 1998.
7. The National Performance Riview, *From Red Tape to Results-Greating a Government that Works Better & Costs Less*, Washington, D. C.: Report of the National Performance Review, 1993.
8. ［法］托克维尔：《论美国的民主》，商务印书馆 1988 年版。
9. ［美］戴维·奥斯本，特德·盖布勒：《改革政府》，上海译文出版社 1996 年版。
10. ［美］V. W. 拉坦：《诱致性制度变迁理论》，载［美］R. 科斯、A. 阿尔钦、D. 诺思等《财产权利与制度变迁——产权学派与新制度学派译文集》，上海三联书店、上海人民出版社 1996 年版，第 329 页。

11. [美] 罗伯特·B. 登哈特：《公共组织理论》，扶松茂、丁力译，中国人民大学出版社 2003 年版。

12. [美] 派特里克·E. 康纳、琳达·K. 莱克、理查德·W. 斯坦科曼：《组织变革中的管理》，爱丁译，电子工业出版社 2004 年版。

13. 李晨华：《从西方人事公共管理改革趋势看我国公务员制度的中国特色》，《哈尔滨市委党校学报》2006 年第 3 期。

14. 林毅夫：《关于制度变迁的经济学理论：诱致性变迁与强制性变迁》。

15. 梁莹：《公共管理社会化：行政改革的新趋势》，《党政干部论坛》2003 年第 3 期。

16. 吕达、叶贵仁：《当代世界行政改革的微观分析》，《延安大学学报（社会科学版）》2003 年第 2 期。

17. 马强：《论推进电子政务与提高政府效能》，《改革与开放》2011 第 4 期。

18. 彭和平：《公共行政学》，中国人民大学出版社 2012 年版。

19. 彭剑锋：《公共管理的变革与创新》，《中国人才》2005 年第 5 期。

20. 唐琦玉：《政府行政改革趋势如何》，《中华工商时报》2003 年 2 月 13 日。

21. 吴江、马庆钰：《25 年来国外公共管理改革分析与评价》，《新视野》2003 年第 5 期。

22. 谢李：《探析当代公共管理方法变革与发展》，《管理观察》2012 年第 12 期。

23. 徐汝华：《信息网络时代公共管理变革之道》，《党政论坛》2013 年第 2 期。

24. 张国庆：《公共行政学》，北京大学出版社 2010 年版，第 554—555 页。

25. 张璋：《20 世纪 80 年代以来的全球公共管理改革：背景、理论、举措与经验》，《北京行政学院学报》2002 年第 4 期。

26. 周志忍：《当代国外行政改革比较研究》，国家行政学院出版社 1999 年版。